Exercise Psychology

健身運動心理學

五南圖書出版公司 印行

謹此感謝我的丈夫查克．穆迪，給予我鼓勵、支持和愛；紀念我的父母西格蒙德和路易斯．巴克沃斯，培育出我的好奇心和信念；獻給那些向我提出問題和挑戰的學生們；還有我的兩條狗，貝克和桑雅，感謝他們對運動的感染力以及讓我發笑的熱情

—— Janet Buckworth

致認真的學生和威廉P.摩根的「大藍圖」

—— Rod K. Dishman

獻給影響我人生的兩位先驅：A. H.伊斯邁爾以及威廉P.摩根

—— Patrick J. O'Connor

獻給推動我前進的人：我的妻子里賈納．史密斯以及我的導師諾曼．埃利斯

—— Phillip D. Tomporowski

關於作者

Janet Buckworth 博士

是俄亥俄州立大學哥倫布校區運動科學副教授，教授有關健身運動行爲改變的高階大學部和碩士課程。她在健身運動心理學和行爲改變的著作豐富。

Buckworth 的專業知識備受推崇，曾被邀請在許多研討會擔任專題演講，講授健身運動心理學以及運動與憂鬱的相關主題。此外，她在運動依附的研究更曾獲得美國國家健康總署（NIH）的獎助。

Buckworth 是美國行爲醫學會和美國體育健康休閒及舞蹈學會的會員，同時是美國運動醫學學院的院士。她和她的丈夫 Chuck Moody 居住在俄亥俄州的都柏林。Buckworth 喜歡帶著狗跑步、烹飪以及閱讀小說。

Rod K. Dishman 博士

是運動科學和心理學教授，也是喬治亞大學雅典校區運動心理學實驗室的副主任。他曾在美國、加拿大和歐洲的政府機構擔任運動科學顧問。他的研究曾獲得美國國家健康總署、疾病控制與預防中心（CDC）、美國心臟學會和美國奧林匹克委員會（USOC）的獎助。Dishman 是美國運動醫學和國家運動科學會的院士，並且是國際奧林匹克運動科學委員會的 22 位創始會員之一。他也是 2008 年美國身體活動指引科學諮詢委員會的成員。他住在喬治亞州的雅典，喜歡騎自行車和重量訓練。

Patrick J. O'Connor 博士

是喬治亞大學雅典校區的體育學教授和運動心理學實驗室的副主任。他曾擔任美國健康與公共服務部的顧問，2008 年美國身體活動指南諮詢委員。他曾在 80 個學術會議發表研究，撰寫許多期刊論文及專書。O'Connor 是美國國家體育學會和美國運動醫學會的院士。他與妻子 Sarah Covert 以及雙胞胎孩子 Aydan 和 Siena 住在喬治亞州的雅典。O'Connor 喜歡訓練和參加各種路跑競賽。

Phillip D. Tomporowski 博士

是喬治亞大學雅典校區的體育學教授兼認知與技能學習實驗室主任。他曾合著三本書，編輯兩本教科書，並撰寫了許多專書章節和期刊論文。他曾在美國和英國擔任大學計畫、國際計畫、社區服務計畫以及政府和非政府機構的顧問。Tomporowski 是美國運動醫學會的院士。他居住在喬治亞州的雅典，是一位武術教練，喜歡參加鐵人三項的比賽。

前言

健身運動心理學是有關身體活動和健身運動環境中大腦與行為的研究。這是一個奠基於舊想法的新領域。古希臘醫生醫學之父，希波克拉底（Hippocrates）即曾建議以身體活動來治療精神疾病。美國心理學之父威廉・詹姆斯（William James）在 1899 年提到「肌肉充滿活力將……是我們理智、安詳和愉悅生活的基礎，並使我們的性格具有強大的道德，解除我們的煩躁，使我們充滿幽默感且平易近人」（James, W. 1899）。

然而，直到 1960 年代末和 1970 年代初，有關健身運動心理學的系統研究才開始積累。主要的研究先驅是威廉・摩根（William P. Morgan），他於 1970 年在威斯康辛大學創立了勞動心理學（Ergopsychology，即工作心理學）實驗室。這已經是距離心理學之父威廉・馮特（Wilhelm Wundt）1879 年在萊比錫大學任教建立第一個心理學實驗室，以及威廉・詹姆斯（William James）在 1875 年開始在哈佛進行實驗將近 100 年之久。之後，摩根（Morgan）於 1986 年成立美國心理學會第 47 分支：健身與競技運動心理學（APA 47, Exercise and Sport Psychology），並擔任第一任主席，這與史坦利・霍爾（G. Stanley Hall）於 1892 年創立 APA 也將近 100 年之久。本書第一版 2011 年，APA 47 正好成立 25 週年。

主觀經驗是心理學的主要研究課題，這使得心理學與其他學科諸如生理學和社會學不同，但現代心理學在生理、行為、認知和社會等議題及方法，與過去有極大的不同。因此，心理學存在許多子學科，其中值得注意的是生物心理學、行為神經科學、比較心理學、演化心理學、行為論和社會心理學。健身運動心理學採用這些子學科中的傳統來研究身體活動，基本上是一個跨學科的研究領域，而非心理學的某一個子學科。此外，健身運動心理學植根於健身運動科學，而健身運動科學本身就是跨學科的研究領域。由於健身運動心理學是探討臨床和民眾的心理健康與健康行為，因此健身運動心理學還涵蓋了精神病學、臨床和諮商心理學、健康促進和流行病學等領域。

本書的特色是以生物學為基礎，廣泛地探討認知、社會及環境的影響。我們認為，社會心理學在健身運動心理學的早期發展，占主導地位。雖然社會對健身運動的作用和影響非常重要，但我們認為，大腦和行為的生物學基礎（例如：運動對大腦的影響和大腦對運動的控制）同等重要；可惜大腦和行為的生物學基礎，被大多數健身運動心理學研究者以及大多數教科書所忽略。無可否認，身體活動和健身運動具有獨特的生物本質，人類所有的行爲沒有任何一項像運動一樣，生理的代謝是休息時的好幾倍。此外，心理學之父威廉・摩根（William P. Morgan）接受過生理學和醫學方面的訓練，他的研究取向對研究健身心理學具有啓發。

由美國心理學會發起，美國國會劃定 1990 年代的 10 年爲「大腦 10 年」，2000 年至 2010 年是「行爲 10 年」。「行爲 10 年」是跨學科的研究，是以「大腦 10 年」爲藍本的行爲和社會科學的研究。我們在這本書中，力求廣泛地平衡在大腦和行爲的生物學理論與知識，而這些理論和知識則是從行爲、認知及社會等研究途徑在健身運動領域所得到的研究成果。

在已開發國家，健身運動和身體活動具有非凡的社會意義。坐式生活形態是美國民眾健康的嚴重威脅，據估計每年超過 25 萬人，死於冠狀心臟疾病、第二型糖尿病和大腸癌。自從 1960 年代以來，缺乏身體活動和過多熱量攝取，是美國成年人和兒童的肥胖症的主要原因，到了 1980 年代，上述的情況已經相當的嚴重。愈來愈多的證據顯示，缺乏身體活動是心理健康的危險因子；世界衛生組織預測，2020 年憂鬱症將是僅次於心血管疾病的第二大死亡和失能原因；到 2030 年致死原因，憂鬱症將排在第一位，第二的是心血管疾病，而老年癡呆症是第三位。

在許多已開發國家，促進休閒時間的身體活動已成爲一項重要的公共衛生及提升生活品質的政策。美國 1996 年出版的《衛生部長身體活動與健康報告》以及 2008 年美國身體活動諮詢委員會的《2008 美國身體活動指南》，均就身體活動對減少慢性病的發生和改善心理福祉的益處建立了共識。美國衛生部長於 2000 年出版的《心理健康報告》明確指出，身體活動能確保良好的心理健康。「2020 全民健康」是美國衛生與福利部的國家健康目標，其中包括幾項重要的子目標，例如增加美國各年齡層民眾的身體活動量。在過去的 10 年中，澳大利亞、加拿大和歐洲也陸續發表有關身體活動與健康的重要政策。

值得一提的是，休閒時間身體活動的人口統計數據顯示，達到足夠的身體活動量的人口仍低於建議值。在美國，過去 10 年來休閒運動的人數沒有明顯變化。雖然大力鼓吹增加一般民眾的身體活動，但 20% 到 25% 美國的 18 歲以上的成年人沒有參加休閒運動。只有大約三分之一的成人宣稱，有足夠的身體活動量，達到聯邦政府的建議值。但是當使用客觀方法來評估身體活動量時，這些宣稱活動量足夠的人，眞的有達到足夠身體活動的比例就更少了。事實上，不到 15% 的美國青少年，有達到所建議的每日 60 分鐘有氧身體活動。

這本書致力於了解休閒時間的身體活動如何提高人們的生活品質。本書包含十六章，以身體活動的心理健康益處，以及如何促進身體活動等相關議題進行剖析。

第一部分分爲三章，介紹健身運動心理學領域及其基本概念。第一章是健身心理學領域發展的歷史回顧；對當代健身運動心理學的生物學、認知、行爲和社會基礎做一番描述；並簡要地回顧提倡身體活動對心理福祉的社會意義。第二章介紹測量心理變項、身體活動和體適能的基本概念和方法。第三章對行爲神經科學進行基本的討論，本章對尚未接觸過心理學生物基礎的同學特別適用。

第一部分提供重要的基礎知識，能更全面地了解第二部分「運動和心理健康」的主題。第二部分擴展爲兩個細部：第一細部是壓力和情感相關的主題，包括有關壓力、感受、心情、情緒、焦慮和憂鬱等章節；第二細部是健身運動及生活品質的主題，包括認知、活力和疲勞、睡眠、疼痛和自尊。這些主題是有關臨床特徵和治療、公共衛生、身體活動效益的描述性和實驗證據，以及可能的解釋機轉。

第三部分介紹身體活動行爲相關議題、行爲改變理論、增加休閒時間身體活動的介入，以及知覺努力的相互關係。

本書適合第一次接觸健身運動心理學的大學部高年級和碩士班研究生，做爲課程的教科書。本書也可以做爲競技運動心理學相關課程，有關健身運動的輔助教材。

教科書的價值取決於其帶來的教學效果。一本好的入門級教科書，應該提出很多問題，並能回答大多數的問題。也應該指引初學者，了解正在發展的知識，和不斷變化的內容。我們認爲，有效教學的關鍵要素是與時俱進的最新內容，清晰符合邏輯的示例說明。我們努力避免呈現僅在研究期刊中出現的熱門議題，或者是非研究者所熱議評論但實則無用的文章。

本書挑選了我們認爲具有足夠知識體系的傳統和當代議題。從第一版之後，我們增加運動與認知、活力和疲勞、以及疼痛等章節，以呼應這些領域研究的進展。毫無疑問，我們也增加許多人會感興趣的主題，包括使用健身運動來輔助治療思覺失調症、躁鬱症、慢性病、藥物和酒精濫用，以及菸癮。

版本中還新增了一個圖片庫，包括依照章節，有關的圖表，可做爲老師和同學的學習輔助工具。圖像庫可從 www.HumanKinetics.com/ExercisePsychology 下載。

撰寫本教科書，我們的動機是保持對科學的忠誠，而且希望能吸引、鼓勵和挑戰認眞學習的學生。我們希望破除學術界的迷失，也就是研究人員不會寫教科書而且也不會教課的迷失。

致謝

寫書達不到預期目標，接受責備是必要的。當書成功發行，應該與提供素材、構想以及使書本成眞的人分享榮耀。這些人包括我們的導師、過去和現在的學生、同事和家人。特別感謝 Tim Puetz, Nate Thom, Matt Herring, Cherie Rooks-Peck, Katey Wilson, Derek Monroe, Brett Clementz, Kevin McCully 和 Phil Holmes 爲本版本中提供他們的新研究。我們也非常感謝評審者以及出版商的建議：Myles Schrag, Melissa Zavala, Kali Cox, Dalene Reeder。

英文書幾乎都附有厚厚的參考資料，這些參考資料少則 10 頁以上，多則數十頁；中文翻譯本過去忠實的將這些參考資料附在中文譯本上。以每本中文書 20 頁的基礎計算，印製 1 千本書，就會產生 2 萬頁的參考資料。
在地球日益暖化的現今與未來，爲了少砍些樹，我們應該可以有些改變—— 亦即將英文原文書的參考資料只放在網頁上提供需要者自行下載。
我們不是認爲這些參考資料不重要，所以不需要放在書上，而是認爲在網路時代我們可以有更環保的作法，滿足需要查索參考資料的讀者。

我們將本書【參考文獻】放在五南文化事業機構（www.wunan.com.tw）網頁，該書的「資料下載或補充資料」部分。

對於此種嘗試有任何不便利或是指教，請洽本書主編。

譯者簡介

姜定宇

現職：國立中正大學心理學系教授兼系主任
　　　國立中正大學社會科學院副院長

學歷：國立臺灣大學心理學系博士

經歷：臺灣心理學會中華心理學刊總主編
　　　臺灣心理學會常務理事
　　　臺灣司法心理暨犯罪防治學會理事長
　　　美國伊利諾大學香檳分校訪問學者
　　　國立中正大學高齡研究基地副召集人
　　　國立中正大學人類研究倫理中心主任

高三福

現職：國立清華大學運動科學系教授
　　　國際運動心理學會註冊心理師（ISSP-R）

學歷：國立臺灣師範大學體育系博士

經歷：臺灣跆拳道運動學會副理事長
　　　臺灣運動心理學會秘書長、副理事長、理事長、諮詢委員
　　　國立清華大學運動科學系主任
　　　美國西維吉尼亞大學訪問學者
　　　體育學報領域編輯
　　　臺灣運動心理學報領域編輯

李季湜

現職：國立中正大學心理學系教授
　　　臺灣心理學會理事

學歷：德國杜塞道夫海涅大學自然科學博士

經歷：中華心理學刊編輯委員
　　　臺灣心理學會理事

蔡宇哲

現職：哇賽心理學創辦人兼總編輯

臺灣睡眠醫學學會大眾教育委員會委員

臺灣應用心理學會監事

臺灣科學媒體協會監事

學歷：國立中正大學心理學系博士

經歷：臺灣應用心理學會理事長

高雄醫學大學心理學系助理教授

成功大學健康照護科學所博士後研究員

中正大學心理學系兼任講師

陳欣進

現職：國立中正大學心理學系副教授

學歷：美國德州農工大學心理學系博士

經歷：Reading and Writing期刊編輯委員

衛生福利部八里療養院臨床心理師

臺北醫學大學附設醫院精神科兼任臨床心理師

徐晏萱

現職：國立中正大學心理學系副教授

國立中正大學諮商中心輔導與諮商組組長

腦心智發展與心理復健學會理事

學歷：國立臺灣大學心理學系臨床組博士

經歷：中山醫學大學心理學系兼任講師

臺中慈濟醫院神經內科臨床心理師

中國醫藥大學附設醫院臺北分院復健科兼任臨床心理師

中國醫藥大學附設醫院兒童發展與行爲科兼任臨床心理師

臺大醫院神經部實習心理師督導

陳景花

現職：陸軍專科學校通識中心助理教授

學歷：國立政治大學教育學系教育心理與輔導組博士

經歷：國立政治大學教育學院教師研習中心兼任助理教授

高鳳霞

現職：國立臺北護理健康大學健康事業管理系副教授
臺灣工商心理學學會秘書長

學歷：國立臺灣大學心理學系博士

經歷：長榮大學健康心理學系助理教授
中原大學心理學系兼任講師

趙俊涵

現職：紐約州立賓漢頓大學博士生

學歷：臺灣大學財金所碩士

經歷：花旗銀行儲備幹部
中國信託商業銀行資本市場部經理
招商銀行金融市場處總監
渣打銀行金融市場處副總經理

鄧詠謙

現職：國立中正大學心理學研究所碩士生

學歷：國立中正大學心理學系學士
國立中正大學運動競技學系學士

經歷：世界青年網球團體錦標賽國家代表隊

譯者序

此書的翻譯原本不在我們的規劃中，2020的某天五南圖書出版公司王俐文副總編輯打電話給姜定宇教授，說這本書因為有很多生理學相關的專業內容，找不到人協助翻譯，不過出版社已經跟國外廠商簽約，無法回頭且時間緊迫。由於五南在姜定宇教授擔任中華心理學刊總主編的期間，曾大力協助中華心理學刊的出版。對於姜定宇教授來說有不得不幫的義氣，但是要如何在極為有限的時間內完成這項艱鉅的任務，真的也不是一股義氣能夠解決的。所以找到了老友高三福教授，經由高三福教授評估可行性後，我們就開始擬定此書的翻譯作業。偏向運動專業的章節由高三福教授找人，而偏向心理學專業的章節就由姜定宇教授來找人，也就是說，能夠加速翻譯的方式，就是找最符合專業的教授協助，才能夠做得又快又好。而當一切安排妥當後，突然的疫情打亂大家的翻譯進度，不過在眾多專業領域教授們的全力協助下，也終於完成這項任務。

運動心理學，或是以本書的內容來說，更適合稱之為健身運動心理學，用以區別競技運動心理學。健身運動不僅是維持良好的體態和體能，更可以是治療疾病的處方箋。目前台灣社會進入高齡社會，而且以極快的速度即將進入超高齡社會，失智症成為影響國家、社會以及家庭的重要病症，而在近期的研究中發現，加強肌力是可以有效地減緩失智症的發生和發展。運動本身就是一種醫生的處方，可以協助人們重新擁有健康快樂的人生。目前的研究也發現，健身運動可以增加身體活躍程度、維持健康體態、提升大腦認知功能、減輕心理壓力感受、以及緩解憂鬱症狀。而更多的效用的研究仍在持續進行中，可能的成果也令人相當期待。身體活動是大腦運作的一種展現，而透過對身體的訓練，是能夠回溯調整大腦的功能。心理與身體是無法二分，四肢發達是可以讓頭腦不簡單。

這本書是相當專業的教材，包括有十六個章節，第一章健身運動心理學的基礎，前言和第一章是由高三福教授負責；第二章健身運動心理學的基本概念，是由趙俊涵教授負責；第三章行為神經科學，是由李季湜教授負責；第四章壓力，是由高鳳霞教授負責；第五章焦慮症與第六章憂鬱症，這兩章是由徐晏萱教授負責；第八章健身運動與認知功能與第九章活力與疲勞，這兩章是由陳欣進教授負責；第十章睡眠，是由蔡宇哲博士負責；第十一章健身運動與疼痛，是由李季湜教授負責；第十二章自尊，是由高三福教授負責；第十三章健身運動與身體活動的相關因素，是由鄧詠謙和姜定宇教授負責；第十四章行為改變理論，與第十五章改變身體活動行為的介入措施，這兩章是由陳景花教授負責；第十六章自覺強度則是由姜定宇教授負責；最後的辭彙表，是由鄧詠謙和姜定宇教授負責。鄧詠謙畢業於中正大學運動競技學系，目前是姜定宇教授的研究生，他擔任整個計畫的聯絡窗口，也支援第十三章和辭彙表的初步翻譯，沒有他的協助，這本書的翻譯可能要花更久的時間才能問世。

這本書很適合用來當作運動相關科系基礎課程用書，而且至少需要一到二學期的講授。搭配相關的實驗或實作，或是課堂活動，會讓這項課程更具吸引力。有關生理學或神經科學的章節，對大部份的學生來說都會有點困難，所以需要視情形提供學生適當的協助，或是邀請心理學專業的教師共同授課。此外，本書也非常適合醫學相關科系的學生修習，可以藉此建立專科相關知識。書中詳細介紹各項主題的發展歷史與演變的背景，並且引用近期相關的研究結果，對於研究的初學者來說，也可以藉由閱讀書中所引用的文獻，掌握相關研究的執行方式與新進成果。

最後，感謝感謝中正大學心理系的同仁們，在各自教學和研究都很繁忙的情況下還是願意提供協助。感謝趙俊涵教授、陳景花教授、蔡宇哲博士以及高鳳霞教授，有你們的協助，我們才能夠及時完成這項工作。

高三福

國立清華大學運動科學系教授

姜定宇

國立中正大學心理學系教授

兼系主任兼社會科學院副院長

謹識

2021 年 11 月

目錄

第二部分 健身運動與心理健康

第三部分　身體活動行為的心理學

第一部分

簡介與基本概念

健身運動的心理學的效果包括心理學和生物學，以及隨後對心情（Mood）和心理健康的影響。健身運動心理學還涉及運動行為、促進規律運動和動態生活型態。本教科書探討上述二個重點，自第一版《健身運動心理學》出版以來，這二個重點的重要性日益升高。目前是學習健身運動心理學的黃金歲月，許多新技術可用來協助研究大腦，了解運動的神經生理反應及適應。我們在運動對心情和認知的生物學和社會心理機轉已有不錯的認識。許多創新的理論已經被應用及開發至運動適應及依附（Adherence），用來測量身體活動和介入策略的技術，更是有爆炸性的成長。

在第一部分，我們以當代的觀點，簡要地回顧著名的人格理論和研究，透過這樣的回顧，我們可以整合運動生理學與心理學之間的關係。隨後我們討論健身運動心理學的研究方法，說明如何測量和分析心理學變量。我們同時也討論了運動心理學的範疇、定義和概念，並區別身體活動與健身運動間的異同。健身運動心理學的研究方法有別於其他方法之處，在於健身運動心理學強調行為的生物學基礎。我們以一個章節，來說明生理結構和功能，以連結健身運動和心理健康的關係，來更清楚了解健身運動的生理機轉，以及生物學對行為和心情的重要性。

第一章
健身運動心理學的基礎

高三福 譯

在過去 30 年來穩健的研究累積，健身運動心理學已成為一個新興研究領域。不過，健身運動心理學的基本思想已經存在很長的時間。在過去的歷史裡，哲學家和醫生都曾撰寫文章，提到有關心理健康與運動的關係。早在公元前四世紀就認識到運動與心理健康之間的關係，古希臘醫師赫洛狄克斯（Herodicus），他以體操醫學來治療病人（Kollesch 1989, Phillips 1973）。醫學之父希波克拉底（Hippocrate），雖然他曾批評赫洛狄克斯以運動作為治療的方法，但他認同運動對於身體和精神疾病的價值（Littre, 1842）。

早期的猶太教作家亦指出運動的好處。舊約聖經有許多鼓勵身體活動的記載：「她用力量束腰，並加強手臂。她認為自己的收穫很好。力量和榮譽是她的衣著。她必因來日而歡喜」（箴 31：17-18，25）、「懶惰的人的願望殺死了他；因為他的手拒絕勞動」（箴 21：25）、「一個懶惰的人被比喻是一塊骯髒的石頭，每個人都會嘶嘶聲使他丟臉」（外經 22：1）。拉比・摩西・本・邁蒙（Rabbi Moses ben Maimun，又稱邁 Maimonides），是 12 世紀的猶太哲學家，也是埃及蘇丹薩拉丁（Saladin）地方的醫師，在他的《密西拿律法》（Mishneh Torah）中，即強烈建議身體活動，「不鍛煉不運動久坐生活的人……即使他吃好食物並按照妥善的醫學原則照顧自己，他的所有日子都會很痛苦，他的力量也會減弱」（Rosner 1965，1353）。邁蒙（Maimonides）還認識到身體活動的心理益處「在所有類型的運動中，最有益的是體操，使靈魂感到愉悅」（Bar-Sela, Hoff and Faris, 1964, 20）。

英國神學家羅伯・伯頓（Robert Burton）在《憂鬱的解剖學》提出久坐生活型態的風險，「與運動相對的是懶惰或缺乏運動，這是身心的禍根……七個致命的罪孽之一，也是導致憂鬱的唯一原因」（1632, 158）。這些早期的思想一直延續到 20 世紀，例如：1905 年有運動對憂鬱的影響的報告（Franz & Hamilton, 1905）；在 1930 年代，運動是精神病患者的休閒治療方法（Campbell & Davis, 1939-1940）。1926 年有人從心理生物學觀點提出解釋運動效果的機轉，認為運動之所以有效，是因為刺激神經和增加腺體分泌，使得憂鬱的情況獲得改善（Vaux, 1926）。

> 在歷史記載裡，哲學家和醫生都認同心理健康與運動之間的關係。

二元論與一元論

健身運動心理學的定義，涉及到數百年來哲學家和早期心理學家對心理（Mind）和身體（Body）本質的不同看法，以及身心之間的關係。二元論認為，人類具有肉體和非肉體的靈魂，身心被認為是分開的，需要不同的原理來解釋其不同的功能。希臘哲學家柏拉圖是二元論者，主張物質世界與靈魂之間有明顯的區別。

圖 1.1 所示的是法國哲學家、數學家和生理學家勒內．笛卡爾（René Descartes, 1596-1650），他認為人類是由身體和靈魂組成的，他認為這兩個部分是相互作用的。笛卡爾在 1633 年左右完成的 *De Homine*（即《人類論》）（Steele, 1972），這是是第一本有關生理心理學的論文，笛卡爾試圖解釋靈魂是如何控制身體。他認為身體是靈魂所控制的機器，靈魂從感官中獲取訊息，做出決策並由大腦來控制身體。為了解釋反射行為，笛卡爾提出了物質身體是由靈魂通過中空管（神經）從大腦到肌肉的流通所控制。非物質靈魂從大腦中的松果體來控制身體，從而調節靈魂的流動。其實，笛卡爾的觀點並未完整解釋非物質靈魂如何控制物質身體，或身體是否會影響靈魂。

德國哲學家戈特弗里德．馮．萊布尼茲（Gottfried von Leibniz, 1646-1716）提出，身體和靈魂是分開的，而且在功能上是平行，而不是相互作用。他的觀點為 19 世紀中後期的實驗心理學奠定了哲學基礎，當時諸如葛斯塔夫．費希納（Gustav Fechner, 1801-1887）、赫爾曼．馮．亥姆霍茲（Hermann von Helmholtz, 1821-1894）、威廉．馬克斯．馮特（Wilhelm Max Wundt, 1832-1920）和威廉．詹姆斯（William James, 1842-1910），得以從傳統醫學和生理學中跳脫而出，開啟了實驗心理學領域。費希納如圖 1.2 所示，在 1850 年建立了心理物理學領域的基礎，當時他以比較物理刺激強度的變化來了解心理和身體的關係，例如：光的強度變化和明亮感的關係。亥姆霍茲如圖 1.3 所示，他以聲音知覺的研究開創了生理心理學領域，他也是第一個測量神經傳導速

圖 1.1　哲學家勒內．笛卡爾（17 世紀）將人體概念化為由靈魂控制的機器

圖 1.2　葛斯塔夫．費希納研究心理與身體之間的關係，為 1850 年的心理物理學領域奠定基礎

圖 1.3　德國生理學家赫爾曼・馮・亥姆霍茲（19 世紀）開創了生理心理學領域

度的人。馮特曾經是亥姆霍茲的助理，馮特是科學心理學的創始者，使心理學脫離醫學和生理學成為一門獨立的學科，而詹姆斯被公認為美國心理學之父。

在二元論發展的同時，一元論認為單一的物質原理足以解釋事實，亦即認為身心是相同的。一元論假定，心理僅存在於身體的功能，及身體與環境的相互作用裡。儘管柏拉圖（Plato）的學生亞里斯多德（Aristotle）是一位二元論者，但他的自然二元論認為，所有物質都是有形的，而且靈魂和身體構成了一個相互依存的實體。英國哲學家湯瑪斯・霍布斯（Thomas Hobbes, 1588-1679）是笛卡爾主義者，擴展此觀點，並說「存在的一切即是真實，真實是持續的變動發生」。根據霍布斯的觀點，心理的活動是神經內部的變動，而且與其他的變動原則有共通之處。這些思想奠定了身心一元論，有別於形而上靈魂的基礎。

美國精神病學之父班傑明・拉許（Benjamin Rush, 1746-1813）是《獨立宣言》的簽署者，也是一元論者。他區別道德行為（心理）與道德見解或良知之間的差異。他認為身體的各種因素，例如：腦的大小、遺傳、疾病、發燒、氣候、飲食、飲品和藥物等，都可能影響心理。1772 年，拉許進行了「運動訓練」，他為年輕人和老年人推薦各種運動，包括跳舞，來改善身體的力量和健康。但是，不清楚 Rush 是否支持運動對心理健康的效果，因為他的「放鬆椅」（見圖 1.4）顯示出他對身體活動相當狹隘的觀點。

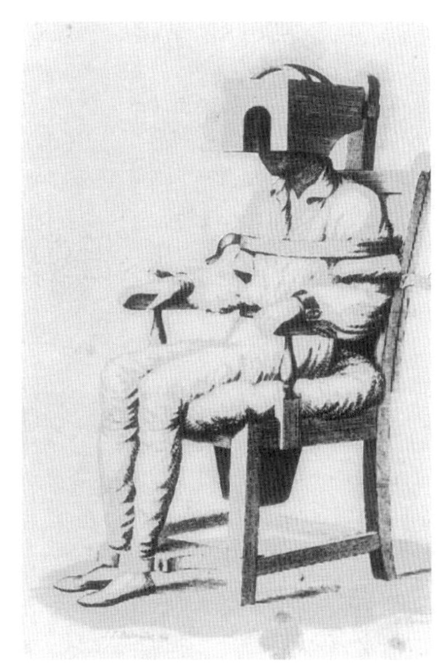

圖 1.4　班傑明・拉許的放鬆椅

早期強調情緒的生物學基礎

大腦，僅有大腦，是人們快樂、歡樂、歡笑和愉悅，以及我們的悲傷、痛苦、難過和淚水的來源。特別是人們慣用器官來區分……好的壞的，不好的愉快的。大腦也是瘋狂和妄想的源頭，也是日夜恐懼失眠的所在……毫無意義的焦慮。（希波克拉底的《養生論》）

生物學基礎

生理學是健身運動研究的基礎，但是健身運動心理學的初學者或許會訝異，心理學領域也是起源於生理學。心理學之父馮特（Wundt）1879 年在萊比錫大學建立了第一個心理學實驗室，馮特（Wundt）在此之前已經接受過醫學和生理學方面的訓練（見圖 1.5）。1875 年，威廉．詹姆斯也已經在哈佛進行心理實驗。詹姆斯．蘭格的情緒理論（James-Lange theory of emotion，以丹麥生理學家的名字命名）認為，身體反應是情緒反應的來源。儘管後來的研究沒有支持，但該理論源於一元論的觀點，並引發有關情緒的生物學基礎的論辯，此一論辯一直持續到現今的健身運動心理學。

圖 1.5　威廉．馬克斯．馮特被稱為心理學之父

馮特同時代的精神病醫生埃米爾．克雷佩林（Emil Kraepelin）、西格蒙德．佛洛伊德（Sigmund Freud）和阿道夫．邁耶爾（Adolf Meyer），他們支持將神經病理學應用在精神病，因為器官病理學的研究促進了一般醫學的發展（Whybrow, Akiskal & McKinney, 1984）。在 20 世紀初期主流精神病學已從神經生理學的方向轉移，克雷佩林繼續根據病理生理學對精神疾病進行經驗分類，而佛洛伊德和邁耶爾轉向人類經驗和內省來解釋和治療心理病理學。此外，邁耶爾後來批評佛洛伊德忽視心理疾病的生物學原理，並在 1915 年向美國醫學會引介心理生物學的概念（Winters, 1951）。

健身運動心理學植基於健身運動科學和心理學的生理學基礎。

認知基礎

馮特是第一位公認為科學心理學家，這可能是因為他主張以內省為主要方法，來探究知覺和心理組成。在他發表的 500 篇著作中，包括了著名的《生理心理學原理》（第二卷，1873-1874 年），以及 1881 年他創刊的第一本心理學期刊 *Philosophische Studien*（哲學研究）。馮特的思想由英國科學家鐵欽納（E. B. Titchener, 1867-1927）帶到美國，他在 1892 年來到康奈爾大學。不過，是威廉．詹姆斯（見圖 1.6）融合亥姆雷茲

圖 1.6　威廉．詹姆斯將生理知覺和符號意義聯結在一起

和馮特的心理物理學方法，以實驗生理學來研究意識，連結生理知覺和符號意義。1890年，詹姆斯出版了劃時代的兩卷《心理學原理》，主張心理學是對意識的認知研究，他認為正統的科學心理學必須同時探討思考與情感。

英國自然生物學家查爾斯．達爾文（Charles Darwin, 1890-1882）的物競天擇（見圖 1.7），對現代心理學的身心一元論有兩方面的影響。第一，達爾文強調所有的生物體都有其功能。第二，他的著作《人與動物的情感表達》（1872 年出版）提供了情感表達的生物學觀點。達爾文的思想對威廉．詹姆斯的思想有深遠的影響。

圖 1.7 查爾斯．達爾文以物競天擇而聞名，他還提及情感表達的生物學基礎

行為和社會基礎

稍後威廉．詹姆斯聚焦在健康和疾病的態度和價值，並在 1893 年至 1896 年間，在哈佛大學講授了有關心理病理學的進階課程，該課程影響了科學心理療法的發展。詹姆斯看到了健身運動對心理衛生的益處，在他寫給老師的話和寫給學生有關理想生活的第一章〈放鬆的福音〉，他指出：

「我希望在接下來的一個小時中講授某些心理學原理，並說明其在心理衛生的實際應用……比如說，想像一下良好的動作肌肉神經對我們個人自我意識的效用，人們都說挪威的婦女最近因為肌肉的感覺有了非常大變化，這種新的肌肉感覺，如同男生一樣使用滑雪板或長雪靴來運動。15 年前，挪威女性比其他國家的女性更為傳統，像「居家天使」、「婉約」之類的。人們說，現在挪威這些久坐不動的居家貓，已經被雪靴訓練成輕巧膽大的生物。對她們來說，夜晚不會太黑，或行走遇到障礙而難以跨越。他們不僅告別傳統的女性角色，實際上在教育和社會中都處於領導地位。我不得不認為，網球、遠足、溜冰以及自行車熱潮，在我們國家的女性中如此迅速地蔓延，也會導致一種更健康更有活力的美國生活。我希望美國，有愈來愈多受過良好訓練和充滿活力的身體，以及受過良好訓練和充滿活力的心理並存，這是男女並重的高等教育。」（James 1899, 199- 205）

赫伯特．史賓賽（Herbert Spencer）對社會心理學的思想有跨世代的影響。他在 1874 年將達爾文的觀念從生物學領域擴展到社會領域（創造「適者生存」一詞的是史賓賽，而不是達爾文）。社會達爾文主義影響了許多早期美國心理學家的思想，包括威廉．詹姆斯。一般認為美國心理學家諾曼．特里普萊特（Norman Triplett）在 1897 年進行了第一個社會心理學的實驗，研究社會因素對自行車比賽的影響。英國心理學家威廉．麥克杜格爾（William McDougall）在 1908 年出版了《社會心理學概論》，但直到 1924 年，弗勞德．奧爾波特（Floyd Allport）出版《社會心理學》一書和 1930

年代卡爾・默奇森（Carl Murchison）出版《社會心理學手冊》，社會心理學才被認為是實驗科學，與社會學常使用的自然觀察有所區別。自從德裔美國心理學家庫爾特・勒溫（Kurt Lewin）在 1930 年代提倡行為是人與環境交互作用的產物的觀念，使得態度的測量和改變、團體動力學、社會學習與人格、社會認知、攻擊和自我知覺成為社會心理學的主流。

20 世紀初期至中期，精神分析是心理學和精神病學的主要治療方法，但其他觀點也開始流行。俄羅斯生理學家巴夫洛夫（Pavlov）、美國心理學家約翰・華生（John Watson）及其同事羅伯特・耶基斯（Robert Yerkes）和卡爾・萊士利（Karl Lashley）進行的條件反射研究，以及之後哈佛大學行為主義論史金納（B. F. Skinner）的操作制約研究，都為 1950 年代的「行為治療」的出現奠定基礎。隨後是社會學習理論（Bandura, 1977, 1986）和認知行為主義（Meichenbaum, 1977）的發展。萊士利開創的神經心理學研究，奠定生物心理學利用動物來模擬大腦與行為之間的關聯。行為主義在心理學的許多領域，尤其是格式塔心理學中，都不受歡迎，因為它強調了行為和刺激反應的連結，而忽視了意識和生物適應。隨著行為主義的衰落，認知心理學與電腦科學、語言學和生物學的關聯，逐漸成為一種具主導地位的思想潮派。

行為主義，也被稱為學習理論或刺激反應理論，以操弄環境的變項來觀察結果以發展行為理論。稍後，認知行為主義了解到人們的思想和情感可以改變行為。

1960 年代有各種心理治療方法，包括截然不同的模型和技術。喬治・恩格爾（George L. Engel）在 1977 年發表開創性的論文，整合生物、心理和社會因素，來了解健康和疾病。當代對健康和疾病的多因果觀點，就是基於恩格爾的「疾病生物心理社會模型」而來。1990 年代受益於這樣的觀點，美國國會定為「大腦 10 年」。這種整合多元的方法也反映在 2000 年出版的《心理健康：衛生部長報告》（*U.S. Department of Health and Human Services*），認為身體活動是心理衛生的一部分。

在新的千禧年，美國心理學會（代表行為和社會科學的五十個學術團體）發起「行為 10 年」的跨領域研究，目的是以 1990 年代的「大腦 10 年」為藍本，促進行為和社會科學研究的重要，而健康是重要的主題之一。

生物心理學，是使用自然科學方法研究來研究大腦和行為。應用生理學、解剖學、遺傳學、內分泌學、免疫學、藥理學和分子生物學來了解行為。將觀察到的分子，突觸和神經系統等反應，連結到整體行為（Davis et al., 1988）。
我們需要了解健身運動相關的生理和行為反應。

現今，人們對大腦在各種社會和環境中控制思想、情緒和行為已有基本的了解。高階統計模型解答社會因素和人類自省的關

社會心理學，是對人際關係和歷程的研究。它涉及人們影響他人、受到他人及其社會與自然環境的影響。

子學科或研究領域

心理學一詞最早是在 1530 年左右由德國學者菲力．墨蘭頓（Phillip Melanchton）所使用的。它的原始含義來自希臘「靈魂」和「研究」，是「靈魂的研究」。後來，靈魂轉變成「心理」而不再是「靈魂」。對威廉．詹姆斯而言，心理學是「心靈生活的科學」，心理學是對意識狀態的描述和解釋……這樣的「感覺、慾望、認知、推理、決策……知覺、情緒」（1890, 1）。在過去的 100 年，心理學已發展成為一門科學的學科，涵蓋了行為和心理歷程原理的研究與應用。一門學科之所以形成是有其獨特的問題和方法，因此，儘管心理學強調行為的生理和社方面向，但它重視自省與個體，這使得心理學與生理學和社會學區分開來。

係，使我們能夠釐清早期心理學家的想法，成為更精緻的社會心理學理論，用來了解和倡導健康。同樣地，神經科學技術的進展，例如：使用微神經造影、電生理學、微透析、大腦核子造影和分子生物學等，現在可以更仔細地研究心理和行為的生物學機轉。

2003 年「人類基因計畫」為健身運動行為的遺傳研究，以及健身運動對與心理健康的神經生理學研究奠定了進一步的基礎。因此，本教科書的目的是說明健身運動的心理和行為反應之生物學基礎，以及在更廣泛的認知、社會和環境影響下的運作情形進行。

健康心理學，是探討以科學方法與身體健康和疾病有關的行為原理。

當代心理學的各個領域在生理、行為、認知和社會問題與方法的重點上有很大的不同，因此存在許多的學科。值得注意的是生物心理學、行為神經科學和比較心理學、行為論和社會心理學。由於健身運動心理學使用這些子學科中的各個傳統來研究身體活動，因此可以將健身運動心理學視為跨學科的研究領域，而不是心理學的子學科。這樣的觀點也與運動科學的根源一致，運動科學本身是一個跨學科領域，應用了生理學、醫學和心理學等其他學科的方法和傳統。此外，健身運動心理學關切臨床環境和民眾的心理健康和健康行為。因此，健身運動心理學使用臨床心理學和精神病學，健康促進和流行病學等方法。

行為神經科學和比較心理學，包含知覺和學習、神經科學、認知心理學和比較心理學等子學科。

當代健身運動心理學

早在 50 年前，健身運動心理學已經是一個可預見的新興研究領域。華盛頓特區兒童醫院精神病科的首席心理學家愛瑪．麥克洛伊．萊曼（Emma McCloy Layman）曾發表有關健身運動和心理健康的評論（Layman, 1960）。在過去的 30 年裡，研究健身運動心理學相關領域的科學家急速成長，研究數量的增加，新的研究期刊創刊（例如 2000 年的 *Psychology of Sport and Exercise*、2008 年的 *Mental Health and Psysical Activity* 和 2012 年的 *Sport, Exercise, and Performance Pschology*），健身運動心理學的學者奠基在心理學、體育學和運動醫學的基礎。從 1960 年代算起，現在許多學者已經是健身運動心理的第二代甚至是第三代。

威斯康辛大學的威廉・摩根（William P. Morgan），堪稱是健身運動心理學之父（見圖 1.8），他將心理學的應用擴展至對運動員以外的研究領域。21 世紀健身運動心理學是奠基在摩根博士 1969 年至 1979 年期間有關憂鬱症（Morgan, 1969, 1970; Morgan et al., 1970）、焦慮症（Morgan, Roberts & Feinerman, 1971）、催眠和知覺疲勞（Morgan et al., 1976）、運動依賴（Morgan, 1977）和運動成癮（Morgan, 1979b）的開創性研究及著作。除了引入心理學做為健身運動科學和體育學的重要議題之外，摩根博士還促成了健身運動心理學成為美國心理學的主流。在 1986 年也就是在史坦利・霍爾（G. Stanley Hall）創立美國心理學會（APA）近 100 年後，摩根博士創立美國心理學會第 47 分支（APA 47）健身與競技運動心理學（Exercise and Sport Psychology），並擔任第一任的會長。

當然，還有其他重要人士對健身運動心理學領域的發展，具有不可忽視的貢獻。在本文中，他們的貢獻顯而易見。早期的貢獻者如普渡大學的伊斯梅爾（A. H. Ismail）、南加州大學的赫伯・德弗里斯（Herb deVries）、羅德島大學的羅伯特・桑斯壯（Robert J. Sonstroem）、賓州立大學的桃樂斯・哈里斯（Dorothy Harris），以及 *Journal of Sport and Exercise Psychology* 的主編，亞利桑那大學的丹尼爾・蘭德斯（Daniel M. Landers）。尤其值得一提的是瑞典心理學家貢納爾・博格（Gunnar Borg）在知覺努力的開創性貢獻。

健身運動心理學的萌芽發展，可從美國心理學會第 47 分支，健身與競技運動心理學的創刊通訊看出端倪。講到目標和宗旨時，創會會長威廉・摩根寫道：

圖 1.8　威廉・P・摩根博士

「47 分支代表了橫跨心理學和運動科學，一個令人興奮且快速發展專業的時刻。讓有著相同目的的科學家和從業人員有互動機會，並進一步提升個人和專業能力……這個專業領域多樣性的，專業人士和學生的關注焦點、科學探究和臨床應用等，是劃時代的橫跨現存的許多的知識領域。本領域中許多人來自心理學的其他專業，例如：發展、教育、臨床、諮商、工業、比較、生理、社會、人格、催眠、動機、人因工程、人體工學和健康心理學。雖然我們領域的專業人士和學生來自心理學的不同領域，但基於競技與健身運動的相同興趣，將我們連繫在一起……運動一詞可以用作名詞、動詞或形容詞，因此本會以此為名稱。我們是這樣的做法，是依循歐洲的傳統，運動可以被視為競技的、多樣的、休閒的、遊戲的身體活動。換句話說，運動不僅僅包括競技運動，這就是為什麼健身（Exercise）運動和競技（Sport）運動這兩個名詞都包含分支部門的名稱，健身與競技運動一詞擴展我們分支的範疇」（Morgan,

1986, 1-2）。

身體活動與心理健康概述

身體活動會根據展露程度（即急性與長期運動）以及臨床症狀的程度（即正常的心理健康與生物的情緒障礙），而對心理健康產生影響。雖然健身運動在預防和治療情緒障礙方面的支持證據持續增加，但當代對身體活動與心理健康關係的看法是好壞參半。

1984 年美國國家精神衛生研究院的一份報告指出，急性和長期運動對焦慮和憂鬱有正面效果（Morgan & Goldston, 1987）。即便如此，5 年後，美國疾病預防和健康促進辦公室的疾病預防工作小組，根據現有的證據得出結論認為，健身運動與焦慮和憂鬱的現有證據力很差，以健身運動做為預防心理健康，其角色和功能所知甚少（Harris et al., 1989）。

雖然布夏德（Bouchard）、謝法德（Shephard）和史蒂芬斯（Stephens）1994 年編著的《身體活動，體適能和健康》為心理健康與身體活動之間的關聯提供了支持。關於健身運動在心理健康所扮演的角色與科學基礎仍有許多的爭論，在《嚴重憂鬱症患者治療指南（修訂版）》中，並未提及任何身體活動或健身運動（美國精神病學協會，2000）。許多醫生對憂鬱症和焦慮症患者提出運動的建議，例如：2010 年出版的第三版《實務指南》將運動作為是重度憂鬱症治療的選擇治療方式之一，並可以作為輕度憂鬱症的主要初始療法（Gelenberg et al., 2010）。

在世界衛生組織的《全球身體活動建議》（2011 年）中提到，規律運動能降低罹患憂鬱症的風險。此外，世界衛生組織明確指出，規律運動能夠有效降低兒童和青少年的焦慮和憂鬱症狀，以及減輕成年人和老年人的憂鬱症狀，運動還可以改善老年人的認知功能。

美國衛生部長的《身體活動與健康報告》（1996 年）就身體活動對慢性疾病的益處，諸如冠心病和糖尿病，以及心理健康達成共識。回顧健身運動科學、健身運動心理學、臨床和諮商心理學以及醫學等領域的研究結果，支持規律的身體活動可以減少憂鬱和焦慮感，並促進心理健康。此外，多個縱貫性研究顯示，坐式生活方式是造成憂鬱症的危險因子。運動對已經是良好心理健康的人，是否有影響還不清楚，但是一般認為，運動能改善幸福感。長期運動已被發現可以改善自我概念和自尊，對於那些一開始自尊心較低並且重視健身的人，自尊的改善更為明顯。

定義：急性和長期運動（Acute and Chronic Exercise）

急性運動，是一次相對短暫的運動，例如慢跑三英里。

長期運動，是指隨時間反複進行的運動，通常被稱為「規律運動」或「運動訓練」，由活動類型、強度、持續時間、每週頻率和身體活動的時段（幾個星期、幾個月）所組成。

2008 年科學諮詢委員會在《美國身體活動指南》指出，有充分的證據顯示，身體活動活躍的成年人患憂鬱症、認知障礙、壓力或低幸福感的風險較低。

美國衛生部長報告，以及美國精神病學會的最新實務指引，都支持將身體活動做為心理健康問題的輔助療法。傳統心理療法既昂貴又費時，並且在某些文化中會帶有社會刻板印象。藥物治療也很昂貴，而且可能具有體重增加的不良副作用。身體活動可以作為預防和治療的替代方法，沒有心理治療或藥物治療帶來的副作用，而且還降低了身體健康疾患的風險。

規律的身體活動對健康有明顯的益處，2008 年美國衛生與公共福利部公布了針對兒童和青少年、成年人和老年人的最新身體活動指南。為了獲得實質的健康益處，成人應每週 5 天做中等強度運動 30 分鐘，或每週 3 天做高強度運動 20 分鐘，或每週合併中等和高強度的運動，此外還要每週至少 2 天主要肌肉群的重量訓練（Haskell et al., 2007）。上述建議已在 2010 世界衛生組織的《身體活動與健康的全球建議》所採用。2009 年，一半的美國成年人未達這些建議的水準，只有 18% 的青少年符合建議的身體活動量，也就是每天至少 60 分鐘的身體活動。

最近公布的《2020 健康人》（U.S. Department of Health and Human Services, 2010）揭示提升 10% 身體活動率的目標。此一目標比 2010 年設定的目標要溫和些，這是由於 2010 年所設定的身體活動和體適能的目標很多都未達到，例如：2010 年設定的目標是休閒時間不活動的成年人，比例是 1997 年基準線 40% 的一半（也就是 20%）。到了 2008 年，實際上仍有 36.2% 的成年人休閒時間不活動，因此將 2020 年的目標設定為減少到 10%（32.6%）。

促進健身運動和身體活動，不僅限於美國。世界衛生組織（WHO）的運動即是藥（EIM, Exercise Is Medicine）組織，及美國運動醫學學會和美國醫學會，在 2007 年共同發起的一項計畫：在全世界推廣運動。2010 年，首屆世界運動即是藥研討會提出一項全球倡議，旨在使身體活動和健身運動成為疾病預防和醫療的標準程序的一部分。這一點相當重要，因為根據世界衛生組織的統計，全世界 60% 的人口缺乏足夠的身體活動，足夠的身體活動能降低危害健康的風險。

由於體重控制和肥胖的盛行，在美國身體活動更是重要。在高收入國家中，美國的平均身體質量指數（BMI）最高。在過去的 10 年中，美國成年人的肥胖率增加了 5%，6 至 11 歲的兒童肥胖率增加了一倍，在青少年則增加了三倍。儘管有一些證據顯示體重過程和肥胖維持穩定（Yanovski & Yanovski, 2011），但美國的病態肥胖率卻在上升，特別是女性（Flegal et al., 2010）。從 1980 年開始，全球 BMI 平均值開始增加，肥胖率增加了一倍（Finucane et al., 2011）。

我們對於預防和治療肥胖和慢性疾病（例如：糖尿病和心臟病），已經有相當不錯的運動量概念，並且有愈來愈多的研究人員正在嘗試量化運動刺激，來釐清運動與憂鬱症症狀改變的臨床意義，例如：有部分證據支持每週的能量消耗達到公共衛生建議值，可以減輕輕度至中度的憂鬱症狀（Dunn et al., 2005）。不過，運動劑量與心理健康之間的關係可能因診斷方式、個人特徵以及對運動的促進，預防或治療的應用而有所不同。

大多數人運動不足，而未能從運動得到好處。

身體活動對心理健康問題治療上的益處

- 自我管理
- 方便
- 低成本
- 副作用小
- 社會接受度高
- 輔助身體上的好處：有氧耐力增強、身體組成改變、肌肉張力增強
- 身體健康問題的風險降低：冠心病、大腸癌、第 2 型糖尿病、高血壓和骨質疏鬆

身體活動行為概述

身心健康與身體活動之間的關係連結對公共衛生具有重要意義。實現上述連結，取決於採取和保持規律的身體活動。大多數美國人運動不足，無法獲得運動的好處，其他工業化國家也有相似的問題，例如：美國人大約三分之一是坐式生活型態。事實上人們剛開始要運動，也很難持續動態的生活方式。通常，開始運動計畫的前 6 個月，大約有 50% 會中輟運動計畫。雖然，過去 30 年進行了大量研究，企圖發現增強運動依附的介入策略，但平均中輟率一直持續維持在此一水準。因此，健身運動心理學也涵蓋了身體活動行為的研究，就像運動的心理效果人人皆知，但非人人運動，鼓勵人們有動態的生活型態，是一個老議題。

1887 年至 1889 年，馬薩諸塞州斯春田市基督教青年會（YMCA）體育主任羅伯特（Robert J. Robert）說：「我在教書時注意到了這一點……角力、體操、田徑等方面的教學，剛開始第一年的會員人數很多，但很快就會退出。」（Leonard & McKenzie, 1927, p. 315）

在《放鬆的福音》中，威廉．詹姆斯（William James）認識到缺乏身體活動是對心理衛生的挑戰：

「記得多年前，我讀過一位美國醫生關於衛生、生命和未來人類的著作……我記得其中有關我們肌肉系統的可怕預言。作家說，完美的人類意味著對環境的適應能力。但是未來的環境將愈來愈需要我們的智力，愈來愈少要求的力量。目前的戰爭型態將不復現，機器將代替我們完成繁重工作，人類將愈來愈成為單純的指揮，愈來愈少能量的消耗。因此，如果未來的智人只需消化食物和思考，那麼他還需要發達的肌肉嗎？……我不敢想像我們的肌肉是多餘無用的。即使每天破曉，人類不再需要為了溫飽和大自然對抗，但我們仍需要運動來提供理智、安詳和快樂的生活，使我們的處事具有彈性，消除我們的煩惱，使我們有幽默感，容易親近。」（James, 1899, 205-207）

改變健身運動行為的可能性，取決於釐清影響運動的相關因素，一般研究者假設當身體活動相關的特徵改變時，會引起相對應的行為變化。了解缺少身體活動的相關因素，就可以協助特定的高風險族群，幫助他們增加運動適應和依附。拓展我們對特定族群的身體活動的知識，可以讓我們發展個別化的介入策略，並使身體活動更具目標市場性。因此，健身運動行為的研究，必須包含決定運動的影響因素，以及強化體適能與維持運動的介入策略。

小結

健身運動心理學是一門跨學科的研究領域，奠基在心理學和生物科學適應的基礎。廣泛的可區分兩個主要領域，包括急性和長期運動的心理影響，以及運動適應和維持的行為動力學。身體活動已顯示會影響身心健康，而且心理影響的機轉，很可能是社會、心理和生物學變量之間交互作用的結果。對健身運動行為的剖析，以及對人們如何在休閒時選擇和維持規律的身體活動的了解，是建立在行為改變的心理學理論之基礎。考量到大多數人身體活動程度低，以及身體活動與健康之間關係已被確立，健身運動的介入對公共衛生有巨大的影響。接下來的各章著重在健身運動的生物心理學，以了解社會和環境因素對健身心理的影響，以及身體活動對身體心理的影響結果。

參考網站

1. http://serendip.brynmawr.edu/Mind
2. www.health.gov/paguidelines/guidelines/chapter2.aspx
3. www.health.gov/paguidelines/committeereport.aspx

第二章 健身運動心理學的基本概念

趙俊涵 譯

使用術語必須先對定義有清楚的共識，否則很容易會造成困惑與誤解，例如：健身運動（Exercise）和身體活動（Physical Activity）這雖然經常被交替使用，但它們之間的細微差異對於理解健身運動心理學非常重要。同樣地，雖然大多數人都能理解「壓力」這個名詞，但它的定義卻不夠明確而且有些含糊。有些時候，即使是心理學家和精神科醫師也會混淆諸如心情（Mood）、情感（Affect）和情緒（Emotion）等術語，本書會在之後的章節討論這些概念，而本章則將闡明與健身運動心理學最相關的一些常用術語和概念，尤其是心理變量（Psychological Variables）、身體活動（Physical Activity）、健身運動（Exercise）和體適能（Fitness）的測量，主要目的在為讀者能更深入地理解後續章節中的內容打下基礎，而在定義和澄清術語含意的過程中，本章也向讀者呈現健身運動心理學研究者在維持高研究品質所面臨的挑戰。為此，本章將介紹有關研究設計、方法論和分析途徑的一般性議題，並以此作為理解後續各章內容的基礎。

一般概念

健身運動心理學研究主體是人們處於身體活動（Physical Activity）與健身運動環境（Exercise Settings）時的行為及大腦活動。主要聚焦在急性（Acute）與慢性（Chronic）運動時，心理生物學（Psychobiological）、行為、社會和認知等變項的前因與後果（見圖 2.1）。除了分析單次運動後的情感（Affect）、情緒（Emotion）和心情（Mood）（例如：焦慮和沮健身運動心理學也涉及身體活動行為的研究。包括能決定身體活動品質、活動量和時間規律的心理、生物以及環境等變項。

> 健身運動心理學包含人們從事急性（Acute）與慢性（Chronic）運動時的心理生物學、行為、社會與認知等變項的前因與後果等研究。

許多實徵證據顯示，大腦變化（包括基因表現 Expression of Genes）會導致行為變化；同樣地，行為變化又會造成大腦變化。因此，若僅分析描述主觀經驗的自我報告以及描述外顯行為的客觀報告，卻未涉及神經生物系統的檢測，我們無法完整理解健身運動心理學。身體活動，尤其是健身運動（Exercise），是基於生物學的行為，因此非常適合使用心理生物學模型進行研究，心理生物學融合認知心理學與行為心理學的優勢，並以神經科學觀點出發，為認知、情緒和行為等的生物學基礎提供了理論模型。

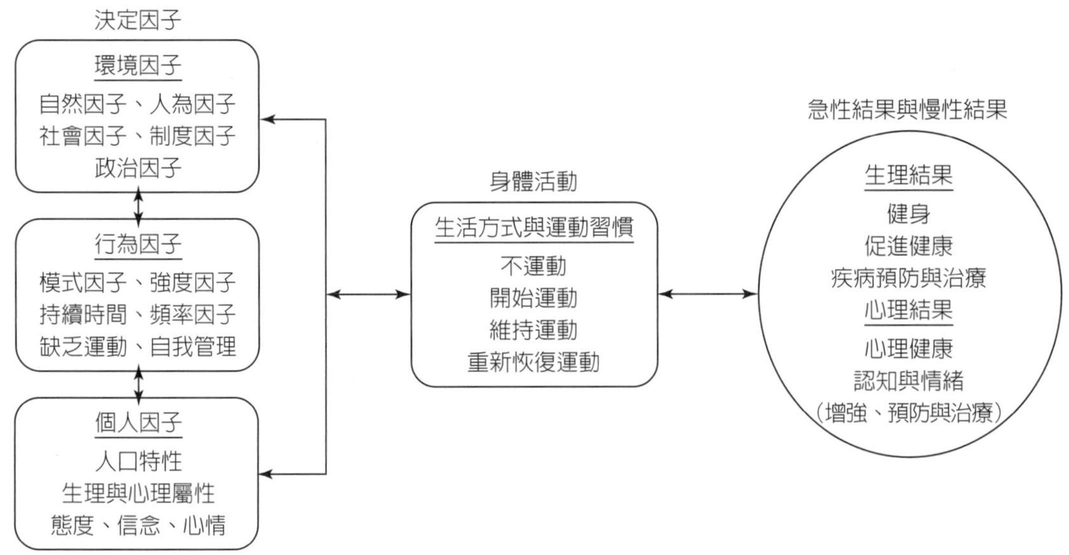

圖 2.1　決定因子、身體活動與結果的相互關係

> 大腦變化會導致行為發生變化，而行為的變化又會造成大腦的變化。

儘管如此，健身運動心理學與其他心理學門一樣，其基本仍是人類的主觀經驗。因此，本章首先討論主觀心理變項的定義和測量，再討論體育活動和體適能的測量，而下一章則以行為神經科學為背景探討此類問題。

心理建構

自從馮特、費希納、詹姆斯與他們當代的學者創立心理學一測量意識的科學（例如：思想、判斷和情感）以來，心理學就此跟生理學區分開來。社會心理學測量人們對自己和他人所作的判斷，心理物理學則測量人們對自己所處物理環境的判斷。儘管現今的心理物理學家對比較人們之間的判斷比較感興趣，但不論在過去或現在，古典心理物理學方法主要用於測量事物而不是人。也就是說，此類測量適用於被人所判斷的事物，而不是判斷事物的人，例如：心理物理學衡量食物的苦味和甜味如何不同，而不是人們的口味是否不同。因此，古典心理物理學的理論將不同人的判斷差異視為測量誤差，僅僅是感覺上的隨機波動。1920 年代左右，兩位心理學家一芝加哥大學的瑟斯頓（L. L. Thurstone）與哥倫比亞大學的愛德華·桑迪克（Edward L. Thorndike）將心理物理學方法應用於測量社會判斷（例如：態度）以及心理性向。他們開始測量人們，且視人跟人之間的差異是真實存在的，不再視其為測量誤差，並用態度、人格和情緒等概念來描述這些差異。

心理物理學衡量意識的方式，在於比較人們對物體之判斷，而此物體具有可直接測量的物理特徵（例如：人們對重量的感受與實際重量的比較）。而心理計量學則恰恰相反，其假設無法直接觀察的心理變項（潛在變項）可藉由推理而被間接測量，但邏輯推論的建構必須基於現象學（人們對自身經歷的表達）、外顯行為、生理反應以及反應發生時的社會與環境背景等因素之間的聯結。舉例來說，測量沮喪情緒的中文（英文）量表或測驗應包括具代表性的形容詞樣本，該形容詞在中文（英文）中普遍用來表示不同的無助與絕望程度。心理計量學奠基在建構效度檢驗（Construct Validation），此過程採用多種測量方法比較各種建構或「特徵」（Campbell & Fiske, 1959; Cronbach & Meehl, 1955; Messick 1989）。

建構效度

衡量心理建構的關鍵在於六種主要的效度：內容效度、因素效度、同時效度、效標效度、邏輯效度、聚斂／區辨效度。

- **內容效度**：指測驗中的題目應代表全部的可能項目，以確保未忽略建構的某些特徵，而且不可包含與其他建構更相關的題目。研究者通常會與專家討論建構，並組織焦點討論小組（成員由該測驗的目標受測者組成）以確保內容完整性。內容效度有時會與表面效度相混淆，表面效度意指一個測驗對大多數人而言，表面上看起來是有效度的。雖然「看起來」有效度對專業人員與大眾是否接受該測試是重要的，但做為科學標準是薄弱的。儘管如此，測試題目必須符合目標受測者的經驗，以確保題目具有明確的含義。
- **因素效度**：指一個測驗的結構與它要測量的建構一致。通常用因素分析——一種統計工具來確定測量同一建構的題目，相比測量其他建構的題目，彼此之間是否更緊密相關。因素分析有以下兩種：1. 探索性因素分析（EFA），嚴格根據實徵資料，描述受測者對題目作答的相關模式。2. 驗證性因素分析（CFA），則用以判定實證作答相關模式，與預判作答相關模式之間的吻合程度。預判作答相關模式基於某個特定理論而產生，該特定理論決定了需要哪些、多少因素來描述一個構建。本章稍後將討論用於驗證因素效度的工具，它們是健身運動心理學測量的主要內容。
- **同時效度**：測量某特定建構的測驗，其測驗分數應與其他測量該特定建構的測驗分數存在高度相關。例如：讓同一受測者完成兩個測量焦慮程度的測驗，該受測者在這兩項測驗的結果應該一致。
- **效標效度**：若某受測者依據專家制定的標準，被判定具有某建構的關鍵特徵，則該受測者在測量該建構的測驗中應得分很高。例如：確診為憂鬱症的患者在憂鬱量表上的得分，應高於沒有憂鬱症的人。
- **邏輯效度**：測驗某建構的分數，在被認為會造成該建構變化的事件發生時，應該要產生變化。例如：大多數人在被迫忍受挫折、痛苦或侮辱時，憤怒測驗的得分應該比較高。而憤怒測驗的分數在歡樂的情況下應該保持不變。
- **聚斂／區辨效度**：測量某建構的分數應與理論上被認為是該建構的獨特行為、背景、成分或誘發該建構的生物反應有高度相關。例如：憤怒測驗的聚斂／區辨效度如果高，則測驗分數應與受測者的攻擊行為、威脅性面部表情，以及血壓上升等現象高度相關，尤其在打鬥等社會衝突發生時。相反地，憤怒測驗的分數不該與測驗其他情緒（例如：愉快）的測驗分數或其他情緒特有的行為和生物反應高度相關。即測驗的高得分指向於被測量的建構，為構建的有效性提供可分辨的證據。

量尺

哈佛大學的心理學家史蒂文斯（S.S. Stevens）將量尺定義為根據特定規則，建立對客觀事物（客體）的數字評分系統。大多數心理計量評分的客體是文字陳述，且通常是對態度、信念、情緒或情感等的陳述，反應量表是獲取人們反應的工具，常見反應量表包括二分式量表（例如：同意／不同意、對／錯、是／否）、次序量表與等距量表（範圍從 1 到 4 或從 1 到 7）。但是，量尺化不僅僅是將客體或語句置入一個反應量表而已，更是發展整套測量工具，在整套的工具中反應量表是用來收取受訪者對每一部分測量工具的回應。心理計量學從經典心理物理衡量法發展而來，也因此引起了一個經典的爭議一即主觀判斷是否可以透過類別、排名、區間或比率等來衡量，此一問題將在第十六章中說明自覺強度的段落中有更詳細地討論。就目前而言，讀者僅需考量以下兩點就已經足夠了：1. 我們能否假定，根據人們的自我評價，存在一個不可觀察的連續潛在建構。2. 我們能否將無法量化的人類，判斷歸類為有「質」的差異的不同類別。

主觀判斷至少要可以根據其頻率、大小、強度等進行排名，才能夠量化。如果排名距離很大，則可以將其視為區間測量，而如果區間量表的每個區間，佔整體測量範圍的比例相同，則該量表就能用來測量比率。舉例說明：如果只能對判斷進行分類，則可以確定四個人持有不同的意見，但不能確定哪一個人的態度最強或哪一個人的最弱，而量化則至少可以做到根據這四人的意見強弱，將他們排名第 1、2、3、4 名，但排名不能告訴我們第 4 名與第 3 名的差異是否等於第 2 名與第 1 名的差異。區間測量則建立了等距的分數差，但只有在區間量表有真正的起始點「零」，才能確保同等的分數比例（例如：1 比 2 與 2 比 4 都是兩倍關係）。能否建立一個衡量態度的真實比例量表，取決於當人們說他們沒有意見的時候，他們是不是真的沒意見（存在真實的零起始點）。教育測量之父桑代克（Thorndike）在 1904 年觀察到以下現象，當人們試圖測量類似拼寫的簡單事物，會有以下的困擾：沒有測量單位。研究者可以讓一個人隨意地寫出一個單詞表，然後檢查正確拼寫的數字，以測量拼字者的能力；但如果仔細檢查單字清單，就會驚訝的發現其實不應同等看待每個單字。因此，一個視所有單詞都相等的測驗，其測量結果必然是不準確的（Thorndike, 1904, p. 7）。

瑟斯頓量表

路易．瑟斯頓（Louis L.Thurstone）是芝加哥大學的電子工程師，也是一位心理學家，他解決了很多實際操作時會碰到的「單位不相等」難題。他拒絕採用以刺激為導向的心理學（這是心理物理學和行為主義所偏愛的），主張採取以人為本的方法，認為心理學的重點應從人們對刺激的特徵判斷轉變為人們所尋求的「滿意感」。

- 在 1925 年至 1932 年間，瑟斯頓為提出單位不相等問題的解決方案，發表了一本書和二十四篇文章。在這些著作中他證實，基於常態分佈的假設，可根據分數變化的模式構建測量主觀變項（例如：態度）的量表（Thurstone, 1927），但心理物理學家一直以來認為這是錯的！他也設計了數種方法來發展單向測量表，其中表面區間相等的方法是最實用也最有影響力的，此方法根據人們對不同態度陳述的評分，將題目根據評分值從最同意到最不同意進行排序，接著選擇題目放入最終量表中，最終量表每一題的反應值都具有相等的區間。

瑟斯頓對可用的量表有以下要求：

- **單向度**：任何客體或實體的測量皆僅描述客體的一個屬性。此特徵對所有測量都適用（Thurstone, 1931, p. 257）。
- **線性**：測量本質上具有線性的連續性，如：長度、價格、體積、重量或年齡，因此有時要將質的變化強制轉變為線性測量。例如在測量學業成就的時候（Thurstone and Chave, 1929, p. 11）。
- **抽象化**：所有測量中隱含的線性連續性始終是抽象的—「測量存在一個普遍的謬論，即一個測量單位就是一個具體的事物，就像一支尺。但事實並非如此」（Thurstone, 1931, p. 257）。
- **恆等性**：「一個測量單位是一個過程，研究者可以在連續測量的不同部分重複施作此過程，並且無需修改其內容」（Thurstone 1931, p. 257）。
- **不受樣本影響的校準**：發展一個測量必須包括預計受測人群之外的樣本。「測量工具不得因其測量對象而嚴重影響其功能。在客體範圍內，它的功能必須獨立於測量客體」（Thurstone, 1928, p. 547）。
- **不受測驗影響的測量**：在不同的量表層次省略幾個測驗問題，應不影響個人分數（測量）。「不能要求所有受測者完成整個量表，受測者填寫量表的起點和終點不能直接影響個人分數（量度）」（Thurstone, 1926, p. 446）。

李克特量表或總加量表

李克特量表是1930年代初由密西根大學的工業和組織心理學家雷恩．李克特（Rensis Likert）所開發的。與瑟斯頓量表一樣，李克特量表也是一種單向度評量方法，要求每位受訪者對量表的每個題目進行評分。例如：受訪者可以按1到5對量表的每個項目評分。如下所示：

1 = 非常不同意
2 = 不同意
3 = 未定
4 = 同意
5 = 非常同意

李克特的研究檢驗了若要估計或預測一個被認為是連續且常態分配的基本變量，需要多少個次序類別。僅僅為一組題目添加如上所示的反應量表不能稱為李克特量表，還必須選擇會產生常態分佈反應的題目（即將每個項目的原始分數轉換為標準常態分數時，分佈的平均值為0，標準差為1）。李克特並不認為選項的數字設定是一個重要的問題（Likert, 1932），但是如果使用五個數字，則必須將數值設定為從1到5，而選項3則代表不確定。

還有其他幾種可能遇到的反應量表（1到7、1到9、0到4），這些量表都有一個中間值，通常標記為中立或不確定，這樣有助於估計反應的常態分佈。某些反應量表具有強制選擇（自比性）格式，題目有偶數反應選項且沒有中立或不確定的選項，這迫使受測者要在量表每一題的同意與不同意之間進行選擇，並且可以控制反應偏誤。受訪者在量表上的最終分數是其所有項目的評分總和，因此稱之總和量表。

目前量測心理建構的選項，其最適數目還不存在共識。如果數量太少，則測驗題目就沒有足夠的敏感度可區分測驗變項較細微的真實差異。如果數量太多，作答可能會變得過於複雜和繁瑣。理論上的最佳數量要兼具良好敏感性與實用性，且其反應結果要近似常態分佈。有些人認為大約五到九個選項是最為適合的，哈佛心理學家喬治·米勒（George Miller）在 1950 年代時推廣了這種觀點（Miller, 1956）。據他觀察，人們可以準確判斷身體刺激、記住訊息又不會出錯的能力，似乎僅限於大約七個類別（個體差異為正負兩個類別）。他用二元決策說明，一位元的資訊為可在兩個同等可能的選擇之間做出決定所需的訊息量，兩位元可決定四個同等可能的選擇，以此類推，有三位元資訊就可在八個同等可能的選擇中進行選擇，而四位元資訊就可以在十六個選擇間作出決定。每當選擇的數量變為兩倍時，就要增加一位元資訊。根據米勒所說，人們能正確判別一個線段上有幾個點、色調種類、個人偏好以及各種顏色的數量，通常為二到三個位元或是四到八個種類。接著他觀察到人們的短期記憶平均約有二十三位元，例如：大多數人可以回憶起大約七位小數，每一位小數大約佔 3.3 位元資訊。在此基礎上，米勒提出了一個理論一短期記憶為測驗中每個項目資訊量的函數。

該函數即為米勒數字：7±2。我們大多數人都意識到，要記住一個包括區號的電話號碼（十位數字），或包含末四位數字的郵遞區號（九位數字）是很困難的。現在大多數心理測驗都有四到七個回答類別，至少部分是受到米勒想法的影響。

古特曼量表（或累積量表）

1950年社會學家路易斯·古特曼（Louis Guttman）提出，瑟斯頓（Thurstone）或李克特（Likert）量表受測者的評分模式必須展現出一致性，否則任何分數的含義都是模棱兩可的。如果有個人贊同一個量表中較極端的陳述，那他就應該贊同其他所有不那麼極端的陳述。如果甲在某建構的得分比乙高，而甲做某組題目的每一題得分都應該要比乙高（或至少一樣高），則我們可將這組具有相同內涵的題目稱為量表（Guttman, 1950, p. 62）。古特曼量表也將其稱之為累積量表，其目的是要為測量的建構建立單向度連續性題目，意思是若某人同意測試中的任何一題，他也同意該題目前的所有題目。

換句話說，在十個題目的累積量表中，得五分表示被訪者同意前五個項目，得到七分則表示同意前七個問題，依此類推。目標是找到一組完全符合某模式的題目。儘管這種情況並不經常發生，但一個量表或測驗符合此目標的程度，會反映該量表或測驗的內部一致性，這是一種信度的形式。

米勒數字：7±2

「最後，神祕數字 7 代表什麼呢？為什麼世界上會有 7 大奇蹟、7 個海洋、7 個致命的罪過、昴宿星團阿特拉斯的 7 個女兒、人類的 7 個階段、7 層地獄、7原色、7個音符以及一周7天？為什麼要有 7 點量表、絕對判斷的 7 個類別、注意力上限的 7 個物件跟短暫性記憶上限內的 7 個數字呢？在所有「7」的背後也許有著深刻且奧妙的秘密，正呼喚我們去發現它。但，我懷疑這全是一個狡詐的畢達哥拉斯巧合」（Miller, 1956，95）。

信度

與所有測量一樣，心理建構的測驗必須具備信度，即在定義建構性質的那一段時間裡，它們必須精準、正確且穩定。有效度的測驗首先必須要具備信度，但有信度的測驗不一定就有效度。精準指的是測驗與其子量表具有內部一致性，相對於人們對每個題目反應的變異，題目間的平均相關性很高。正確意味著測試不會高估或低估建構的真正數值。穩定則代表著若沒有可解釋的原因，測驗分數是不會有大幅的波動。心理建構的信度通常使用稱為組內相關係數（Intraclass Correlation, RI）的一種統計數據進行計算，係數 α 為常用於估計組內相關係數的指標，其計算公式為：

$$\alpha = \frac{k\bar{r}}{1 + (k-1)\bar{r}}$$

其中 k 表示測驗中題目的數量，r 表示題目之間的平均相關性。因此，增加題目數量或增加相關性高的題目都會使信度上升。

多向度測量量表

到目前為止，我們考慮過的量表都僅測量一個向度，就好像一條線段的長度，通常這對許多建構來說已經足夠了，但如果要測量諸如自尊之類的概念呢？第十二章中將整體自尊視為單向度概念，但其層次結構中包括多個向度。在第五章中，我們考慮了各種類型的情緒和情感。研究情緒的心理學家大多同意，幾乎所有文化的人們都會經歷六種基本情緒（愛情、歡樂、驚奇、憤怒、悲傷和恐懼）。

而且，每種類型的情感反應都可以透過情感向度（例如：愉快與不愉快）和激發向度（例如：低與高）來描述，這些向度都必須用獨立的量表來測量。

語意分析

在1950 年代後期，社會心理學家查爾斯．奧斯古德（Charles E. Osgood）和他的同事蘇西（G. Suci）與珀西．坦寧巴姆（Percy Tannenbaum）開發了一種方法，用以描繪不同個體對單詞含義的認知差異，進而測量單詞之間的「心理距離」（Osgood, Suci & Tannenbaum, 1957），此方法被稱為語意分析。他們提出一個理論，即任何客體或術語的認知意涵，都可以從三個向度進行本質描述，從而提出多向度測量量表的想法。奧斯古德等將這三個向度命名為行動（Activity）、評價（Evaluation）和力量（Potency）。例如：「體操」，思考一下你對體操有什麼想法。如果你喜歡體操，則可能會將它的行動向度評為「高」、評價向度評為「好」而在力量向度方面給予「強」。其他形容詞和向度也可以用來描述事物對人們的內涵意義，但最重要的是必須使用反義詞來描述連續的相反兩端，並評量多個向度，此即所謂的兩極式評定量表。

奧斯古德及坦寧巴姆內涵意義的三向度

評價：
好__：__：__：__：__：__：__壞
力量：
強__：__：__：__：__：__：__弱
行動：
主動__：__：__：__：__：__：__被動

量表還是測量？

直接從反應量表得到的分數不能用作心

理建構的測量，因為它們不完全符合測量變項的真實分佈。

與瑟斯通和李克特量表的線性常態分佈假設相反，反應分數分佈通常為非線性並且會受到被採樣群體的特徵所影響。例如：1953 年丹麥數學家喬治．拉許（Georg Rasch）發現，只有取得接受兩種不同閱讀測驗的學生樣本之數據（Tenenbaum, 1999），並對資料採取統計調整（即應用卜瓦松（Poisson）在 1837 所提出的分佈指數可加性），才能比較兩種不同閱讀測驗的表現。

但是，研究者更常使用因素分析來構建測量，以確定量表是否具有多個向度，以下將說明因素分析。

探索性因素分析

因素分析是用來確定心理建構測量應是單向度還是多向度的重要統計工具。研究人員使用因素分析，將題目的相關矩陣轉換為較少的向度或因素，藉以識別測驗中題目之間的相關模式。一組數量龐大的變項之間的相關模式可能是某些因素所造成，而因素分析則用於估計這些因素的數量和性質。從技術而言，因素分析用於從一組測量中提取出共同因素變異量（Common Factor Variances）。因素是用以解釋題目和量表之間相互關係的一種建構，透過因素分析得出的變項是推論所得，而不是直接測量的，因此只能視為發展有效心理建構測量的第一步。100 年前心理學家查爾斯．斯皮爾曼（Charles Spearman）提出因素分析，他認為所有的心智能力測驗，例如：口語、數學和分析能力，都可以由他稱為 g 因素的單一智力要素來解釋。雖然他的想法是錯的，但他用來檢驗自己想法的技術，已成為描述心理建構與發展心理建構量表的一項基本工具。

探索性因素分析的主要步驟是 (1) 選擇一組變項；(2) 生成這些變項的相關矩陣；(3) 從相關矩陣中提取因素；(4) 旋轉因素提高簡潔度 (5) 解釋因素的含義。以下示例闡明探索性因素分析的主要步驟。

假設研究人員選擇了六個標記為 A 到 F 的變項，來測量樣本中大學生的語言和數學能力。根據得分研究人員生成一個矩陣（即正方形的數字陣列），其中包含來自六個變項得分彼此之間的相關係數，如圖 2.2 所示。沿對角線的值或元素為 1.0，因為任何

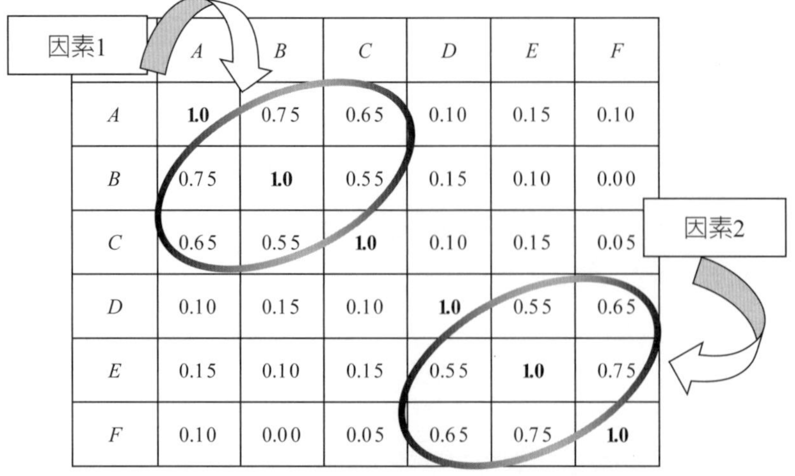

	A	*B*	*C*	*D*	*E*	*F*
A	**1.0**	0.75	0.65	0.10	0.15	0.10
B	0.75	**1.0**	0.55	0.15	0.10	0.00
C	0.65	0.55	**1.0**	0.10	0.15	0.05
D	0.10	0.15	0.10	**1.0**	0.55	0.65
E	0.15	0.10	0.15	0.55	**1.0**	0.75
F	0.10	0.00	0.05	0.65	0.75	**1.0**

圖 2.2　示例：探索性因數分析中使用的相關矩陣

變項都與自身完全正相關。對角線上方和下方的值相同，因為矩陣是對稱的。不在對角線上的值表示六個變數之間的相關係數，這些值的範圍在 -1.00 和 +1.00 之間。圖 2.2 中的圓圈區域表示可能存在兩種不同的相關模式。因此，矩陣中的相關模式表明，這六個變數來自兩個向度（或因素）。

下一步是從相關矩陣中提取因素，以確定這兩個因素是否真為六個變數之間關係的基礎。最常見的提取方法為標記主軸因素提取法，使用多元相關平方值作為變項共同性的初始估計。共同性是每個變項的共同因素變異量（即共同因素占總變異量中的部分），估計共同性是因素提取的起點。探索性因素分析自矩陣中提取 n（n = 變項數）減去因素個數（一個或特定數量的因素）。透過疊代法從相關矩陣中提取因素，使第一個因素解釋題目間最大的變異，而後續因素解釋變異的較小部分，接下來研究人員檢查結果並使用一些標準（例如：由因素解釋的變異量或因素重現原始相關矩陣的程度）來確定是否已提取正確數量的因素。在本示例中，從相關矩陣中提取了兩個因素。提取因素得出表 2.1 中的因素矩陣。前兩列包含因素負荷量，因素負荷量表示原始六個變項與兩個因子之間的關係程度。與相關係數類似，因素負荷範圍在 -1.00 到 +1.00 之間。檢驗權重可得變項 A、B 和 C 在第一個因素上負荷強，而在第二個因素上的負荷較弱。相反的，變項 D、E 和 F 的負荷在第二個因素，而不是第一個因素。第三列中的值是變項的共因素，即因素負荷的平方相加。變項 A 的共同性是 $(.85)^2 + (.05)^2 = .7250$。

表 2.1　因素矩陣

變項	1	2	h^2
A	.85	.05	.7250
B	.75	.10	.5725
C	.65	.10	.4325
D	.10	.65	.4325
E	.10	.75	.5725
F	.05	.85	.7250

因素分析的目標為透過共同部分與特有部分的總和，來表示每個題目或量表。根據定義，所有變項的共同部分由共同因素充分解釋，而特有部分在理想情況下必須完全不相關。因此，共同因素是原始變項共同部分的線性組合，而因素分析描述的就是共同因素變異的組成。一測驗題目的總變異包括三個部分：(1) 共同因素變異（可歸因於共同因素的變異）或 h^2；(2) 特定變異（與共同因素外的變異）和 (3) 誤差變異（1.0 減去信度）。因此總變異 = 1.0 = h^2 + 特定變異 + 誤差。測驗題目的信度即為其共同性及其特定變異的總和。使用題目 A 進行說明：假設其信度為 .80，則其誤差變異為 0.20（0.20 = 1.0 - 0.80），其特定變異為 .075（1.0 = .7250 + .075 + .20）。

有時候，因素負荷矩陣不如表 2.1 中所示般清晰，因此必須進行轉軸。轉軸是一種將因子負荷模式，重新定向為更簡單或可解釋形式的方法。類似於調整顯微鏡的放大鏡才能看清楚載玻片上的標本內容，透過轉軸研究者可以調整因素負荷的模式，以突顯因素矩陣的內容，這樣的調整會使因素矩陣中的因素負荷更加清晰。轉軸可以是正交的（即獨立因素）或斜交的（即相關因素），我們的例子裡將兩個因素視覺化為相交的線或向量。正交轉軸用以確定兩條垂直相交直線的因素負荷。斜交轉軸用以降低直線相交角度，以確定負荷模式會否變得更加明顯。探索性因數分析的最後一步為解釋表 2.1 中因素的含義。解釋取決於變項的因素負荷的大小及模式。變項 A、B 和 C 在第一個因素上負荷強，但在第二個因素上負荷較弱。對變項內容檢驗可得變項的共同元素和造成變項之間相關的建構（例如：語言能力）。

變項 D、E 和 F 對第二個因素負荷強，但在第一個因素上負荷弱。變項的共同元素和造成變項之間相關性的建構可能是數學能力。

探索性因素分析是一種統計方法，用於製作測量心理建構的評分量表。變項之間的相關性可用來提取因素或代表某一獨特建構，而高度彼此相關的一組變項。

在鮮為人知的研究領域，探索性因素分析的價值，來於它能夠指出變項之間相關性的模式。可惜的是，在使用探索性因素分析之前，因素的數量是未知數，且所有因素通常影響所有變項，如圖 2.3 所示。也沒有方法可以直接檢定最終因素的準確性（即不確定性），或題目與特定因素的關係（即因素有效性）。較新的方法使用共變數模型，更

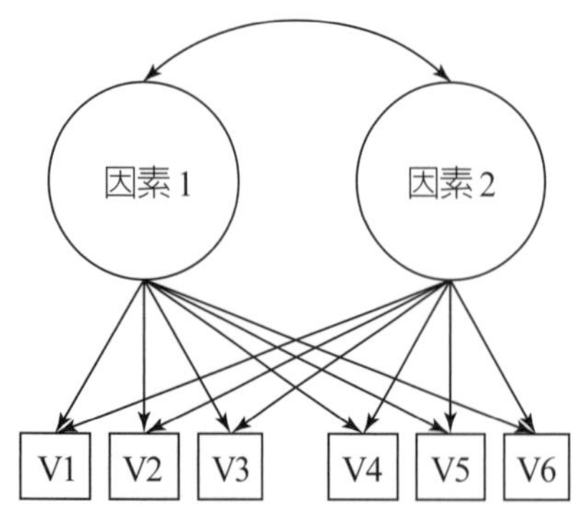

圖 2.3　探索性因素分析用於探尋造成變項間相關模式的因素

適合進行變項之間關係的假設檢定。

共變數模型（Covariance Modeling）

基於斯皮爾曼（Spearman）的因素分析，透過類似線性迴歸的方法，通過統計上的解決方案找到迴歸係數和估計誤差，該解決方案使每個受測者的預測分數，與觀察分數之間的平方差之和最小。

而共變數模型是一種新方法，基於共變數，而不是每個人的得分。共變數的目標不是最小化預測得分和觀察到的分數之間的差異，而是使樣本中觀察到的共變數與某種理論模型預測的共變數間，彼此差異最小化（Bollen, 1989）。

共變數模型是強大的分析工具，可直接測試理論模型與實測變項二者的變異—共變異矩陣的適配程度。使用共變數建模的兩種主要分析是驗證性因素分析和結構方程模型。驗證性因素分析與探索性因素分析相似，但是驗證性因素分析能夠直接檢測根據理論所得的測量模型與實測變項，兩者變異—共變異矩陣的適配程度。結構方程模型則在檢測理論模型的適配程度的同時，也描述潛在變項與建構的測量變項，以及建構之間的結構關係。

共變數模型使用觀察到和預測的共變數，來確定理論模型與變項的適配程度，包括驗證性因素分析和結構方程模型都屬於共變數模型。

驗證性因素分析

驗證性因素分析（Confirmatory Factor Analysis, CFA）有以下主要步驟 (1) 選擇一組變項；(2) 由這組變項生成變異量—共變

量矩陣；(3) 預先指定一個基於理論的測量模型，該模型明確定義每個變項與因素之間的關係；(4) 估計模型參數，最後；(5) 使用適配指數測試模型的適配程度。前兩個步驟與探索性因素分析的步驟非常相似。研究人員選擇一組變項、蒐集反應樣本、然後生成一個描述變項關係的矩陣。但是，驗證性因素分析中的矩陣列示變異量和共變量，而不是相關係數。第三步以後則根本地區分開探索性因素和驗證性因素分析。研究人員基於理論預先提出測量模型，該理論須明確定義每個變項與因素的關係，如圖 2.4 中所示的雙因素相關模型。

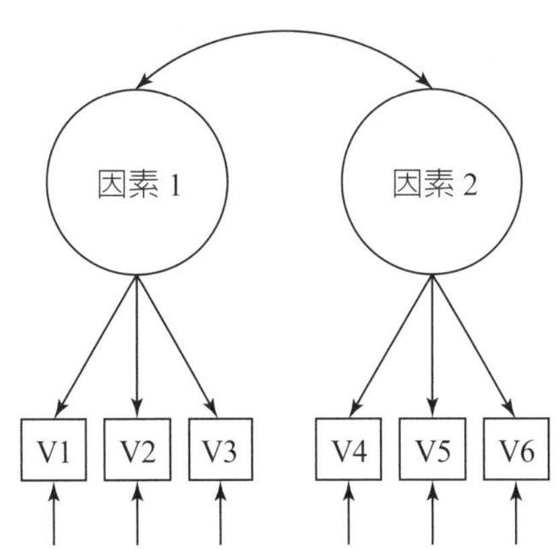

圖 2.4　一個雙因素驗證性因素分析的相關模型

測量模型完整地定義了因素的數量、因素之間的關係、因素與變項的關係以及因素與測量變項的相關誤差項。下一步包括估算模型參數與確定模型與數據的適配程度。有多種估計方法，例如最大概似估計法（ML 法，即基於母體中出現的觀測值先驗機率對母體值進行「最佳機率」估算），可用來最小化樣本的根模型的變異—共變異矩陣參數之歧異。最小化的過程是迭代的，當兩個矩陣之間的差異沒有明顯減少時，稱之為模型收斂。接著，研究者必須判斷模型的正確性，這項工作必須基於一些適配指標。大多數適配指標用於判斷模型對樣本的變異—共變異矩陣的絕對適配或相對適配。而有些指標，例如：卡方統計量（χ^2）（計算公式為樣本對角線與非對角線元素與複製的變異—共變異矩陣之間的平方差，乘以〔樣本數減 1〕），以及適配度指標（測量模型預測的樣本矩陣中變異和共變異的相對量）測試模型的絕對適配。

相對或增進適配指標（例如：非常模化適配指標，它是虛無模型和假設模型的卡方值之比值，且已針對模型中的參數量進行了校正）與均方根誤差漸進法（RMSEA，公式為 $[(T\text{-}d)/d\ {*}n]^{1/2}$，其中 T = 最大概似估計的卡方值、d = 模型的自由度、n = 樣本數 N-1）比較特定模型與基準模型（或虛無模型）的適配程度，基準模型假設觀察到的變項之間沒有關係。卡方值 =.08、.05 以及 0 分別表示合理適配、緊密適配和精確適配。

CFA 的優點包括：

- 對基於理論的先驗測量模型的適配程度做直接或相對測試。
- 可以估計誤差項之間的相關性。在理想情況下誤差項應該要彼此獨立，但是在某些情況下，讓誤差項彼此有關聯，可能是合理的、有意涵的。
- 檢測模型及其參數，在跨群體（例如：男性和女性）與跨時間上的準確性。如果組成建構的基本因素，在不同組別或不同時間有所不同，則變項的總分就不能直接比較。它們代表著不同的事物，因此證明跨組別和跨時間的測量恆等性或不變性是很重要的（即同樣的因素結構、同等的因素負荷平均數和誤差）。
- 可比較未加總潛在因素及其原始分數的潛在平均數（Latent Means）。

結構方程模型

許多研究人員的主要關注，是對於檢查理論模型是否可以準確描述多個潛在建構，或假設建構之間的確切關係，在第十四章將介紹描述身體活動及行為變化的理論。結構方程模型（Structural Equation Modeling, SEM）是驗證性因素分析的擴展，可用於開發和測試這些理論。例如：研究人員可能想測試理性行為理論，是否合理地描述了與身體活動相關的變項。理性行為理論假設行為可由意圖預測，而意圖可由態度和社會常模預測，而結構方程模型可以確定變項之間的相關模式是否符合由理論推測而得的相關模式。

結構方程模型有以下幾個步驟。首先，選擇一個測試的理論模型（例如：理性行為理論），用以理解與身體活動相關的因素。然後，研究者使用各假設變項下數個變項或指標來測量理論中的建構，從樣本中蒐集參與者的填答，並計算出變異—共變異矩陣。

接下來，研究人員事先指定要測試的理論模型。該模型包含兩個部分：測量模型和結構模型。圖 2.5 包含用於理性行為理論假設檢定的測量模型和結構模型。每一個潛在變項都有特定的測量模型。與確認性因素分析中的情況類似，測量模型定義因素個數、因素之間的關係、因素和變項之間的關係，以及與各個測量變項關聯的誤差項。如圖 2.5 的測量模型所示，一個因素派屬給一個潛在變項。結構模型給定潛在變項之間的關係或路徑的性質，例如：結構模型給定了從社會規範與態度到意圖，再從意圖到身體活動的路徑。下一個步驟是估計模型參數，然後檢視確定模型與數據的適配度。樣本的變異—共變異矩陣與建模參數複製出的變異—共變異矩陣之間存有不一致，故必須透過估計方法將兩者的不一致最小化。與驗證性因素分析中的最小化類似，最小化的過程是疊代的，即當樣本變異—共變異矩陣與建模參數複製出的變異—共變異矩陣之間的差異不再顯著減小時，模型達到最終收斂。然後，與確定性因素分析的步驟一樣，必須根據適配指標來判斷模型的準確性。因此，研究人員可以預先指定一個由理論衍生的模型，然後直接使用結構方程模型

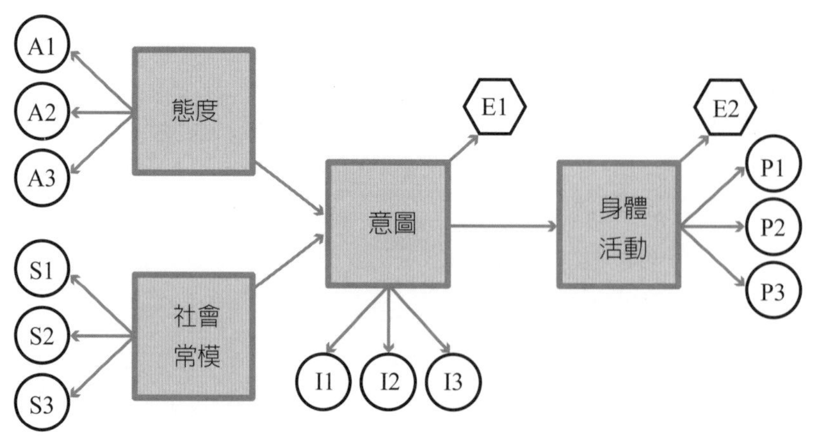

圖 2.5　使用 SEM 測試理性行為理論的結構模型

改編自莫特爾（R.W. Motl）及迪士曼（R.K. Dishman）等人 2002 年提出的「利用結構方程模型檢驗青春期女孩之行爲意圖，與身體活動的社會認知決定因素，」（*Herding Psychology*, 21(5): 459-467）。

測試模型的適配程度。以下是結構方程模型的一些好處：

- 它建立測量模型，為每一個潛在變項的指標之間，劃分真實分數和誤差分數的變異。
- 它可同時估計多個潛在變項之間的假設路徑。
- 它提供潛在變項之間關係或路徑的不偏估計。
- 它測試跨群體（例如：男性和女性）、跨時間模型及其參數的準確性，並能分析中介變項（例如：目標、信心及情緒）對行為的可能影響。

相關測量的混合模型

準確測量身體活動的心理前因和心理後果，是邁向了解理論建構與身體活動之間因果關係的第一步。第二步則是確定急性與慢性運動對心理結果的影響，以及各種介入措施對於健身運動行為的影響，這通常需要復雜的 SEM 方法。這些程序與先前描述的模型類似，尤其是混合模型，適用於彼此相互關聯的多種測量。混合模型是一種統計模型，既包含固定效果（例如：實驗組與對照組之間的得分差異）也包含隨機效果（例如：一組隨機選擇的人群間，或跨時間的隨機樣本間，其中的得分差異）。在 20 世紀初期，羅納德·費雪（Ronald Fisher）爵士引入了隨機效果模型來研究親屬之間性狀的相關。而在 1950 年代，查爾斯·羅伊·亨德森（Charles Roy Henderson）提供了固定效果和隨機效果的不偏線性估計。如今，有多種統計方法可用來估計這些效果及其標準差，包括最大概似法（例如：僅從母體中的一部分樣本之分數，來估計常態分配的平均值、變異及共變異），以及貝氏法（Bayesian Approaches，基於先驗知識或機率的可能性估計）。簡單的配對 t 檢定可以告訴研究者，大多數人的情緒在進行有氧運動課後是否得到改善，但無法全面檢查介入措施的全部效果，因為介入措施受許多因素的影響，這些因素會對不同人有著不同的效果。

t 檢定不能用來理解為什麼有些人進步較多，或為什麼有些人運動後反而變得更糟。與 t 檢定相比，擴展到混合模型的 SEM，可用於描述會隨時間變化的變項之增長，以及確定多個變項之間會隨時間變化的相關模式。在該模型中，可以通過測試中介效果（即間接效果）和調節效果（即修飾效果），而更全面地解釋身體活動的結果和前因，以下是一些範例。

潛在增長模型

為確定變化的速率和形態，研究者必須在整個時間範圍內進行至少三個連續測量，以確定變化是線性還是非線性。潛在成長模型（Latent Growth Modeling, LGM）透過 SEM 程序，從長期縱向數據中估計個人或群體變化軌跡（即直線的斜率）的兩個潛在變項：一個變項代表初始狀態或起始值，另一個變項則代表隨時間變化的軌跡（圖 2.6），其模型是因人而異的隨機效應（Bollen, Curran & Wiley, 2006）。與重複測量變異數分析（RM-ANOVA）或普通最小平方法（OLS）迴歸分析不同，LGM 提供個體內、個體間差異的線性／非線性變化軌跡的參數估計，變化與初始狀態之間的關係，以及用於數據遺漏、測量模型適配度以及偵測適配不良的最大概似法（Muthén and Muthén, 1998-2010）。潛在成長模型的關鍵優勢，在於能夠運用初始狀態並能夠將潛在變項更改為預測模型中的自變項或依變項（如：先前所述的 SEM 模型）。

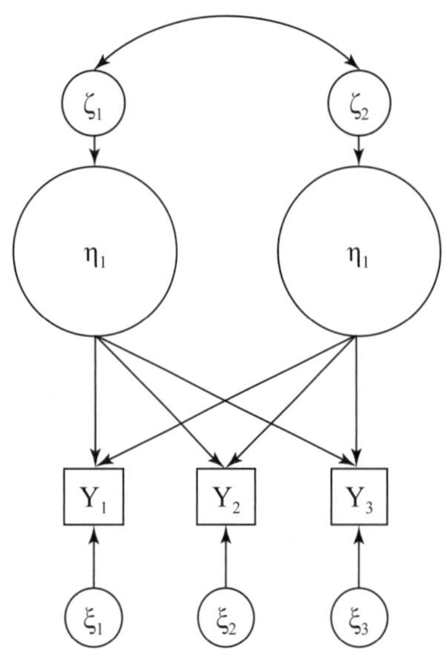

圖 2.6 潛在成長模型 Y_1 至 Y_3 表示在三個等間隔的時間獲得的測度，η_1（截距或初始狀態）和 η_2（斜率或變化）是潛在變項，而 ε_s 和 ζ_s 分別表示 Ys 和 ηs 無法解釋的變異（Singer and Willett, 2003）。由 η_1 和 η_2 建模的變化軌跡是時間縱向變化的隨機無誤差估計

潛在轉移分析

潛在轉移分析（Latent Transition Analysis, LTA）是一種的特殊潛在類別分析（用於從多變量類別數據中找到不同個案組別的 SEM），其基於貝氏機率估計：(1) 各個潛在階段的人口比例；(2) 時間 t 歸屬於潛在階段 a 的成員，在時間 t +1 變為階段 b 的條件機率。

在此情況下，存在兩個條件機率矩陣：(1) 給定個體時間 1 的階段，個體在時間 2 處於什麼階段；(2) 給定個體時間 2 的階段，個體在時間 3 處於什麼階段。LTA 可估計參與者在不連續的潛在類別之間移動的貝氏機率（基於事前機率的事後估計）。一個使用 LTA 的例子是測試成年人每六個月 (1) 從活動不足，積極轉變為（前進）達到公共衛生標準的身體活動之可能性；(2) 從達到公衛標準，消極轉變為（後退）活動不足的可能性（Dishman et al, 2009）。

潛在類別成長模型的優勢在於可以確定一個團體中，是否存在數個初始水準不同以及水準變化不同的組別。因此，它不只能用於初始狀態（即基礎水準）和整個團體的變化（即固定效應）的獨立檢定（此類檢定將人與人之間的差異視為隨機誤差，而非潛在的真實個體差異）。潛在類別成長模型更允許研究者確定團體中，是否存在不連續的類別，這些類別可能與身體活動的變化具有獨特的關係，如果將整個團隊一起評估，則無法檢測到，如圖 2.7 所示。例如：在整個觀察期內，期望進行身體活動將會大幅增加個人效益的人們，與個人效益期望值較低或甚至預期效益會下降的人們相比，在所有評估中能達到身體活動標準的機率應該更高（Dishman, Vandenberg, Motl & Nigg, 2010）。

多層次分析

雖然多層次分析很複雜，但卻有助於人們理解和預測身體活動的水準，因為它將決定因素的範圍和決定因素彼此間的關係，都納入考量。身體活動取決於個體的決定和動機，也取決於個體所處的物理和社會環境（包括居家環境、家庭、鄰里、宗教場所、工作場所和學校場所）與個體決定因素的交互作用（Duncan et al., 2004; King et al., 2008）。

社區的共同特徵可能會對人們產生相似影響。因此，如果個人的親友在身體活動方面很活躍、或其所處的學校或工作場合，提供場所並鼓勵身體活動，又或者居家環境與社區提供能夠進行安全又愉快身體活動的場

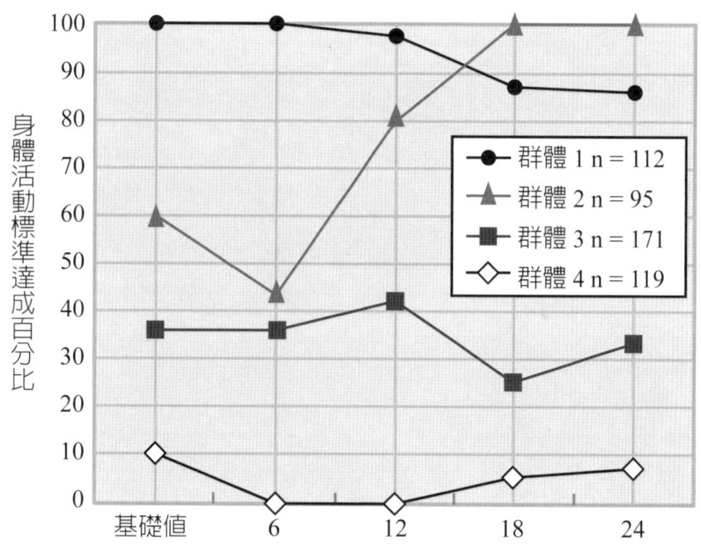

圖 2.7 潛在類別成長模型呈現兩年內達到公衛身體活動標準比例的四種群體模式

經 R.K. 授權轉載。R.K. Dishman et al., 2010，Using constructs of the transtheoretical model to predict classes of change in regular physical activity: A multi-ethnic longitudinal cohort study, *Annals of Behavioral Medicine,* 40(2): 150-163.

合或機會，那人們就很可能會選擇參加身體活動（見圖 2.8）。

同樣地，身體活動或心理健康結果可能會隨著時間而改變，這有部分會取決於遺傳、身體或社會環境，有部分則取決於家庭特性、環境和文化，而對人們有著不同影響（De Moor et al., 2008）。

多層次模型（當使用觀察變項而非潛在變項時也稱為階層線性模式）是一種 SEM 的混合模型（它結合了固定效果和隨機效果），使用迴歸分析估計第一階獨立變項（即不同人間）的多少變異（隨機效果）可以由嵌套不同人的第二階因素（固定效果）來解釋（第二階因素的各類別產生獨特的影響）（Raudenbush & Bryk, 2002）。例如：學生的身體活動（第一階變項）會因為他們的動機和天賦能力（另一個第一階變項）而有所不同，同時也會因為他們共享的學校環境（體育老師的能力、朋友的習慣和進行身體活動的機會）而異，這些因素在同一個學校內和不同學校之間都存在差異（第二階變項）。多層或階層模型還可以分析縱向數據以估計第一階依變項中的多少變異，可以被第二階變項及其與第一階變項的交互作用所預測。例如：擁有最好的體育老師和最多身體活動機會的學校，整個學年身體活動水準的成長應該很快速，因為學校中的所有學生都會從中受益。

不過，就讀擁有最佳體育教育和最多活動機會的學校，但先天能力較低而又經常久坐的學生，身體活動的增長可能會更大，因為這些學生最需要幫助，而且進步空間最大。在多階層成長模型中，第一層模擬同所學校內隨時間而變的變化。例如：同一學校的 9 年級學生可能有不同水準的身體活動，而 9 年級和 12 年級之間的身體活動變化形式也不同。變化係數代表學校內部體育活動（任何主要或次要結果）隨時間變化的斜率是隨機的。第二層模擬不同學校隨時間變化的平均差異（固定影響），與不同學校間變

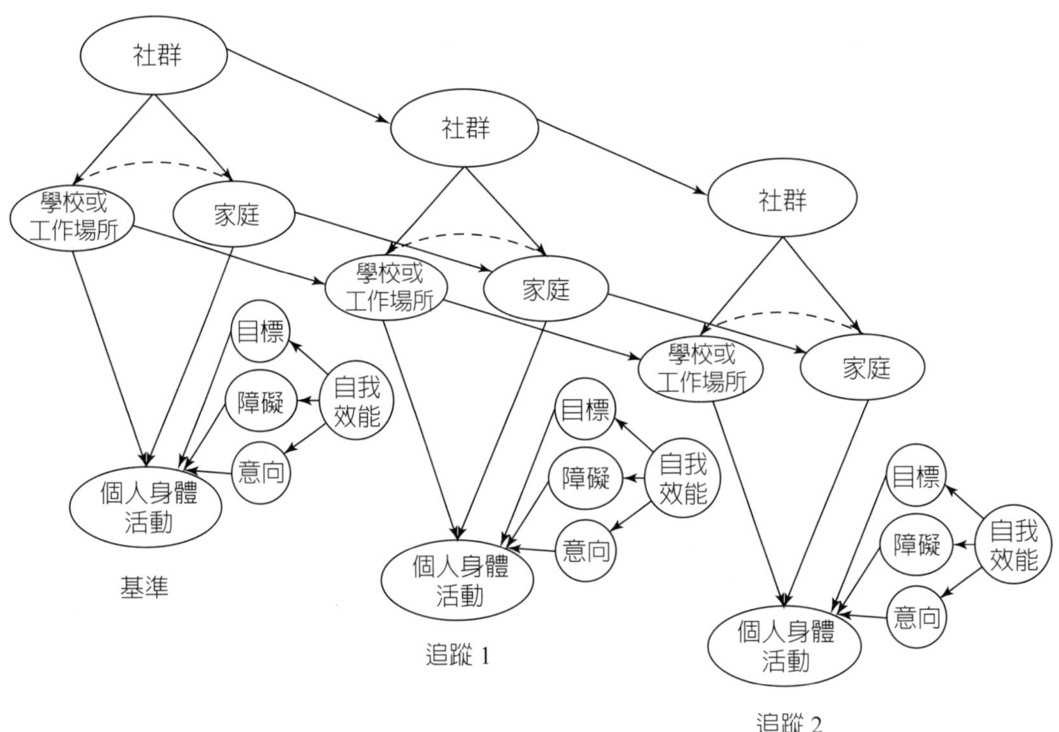

圖 2.8 使用多層次模型測量轉變。概念模型應包括測量個人層次（例如：個人動機），包括家庭和家庭環境以及社區層次（例如：鄰里、教堂、學校）的變項

改編自 Dishman, 2008, Gene-physical activity interactions in the etiology of obesity: Behavioral considerations. *Obesity*, 16 (Suppl. 3): S60-S65.

化（隨機影響）之間的關係。預測變項可在第二層引入。例如：可比較有很多身體活動機會的學校與很少身體活動機會的學校之間，9 年級學生的初始身體活動水準，以及 9 年級到 12 年級的身體活動變化。多層次混合模型基於一種理論，指出變項受每個特定層次內彼此的直接效果，以及不同層次間的跨層次交互作用效果所影響。因此，研究人員可以測試變項的中介機制（即一個變項導致一個結果）或調節作用（即一個變項改變節其他變項之間的因果關係）的假設，這些變項影響位在其下層次內的變項。

多層次模型必需使用複雜的統計方法來處理，這類方法可以估計和檢定在個人層次和高於個人層次的變項。因此需要具有複雜特徵的概念性與分析性模型，其中包括：(1) 多層次數據；(2) 隨時間變化的分析；(3) 獨變項關係（即直接作用）、中介關係（即間接作用）與調節關係（即交互作用）的假設檢定；(4) 使用各種數據形式，包括自評以及對物理和社會環境的客觀測量；(5) 需要證明在測量時間跨度內，第一層級內屬於同一年齡、種族和性別組別等個人變項與不同組別的人之測量具有恆等性（Ployhart & Vandenberg , 2010）。

考慮到這些本質上的複雜性，傳統分析方法諸如普通迴歸和重複測量變異數分析是不夠的（O'Connell & McCoach, 2004），而多層次模型則能夠容忍數據遺漏與時間數據的多變性，以及研究者在各個評估期關注的不同變項其隨時間變動的共變數（Singer & Willett, 2003）。

定義體育活動和健身

身體活動是「骨骼肌產生的任何會消耗能量的身體動作」，通常以每單位時間消耗大卡（Kcal）量來衡量（Caspersen, Powell & Christenson, 1985）。身體活動的類別包括睡眠、工作、通勤以及休閒。業餘時間身體活動的類型則是家庭活動、其他雜務、娛樂與競技運動以及調節活動（即運動）。

健身運動是身體活動的一種，目的是為了提高或維持身體一部分或多個部分的健康，而進行的有計畫的、有組織的、重複性的身體動作。健身運動可以是急性的或慢性的。急性運動是單次且相對較短暫的運動，慢性運動是指隨著時間的推移反覆進行的運動，通常會在一週內的不同時間段進行數次。依據強度、頻率和持續時間的不同，身體活動對身體健康狀況的改善也有所不同。

身體活動特徵

不同強度的身體活動，其能量消耗範圍從靜止到每千克身體質量靜止代謝率（即代謝當量〔MET〕）的數倍。平均身體活動的強度約為靜止 MET 的 10 至 15 倍，高強度身體活動則可能高達靜止 MET 的 20 至 25 倍。

衡量人們從事的身體活動的類型、強度以及持續時間是很重要的，因為這些因素決定了活動期間的生理反應，這些反應可能會直接或間接影響身體活動期間或身體活動之後的心理反應。

體育活動的這些特徵如何影響心理反應尚未能得知，但目前已知高強度運動中（例如：讓久坐的人進行超出其有氧能力 60% 的活動），發生的疼痛可能會對情緒產生負面影響，進而妨礙未來的身體活動。此外，研究者也已經發現中度至強度運動期間，肌肉纖維徵召與其他的生理反應，例如：體溫、呼吸頻率及深度，氫離子和激素（例如：兒茶酚胺、皮質醇及腦內啡）會呈線性或指數性增加。任何一個此類身體反應（或全部），都可能因為直接影響運動知覺或大腦反應（例如：局部腦血流量或新陳代謝）而間接影響心理因素，這將在第四章至第六章和第十六章中詳細討論。

本文主要關注健身運動，因為現有的大多數文獻都使用了符合健身運動所定義的身體活動測量。例如：研究人員通常在 20 至 30 分鐘有氧運動（如慢跑、騎自行車或游泳）的前後檢驗焦慮程度，運動強度通常由研究人員在實驗室條件下決定。為了更為精確地確認健身運動與心理結果之間，是否存在「劑量反應」關係，控制這些生理力量強度是必須的。然而，活動類型及強度的選擇（例如：將在第十六章討論的偏好努力程度）、運動場景（例如：室內或室外、賽道上或公園裡、獨自或與他人一起進行）等因素是否影響身體活動的心理結果，亦至關重要。

研究者才剛剛開始研究體育活動對哪類人以及在什麼情況下才會有抗焦慮效果。想研究這些問題，必須先對身體活動和健身運動進行精確定義和測量。但另一方面，超過 30 項的人口統計相關研究發現，偏低的身體活動與憂鬱症狀之間有所關聯，而且有更多的研究發現，參加健身運動訓練計畫的人（例如每週 3-5 天進行 45-60 分鐘的快走）在幾周或幾個月後，與被施予安慰劑的對照組相比，憂鬱症狀有所減輕。針對提升健身運動採用（招募新參與者的策略）和健身運動維持（維持參與的後續行動）的行為改變介入措施中，若是能融入日常生活的低強度體育活動（例如：步行），會比採用高強度且監督式健身運動計畫，會得到更好的效果（Dishman & Buckworth, 1996b）。也有證據表明，累積更高級別的身體活動，能帶來健康上的益處（例如：可改善心血管疾病的生理指標，Dunn, 2009）。現在也有愈來愈多的介入措施為了增加「融入生活的身體活動」，而打造更多能提供身體活動機會的環境（例如：引人入勝的自行車道或階梯步道）。融入生活的身體活動被定義為「每天至少進行 30 分鐘的自選活動，其強度至少要在中等至劇烈範圍內，包含一日中的所有休閒、工作及家庭活動，可以是日常生活中有計畫或無計畫的活動」（Dunn, Andersen & Jakicic, 1998, 399）。融入生活的身體活動是行為介入的目標，可取代人們不太活動的日常行為，進而實現健康的目標，例如步行上下班（取代開車及坐車）或搬運雜物（取代使用推車）。

因此，融入生活的介入措施藉由累積非結構化的身體活動（例如：走樓梯不搭電梯）代替結構化的健身運動。或者在結構化的健身運動之外，幫助人們每週消耗更多能量。身體活動和健身運動都屬於人們的行為，之後本書將討論關於這類行為測量的議題。相較之下我們能夠更為直接地測量體適能（請參閱下一節），因此體適能經常被認為是一種行為的替代指標，其假設前提是身體活動的水準會與體適能呈正相關。體適能的變化也可能會影響身體活動的某些心理結果（例如：身體自尊）。身體活動的其他正向結果，例如：減輕憂鬱症，似乎並不取決於健康的改善。同樣地，健身的不同組成可能與身體活動的特定心理或行為結果有關，而為了準確找到這些關係，必須定義和測量健身的不同組成。

體適能

體適能是人們應對目前與潛在身體挑戰的能力，它是人們身體活動能力的一系列屬性。體適能中與健康有關的成分，包括心肺能力、肌肉力量與耐力、柔軟度，以及身體組成（見表 2.2）。此外身體活動水準也會影響血壓和新陳代謝指標，例如：血漿脂質和葡萄糖耐受度，這些指標也都與健康有關。敏捷度、平衡感、協調性、速度、力量及反應時間，也是體適能的組成部分，它們通常與健身運動表現相關，也會影響日常生活和幸福感。例如：平衡感不良與協調感不良，會增加老年人跌倒的風險，因此對健康至關重要。

有氧（即心肺）適能指的是心肺系統吸收和使用氧氣的最大能力（即最大攝氧量，VO_2max）。通常，對個體總身體質量或無脂肪身體質量進行調整後，以每分鐘氧氣毫升數／千克表示之。用有氧適應性作為身體活動的指標有其局限性。因遺傳因素決定 25% 至 40% 的有氧運動能力，即使同時增加同卵雙胞胎（基因相同）的身體活動，二者在心血管適應性上的變化也會有所不同（Wilmore et al., 1997）。因此，即使兩個人在訓練計畫初期表現出相同的有氧運動能力，在一段時間後可能也展現出相同的身體活動水準，但更快適應的人其有氧適應性的增加更大。儘管如此，測量適應性還是重要的，它可以用來確定個人在中度到重度運動期間所經歷的相對壓力（標準身體活動中的體力消耗量是個人能力的一部分）。其他體適能指標，如肌力與耐力、身體質量、體脂率以及柔軟度的水準或變化，也都是非常重要的測量，因為它們可能影響身體活動的心

表 2.2　與健康相關的身體素質

		衡量類別	
適應性組成	實驗室	流行病學	自我評估
心肺	最大耗氧量	跑步機時間	12 分鐘跑走
騎行 PWC	加拿大居家健身測驗		
身體組成	水中稱重 雙能量 X 光吸收儀	BMI、BIA、皮脂厚度測量	BMI、皮脂厚度測量
肌力	軀幹／四肢上舉	握力計：軀幹／四肢上舉	
柔軟度	測角器	測角器	坐姿體前彎
肌耐力	軀幹／四肢上舉	漸進式阻力運動機	改良式引體向上／ 仰臥起坐

BMI 是身體質量指數（體重公斤／〔身高米〕^{2}）。BIA 是生物電阻分析；測角器測量關節角度；測力計測量力和發力率；PWC 爲在增量測試期間達到峰值功率輸出時的身體工作能力；跑步機時間爲持續進行強度遞增測試的時間。

改編自 C.J. Caspersen, K.E. Powell, and G.M. Christenson, 1985, Physical activities, exercise, and physical fitness: Definitions and distinctions for health-related research, *Public Health Reports*, 100: 126-131.

理效果與決定因素。例如：因阻力訓練而生的增肌知覺，可能有助於增進身體自尊。個體的適應性變化亦與個體對訓練計畫的持續性有關。

依附性（Adherence）

依附性是指能忠實地遵守基於協議而制定的行為標準。研究運動行為變化的學者，通常根據出席率或最小出席率（60% 至 80%）來定義健身運動持續性。儘管不夠精確，但依附性最廣泛的共識是，能參與一項健身運動計畫至少達六個月。這是因為典型的訓練計畫在最初的六個月內，會有約 50% 的退出率。不過成功的計畫當然會超過這個平均值，而且維持六個月亦不能確保日後不會退出計畫。另外，這種定義假設所有的缺勤都是同等的，並沒有考慮不同的參與程度，而且通常只考慮參與者出席多少次運動，無法考慮每次健身運動的強度與持續時間的不同，但這些性質也一樣很重要。健身運動順從性指某人遵循運動計畫的程度，但該術語比較常用於醫學場域中，為緩解某些症狀的短中期健康建議。與持續性相比，順從性更具權威性或強制性的含義。因此，研究者比較偏好使用持續性，這個名詞更強調參與者本身對自我的控制。

健身運動是一種行為，體適能是一種屬性。能否有效地測量健身運動和體適能有關的議題，會影響健身運動心理學的研究品質。

身體活動的測量

測量運動行為和身體活動對於研究健身運動和心理健康很重要，也對測試介入措施能否改變健身運動行為來說非常重要。由於測量身體活動的單一標準尚不存在，要做好這些測量是一個巨大挑戰（Dishman, Washburn & Schoeller 2001; Prince et al., 2008）。身體活動可以用多種方式量化，例如：我們可以用總活動時間、MET 表示的運動強度、心率增加、運動單位（例如：步數）或消耗多少卡路里來量化身體活動。表 2.3 根據各種測量方法在 (1) 研究成本；(2) 對一般水準活動的干擾程度；(3) 人們的接受程度；(4) 提供了多少身體活動類型、頻率、持續時間與強度等資訊（LaPorte, Montoye & Caspersen, 1985）的不同進行分類。通常可以根據測量法為直接（或間接）地觀察身體活動、運動、生理反應、能量消耗，或是生理適應等來分類。身體活動有四個可測量向度，依序是類型、持續時間、頻率（例如：每週進行天數）和強度（能量消耗率），但大部分的方法不會同時對這四個向度都進行評估。

目前有 40 多種測量身體活動的方法，其選擇取決於測量方法對目標人群的適當性，以及測量方法對研究問題的適切性與敏感度。

理想的身體活動量測必須具備有效性、可靠性、實用性（即可負擔的研究成本與目標人群的可接受性）、無反應性或干擾（即該方法不影響被測量的人群或行為）和專一性（活動的類型、強度和時間等特徵）。驗證測量的效度是一個兩難問題，許多採用自我報告的工具，並未同時衡量能量消耗量並加以檢測效度，這些能量消耗量測諸如二重標識水法、呼吸艙內的代謝評估、攜帶式系統的代謝評估、心率測量、運

表 2.3　各種自由生活身體活動評估

	研究成本			接受度		
評估程序	所需時間	所需努力	干預	個人	社會	活動特殊性
量熱法						
直接	VH	VH	H-VH	No	No	Yes
間接	H-VH	VH	H-VH	No	No	Yes
調查						
特定作業日記	L-M	L-M	VH	?	Yes	Yes
回收問卷	L-M	L-M	L	Yes	Yes	Yes
量化歷史	L-M	L-M	L	Yes	Yes	Yes
生理指標						
心肺適能	M-VH	M-H	L	?	?	No
雙標示水	H-VH	M-VH	L-H	Yes	Yes	No
機械與電子監視器						
心率	H-VH	M-VH	L-M	Yes	Yes	No
計步器	L-M	L	L-M	Yes	Yes	No
加速度計	L-H	L-M	L-M	Yes	Yes	No
觀察	H-VH	H-VH	L-VH	?	?	Yes

L＝低；M＝中等；H＝高；VH＝非常高。數據來自 LaPorte, Montoye & Caspersen, 1985.

各種活動的能量消耗程度

活動	能源消耗（METs* / 小時）
坐著說話	1.5
開車	2.5
皮拉提斯（一般）	3.0
園藝工作（中度）	4.0
快走（4 英里 / 小時〔6.4 公里 / 小時〕）	5.0
低衝擊有氧舞蹈	5.0
舉重（激烈）	6.0
慢跑（一般）	7.0
騎腳踏車（12-13.9 英里 / 小時〔19.3-22.4 km / h〕）	8.0
游泳（自由式，激烈）	9.8
跑步（1 英里 / 8 分鐘〔12 km / h〕）	11.8

* 1 MET = 1.0 大卡 / 體重（公斤）
數據來自 Ainsworth et al., 2011.

動計數器或是加速規等。不過使用這些方法進行驗證也存在局限性，因為它們無法分辨活動的類型或強度。

所有測量身體活動和健身運動的方法都有優點跟缺點，這是完全可以理解的。而依據研究主題的不同，各種測量方法多多少少有合用之處。例如：估計總活動水準的簡明自陳調查表，可用於描述性分析中將大樣本分為低中高活動組，但要在研究介入措施中調查力量訓練計畫的遵守情況，就必須使用更為精確可靠的方法。某些人全部的身體活動可能就是職場工作，因此可透過工作分類，將人們歸類為不同身體活動組別，這個方法又快速又不會引起不適，適合用來對大型群體進行分類。

然而，此種分類存在著問題，例如：同類工作仍有可能很大的差異、潛在的強度分類錯誤、工作要求方面的季節性差異與長期演變，以及選擇偏誤等。此外，根據不同的工作內容將人們分類為不同的活動組別，會將在非工作休閒時間的身體活動排除在外，而且由於大部分的現代人在工作中其實是不太會活動，因此休閒時間的身體活動，反而被認為更能代表特定人群的身體活動（Kriska & Caspersen, 1997）。回憶調查是更常見評估身體活動的方法，但仍有超過 45% 的直接與間接身體活動變異量，是無法被這種調查方式所解釋（Durante & Ainsworth, 1996）。在回憶調查中，人們被要求報告身體活動的各方面資料，例如：類型和持續時間，調查的時程可能短至一天，長至一年甚至一生。身體活動自我報告的信度與效度，取決於受訪者的記憶力、訪談員與研究行政人員的偏見、在一周的星期幾進行訪談（工作日與週末）、問卷施測的順序、回顧的活動有多顯著、對回應的社會期望、社會及人口統計變項、文化、年齡、性別、肥胖以及教育程度等因素（Durante & Ainsworth 1996; Kriska & Caspersen, 1997）。調查時程亦會影響數據的品質，較短的回憶期間比較不會被回憶偏見所影響而且易於驗證，但結果較不能反映一般行為。最後，自我報告與直接測量之間的相關性，通常僅為低度至中等（Prince et al., 2008）。

更客觀的身體活動指標記錄包括計步器和加速規。計步器記錄單向度的行走運動步數，對個人和群體層次都實用，而且步行是最普遍的身體活動，因此掌握人們的每日步數，可用於計算疾病預防與治療所需的運動水準。加速規可記錄身體或肢體，在垂直面與水平面的運動強度，現今已廣泛使用加速度計估算一系列活動的能量消耗。各種大小和反應性的加速度計通常配戴在腰腿或手臂上，藉由檢測不同的活動特徵推測進行的活動，這些數據可以換算出熱量消耗或運動量，例如：一時段內的步數。加速規已針對各種生理措施進行了驗證，例如：變速跑步機最高工作負載、跑步機時間、次最大運動心率、體脂肪、肺功能及二重標識水。近年因為微型化與傳感技術的進步，已經製造出更精巧、更不妨礙測量的設備，例如：重量僅 7.4 克的耳戴式活動識別傳感器（e-AR），期預測能量消耗和活動類型的能力已經通過測試（Atallah et al., 2011），並運用於監測臨床人群的身體活動。

由於成年人和年輕人身體活動的測量方法有很多種（LaPorte, Montoye & Caspersen 1985; Owen et al., 2010; Sallis et al., 1992），若沒有統一的評估方法，研究結果間將很難互相比較（Prince et al., 2008）。

此外，身體活動研究有多種結果變項，例如：每週活動天數與總能量消耗，這加大了研究間比較的困難程度。美國運動醫學院出版了各種針對不同人群的身體活動問卷，包含問卷的使用說明以及信效度說明（Kriska & Caspersen, 1997）。自此，學界已經開發了幾份問卷，並且一致性地使用這些問卷。

例如：國際身體活動量表（The International Physical Activity Questionnaire, IPAQ; www.ipaq.ki.se / ipaq.htm）用於測量監測研究中所進行的身體活動，並已在全世界範圍通過了嚴格的信效度測試。150 多個已發表的研究使用了 IPAQ，在某些研究中 IPAQ 用來測量介入措施後身體活動的變化。世界衛生組織製定的《全球身體活動問卷》（The Global Physical Activity Questionnaire, GPAQ）則提供有關身體活動類型的更多詳細資訊（www.who.int/chp/steps/GPAQ/en/index.html）。

如何實施健身運動介入措施是健身運動心理學研究中的另一個課題。對於類型差異很大的受試者，必須採用差異很大的活動類型與活動量作為運動刺激，行為介入措施的研究人員，需要決定與目標人群的興趣和能力相匹配同時能達到研究目標（例如：增加力量或減輕體重）的身體活動類型與活動量。

研究人員在測試急性運動對心理變項的影響時，需要考慮健身運動的新穎性、可控性（即強迫或自願運動、程序性或自發性運動）以及社會和環境因子（例如：單人或團體運動、競爭性或娛樂性運動、在室內賽道上或是在戶外公園裡運動）。在進行急性運動、建議初始活動模式和活動量以及判定介入措施對運動遵守的影響時，更必須考慮身體活動史。

除非研究人員能控制其他心理生理變項（例：壓力激素，像是兒茶酚胺和腦內啡）以及可能與心理健康相關的力量知覺或疼痛感的影響，否則僅根據最大有氧能力百分比來標準化運動強度可能是不適當的。

行為遺傳學

研究表明可遺傳的基因特性，會同時影響人們身體上（Bouchard & Rankinen 2001; Rankinen, Rice, et al., 2010; Rankinen, Roth, et al., 2010）和心智上（Deeny et al., 2008; De Moor et al., 2008; Rethorst et al., 2010）對運動的反應，也能解釋人們休閒時間身體活動的差異（De Moor et al., 2009, 2011; Stubbe et al., 2006）。雙胞胎研究常用於估計有多少身體活動及其結果的差異，會是由基因遺傳性（即基因型）造成的。例如：透過比較同卵雙胞胎和異卵雙胞胎與身體活動表型（可觀察到的性狀）的相關性，了解孿生相似性對該性狀的影響。

如果同卵雙胞胎（所有相同都基因）的身體活動水準比異卵雙胞胎（僅一半基因相同）的身體活動水準更相似，那麼身體活動或其結果就存在遺傳成分。如果同卵及異卵雙胞胎的身體活動水準相關性相似，那麼雙胞胎相同的環境因素就可能解釋表型變異，而基因的影響比較小。同卵雙胞胎通常有著相同的環境因素與基因因素，所以同卵雙胞胎間的不完全相關（即小於 1.0）就意味有獨特的環境經歷，導致身體活動表型的變化，最極端的例子就是同卵雙胞胎在出生時被分開。基因座是染色體上基因或 DNA 序列的特定位置，而同一基因座的 DNA 序列可能有許多不同的變化，這些變化形式被稱為等位基因。基因圖是遺傳學中定位染色體中特定 DNA 片段的一種作圖法，用來識別與表現型性狀（包括疾病和行為）相關的基因座，經由追蹤大家族裡的遺傳疾病（遺傳連鎖研究）或計算基因或性狀間的變異以及分析共享特徵和人群的關聯（關聯研究）來進行。這兩種方法都已用於身體活動研究中（Bray et al., 2009; Rankinen et al., 2010）。大多數的基因對表現型都有不止一種影響，可能是可見性狀也可能是生理性狀，稱之為基因多效性。即使是對適應環境不重要的性狀，仍有可能經由天擇而出現，只要這個性狀的基因多效性對環境適應有重要功能（例如：體適能）。

基因多態性是指發生在超過 1% 人口以上的 DNA 序列變化（即基因的多種形式）。多態性是會遺傳的，而且會受天擇影響，人與人之間的許多正常差異都由此而來（例如：眼睛、頭髮及皮膚顏色和血型），不過某些遺傳多態性會帶來疾病風險。數以千計的疾病被認為是遺傳自父母之一或雙親的變異基因，其中大部分是牽涉多個基因，它們源於環境與數個基因間，複雜且未知的交互作用，而單個基因的效果不足 1%。舉例而言，至少有 5 項研究結果指出與肥胖相關的基因有 22 個以上（Rankinen et al., 2006），但只有約 10 項相關研究和更少的連鎖研究，試圖檢驗可能控制人們身體活動變化的基因（Bray et al., 2009; Rankinen et al., 2010），因而複製結果的研究也不多。美國國家老齡研究所、美國衛生院和疾病控制與預防中心等，它們共同維護疾病的人類基因研究資料庫，包括焦慮症、憂鬱症與老人癡呆症，也包括有身體活動（http://geneticassociationdb.nih.gov）。

基因突變指一個人的 DNA 序列中發生

不正常的永久性變化。若一個基因發生突變，該基因編碼的蛋白質很可能會發生異常而無法正常運作。突變的範圍可能是單個 DNA 核鹼基，也可能達到整個染色體的很大一部分。基因突變可以自雙親其中之一（異型結合）或同時自兩位雙親（同型結合）遺傳獲得，而遺傳或生殖細胞系突變存在於生殖細胞的 DNA 中。

若突變的生殖細胞產生後代，則該突變將存在於所有後代的體細胞中，這就是為什麼我們可以使用人們臉頰內側的細胞或血液樣本進行基因測試。僅發生在卵細胞或精細胞的突變，或著在受精後才發生的突變稱為原發突變，這種突變解釋了為什麼沒有家族病史，個體還是會發生所有細胞均突變的疾病。暴露於環境因素（例如：輻射或化學毒素），或者在有絲分裂期間發生 DNA 複製錯誤，將會造成單個細胞的突變，除了發生在精細胞和卵細胞的突變會被遺傳之外，其他細胞的突變都不會被遺傳。

單一鹼基的錯置，是最常見的基因變化，稱為單核苷酸多態性（SNP）。當同一物種的某個 DNA 片段有僅相差一個鹼基的不同版本時（例如：AGCTGGC 與 AGCTGGA 不同之處在於兩個等位基因：單核苷酸 C 和 A），即會產生 SNP。根據地理位置、種族的生理與文化差異，不同人群的 SNP 等位基因數量可能有所不同。替代多態性指 SNP 的兩個等位基因會產生不同蛋白質，大約有一半的突變疾病因此而產生（Stenson et al., 2009）。

不在蛋白質編碼區的 SNP，還是可能影響基因剪接、轉錄因子結合或非編碼 RNA 序列。這種類型 SNP 所影響的基因表現型稱為 eSNP（expression SNP，表現 SNP），eSNP 可能發生在基因轉譯之前，也可能發生在基因轉譯之後。一項關於來自 99 個家庭的 473 個久坐成年人的研究（Health, Risk Factors, Exercise Training and Genetics Family Study, HERITAGE）獲得以下結果：實施二十週標準化健身運動計畫後，最大攝氧量成長的 50% 取決於遺傳，主要由 21 個（人類有共 324,611 個基因組）SNP 決定（Bouchard et al., 2011）。

身體活動遺傳學先驅克勞德．布沙德（Claude Bouchard）提倡在一般 DNA 變異的研究外，應擴大研究範圍，結合轉錄體學（或基因表現譜）以及基因體學（Bouchard, 2011）。除了突變，基因體是固定的，而轉錄體則會根據外在環境條件而變化，它包括細胞中所有的 mRNA 轉錄本，所以轉錄體大多反映出在特定時間內正明顯表現出來的基因。實務上常使用 DNA 微陣列技術分析基因表達，做法是蒐集成千上萬不同基因的單鏈 DNA 片段放置在薄玻璃片或矽晶片上，再加入相對應的標記 DNA 或 RNA 核苷酸，當它們與活化的 DNA 結合時會發出螢光。DNA 微陣列可用於測量基因表現的變化、檢測 SNP 或突變基因組的型式，在轉錄體學中也能應用反轉錄酶製造 RNA 的 DNA 副本。

表觀遺傳事件的範圍可能超出人類 DNA 核苷酸序列，它能在不改變 DNA 序列的情況下改變基因轉錄、基因複製和細胞過程，包括染色質絲包裝、組蛋白修飾和 DNA 甲基化，這些內容將在第三章詳細介紹。

研究問題

健身運動心理學與行為認知與行為心理學、神經科學和健身運動生理學等有共同的研究問題，以下各節將說明常用術語的定義、健身運動研究及其後果的設計，及解釋混淆科學研究的實驗假象，這些主題是理解後續章節的基礎。

常用術語

健身運動心理學來自流行病學和臨床醫學等學科，讀者可能不熟悉這些研究領域的術語，因此本節將介紹某些常用的術語。

- **偏誤**：因研究設計或研究技術的錯誤導致結果系統性偏離正確值。
- **干擾因子**：與實驗操作無關但在統計上同時影響兩個變項的外在因素，將導致研究效果失真。干擾因子可能是結果變項的決定性因素或相關因素，在受其影響與不受其影響的個體之間分配不均勻。
- **建構**：存在於理論上但不能直接觀察的概念。判斷建構是否存在與所其處層次，必須透過行為觀察、行為衡量以及其他指標（例如：問卷上的得分）。建構的操作形式是各種變項，用於特定情境內測量建構。例如：克服運動障礙的自我效能水準，可從自我效能量表的得分推斷。
- **效果量**：實驗操作結果的強度，通常用標準分數表示（例如：〔實驗組平均值 - 對照組平均值〕/ 標準差，見圖 2.9）。效果量可視為偏離平均值的程度，即結果跟常態分配平均值的距離。例如：在鐘形或常態分配的評分系統中，課堂學習成績提升一個標準差，等同於在字母評分系統中提高一個字母的成績（從 C 到 B）。
- **有效性**：實驗介入措施或方法在不同環境的作用或其生態效度（在實驗室環境之外能實際應用嗎？還有效嗎？）。
- **功效**：實驗介入措施措施或方法達成計畫目標的效力（例如是否有用？）。
- **流行病**：研究與人群健康有關的狀態與事件（疾病、傷害與健康行為等）的統計分配與決定因素，及將這些研究結果應用於健康問題控制。與身體活動相關的流行病學包括：(1) 研究身體活動與疾病和其他健康變項的關聯；(2) 研究身體活動行為的統計分配和決定因素；(3) 研究身體活動與其他行為的關係；以及 (4) 運用研究知識預防疾病、控制疾病與促進健康。

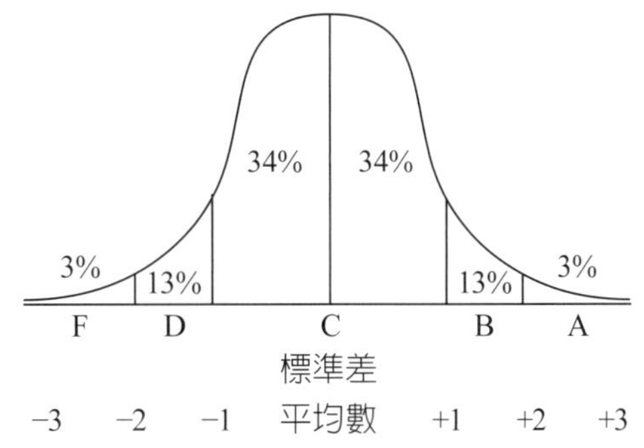

圖 2.9　效果量—自平均數改變多少或在常態分配中與平均數的距離

- **發生率**：在一定時間範圍，疾病的新發病數除以總暴露人群，可衡量治療或介入措施的有效性。例如：在 2,000 名久坐長達 5 年以上且已停經女性群體中，發生了 150 位新憂鬱症病例，則該群體憂鬱症的發生率為 7.5%。
- **中介變項**：介於獨變項和依變項間的因果關係中，主責或傳遞（中介）介入措施對結果的影響，或著中介一個變項對另一個變項的影響。例如：許多研究者認為，對運動能力的信心（運動的自我效能）會中介健身運動介入措施對健身運動參與的影響，因此人們在健身運動介入後會堅持下去，是由於健身運動干預促進了自我效能感，即健身運動介入透過促進自我效能感，而對行為產生間接影響。

- **後設分析／量化統整回顧**：一種透過累加效果量或相對風險，來整合文獻研究的方法，與研究文章中基於樣本的假設檢定與敘事評論不同，研究文章的敘事評論有主觀傾向而可能產生偏差。後設分析的主觀偏見較少，但可能會因所使用的統計方法和研究品質而有偏頗。
- **調節變項**：在獨變項和依變項間因果關係外的變項，調節介入措施或中介變項對結果的效果。例如：如果只有嬰兒潮世代的人們喜歡搖滾樂，那麼年齡就是搖滾樂對體育課娛樂效果的調節變項。
- **盛行率**：在某個時間點，某疾病或病狀的病例數佔總人口的比率，衡量疾病造成的負擔與相對應的服務計畫。
- **相對風險**：不同兩組人疾病發生率的比率（即比例），例如：若不活動組的發病率是 20%，活動組的發病率是 10%，則不活動組的相對風險是 2.0，而活動組的相對風險為 0.50。
- **敏感性**：測驗能檢測出某種疾病或某種屬性的效力。例如：對憂鬱症敏感的測試幾乎不會出現偽陰性；當受測者真的有憂鬱症時，也不會有遺漏。

敏感性和特異性

假設你的目標是研究一家本地的製造工廠中，有多少員工是用閒暇時間積極健身運動，於是你使用一個衡量身體活動水準的量表，該量表的敏感性，是在於能夠有效識別出經常從事健身運動的人，於是身體活動水準很高的員工填答該量表時，就幾乎不太可能會被歸類為較低身體活動水準。該量表的特殊性，是在於能夠正確地分辨不活躍的人，低度活躍或中度活躍的員工，幾乎是不會被歸類為高度活躍。高敏感性和高特異性的量表，一般會有較高的預測效度。

研究設計

心理學家不熟悉競技運動醫學，而健身運動心理學者的心理學訓練也不夠，這影響了健身運動心理學的研究品質。很少健身運動心理學研究者同時擁有健身運動生理學和心理學學位，知識上和經驗上的空白，反映出不夠嚴謹的實驗設計和測量。

健身運動研究者常常未基於理論，或者未匹配研究與理論模型的心理建構。例如：理論上焦慮特質是穩定的，因此無需在急性運動前後都測量焦慮特質。但有些研究人員僅應用了理論的一部分，因此無法清楚說明不顯著的結果，而且，大部分研究者在藉由社會認知理論來理解身體活動時，通常不考慮個人生理特徵對身體活動的影響，或者僅測量自我效能。只有少數使用跨理論模型的運動行為研究包含了整體模型，因此有數個研究問題與研究設計特別有關。大多數研究心理健康與健身運動關係的是橫斷面研究（例如：篩檢或相關性研究）或預測性研究，因此不能提供因果關係資訊。

橫斷研究設計根據受試者在同一時間點的暴露與結果進行識別和分類，這類型的研究也稱為盛行率研究。橫斷設計對於總體描述和趨勢識別非常有用，但使用問卷數據伴隨著資料選擇性倖存和受試者回憶偏誤等問題。

病例對照研究設計是一種流行病學中常用的回溯性設計，用於在健康相關事件發生後「重建」其可能原因。理想情況下，從相同的環境中招募健康控制組以及年齡、性別和種族相匹配的病例。接著根據過去接觸

因果關係的科學標準

如果某個情境或某些條件是某特定事件的先決條件，而且這些條件不滿足的時候，該特定事件就不會發生，我們就可以將這些條件視為事件的發生原因。界定事件的成因有一些科學上的標準，例如：流行病學採用以下的標準評量健身運動促進精神健康的證據（Mausner and Kramer, 1985）。

- 關聯強度：相對於不運動的人，運動人群的患病率越低，身體活動有助預防疾病的可能性就越大，一半或以下的疾病發生率是可接受的標準。
- 時間順序：身體活動的測量必須在疾病發作之前，讓受測者的身體有足夠的時間能進行健康生物性適應。
- 一致性：活動增加與疾病減少的關係，應一致地出現在使用不同方法、針對不同地區與不同類型人群的研究中出現。
- 獨立性：不從事身體活動的人群若同時有其他高發病因子（例如：年齡、吸菸、社會支持不良），那麼高度活動不能用來解釋低發病率。
- 劑量：反應梯度關係：身體活動應增加量與發病率降低量呈線性或曲線關係。
- 可能性：現有理論或知識，能解釋增加身體活動能減少疾病的理由，例如病因或因身體活動而上升的生物適應性。
- 實驗確認：用控制的實驗確認增加身體活動，有助於預防或減少疾病的發生。

該疾病潛在危險因素的頻率，對兩組進行比較，通常經由個人面談或從醫療記錄中獲得資訊。病例對照設計的缺點，包括難以組成真正具代表性的控制組、無法一次研究一個以上的疾病，以及受試者回憶偏誤等。病例對照研究對於開發和檢驗初步假設很有用，可用以判定應否進行更多耗時且昂貴的世代研究或隨機試驗。

預測性設計和**前瞻性研究或世代研究**根據暴露多寡將無疾病的受試者分組，然後在不同時間點進行評估，以確定暴露和未暴露組的疾病發生率，其關聯性測量為相對風險。前瞻性研究提供了身體影響心理健康的重要證據，目前的研究焦點集中在健身運動干預的中介變項上。

隨機對照試驗（RCT）用於確定流行病學觀察或小型實驗中，發現的疾病關聯是否可以用來解釋廣大群眾的因果關係，通常是某項疾病的確診。試驗有效性取決於人群樣本的代表性，以及實驗組和對照組間，那些會影響結果的特徵是否相似。隨機將受試者在已知與未知的混淆變項間，平均分配至實驗組或對照組的過程至關重要。除了關鍵實驗因素之外，對照組應經歷與實驗組相同的一切。例如：有些評估健身運動對心理影響的研究者，讓對照組坐在一個安靜的房間裡、參加一次講座，或讓他們想像自己正在運動。在臨床上，應將健身運動對心理健康的影響與傳統治療相比較，而不是與不進行治療的對照相比較。試驗報導統一標準（CONSORT）提供了研究者發布 RCT 結果的標準化格式，在 1996 年，幾位臨床研究人員和期刊編輯，創建一份了列有 25 個項目的清單，供研究者使用在報告研究的資訊和流程圖，以說明受試者參與臨床試驗的過程，最新修訂版本公布在本章結尾的 CONSORT 網站上。

健身運動心理學的許多研究，使用方便取得的樣本和志願者，因而產生了一個問題：有動機的人會透過自我選擇而成為研究參與者。例如：自願參加介入措施研究的人，可能更可以持續進行定期健身運動計畫，或者認為自己將能從中受益，而焦慮的人則不太可能自願參加有關焦慮和健身運動的研究。

許多健身運動和心理健康的研究中，都對一般受試者進行測試，但無論介入措施的效果如何，對於這些一般受試者的健康改善空間本來就很小。樣本量則是另一個問題，因為較大的樣本量可能會產生統計學上有顯著的影響，對臨床的影響卻很小。同樣的，小樣本可能會發生的情況是介入措施在臨床上很重要，但卻缺乏統計學上有意義的證據力。

對照組除了關鍵的實驗因素外，應該經歷與治療組相同的所有事情。

心理健康研究者感興趣的結果變項，通常是心理建構或心理生理建構（或兼有兩者），而實驗變項或獨變項是運動行為。健身運動採用研究和運動依從性研究，使用介入措施和社會心理變項，作為實驗變項或預測變項，而將身體活動水準作為依變項或結果變項。不論重點是什麼，健身運動心理學中依變項和獨變項的測量，都存在不一致和局限性。通常，如果欲測試的心理結構缺乏明確定義，衡量該建構的許多工具也同樣缺乏明確性。研究人員有時開發出測量心理變項的工具，但卻沒有報告其信度和效度。

心理健康的量度常常是不適切的，例如：不應該單獨使用自我報告來評估憂鬱和焦慮，還需要測量與心理變化相一致的生理變化。測量生理變項的研究，在方法論上可能存在局限性，從而限制了這類研究，因而無法分離出特定動作的機制，例如：測量急性和慢性運動後，尿液中和血漿中與情緒障礙有關的神經傳導物質的多寡。但神經傳導物質的水準以及其增加或減少，不能用來估計中樞神經系統的適應性。

理論應用、研究設計、受測者以及獨變項和依變項的測量，都是健身運動心理學所關心的議題。

實驗假象

大多數情況下，研究者使用受測者的自我報告評估心理建構，這些心理建構被視為結果變項或改變行為的中介變項。已知有幾種行為假象會影響有關心理結果的研究（Morgan, 1997），健身運動心理學的研究亦不免於受到這類影響。這些效果通常涉及更改真實回應，有可能來自於參與者的期望（例如：人們根據他們認為研究者希望的方式做出回應）、實驗者的期望（例如：主觀評分偏見）或實驗對參與者的效果（例如：調查員故意或無意間向參與者提示研究目的）。實驗假象的例子包括：

- **月暈效應**：來自實驗者的期待，意即實驗者可能因為受試者的其他已知特徵，而錯誤地歸因。例如：測試人員可能假設焦慮特質得分較低的人在參加漸進最大運動測試時較不會感到焦慮，因此錯誤地將受試者的焦慮跡象（例如：高心率和高盡力程度）解釋為低體適能。
- 參與者自本身的期待也會影響他們的回應。例如：相信身體活動可以改善睡眠的人，可能會在自我報告中不經意地誇大運動後睡眠品質改善的程度。

- 研究訴求的特性包括有關假設的細微資訊，有動機的參與者可由此猜測實驗假設而努力達到研究目的（或著相反地破壞研究目的）。
- **羅森塔爾效應**（Rosenthal Effect）或自我實現預言，也稱作比馬龍效應。當參與者有動機滿足研究者對他們的屬性或能力的期望時，這種情況就會發生。
- **霍桑效應**（Hawthorne Effect）指參與者知道自己被觀察而改變行為傾向。例如：受試者可能因為注意到實驗操弄，而傾向在實驗操弄後報告自身狀態得到改善。在設計健身運動和心理健康研究時，必須特別考慮這種影響。因此，比較運動組與不運動組時，有益的心理變化不能完全歸因於運動，因為做任何事情都可能比什麼都不做來得好。考慮到霍桑效應，研究人員必須證明運動優於安慰劑效果，而且至少跟其他傳統的治療方法一樣有效。
- **社會期許性反應或動機性反應扭曲**也必須納入考慮，因為人們傾向保持自己的形象與社會期望一致，因此產生動機去有意識地扭曲測驗中的回答（即謊報），以表現出良好的印象。人們還會扭曲現實來提高自己的自尊心、個人自我效能與樂觀程度而不自覺地欺騙了自己（即自我欺騙引發的自我增強，Paulhus, 1984）。這種趨向於社會期望的傾向，對社會自尊等量表的準確性有最大的負面影響，因為這些建構在社會中受到重視。人們還可能高估自身在高社會價值行為的參與程度（例如：身體活動）或低估自身帶有社會污名的疾病症狀（例如：憂鬱症）。

小結

本章介紹了運動心理學研究的定義與觀點。由於本文旨在讓不同背景的讀者都能理解，因此討論了某些讀者熟悉的術語定義（例如：健身運動、身體活動和健身）。另外，在其他讀者可能較不熟悉但至關重要的心理建構定義和測量等方面（例如：量尺和統計方法），本章作了更深入的介紹讓之後的討論更加清晰，並能幫助讀者建立對研究的批判能力。最後，本章也介紹了研究中會遭遇的問題，以作為讀者理解後面將介紹的方法論的基礎。

參考網站

1. www.rasch.org/memos.htm (see memo 62)
2. http://davidmlane.com/hyperstat/index.html
3. www.consort-statement.org/home
4. https://sites.google.com/site/theipaq/home
5. www.afhayes.com/spss-sas-and-mplus-macros-andcode.html
6. https://sites.google.com/site/compendiumof-physical activities
7. http://geneticassociationdb.nih.gov

第三章
行爲神經科學

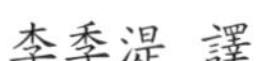

李季湜 譯

本章探討健身運動與社會和認知變項之間的關係，例如：自尊和個人信念，如何協助我們理解健身運動對心理健康的影響，以及這兩個因素如何促進運動習慣的持續。然而行為和大腦功能也由生物因素決定，美國的心理學研究先驅威廉詹姆士曾說（James, W., 1899, p. 220）：「現在我們已經相當清楚了，健身運動對神經系統的鍛鍊，比對肌肉的鍛鍊還要更多」（雖然現代肌肉生理學研究者恐怕並不同意這個說法）。

所以讀者需要對中樞神經系統、自主神經系統、關鍵的神經傳導物質，以及與大腦有關的細胞和分子生物學等等有基礎的理解，才有辦法完整地學好接下來關於壓力、情感、心情、情緒、焦慮、憂慮、認知、能量代謝、身體疲勞，以及睡眠等議題的章節。

本章回顧了一些基本的行為神經科學議題。這個領域主要是觀察和大腦跟行為之間的互動有關的神經現象。我們的目標是，不要太深入講授神經解剖和神經生物學，但是能夠提供學生足夠的先備知識，以便能夠討論健身運動如何影響心理健康的生理基礎。特別是當觸及到後面幾個章節所討論的一些議題時，學生們能夠回想起這章所講授的基礎。例如：我們會提到健身運動能夠改善憂鬱症，這時就可能會提到神經營養蛋白，像是神經生長激素（VGF）和腦源神經營養因子（Brain-Derived Neurotrophic Factor, BDNF）、甘丙胺素（Galanin）對藍斑核（Locus Coeruleus）的抑制作用、大腦皮質貝塔受器（β-receptor）密度降低……等等基礎的行為神經科學背景知識。

第一段「神經網路（The Neural Network）」之內容有基本的中樞神經系統解剖學、自主神經系統，以及內分泌系統中最關鍵的下視丘－腦下垂體－腎上腺軸（Hypothalamic-Pituitary-Adrenal Axis）。同時含括了影響心情變化和行為的主要大腦功能。此外還討論了心跳速率之測量，以及對心跳速率變化的解釋。這一段主要在彰顯非侵入性生理心理學測量工具的應用，以及突顯自主神經系統，是如何在面臨壓力時調控了心血管運作。這個機制對於焦慮症患者有非常重大的意義。

接下來「神經傳導物質（Neurotransmitters）」這段回顧了一些會影響心情變化的神經傳導物質，以及它們在中樞神經系統上的作用。然後是「大腦細胞與分子生物學（Cellular and Molecular Biology of the Brain）」，這段講述了一些如何測量和操弄基因展現的理論與技術，包括原位雜交組織化學技術（In Situ Hybridization Histochemistry）和免疫組織染色技術（Immunocytochemistry）。接下來的段落則探討人類疾病以及行為的動物模式，以及它們的應用。最後一段「大腦活性測量（Measuring Brain Activity）」用來講述一些測量與實驗工具，像是電生理訊號測量、大腦微透析、腦電波信號測量、大腦活性成像技術……等。這些工具用來觀察大腦在進行特定行為，以及產生情緒反應時的神經活性。往後幾個章節所講述的內容，並不見得需要完全懂這些實驗技術細節才能了解。然而有一些實驗技術的背景知識，可以讓我們更深入地體會到這些複雜心理現象背後的生理運作。

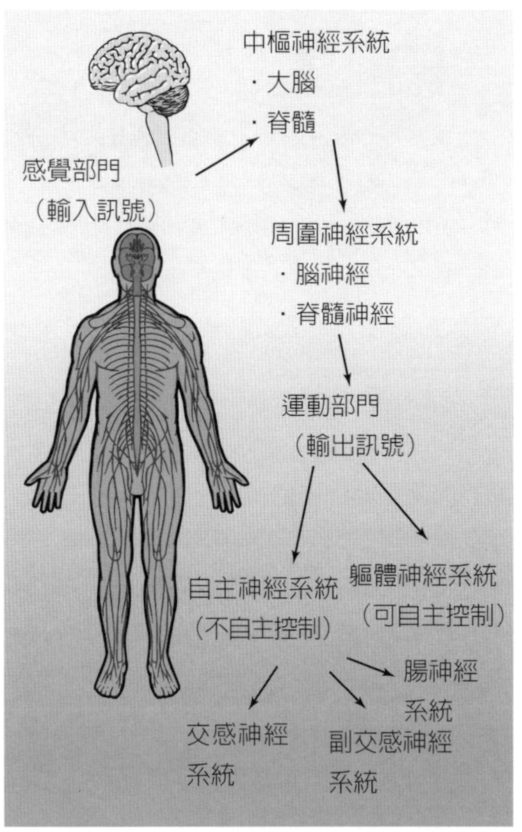

圖 3.2　人體的中樞與周圍神經系統

經許可後再製，圖形來源：J. H. Wilmore and D. L. Costill, 1999, *Physiology of sport and exercise, 2nd ed.* (Champaign, IL: Human Kinetics), 64.

神經網路

神經解剖的根基，是連接人們內在世界（例：記憶、肌肉張力、饑餓……等）和外在環境的複雜神經網絡（圖 3.1）。如圖 3.2 所示，這個神經網絡可先粗略分為中樞神經系統和周圍神經系統。周圍神經系統又可再細分為軀體神經系統（腦神經和脊神經）與自主神經系統。其中軀體神經系統接收全身而來的感官信號，同時還控制所有肌肉。因為中樞神經系統和自主神經系統，在心理健康與行為調控上面扮演非常重要之角色，稍後會介紹得比較詳細。

> 中樞神經系統連接每一個體內在以及外在的世界。

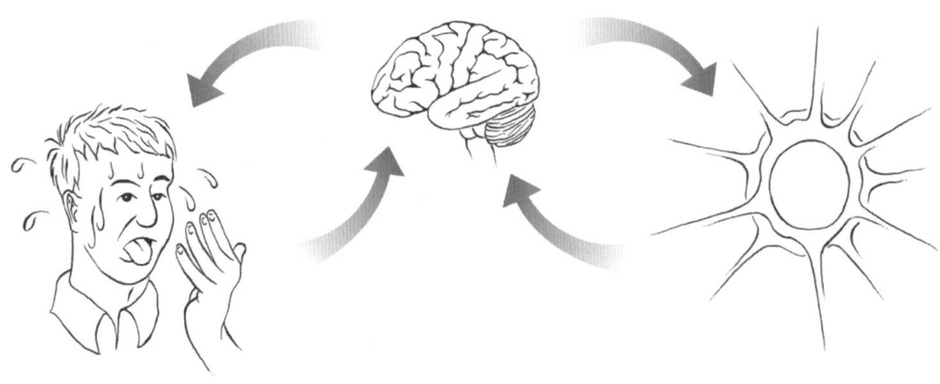

圖 3.1　中樞神經系統處理環境中熱與光的感官，並且控制了我們生理、心理與行為上對這些環境刺激的反應

軀體神經系統

直接連接大腦的腦神經有 12 對。有些腦神經只傳送感官訊息（傳送知覺信號到大腦，例如：嗅覺、視覺），有些則是傳送運動訊息（控制特定肌肉，例如：舌下神經控制舌頭運動），也有兩者都傳送的（例如：迷走神經）（請參閱圖 3.3）。

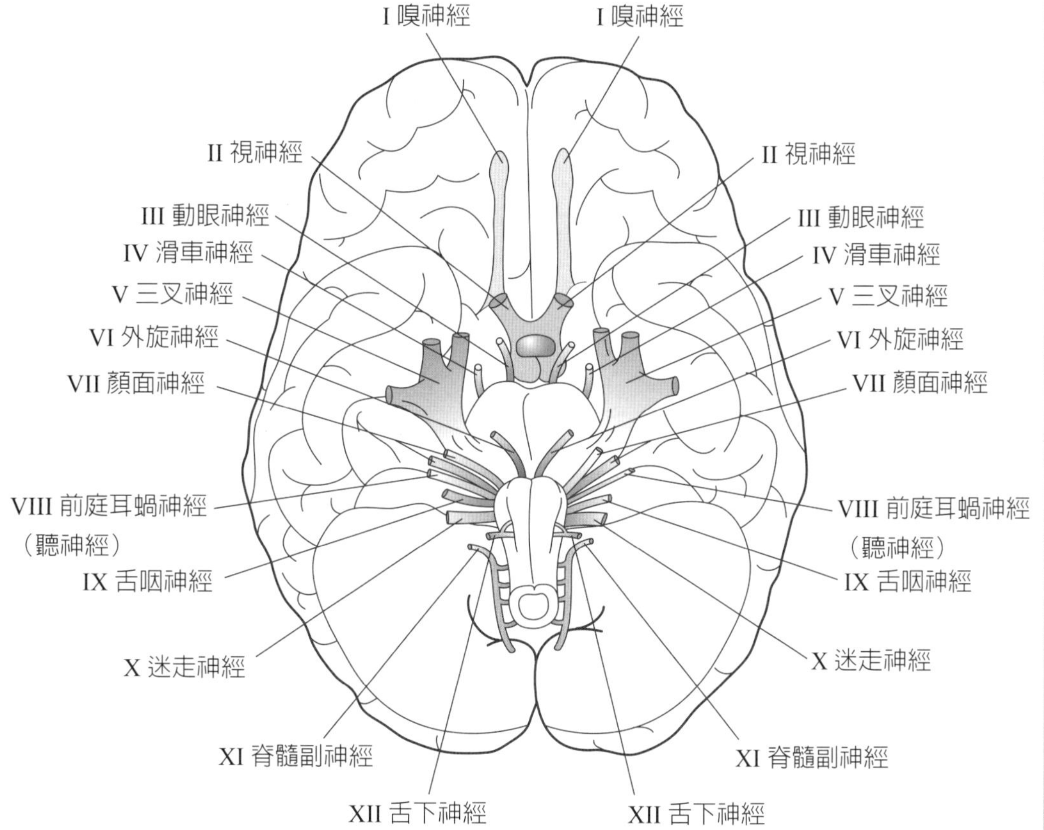

圖 3.3　一些腦神經把感官資訊傳給大腦，一些則控制特定肌肉，有些則兩件事都做

獲得許可再製，圖片來源 S. J. Shultz, P. A. Houglum, and D. H. Perrin, 2000, *Assessment of athletic injuries* (Champaign, IL: Human Kinetics), 348.

脊神經有 31 對，它們以規律的間隔進入脊髓中，並且依據進入的脊椎位置來命名（亦即：頸椎、胸椎、腰椎或骶椎）。每一條脊神經都同時涵括了從周圍送到脊髓的感覺訊息，以及從脊髓送到肌肉的運動訊息之通道。

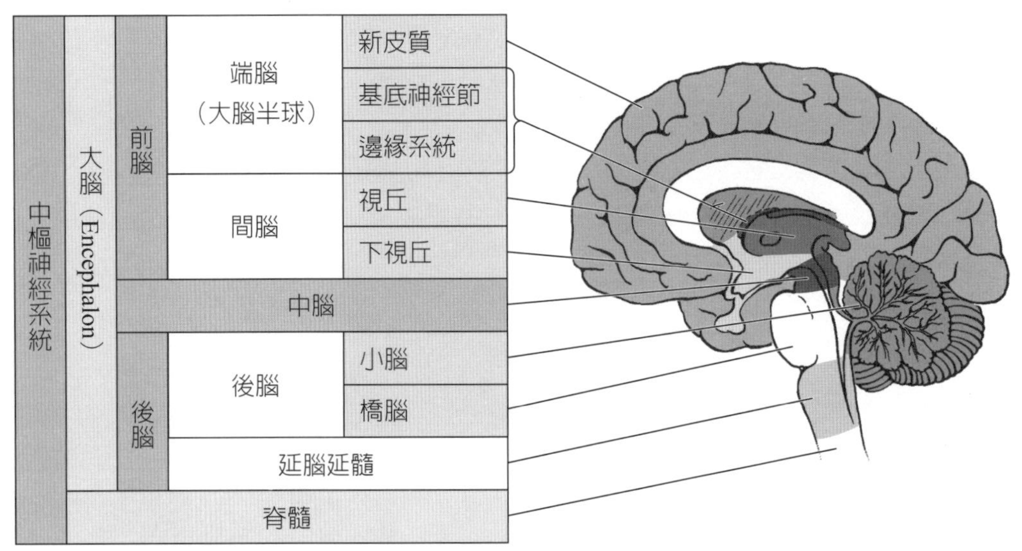

圖 3.4　中樞神經系統的組織圖，包括脊髓和腦的三個區塊（前腦、中腦、後腦）

中樞神經系統

中樞神經系統（CNS），是人體中最有趣也最複雜的系統（請參閱圖 3.4）。它負責感受、掃描、處理、儲存以及回應幾百萬位元的大量資訊。並且每週七天，一天 24 小時不停地工作。這是一個與周遭環境和身體其他部位都有雙向往來，以及訊息交流的動態體系。每當我們學習到任何新事物的時候，大腦就會產生化學變化。而且這些化學變化通常包括了基因層次的改變，這些基因或者轉譯出建造大腦的蛋白質，或者參與神經活性的調控。精神科醫生埃里克．坎德爾（Eric Kandel, 1998）曾經針對精神疾病的病因學，提出了一個生物學的理論架構。這個架構描述了神經的結構和功能如何交互作用。在這個架構中包含了五個基本原理：

1. 所有精神與心理的歷程都是由大腦完成。
2. 大腦的功能由基因控制。
3. 社會、發育以及環境因素可以造成基因展現的差異。
4. 基因展現差異引發大腦功能改變。
5. 精神疾病的治療效果根基於基因展現的改變，並因而帶來對個體有益處的大腦功能改變。

所以根據此一理論架構，像是憂鬱症等情緒方面的失調，也是因為大腦中的歷程被干擾而產生。而治療手段像是心理治療、藥物治療以及運動等，會造成大腦功能的改變，並且這些改變會深入到基因層次，最後導致了疾病症狀的減輕。這些作用如何產生的細節並未完全研究清楚，但我們在描述神經系統的結構和功能上面，以及在此系統與行為和情緒的互動上面，已經有重大的進展。

中樞神經系統的結構包含了脊髓、腦幹、和大腦（前腦）這三塊。脊髓內含許多控制反射動作的神經迴路，也負責把感覺訊息從周圍送到大腦，以及把運動指令從大腦送到周圍。輸入訊息（Afferent），或者說感官信號沿著脊髓背角傳送到大腦，讓大腦能夠知道內臟、肌肉、身體位置以及許多其他來自周圍的訊息。輸出訊息（Efferent），或者說運動信號則沿著脊髓的腹角往下傳送，構成了脊髓的運動神經索，並控制肌肉收縮。脊髓已經完成了好些神經訊號的處理步驟，因此當訊號在內臟器官和中樞神經系統之間傳送時，已經被大幅地改變了。脊髓的背根（感官）和腹根（運動）神經融合在一起，形成了左邊和右邊的 31 對脊髓神經索。

圖 3.5 展示了一段脊髓的橫切面，其中的背角和腹角都有被標示出來。負責傳輸有害（痛覺）訊號的第三和第四型輸入神經索，從脊髓的背角和腹角位置都有進入。背側和腹側的垂直通道會在第十六章談到力量的感受時，做更詳細的講授。

從周邊和大腦來的感官以及運動神經索都會經過腦幹，這是一條從脊髓向上延伸到頭部的連續性結構。它由延髓延腦（Medulla - Mylencephalon）、橋腦後腦（Pons - Metencephalon）和中腦（Midbrain - Mesencephalon）所組成（請參閱圖 3.6）。腦幹絕對不僅是讓神經索經過而已，除了掌管基本生命功能，像是血壓、呼吸等的神經

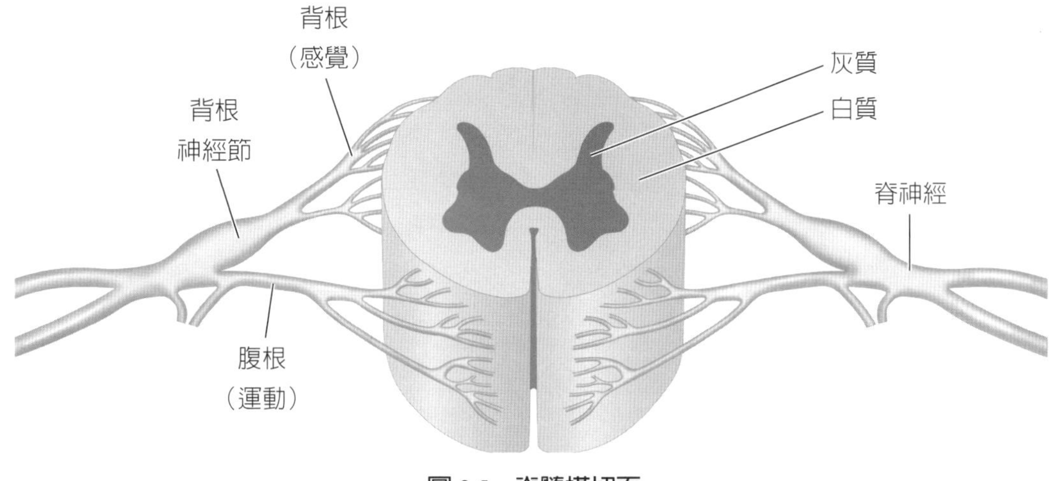

圖 3.5　脊髓橫切面

獲得許可再製，圖片來源 J.H. Wilmore and D.L. Costill, 1999, *Physiology of sport and exercise, 2nd ed.* (Champaign, IL: Human Kinetics), 67.

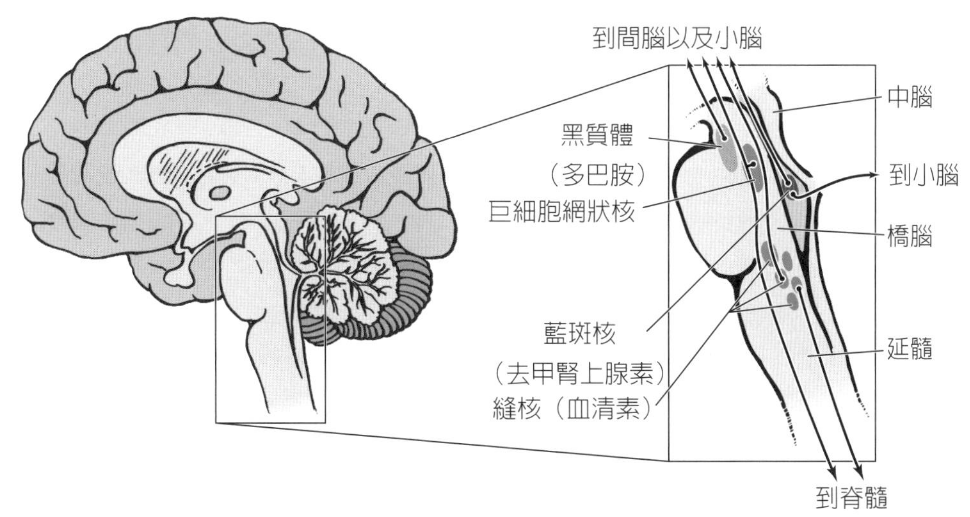

圖 3.6　腦幹圖及其主要神經核與神經傳導物質

迴路之外，還有許多跟行為以及心情起伏有關的控制迴路位在此處。

延髓是脊髓進入腦幹的第一關，它控制了血壓呼吸功能，也是腦幹網狀系統的終點。腦幹網狀系統向上一直延伸到中腦。在這裡有大腦中血清素（常縮寫為 5-HT）神經元主要的集中區縫核（Raphe Nuclei），它位在腦幹中央線上靠近藍斑核（Locus Coeruleus）的地方。縫核中的神經細胞會把輸出投射到大腦裡面掌控情緒和行為（例如：杏仁核 Amygdala、海馬迴 Hippocampus、下視丘 Hypothalamus、腹側被蓋區 Ventral Tegmental Area 和前額葉 Frontal Cortex）、運動（例如：紋狀體 Striatum 和小腦 Cerebellum）、血壓（例如：腦幹中的最後區 Area Postrema，就在血腦屏障外。此區域對血液中的化學成分特別敏感）等地方，以及投射到處理像是痛覺這樣其他週邊訊號（脊髓）。血清素在焦慮症以及憂鬱症，都是一個關鍵的神經傳導物質，對於睡眠的調節以及飲食行為也都提供重要的功能。

延髓裡面有縫核，大腦產生血清素的神經元主要位於此。

橋腦包裹著小腦的底部，裡面有一些重要的神經核，負責運動控制和感覺訊息之分析。小腦在橋腦的背側，是運動系統中極重要的一個環節，它能夠整合感覺資訊和肌肉抽動的信息以協調肢體動作。橋腦裡面還有藍斑核，從組織切片來看是位在第四腦室下方一塊藍色的區域（藍斑核的英文 Locus Coeruleus 字源是拉丁文 Caeruleus，意思就是藍色）。整體來說藍斑核的功能是抑制它所投射區域的神經元自發性放電，像是小腦、海馬迴、杏仁核、視丘和下視丘的神經核、大腦皮質、中腦以及脊髓。藍斑核也參與了睡眠，特別是睡眠時的快速眼動（REM）機制，以及注意力和情緒反應等。它也是去甲腎上腺素神經元（Locus coeruleus（norepinephrine））的主要集中地。此神經傳導物對於大腦的醒覺和心情週期的調控相當重要。大腦中分泌去甲腎上腺素的神經元，有一半是位在藍斑核。

藍斑核是大腦裡面生產神經傳導物質，分泌去甲腎上腺素最主要的地區，它位在橋腦。

中腦構成了腦幹的最上端，它包含了網狀神經系統、黑質體、中央灰質區以及腹側被蓋區。網狀神經系統是一個由神經組成的網狀結構，從脊髓上方經過延髓、橋腦以及中腦一直延伸到腹側間腦。在間腦哪邊可以看到網狀神經核。網狀激活系統是由一群鬆散但是互相連結的神經核網路構成，它在睡眠—清醒週期、前腦醒覺機制、注意力、體溫調節和動作控制上都扮演了重要的角色。

藍斑核是大腦中神經傳導物，去甲腎上腺素的主要生產地，位置在橋腦中。黑質體是神經傳導物多巴胺的中樞，而且在運動控制迴路中也是一個重要的神經節（神經元匯集處）。中央灰質區（導水管周圍灰質區 PAG）是，腦幹在中央腦室導水管旁，圍繞一圈緊密排列的神經元。這個導水管連接了第三和第四腦室。中央灰質區功能包括了活化情緒、引發打鬥行為、交配行為以及痛覺處理。當此區神經元上的鴉片類受器被鴉片激發時，我們對有害刺激的敏感度會下降。

腹側被蓋核（VTA）位置在 PAG 下方，比黑質體更靠中間。此區也是大腦中多巴胺的主要來源。當 VTA 被活化時，覓食行為（尋找行為）的動機上升，而且當使用腹側紋狀體的鴉片類神經元來活化時，這些覓食行為會產生酬賞和愉悅的效果。

身體的每一個器官都與大腦連接，而大腦重量只有 1400 克（3 磅），相當於身體體重的 2%（差不多是這本教科書的重量）（Rosenzweig, Leiman & Breedlove, 1999a）。前腦是讓你能夠閱讀、騎腳踏車，以及決定是否要參加一個重量訓練課的地方。前腦是大腦最前面（Anterior）的部位，可分為間腦（Diencephalon）和端腦（Telencephalon）兩塊。間腦中最重要的區域是視丘和下視丘。視丘和許多大腦皮質區域都有雙向連接，它是除了嗅覺之外，所有其他感官知覺信號進入的閘門。背側視丘區處理、整合，以及傳遞感官輸入信號到端腦。當你到戶外散步時，所有的溫度、燈光、聲音，以及從你的肌肉回饋而來的信號，都會先於視丘進行處理，然後才再進入更高階的大腦來讓你做出決定以及採取應對行動。靠前端的視丘投射到邊緣系統，參與了動機和情緒的處理。靠內和靠外兩側的視丘神經核參與了痛覺的傳遞。

下視丘往下投射神經訊息到腦幹，向上投射到其他的間腦區域、小腦、前視丘以及邊緣系統，也進入腦垂腺柄（Infundibulum）來控制指揮內分泌系統也就是，腦下垂體的荷爾蒙分泌。下視丘控制了我們的維生功能，像是心跳血壓、飲食、睡眠、體溫調節……等。它也調節了荷爾蒙分泌與平衡，並且在情緒行為的許多面向中扮演重要角色。下視丘是壓力荷爾蒙調控機制中最重要的三重體：下視丘—腦下垂體—腎上腺的其中一環，對於我們在面臨心理與物理上的挑戰時所產生的壓力，扮演著關鍵的角色。這部分內容在第四章中會詳細討論到。

端腦由新皮質（大腦皮質）、基底核以及邊緣系統組成。新皮質圍繞著大腦半球，它的特色是有許多皺摺，包括小的溝（小腦溝 Sulci）和大的溝（大腦溝 Fissures），以及大的脊（Gyri）。這些皺摺讓新皮質的表面積變成三倍；大約三分之二的皮質表面積是隱藏在腦溝裡面。新皮質是大腦高階功能的中心，像是問題解決能力、創造力、和判斷力……等。新皮質的一些區域，例如：初級視覺和運動皮質區，他們的輸入信號來源和功能已經被定位過。例如：中前額葉負責根據內在與外在刺激來轉變我們情感的狀態。這區域也是皮質上唯一有神經訊號直接投射到下視丘的地方。

基底核是在前腦皮質下的一群神經核，成員包括了紋狀體（尾狀核 Caudate、殼核 Putamen 以及伏隔核 Nucleus Accumbens）和蒼白球（Globus Pallidus）、以及與紋狀體連在一起的腦丘下核（Subthalamic Nucleus）和黑質。基底核對於運動控制關鍵重要。黑質是大腦中多巴胺最主要的來源，其與基底核的相對位置請參閱圖 3.7。多巴胺在運動功能中扮演關鍵角色，也與動機和心情起伏有關。在第七章裡面會詳細討論這個神經傳導物質。

邊緣系統是一群廣佈在間腦周圍的神經核，跟新皮質有雙向的訊息往來傳遞，並且會觸發一些經由腦幹中網狀系統的神經核作為媒介的行為。邊緣系統裡面有一些與情緒有關的行為之神經機制，也與行為動機的運作有關，此外還在學習的神經機制中扮演了一定之角色。它參與了直覺本能和心情起伏的展現、求生存的行為以及記憶模式的建立。總之，邊緣系統控制了多種行為與大腦功能，而當我們想要更進一步檢視健身運動

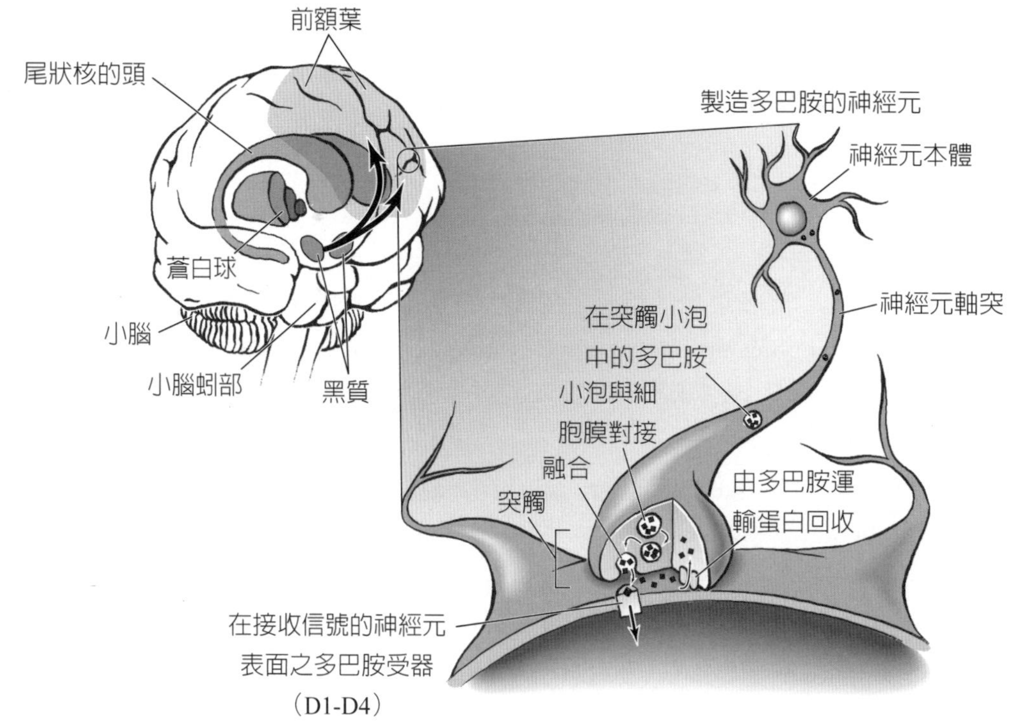

圖 3.7 基底核的結構，以及多巴胺從製造一直到送達突觸後神經元產生活性的歷程

根據 Barkley 1998 改繪。

心理學時，了解這些行為與功能都相當重要。

在邊緣系統中，與運動和心理健康有重要關係的其中兩個成員杏仁核（Amygdala，在拉丁文中是描述一個類似杏仁這種乾果的外形）和海馬迴（Hippocampus，此拉丁文描述的是類似海馬這種動物的外形）。在圖 3.8 中展示了這兩個腦區在整個邊緣系統中的相對位置。在邊緣系統中，杏仁核操控了如何在特定社交環境中展現適當行為，並且與情緒記憶以及憤怒和恐懼有關。此腦區對運動與情感的重要性，將在第五章中討論。

海馬迴協助我們標示有威脅性的環境改變，並且協同儲存可敘述記憶。它將被認定為具有重要性的輸入訊息，轉儲存在大腦皮質中。當海馬迴激活的時候，我們對環境會有較高的警覺性，並且理解力也會上升。海馬迴中的可體松受器，讓此腦區介入了我們對於憂鬱（第七章）和長期性心理壓力（第四章）的生理反應機制。

邊緣系統是中樞神經系統中，控制情緒行為以及動機趨力的中心。

自主神經系統

自主神經系統是週邊神經系統的其中一支，它協助訊息跨越了週邊以及中樞神經系統。它之所以被命名為自主（獨立、自行運作的意思）神經系統，是因為早期的神經科學研究者發現，它所屬的神經節位在中樞神經系統之外。自主神經系統控制著我們的內臟、一些內分泌腺體、平滑肌以及心肌，而這些操控主要是經由第三、七、九和第十對腦神經索的活性，以及其他交感神經。它又

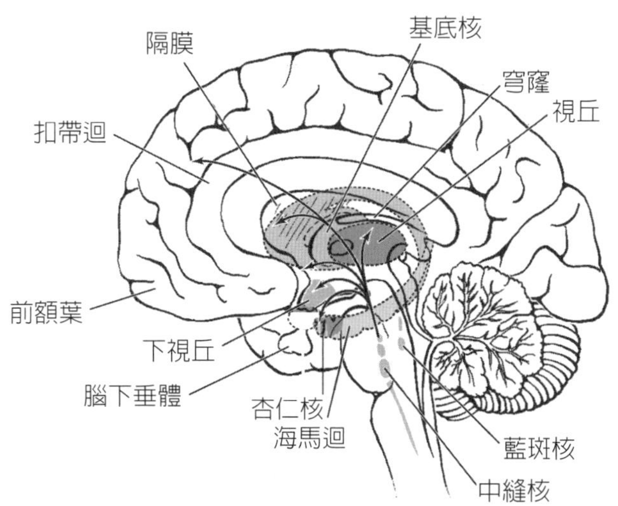

圖 3.8　中樞神經系統的橫切，此處呈現出邊緣系統（海馬迴、杏仁核、扣帶迴 Cingulate Gyrus、穹窿束 Fornix）。箭頭所指處是從縫核傳往中央結構的通道

根據 Nemeroff 1998 修改。

可再細分為三個分支：交感神經、副交感神經以及腸神經這三個系統。它們透過神經傳導物質（NT）將訊息從中樞神經系統傳送到周邊神經節。在週邊神經節之前的神經傳導物的受器都是尼古丁類的乙醯膽鹼（Nicotinic Cholinergic）受器，它們可以被乙醯膽鹼活化。而在週邊神經節之後的神經傳導物質之作用，會因為各器官所擁有的受器不同，因而出現功能上的差異。腎上腺受器有 β 和 α 這兩種類型，它們會被去甲腎上腺素和腎上腺素給活化。蕈鹼類乙醯膽鹼受器（Muscarinic Cholinergic Receptor）會被乙醯膽鹼活化。圖 3.9 呈現的是自主神經系統以及它所操控的內臟器官。大致上來說，交感神經負責能量消耗而副交感神經負責能量保存，腸道神經系統則控制小腸。

交感和副交感神經會維持一股持續不斷的基準放電活性，被稱為交感以及副交感神經律。交感和副交感神經活性的增加或減少，都會影響到內臟器官運作。過去研究者曾經認為，交感與副交感神經呈現一種線性的互相拮抗關係。然而三位學者 Berntson、Cacioppo 以及 Quigley（1991, 1993）的研究結論卻指出，這兩個神經系統展現的是一種更廣的，二維的互動關係。在他們提出的學理中，這兩個系統的運作在自主神經系統空間上可以綁定在一起，也可以各自獨立運作。而當兩個系統綁在一起的時候，它們的作用可以是反向的，也可以是同方向的。在後面這個狀況中，交感與副交感神經的活性可以同時一起上升或者一起下降。例如：壓力相關的心跳速率過快可以是由交感神經活性單獨上升造成（不綁定），或者由副交感神經活性單獨下降達成（不綁定），又或者可能是兩者都參與了心跳調控（綁定反方向）。

面臨壓力時，即使心跳速率不變也不一定代表自主神經系統沒有反應，因為有可能是副交感神經活性上升，抵消掉了在同一時間中交感神經活性的上升。（綁定同方向）。像這樣生理有反應，卻沒有反映在最終的內臟器官活動的改變上面，是我們在第四章學習到健身運動與壓力反應之間的關係時，必須牢記在心的一個可能性，因為這限制了我們研究的手段。

> 自主神經系統有兩個分支，分別控制了能量的消耗（交感神經）以及能量的保存（副交感神經）。它們可以單獨作用，綁定在一起然後一個上升另外一個下降，或者綁定在一起然後兩者都上升或下降。

交感神經系統

交感神經系統（SNS）參與了一些需要消耗能量的醒覺與活動，例如：健身運動。簡單來說，SNS 預備好我們的身體來進行某項動作（例如：當你正等在一項路跑活動的起跑線上時），或者當我們面臨威脅時需要準備逃跑或打鬥時（例如：面前出現 一隻很大又在咆哮的狗）。當我們面臨一個心理壓力需要讓身體預備好進行一項動作，而卻又沒有機會真的採取什麼行動，這樣的壓力往往就會造成一些疾病，像是高血壓。

交感神經系統包含了 22 對神經節，它們排列在脊髓的兩側。這些神經節互相連接，然後又再與脊髓連接。在神經節之前的神經元與脊髓連接的長度較短，而神經節之後的神經元與脊髓連接的長度較長。後者連接到產生最終效果的內臟，例如心臟或者汗腺（請參閱圖 3.9）。神經節後的神經元釋放的傳導物質是腎上腺素，由內臟器官上的 α 和 β 腎上腺受器負責接收信號以產生效果。而這些效果就是活化或者關閉交感神經系統（SNS），有點像我們把一棟房子裏面好多間房間的共用電源開關，或者說整棟房子的總電源打開或者關掉一樣。依照情境的類別或者狀況的嚴重程度，交感神經可以針對某一個或幾個內臟器官，甚至所有的器官來產生作用。心跳加快、流汗、眼睛瞳孔放大、口乾，以及其他較不明顯的交感神經反映可以同時產生作用。

副交感神經系統

副交感神經系統（PNS）參與的是能量保存的生理動作，例如：心跳速率降低以及消化動作提升。副交感神經有比較長的神經節前神經元，它們來源自頭部和骨盆區域（請參閱圖 3.9）。神經節後神經元比較短，而且距離它們支配的內臟器官很近，所釋放出來的神經傳導物是乙醯膽鹼，而在突觸後接收的是蕈鹼類乙醯膽鹼受器。副交感神經系統的活化是比較個別的，有點像是打開一棟房子裡面的一盞燈，所以副交感系統相對於交感神經來說，可以比較精確地自主控制。我們可以在看到一塊好吃的派時，只流口水而不必一定要伴隨著心跳速率降低。乙醯膽鹼會導致小血管內皮細胞釋放一氧化氮，使得阻力高的血管周圍的肌肉放鬆，因而降低舒張血壓。

> 交感神經系統負責消耗能量的生理動作，而副交感神經則貢獻在保存與產生能力的生理活動上。

自主系統平衡以及心血管系統：心跳速率的變異

心率變異（HRV）提供了自主神經系統如何在各樣不同的動態環境中，調控心跳速率的相關訊息（歐洲心血管學會以及北美心律與電生理學會專案小組，1996），包括我們在經歷到重大情緒以及正在運動時，心跳變異率都會提供訊息。心率變異通常是指，心跳週期前後兩個相鄰 R 波間

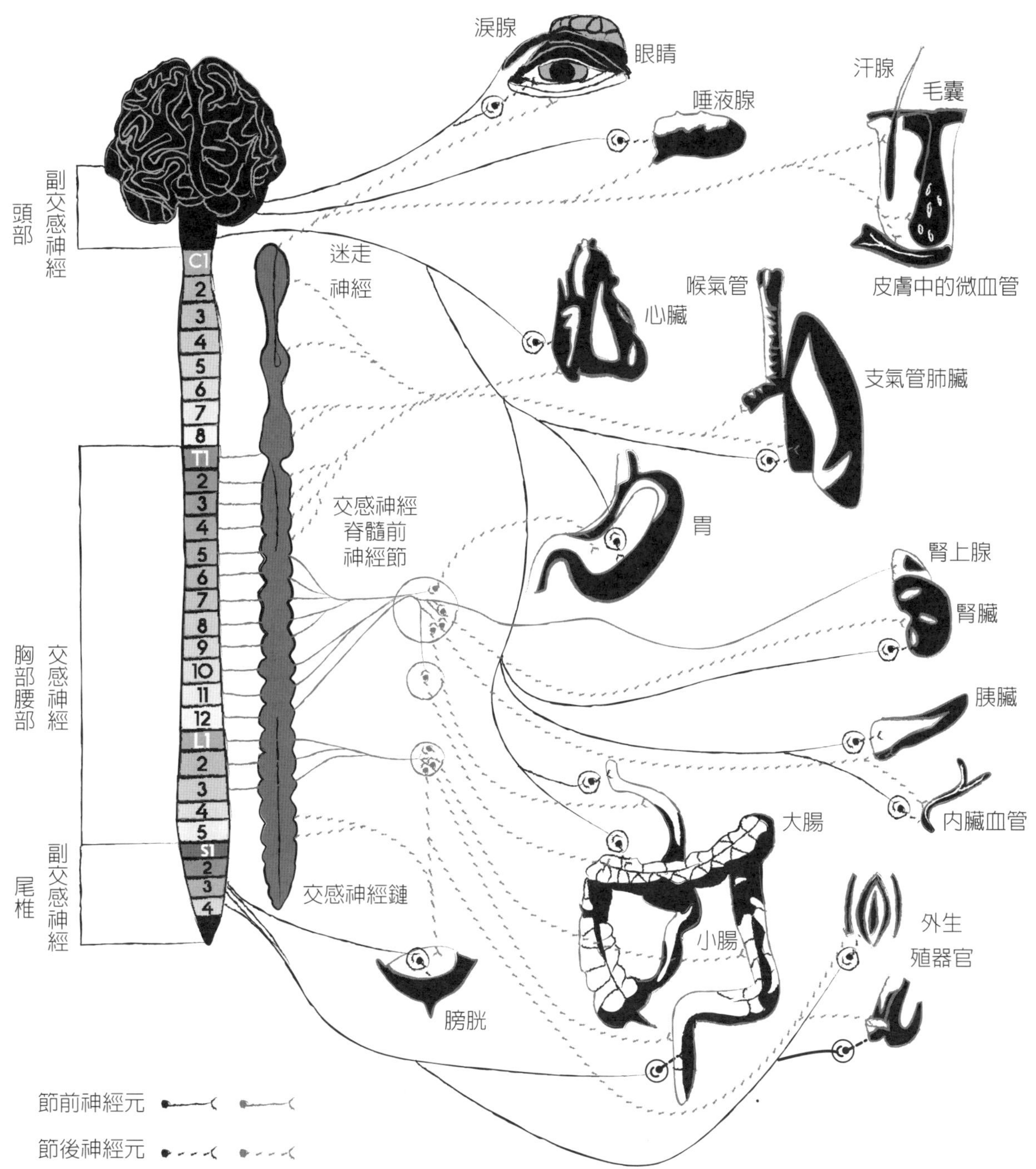

圖 3.9　自主神經系統腦神經、交感神經以及副交感神經，以及它們支配的內臟器官

距離的標準差。短期的變異（例如幾分鐘內）可以透過數學運算轉換為頻譜，然後用來估計自主神經對心跳的調控。高頻區段（0.15-0.5 赫茲；一個赫茲指的是每秒有一個完整週期）被認為能反映出迷走神經在呼吸過程中，對於心率變異的調控，也被稱為呼吸竇性心律不整（請參閱 R. McCraty and A. Watkins, 1996, *Autonomic assessment report: A comprehensive heart rate variability analysis. Interpretation guide and instructions* (Boulder Creek, CA: HeartMath Research Center), 7.）。這種相對來說快速的波動，相當於在動物實驗中電刺激迷走神經所帶來的心跳速率變化，它反映出乙醯膽鹼這個神經傳導物打開了心臟細胞的上的離子通道，因而產生了快速的抑制作用。

低頻（LF，0.05-0.15 Hz）範圍的訊號對應到的是血壓對心跳速率產生的反射性調控（亦即：針對血壓波動產生的心跳速率變化），以及反映了交感和副交感神經，在多數狀況中對於心率變異的綜合調控。這種比較慢的心律波動，是因為心臟對於交感神經的反應相對於迷走神經而言比較緩慢，而從分子層次來看，是因為對於去甲腎上腺素的生理反應乃是透過細胞內的第二信使，間接地打開離子通道。不像乙醯膽鹼乃是直接打開細胞膜上面的離子通道，作用速度比較快。本章後面還會討論到更多關於細胞內第二信使訊息傳遞系統的細節。在超低頻（VLF，0.0033-0.05 Hz）範圍的波動提供了關於交感神經影響心律的額外訊息。

在推估短期心律波動中，自主神經系統的平衡時，高頻和低頻的成分通常會先相對於總能量進行一個標準化（亦即：[HF / (HF + LF)×100]），以便除去超低頻的影響。長期的（亦即：24 小時）心律監控則讓我們可以看到超超低頻（< 0.0033 Hz）範圍，這個頻段的訊號與總心率變異（亦即：24 小時中 RR 間距的標準差）。

心率變異偏低與我們感受到的壓力有關，也與心律不整、心臟病死亡以及出現心肌梗塞之後的所有死亡原因有關。報告指出，患有長期的焦慮性疾病的人心率變異較低，包括恐慌症、創傷後壓力症以及一般性焦慮症患者等都會有此現象。因為感受到的壓力可以預測暫時性心肌缺血，所以心率變異在公衛調查中是心血管疾病的一個危險因子（Tsuji et al., 1996）。好幾個研究指出，心肺功能較強的人心率變異也比較高，特別是在高頻波段。現在還不清楚是否身體狀況可以緩衝壓力對於心率變異的影響，但有一個報告發現自認為常常承受情緒壓力的中年人，他們高頻波段的心率變異較少（Dishman & Nakamura et al., 2000），而且這個現象與受測者的年齡、性別或者體能狀況都無關。

> **心率變異的測量可以提供我們，心跳速率如何受到自主神經系統調控的資訊，並且告訴我們交感與副交感神經對於我們面對不同狀況時，它們對於心跳調控的貢獻程度有多大。**

內分泌系統

中樞神經系統和自主神經系統之間，豐富而且動態的交互作用，展現在交感神經腎上腺髓質系統和下視丘－腦下垂體－腎上腺（HPA）軸上面，這兩者都是由下視丘來活化。

交感神經腎上腺髓質系統，包括了交感神經以及腎上腺髓質兩部分，它們是由後側下視丘經由一個直接的神經訊息傳遞路徑來活化。去甲腎上腺素是由腎上腺髓質中的嗜鉻細胞核合成，而此荷爾蒙以及另外一種腎上腺素，都是從腎上腺髓質分泌到血液之中，兩種荷爾蒙的比例大約是一份去甲腎上腺素混合四份腎上腺素。它們的作用模仿了交感神經，然而持續的時間卻比交感神經長了五到十倍（刺激結束之後 1-2 分鐘）。這是因為從血液中移除荷爾蒙的速率比較慢的緣故。在血漿中去甲腎上腺素的主要作用是促進血管周邊的阻力，以達成提升血壓的效果。而腎上腺素則有比較廣的交感神經效果，例如：加快心跳速率以及提高細胞的新陳代謝。

下視丘—腦下垂體—腎上腺軸（HPA），包含了下視丘、腦下垂體以及腎上腺皮質這三部分（請參閱圖 3.10）。腦下垂體通過腦

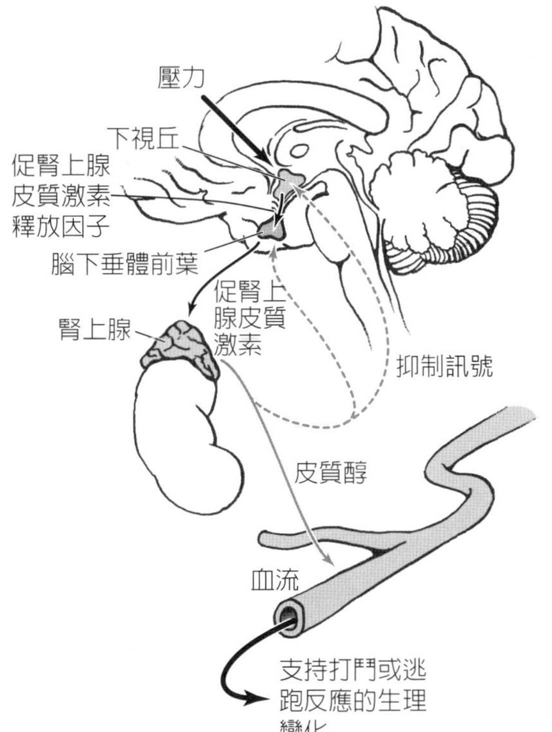

圖 3.10 下視丘、腦下垂體以及腎上腺皮質（HPA）面對壓力時的活化

此圖修改自 Nemeroff 1998.

垂腺柄直接和下視丘相連，它主要是由兩個在功能上相異的部分構成（腦垂體前葉，又稱腺性腦垂體，以及腦垂體後葉，又稱神經性垂體）。腎上腺皮質是一層包覆著腎上腺的組織。

下視丘前葉釋放兩種有力的荷爾蒙（甲狀腺促素釋素以及促腎上腺皮質激素釋放激素），它們參與了面對物理以及精神壓力時所產生的的生理反應。甲狀腺促素釋素會造成腦下垂體前葉進一步釋放促甲狀腺激素，此荷爾蒙會刺激甲狀腺來釋放甲狀腺素。而此荷爾蒙會刺激碳水化合物和油脂類的代謝，並增加新陳代謝速率。促腎上腺皮質激素釋放激素由下視丘前葉釋放（由位在第三腦室兩側之腦室旁核裡面的小細胞釋放），它是我們身體日夜生理週期的一部分，也會在面對物理與精神壓力之下釋放。

促腎上腺皮質激素釋放激素，會刺激腦下垂體後葉釋放升壓素（抗利尿激素），也會刺激腦下垂體前葉釋放泌乳激素、促腎上腺皮質激素（ACTH）和 β 腦內啡進入血液循環中。促腎上腺皮質激素活化腎上腺皮質，進而釋放醛固酮和皮質醇。它也會加強腎上腺皮質對後續刺激的反應強度，促進注意力、動機、學習以及記憶維持。此外它也是一種鴉片類分子的拮抗劑。

皮質醇是腎上腺所釋放的眾多內源性糖皮質激素中，最主要的一種，在壓力反應與憂鬱症的運作機制中扮演了一定的角色。皮質醇的主要生理作用包括了控制新陳代謝，像是醣質新生（亦即：從油脂或者蛋白質類分子合成出醣分子），以及在健身運動過程中將脂肪酸作為能量來源燃燒，和抑制免疫反應。皮質醇的釋放由 ACTH 控制，但在下視丘與腦下垂體前葉都有皮質醇的受器，分別可以提供回饋信息來調控 CRH 和

ACTH 的釋放，因此對於皮質醇的分泌有一個回饋式的調控機制。

皮質醇在物理壓力（亦即：運動）與精神壓力的反應機制中扮演一定之角色，也與情緒失調時，中樞神經系統的障礙有關。

大腦和周邊循環系統

在本章稍後我們會討論在兩根大腦動脈中以及在靜脈中，測量流經腦部血流量的方法（請參閱圖 3.11）。現在我們先來看看，從周邊靜脈中測量到的化學物質，是否有可能來自大腦。腦脊髓液由側腦室中的脈絡叢分泌出來（請參閱圖 3.12），它的量多到足夠每天會換新四次，大約是每 24 小時有 600 毫升（20 液盎司）。腦脊髓液最後會被位於硬腦膜和軟腦膜之間的蛛網膜（亦即：像蜘蛛一樣）顆粒吸收（請參閱圖 3.13），然後從上矢狀竇匯流到腦靜脈竇中，最後回到身體的靜脈循環裡面。

上矢狀竇流經大腦拱頂的中線（請參閱圖 3.14）。從側面來看大腦半球前葉，上矢狀竇接收大腦上靜脈、頭顱海綿骨與硬腦膜中的靜脈，以及經過頂葉小孔的顱骨膜靜脈。靜脈收取了從上矢狀竇而來的血液進入大靜脈的合流中。從這裡開始，兩條靜脈橫向分叉，從兩側往下走入乙靜脈（S—形狀），並形成頸靜脈。在脖子中頸靜脈與頸動脈平行，並將血液送回上腔靜脈中。

腦脊髓液會由頭頂上以及大腦後方的上矢狀竇回收，然後匯流進入內頸部靜脈。藉由測量動脈血液以及內頸靜脈血液中蛋白質濃度的差異，研究者可以估計出，周邊血液中多出來的蛋白質有多少來自大腦中（例如

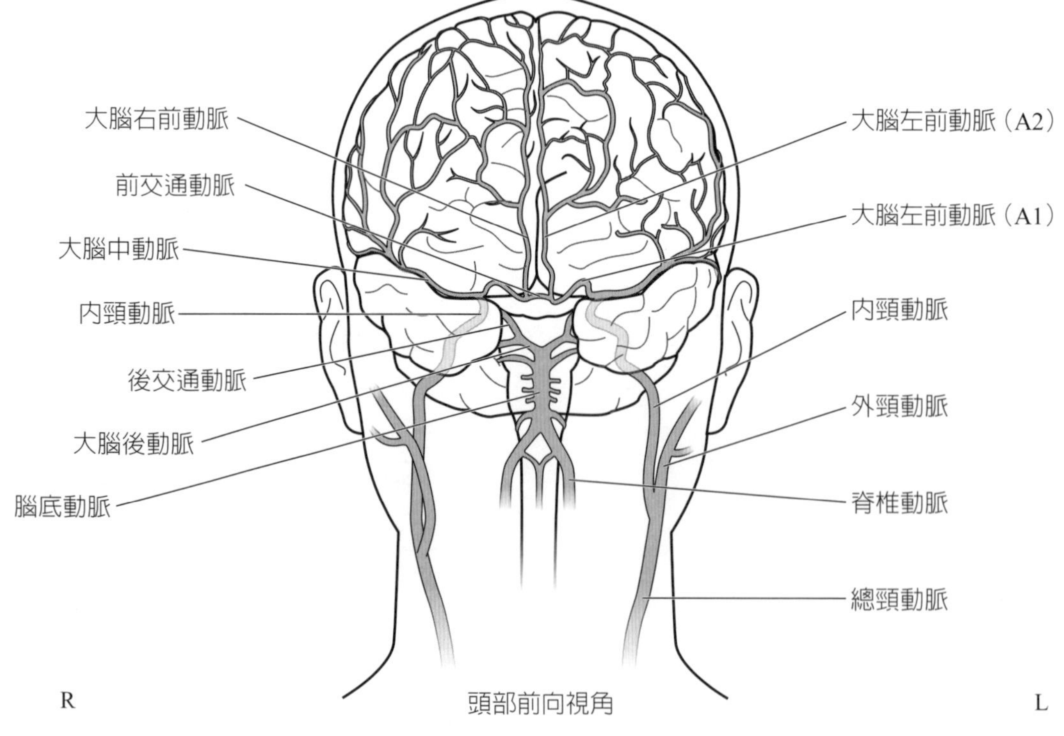

圖 3.11　頭部的動脈系統

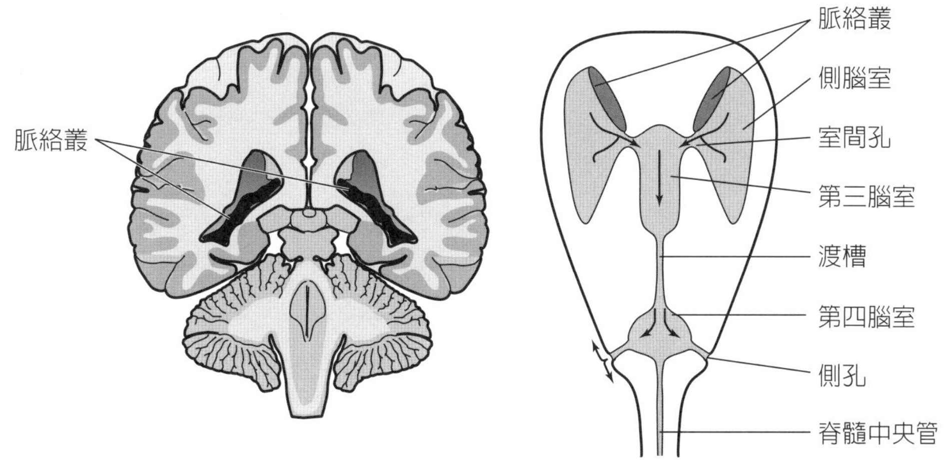

圖 3.12　脈絡叢

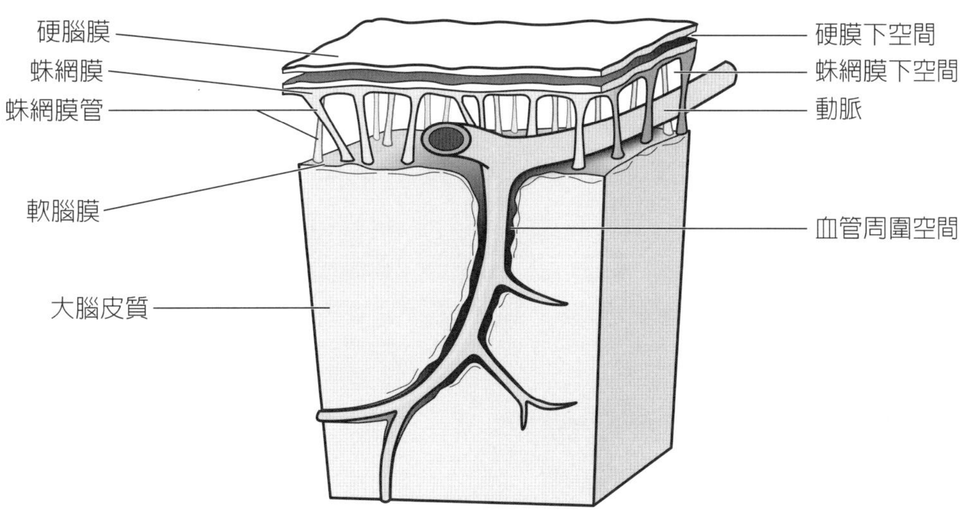

圖 3.13　腦脊髓液從蛛網膜空間中匯集到大腦靜脈循環中

Rasmussen et al., 2009）。

神經傳導物質

在神經系統中，將神經脈衝訊息從前一個神經元，傳遞到下一個神經元的最主要方式，是透過兩個神經元之間的突觸（請參閱圖 3.15）。突觸基本上可以分為電流式以及化學式這兩大類，而在中樞神經系統中，幾乎所有的突觸都是化學式。神經訊號透過突觸作用在下一個神經元上的作用，可以是刺激型的或者是抑制型的，而這些作用主要由兩種神經傳導物質來達成：麩胺酸（刺激型）和 γ- 氨基丁酸（GABA，抑制型）。其他種類的神經傳導物並不像麩胺酸或者 GABA 這樣有傳送資訊的特定任務，但是它們在中樞系統的神經迴路當中，負有調節大腦特定功能的責任。它們跟神經元細胞膜上的訊號傳遞蛋白質，稱為 G 蛋白，產生交互作用。因此這些其他神經傳導物質，就能改變傳遞訊號的麩胺酸以及 GABA 對大腦活性所帶來的影響。簡言之，麩胺酸以及

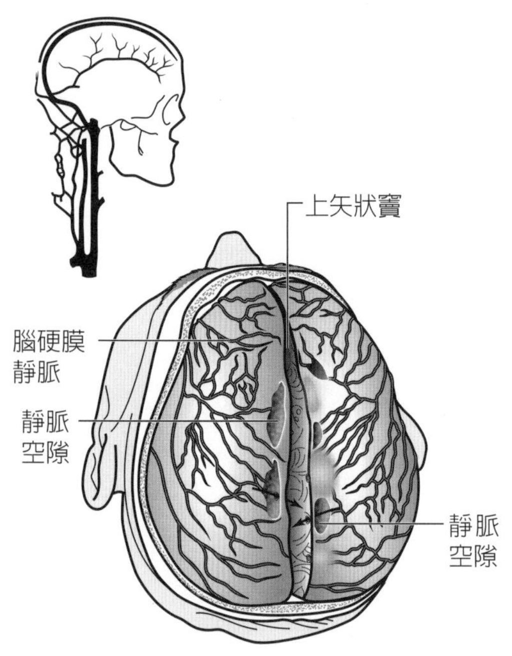

圖 3.14　上矢狀竇從大腦前半球收集靜脈血液

GABA 所傳遞的基礎訊息，會被其他神經傳導物質調節其活動力，因而使最後的結果產生情緒的特徵和意義。這些神經傳導物將在後面段落中詳細討論，我們會認識到它們在運動影響心情、睡眠、與疼痛的生物機制中，扮演什麼角色。

生物胺

生物胺可分為兩大類：兒茶酚胺和吲哚胺，它們又統稱為單胺類。

兒茶酚胺

兒茶酚胺包括了多巴胺、去甲腎上腺素、腎上腺素這三種神經傳導物質。它們參與了睡眠、酬賞、飲食等行為的機制，也和一些功能性疾病（知覺失調與憂鬱症）以及器官性疾病（巴金森氏症、心血管類高血壓、陣發性心搏過速）有關。在合成的生化路徑上，人體的必需氨基酸酪胺酸，是兒茶酚胺類分子的前驅物，而這其中酪氨酸羥化酶在正常情況下，是控制此生化反應鏈合成速率的關鍵酵素。酪胺酸經過一個中介階段

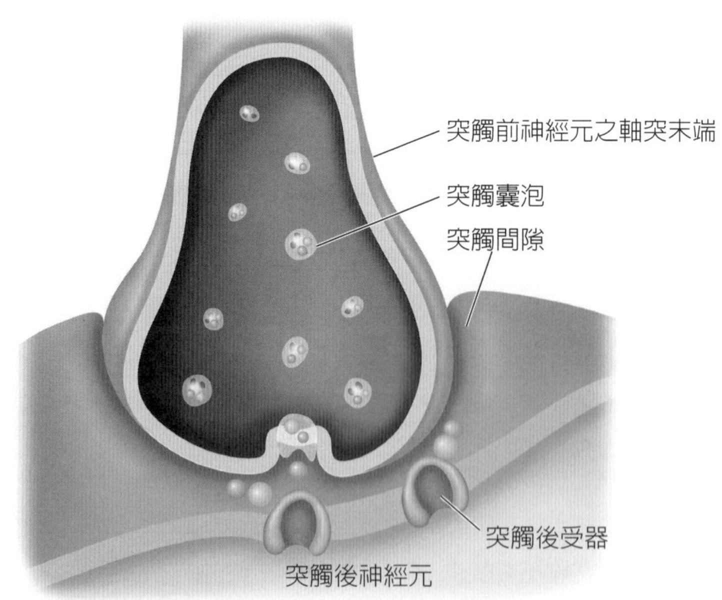

圖 3.15　兩個神經元之間的化學突觸

授權重製，來源：J.H. Wilmore and D.L. Costill, 1999, *Physiology of sport and exercise, 2nd ed.* (Champaign, IL: Human Kinetics), 60.

之後，被轉變成多巴胺。然後多巴胺再被轉化為去甲腎上腺素，或者自己就可以當成神經傳導物來使用。如圖 3.16 所示，去甲腎上腺素可進一步被轉成腎上腺素。

神經傳導物多巴胺（DA）系統在行為動機與運動功能控制方面，扮演一個關鍵性之角色。它在圍繞著下視丘的腹側被蓋區，是一個關鍵性的神經傳導物，參與了行為動機的產生，以及控制我們追求酬賞與愉悅感的行為（亦即：想要的衝動）。我們會有愉悅感，有部分原因就是多巴胺在腹側紋狀體裡面的伏隔核連接上了它的受器，因而改變了鴉片類神經元之活性。腹側紋狀體是基底核的一部分，請參閱圖 3.17。從腹側被蓋區傳送到伏隔核的神經網路，與我們大腦中的酬賞追求動機有關，它控制了許多自然的酬賞追求行為，像是進食和身體的運動等。目前的研究顯示，大腦眼眶前額葉、視丘以及紋狀體這個神經迴路，在一些與生存有關的行為，像是進食、交配與運動等的操控機制中，扮演非常重要的角色。

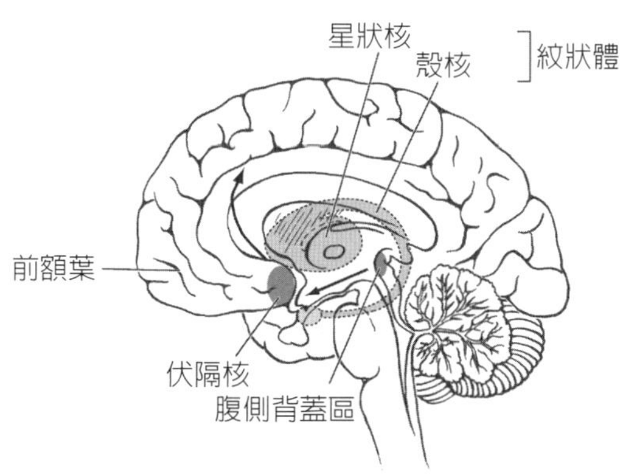

圖 3.16 本圖呈現出腹側被蓋區（VTA），大腦中主要的多巴胺（DA）神經元集中區，和基底核（尾狀核、殼核、伏隔核）的相對位置。酬賞的神經路徑從腹側被蓋區，經過伏隔核一路延伸到前額葉

在心理健康與健身運動心理學中很重要的神經傳導物質是生物胺，像是去甲腎上腺素和血清素。

去甲腎上腺素是第一個（在 1901 年）被發現，負責中介週邊神經細胞活性的神經傳導物。它在大腦的神經傳導物當中，占了最高達百分之一的比例。去甲腎上腺素的作用較慢（幾秒鐘），跟其他神經傳導物相比，例如：乙醯膽鹼和 GABA 作用速度在幾毫秒左右。因此去甲腎上腺素常常被視為神經調節物質，它比較慢的作用可以調節其他比較快的神經傳導物質的效能。去甲腎上腺素在大腦中有特定的分佈模式，而不是平均地投射在每一個腦區。這種特性讓它可以影響很多中樞神經系統的功能，包括感受到威脅時的行為反應、腦下垂體的荷爾蒙釋放、心血管功能、睡眠以及疼痛反應。

去甲腎上腺素是由神經元從血液中獲得的氨基酸酪胺酸合成出來，而其主要的腦區是藍斑核。在此腦區中的神經元，會投射軸突到中腦導水管周圍灰質、視丘神經核以及下視丘。藍斑核是唯一提供神經元投射去甲腎上腺素到杏仁核、海馬迴、大腦前額葉皮質全區以及小腦的腦區。在焦慮和憂鬱症中邊緣系統的功能失靈，而藍斑核是管控該系統的一個主要操作地點。它能夠整合外在與內生刺激，以控制自主醒覺程度、注意力和警醒程度，以及面對行為壓力時的神經內分泌系統之反應。去甲腎上腺素可以使藍斑核裡面的神經元過極化，以提升其對於從其他神經元傳來的訊號之反應度。在大腦中也有許多去甲腎上腺素神經元並沒有位在藍斑核裡面，而是沿著偏兩邊的腹側被蓋區分佈。從此處神經元導出的神經索與藍斑核裡

神經傳導物質

在突觸間負責傳遞訊息的化學物質被稱為神經傳導物（NT）。它們從前一個神經元末梢直接釋放到下一個（突觸後）神經元的細胞膜上，由特定的蛋白質受器與之結合之後，就會使得下一個神經活化、抑制或者被改變。如果神經傳導物釋放到血液裡面，就被稱為神經荷爾蒙。

以下是影響突觸前神經元釋放神經傳導物的一些因子：

- 可供釋放的神經傳導物數量（受到合成所需化學原料以及酵素量的影響，神經傳導物儲存量）
- 突觸前神經元之活性（例：長期維持著高活性，可能會耗竭神經傳導物因而減少釋放）
- 突觸前神經元上面的受器被神經傳導物活化之後，會抑制過多的神經傳導物釋放（突觸前抑制作用）

以下是會影響神經傳導物在突觸後神經元發揮作用的一些因子：

- 神經傳導物的種類和釋放量
- 受器的種類、密度及敏感度
- 其他具有增強或者抑制效果的化學分子
- 突觸間溶液的酸鹼度

面的神經元糾纏在一起。

去甲腎上腺素也是交感神經系統中的主要神經傳導物質，它在脊椎中的神經節以及腎上腺髓質裡面的嗜鉻細胞中被製造出來。但是自主神經系統中作為神經傳導物的去甲腎上腺素，主要來自交感神經的游離神經末梢。去甲腎上腺素的合成速率與交感神經活性共變，並和合成過程中的關鍵酵素酪氨酸羥化酶的活性變化相關。酪氨酸羥化酶主導了酪氨酸轉變為多巴（DOPA）的化學反應，並且是這一系列合成反應的速率控制酵素，因此它掌控了多巴胺與去甲腎上腺素的合成速度。如果被釋放出來的去甲腎上腺素沒有被回收到突觸前神經元，或者被回收了但是沒有被收藏進儲存濾泡中，它就會通過單胺氧化酶（MAO）與兒茶酚 -O- 甲基轉移酶（COMT）這兩個酵素被代謝掉。去甲腎上腺素的主要代謝產物，在神經元內是 3-4 二羥基苯基乙二醇（DOPEG），在神經元外是 4- 羥苯基乙二醇（MHPG）。過去人們嘗試用血清中測量到的這些代謝產物濃度來估計 NE 從神經元中釋放的量，但是這種測量法有其極限。例如如果在血清中測量到 MHPG 濃度上升，我們並無法區別這是因為 NE 釋放的量增加，還是 NE 被再回收的量減少所導致。

> 去甲腎上腺素在中樞神經系統以及在自主神經系統中，都是一個重要的神經調節物質。

在腎上腺髓質、心臟以及部分大腦區域，NE 會被苯基乙醇胺 N- 甲基轉移酶代謝成為腎上腺素（Epinephrine, Epi）這種荷爾蒙，而 Epinephrine 的另一個英文名稱是 Adrenaline（請參閱圖 3.17）。此神經荷爾蒙之所以命名為腎上腺素，是因為過去學者以為它只由腎上腺來製造，而事實上在腎上腺髓質中，約有 80% 的 NE 會被轉換成 Epi。腎上腺顧名思義就位在腎臟的上方，因此腎上腺素的另外一個英文名稱 Epinephrine，就是從希臘字 Epi Nephron（在腎臟上方）演變而來。Epi 最主要的功能是刺激心血管，但

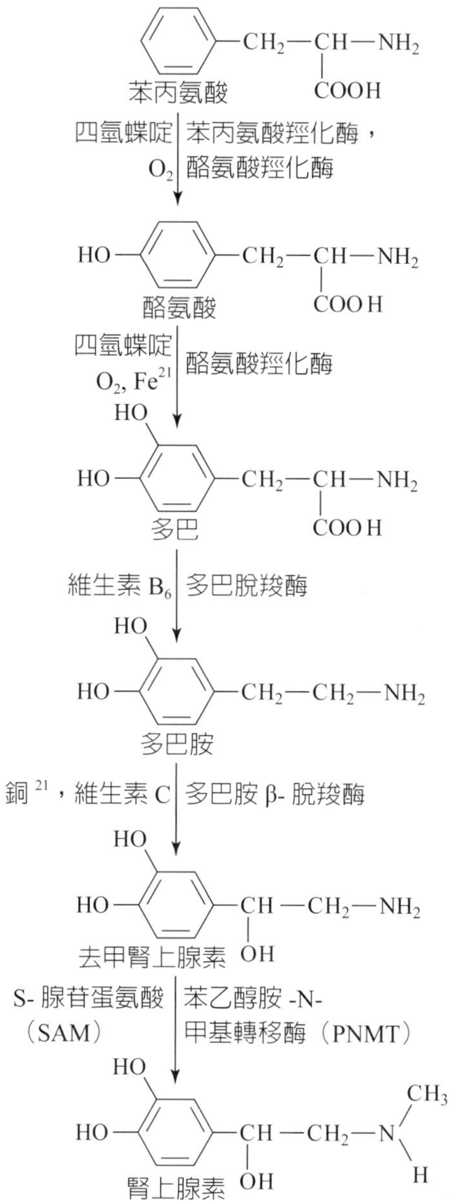

苯丙氨酸（$C_6H_5-CH_2-CH(NH_2)-COOH$）

↓ 四氫蝶啶，O_2｜苯丙氨酸羥化酶，酪氨酸羥化酶

酪氨酸（$HO-C_6H_4-CH_2-CH(NH_2)-COOH$）

↓ 四氫蝶啶，O_2, Fe^{21}｜酪氨酸羥化酶

多巴（$(HO)_2C_6H_3-CH_2-CH(NH_2)-COOH$）

↓ 維生素 B_6｜多巴脫羧酶

多巴胺（$(HO)_2C_6H_3-CH_2-CH_2-NH_2$）

↓ 銅 [21]，維生素 C｜多巴胺 β- 脫羧酶

去甲腎上腺素（$(HO)_2C_6H_3-CH(OH)-CH_2-NH_2$）

↓ S- 腺苷蛋氨酸（SAM）｜苯乙醇胺 -N- 甲基轉移酶（PNMT）

腎上腺素（$(HO)_2C_6H_3-CH(OH)-CH_2-N(CH_3)H$）

圖 3.17　兒茶酚胺合成的化學反應流程

是在大腦中也負責了少部分神經傳導的任務。NE 和 Epi 的功能會視受器種類的不同而有差異（請參照腎上腺素受器）。

吲哚胺

吲哚胺是第二類屬於生物胺的神經傳導物質，它包括了褪黑激素和血清素。褪黑激素由松果體分泌，會影響身體的日夜節律，例如睡眠—清醒的循環。血清素，又稱為 5- 羥基色胺（縮寫為 5-HT），由縫核上的神經元釋放出來，其神經軸凸投射到端腦、間腦、中腦以及脊髓。5-HT 的主要功能是抑制自發性神經活性。它是一種廣效性抑制劑，作用在神經信號增益機轉上面，以維持體內生理機能的平衡。血清素也影響睡眠與情緒變化，是好幾種抗憂鬱和抗焦慮藥物的作用目標。它也參與在疼痛、疲勞、飲食行為、睡眠週期、血壓調控，和皮質類固醇荷爾蒙的調節上面。從縫核出來投射到脊髓的軸凸，可以靠著促進腦啡肽（一種腦內啡）的釋放而控制疼痛。

神經傳導物質 5-HT 在大腦中的合成，會受到其前驅物質色胺酸在神經細胞中的濃度之影響，而色胺酸是一種人體的必須氨基酸。神經細胞中的色胺酸又會受到血液中色胺酸濃度的操控，也會被此氨基酸通過血腦屏障之傳送效率限制住。而血液中的色胺酸會綁在血清蛋白上，或者以單獨的色胺酸分子這兩種形式存在。如果血液中自由浮動的脂肪酸較高，則單獨的色胺酸分子也會比較多，因為自由脂肪酸會跟色胺酸分子競爭血清蛋白的綁定位置。此外，單獨的色胺酸分子也會與一種酵素色胺酸吡咯酶的活性有關（這是一種肝臟中負責代謝色胺酸的酵素），它會被糖皮質激素給活化。至於色胺酸分子穿透血腦屏障的效率，則是由色胺酸分子和大質量的神經氨基酸之間的競爭來決定（大質量氨基酸包括了芳香氨基酸和支鏈氨基酸）。如果這些大質量氨基酸的濃度上升，則色胺酸分子穿透血腦屏障的速率就會下降。

大腦中血清素的含量取決於神經細胞中，它的前驅物質色胺酸分子的濃度。

腎上腺素受器

神經傳導物能產生的效果要看與之結合的受器種類。去甲腎上腺素（NE）和腎上腺素（Epi）有兩類腎上腺素受器，α 型和 β 型。這兩類又分別可以再區分為 α-1 和 α-2，以及 β-1 和 β-2。一般來說 NE 主要是活化 α-1 受器，以及部分活化 β 型受器（特別是大腦中的 β-1 受器），而 Epi 則均等地活化 α 型和 β 型受器。

Alpha-1：活化第二信使磷酸肌醇系統。將控制離子通道以及影響神經傳導率與傳導阻力的關鍵蛋白質磷酸化，引發第二信使系統中的一連串動作。這個步驟在大腦中 NE 系統的活性調節機制當中，扮演一個關鍵性的角色。當 α-1 受器與 NE 結合時，產生的生理效用包括血管收縮與促進週邊血管對血液流動之阻力，最後導致血壓上升。

Alpha-2：是一種突觸前神經元的自體受器。當 NE 與 α-2 受器結合時，會抑制 NE 繼續釋放。此效果的運作機制包括降低 NE 神經元活性，以及透過 G 蛋白質來抑制酪氨酸羥化酶作用，達到降低 NE 合成的結果。如果在藍斑核的 NE 神經元數量減少了，那麼正常狀況下透過 α-2 受器產生的 NE 抑制效果就會降低，因此反而會造成 NE 釋放的增加。

Beta-1：提升 3’5’ 環腺苷酸（cAMP）的濃度。此分子是神經信號傳導系統中的一種第二信使。

Beta-2：突觸前神經元的受器，可以促進 NE 釋放。它對於 Epi 的親和力更高。當 β- 腎上腺素受器與 NE 或者 Epi 結合時，產生的生理效果包括加快心跳速率或者打出的血液體積。

在大腦中 5-HT 的不同受器種類有超過一打之多（通常用編號：5-HT1 至 5-HT7，再加上 A 至 D 的下標作為名稱），它們俱有多種不同功能，與心情起伏和行為調控密切相關。例如：主要位置在邊緣系統的突觸後受器 5-HT1A 負責神經抑制功能。而突觸前的 5-HT1A 受器卻主要位於縫核，當接受到連續刺激時會去敏感化，造成抑制功能降低，因而達成增加血清素釋放的效果，而此效果俱有抗憂鬱療效。突觸後的 5-HT2A 受器在前額葉有非常高的密度，負責傳遞神經興奮性訊息。刺激這類受器會活化交感神經系統（SNS）。刺激在脈絡叢的突觸後 5-HT2C 受器會導致焦慮、食慾不振、運動不足以及 HPA 軸的活化。脈絡叢是大腦腦室內皮層，充滿了血管的區域，有分泌腦脊髓液的功能。除了神經傳導物血清素之外，還有一些其他的化學物質可以和 5HT 受器結合，例如：糖皮質激素，這樣一來就可以不受血清素釋放量的影響而產生一些效果。

其他神經荷爾蒙和神經肽

其他關鍵的神經傳導物質包括了：麩胺酸、4- 氨基丁酸（GABA）、內啡肽、甘丙胺素以及神經肽 Y。麩胺酸是一種胺基酸，分子量小，是大腦內主要的興奮性神經傳導物質，作用速度很快，它是細胞代謝的產物。例如：若有人對單鈉麩胺酸過敏，就會對副產物麩胺酸有反應。

麩胺酸有三大類離子通道型受器，可以直接由傳導物質控制離子通道開閉。另外還有三大類由 G 蛋白質控制的代謝型受器。代謝型受器在突觸可塑性機制當中扮演了多重的角色。離子型受器的命名通常都是根據可以與之結合的人工合成分子。其中最慢的，功能範圍比較廣的一種是 NMDA（N 甲基 D 天門冬酸）受器，它控制了一個鈣離子的通道，也是一個鎂離子通道。這個受器與癲癇、學習以及缺氧後的腦組織受損的機制有關。另外一種離子型受器是 AMPA（α- 氨基 -3- 羥基 -5- 甲基 -4- 異唑丙酸）。它讓鈉離子和鉀離子通過，但是鈣離子被阻擋，造成的效果是非常快速的興奮性訊號。第三種受器紅藻酸受器，其名稱來源是一種從海藻提煉出來的神經毒，它在神經傳導物質麩胺酸的釋放機制中扮演一個角色，也參與了海馬迴突觸傳導的活化與抑制。γ- 氨基丁酸（GABA）也是一種胺基酸，它是由麩胺酸經由一種酵素麩胺酸去羧酶（GAD）活化而成。它是神經系統中主要的抑制性神經傳導物質（請參閱神經傳導物質那節開頭的討論）。在許多地方 GABA 是一種突觸前的抑制性神經傳導物質。大腦皮質、脊椎、小腦以及基底核中的神經末端都會分泌 GABA。它的受器有兩大類，構造和運作相當複雜。例如：在大腦中最關鍵的 A 型 GABA 受器有五個連結位置。除了有一個位置連接 GABA 之外，有一個位置連結的是一種鎮定劑苯二氮平類藥物，這個藥物常用來降低焦慮、幫助睡眠、減輕癲癇症狀以及使肌肉放鬆。還有一個 A 型 GABA 受器的位置可以連接上巴比妥類藥物，也是一種鎮靜劑和麻醉藥。A 型 GABA 受器控制的是一個氯離子通道，而 B 型 GABA 受器控制的是鉀離子通道（參照圖 6.13）。

內生性鴉片類神經傳導物象是 β- 內啡肽、腦啡肽以及強啡肽等，是大腦自己生產出來的鴉片類胜肽分子，它們的生物化學作用很類似體外製造的鴉片類分子像是海洛因和嗎啡。內生性鴉片類神經傳導物會連接上 μ-, κ-, 或者 δ- 類受器然後產生作用。因為這幾類受器在週邊以及中樞神經系統中分布非常廣，內生性鴉片類神經傳導物質的功能就很多，會影響到諸如：愉悅、疼痛、心血管機能調控、呼吸、飢渴、消化道活動、腎臟功能、體溫調節、新陳代謝、荷爾蒙分泌、生殖機能、免疫系統、學習與記憶等等（Akil et al., 1998; Evans, 1988）。

分泌 β- 內啡肽的神經元主要出現在中樞神經系統中的弓狀核，它的神經元的軸突投射區域縱貫全腦（亦即，下視丘、邊緣系統、水管周圍灰質、腦幹）。除此之外也出現在孤束核區域，並且投射在腹外側髓質。β- 內啡肽能以相當高的親和力來連接上 μ- 類受器（此類受器因其與嗎啡的高度親和力而得名），並且產生止痛、抑制呼吸、減緩心跳、讓瞳孔收縮、降低體溫，以及在行為上產生漠不關心和依賴的作用。β- 內啡肽也有能力，藉由移除對突觸前 GABA 神經元的抑制，來達到降低大腦整體神經活性的效果。大量的運動會促使腦下垂體前葉以及中葉釋放 β- 內啡肽進入血液循環中，並在身體週邊發揮作用。釋放的量視運動激烈的程度而定。而且 β- 內啡肽的釋放通常還伴隨著一種荷爾蒙促腎上腺皮質激素（ACTH）的分泌增加。因此，身體週邊中 β- 內啡肽的高低可以當作我們身體因為運動而產生的壓力反應之指標。

腦啡肽（ENK）有兩種類型：亮氨

酸 - 腦啡肽（leu-ENK）和甲硫腦啡肽（met-ENK），它們是傳遞訊息的分子，可以調控神經、內分泌和免疫系統。因此它們影響的功能非常廣，包括痛覺、酬賞和壓力反應。會釋放 ENK 的神經元廣泛分布在全大腦，然而 ENK 濃度最高的地方是紋狀體裡面，一群會釋放 GABA 的中等多刺神經元。這些神經元主要具備有多巴胺的 D2 型受器（Akil et al., 1998; Heimer et al., 1991）。在腹側紋狀體裡面的 ENK 神經元密集地投射到腹側蒼白球。這個區域在內生性鴉片類神經傳導物質的情緒調控機制中，是一個很關鍵的神經迴路（Smith & Berridge, 2007）。神經傳導物 ENK 會優先連接到 δ- 類受器，但也會和 μ- 和 κ- 類型受器結合（Akil et al., 1998）。腹側紋狀體上的 δ- 類受器如果去敏化，常常會伴隨著類似焦慮和憂鬱症的效果（Perrine et al., 2008; Torregrossa et al., 2006）。其他有 ENK 參與來調控我們一些情緒經驗、壓力反應和痛覺感知的中樞神經系統，區域包括：杏仁核、水管周圍灰質區，以及脊椎的背角區域（Akil et al., 1998; Jonsdottir, 2000）。甲硫腦啡肽和亮氨酸－腦啡肽也儲存在腎上腺髓質，面對壓力時它們與兒茶酚胺一起釋放進入腸胃道、心臟以及血液循環中。

在中樞神經系統中，強啡肽（DYN）的分布和 ENK 大致上重疊，但在紋狀體中大多數 DYN 位於中棘神經元，而這些細胞上面也展現了多巴胺的 D-1 受器（Akil et al., 1998; Jonsdottir, 2000）。在腹側紋狀體，這群中棘神經元的輸出投射到腹側被蓋區。DYN 對行為的作用常常與 ENK 相反，它的分子型態有兩種：A 和 B 類型，主要連結到 κ- 類型受器。它會中介 DYN 對於壓力引發的煩躁不安與負面作用。此作用主要透過從背側中縫核投射到伏隔核的輸出訊息來達成（Land et al., 2009）。除此之外，DYN 連結上 VTA 區域的 κ- 類型受器之後，會抑制該區域釋放多巴胺到伏隔核，因此參與了鴉片類物質和食物產生酬賞效果的機制，也可能與大鼠和小鼠喜歡跑轉輪的酬賞效果有關（Mansour et al., 1995; Nestler & Carlezon, 2006; Shippenberg & Rea, 1997）。內嗎啡是晚近發現的一種由大腦自己生產的物質，它的結構和內啡肽、強啡肽以及腦啡肽等不同。跟其他鴉片類胜肽相異的地方是，內嗎啡與與 μ- 類型受器的結合力更高，對大腦也有相當廣的影響效果，其中有許多效果和其他類型的鴉片類物質近似（Fichna et al., 2007）。

周邊 β- 內啡肽的濃度，可以做為運動導致的壓力反應之指標。

甲硫腦啡肽和亮氨酸—腦啡肽是由五個胜肽分子連接而成的內啡肽，它們在中樞神經系統分布很廣。它們與兒茶酚胺共同儲存在腎上腺髓質，面對壓力時也與兒茶酚胺一起釋放進入腸胃道、心臟以及血管中。β- 內啡肽、甲硫腦啡肽、和亮氨酸—腦啡肽，會與輸入神經索和脊椎神經元上面的鴉片類型受器結合，並且產生止痛的效果。它們也會與大腦中的鴉片類型受器結合，並且協助調控行為。內啡肽在大腦中負責愉悅感受的區域，參與了移除對於多巴胺釋放的持續性抑制機制。

這些效果，再加上運動時血液中 β- 內啡肽和腦啡肽濃度的上升，導致大眾會將運動後心情的提升（即：跑步者的愉悅感）與腦內啡連結在一起，甚至將運動的癮頭歸因於這些內生性鴉片類物質的作用。然而在後續的章節中也會看到，其實並沒有充分的實驗證據來證明，腦內啡是運動能提升心情的因素（Dishman & O'Connor, 2009）。雖然如此，因為腦啡肽和強啡肽神經元和多巴胺的釋放有交互作用，而且這些這些區域參與了行為動機和愉悅的感受，我們可以合理地推論它們影響了健身運動的行為以及正向的心情（Dishman & Holmes, 2012）。更多相關的討論出現在第五章。

神經胜肽 Y（NPY）是一種由 36 個胺基酸連接而成之胜肽分子，它與另一種神經傳導物質去甲腎上腺素，在藍斑核這個腦區有 40% 的神經元會共同出現（Holets et al., 1988）。在試管環境中，神經胜肽 Y 會抑制藍斑核神經元的放電活性。因此這個神經傳導物的其中一個功能，有可能是提供藍斑核這個腦區的神經元，一個負回饋之抑制作用。大多數藍斑核內之 NPY 神經元的細胞本體，投射訊號到下視丘，因而可能在面臨壓力的時候，具有調節內分泌反應的作用。

甘丙肽（GAL）這個神經傳導物是一種由 29 個胺基酸結合而成的胜肽分子，它跟去甲腎上腺素在藍斑核中的神經元，有 80% 的機率同時出現。就像 NPY 一樣，甘丙肽讓釋放去甲腎上腺素的神經元過極化，在試管環境中抑制藍斑核的神經元放電。故甘丙肽可能負責的功能之一，是針對藍斑核神經元提供抑制性的回饋訊號。透過觀察酵素酪氨酸羥化酶或者甘丙肽（或者兩者兼具）的基因展現量之變化，可以合理地度量去甲腎上腺素在壓力下的調適機制運作狀況。有一個研究指出，讓動物長期跑轉輪會使其在壓力底下大腦釋放 NE 的量減緩，而且此現象伴隨著藍斑核中，細胞裡面 GAL 的信使核醣核酸（mRNA）數量比對照組動物增加的狀況（Soares et al., 1999）。這些研究發現，加上有相關研究顯示動物在跑轉輪運動過後藍斑核中 GAL 的 mRNA 數量上升，顯示 GAL 在大腦去甲腎上腺素神經元經過運動之後的變化機制中扮演一個調節性的角色（O'Neal et al., 2001）。

腦源性神經營養因子（BDNF）是一種神經營養因子，在中樞神經系統中有非常廣的作用和效果。它可以輔助神經生存、分化、促進連結和神經再生，以及調節與神經活動有關的突觸可塑性（Binder & Scharfman, 2004; Zhang & Ko, 2009）。BDNF 在中樞神經系統中分布很廣，特別是在海馬迴結構（HF）中密度很高（Binder & Scharfman, 2004）。和 BDNF 結合以產生後續作用的主要分子是酪氨酸受體激酶 B（trkB），它負責調控神經生存，促進神經索分叉生長，以及在中樞神經系統當中維持突觸的連結（Zhang & Ko, 2009）。BDNF 和學習、記憶以及一些神經生理性疾病有關（Binder & Scharfman, 2004）。它能增進血清素（5-HT）神經元的功能和神經軸突與樹突的分枝。有效的抗憂鬱藥物會增加在細胞中 BDNF 的信使核醣核酸（mRNA）的數量（Binder & Scharfman, 2004）。讓大鼠和小鼠使用跑步機或者讓動物自發性地跑轉輪之後，牠們大腦中的 BDNF 蛋白質與 mRNA 的量都會增加（Adlard & Cotman, 2004; Berchtold et al., 2005; Gomez-Pinilla, Vaynman & Ying, 2008; Neeper et al., 1996; van Hoomissen et al., 2004; van Praag, 2009）。在人類研究中發現，長期健身運動之後 BDNF 也會從大腦中釋放到周邊血液循環中系統（Rasmussen et al., 2009）。BDNF 也會在中樞神經系統以外的地方，包括像是骨骼肌肉中被展現出來（Gómez-Pinilla et al., 2001）。在那些地方，它會協助脂肪的氧化

（Matthews et al., 2009）。需要 4 小時中等強度的划船運動，才有辦法讓一位身體狀況相當好的人，他大腦中的 BDNF 增加狀況擴展到能夠在周邊血液裡面觀察到（即使兩個小時都還不夠）（Rasmussen et al., 2009），所以一般人常做的健身運動和休閒活動，能夠提升大腦中 BDNF 到什麼地步，目前還不清楚。

內生性大麻素是身體自發性產生的分子，可以連結到與大麻分子能夠連結的相同受器，然後產生大麻這種毒品能夠引發的心理作用，包括降低焦慮和疼痛、提升心情以及消除短期記憶。有一份研究報告指出，單次的跑步之後血液裡面內生性大麻素的量增加（Sparling et al., 2003），這結果被認為可以解釋為何健身運動之後心情會變好（Dietrich & McDaniel, 2004）。然而就像血液中腦內啡與 BDNF 的情況一樣，健身運動後因為大麻素增加而提升心情這個結論下得還太早。第一，運動時這些內生性大麻素從何處來，有什麼功能還不清楚；第二，血液中內生性大麻素高低與運動後心理反應的直接連結關係還沒有建立起來；第三，內生性大麻素也在大腦以外的地方出現（例如：腸胃道、胰臟、子宮、肝臟、脂肪組織、骨骼肌，以及脾臟和扁桃體）。它們有許多非心理上的功能，像是抗發炎效果、擴張血管和呼吸道，以及調控壓力反應 HPA 軸（Hill & McEwen, 2010）。長期來說，內生性大麻素促進身體脂肪的儲存，因為它會提高食慾並且降低大腦、脂肪組織和骨骼肌的新陳代謝速率（Ginsberg & Woods, 2009）。更多小鼠跑轉輪的實驗顯示，內生性大麻素在跑步動機中扮演了一個重要角色，但可能沒有參與到情緒反應機制當中（Dubreucq, 2010; Fuss & Gass, 2010）。

VGF 或者說 VGF 神經生長因子誘導型，是一種神經胜肽（Levi et al., 1985）。它可以協助調控能量平衡、新陳代謝以及神經可塑性（Alder et al., 2003; Hahm et al., 1999）。VGF 和其衍生的胜肽分子被展現在中樞與周邊神經系統、腦下垂體的內分泌細胞（腺垂體）、腎上腺髓質、腸胃道以及胰臟中（Levi et al., 2004）。VGF 基因的展現由 BDNF 所引發，並且被第三型神經營養因子來調控（Bozdagi et al., 2008）。跑轉輪的活動會增加海馬迴上面 VGF 基因之展現，並且提高神經營養因子的訊號。這效果與抗憂鬱藥物之作用很類似（Hunsberger et al., 2007）。

大腦之細胞與分子生物學

為了要精確地描述在單次或者長期健身運動之後，大腦特定地區發生的變化，我們必須要熟悉一些細胞與分子生物學的概念和技術。關鍵的概念包括：(1) 受器連結之後產生的訊號傳遞與第二信使機制，以及 (2) 基因轉錄與轉譯。一些基本的技術包括：原位雜交之組織化學技術和免疫細胞化學技術。

> 測量受器連結狀況、第二信使調控、和基因轉錄與轉譯的技術，可以使我們了解特定腦區在單次或者長期健身運動之後所發生的變化。

受器效應產生器與第二信使

本章節前面所討論的神經傳導物質，並沒有辦法直接在兩個神經元之間傳遞一個化學訊號。這個化學訊號（第一信使）需要其他機制的輔助。在這個輔助機制當中，一個受器——效應產生器系統會先活化一個第二信使系統，然後這個系統再去調控突觸後神經元細胞層次的反應。找到第二信使的學者是 1971 年諾貝爾生理醫學獎得主厄爾·威爾伯·薩瑟蘭（Earl Wilbur Sutherland, Jr.）。這個研究成果也是他獲得諾貝爾獎的原因。受器是細胞產生出來的蛋白質，能結合身體本身產生的內生性分子（例如：像去甲腎上腺素這樣的神經傳導物），並且將一個訊號穿透細胞膜送入內部。這個訊號最後會導致該細胞改變結構，或者在效應細胞的新陳代謝上出現變化。而這些變化常常是透過磷酸化來達成。受器在細胞質（細胞內部）製造，然後會被移動並且嵌入到細胞膜上。圖 3.18 呈現的是一個去甲腎上腺素的β-型受器，它外形像一個蛇紋石，並且穿越細胞膜七次。

和分子連結會造成像β-型去甲腎上腺素受器這樣的分子，改變它三度空間的形狀，它的迴圈插入細胞內部的細胞質當中。這個變化稱為胞吞作用。胞吞這個動作會觸發另外一個被稱為 G 蛋白的蛋白質分子。發現 G 蛋白以及釐清它在信號傳遞機制當中之角色的學者，美國的艾爾佛列·古曼·吉爾曼（Alfred G. Gilman）和馬丁·羅德貝爾（Martin Rodbell），因為這項研究成果而得到 1994 年的諾貝爾生理醫學獎。一個 G 蛋白是由三個不同的蛋白質次單元組成，這些次單元被命名為α、β、和γ。G 蛋白活性的開啟或者關閉，要看與之結合的另外一個分子是鳥苷二磷酸鹽（GDP，關閉），還是鳥苷三磷酸鹽（GTP，開啟）來決定。只需要幾秒鐘或者更短的時間，G 蛋白可以把與之結合的 GTP 分子水解成 GDP，這樣一來它就藉由把一個負回饋系統調低而失去了活性。

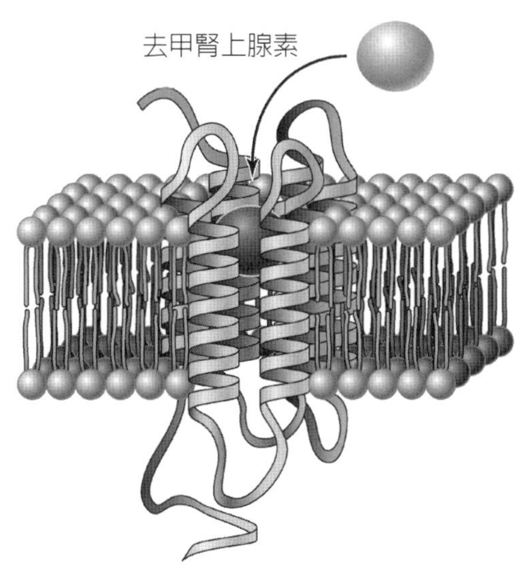

圖 3.18　去甲腎上腺素的β-型受器

活化的 G 蛋白可以啟動一個訊號傳遞級聯反應。當β-型去甲腎上腺素受器活化了 G 蛋白，它的α次單元釋放出 GDP，然後連接上 GTP 並且從β和γ蛋白質次單元中脫離。這個接上了 GTP 的 G 蛋白α次單元會離開受器並且活化一個稱為腺苷酸環化酶的酵素。此酵素會將三磷酸腺苷（ATP）分子轉變成 3'5' 環磷酸腺苷（cAMP），cAMP 就是一個第二信使。其他的第二信使包括磷酸肌醇和花生四烯酸系統。圖 3.19 展示了一個在細胞膜上的受器直接打開一個離子通道（參閱圖 3.19a）以及透過第二信使間接打開一個通道（參閱圖 3.19b）。

高濃度的 cAMP 會使得蛋白激酶 A 去磷酸化細胞內的蛋白質，藉此就可以操控細胞結構的變化（例如：藉由活化基因展現和蛋白質合成）以及影響細胞的活動（例如：藉由打開離子通道使得細胞的膜電位去極化）。圖 3.20 展示了 cAMP 作用在一個鈣離子通道上。一個去甲腎上腺素分子可以活化幾打的α蛋白質次單元。每一個次單元又可以活化一個腺苷酸環化酶，此酵素再和成幾百個 cAMP 分子。

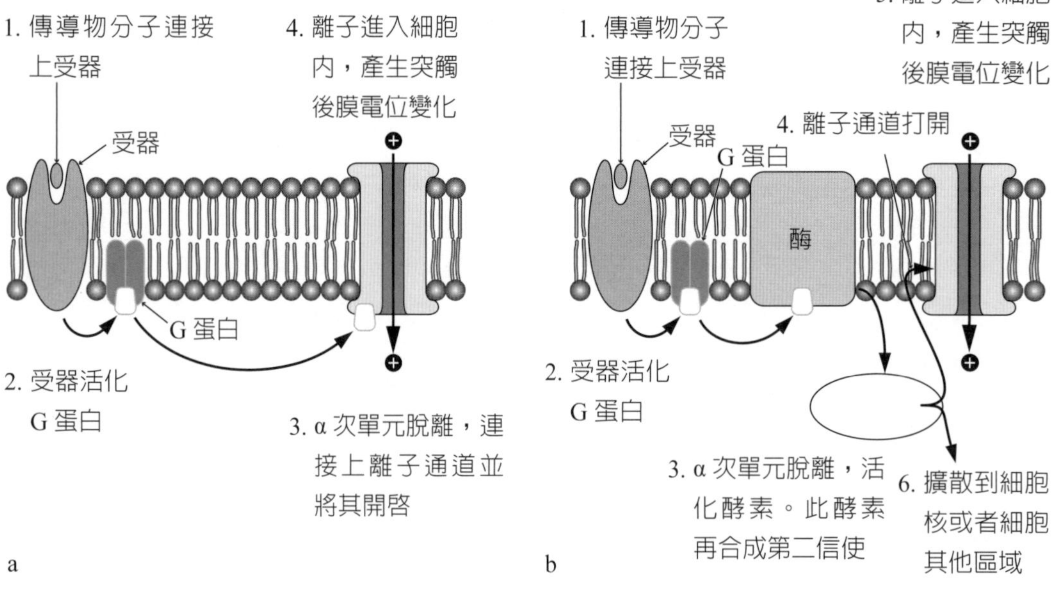
1. 傳導物分子連接
上受器
4. 離子進入細胞
內，產生突觸
後膜電位變化
受器
G 蛋白
2. 受器活化
G 蛋白
3. α 次單元脫離，連
接上離子通道並
將其開啓
a
5. 離子進入細胞
內，產生突觸
後膜電位變化
1. 傳導物分子
連接上受器
4. 離子通道打開
受器
G 蛋白
酶
2. 受器活化
G 蛋白
3. α 次單元脫離，活
化酵素。此酵素
再合成第二信使
6. 擴散到細胞
核或者細胞
其他區域
b

圖 3.19　受器可以 (a) 直接打開一個離子通道，或者 (b) 透過第二信使間接打開離子通道

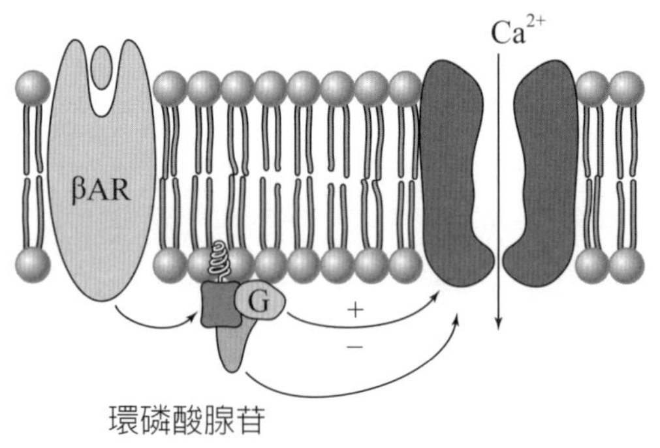
Ca^{2+}
βAR
G
+
−
環磷酸腺苷

圖 3.20　藉由第二信使 cAMP 來調控鈣離子通道

基因轉錄和轉譯

受器－效應產生器系統的例子闡釋了細胞內蛋白質水平改變的重要性，以及此機制在神經訊號傳遞中的功能。因此現在我們有必要了解一下，基因轉錄和基因轉譯在蛋白質合成過程當中扮演之角色。

弗朗西斯．克里克（Francis Crick）（DNA 結構的發現者之一）提出了分子生物學最基本的中心典範，就是如何解釋 DNA（去氧核醣核酸）和蛋白質的差異以及它們之間的關係。根據此中心點範，我們的基因密碼是寫在 DNA 中，要先轉錄為 RNA（核醣核酸），然後再由 RNA 轉譯為蛋白質。而最後在細胞中發揮功能執行任務的是蛋白質。去氧核醣核酸由去氧核醣、磷酸和四種含氮鹼基分子組合而成。根據鹼基的化學結構，又可以將其分為嘌呤（腺嘌呤與鳥嘌呤）和嘧啶（胞嘧啶與胸腺嘧啶）兩類。這些組成元素構成了所謂的核苷酸。一串核苷酸連接在一起就形成了單鏈的 DNA，它會和另外一串鹼基序列與其互補的單鏈 DNA，構成一個雙鏈螺旋狀的 DNA 長分子。這些 DNA 長鏈裡面的含氮鹼基之特殊序列，就構成了我們的基因。這裡面就包裹了如何合成蛋白質和其他分子所需要的資訊，而這些蛋白質和其他分子最終就影響我們生理上和功能上的特徵。

從基因一直到蛋白質的這一串訊息傳遞鏈就是從基因轉錄開始，而結束在基因的轉譯。在轉錄過程中單鏈的 DNA，也被稱為模板或反義鏈，會被一個蛋白質 RNA 聚合酶閱讀，然後製造出一條鹼基序列與模板 DNA 互補的 RNA 分子。核醣核酸有四的特徵與 DNA 相異：(1) 它是單鏈分子；(2) 在它分子結構裡面的是核醣而不是去氧核醣；(3) 它比較小；(4) 它結構裡面的含氮鹼基分子由尿嘧啶取代了胸腺嘧啶。剩下的那股 DNA 鏈並沒有被閱讀，被稱為編碼鏈或者有義鏈。除了有一種鹼基被尿嘧啶取代之外，它的鹼基序列和轉錄出來的 RNA 相同。因此，RNA 的合成等於時把基因訊息從原本的 DNA 轉錄到另外一種分子上頭。

基因轉譯是指，用 RNA 鏈來製造出一條由一系列胺基酸以胜肽鍵接在一起的長分子。這條胺基酸序列構成了一個多胜肽分子鏈，接下來會經過一連串的修改過程，包括：與其他多胜肽鏈組合在一起，或者加上額外的碳氫分子、脂質分子、輔因子以及輔酶等。最後這多胜肽鏈就形成了具有功能的蛋白質。

人體內每一個細胞都具有完全相同的基因，然而每一種細胞展現出來之蛋白質種類與數量各異。這意味著不同基因之轉錄是經由一個細胞層次的機制在調控。基因轉錄層級的調控是透過蛋白質（轉錄因子），和該基因附近的一段 DNA 序列（被稱為啟動子和同側作用元件）之間的交互作用來達成。轉錄因子連接上啟動子區域對於辨認出一個基因是非常重要的一個步驟，但是這些因子的交互作用，以及其他因子連接到同側作用元件之上，代表了一個層級的基因轉錄控制。例如：有些類固醇荷爾蒙可以穿越細胞膜，並且連接上細胞質裡面的類固醇蛋白質受器。有連上類固醇的受器就會進入細胞核，並且接上 DNA 的一個特定區域。此區域被稱為荷爾蒙反應元件。一旦連接上 DNA 之後，此類固醇和它的受器還可能與別的位於其他 DNA 鏈位置之轉錄因子互動。這些類固醇、受器、荷爾蒙反應元件，以及其他轉錄因子之間的交互作用，改變了好幾個基因的轉錄等級，進而影響到這些基因的展現強度。

> **基因調控使得細胞可以針對周圍環境之改變來應對，以維持其內平衡。**

表觀遺傳學

除了讓 DNA 序列本身改變之外，還有另外一個方法能使基因的展現改變，並且此變化還可以遺傳給下一代。這種基因展現改變的方法就叫做表關遺傳學。在一個受精卵（合子）分裂成多能的幹細胞，然後再繼續分化成為例如神經元與肌肉細胞等過程中，這個表關遺傳現象會自然地發生。在這個細胞分化的過程中，一些基因的轉錄被啟動，而其他基因的轉錄被抑制。另外一種經由表關遺傳方式調控基因展現的方法，是改造由 DNA 和與其連結的組蛋白所構成染色質。組蛋白是一種微小的球狀蛋白質，DNA 長鏈纏繞其上。改造染色質主要依靠兩種機制來達成：DNA 甲基化以及組蛋白的去乙醯作用。

DNA 甲基化就是把一個甲基分子群加在 DNA 長鏈上。大多數情況下是加在胞嘧啶之嘧啶環的第五個碳原子上，這樣就把一個胞嘧啶分子轉變成一個 5 甲基胞嘧啶分子。它跟胞嘧啶一樣會跟鳥嘌呤分子搭配成對，然而加了許多甲基的序列在基因轉錄中會比較不活躍。基因銘印的意思就是指，胞嘧啶的甲基化會透過父母其中之一的生殖細胞系傳給胚胎，因而標示出成對染色體的其中之一是從父親或母親這邊傳承而來。

組蛋白的去乙醯作用是發生基因轉譯之後，而且被改變的地方是構成組蛋白的氨基酸。這個改變造成組蛋白的球狀形態出現變化，然後當 DNA 被複製的時候也會這個蛋白質層次的改變也會傳給下一代的新 DNA 鏈。新的組蛋白作為其他位於鄰近區域組蛋白的模板，導致它們也會具備新的形狀。表觀遺傳事件可以在細胞內造成永久性的變化，因而使它們面對環境中引發壓力的因素時，變得比較脆弱（例如：缺氧或者化學毒素造成癌症），或者也可以造成生理系統的調節方式出現永久性變化。例如：在母親懷孕初期過多的外在壓力，可能讓身體產生過度的壓力反應，而此特性會遺傳到胎兒，造成後代在成年之後，也會出現過度的壓力反應。反之，適當的健身運動則會產生相反的效果。

基因調控是一個很重要的現象，因為它讓細胞能夠針對環境變化做出反應，以維持細胞自身的內平衡狀態。因此，改變細胞生活的人工或者自然環境，可以讓我們觀察到細胞在基因轉錄和蛋白質製造方面的變化。為了觀察這樣的變化，我們發展出來一些特殊的實驗技術，像是原位雜交組織化學技術和免疫細胞染色化學技術。這些技術讓我們可以一窺特定生物功能和實驗條件下，細胞動作的機制。

原位雜交組織化學技術

原位雜交組織化學技術是觀察在自然的穩定狀態下，mRNA 在細胞中各個位置上的數量的方法。其他觀察與測量 mRNA 的技術都需要把細胞核取出來，然後把它固定在一層硝化纖維或者尼龍薄膜上面。原位雜交組織化學技術的優點是，我們直接在組織切片上面用有標示的探測分子（單股互補核酸鏈）下去和細胞的 mRNA 雜交，而不需要把它從細胞裡面取出來（參閱圖 3.21），因此可以得知這些 mRNA 位在整個組織切片和細胞內何處。O'Neal 和他的同事（2001）運用這個技術觀察大鼠跑步機運動之後，藍斑核中的丙肝素前體神經肽之變化（參閱圖 3.22）。如前所述丙肝素出現在藍斑核 80% 的神經元當中，並且能夠讓藍斑核內的去甲腎上腺素神經元過極化。丙肝素在跑步機運動之後增加這個現象（參閱圖 3.23），可能是在長期壓力之下，藍斑核功能改變的原因。

免疫細胞染色化學

測量 mRNA 可以提供基因展現的重要訊息，但是最終還是蛋白質在執行功能，所以觀察蛋白質濃度才是我們最終感興趣的目標。免疫細胞染色化學的技術就是用來測量蛋白質，它和原位雜交組織化學技術的相同之處在於，都是在完整的細胞上面實施，因而容許我們得到蛋白質分布位置的訊息。不過免疫細胞染色使用的探測分子不是標示過的互補鏈，而是抗體。它可以讓我們看到蛋白質在哪裡。抗體也是蛋白質，它可以辨認出其他蛋白質的某些特定地方和區域，這就稱為抗原。所謂的一級抗體負責辨認出組織裡面特定蛋白質展現出來的抗原，而我們需要用另外一個抗體來接上一級抗體，才能透過一些化學反應讓這些被認出來的蛋白質被看見。通常原位雜交組織化學和免疫細胞染色化學這兩種技術會合在一起使用，這樣就可以確認 mRNA 的改變有轉譯到蛋白質展現的改變。

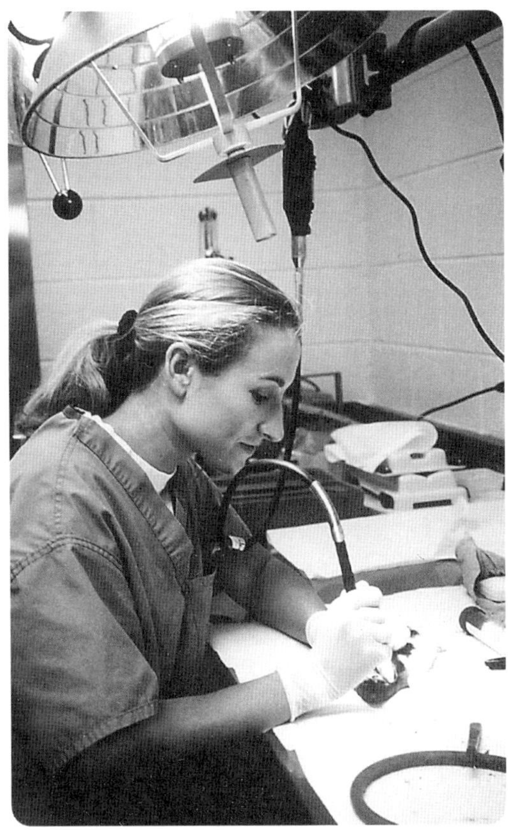

圖 3.21　在一隻麻醉的大鼠上施行腦手術

本圖由喬治亞大學運動機能與心理學系，健身運動心理實驗室提供。

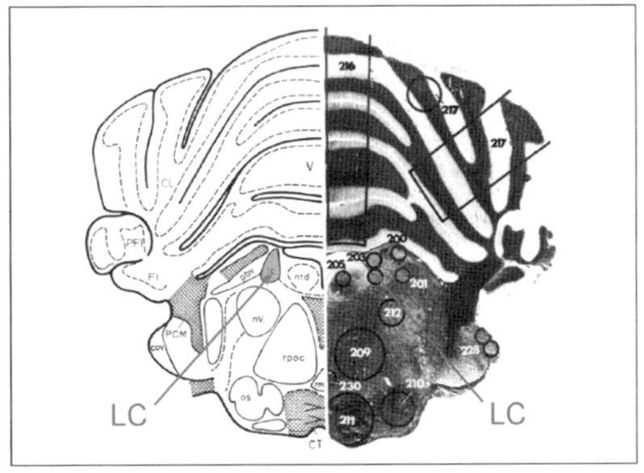

圖 3.22　藍斑核冠狀切片

圖片來源：M. Palkovitz and M.H. Brownstein, 1988, *Maps and guide to microdissection of the rat brain* (New York: Elsevier), 175. 獲得 Miklós Palkovits 授權。

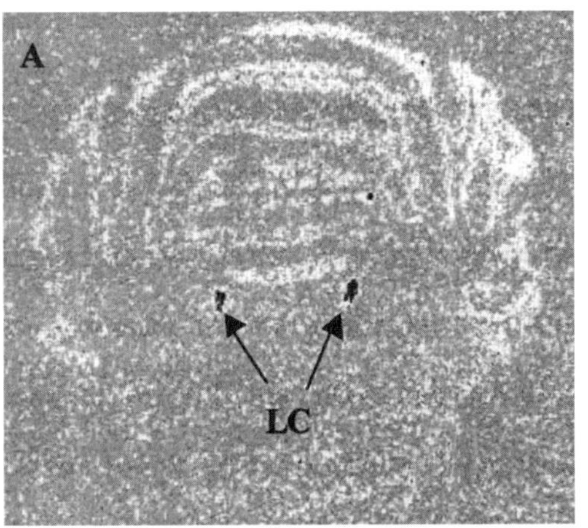

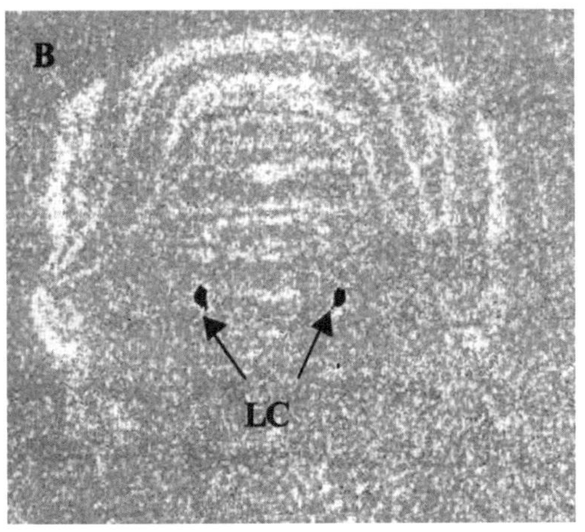

圖 3.23　放射自顯影圖呈現大鼠在 (A) 跑步機運動後，對比於 (B) 久坐不動後藍斑核上丙肝素神經肽信使核醣核酸分布狀況

圖片由喬治亞大學運動機能與心理學系，運動心理實驗室 Heather O'Neal 博士提供。

早期基因反應

在一些不同類型細胞中特定蛋白質的展現，構成了所謂細胞的蛋白質組，又稱為在細胞中的蛋白質展現集合。然而有些蛋白質無處不在，故這些蛋白質的多寡就可以用來度量細胞中基因轉錄的活躍程度。

其中有一種家族的蛋白質，Fos 蛋白質轉錄因子，特別常被用來度量被各種不同的操弄刺激之後細胞的反應，它會與一個 Jun 家族的蛋白質形成二聚體（一個二聚體是由兩個相似的分子組合而成）然後調控特定基因的轉錄。其中一個關鍵的轉錄因子是第一型活化蛋白（AP-1），它是一個二聚體，由一個 Fos 加上一個類似 Jun 的蛋白質組合而成。AP-1 用它的 AP-1 位置與目標基因前面的啟動子中，

一段特定 DNA 序列 TGA（G/C）TCA 來結合產生作用，以增加或減少該基因的轉錄。Fos 家族蛋白質的主要成員包括：c-Fos、FosB、Fra-1 以及 Fra-2；這其中 c-Fos 的產生最常被拿來檢視，因為它在起始的基準點很低，而且可以被很多種不同的操弄刺激來活化。此外，c-Fos 被認為是一種立即的早期基因，因為給予刺激之後這種蛋白質很快就會被誘發產生出來。

在行為神經科學研究中，在運動之後觀察 c-Fos 被誘發而產生的例子有，大鼠單次跑轉輪可以誘發 c-Fos 的展現（Clark et al., 2011; Rhodes, Gammie & Garland, 2005），但是長期跑轉輪並未改變動物受到足部電擊之後 c-Fos 被誘發而展現的情況（Soares et al., 1999）。細胞裡面 c-Fos 展現的濃度常常被當作，該細胞在刺激之後所產生的反應活性強度。然而若細胞承受了反覆多次的刺激，或者比較平常的刺激，那麼 c-Fos 的反應可能會降低（配體或者受器的交互作用降低），故細胞有可能在 c-Fos 沒有變化的情況之下仍然被活化起來（Kovacs, 1998）。

δ-FosB 是一種 Fos 家族蛋白質的異構體，是經由不同的剪接（截斷）方式組成。它缺少了一般 FosB 蛋白質 C 端的 101 個胺基酸。在被刺激的細胞中，δ-FosB 可以限制 Fos 和 Jun 蛋白質的轉錄效果（Nakabeppu & Nathans, 1991）。研究發現在核伏隔中，大鼠跑轉輪會活化 c-Fos 與 δ-FosB（Greenwood & Fleshner, 2011; Werme et al., 2002），而基因改造後在紋狀體上含有強啡肽的神經元中過度展現 δ-FosB 的小鼠，牠們每天跑轉輪的活動量要比對照組的同胎兄弟來得更高（Werme et al., 2002）。δ-FosB 促進跑轉輪活動的效果，可以合理地用抑制 GABA 神經元釋放強啡肽來解釋（參閱圖 3.24）。若

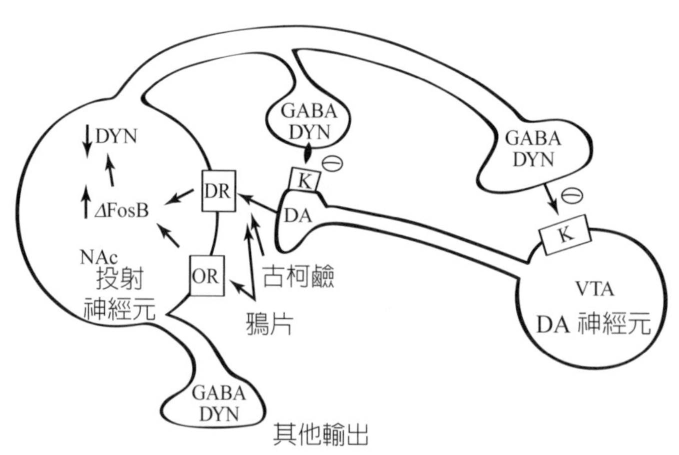

圖 3.24 抑制鴉片對多巴胺在腹側被蓋區釋放的調節能力，是一個假設中的跑轉輪動機的運作機制（Werme et al., 2002）

圖片獲得授權印製，來源：E.J. Nestler, M. Barrot and D.W. Self, 2001, FosB: A sustained molecular switch for addition, *PNAS 98* (20): 11042-11046.

沒有被抑制，則這些強啡肽會連接上 κ 型鴉片類受器，轉而抑制了 DA 在腹側被蓋區（VTA）的釋放。

基因轉譯之後的調節

我們不僅需要考慮基因展現程度的改變，也得注意蛋白質濃度之變化，以及在基因轉譯之後，蛋白質本身也會改變以至於影響功能。須知道基因展現和蛋白質的展現緊緊相扣，而多種不同蛋白質互相之間都有交互作用，它們共同影響了許多細胞功能，這讓運動成為一個獨特的，而且有時候在實驗室裏面很難進行研究的操弄與刺激。跟許多其他的實驗條件像是藥物研究不同的地方是，健身運動的「有效成分」很難判定。而且因為許多其他因素的影響，像是心情、強度、持續長短、頻率和時間點等，健身運動的效用都可能改變。例如：在藥物研究的時候，我們可以從與藥物結合的受器開始檢視。而在研究健身運動時，因為我們在科學上提出的問題不同，就有可能連健身運動的起始點都產生變化。雖然如此，從分子生物學開發出來的實驗工具，是我們現在研究運動對大腦功能的影響時最尖端的技術。最近在神經成像技術上的進展，讓我們可以應用分子生物學來觀察人類大腦之即時活動。這部分會在本章結尾的時候講述。這些技術才剛開始要應用在運動研究上。而將分子生物學工具用來研究運動的動物模式，已經有好幾年的歷史。

動物模型

行為神經科學非常依賴大鼠和小鼠，以及非人類靈長類動物的研究。牠們可以協助我們探討大腦的基因和分子生物特徵，並且應用在人類行為與疾病的實驗模型上。過去10 年，行為神經科學家研究健身運動這個主題的例子愈來愈多，所以對健身運動心理學的學生來說，熟悉一些基本的動物模型是相當重要的。

基因改造模型

基因改造的齧齒類動物，是經由把外加或者人工 DNA 送入細胞內而製造出來的變種。特別挑選出來的基因可以過度展現、不活化（就是基因剔除）或者活化（就是基因嵌入）。

當我們認為某個基因可能與行為和大腦的運作機制有關的時候，就可以使用基因改造實驗去操弄它。兩個常用的製造基因改造囓齒動物的方法：(1) 在培養基裡面飼養改變過的胚胎幹細胞，把它們的 DNA 改變；(2) 把基因注射到受精卵的原核裡面，如圖 3.25 所示。

注入的基因可以在一個變種動物身上回復原有功能（亦即基因嵌入，例如：移除一段原本阻擋了基因轉錄的 DNA 序列，或者用新的基因更換原本壞掉的基因），或者消除特定基因的功能（亦即基因剔除）。如果替換的基因（圖 3.25）是沒有功能的（一段空的等位基因），則讓異基因型組合的動物彼此交配，就會生下該基因完全剔除的後代（該基因的兩份複製都被剔除）。所謂的管家基因（負責維持細胞基本生存需要的基因）在所有種類的細胞和所有的發育階段中都被展現出來，但其他基因通常只在特定類型細胞接受到開啟信號（例如接收到神經傳導物質或者荷爾蒙），開始變得活躍的時候才會展現。更新的技術可以針對性地，只在一種特定類型細胞中，把挑選出來的一個基因剔除（例如只剔除神經元而不影響肌肉細胞）。

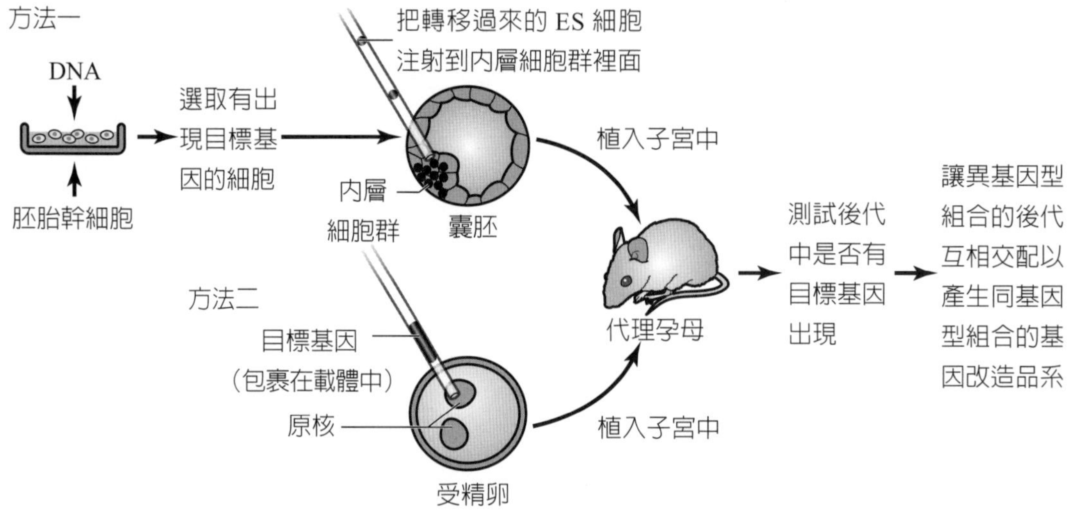

圖 3.25　製造基因改造囓齒類動物的方法

育種

大部分精神疾病和中樞神經退化性疾病是不會傳染的。它們需要相當長的時間發展，可能是許多基因突變因素複雜的交互作用，再加上一些環境因素影響了基因展現、轉譯與調控等等複雜的機制而形成的。對於這麼複雜，有這麼多基因參與其中的疾病來說，基因改造動物模型並非完美的研究工具。一個基因剔除實驗僅僅呈現了該基因對某些功能而言是必須的，而生物體為了補償該基因的缺損，需要進行一些的調整和適應。此外，基因剔除的動物常常表面上看來並沒有被該基因缺損影響到。很多基因是可有可無的，因為我們的基因庫有很多的備案，可以補償單一等位基因對的缺損。除此之外，多數基因具有多重效能，在不同身體組中和發育過程中不同的時間點上，它們會有不同的展現方式。最後，基因改造動物模式需要在實驗之前，就對 DNA 序列有很深入且詳細的認識，通常該基因已經被視為對某種疾病或者某類行為模式有深入的介入和參與。

人為選擇表現型的品系，是補足基因改造動物模式之不足的方法，這個方法是製造出特殊品系的動物，比如讓一群跟某疾病有關的特質可以集中展現在它們身上。這群動物可能共同具備一些等位基因或者這些基因的轉錄產物。近來的育種程序製造出自發性喜愛跑轉輪的小鼠（Garland et al., 2011; Swallow, Carter & Garland, 1998），以及特別善於跑步機的大鼠（Koch & Britton, 2001）。

用人為選擇來育種有氧能力特別強和弱的大鼠的實驗從 1996 年開始，他們使用的創始族群是美國國家衛生研究院，特意從八個近交品系大鼠互相交配發展出來的。它們代表的遺傳異質性廣度，是目前實驗室大鼠能夠達到的極致。試想，如果特意朝有氧能力來人擇育種，哪一些等位基因變種可以從八種不同的祖先品系分離出來（Koch & Britton, 2008）。在目前的研究發現，每一隻大鼠的有氧能力，用牠在加速跑步機上跑到力盡為止所能夠跑到的距離來做為測量標準。在每一個世代中，針對低和高的分組採用家族內輪作育種計畫到 13 個家族中。這個育種計畫保持了遺傳的異質性，同時又能把近親交配的比率維持在每一代 1%（Koch

& Britton, 2008）。經過 21 代之後，育種出來的低有氧能力（LCR）品種與高有氧能力品種（HCR）之間的差距，在有氧跑步機能力上面達到了 450%，此外在自發性跑轉輪測量上也有類似差距。

HCR 公鼠和母鼠在跑步機上測量到的距離分別是 LCR 公、母鼠的六倍和四倍。此外，HCR 品系每天跑的距離，是一般沒有育種過的白鼠和花鼠之兩倍，而 LCR 大約只有無育種白鼠和花鼠的一半（Murray et al., 2010）。用 VO2max 來度量的話，HCR 大約比 LCR 高 50%，這點可由心臟每次跳動的心搏排血量和最大心輸出量來解釋。但是也可由骨骼肌肉的氧氣取出量較大來解釋，因為組織內的氧氣擴散較好，微血管密度較高（因纖維較小而導致），另外氧化反應酵素的活力較高。HCR 大鼠身材比較嬌小，體脂肪含量也較少。然而光靠這些生理上的差異，還不足以完全解釋自主跑步的動機。研究者現在正用這些育種出來的大小鼠動物模型進行實驗，尋找其他相關的行為特質（Geisser et al., 2008; Jónás et al., 2010; Waters et al., 2010）、大腦特定區域中的基因特質（例如：藍斑核、縫核、紋狀體與腹側背蓋），和神經傳導物系統的基因特質（例如：去甲腎上腺素、血清素、多巴胺以及腦啡肽），看看這些如何參與在行為動機和跑轉輪能力的調控上面（Foley et al., 2006; Mathes et al., 2010; Murray et al., 2010）。

行爲模型

動物模型讓我們可以用實驗方法來操弄大腦和行為，以了解人類疾病與行為是受到那些生物的、解剖的或者藥物的因素影響，並解釋一些心理效果或者人類一般正常運動時的決定因素（McCabe et al., 2000）。然而在人類當中，壓力的社會決定因子，會與人們如何評價一個事件產生交互作用，也會與人們如何與處理這個評價，以及該評價的後果交互作用。這樣一來，用動物模型去研究人類經驗就碰到了一個天然的障礙與限制。一個動物模型，如同它的名稱所示，就是一個模型，它可以協助我們來進行研究，但對於人類現象的直接意義，恐怕就偏向是做實驗者眼中主觀的解釋，而不是動物大腦中客觀的運作。就像佛洛伊德據說曾經說過的一句話：「有時候一根雪茄就只是一根雪茄」。

雖然如此，大多數健身運動心理領域的研究者只使用壓力的社會認知模型，將我們對健身運動這項行為的生物背景的理解做了範圍上之限制，以此來正當化使用動物模型的合理性。所以，如何使用動物模型來引導人類研究是非常重要的。驗證動物模型和根據人類的自我報告來驗證心理建構理論（在第二章講述過）的相似之處是很明顯的。

在藥物學研究領域常用的一個策略是：用預測力、同形或者是同源來評價一個使用壓力源的動物模型作業。同樣的策略對於判斷一個人類憂鬱症和焦慮症的理論模型是否成立也很有幫助。確認模型的預測力，通常是去觀察一些，臨床上已知效果的藥物特徵或者行為。當某些物種或品系，能夠對這些藥物產生類似於人類反應時，我們就說這些動物模型有預測力。同形模型指的是，它有跟人類疾病相同的特徵，並且在使用了臨床上對人類有效的藥物之後這些特徵會減弱，但是這些特徵產生的原因（亦即：病程的經過與發展）和人類並不相同。至於同質模型則是指，它不僅符合了預測力和同形模型的要件，形成模型特徵的原因和人類疾病的成因也相同。當一個同質模型對某一個疾病有專一性的時候，它就具有建構效度，這是動物模型的黃金標準，也可以說是藥物效果最理想的測試方法。

憂鬱症

無法避免的足部電擊之脫逃缺損實驗設計，是目前探討最多的憂鬱症動物模型。它最早是由 McCulloch 與 Bruner 兩位學者在 1939 年所發表。這個實驗模型的標誌性特徵是，在操弄之後 24 到 72 小時動物對於可逃避電擊刺激的脫逃延遲時間會變長，據推測是因為藍斑核上神經傳導物 NE 被消耗掉而造成的。一節高強度無法避免的足部電擊訓練，會導致大腦神經傳導物 NE 大幅下降，以及比較不明確的大腦血清素與多巴胺下降，這可能是因為 NE 再合成變慢導致。脫逃缺損模型試圖模擬所謂的習得無助現象，或者是行為上的絕望現象，這都是人類憂鬱症的共同特徵。動物放棄從像是足部電擊、強迫游泳或者綑綁這樣的壓力來源逃脫。強迫游泳測試是使用最廣的行為絕望作業，它被用來測量抗憂鬱藥物之效果，然而它的建構效度相當低（Yoo et al., 2000）。

脫逃缺損算是與人類憂鬱症同形的模型，它具有體重減輕、性行為降低、睡眠干擾（降低 REM 睡眠延遲時間）以及失樂症（亦即：失去感受喜樂的能力）等特徵。然而這樣的模型並沒有與人類的憂鬱症同源。雖然自我酬賞作業，像是蔗糖水飲用偏好測驗和自我刺激大腦作業，在大鼠上面算是人類喜樂感受現象的替代方式，但我們無法確定大鼠真的感覺到無助或者絕望。這些模型都有模仿了人類憂鬱症部分特徵，然而我們不該將之等同為人類的疾病（Holmes, 2003）。

在人類身上有一些憂鬱症和焦慮症的類型看起來是內生的，它們無法歸因於一個無法避免的壓力源。以內生性憂鬱症來說，有一種相對來說較新的大鼠動物模型製造方法是，給新生幼鼠注射氯米帕明。這是一種血清素再回收抑制劑，會導致大鼠動物模型在成年之後，出現 REM 睡眠延遲時間降低以及一些其他關鍵的憂鬱症行為特徵。另外一種內生性憂鬱症模型是透過干擾大腦 NE 系統來製造，干擾的對象包括了 NE 和血清素這兩種傳導物。具體來說是透過手術移除位於前額葉底下的嗅球。和人類的憂鬱症相比這些都屬於同形的動物模型，它們對於藥物治療都產生類似於人類疾病的反應。因為製造這些模型的手段屬於內在原因，它們就和先前那些透過外在壓力源製造的動物模型不同。氯米帕明和切除嗅球這兩種動物模型有潛力，可以用來檢視在不是由長期壓力導致而是內生性的憂鬱症方面，體育活動對於防止疾病形成是否能夠扮演什麼角色。

焦慮

移動（Locomotion）的增加可以反映大鼠的動機狀態，顯示行為抑制降低（例如：較少呆立不動的狀況）。學者研究指出，大鼠被強迫進行游泳運動以及被強迫在有動力的跑步機上奔跑之後，牠們在一個開放空間中移動的量會增加。當移動看起來有目的時，大鼠在一個開放空間中的移動量會與觀察者給予牠們的焦慮評分呈現反比的關係，動物也會展現出其他探索行為，像是靠近開放空間的中央區域。相反地，較低的移動量、較少接近開放空間的中央、呆立不動、大小便，和發抖這些行為，傳統上被視為和過高的警覺性、猶豫、恐懼，以及在人類焦慮症上面常見的自主性活動是同形的。

在某些受威脅情況之下，移動量增加

似乎是躁動或者恐慌（亦即：面對肉食動物的逃跑反應）的指標。像這樣，在開放空間中移動量的增加，出現兩種不同的解釋方式，突顯我們在解釋大鼠移動量與焦慮的關係時，注意其環境中情境因素的控制，是非常重要的一件事。例如：長期的跑轉輪，可以降低由反覆地開放空間測量觀察到的天生焦慮特質（Dishman et al., 1996），但是單次在一個陌生的開放空間中觀察動物的焦慮反應會得到不一致的結果。然而，跑轉輪運動可以相當可靠的了解曝露在許多單次或者長期的壓力源之後，動物產生的焦慮行為的改變。這些壓力源包括血清素增效劑、強光、尾部電擊、無法避免的足部電擊、社交挫敗和幼年時與母親分離等等（Sciolino & Holmes, 2012; Sciolino et al., 2012）。

相反地，一些其他研究發現跑轉輪會促進防衛行為（例如：增強知覺處理、不動、逃跑、防衛性威脅或者攻擊），因而導致運動的動物焦慮增加（Burghardt et al., 2004）。然而大部分跑轉輪研究使用的焦慮測驗並不是設計來觀察防衛行為，像是聲音或恐懼加強的驚嚇反應、高腳十字或零迷津、多孔板、黑白箱、開放空間、壓力造成的體溫升高等（Sciolino et al., 2012）。有結構的威脅測驗，像是社交活動測驗、埋球作業，以及電擊棒誘發防衛性埋藏測驗（Burghardt et al., 2004; Salam et al., 2009; Sciolino & Holmes, 2012），讓我們可以測量防衛行為，因而對我們了解防衛與焦慮行為的神經生物機制產生很大的用處，也幫助我們篩選抗焦慮的藥物。

學習

先前研究顯示，反覆運動能加強我們在許多學習與記憶作業中的表現，而這些作業使用到海馬迴功能和記憶儲存，像是水迷津、地點集合學習、輻射迷津測試等（Anderson et al., 2000; Fordyce & Farrar 1991a, 1991b; Fordyce & Wehner 1993; Leggio et al., 2005; Van Praag et al., 1999; Vaynman, Ying & Gomez-Pinilla, 2004）。運動也有助於恐懼制約學習，這是一種負面動機形式的學習（Greenwood et al., 2009; Van Hoomissen et al., 2004, 2011）。例如：大鼠跑轉輪幾個星期之後回到牠們先前接受足部電擊的地方，會展現出更多的呆立不動行為（Van Hoomissen et al., 2004）。但若是在一個陌生的新地方，並不會有更多的呆立不動（Van Hoomissen et al., 2011）。這顯示學習到的線索以及記憶之間的連結被運動給強化了。運動也增強囓齒動物在水迷津的學習，這個作業測試囓齒動物游泳到水面下的一個平台所需要花的時間。

在好幾種不同類型的測試中都有發現，運動訓練可以促進動物的空間學習（Anderson et al., 2000; Fordyce & Farrar 1991a, 1991b; Fordyce & Wehner, 1993; Leggio et al., 2005、Van Praag et al., 1999; Vaynman et al., 2004）。綜合來說，現有的證據顯示在囓齒動物實驗中，長期運動改變了過去的經驗如何編碼、儲存，然後被用來解決問題以及調整反應。高階認知功能像是規劃未來以及目標導向行為，被認為使用到前額葉整合記憶的神經網路。

一個最近的研究（Rhyu et al., 2010）發現，雌性猴子經過五個月跑步機有氧訓練，可以增加初級運動皮質區的血管密度，而且在威斯康辛普通測試工具裡面，使用食物作為酬賞的物體區辨作業學得比較快。這個作業是 1930 年代在世界知名的威斯康辛大學心理系靈長類實驗室中發展出來的（Harlow & Bromer, 1938）。然而，這些在囓齒類動物和猴子實驗中做出，運動可以改善學習的發現，能夠多大程度類化到人類的學習與記憶上面，還需要更多的研究來確認。就如第八章將要講述的，還很少有實驗報告指出，運動能夠對人類複雜的關係學習產生效果。

動機與快感學

中腦邊緣系統多巴胺中介了我們對自然酬賞物的動機反應（例如：餵食、繁殖行為以及遊樂行為）而不是娛樂的感受（Berridge & Robinson, 1998; Flagel et al., 2011; Lutter & Nestler, 2009; Smith & Berridge, 2007; Wise, 2004）。獎勵顯著性假說強調多巴胺在「想要」這個意念中的重要性，而此意念是由酬賞相關的制約刺激誘發。至於「喜歡」或者愉悅感這個意念則與酬賞連結，觸發的是另外一些系統的活性。這系統與中腦邊緣系統的多巴胺路徑是平行的，或者是此路徑的下游。這些「其他系統」包括了在特定的，但是整合在腹側紋狀體以及紋狀體蒼白球迴路的路徑中的 GABA 和鴉片類胜肽系統（Smith & Berridge, 2007）。在享樂適應反應理論（Hedonic Allostasis Theory; Koob & Le Moal, 1997）的概念中，成癮行為是針對多巴胺不足產生的反應。因為多巴胺不足，所以就活化了許多補償性的行為（例如：尋求藥物、尋求感官刺激、強迫運動），以便能夠回復正常的喜樂基準。相反地，在成癮行為的獎勵顯著性模型中，學者強調多巴胺的角色是行為活化程度的驅動力，而行為最終的結果就是引發喜樂的感受。因此多巴胺中介了觸發酬賞導引行為的動機。

因此當我們在大鼠動物模型上，用行為來測量運動對於情緒狀態之影響的時候，必須區別動機和享樂感這兩個變數。例如：繁殖行為在大鼠上同時含有這兩個變數（Holmes, 2003）。雖然一些不能喜樂的動物模型，像是對淡糖水偏好消失的模型也算是有效，如果用吃的食物量增加來度量喜樂活化程度，就會面臨動機和身體能量平衡這兩個變數的混淆。由學者 Berridge 與 Robinson（1998）開發出來的一種作業，測量大鼠的情感味覺反應，根據多數專家的意見是目前量化喜樂反應最好的方法。

測量大腦活性

為了確定行為或者情緒是否能夠用大腦的神經活性來解釋，研究者必須在行為和情緒反應發生的同時也能測量大腦活性。例如：學者 Wang 和他的同事（2000）使用正子電腦斷層攝影技術，在人類受試者進行一次漸進式最大速度跑步機訓練前、後，各觀察一次紋狀體的多巴胺釋放狀況。然而大腦造影技術很少使用在健身運動心理學領域的研究，大腦皮質層的神經活性多半是用頭皮的腦電波技術（EEG）來估計。接下來這段的目的是簡介神經科學中，一些測量人類與其他動物大腦神經活性的技術。

電生理

電生理技術使用埋在大腦皮質或者其他特定腦區神經元的電極，來記錄行為過程中，或者面對壓力產生反應的過程中，電位變化的訊號。這樣可以確認那些腦區在調節生理和行為的時候，扮演的角色。微電極可用金屬線來製造，通常是鎢絲或者不鏽鋼。也可用一根很細的玻璃管製造電極，管子裡面充滿可導電的離子溶液（例如：氯化鉀），可以偵測到單一神經元的放電。比較大的電極偵測幾千個或者更多神經元的綜合活性，它可以安置在大腦內部，或者大腦皮質的表面，甚至做成貼片貼在頭蓋骨上面。測量到的訊號是電位差（反映了神經放電速率）；這訊號會先被放大，然後展示、記錄在一台示波儀或者墨水印出的示波器上，或者數位化之後用電腦展示和儲存。類似的電極也被用來模擬大腦的神經元。

電生理技術很少用來研究大腦對運動的反應。有兩個研究是紀錄貓的藍斑核（Rasmussen, Morilak & Jacobs, 1986）和縫核（Veasey et al., 1995）在走路時神經元放電速率的變化。南加州大學的研究者也把電生理技術運用在顱內自我刺激實驗中：刺激電極放置在腹側被蓋區上，那是愉悅感覺的中樞，圍繞著下視丘腦區。這個刺激被用來當作操作制約的酬賞，用來強化大鼠跑步機的訓練。

微透析

雖然神經元有可能放電然後不釋放神經傳導物（例如：當神經傳導物的合成趕不上放電的速率），正常狀況下神經元去極化之後的反應，包括了儲存著神經傳導物的小囊泡會在鈣離子調控之下與細胞膜結合，然後在神經軸突末端小囊泡產生胞吐作用（亦即把內容物送出到突觸），神經傳導物就這樣釋放到細胞外兩個神經元之間的突觸空間。雖有其他因素可以解釋細胞外神經傳導物濃度上升，但多數情況下神經傳導物濃度是其釋放狀況的一個很好的指標。

細胞外神經傳導物的濃度可以用微透析來測量。這個技術用一個人造薄膜來分離不同大小的分子，因為這個半通透性薄膜只讓少數分子通過。一個微透析探針是由一個小金屬管構成，它有內、外兩層。探針經由一個導管安置在大腦內，然後再靠牙科膏固定在頭骨上（參閱圖 3.26）。透過內層導管作為入口，人造腦脊髓液以固定速度被打入大腦中。在這個流速之下，神經傳導物可以從細胞外的腦液中擴散通過微透析膜，然後進入外層導管作為出口，最後被收集起來（參閱圖 3.27）。接下來收到的液體會拿去用一種化學分析技術，叫做高效能液相層析法（HPLC）來測量裡面含有的神經傳導物的濃度。這種分析技術的原理是，構成神經傳導物的蛋白質氧化的速率不同。

就如同電生理技術，微透析技術也很

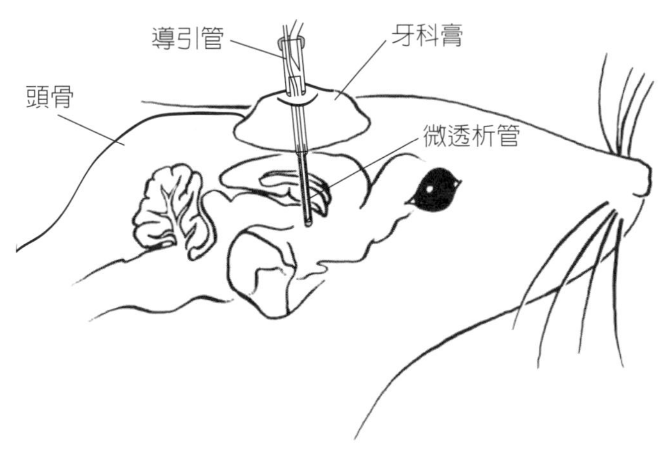

圖 3.26　透過手術安置微透析導管來測量大腦神經傳導物

圖形由喬治亞大學運動機能學／心理學系，健身運動心理學實驗室提供。

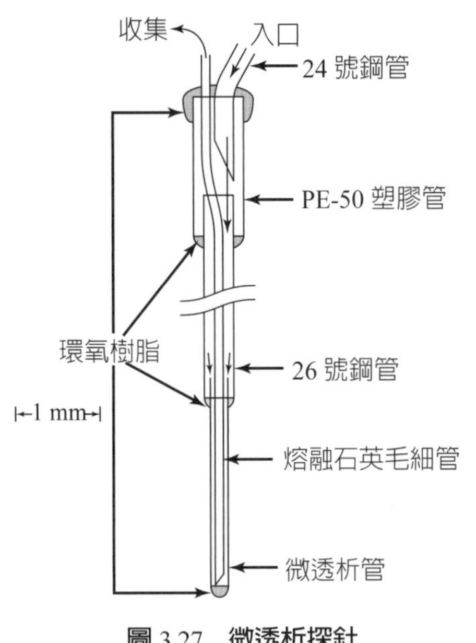

圖 3.27 微透析探針

圖 3.28 在接受足部電擊壓力源時進行微透析

圖片由喬治亞大學運動機能學／心理學系，健身運動心理學實驗室提供。

少使用在健身運動心理學的研究上，少數的例外包括一些研究發現，大鼠的大腦血清素（Wilson et al., 1986）、NE（Pagliari & Peyrin, 1995）和 DA 濃度（Meeusen et al., 1997）會在跑轉輪運動時上升。另外一個研究使用微透析技術發現，大鼠在好幾個星期的轉輪活動之後，如果接受了足部電擊作為壓力源，在牠們的前額葉的 NE 的釋放會變得比較遲緩（如圖 3.28，Soares et al., 1999）。

腦電圖與腦磁圖

以人類為實驗對象的研究中，測量大腦活性的主要方法是腦電圖（EEG）、腦磁圖（MEG），以及其他測量神經元核反應的大腦成像技術。有好幾篇論文研究的題目是單次健身運動產生的心理生理反應，而它們用來測量大腦即時電生理活動狀態的技術是腦電圖。我們會在後面這些章節仔細地來看看這些研究的細節，包括：第五章感受、心情以及情緒、第六章焦慮，以及第十章睡眠。

EEG 和 MEG 測量的是，從一群錐體神經元所產生的興奮性和抑制性突觸後神經元膜電位變化綜合而成的電磁波訊號。錐體神經元是一種細胞本體呈現三角形的神經細胞。這個測量趨近於即時的事件，但是在空間解析度上很有限，意思是我們很難確定訊號的來源是大腦上哪一個特定的點。

電極被放在頭骨上標準化的位置，蒐集到的訊號是電位差，或者稱為腦波。最常見的位置是基於國際 10-20 系統，裡面放置電極的位置彼此之間有 10% 到 20% 的間距，實際長度要依據頭部圓周長大小，和枕外隆凸點（頂葉上突起的那一點，頭骨基準突出的地方）與鼻根中點（鼻樑，參閱《腦電圖和臨床神經生理，補充材料第 52 集》，G. H. Klem, H. O. Luders, H. H. Jasper, 與 C. Elger，〈國際聯合學會最終 20 電極系統〉，第 6 頁，1999）之間的距離來計算。

因為測量到的大腦電位場是穿透過整個頭部傳導而來，而且部分大腦腹側區域排列的方向也是往上，密集陣列感應器網路系統現在多半從 128 或者 256 個位置來收取訊號，包括耳朵以下的臉部也是訊號收取的位置。

腦波的振幅最大可以達到 200μV，而頻率可以從每一個震盪幾秒鐘到每秒鐘 50 次震盪（Hz）以上。通常會將腦波頻譜分割成幾個範圍，或稱波段。

1875 年的時候，學者理查．卡頓（Richard Caton）首次描述直接從兔子和猴子曝露出來的大腦上面測量到的腦波。德國的神經生理學者漢斯．伯格（Hans Berger）被認為是第一位發現頭皮可以測量到電位訊號的人。在他 1929 年發表的論文《關於人類的腦電圖》中，把每秒鐘震盪 10 次左右的腦波命名為 α 波，而震幅比較小比較不規則的每秒 20 到 30 次震盪的波稱為 β 波。後來賈斯柏（Jasper）與安卓（Andrews）用 γ 來標示超過 30Hz 的頻率。學者瓦特（Walter）則用 δ 來命名所有比 α 波段低的頻率，但是後來他稱呼 4 到 7.5Hz 的頻率範圍為 θ，因為他認為這種腦波乃是由視丘所產生。

傳統上大腦活動狀況被認為與 EEG 的頻率有關（例如：δ 波主要出現在深度睡眠的時候；θ 波在打瞌睡的時候很常見；α 反映的是放鬆但是清醒的狀態；β 波對應的是資訊處理歷程，請參閱《腦電圖與臨床神經生理學》第四冊，Lindsley《心理現象和腦電圖》第 443-456 頁，1952）。然而一些研究顯示 α 波很可能與注意力相關，而 β 波在有情緒的時候比較活躍。有一個矛盾的現象是，巴比妥類鎮靜劑可以增加大腦的 β 波。我們可以確定腦波型態與神經活動有關，像是睡眠的各個階段（參閱第十章）以及癲癇的發作。此外 EEG 訊號也被發現跟不同狀況之下的情緒狀態有關（第四與第五章）。然而生理心理學者對於這些波段在情緒處理過程中的意義，還沒有一致的看法。這些腦波的特性受到大腦皮質活動的影響，然而在某一個電極上測量到的電位變化增加，並不代表在該電極周圍或者在那之下的腦區之神經元的訊息傳遞，或者新陳代謝的活性比較高。

EEG 和 MEG 訊號的測量可以很簡單：只要一根訊號電極加上一根參考電極，再接上一個擴大器與一個紀錄訊號的裝置。然而現在通用的收取訊號系統已經變得相當複雜，為了計算這些數據，通常需要完備的數位處理系統。除此之外，為了因應反向解答問題（亦即：從頭皮上收集到的訊號可能來自無數個電磁波來源），現在儀器配備的電極數目愈來愈多（可多至 256 個）。這些所謂的密集陣列（參考圖 3.29）可以搭配上先進的數學計算手段，讓我們可以相當精確地推估，我們所感興趣的電磁波訊號從大腦何處而來。為了降低雜訊，我們還有一些其他

腦電圖的波段

δ (delta)	0.5-3.5 Hz	20-200 μV
θ (theta)	4-7 Hz	20-100 μV
α (alpha)	8-12 Hz	20-60 μV
β (beta)	13-30 Hz	2-20 μV
γ (gamma)	40-50 Hz	2-10 μV

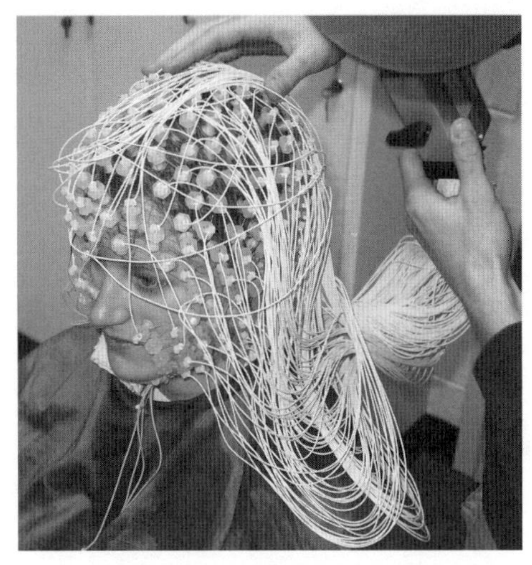

圖 3.29　密集的電極陣列

照片由 Tim Puetz 與 Nate Thom 博士提供，喬治亞大學健身運動心理實驗室與大腦成像研究中心。

因素必須列入考量，不過這已經超出本章的範疇。這些手段包括修正與大腦無關的受試者活動（例如：眼球轉動、眨眼、臉部肌肉運動以及心跳訊號），過濾訊號，以及選擇適當的取樣頻率等。

我們有兩個主要的分析 EEG 和 MEG 的方法：(1) 傅立葉轉換（FFT）和 (2) 事件相關電位（ERP）。傅立葉轉換可以把時間向度的數據轉變成為頻率向度的數據，它用上的是微積分的技術。轉換得到的結果是在每個頻率上，電磁波的能量大小。通常會把這些數據以頻率波段整合起來，然後就可以和本節前面所提到的各波段的情緒與認知功能搭上關係。例如：θ 波（4-8 Hz）通常會在睡眠或者昏昏欲睡時出現，但是最近的研究也發現中線前額葉的 θ 波也可以在我們集中注意力的時候出現。傳統上 α 波（8-12 Hz）與放鬆而清醒的狀態有關，但是最近的研究指出 α 波段裡面的一些子區段在不同的認知歷程中也會活躍起來。γ 震盪被認為是用來支持一些高階的認知歷程（例如：注意力和醒覺、知覺連結，或者連接記憶中的不同知覺向度）。

一般的腦波震盪可以在休息的時候測量到，而 ERP 是刺激呈現的時候測量到的 EEG 訊號。ERP 的訊號雜訊比很低，因此為了要測量 ERP 該刺激必須呈現很多次，然後把多次的 EEG 數據平均起來。這樣一來就讓跟刺激無關，隨機的大腦活性之震幅降低。這就讓我們感興趣的 ERP 訊號可以被偵測到。我們看到的 ERP 訊號中的延遲或者振福成分（或者兩者皆是），就反映了大腦皮質某區域針對特定刺激的活性。

典型的 ERP 成分會區分為兩群：內生性和外生性，雖然有些成分這兩群的特徵都會具備。外生成分，像是那些從腦幹來的信號，被認為是強制性的（亦即：反射性），因為它們的特徵（例如：延遲時間和振幅）主要是刺激的物理特性之產生。相反地內生成分的特徵，像是 P300（此名詞用來描述 EEG 訊號上，從刺激呈現到 300 豪秒之內的這一段曲線），是受到刺激和我們身體之間交互作用的影響。

許多不同的 ERP 可以在一段相當寬的時間範圍內產生。例如：一些 ERP 在受試者預期一個將要呈現的刺激時開始產生，而另外一些 ERP 則可以維持長達 6 秒鐘。許多會在分析震盪活動時出現的技術問題也會出現在 ERP 數據上。實驗者需要相當廣的專業訓練才有辦法完成一個好的 ERP 實驗，讓刺激呈現作業所得之數據可以分析出可解釋的 ERP 參數。

確認電磁波數據的來源非常困難，這不僅僅是因為資料訊號會回溯問題，也因為我們收集到的 EEG 訊號經過了整個大腦，包括了 CSF、頭骨、頭上的皮膚等地方，在過程中訊號會被扭曲。我們從一個頭皮上的電極感測點在每一刻收集到的資料，包含了多個不同的來源的神經活性。所以我們無法直接從 EGG 訊號來自頭皮上哪個位置，直接推論到大腦中位於該位置底下的腦區，而必須先經過一個來源——空間轉換之運算。對訊號進行一個表面拉普拉斯轉換所得之結果，會和硬腦膜上的電位差成正比，並且有助於降低頭骨對於訊號的扭曲和混合。它把與電擊感應器形成徑向方位排列的表面神經訊號強調出來。這些是最適合從 EEG 測量出來的訊號。另外一方面，表面拉普拉斯轉換（Surface Laplacian）讓深層的非中心訊號來源削弱，這些深層訊號有可能在探索皮質活動時造成分散的雜訊，或者跟大腦深處的神經活動有關（Nunez & Srinivasan, 2006）。

相對地，與突觸後神經電位變化連結的磁場訊號，並不會在經過頭骨的時候被扭曲，因此 MEG 是一個更有吸引力的觀察大腦活動狀態之工具。然而 MEG 看不到一些特定方向的訊號來源，因此限制了它的應用範圍。雖然如此，我們還是可以根據一些關於生理、解剖和電磁學背景知識提出的可靠假設，來相當精確地推估訊號來源的位置。這些背景假設和推算已經超出本書之範圍，但許多推算來源位置之應用工具已經完備，可以很容易地取得和使用，以建立一個訊號來源地圖。雙極來源模型假設大多數的電磁訊號來自數量有限之雙極源，並且讓使用者可以用迭代的方式計算所有可能的來源，然後找出最適配於我們在頭皮上測量到之數據的解答。所謂的雙極是指，一對相同大小而正負相反的電荷，以一個很小的距離組合在一起。其他的分析工具還有：最低標準估計法、低解析度電磁斷層掃描（LORETA 和 sLORETA）、可變解電磁斷層掃描（VARETA）、局部自回歸平均（LAURA），以及貝式方法等。確定 EEG 和 MEG 訊號來源是一個很複雜的過程，而且需要相當的專業訓練，但只要做出正確的前提假設，這個技術還是可行的。而且從費用和可移動性來說，它還是相當具有優勢，即使在空間解析度上一些輸給一些其他的觀測技術（例如：fMRI，PET）。

神經影像技術

現代大腦成像技術的基礎可以回朔至 1880 年代的歐洲，當時生理測量技術有相當的進步，讓研究者確認我們的思考活動可以導致大腦中血液的流動改變。當時義大利的生理學家安吉洛・莫索（Angelo Mosso）已經在研究大腦溫度。他發明了一種測量儀器，可以在因疾病或者昏迷而打開頭蓋骨的病人，觀察他們的大腦血流變化並且製作成圖，同時還讓病人進行認知與情緒作業（Zago et al., 2009）。Mosso 把一個按鈕固定在一個小小的木製圓頂蓋上，然後把這個圓頂蓋安置在打開的硬腦膜上，然後將其與一個記錄鼓上的螺絲連接。當大腦體積因為血管的脈衝而改變時，施加在按鈕上的壓力增加，然後造成連接的螺絲壓力增加，因而壓縮了鼓內的空氣。空氣壓力的改變傳輸到第二個記錄鼓，然後再寫在一個旋轉的圓柱體（記波器）上（請參閱 *Neuroimage*, Vol. 48(4), S. Zago, R. Ferrucci, S. Marceglia, and A. Priori, The Mosso method for recording brain pulsation: the forerunner of functional neuroimaging, p. 652-656, 2009）。Mosso 的研究成果奠定了後來的基礎，讓我們確認大腦神經活性增加和腦內血流量之關係（Roy & Sherrington, 1890）。

更精密的大腦活性測量技術可以深入觀察皮質區底下的腦區之活動狀況，這些工具的成功發展，來自於一些物理學領域的進

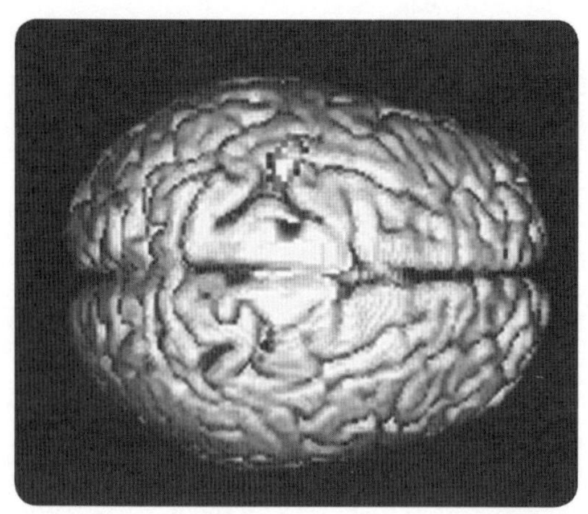
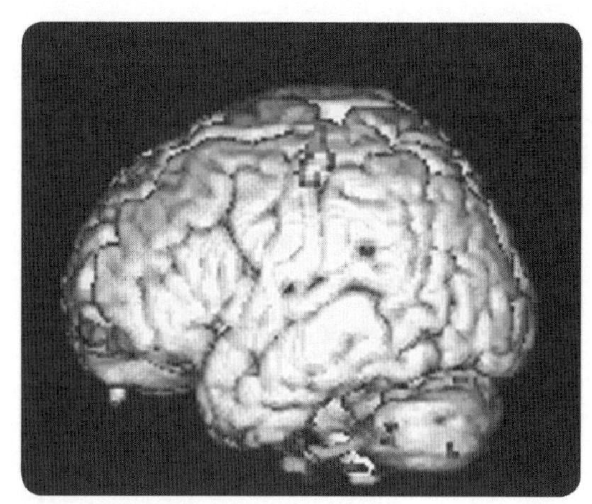

圖 3.30 根據 fMRI 數據用電腦重建的三度空間運動皮質活性圖

由威斯康辛大學運動肌動學系 Dane Cook 博士提供。

展，像是 X 光技術、光譜學和核磁共振感測技術。這些工具也都仰賴更複雜先進的電腦技術，如圖 3.30 所展示的儀器。

電腦軸向斷層掃描（CATs），或者 CT（電腦斷層掃描）技術的原理是運用 X 光來增強大腦密度的微小差距。一個 X 光的光源反覆地以一個弧形圍繞著受試者的頭部移動，在每個位置上儀器分析被大腦內部吸收掉的輻射線能量，而這個數值會因大腦的密度而有所不同。最後得到的結果是一個兩度空間的頭殼內部影像。因為不同的物質分子吸收輻射的能力有異，故此技術可以使我們看到大腦特定的結構。

無線電波和一個很強的磁場之間的交互作用，可以用來產生大腦內部細節的影像。核磁共振造影（MRI）能夠提供比 CT 更高解析度的影像。為了得到 MRI 影像，首先必須將一個很強的磁場穿過受試者的頭部。在一個這麼強的磁場影響之下，身體某些特定分子裡面的原子，它們的自旋方向會調整到與磁場一致。當一陣無線電波通過身體的時候，這些原子也會放出一陣無線電波。不同分子放出的無線電波頻率不同，然後 MRI 的掃描器會調整到剛好可以接收到來自氫原子的無線電波，並且根據已知特定組織的氫原子濃度來畫出大腦的圖像。即使像神經元失去了髓鞘這樣小的變化，也可以被 MRI 偵測到。

CT 掃描和 MRI 掃描能夠提供很有用的大腦影像，但這些影像是靜態的。如果想要看到大腦動態變化，我們可以使用正電子發射斷層掃描（PET）這個技術，它可以顯現出特定細胞的葡萄糖攝取量。帶有放射線的化學物質，通常是使用放射性葡萄糖先被注射進血管中，然後受試者進入一個類似 MRI 的儀器中。放射性葡萄糖發射出來的正子會被儀器偵測到，然後就可以製作出一個反映了各個腦區新陳代謝速率的影像。PET 掃描器很貴是一大缺點，然而較新的技術使得工程師可以製造出一種由 MRI 修改而成的新儀器 fMRI（功能性磁造影），它的價錢便宜一些。這個技術的速度夠快，因此足以提供大腦活動狀態，像是活躍區域的

> 掃描技術的進步讓科學家可以觀察到，大腦特定區域的即時功能和運作狀況。

氧氣消耗量的影像。在大腦中血液的流通被認為與神經活性狀態相關，因此 fMRI 就像其他的造影技術如 PET 一樣，讓我們可以看到當受試者進行某些作業或者是接收特定刺激的時候，他們的大腦如何運作。

小結

社會和認知因素以及用來測量和操弄它們的實驗方法，是健身運動心理學的基石，因此第二章針對此議題講述了相當多的細節。然而神經生物因素和行為神經科學的研究方法，對我們了解健身運動心理也同等重要。雖然還沒有被健身運動心理研究大量使用，行為神經科學是健身運動心理領域研究的新方向。因此本章介紹了它的核心概念與關鍵技術。未來 10 年內會有愈來愈多使用大腦造影技術和基因改造囓齒類動物的研究，以及針對身體活動特徵設計之育種計畫培育出來的小鼠和大鼠，投入到健身運動心理學實驗當中。它們會讓行為神經科學更多地應用在身體活動和健身運動的研究裡面，並且帶來巨大的進展。因此讓健身運動心理學領域的學生接觸這塊領域相當重要。此外學生們若對此章探討的主題有基本的了解，將有助於學習和理解後面章節中的議題，包括了壓力、情緒、焦慮、憂鬱、睡眠、能量與疲勞、知覺勞累的評分、疼痛感以及認知等等。雖然沒有讀過本章，讀者還

神經造影技術

核磁共振造影：這個技術的原理發展於 1940 年代，其基礎是原子核在無線電波波段的變異，這些原子核的自旋軸會對無線電波產生反應－亦即「共振」。所有的原子核都會自旋，又因為它們帶正電所以就會產生磁場，並且在自旋軸上區分出南北極。當一個物體放在外加磁場裡面的時候，此物體所有原子核的自旋軸就會跟外加磁場的方向一致。接下來一陣無線電波（RF）會被打在物體上，而此無線電波的方向與磁場方向要垂直，這就會造成原子核的自旋方向偏斜。這個偏斜的角度反映了物體的特性，也與打入的共振無線電波有關。在 RF 打入大約 20 到 300 毫秒之後，這些原子核自旋的角度會逐漸從偏斜，恢復到原本與外加磁場平行的方向。這被稱為 T2 弛豫時間或者自旋弛豫時間。當自旋鬆弛的時候，每個原子核又會放出一個無線電波訊號。大腦 MRI 研究使用的是氫原子核，它在油脂類分子和水當中的 T2 弛豫時間不同。氫原子核在油脂分子和水分子中放出的無線電波頻率也不同，因此大腦組織中如果所含有的水分與油脂的比率不同，那麼所放射出來的無線電波頻率比例就會有差異。這個獨特的無線電波傳輸比例就被用來產生大腦的 MRI 影像，裡面會包含大腦的外型和它的化學成分特性（Horowitz, 1995）。

功能性核磁共振造影（fMRI）：此技術應用了核磁共振的原理來偵測，當處於不同類的物理感知或者運動狀態時，哪一部分的腦區是活躍的，如圖 3.31 所示。它與 PET 比起來，在空間和時間上的解析度都更高（Cohen & Bookheimer, 1994）。特製的軟體讓 MRI 掃描器能夠偵測到血流量在大腦活躍

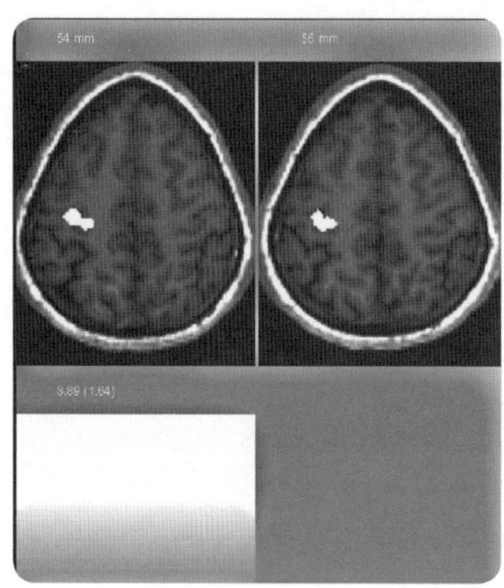

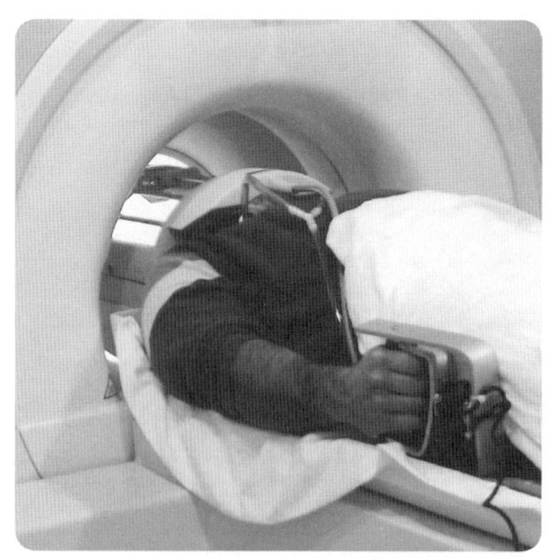

圖 3.31 (a) 使用 fMRI 測量到的左半球運動皮質區神經造影（亮區）；(b) 受試者用右手臂進行握手運動。
照片由威斯康辛大學運動肌動學系 Dane Cook 博士提供。

區域之增加。充滿氧氣的動脈血亦具有的磁場效應較小，而血紅素失去氧分子之後它的磁場效應來自四個沒有配對的鐵電子，這種狀況造成大腦血流增加的區域，或者新陳代謝增加的區域，會有局部磁場被干擾的情況。血氧濃度訊號（BOLD）是 MRI 所測量到的血液中去氧血紅素的對比，它於 1990 年第一次被報告出來（Ogawa et al., 1990）。如果某個大腦區域的神經元處於活躍狀態，那麼流經該處血液量，通常會比腦組織取得氧氣速率的增加還要來得更多，因此就會產生多餘的帶氧血紅素，並且堆積在一個活躍腦區的靜脈中，這樣就讓局部腦區帶氧相對於去氧血紅素的比例出現變化。

這變化就提供了 MRI 可以偵測到 BOLD 對比，讓我們可以估計出一個腦區中紅血球中帶氧血紅素增加的比率，這數值反映在較長的質子弛豫時間上面。這個訊號就可以在 fMRI 影像上產生 1% 到 10% 的強度變化。fMRI 技術提供了大腦用氧狀況以及其他血液動態變化的測量工具（Huppert et al., 2006）。然而在進行 fMRI 觀察的時候，實驗參與者需要在收數據的期間身體完全不動，如此一來就完全排除了蒐集動態運動期間大腦影像的可能性。然而 fMRI 可以讓我們觀察到，單次運動或者長期運動訓練是否會影響到大腦對一些靜態測驗的反應（Colcombe et al., 2004）。

動脈自旋標記（ASL）：動脈自旋標記（ASL）是唯一的一種非侵入性 MRI 技術，可以讓研究者收到絕對而非相對的大腦血流量數據（Williams et al., 1992）。該技術使用無線電波脈衝來顛倒動脈中水分子的自旋，有效地製造出一個用磁場標示的血團。然後這塊血團可以在通過分支脈管系統的時候，被當作是一個對比追蹤器。用這種方法 ASL 就提供了一個大腦血液流通圖，而不需要從外部注射一個對比物質或者使用放射性同位素來標記（Buxton, 2009; Brown et al., 2007）。ASL fMRI 的訊號雜訊比相對較低，因此對於弱刺激較不敏感，它的時間解析度也比 BOLD 差（Brown et al., 2007）。對於定位大腦活躍區域來說，ASL 的表現比 BOLD 好。一般相信 ASL 活化訊號主要是活躍皮質區裡面的微血管產生出來，而 BOLD 訊號可能主要是由該腦區附近的靜脈中，含氧量之變化所產生（Brown et al., 2007; Buxton, 2009）。最近一篇使用脈衝 ASL 技術的研究發現，做了 30 分鐘的中等強度騎飛輪運動之後，整體大腦血流量增加大約 20%（Smith, Paulson et al., 2010）。

擴散張量成像（DTI）：擴散張量成像（DTI）也是一種與 MRI 有關的技術，它可用來測量大腦不同區域之間的解剖連結，然而無法測量腦功能的動態改變。DIT 測量的是大腦白質神經索之間的聯繫強度，這些神經索負責在各腦區之間傳遞功能性的資訊。因為水分子的擴散被限制在構成大腦白質的神經索內，測量水的擴散，就可以估計由大腦白質構成的解剖上之神經連結路徑。干擾大腦半球白質正常組織和整合的疾病（例如：多發性硬化症），就會對 DIT 測量有相當大的衝擊。使用 DTI 技術的研究指出，在神經退化性疾病患者像是多發性硬化症，以及與認知功能老化有關的前額葉退化中，大腦白質的量都下降了（Madden et al., 2009）。最近一篇橫斷式研究發現，有氧運動能力跟大腦扣帶束白質的組織與整合較好有關。扣帶束從大腦皮質的扣帶環投射到內嗅皮質區，是海馬迴最主要的輸入資訊來源，但是有氧運動能力跟前額葉腦區的組織整合無關。這個研究的受試者包含了年輕與年長的成人，都沒有神經性疾病或障礙（Marks et al., 2007）。在一個使用 MRI 做估計工具的研究中，研究者發現跟對照組相比，勤於有氧活動的年長成人也比較少有血管曲折現象（就是血管比較少扭轉的曲線），此外小血管比較多，這點可能是造成大腦白質的組織組合程度有差異的原因之一（Bullitt et al., 2009）。

正子發射斷層掃描（PET）：正子是帶一個正電荷的電子。像是氧 15 和碳 11 這樣的放射性同位素，在衰變的時候會放出一個正子。當一個正子和一個電子撞在一起的時候，兩者都會消滅掉然後產生兩個 γ 射線，並且向著相反的方向射出。特製的 360 度照相機（如圖 3.32）可以偵測到這個反射出來的射線以及它們飛行的方向，並藉著計算兩條射線的交叉點來確定它們來自大腦甚麼位置。藉著偵測放出正子的同位素集中之處，連帶包含此同位素的生理活躍分子，PET 儀器可以處理葡萄糖攝取、血液流動以及大腦的 pH 值等資訊。如果有多個正負電互相消滅的事件發生，這些追蹤分子集中的點就可以被辨識出來。例如：去氧葡萄糖磷酸化之後陷落在大腦細胞內，那麼用碳 11 來標示它，就可以使 PET 偵測到這個分子因為大腦代謝速率增加而堆積之處。使用 PET 的好處是它形成的影像是標示出新陳代謝歷程，而不是大腦硬體的結構，如圖 3.33 所示。然而 PET 只能解析物體到大約 1 公分左右，而 fMRI 可以解析到 1 公釐的

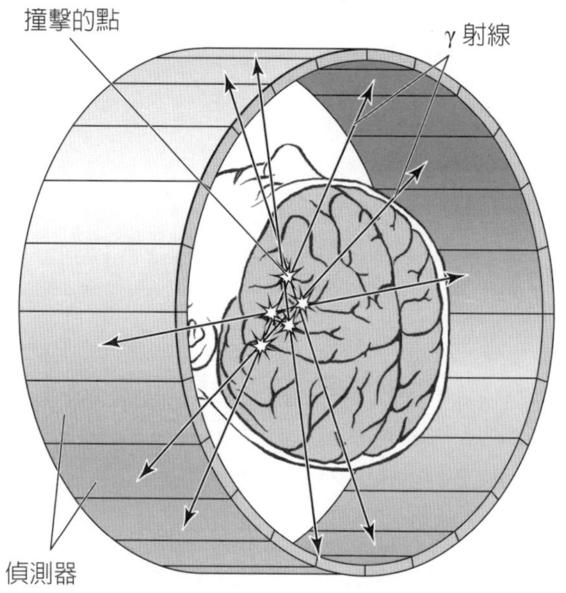

圖 3.32　正子發射斷層掃描靠著偵測正子和電子撞擊之後放射出來的 γ 射線，來提供大腦新陳代謝活動的影像圖

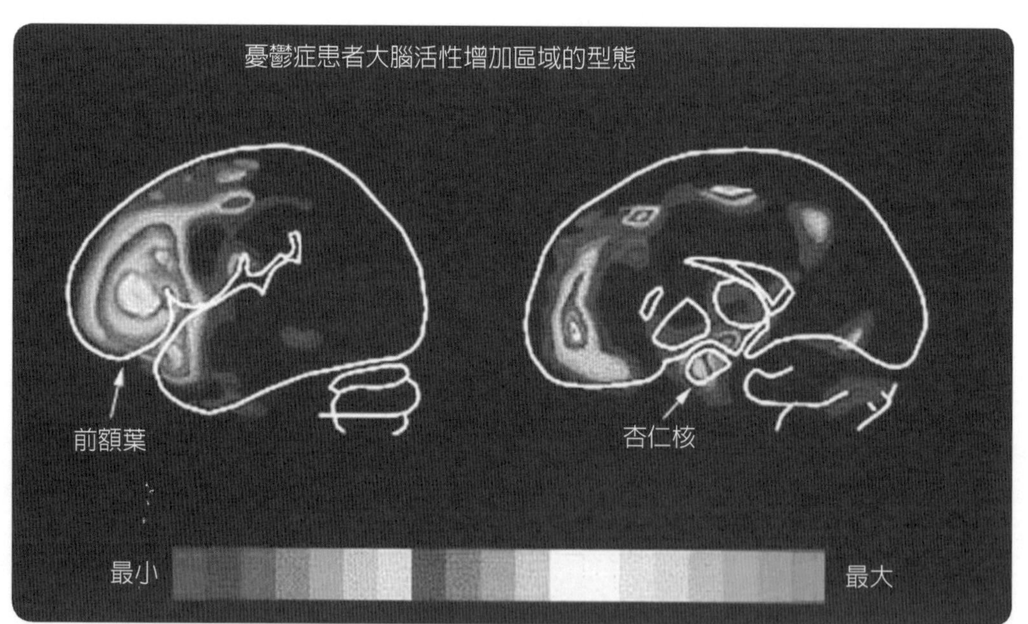

圖 3.33　一位憂鬱症患者的 PET 大腦活性造影圖

獲得授權重製，來源：Atlas of Brain Perfusion SPECT at http://brighamrad.Harvard.edu. 波士頓哈佛醫學院，布萊根婦女醫院，放射醫學系官方網站。版權所有波士頓哈佛醫學院，布萊根婦女醫院。

範圍。

單光子射出電腦斷層掃描（SPECT）：當用放射性標示過的分子當作追蹤劑注射進入之後，它們放出來的光子就可以像 X 光這樣被偵測到，並且像電腦斷層掃描這樣組成影像。這些影像呈現的是標示分子的累積狀況。這些標示物可能反映了例如：血液流通狀況、氧氣或者葡萄糖代謝，或者 DA 傳送蛋白的濃度。通常這些影像用彩色繪製。有些研究使用單光子射出電腦斷層掃描觀察到在視丘和幾個大腦皮質和皮質下區域（腦島皮質、前扣帶迴皮質）有局部血流量增加的現象，這意味著這些腦區在受試者在踩飛輪和抓手運動的時候，這些腦區參與了心肺的中央調控反應（Williamson, Fadel & Mitchell, 2006）（參閱圖3.34）。

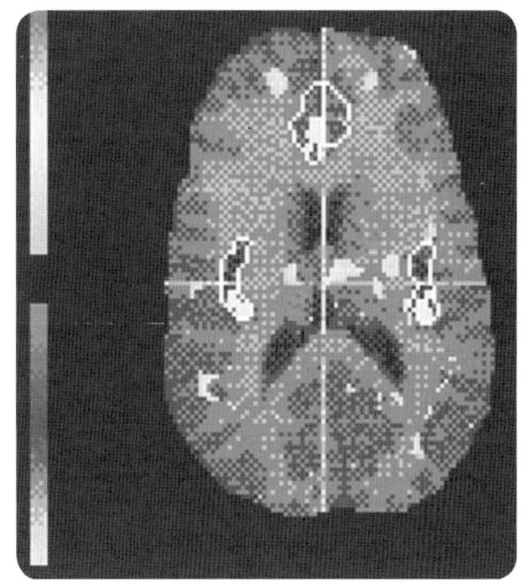

圖 3.34　左右兩腦半球之前扣帶環皮質和島葉皮質活性的橫斷層神經顯像（以白色勾勒），用 SPECT 在受試者踩飛輪運動時測量

圖片由達拉斯斯德州大學，西南醫學中心，物理治療系 Jon Williamson 博士提供。

因為大腦對追蹤劑的吸入量和流入大腦的血流量成正比，SPECT 可以在動態運動已經結束之後，讓研究者對血流量進行事後測量。然而 SPECT 並沒有直接測量大腦消耗氧氣的量。

近紅外光學圖像掃描（iOIS）：大腦組織是不透明的，它對可見光的吸收能力不強，然而光在大腦組織中並非以直線運行，因為光子會持續在腦組織中散射，直到通過這塊組織或者被吸收為止。在近紅外光譜範圍內，血液和水對於光的吸收量很小但是散射很大，故近紅外光子在大腦中的傳輸非常分散。在這個散射的局部變異是由組織對光的吸收造成，而此吸收量可用近紅外線光譜儀（NIRS）來測量。NIRS 這台儀器打出近紅外光（波長 700-1000 nm）穿透組織，然後光會被組織中的發色團吸收，像是含氧血紅素（O_2Hb）、去氧血紅素（dHb）和細胞色素氧化酶等，或者散射在組織中。藉由測量散射回來特定波長的光，可以測量出下方腦組織中 O2Hb 和 dHb 的比例（Ferrari, Mottola & Quaresima, 2004）（參閱圖 3.35）。這個技術可以觀察到大腦血流量和耗氧速率在毫秒內的變化。和其他方法比起來，使用 NIRS 技術的好處是可以提供一個直接且即時的皮質耗氧速率之測量，而且它的空間解析度還可以接受（～1 cm 或 4/10 in），又沒有像其他測量方法這樣對於移動的干擾這麼敏感。

NIRS 技術已經大量運用來測量受試者在動態運動時，骨骼肌上血流動力學的改變（Hamaoka et al., 2007），而最近也在大腦的研究上運用此技術（Perrey, 2008; Rooks et al., 2010、Wolf, Ferrari & Quaresima, 2007）。

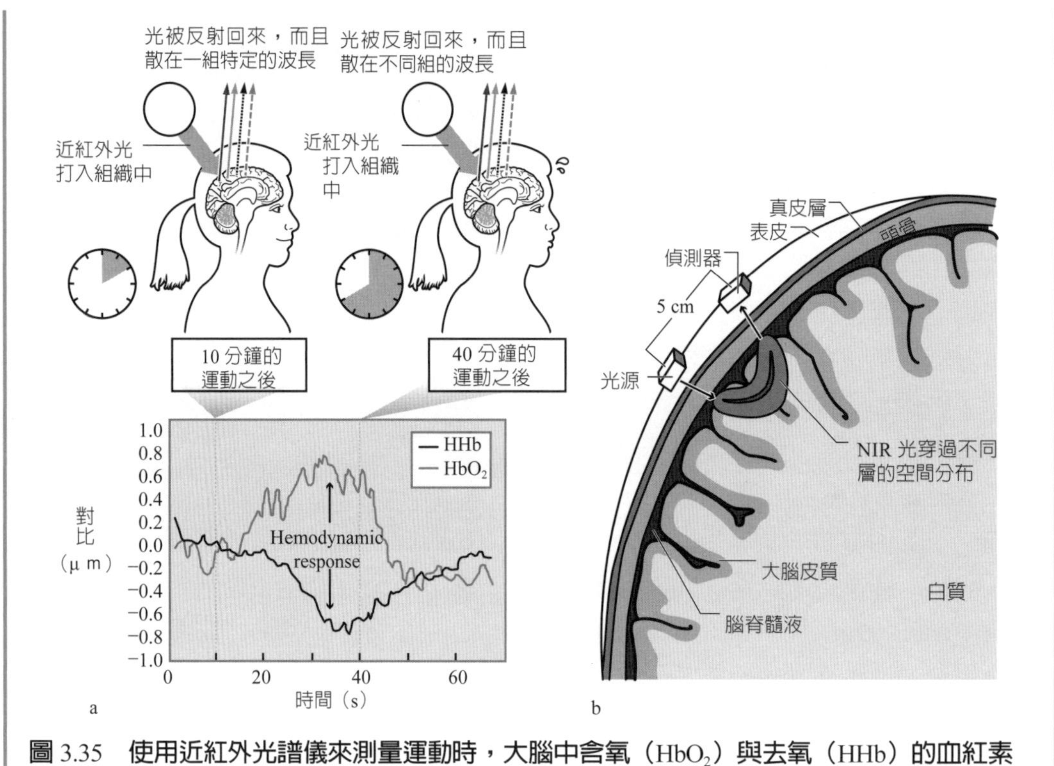

圖 3.35　使用近紅外光譜儀來測量運動時，大腦中含氧（HbO_2）與去氧（HHb）的血紅素

是可以對這些後面章節的內容有一個大概的理解。身體活動特別是健身運動，是一套奠基於生物天性的行為。因此任何一位認真的健身運動心理學生，必須學好如何從生物角度來看大腦和行為，即使有時候這個學習相當具有挑戰性。

參考網站

1. www.loni.ucla.edu
2. www.neuroguide.com
3. www.nimh.nih.gov
4. www.med.harvard.edu/aanlib
5. www.nlm.nih.gov/research/visible
6. http://themedicalbiochemistrypage.org
7. www.egi.com/home

第二部分

健身運動與心理健康

第一個關於心理健康的美國衛生總署報告（Surgeon General's Report）於 2000 年發表，引起人們關注精神疾病對美國健康與生活品質的影響。在全球，心理健康也是一個重要的公共健康議題。由世界衛生組織和世界銀行委託進行的全球疾病負擔（*The Global Burden of Disease*）研究顯示，在全球有超過 9,800 萬人因憂鬱症而患有中度與重度失能，而憂鬱症是成年人因失能而減少壽命的主要原因（世界衛生組織，2008）。在已開發國家中，心理健康疾病的直接與間接成本佔國民生產毛額（GNP）的 3% 至 4%。世界衛生組織估計到 2020 年，憂鬱症將超越癌症僅次於心血管疾病，成為全球第二大導致失能與死亡的主要原因。

在大多數的國家，情感性疾患（Affective Disorders）的盛行率與經濟成本很高，儘管各國之間的發病率不同（Weissman et al., 1996, 1997）。在美國，情感性疾患（Mood Disorders）的終生盛行率為 20.8%，而焦慮症（Anxiety Disorders）的終生盛行率為 28.8%（Kessler et al., 2005）。在 2002 年與 2003 年，美國的精神疾病成本為 3,000 億美元，其中包括 1,930 億美元的收入與工資損失（Reeves et al., 2011）。

除了心理疾病的盛行率與經濟成本外，還應評估健身運動對情感性疾患的潛在有益影響，因為焦慮與憂鬱是其他慢性疾病的風險因子，包括冠狀動脈心臟疾病、癌症、肥胖、氣喘、潰瘍、類風濕關節炎以及頭痛，心理疾病加劇了這些疾病對生理的影響（Friedman and Booth-Kewley, 1987; Reeves et al., 2011）。我們回應聯合國秘書長潘基文在 2010 年的心理健康日（World Mental Health Day）說的話：「沒有心理健康就沒有健康（There can be no health without mental health）。」透過檢驗以下證據可說明健身運動與心理健康之間的關係，包括身體活動可以減少焦慮、預防以及減少輕度與中度憂鬱症、改善情緒與自尊，並提高生活品質。

第四章到第七章提供了關於心理健康議題與健身運動對慢性病因與持久影響的專門資訊。健身運動心理學的基石是健身運動與心理健康之間的關係。早期的研究（如：Franz & Hamilton, 1905）確立了健身運動對憂鬱症狀的影響。此後，數百篇的文章發表了急性與慢性健身運動對壓力、情感、焦慮以及憂鬱的影響。許多臨床心理學家與精神科醫生認為健身運動是一種可行的輔助療法。在心理社會與神經生理的連結與機制的背景下，急性與慢性健身運動、壓力、情緒、焦慮以及憂鬱之間的關係被提出，從心理生理學觀點描述每個心理健康問題。

第八章到第十二章探討生活品質與健身運動，聚焦於認知、能量、疲勞、睡眠、疼痛以及自尊。生活品質（Quality of Life（QoL））的概念與 1946 年世界衛生組織對健康（Health）的定義（如不僅是沒有疾病），以及後來所提出的福祉（Wellness）的概念完全一致。《2008 美國全民運動指南》（*2008 Physical Activity Guidelines for Americans*）的科學諮詢委員會，將與健康相關的生活品質定義為「個人的整體幸福感，其中包括諸如疼痛、情緒、能量水準、家庭與社交互動、性功能、工作能力，以及保持日常活動的能力等因素」（*Physical Activity Guidelines Advisory Committee*, 2008）。

許多隨機對照試驗的後設分析顯示，生活品質的整體評分和與生活品質相關的特定心理狀態，經由輕度至中強度的健身運動介入，對於病患與健康人群都具有益處，包括自尊與正向情緒（例如：精力充沛、快樂、情緒幸福感、生活滿意度等）（Conn et al., 2009; Netz et al., 2005; Reed & Buck, 2009、Schechtman & Ory, 2001; Speck et al., 2010）。這些試驗的效果量通常很小（例如：小於三分之一的標準差），但介入措施是用於初級預防、康復還是疾病管理而有所不同。例如：在身體健康或正在康復的人中，心理與生理的生活品質均表現出類似的改善，但對疾病管理計畫中的人卻變得更糟（Gillison et al., 2009）。

睡眠和身心能量的水準與疲勞有關，在第二部分中，我們討論了健身運動如何牽動這些對生活品質的影響。也有證據顯示，健身運動可以對特定群體的認知產生正向影響。人們經常將健身運動與疼痛和疲勞連結起來，尤其是高強度的有氧運動和力量訓練，但此部分的證據卻顯示這些變項間的關係其實更為複雜。最後，我們檢驗身體活動與自尊間的關係，自尊是心理健康的關鍵指標，也會影響生活適應與品質。

第四章 壓 力

高鳳霞 譯

健身運動減輕壓力的觀念已成為民間智慧的一部分，就像健身運動會改善情緒、自尊、認知，以及睡眠的觀點一樣（後面幾章的主題）。由於有證據顯示心理壓力在疾病風險與復原中的影響，因此增強個人因應慢性壓力的能力是有益處的。例如：壓力與導致死亡的原因有關，像是心臟病、癌症、事故以及自殺。關於健身運動可以改變壓力下生理反應的觀點，本章將討論科學證據是否支持。因為其他章節處理身體活動對焦慮與憂鬱症相關壓力情緒的影響，本章討論在健身運動以外的壓力類型中，身體活動或健身是否會減弱生理反應，以及是否會影響個體的憂慮（Distress）與幸福感。

背景與定義

在英語中壓力一詞的出現是在 17 世紀，從法文的「苦難（*Destresse*）與壓迫（*Estrece*）」借來。起源是一個拉丁詞的動詞「*Strictia*」，意思是拉緊。自 1660 年以來，當英國科學家羅伯特．虎克（Robert Hooke）發表了彈性律（Law of Elasticity）（拉伸的琴弦所施加的張力與伸展度成正比），工程師將壓力（Stress）視為載荷（即外力）撞擊物理物體的方式。壓力（Stress）與張力（Strain）不同，張力是物體因壓力而變形、扭曲或拉緊。

在生命科學中，壓力被視為生理系統中的失衡現象，會激發生理與行為反應以恢復平衡。壓力源（Stressor）就像是一個負荷（Load），是作用於生物系統的力。因為很容易看到兩者間的類比，物體在壓力下抵抗或破壞與人類對生活負擔的承受力，所以人們普遍認為，壓力（失衡）會導致動物損傷（扭曲、拉緊），就像在物理物體中一樣。

> **壓力（Stress）**，是生理系統中的失衡現象，會激發生理與行為反應以恢復平衡。**壓力源（Stressor）**，是作用於生物系統上引起壓力的緣由。

壓力簡史

在 18 世紀中期，法國生理學家克洛德．貝爾納（Claude Bernard, 1867）提出，生活取決於在外部環境變化期間，將 “*milieu intérieur*”（即內部環境）維持在恆定狀態。現在人們公認，只有在維持一定範圍的溫度與酸鹼平衡，有水、養分以及氧氣的情況下，哺乳動物細胞才能生存。細胞的系統也仰賴於這種平衡。在 1920 年代，哈佛大學的醫師科學家沃特．坎農（Walter Cannon）擴展了貝爾納的觀點，透過憤怒與恐懼的研究，了解到腎上腺素與自主神經系統在調節與維持生理平衡的作用。坎農（1929）引入了體內衡定（Homeostasis）

一詞來描述生理系統的這種平衡或和諧。在 1930 年代初期，Hartman、Brownell 以及 Lockwood（1932）藉由提出廣泛組織荷爾蒙理論（General Tissue Hormone Theory）擴增 Cannon 的觀點，該理論指出，所有細胞都需要腎上腺皮質分泌的類固醇，來抵抗感染、肌肉與神經疲勞以及調節體溫與體內水分。瑞士醫師 Hans Selye 基於對壓力反應的腎上腺皮質活化，從而建立了一般適應症候群（General Adaptation Syndrome, GAS）理論與疾病的適應（The Diseases of Adaptation）（Selye, 1936, 1950）。

體內衡定（homeostasis），是生理系統的平衡或和諧。

對 Selye 來說，體內衡定的改變不僅僅是對環境變化的短暫反應，他認為動物的生

好壓力與壞壓力

如果慢性壓力會增加患心臟病、高血壓，免疫系統受抑制、進食障礙、頭痛、睡眠障礙，以及潰瘍等疾病的風險，你可能會想是否要試著消除生活中所有壓力，答案是：否。為了最佳的健康與狀態，是需要一定程度的壓力－沒有壓力的生活會很無聊！壓力研究員 Hans Selye 清楚區分了惡性壓力（Distress）與良性壓力（Eustress）。為了獲得最佳的健康與狀態，人們需要一定程度的壓力（好壓力）。但是，我們都可能會感到壓力過大（壞壓力），並開始抑制我們的心理、情緒以及生理能力的有效運作（見圖 4.1）。

壓力過大會減弱正向情緒，例如：愛、喜悅以及驚喜，並放大負面情緒，例如：憤怒、悲傷以及恐懼。愉快的健身運動可以提升好壓力，但別太激烈以至於過勞，也別太頻繁否則您無法恢復體力。定期做適度的健身運動可以抵消負面壓力情緒，並能增強正向壓力情緒。

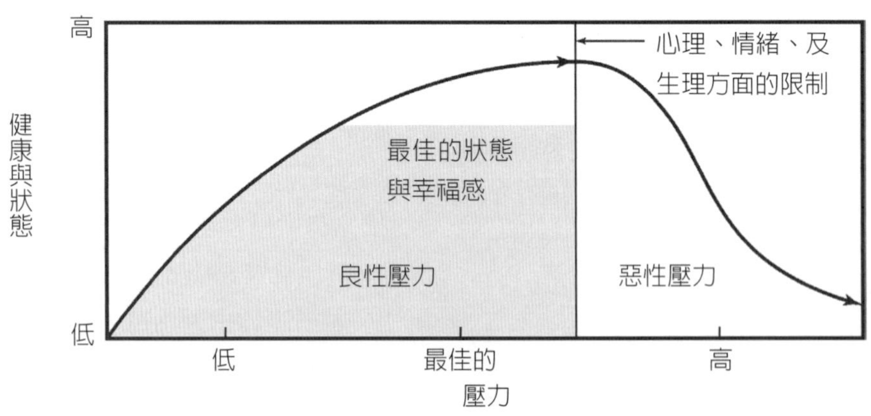

圖 4.1　一定程度的壓力會增加最佳的狀態與幸福感，但是過度的壓力會損害心理、情緒及生理功能

經許可轉載自 A. Jackson, J. Morrow, D. Hill, Jr., and R. Dishman, 1999, *Physical activity for health and fitness* (Champaign, IL: Human Kinetics), 282.

理系統可以學習並維持適應性防禦，以抵抗未來所會面對的壓力。因此，Selye 推論，許多疾病是由於對環境的適應不良、過度或調節不佳而導致的（Selye, 1950）。他提出「條件因素（Conditioning Factors）」，例如先前的暴露與壓力源的可控制性，可能會改變一般適應症候群。此外，Selye 認為，包括肌肉運動在內的壓力源，可能會引起交叉壓力源適應，從而增強對心身疾病與神經疾病的抵抗力。他的研究為健身運動的交叉壓力源適應假說（Cross-Stressor Adaptation Hypothesis）提供了科學依據，該假說指出健身運動訓練或提升體適能（Fitness）水準，與非運動情況下的壓力反應減緩有關（Michael, 1957; Sothmann et al., 1996）。

洛克菲勒大學的神經學家 Bruce S. McEwen（1998）使用「生理衡定負荷失衡（Allostatic Load）」一詞來描述對壓力生理反應的長期影響（包括自主神經系統的活化、下丘腦－垂體－腎上腺軸、新陳代謝、心血管以及免疫系統）。Allostasis 是源自希臘語的詞語，是指通過改變（即適應）來達成穩定的能力（如圖 4.2）。與 Selye 一樣，McEwen 認為，對這種壓力適應所付出的代價是生理恆定負荷失衡，這是由於這些生理衡定系統過度活化或激發不足所引起的壓力（Strain）。

有些人會出現正常壓力反應的機能衰退（Hypoactivity）或機能亢進（Hyperactivity）。這似乎顯示太小的壓力反應可能與太大的反應一樣有害，因為它可能導致其他反應進行補償，例如：皮質醇刺激血糖中的能量，但是它也可以通過抑制發炎來保持免疫系統的正常運轉。如果在壓力下皮質醇沒有升高，即使沒有感染也可能導致發炎。另一方面，過多的皮質醇會過度抑制發炎反應，使人容易感染，且會導致骨質流失、肌肉萎縮以及胰島素水準升高。

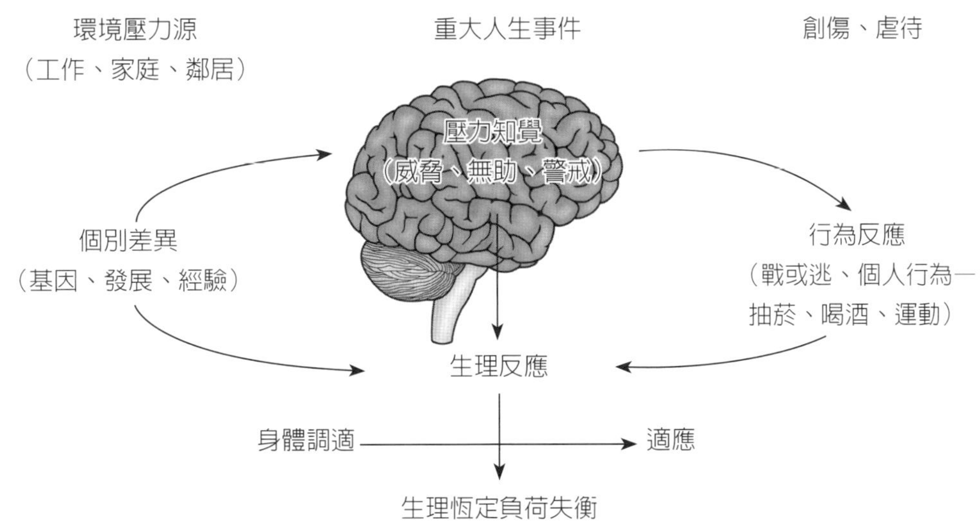

圖 4.2　生理恆定（Allostasis）：透過適應壓力來達到穩定的能力

經許可轉載自 .S. McEwen, 1998, Seminars in medicine of the Beth Israel Deaconess Medical Center: Protective and damaging effects of stress mediators, *The New England Journal of Medicine, 338*, 172. Copyright © 1998 Massachusetts Medical Society. 版權所有。

壓力的平衡反應是最佳的：過度反應或反應不足皆可能會很危險。

基於某些不明原因，某些人在壓力事件結束後壓力反應並未減弱。例如：對大多數人來說，公開演講會活化下視丘一垂體一腎上腺（HPA）軸並增加血液中的皮質醇，但是當該人獲得經驗後，這種反應就會消失。然而無論經驗如何，大約有十分之一的人，在公共場合講話時還是會繼續出現皮質醇反應。同樣地，對於為什麼有些人在長期暴露於壓力事件後會喪失壓力因應能力仍然不解。許多研究者堅信，定期進行中等強度的健身運動，是抵消慢性壓力造成生理恆定負荷失衡的最佳方法之一。這是有道理的，像是我們知道健身運動會降低高皮質醇所提升的胰島素水準，而健身運動訓練也會降低血壓（BP）和靜止心率（HR）。在進一步說明健身運動與壓力反應關係間的證據之前，我們需要定義引起壓力的狀況與在人們在壓力下的主要反應。

定義壓力

壓力會導致痛苦的身體症狀，例如：肌肉緊張、頭痛以及胃部不適；生理徵兆，例如：心跳加速、高血壓、出汗、發紅及口乾舌燥，以及從攻擊到過動到退縮的行為。這些徵兆與症狀可以單獨出現，或與壓力情緒一起出現，其中包括主觀經歷的生理與行為反應。科學家已經找到在壓力期間的關鍵生理反應與其發生模式。

在 1950 年代和 1960 年代對人類的早期研究顯示，當壓力任務複雜且需要快速決策時，或者當人們要對他人的福祉負責或對關鍵事件的結果幾乎無法掌控時，或是以上兩者事件同時發生時，腎上腺素的反應最大。在 1960 年代末至 1970 年代初，斯德哥爾摩大學（University of Stockholm）的 Marianne Frankenhaeuser 證明，在未曾有過、不可預測且具有威脅性的情況下，腎上腺素及與其相關的正腎上腺素的水準，會隨著肌肉用力或心智挑戰期間人們對壓力的知覺而增加。但是，隨著人們對這一挑戰的熟悉，這種增長就會減弱，特別是腎上腺素（Frankenhaeuser, 1971）。後來的研究顯示，皮質醇的反應方式與之相同（Mason et al., 1976）。當面臨威脅時人們對事件的評價（即定義與評估），以及如何因應壓力（在心理上或行為上做出反應），這些發現使得壓力有了其他的定義（Lazarus, 1993）。人們可以透過努力克服壓力源，或透過嘗試避免壓力源（主動因應）來主動因應壓力，或者藉由不抵抗地接受壓力來被動因應壓力。與壓力反應性質相關的幾個向度，可以用來描述導致壓力的事件（見表 4.1）。

壓力可能會在有重大影響的危機中發生，且可能持續很短或很長一段時間，也可能發生在較小、短暫但令人討厭的日常生活瑣事中。正向的生活事件或每天的精神振奮也可能會帶來壓力，不過會是以一種比好的方式，因為它們可以減少無聊並抵消負面情緒。雖然有些人確實承受比別人更多會導致壓力或壓力的事件（例如：家庭衝突、金錢問題、失去親人、太多困難的考試），但性格與因應技巧也可以減輕一個人承受壓力的脆弱性，遺傳與兒童早期學習經驗，可以解釋大約 50% 的氣質一通常是冷靜、緊張或火熱。儘管如此，人們仍然可以透過學習技巧，來減少與壓力事件接觸或者改變生活觀，從而提高應對壓力的能力。

將變化視為挑戰或成功機會，感到有控

表 4.1 導致壓力反應的事件向度

壓力源的向度可以互相影響。例如：人們持續數個月且無法控制的日常困擾，可能比一個短暫能夠解決的人生大事，帶來更多的不良影響。

質	熟悉感	來源
良性壓力（正面）	常見的	心理的（如消極的想法）
惡性壓力（負面）	未曾經歷的	生理的（如病毒）
		環境的（社會、物理）
量	**因應反應**	**威脅程度**
持續	主動	沒有威脅
頻次	被動	生命威脅
強度	**感覺焦點**	**類型（感知）**
小困擾	拒絕	挑戰（有信心可以克服壓力源）
人生大事	接受	威脅（傷害預期）
	接受或拒絕	傷害（遭受危害）

制感並且對生活目標（如：職涯、他人、靈性）有堅定承諾的人，似乎比起那些將變化視為威脅而感到失控、缺乏指導性生活目標的人，能更好地應對不幸。

對壓力的反應可以是主動的（抵抗或避免），也可以是被動的（沒有抵抗地接受）。

慢性壓力的候選人

人們可能會有慢性壓力的風險，假如他們：

- 感到不知所措
- 認為他們在短時間內有很多事情要做
- 對於超過個人控制力的重大後果感到不確定

健身運動的效果

大多數研究壓力的健身運動心理學研究者，探討健身運動是否會影響壓力知覺。且許多研究已經證實人們通常在進行身體活動後，會減少或有較少的壓力症狀。持續長達約 30 分鐘的有氧運動，似乎最能減少壓力知覺。持續至少幾個月的有氧運動計畫似乎最能減少慢性壓力。雖然健身運動通常不能消除壓力來源，但可以透過短暫分散對問題的注意力，來幫助暫時減輕壓力。健身運動計畫可能會增加控制感或承諾感（例如：成功完成某些對自己重要的事情），這可能可以緩解壓力事件的影響。

但是，依據人們對壓力的自我評估可能會產生問題。使用減輕壓力的自評報告，很難從安慰劑效應中分辨出健身運動對減輕壓力的作用。就像在焦慮與憂鬱的研究中一樣，許多參與者進入測試環境時，都期望健身運動能減少緊張感並改善情緒。另外，知覺壓力的自我評估，並不能充分確定是否真

壓力管理：透過保持理性思考來控制情緒

- 避免宿命論的想法（無論我做什麼，我永遠都不會比現在更強大）。
- 避免全有全無的想法（我要在這堂課上獲得 A，否則就是浪費我的時間；我不能吃一點點的巧克力，否則我在節食上的努力就會全部白費）。
- 避免災難性的想法，也就是不要小題大作（這週無法跟上進度，我一定患有某種代謝疾病，所以我才會無法適應健身運動訓練）。

的是因為身體變得活躍或身體健康，而降低壓力事件期間的行為或生理反應。

單次健身運動就能夠減少壓力反應的行為與生理表現。

不過，使用客觀的壓力測量方法似乎驗證自評研究。一些研究顯示，單次健身運動可以減少在運動後**肌電圖**（**EMG**）測量到的面部、手臂以及腿部肌肉的緊繃（deVries & Adams 1972; Smith et al., 2001）。其他研究顯示，單次健身運動可以增加在運動期間與運動後進行測量的 α 頻段（即每秒 8-12 個週期）中的腦電波（透過腦電波圖從頭皮測量，請參閱第三章），使 α 頻段的腦電波增加一半標準偏差（Crabbe & Dishman, 2001）。α 波通常被認為能反應出放鬆清醒的精神狀態。但是，在大腦活化期間，運動還會增加較小、較快的 β 波（即每秒 13 至 30 個週期），因此還無法將腦波研究視為健身運動減輕壓力的生理證據。

此外，這些研究並未顯示人們在進行肌肉或大腦測量時，知覺到較少的緊張或壓力。關於情感、心情以及情緒的研究將在第五章，以及有關焦慮的研究將在第六章中進行更詳細的討論。我們也應注意，大多數與壓力有關的生理測量方法研究，都是在實驗室條件下進行，在年輕人或中年人中，比較從事身體活動、健康的人，與較少活動、較不健康的人，在輕度壓力下工作時的 HR 和 BP 是否較低，或者研究單次鍛練是否減少了這些反應（Jackson & Dishman, 2002）。本章後面的部分將討論有關健身運動與壓力研究的一些限制。

機制

要了解健身運動減少引起壓力反應的可能機制，需要對壓力期間的關鍵生理反應有基本認識，它們是如何被神經與內分泌系統控制，以及它們在不同壓力源類型之間的差異（有關壓力源的類型與其相關反應，請參見表 4.2。）。壓力反應的關鍵成分是神經與內分泌反應，受大腦與自主神經系統的調節。包括由神經傳導物質正腎上腺素與血清素、自主神經系統中的交感神經（包括腎上腺髓質）與副交感神經，以及 HPA 皮質軸調節的大腦區域。

大腦正腎上腺素與血清素

大腦中的正腎上腺素與血清素會在壓力其間影響注意力、警覺性、垂體激素釋放與心血管功能。它們還會影響疼痛、疲勞以及睡眠。藍斑核（Locus Coeruleus）與中縫核群（Raphe Nuclei），在激發（Arousal）的過程中會增加放電，而在睡眠過程中減少

表 4.2 在壓力與自主神經系統人體研究中常用作業的特徵與生理反應

任務	因應（主動與被動）	感覺焦點（接受與拒絕）	反應模式	自主神經系統（ANS）模式
心算	主動	拒絕	↑ HR, ↑ SBP, ↑ DBP, ↔SV, ↑ CO, ↔TPR	強烈迷走神經功能下降，β- 腎上腺素。
心理動作反應時間	主動	接受 / 拒絕	↑ HR, ↑ SBP, ↑ DBP, ↑ SV, ↑ CO, ↓ TPR	中度迷走神經功能下降，β- 腎上腺素。
史楚普叫色和字卡實驗	主動	接受 / 拒絕	↑ HR, ↑ BP, ↑ DBP, ↔SV, ↑ CO, ↔TPR	中度迷走神經功能下降，β- 腎上腺素。
退熱貼	被動	?	↓ HR, ↑ SBP, ↑ DBP, ↓ SV, ↔CO, ↑ TPR	迷走神經活動，α- 腎上腺素。
冷加壓	被動	?	↑ HR, ↑ SBP, ↑ DBP, SV, ↔CO, ↑ TPR	迷走神經功能下降，α- 腎上腺素。

ANS = 自主神經系統；CO = 心輸出量；DBP = 舒張壓；HR = 心律；SBP = 收縮壓；SV = 心搏輸出量；TPR = 總周邊血管阻力；↑ = 增加；↓ = 減少；↔ = 變化甚微。

活動，而在快速眼動睡眠中（當肌動活動受到抑制時）則不存在。在壓力期間，藍斑核細胞釋放出正腎上腺素，中縫核群細胞釋放出血清素進入大腦的額葉與邊緣系統，包括海馬迴、杏仁核以及下視丘（見圖 3.8）。正腎上腺素調節參與警惕威脅的其他腦細胞，幫助在壓力期間啟動行為、心血管以及內分泌反應。血清素可幫助身體在消耗能量的行為後恢復休息（例如：進食後感到飽食；運動後感到疲勞）。透過這些方式，大腦中的藍斑核與中縫核群運作，與周圍自主神經系統的交感神經與副交感神經分支，在壓力下調節心臟、血管以及腎上腺的功能類似。

在壓力期間，正腎上腺素有助於啓動行為、心血管與內分泌反應。血清素有助於身體在消耗精力的行為後恢復休息。

自主神經系統

自主神經系統（ANS）的特徵與了解交叉壓力源，對定期健身運動的適應性最為相關，包括 (1) 交感神經與迷走神經對心臟、血管與腎上腺的神經支配，以及 (2) 下視丘—垂體激素反應（請參閱第三章，圖 3.10）。儘管 ANS 對各種類型的壓力源有很強的特異性，但大腦中常見的神經解剖結構也可以在高壓期間共同活化 ANS 反應。

交感與迷走神經作用

通常，當人感受到壓力時，就會增加交感神經系統（SNS）的激發。軀幹脊髓部分的交感神經會刺激器官，例如：心臟、腎上腺以及動脈。在身體或情緒壓力下，交感神經刺激心臟更快更有力地跳動，腎上腺分泌腎上腺素與正腎上腺素，供應心臟與骨骼肌的動脈擴張，從而增加血流（請參閱圖4.3）。

在健身運動過程中，這些動作有助於提供更多的血液，能將氧氣攜帶到運動中使用的肌肉。在心臟跳動的同時，收縮壓升高有助於將血液帶到肌肉。當心臟在跳動之間休息時，舒張壓仍然很低，因此對骨骼肌的血流幾乎沒有阻抗（請參閱圖 4.3）。

在情緒壓力期間，雖然通常程度較小，但仍會產生相同的反應，因為神經、心血管，以及內分泌系統正在為威脅狀況做準備，對危險會有所謂「戰或逃」的反應。健身運動與情緒壓力這兩種情況之間的主要區別在於，健身運動期間的反應，是會大量增加身體的新陳代謝（亦即需要額外的能量）。當人在期待諸如戰鬥或逃離危險之類的反應時，情緒壓力通常會讓新陳代謝接近停止。正是知覺到這種升高的交感反應，不一定是真實，而此種威脅在憂鬱症或焦慮症患者中很普遍。當人們感受到威脅時，幾種壓力荷爾蒙的慢性升高，卻不能通過戰鬥或逃避做出身體反應，反而會讓在大腦、心臟以及血管的組織容易受傷或死亡。長期升高的壓力荷爾蒙的生理作用，可能導致心血管與身體免疫系統下降等疾病（請參閱圖4.4）。

在情緒壓力下，ANS 會對實際威脅與感知威脅做好「戰或逃」的準備，隨著預期威脅的發生，新陳代謝處於靜止狀態或接近靜止狀態。在運動壓力下，ANS 支持骨骼肌的新陳代謝增加，並調節呼吸與體溫，新陳代謝會增加以進行身體活動。

健身運動過程中，ANS 的主要功能是調節增加所需的 HR 與 BP，以增加心臟輸出量支持骨骼肌細胞新陳代謝的增加。第二個功能包括調節呼吸與溫度。心血管壓力反應在運動過程中調節收縮壓，取決於在顳感

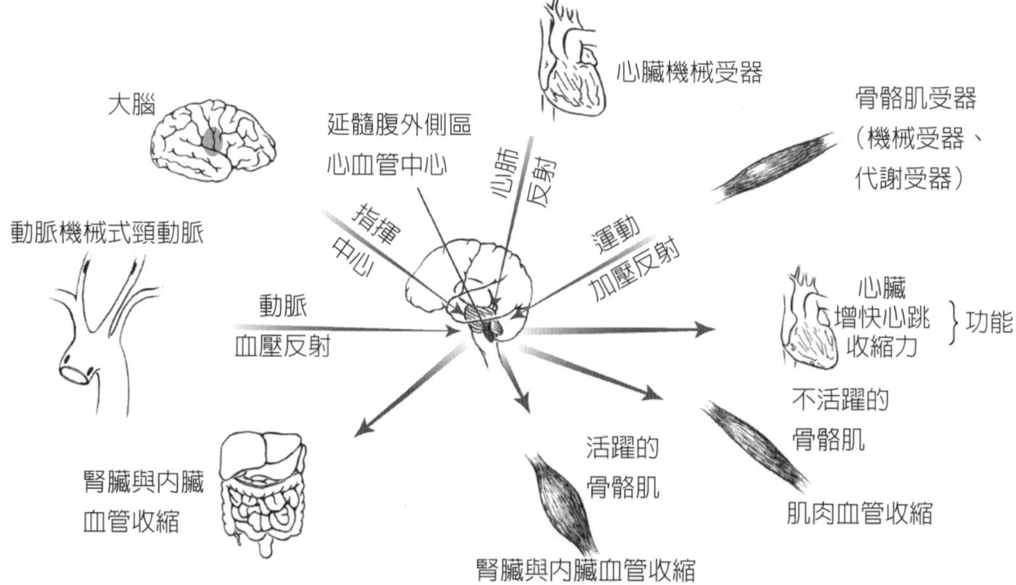

圖 4.3　在健身運動中藉由大腦的指揮中心與反射處理來控制心血管反應

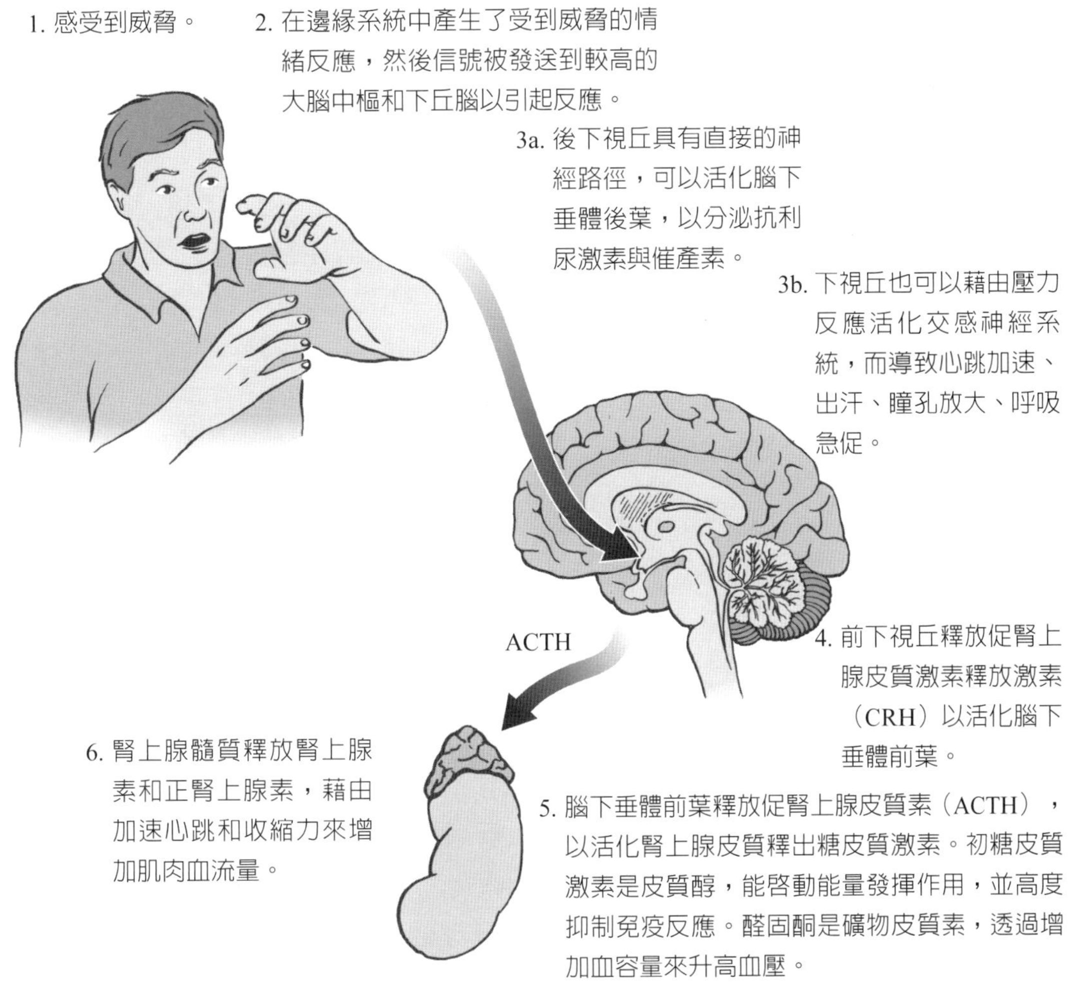

1. 感受到威脅。
2. 在邊緣系統中產生了受到威脅的情緒反應，然後信號被發送到較高的大腦中樞和下丘腦以引起反應。
3a. 後下視丘具有直接的神經路徑，可以活化腦下垂體後葉，以分泌抗利尿激素與催產素。
3b. 下視丘也可以藉由壓力反應活化交感神經系統，而導致心跳加速、出汗、瞳孔放大、呼吸急促。
ACTH
4. 前下視丘釋放促腎上腺皮質激素釋放激素（CRH）以活化腦下垂體前葉。
6. 腎上腺髓質釋放腎上腺素和正腎上腺素，藉由加速心跳和收縮力來增加肌肉血流量。
5. 腦下垂體前葉釋放促腎上腺皮質素（ACTH），以活化腎上腺皮質釋出糖皮質激素。初糖皮質激素是皮質醇，能啓動能量發揮作用，並高度抑制免疫反應。醛固酮是礦物皮質素，透過增加血容量來升高血壓。

圖 4.4　支持心血管對壓力的反應涉及多種系統

覺運動皮層區域自主神經傳出神經活動的中樞命令。主要控制的壓力反應是在脊髓的腹側延髓中，而壓力反射是由運動中的機械受器（例如：對肌肉緊張敏感）與代謝受器（例如：對氫離子敏感）引起的（Mitchell & Raven, 1994）。心肺與動脈壓力反射經由中樞命令引發的動脈壓力反射執行點（亦即設定點）的向上與平行的重新啟動，來調節運動壓力反應（Rowell, 1993）。這意味著 BP 仍受 HR 變化的調節，但在靜止狀態時會更高。運動期間的心率升高是由於最初心臟的心肌抑制作用停止所致。迷走神經退縮（Vagal Withdrawal）與隨後的 HR 升高，交感神經活動會增強心臟的激發作用，以及腎上腺髓質在劇烈運動時會分泌兒茶酚胺的激素。

運動期間，血液中升高的正腎上腺素的濃度，主要來自於心臟的交感神經。其中一些來自骨骼肌的運動，而一些可能來自大腦。健身運動訓練通常不會改變人休息時所測得的血液正腎上腺素濃度，或肌肉的交感神經活動。但是，進行健身運動訓練後，在給定的絕對運動強度（標準強度）下（例如：在 6 分鐘內跑步一英里），血液中的正腎上腺素水準會較低，但是當運動強度是以最大有氧容量的百分比表示時（例如：以最高速度的 80% 行駛一英里）會維持不變，但在最大運動量下卻會高於正常水準。這意味著運動訓練似乎增加交感神經對最大運動的反應能力，但並沒有改變它們對與訓練前相同的相對壓力運動的反應。而且，當透過血液中的腎上腺素或正腎上腺素，或是透過交感神經對骨骼肌脈管系統的活動，來測量交感反應時，沒有證據顯示健身運動訓練可以減少對心理壓力的交感反應。

血漿正腎上腺素的運動適應性在靜止時無變化，在給定的絕對強度下有較低的水準，在相同的相對強度下不變，並且在最大運動時水準增加。當人處於靜止狀態時，正腎上腺素的水準不會改變，在給定的絕對運動強度下，會微幅地增加，而在相同的相對運動強度下，會保持不變，並在最大運動時增加。

研究顯示，與較不健康的人相比，較健康的人，尤其是女性，在處於心理壓力下（例如：心算與公開演講）HR 與 BP 較低（Spalding et al., 2000）；但這主要可由其較低的靜止 HR 與 BP 所解釋，這是對規律健身運動的常見適應方式。換句話說，在壓力時它們的水準較低，是因為它們在一開始時的水準就較低，而不是因為它們對壓力源的反應較小（Buckworth, Dishman & Cureton, 1994; Graham et al., 1996; Jackson & Dishman, 2002）。

在健康的人裡面，較低的 HR 可能是由於心臟本身的速率較低（亦即心臟內部起搏器的速率）或交感神經對心臟的活動降低，但研究主要顯示，這是由於心臟的副交感神經基調（Cardiovagal Tone）升高所引起的（參見表 4.3 ANS 活性的測量）。迷走神經是 ANS 副交感神經分支的一部分。它的神經傳導物質是乙醯膽鹼。回想一下，交感神經系統會刺激能量消耗，而副交感神經系統則有助於儲存與保存能量（請參閱第三章）。兩種系統會共同在休息與壓力狀態下，維持人體能量的平衡。例如：迷走神經會減緩心臟跳動的頻率與力量，並放鬆或擴張為骨骼肌供應血液的動脈。因此，健身運動訓練後迷走神經張力增加的人，可以更好地抵消交感神經對心臟與血管的影響，因此在休息與壓力下的 HR 和 BP 會較低。心臟副交感神經基調增加也可以降低患有心臟病者，出現不規則心跳與猝死的風險。

身體健康的人在心理壓力下的 HR 與 BP 會較低，那是因為他們通常在休息時的心率與 BP 就比不健康的人來得低。

健身運動過程中的高新陳代謝，會從血液中的周圍神經與激素，向大腦與中樞神經系統產生回饋，該回饋用於調節生理的穩定狀態。不難理解，為什麼規律的健身運動與增加體適能，會導致在運動期間的 HR、BP，以及壓力激素降低，並且恢復的更快，因為這種適應可以保持體內平衡並減少生理恆定負荷失衡。但是，更難理解的是為什麼這種運動適應方式，會轉移到其他能量消耗不高且不涉及骨骼肌作用的壓力源上。我們目前仍然不清楚心血管對運動的適應，是否能夠推論到其他不同心理運動需求的壓力源上。

與健身運動相反，大多非運動壓力源很少或根本沒有引發感覺傳導活動來調節心血管反應。因此，運動後任何交叉壓力源的適應，都必須涉及中樞命令（亦即運動神經向心臟、血管或腎上腺髓質的放電），或改變

表 4.3 自主神經系統活動的測量：心跳速率變化

直接測量支配心臟的交感神經和迷走神經的放電頻率是不可行的。因此，它們的相對活動通常用心律變異（HRV）估算。

在非人體的動物實驗中顯示，對心臟交感神經進行電刺激會導致心率波動大但緩慢（LF），而對迷走神經進行刺激會導致心率快速變化（HF）。

項目	定義
心跳	心臟期間：QRS 波群中 R 波之間的時間
赫茲（Hz）	頻率每秒的週期數
低頻（LF）	0.05-0.15 赫茲
高頻（HF）	0.15-0.50 赫茲
自主平衡之估計 心率的短期波動	
心血管成分	HF 是恢復正常的總功率：HF / (HF + LF) x 100
交感神經成分	LF 相對於 HF：(LF / HF)

器官對中樞命令的反應（例如：降低與腎上腺素或正腎上腺素結合的受體細胞之數量或敏感性）。儘管這樣的主張聽起來合理，但到目前為止所做的研究，並不支持規律健身運動或心肺健康（Cardiorespiratory Fitness）會減弱對健身運動以外壓力的生理反應。

健身運動後的任何交叉壓力源適應，都必須涉及中樞命令或改變器官對中樞命令的反應。

另一方面，以老鼠所進行的研究顯示，那些自願在足部電擊壓力（Foot-Shock Stress）下仍在輪盤中跑步的老鼠，會出現鈍化壓力反應（用大腦皮層中正腎上腺素的低釋放來測量，Soares et al., 1999）與保護抑制先天免疫系統的措施（Dishman et al., 1995）。這些反應似乎在壓力下由交感神經系統調節（Dishman & Hong et al., 2000）。

下視丘-腦垂體-腎上腺皮質系統

ANS 在壓力下被激發，但是大腦也會通過激發內分泌器官來刺激產生能量，包括腦垂體與腎上腺的外部（皮質）（參見圖 4.5）。在壓力與健身運動過程中，腦垂體前葉釋放腎上腺皮質促進激素（ACTH），刺激腎上腺皮質分泌皮質醇。可釋放的 ACTH 量受到促腎上腺皮質激素釋放激素（CRH）激發的基因調節。該基因主要位於下視丘的弓形核中，由一種大分子，即前腦啡黑細胞促素皮促素（Pro-Opiomelanocorticotropin, POMC）表示。ACTH 與 β- 內啡肽從 POMC 裂解，並在壓力下一起從腦垂體分泌。雖然含有 CRH 的神經細胞遍布整個大腦，但大多數可以增加 ACTH 的 CRH 都來自下視丘的室旁核（PVN），並被釋放到供應腦垂體內的 ACTH 分泌細胞的血液中。在壓力期間，PVN 中正腎上腺素與多巴胺的釋放，會激發 CRH 以增加 ACTH，海馬迴會抑制 CRH 的分泌。

與訓練前相比，在相同的絕對運動強度下，進行適度的運動訓練會使 HPA 反應減

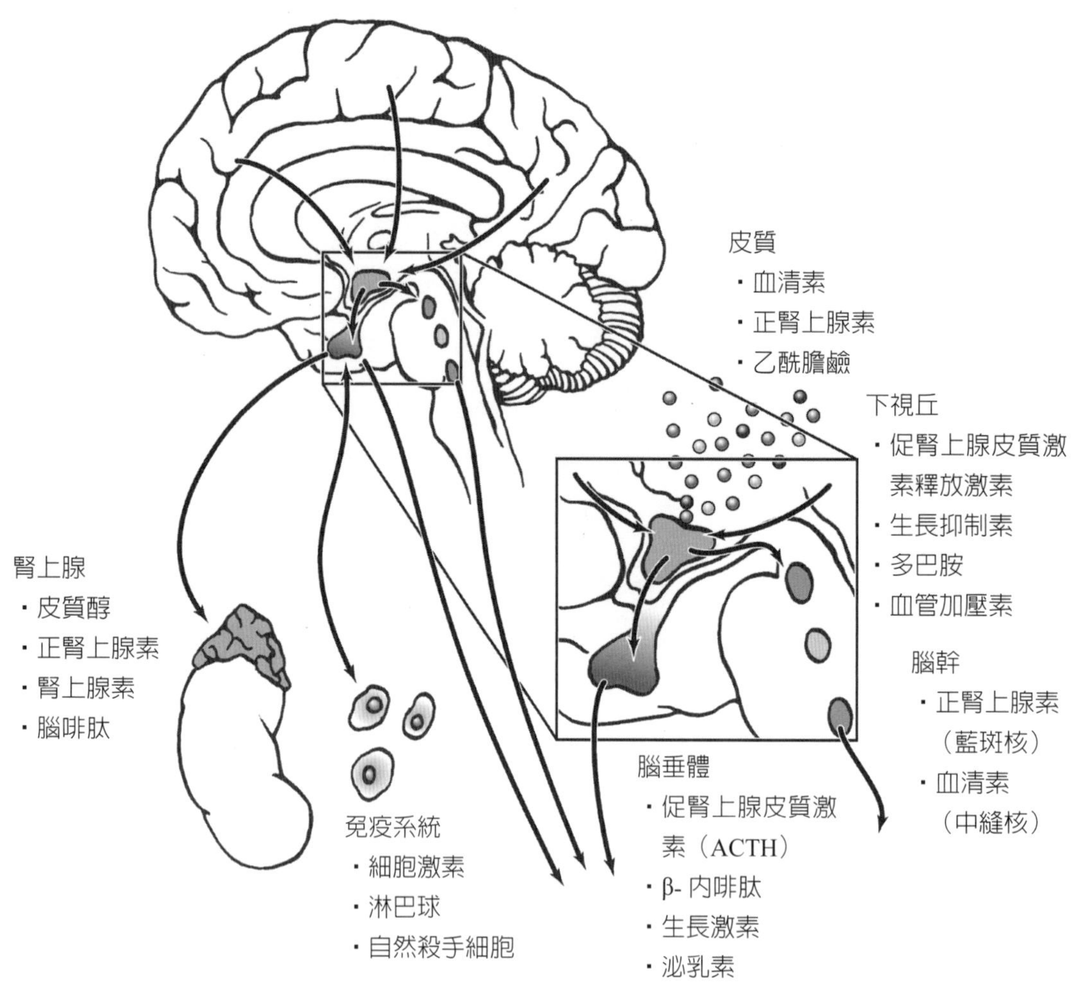

圖 4.5　壓力時下視丘—腦垂體—腎上腺皮質系統與腎上腺髓質系統的反應

改編自 R.H. Black, 1995, Psychoneuroimmunology: Brain and immunity, *Scientific American, 2* (6): 17.

弱。但是，在靜止情況之下，劇烈運動訓練可能會與 HPA 反應異常有關（請參閱第五章）。通常，健康的人面對重大壓力時的反應能力會增強，但是體適能對於輕度心理壓力，例如：日常煩惱的反應效果尚不清楚。一項早期研究指出（Sinyor et al., 1983），在心理壓力與復原（Recovery）時，受過訓練的男性與久坐的男性相比，休息時的皮質醇水準會較高，但是受過訓練與未受過訓練的人其反應速率與復原是相同的。在其他研究中，無論這個心理壓力是新的（Sothmann et al., 1988）還是熟悉的（Blaney et al., 1990），在該心理壓力後，體適能程度不同的男性，血漿裡的皮質醇或 ACTH 水準相近。在動物研究中發現，雌性與雄性老鼠反覆足部電擊後，長期跑活動滾輪對血漿的 ACTH 與皮質醇程度沒有影響（Dishman et al., 1995, 1997）。

儘管已有證據顯示訓練有素的女性中，HPA 皮質與 HPA 性腺系統之間存在交互作用，但健身運動研究通常並未測量或控制，這些已知會影響對非運動壓力源生理反應的生殖激素。受雌激素治療的雌性老鼠的跑步機運動訓練，伴隨著對熟悉的跑步機，ACTH 的反應會減弱。但對新型固定或足部電擊出現 ACTH 的激烈反應（White-Welkley et al., 1995, 1996），ACTH 的這種高反應性是否是健康的適應方法，以及是否由於增加的 CRH 或其他釋放 ACTH 的因素所致仍然不清。後者似乎是可能的，因為在雄性老鼠的跑步機運動訓練中，在固定壓力後伴隨著 ACTH 下降，而大腦的 CRH 卻沒有改變（White-Welkley et al., 1996）。這些發現可能顯示，跑步機的能量與神經肌肉需求，導致 HPA 對新型壓力源的回應有可能增加。

當代觀點：健身運動研究

25 年前，首次對 25 項關於體適能與生理壓力反應累積的證據，所進行回顧得出的結論是，無論是壓力源類型或所測量的生理反應為何，有氧運動可以降低壓力反應大約 0.5 個標準差（Crews & Landers, 1987）。從那以後，沒有其他科學研究有達成一致的共識。一項後設分析得出的結論是，具有較高心肺適應性的人，在心理壓力時會有較低的 HR 與收縮壓反應，並且 HR 恢復較快（Forcier et al., 2006）；而另一項後設分析得出的結論是，體適能與增強的生理反應之間僅存在弱相關，但在實驗室壓力下恢復得更快，並顯示透過運動訓練，HR 與對壓力的反應性不會改變（Jackson & Dishman, 2006）。最近的一項隨機控制的試驗裡，相較於心肺功能沒有變化的阻力運動訓練組，在主動或被動實驗室壓力源之後，藉由增加有氧訓練與減少訓練來增加與減少心肺健康，其 HR、HR 變異性，或 BP 反應均沒有差異（Sloan et al., 2011）。

關於健身運動、體適能以及壓力反應的持續困惑，很大程度上是因為健身運動心理學的研究，建立在壓力生理的知識基礎，而既有的知識並不充足，尤其是缺乏對壓力源特徵的清晰表徵，也沒有考慮到控制生理壓力反應的調節機制。具體而言，發生這樣的困惑，可以經由側欄內過去對健身運動與壓力反應的有限研究中，所描述的五個因素來解釋（Dishman & Jackson, 2000）。

在健身運動與壓力反應研究中使用的壓力源類型，有一個問題要特別提出來。除非壓力源足夠強大到會產生一般戰或逃的反應（例如：生死威脅），否則根據壓力源的類型，在壓力下的反應會有很大的差異（Allen & Crowell, 1989; Dishman, Jackson & Nakamura, 2002）（請參見表 4.2）。主動壓力源會激勵人試圖控制挑戰（例如：心算、測驗、反應時間任務）。生理反應包括心率、心臟輸出量和收縮壓的增加，以及迷走神經張力的消退。被動壓力源則是會讓個人很難有機會控制厭惡的狀況，並且通常會導致 HR 升高，邊緣血流阻力與舒張壓增加。也可能發生其他反應，使得迷走神經張力增加導致 HR 增加與 BP 降低（所謂的死角反應）。一項能讓許多人產生心臟迷走反應（Cardiovagal Response）的被動測試，是利用退熱貼（Forehead Cold）。退熱貼可以增加 BP，由於對血流的抵抗力增強，雖然會降低 HR，這種反應類似於哺乳動物的潛水反射，有關迷走中介心搏過緩，以及 α- 腎上腺素的皮膚與血管收縮。

通常，相較於讓個人心算，在將手浸入冷水（冷壓）時的 BP 反應會很大。相較於進行心理動作（Psychomotor）的反應時間任務（Reaction-time Task），冷壓也會引發較大的反應。相反地，在反應時間任務或心

過去在健身運動與壓力反應研究中的限制因素

體適能與健身運動的測量

早期研究在定義或測量體適能或健身運動方面做得很差。因此，很難確定人們是否有足夠的差異，以檢測體適能或健身運動習慣對壓力反應的影響。此外，在一些研究中，使用次最大心率來估計攝氧峰值（$\dot{V}O_2$peak）也混淆了 HR 的使用，將 HR 既作為自變項（如體適能程度）又作為依變量。考試焦慮的人可能對健身運動測試與其他壓力源有過高的心率反應，並且由於情緒的影響導致健身運動中心率升高而被錯誤分類。

生理變項的測量

用於測量生理變項並計算其對壓力源反應變化的方法，難以確定研究程序是否符合心理生理研究的國際標準。在某些研究中，方法的準確性令人懷疑，在許多研究中，並未考量壓力與恢復過程中，所測量的壓力變項在檢測前，其基準值的可能影響，這可能是錯誤的測量方法。

研究設計

約三分之二的橫斷面研究是根據健身運動程度分類，來比較組間的壓力反應（而不是比較體適能或運動變化後的壓力反應），不過沒有對應到其他已知會影響壓力反應的因素，例如性格、行為或生殖激素的狀態。

考量綜合生理反應

研究者沒有充分考量生理機制的解釋（例如：HR、BP）或循環壓力激素（例如：正腎上腺素、腎上腺素以及皮質醇）的綜合反應之變化。例如：在不同健身程度者當中，HR 對壓力源的反應可能相似，但肇因可能有所不同。儘管對心臟的交感神經有相同或較大的刺激，但一個健康的人對心臟的副交感神經抑制作用可能會減少。雖然 HR 的反應與不健康的人沒有不同，但心臟的交感—副交感平衡的模式差異是很重要的，因為將對健康後果造成影響。

考量壓力作業特性

研究者使用的標準化壓力作業，通常是無法確認在新穎或困難程度上的一致性，並且所選擇的作業，也沒有依據其普遍或獨特的特徵選取，像是特殊或一般的壓力反應（例如：不同的交感神經與交感腎上腺髓質反應）。所以健身運動可能僅適用於某些類型或強度的壓力源，但並非適用所有情況。

算過程中的心臟輸出量，會大於冷壓測試中的量。跟冷壓測試或反應時間任務相比，在心算過程中 HR 增加最多。迷走神經抑制可以解釋心算過程中 HR 的增加，然而，在反應時間任務中，則是受心臟的交感神經支配影響更大，血流也根據壓力源的類型而有所不同。反應時間任務期間心臟輸出量的增加，主要可由脈搏量的增加所解釋，然而，在心算過程中則是由心率增加所解釋。冷壓測試期間的心輸出量沒有變化，因為增加的 HR 會被減少的脈膊量所抵消（Dishman, Jackson & Nakamura, 2002）。

過去研究的侷限性還不足得出「定期健身運動對交感神經系統調節的壓力反應沒有影響」這類的結論。在過去研究中沒有效果的原因，可能是研究人員使用的壓力源，其所引起的血漿兒茶酚胺增加的幅度很小。研究大多數使用的壓力源都較為溫和，在每毫升約 300 至 500 皮克（pg / ml）的範圍內，而腎上腺素引起的增加量在 40 至 80 pg / ml 的範圍內，引發正腎上腺素微幅增加。那些水準低於正腎上腺素（1,500-2,000 pg / ml）與腎上腺素（75-125 pg / ml）的閾值，能夠穩定地引起 HR 與收縮壓的增加（Clutter et al., 1980; Silverberg, Shad, Haymond & Cryer, 1978）。一般認為正腎上腺素升高五至十倍，腎上腺素升高兩倍，對於心血管作用是必要的，但所使用的壓力源，很少會讓兒茶酚胺可以超過基礎水準的兩倍。相反地，中度至重度健身運動會使正腎上腺素增加六至十倍，使腎上腺素增加三倍（Clutter et al., 1980）。

在健身運動與壓力研究中使用的壓力源類型，比現實生活中許多壓力事件要來得溫和。實驗用的壓力源，通常透過改變 ANS 的心臟神經支配之交感神經平衡，來提高 HR，而不是透過激素反應來提高。例如：在心算過程中，觀察受神經支配的心臟，對於心臟自主神經被切斷的心臟移植患者而言，其 BP 會升高（Sehested et al., 1995），但 HR 沒有升高（Sehested et al., 1995; Shapiro et al., 1994）。因此，諸如心算之類的任務，是不會引起足以增強 HR 的腎上腺壓力反應。

健身運動訓練後對心理壓力反應產生改變的證據是模稜兩可的，但迷走神經張力的增強，可能會帶來有益的影響。

儘管如此，經過規律地健身運動後，可能會讓提升的心肌迷走神經張力，對溫和壓力源的反應鈍化，尤其是這些壓力源主要是透過迷走神經功能下降，來提升 HR 與 BP（Jackson & Dishman, 2006）。相反地，在輕度壓力源下，交感神經系統的反應，似乎是特定壓力器官所特有的。因此定期健身運動後，交感神經系統調節的改變，是否會類化到其他反應並不太清楚，這可能要取決於健身運動強度與其他壓力源。即使在增加心肺適應性的健身運動訓練研究中，如 HR 與 BP 對實驗室壓力的反應並未受到影響（Jackson & Dishman, 2006; Sloan et al., 2011），血管與血流反應，以及受自主神經系統的調節，可能對健康的影響會比對 HR 與 BP 的總體測量來說更為重要。但是，這些因素尚未得到充分研究（例如：Dishman et al., 2003; Sloan et al., 2011），尤其是對於患有心血管疾病風險較高的人群（例如：Jackson & Dishman, 2002）。

同樣地，關於劇烈運動後血管對壓力的反應所知甚少（Hamer, Taylor & Steptoe, 2006），其導致靜止的 BP 之血壓短暫降低（即運動後低血壓，MacDonald, 2002），這可能會導致在單一體能活動後，BP 與血管對壓力的反應發生變化。如本章前面所討論的，神經血管挑戰（亦即通過自主神經系統引起血管變化），例如史楚普叫色和字卡測驗測試（CWT）（通過交感神經戒斷或

β 腎上腺素受體激發，而起作用的自主血管擴張劑）與退熱貼（Forehead Cold）（一種通過 -1 腎上腺素受體激發，而起作用的自主血管收縮劑），是常用的心血管反應性測試。許多應用這類任務所進行的體適能運動研究，其典型限制是僅測量 BP 與 HR 作為心血管反應（Hamer et al., 2006）。在壓力源任務中，調節肢體血流的自主神經系統機制，反而會引起血管舒張反應，或血管收縮反應。所以上述的研究無法對壓力與血管反應做出清楚的結論。

血管內皮功能通常通過動脈血管擴張（Flow-Mediated Dilation, FMD）來進行評估，這是由於血管閉塞後，血流量會增加（即反應性充血，見圖 4.6），而對內皮的剪切應力或摩擦力而產生的。造成 FMD 的機制主要由一氧化氮（Nitric Oxide）中介，這對於維持血管健康與血管張力非常重要。在最近一項針對年輕女性的研究中，發現在 30 分鐘中等強度的自行車運動會增加 FMD，在史楚普叫色和字卡測驗時會降低動脈速度（Arterial Velocity）與血流反應，並在退熱貼時會增加類似下降結果（Rooks, McCully & Dishman, 2011）。整體而言，儘管神經血管在壓力過程中，會增加血管阻力並減少肢體的血流，劇烈運動仍會增進血管內皮功能。

憂慮感受與幸福感

不管規律地健身運動或體適能是否真的能夠緩解壓力的生理反應，許多證據指出，跟沒有在健身運動的人比起來，有健身運動的人會感覺自己較不會憂慮，並具有較高的幸福感或正向情感（Netz et al., 2005; Reed & Buck, 2009）。就算是沒有焦慮或情緒失調的人，憂慮也是精神障礙與心冠心臟病的危險因素。相反地，幸福感的正向感受是可以降低罹患精神疾病的風險，並且是提高生活品質與良好健康的重要特徵。人們經常在一般的生活過程中，以及在具有挑戰性的生活事件中，包括慢性病治療、感受到憂慮。因此，重要的是要了解身體活動與憂慮感受或幸福感之間的關聯，因為它們影響著整體的心理健康，以及人們對其健康相關生活質量的知覺。

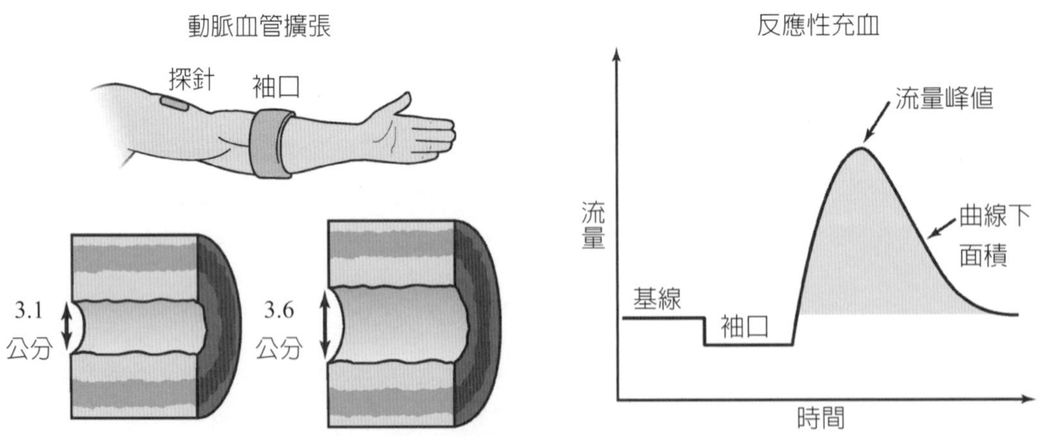

圖 4.6　動脈血管擴張過程中的血管反應

資料由 Courtesy of Dr. Cherie Rooks-Peck, Exercise Psychology Lab, and Dr. Kevin McCully, Exercise Vascular Biology Lab, Department of Kinesiology, the University of Georgia 提供。

> 科學諮詢委員會在 2008 年對美國人的身體活動指南，做出如此的結論：「身體活動的人較少感到憂慮或不幸福」。

相關研究

在檢驗身體活動與憂慮或幸福感關係上，有三種主要的研究類型。世代研究（Cohort Studies）是在一個人口樣本中，測量身體活動與憂慮或幸福感的程度，不論是橫斷的時間，或是藉由追蹤人們數年來進行，觀察有在健身運動的人，在壓力相關的症狀上，可能性是否較低。其他研究則是藉由隨機控制，檢視置於健身運動訓練計畫裡的受試者，憂慮是否減少，幸福感是否增加。每種研究類型的範例或摘要如下。

歐盟

共有 16,230 名年齡在 15 歲以上的受訪者，報告了他們過去七天內（以 MET 小時為單位）的身體活動，並在面對面訪談中，利用標準化量表測量過去一個月中他們的緊張感受、憂鬱，以及精力與活力等（Abu-Omar, Rutten & Lehtinen, 2004）。在大多數國家中，樣本數約為 1,000 名受訪者，研究人員發現，在所調查人群的社會人口統計學亞組中（年齡、性別、婚姻狀況、家庭總收入、教育狀況），那些比較有在健身運動的人，整體上心理健康較好。在十五個國家中的一些，但不是全部，無論是年齡或性別，身體活動與心理健康之間都存在劑量反應關係。（參見圖 4.7 與 4.8）

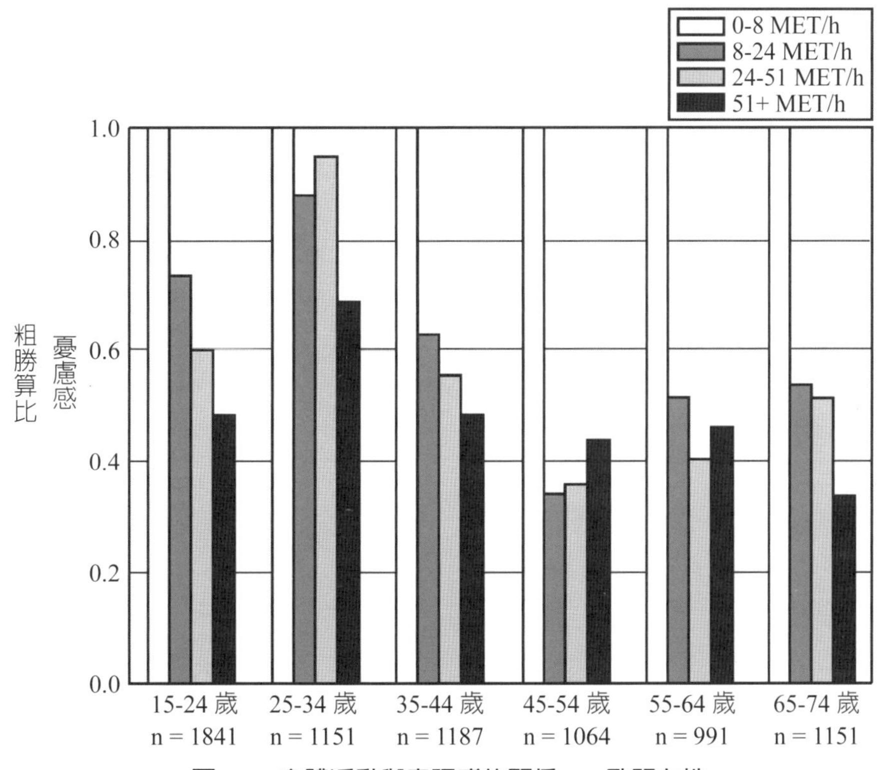

圖 4.7　身體活動與幸福感的關係——歐盟女性

資料來源：Abu-Omar, Rutten and Lehtinen, 2004.

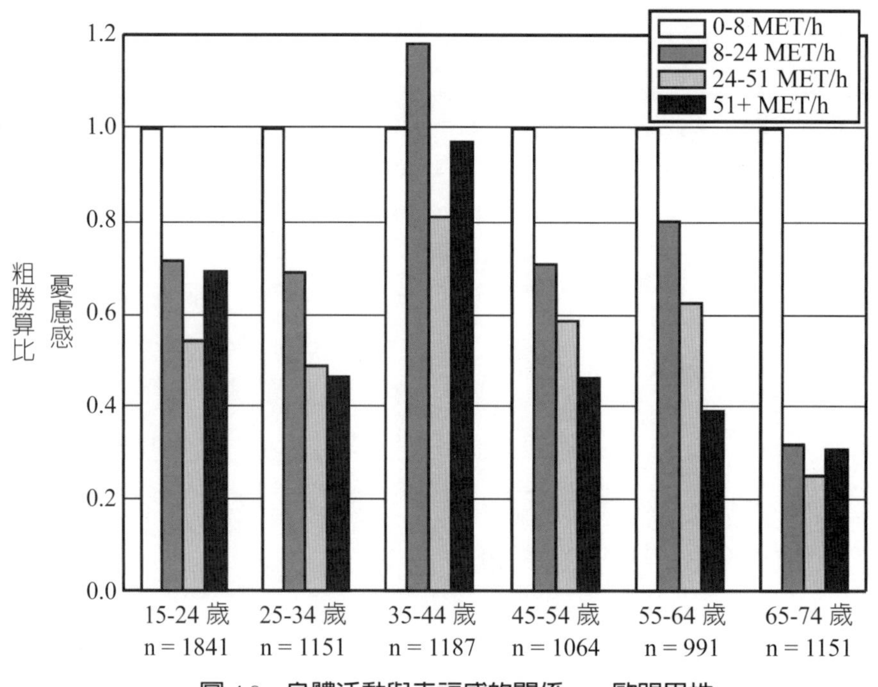

圖 4.8 身體活動與幸福感的關係——歐盟男性

資料來源：Abu-Omar, Rutten and Lehtinen, 2004.

世代研究觀點

在澳洲、加拿大、丹麥、英國、荷蘭、蘇格蘭以及威爾士的十三項成年人研究，以及對美國的三項研究中，採用了前瞻性世代設計（Prospective Cohort Design）。在針對其他風險因素進行調整的研究中，例如：年齡、性別、種族、教育、社會階層、職業、收入、吸菸、飲酒、濫用藥物、慢性健康狀況、殘疾、婚姻狀況、生活事件、工作壓力與社交支持，有在健身運動的人其降低憂慮或增強幸福感的平均機率接近20%（Physical Activity Guidelines Advisory Committee, 2008）。

圖 4.9 顯示了針對來自八個國家的100,000 多名成年人，包括 67,000 名美國婦女，進行的十三項身體活動與憂慮或幸福感的前瞻性世代研究，十八個原始或調整後的勝算比（Odds Ratios）及其 95% 信賴區間。不論人們的年齡與性別，或是其他風險因素的調整，與沒在動或是很少動的人相比，每種身體活動的水準（即從低到中到高）的發生機率線性降低約 10%。

護士健康研究

1986 年，超過 6.3 萬名 40-67 歲的婦女，在在 1986 年至 1996 年之間，問卷填答每兩年的身體活動，並根據這些日期之間活動變化的四分位數，進行分組（Wolin et al., 2007）。在 1996 年與 2000 年，他們還評估與健康相關的生活品質（QoL）的七個面向：身體機能、生理作用受損、情緒作用受損、疼痛、活力、社會功能以及心理健康（例如：低憂慮、幾個主要表現為焦慮或憂鬱症狀）。最活躍的 25% 女性在 1986 年每週平均活動時間為 6 MET 小時，到 1996 年增加到 30 MET 小時。在調整年齡、初始身體活動水準、生活質量、吸菸、BMI 以及

Schnohr et al., 2005
Foreyt et al., 1995
Schnohr et al., 2005 adj
Da Costa et al., 2003
Brown et al., 2005 adj
Bernaards et al., 2006 adj
Brown et al., 2005
Wiles et al., 2007
Bültmann et al., 2002 adj
Bhui & Fletcher et al., 2000 adj
Cooper-Patrick et al., 1997
Cooper-Patrick et al., 1997 adj
Wyshak et al., 2001
Lee & Russell et al., 2003 adj
Wolin et al., 2007 adj
Lee & Russell et al., 2003
Wendel-Vos et al., 2004 adj
Wiles et al., 2007 adj

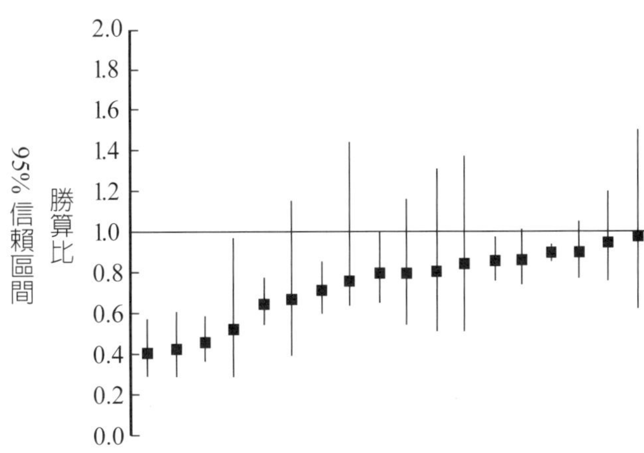

圖 4.9　身體活動和減少憂慮或不幸機率的前瞻性世代研究

資料來源：Physical Activity Guidelines Advisory Committee, 2008.

慢性病（關節炎、高血壓、糖尿病、高膽固醇血症）後，從 1986 年至 1996 年間增加身體活動最多的 25% 的女性，在 1996 年生活質量得分較高，而在 1996 年與 2000 年於 QoL 的所有七個面向上，比起這段時間維持一樣活動量者增加很多。心理健康的增加是最小的收穫，而對知覺身體機能與作用的進步是最大的。

澳洲女性健康的縱貫性研究

一項在澳洲針對 6,663 名 73-78 歲婦女健康的縱向研究，於 1999、2002 以及 2005 年，檢驗了休閒時間身體活動與憂慮感（焦慮與憂鬱症狀）之間的橫斷與前瞻性關係（Heesch et al., 2011）。在 1999 年，這些參與者沒有任何一位被內科醫生告知有憂鬱或焦慮症狀。這些婦女完成了三封郵寄的調查，詢問過去一週當中，他們的休閒散步時間，或交通與其他中度和劇烈強度的身體活動所花費的時間（每次至少持續 10 分鐘）。

1999 年約有 26% 的女性與 2002 年約有 34% 的女性，報告她們沒有進行休閒時間的身體活動，散步是近 40% 的女性報告唯一的休閒身體活動。在對社會人口統計學調整之後，婚姻狀況、社交網絡、生活壓力、慢性健康狀況、吸菸以及 BMI，1999 年到 2002 年間的休閒時身體活動平均時間，會與憂慮感受呈反比，也與之後 2005 年的憂慮感受呈反比（見圖 4.10）。儘管這些女性沒有憂鬱症或焦慮症，並且在相關的症狀中，最不活躍與最活躍的女性之間的差異也很小（在可能的十八種症狀中，平均是少於 1），不過結果仍是支持身體活動與知覺心理健康有關，心理健康是老年婦女生活品質的重要面向。

對居住在奧斯陸的 2,489 名青少年（1,112 名男孩與 1,377 名女孩），所進行的一項挪威研究發現，15 歲與 16 歲男孩每周運動時數，與 3 年後的情緒徵狀（憂鬱症與焦慮症的危險因子）有關，但是對女孩來說卻無關（Sagatun et al., 2007）。

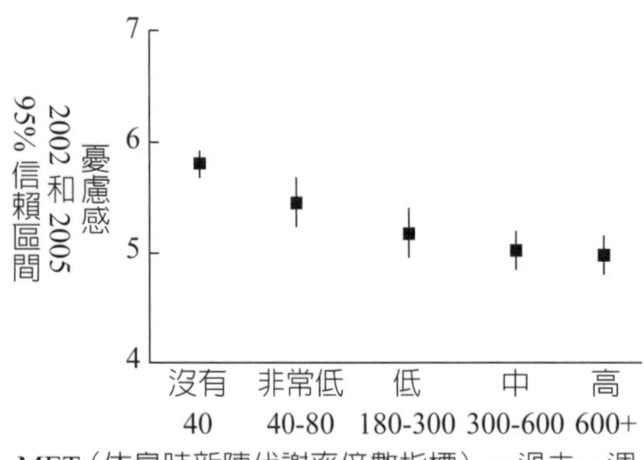

圖 4.10 澳洲老年婦女的身體活動與憂鬱感受

資料來源：Heesch et al., 2010.

隨機控制試驗

自 1995 年以來，至少有二十六個隨機控制試驗（Randomized Controlled Trials），包括對近 3,000 位健康、患有精神疾病以外的患病徵狀，或嚴重限制身體活動失能狀況（亦即脊髓損傷、多發性硬化症、中風，或嚴重的頭部外傷）的成年人，檢視了健身運動效果對於憂慮感受或幸福感的影響（Physical Activity Guidelines Advisory Committee, 2008）。與對照組相比，健身運動的平均效果為 0.27 標準差（SD）（95% 信賴區間〔CI〕= 0.16-0.38）。運動後，與對照組相比，近 80%（三十三個中的二十六個）的結果是令人滿意的，但三十三個比較中只有十三個達到了統計上的意義。

與安慰劑組（通常是伸展運動或健康教育）相比，運動的效果降低至 0.10 個標準差（95%CI：-0.12-0.32），並且在九個比較中只有兩個達顯著。

致力提升健康水準的研究（RENEW, Reach out to ENhanceE Wellness）

一項為期十二個月的隨機對照大型試驗，針對加拿大、英國以及美國的 641 名超重、或乳腺癌、前列腺癌與結直腸癌的肥胖存活者，利用家用電話諮詢其身體活動與飲食改變的調查（Morey et al., 2009）。推薦的目標是每隔一天進行 15 分鐘的重量訓練（Strength Training），每天進行 30 分鐘的耐力訓練，每天至少食用 7 份（女性）或 9 份（男性）的水果與蔬菜，並且飽和脂肪限制要少於能量攝入量的 10%，並且達到減重 10%。與對照組相比，參與介入的人報告說，每週增加 18 分鐘的重量運動與 13 分鐘的耐力運動，有較好的身體機能與較少的憂慮感受。儘管如此，在試驗結束時，只有 15% 的介入組，達到了每週 150 分鐘或更長時間的中等身體活動的目標（平均數是 70 分鐘）。

停經後婦女的健身運動劑量反應研究 DREW（Dose-Response to Exercise in Postmenopausal Women）

在一項為期六個月的隨機控制實驗中，包括 430 名久坐、超重以及肥胖的停經婦女，在進行有氧運動訓練後（每周三到四次達到 50% 有氧能力的跑步機或半臥式自行車訓練），都會覺得幸福感增加（主要是減輕焦慮與憂鬱症狀），無論婦女是否體重減輕，每週都消耗每公斤 4、8 或 12 卡路里（Martin et al., 2009；見圖 4.11）。這些身體運動量約占公共衛生建議的 50%、100% 以及 150%。

不論運動量為何，即使是患有醫學疾病的患者試驗，均得出相似的結果，不過大多數試驗是使用中度至劇烈運動強度，有氧能力或最大力量的 60% 至 80%，平均時間為 45 分鐘每週 3 天。相對來說，體適能的增加與憂慮感受或幸福感的變化間，是沒有明確的關聯性。

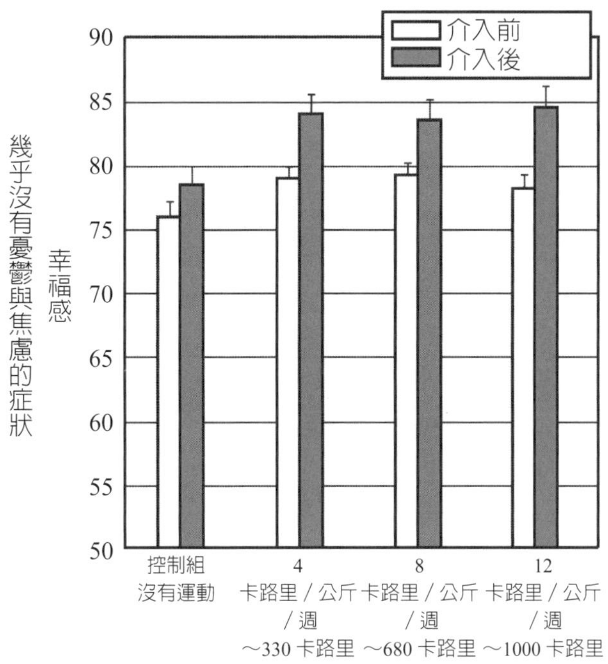

圖 4.11　有氧運動對停經後婦女幸福感之影響

資料來源：Martin et al., 2009.

劑量反應研究「保留問號」

大型的橫斷與前瞻性觀察研究，呈現了線性劑量反應關係。在大約六個前瞻性世代研究中進行平均，發現每個身體活動水準的憂慮感受減少了 10%。

小結

沒有壓力疾患的成年人，通常在單次健身運動與規律健身運動後，會說他們覺得壓力減輕了。但是，研究尚未提出令人信服的明確證據，能夠排除這些發現是不受人們對健身運動益處的期望所影響。尚無研究確定健身運動是否能減輕確診為壓力疾患者的壓力。測量生理反應的研究顯示，在心理壓力情況下，而不是在被動壓力下，例如：將手放在冰水中引起的壓力，心肺適應性與 HR 和收縮壓反應的輕微減弱有關。通常，健康的人在壓力下整體的 HR 與 BP 水準較低，這是因為他們的靜止水準較低，而不是因為他們比不健康的人對壓力的反應較小。

研究亦尚未顯示在壓力下體適能會影響兒茶酚胺的反應，那是由於所使用的壓力源是溫和的，尚未導致足夠大的反應，而能充分測試體適能是否真的改變腎上腺的交感神經反應。對其他激素反應的研究還不夠，例如：皮質醇，不足以得出結論來說明健身運動與體適能，會在壓力下改變其他內分泌反應。

在研究健身運動、體適能以及壓力時，很少使用生物心理學與神經科學的傳統與方法。儘管許多人說健身運動可以幫助他們因應壓力，但是心肺適能或規律健身運動。是否能讓個人在壓力下減弱或增強某些生理反應，又或是增強壓力後的恢復力，不是只用社會認知模型或是自我評估就能夠解釋。當代健身運動心理學的學生應該學習神經解剖學、神經生理學、心理藥理學的基礎知識以及神經科學的技術，以幫助他們進行有關健身運動與壓力的全面性研究，或者與生理學家或生物心理學家進行有效的合作。儘管如此，壓力的主觀經驗，仍然是探究諸如焦慮與憂鬱之類的壓力情緒本質的碁石，這將在以下各章中進行討論。

儘管現有研究缺乏證據支持健身運動或體適能，會降低對其他壓力類型的生理反應，但自陳報告的最新證據一致地顯示，有在進行健身運動的人，他們是說感到較少的憂慮。在十幾項觀察性研究中，採用前瞻性世代設計，追蹤時間為 9 個月至 15 年（平均值是 5.5 年），並根據其他風險因素進行調整，有在健身運動的人減輕憂慮或增進幸福感的平均機率將近 20%。在澳洲、加拿大、丹麥、英國、荷蘭、蘇格蘭、威爾士以及美國進行的研究顯示，無論年齡、性別、種族或族群，有在動的成年人都有不錯的結果。但是在美國的大多數研究中，種族與族群並沒有清楚呈現或是根本沒有被提及。

在近三十項隨機控制的研究中，顯示為期 6 周至 6 個月的健身運動訓練，可以降低憂慮或增進幸福感約四分之一個標準差，這些研究涉及包含健康、患有精神疾病以外的患病徵狀，或嚴重限制身體活動失能狀況（亦即脊髓損傷、多發性硬化症、中風或嚴重的頭部外傷）的成年人。某些醫療因素可能會改變身體活動與憂慮或幸福感之間的關係，不過迄今尚未有研究探討。此外，有氧運動或阻力運動的影響，通常不會超過安慰劑控制組（例如：健康教育或伸展運動）的影響。

生理上對壓力的反應性下降，在說明憂慮或幸福感發生有利改變時，仍無法提供合理的解釋。可能需考量第五、第六以及第七章中的論述，包括減少焦慮與改善情緒的社會、認知以及生物學機制，對於未被診斷為焦慮或情緒疾患的人們來說，這些是生活品質的核心特徵。

參考網站

1. www.nimh.nih.gov/publicat/index.cfm
2. www.surgeongeneral.gov/library/mentalhealth/index.html
3. www.nhlbi.nih.gov/health/index.htm

第五章 情感、心情與情緒

蔡宇哲 譯

大多數人都會說在運動後會感覺比較好，這一章就是討論這是什麼意思以及如何發生的。會聚焦於體能活動與健身運動改善人心情的潛力，以及急性健身運動如何影響情緒。章節裡將情感、心情與情緒三種概念區分開來，並介紹情感與情緒的神經解剖學與理論，同時也指出健身運動影響心情好壞的關鍵因子。此外，我們綜合了健身運動後的情感與情緒經驗相關研究，並談到研究中的一些限制，包含相關測量上的問題。

健身運動所產生的正向心理效果可以緩和，甚至可以調節人們決定是否進行體能活動與健身運動。因此了解情感與健身運動間的關係，相當於研究健身運動與心理健康，同時這也對健身運動持續性的了解有影響，這部分將在本書最後一部分來談。本章解釋健身運動對情感、心情與情緒間關係的機制，第六、七、九章則詳細介紹健身運動對焦慮、憂鬱及精力或疲勞的影響。

「我們的肌肉活力……永遠都需要，它能裝點生活中的理性、平靜以及歡愉，爲我們的性格賦與道德彈性、圓滑我們的擔憂煩擾，並讓我們幽默風趣。」—William James（1899, p. 207）

體能活動行為會影響情感，同樣的情感也會對行為產生影響。

美國心理學之父威廉．詹姆斯（William James）讚許健身運動對正向情感的好處，這觀點如今仍然適用。感覺更好與緩解緊張，是年輕人與中年人最常認為的健身運動益處（Steinhardt & Dishman, 1989）。一項針對沒有臨床疾患的人所作的調查，在自我情緒管理的十項行為當中，整體而言，最好的就是健身運動（Thayer, Newman & McClain, 1994）。健身運動在改善壞心情上，被人們評為最佳，提升元氣評為第四，降低緊張則是第三。

健身運動的正向改變

運動會帶來的部分正向改變簡述如下：

- 感覺良好、放鬆、愉悅或思緒活躍
- 有成就感
- 自我價值提升
- 感到幸福
- 注意力提升
- 經驗到鮮明的身體感受

名詞定義

一般人普遍接受運動後會有「感覺更好」的感受，有幾個術語可以用來描述健身運動後的心理反應，但要明確定義它們可能有點困難。例如：如果有人問你跑步 3 英哩

（4.8 公里）後的心情如何，你可能只會說心情很好。相反地如果問你感覺如何，你的回答會比較具體，像是「放鬆」、「沒有煩惱」，甚至在某些情況下會覺得有「解脫感」。

感覺（Feelings）是種主觀的體驗，可以是公開或隱藏的。**感覺狀態**是指身體感覺、認知評估、實際或潛藏的工具性反應，或這些反應的組合（Averill et al., 1994，見表 5.1）。**情感（Affect）**被定義為對狀態感受的價值表達（Batson, Shaw & Oleson, 1992），心理學之父威廉。馮特（Wilhelm Wundt）在 1897 年提出情感可以用三個維度來描述：愉悅（Lust）、緊張或興奮（*Spannung*）和平靜或撫慰（*Beruhigung*）。

關於情感，當代最廣為接受的觀點將其分為兩類：情感的體驗與特定情緒。情感體驗在兩個主要的正交（獨立）向度上有所不同（圖 5.1）。(1) 正負性或價量（Valence），範圍可以從吸引／愉悅到逃避／不悅；(2) 強度或激發程度，可以從平靜到激發。情緒可以由一個循環模型來加以描述，模型主要由不同程度的價量和強度為主要向度所構成。

其他流行但較少支持的觀點，例如：馮特認為激發是兩個向度所構成而不是單一連續體（Thayer, 1989），由這個觀點看來，情感體驗的價量來自於 (1) 能量（昏昏欲睡到精力充沛）和 (2) 張力（從平靜到緊張）這兩個獨立向度或連續體的程度。另一個理論模型認為激發並不是單一向度，而是嵌套在正向與負向情感中（例如：悲傷具有負性價量與低度激發，而愉悅具有正向價量與高度激發）（Tellegen, 1985）。

後兩者的情感體驗觀點主要受限於自我評估的數據，情感是人們對形容詞的評分再透過因素分析而來。由於目前討論的模型完全都基於人們的感受，因此，並沒有考量到生理激發會因整體身體代謝、大腦神經與自主神經系統活動程度而有所差異。在這一點上，多數證據符合圖 5.1 所描述的觀點，也就是價量的雙極向度與激發的雙極向度部分相關（Davidson, 1998a; Lang, Bradley & Cuthbert, 1998）。把激發作為情感與情緒的一個獨立向度對健身運動研究而言很重要，因為體能的消耗對代謝性激發有很大的影響。

性情（Temperament）指的是性格中主要而穩定的核心成分，它影響了人們的情緒反應與心情變化。我們通常會把情緒起伏不定的人描述為喜怒無常，或者會說經常生氣的人是脾氣暴躁。

性情是基於生物（遺傳）因素與學習經驗而成，**特質（Traits）**則是性情的狹義特徵，指的是特定心情狀態對內在或外在事件的反應傾向。例如：高焦慮特質的人在等待面試結果時會比其他人更加焦慮。特質具有時間一致性，但比性情還容易改變。

表 5.1　感覺狀態的類別與範例

類別	範例
身體反應與體驗	感覺疼痛或疲倦。
對於物品或活動的價值評估	完成長距離慢跑的正向感受，或騎乘自行車後對山路顛頗的負向感受。
實際或潛在的工具性反應	感覺像是吃到了一個冰淇淋甜筒，或是像散個步。

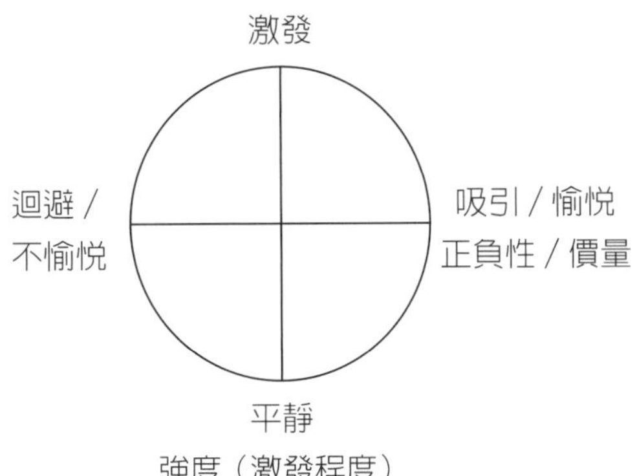

圖 5.1 情感體驗的雙向度模型，在接近、迴避與激發程度的單獨連續體上

說某個人心情好或壞這並不少見，而且從古代就有些說法。公元二世紀的希臘羅馬醫生克勞迪烏斯．蓋倫斯（Claudius Galenus, 又名蓋倫）認為人有四種基本性情，分別受身體四種體液所影響。例如：一個憂鬱或悲傷的患者會有過多的黑膽汁（Melan Chole）；一個樂觀或快樂的人據說會充滿紅色血液（Sanguis）；易怒的人據說受到黃色膽汁（Chole）所影響；冷淡無情的人據說是體內多黏液（Phlegma）所影響。之後在 1025 年由波斯醫師阿維森納（Avicenna）所撰寫的《醫典》（*Canon of Medicine*），將四種體液的希臘羅馬思想傳播到整個中東地區。

正氣有四種：一是在心臟的野性精神，是精神之源；第二個是居住在大腦中的感官精神；第三個是駐留在肝臟的自然精神；第四個是繁衍的，生殖存在於性腺中的精神。

雖然現在已知這些觀念在生物學上是錯的，但因為這些概念所形成的形容詞依然存在於英文裡，因此這些古老的思想至今依然對我們有影響。心理學家認為快樂、憤怒、悲傷、愛、驚訝與恐懼是人們的主要情緒，我們將在本章後面看到這些不合時宜的概念與問題為何仍存在於健身運動心理學的方法裡，以了解健身運動對情感、心情與情緒的影響。

> **感覺、情感、心情、特質與性情這些，都是與情緒反應相關的建構。**

心情（Mood）被認為是一種對快樂或痛苦的預期情感狀態，儘管有時是無意識的。心情可以持續不到 1 分鐘或者會持續數天之久，特定的心情狀態（例：正向積極的）會受整體性格（性情與特質）及由感覺、獨特的自主與軀體活動與簡短的反應（情緒）所影響。心情受到影響通常是個緩慢的過程，而且這種影響可能是重複體驗到某種情緒所積累。事件引發了情緒通常來得很快，例如：你可能在大腿推蹬訓練時達到了個人最佳成績，當意識到這點時就會欣喜若狂。後續如果可以持續有可以喚起正向情緒的事件，像是訓練很順利、從健身房回家一路上都是綠燈、回家後有最喜愛的晚餐等著你，如此你就一直經歷著好心情。你會期待之後可以有個愉快的夜晚，這樣的正向期待與心情可能會持續一整天，心情也可能在沒有明顯特定原因下自行發展。

心情有可能會改變訊息的處理，使認知或想法產生偏差（Smith & Crabbe, 2000）。持續好心情容易讓人有積極正向的想法與感受，有人認為這種情況的生理連結會增強愉悅想法與感覺相關神經迴路，如此一來會比消極負向的想法與感覺更容易觸及。這種會強化某種認知傾向神經迴路的說法，也被用來解釋憂鬱症患者為什麼會專注於消極想法

> **查爾斯．勒杜諾（Charles Letourneau）在他 1878 年出版的《熱情生理學》中，將情緒定義為短暫的熱情。**

與感受。

情緒（Emotion）是種簡短反應，由特定情境所引發的正向或負向感受，正如上述所說，情緒會構成心情，反過來心情也可能會引發情緒反應。心情對訊息處理的影響，除了在價量上造成偏差外，情緒也會影響自主神經系統的活動。情緒反應包含行為、自主神經系統及賀爾蒙系統的活化（見表 5.2）。因此情緒具有生理的成分，而這部分本質上是沒有情感成分存在的。這並不是說情感沒有生理基礎，在本章後面會提到，所有主觀經驗都會有神經化學的基礎，包含情感、心情與情緒。事實上，有充分證據顯示，外顯行為、自主神經與賀爾蒙系統反應，都是由大腦區域所組成的神經系統所控制，這些將在本章後面做討論。

感受、情感、心情、性情等這些名詞都與情緒表達有關，是描述情緒反應的不同結構面向。情緒比心情更聚焦、狹窄，也更短暫，是由特定想法或事件所引發，通常會有個目標對象並伴隨暫時性的生理反應。情緒可被概念化為獨立狀態與相對配對（見表 5.3）。另一種觀點是將情緒以系譜來分，情感狀態是從抽象（基本情緒）到較具體的

表 5.2　情緒反應的成分

成分	說明
行為	與引發情緒的情境一致的肌肉活動（例如：微笑或皺眉）。
自主神經	促進行為的反應（例如：在引起恐懼的情境下會活化交感神經，來促使戰或逃反應（Fight-or-Flight Response）。
賀爾蒙	增強自主神經反應（例如：活化下視丘—腦下垂體—腎上腺軸來促進心血管反應與基質可用性（Substrate Availability）。

表 5.3　情緒的概念化

情緒可分離（艾克曼，1992）	
快樂、驚訝、恐懼、生氣、厭惡	
相對配對（普拉奇克，1994）	
愉悅	悲傷
接納	厭惡
生氣	恐懼
期待	驚訝
情緒系譜（沙弗等人，1987）	
基本情緒	**情感狀態**
生氣	煩躁、煩惱、憤怒、暴怒
恐懼	憂慮、焦慮、恐慌、恐怖、可怕
愛	情意、依附、忠誠、熱情
愉悅	幸福、歡樂、欣喜、振奮
悲傷	低落、沮喪、憂鬱、哀慟

層次結構，同一情感系譜會享有共同的體驗、生理活動與認知評估或意義（Lazarus, 1991）。有些證據指出，各種情緒有其特定的自主神經活躍模式（Cacioppo et al., 1993），特定情緒或心情也可由兩個基本維度一價量與強度所組成的環形模型來描述。如圖 5.2a 與 b 對於正向或負向感受的研究主要聚焦於心情上，通常會請人們報告他

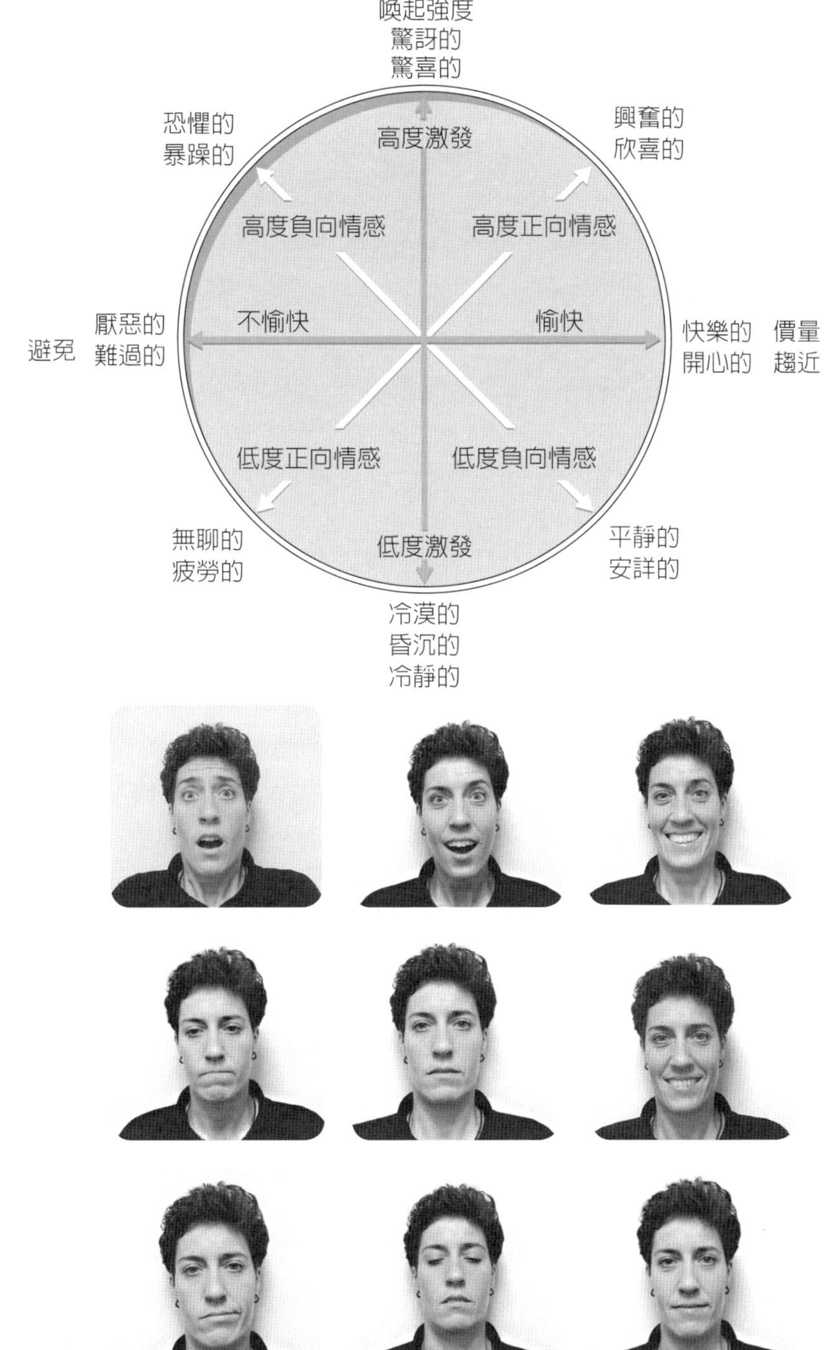

圖 5.2　華生（Watson）與特勒根（Tellegen）的正負向情感向度，顯示於羅素（Russell）的情緒環狀圖上 (a)。(a) 的主要情緒對應在臉部表情上，驚訝、喜悅、厭惡、生氣、恐懼的臉部表情幾乎在所有文化中都可以見到 (b)

們過去兩週內（包含今天）的感受（Watson & Tellegen, 1985）。情感體驗跟人們對特定情緒事件所反應出的價量與強度是完全不同的，然而正向、負向情感環狀模型在情緒反應上已廣被接受（Ekkekakis & Petruzzello, 2002），正負向情感量表（Positive and Negative Affect Schedule, PANAS）經常被錯誤地用來衡量特定情緒的實驗操弄（Carver & Harmon-Jones, 2009a）.

知名的加州大學心理學家理查．拉薩路（Richard Lazarus）描述情緒在人們生活中的五種核心方式（Lazarus, 2006）。首先，情緒與其他的情感狀態像是心情，是反應我們個人價值觀，衡量在追求目標的過程中做得好或不好。當我們未能實現目標，或是感受到威脅、傷害時，就會感到焦慮、生氣、內疚、羞恥、羨慕或忌妒。當目標已接近或觸手可得時，我們會體驗到喜悅、自豪、愛或挑戰的興奮感。其次，情緒是我們與家人、情人、朋友、同事、競爭對手及路人等社交關係的重要表徵之一。第三，情緒可以促進或損害這些人際關係，基本情緒因應技巧可以有效處理人際關係。第四，情緒的來源與對個人的意義可能難以掌握或接受。同時，情緒的表達可能是種自我揭露或是欺騙他人，僅管有些人會情感流露，但有些人會因為擔心他人排斥或報復而不願意暴露內心。第五，強烈的情緒往往難以控制，而情緒的自我控制正是因應情緒的基本能力。

卡佛（Carver）與康納史密斯（Connor-Smitch）（2010）說明對事件的評估會如何導致情緒，以及如何決定在哪種情境引發趨近或迴避行為。例如：失落感是因為想要接近目標而起，親人的逝去代表結束一段珍貴的關係。在想接近的情況下，情緒發出未受到鼓舞的訊息，在想迴避的情況下，情緒會表示未能逃避受處罰。想接近目標的行為被阻斷，或是中斷了愉快的情境時可能會感到威脅。在任何情況下，傷害意味著失去已成事實，損失已經造成。相反地威脅會是暗喻著令人厭惡、不愉快的事件即將到來，但傷害則表示懲罰已經發生（Lazarus, 1993）。接觸到環境中的威脅通常會導致沮喪或生氣，而迴避環境中的威脅則會導致恐懼或焦慮，失去伴隨著悲傷與沮喪。因此，當事件被評估是具威脅或傷害時，人們會經歷哪種負向、不愉快感受類型，將取決於對情境脈絡的評估是趨近或迴避的行為。

相較之下，挑戰是需有付出大量努力，個人能力雖有限但有可能成功獲得有價值的事物（Lazarus & Folkman, 1984）。純粹的挑戰投入在趨近系統而非迴避系統。挑戰的情感體驗包含希望、渴望、興奮或振奮（Lazarus, 2006）。

情緒支持了系統活躍，而這具動機的行為反應（Frijda, 1986），這在情緒與行為的研究探索上有數 10 年的貢獻。在 1800 年代後期，達爾文（1872）提出情緒是與生俱來的，在低等物種、不同文化中也都很常見。情緒的表達（例：行為）主要是透過臉部表情，臉部表情是特定物種才能表現的肌肉活動。情緒的臉部表情並不是後天學習而來，而是與生俱來的，它與肢體語言都可以用來傳達我們的情緒，並表達可能的行為方式（Zajonc, 1985）。

艾克曼與其同事的研究認為，臉部表情與情緒的對應具有跨文化一致性（例如：Ekman & Friesen, 1971）。幾乎所有文化中都會有喜悅、驚訝、生氣、恐懼與厭惡的臉部表情，這使得大腦具有不同系統來調節各種情緒的可能性增加了，情緒並不僅僅是正向與負向的類別。如果真是這樣，那將是健身運動心理學獨特的挑戰，即便跟運動的情境無關，為什麼或者說是在哪種情況之下，健身運動仍然會對情緒造成影響？健身運動的生理特性在於類型、強度與持續時間，不好的環境條件像是冷熱、濕度或海拔，對運動反應是會有些微影響。但是單獨健身運動會影響特定情緒這是合理的嗎？或者是說，健身運動可能會影響一些正向或負向情緒的神經系統？

圖 5.3　年輕女性臉部表情的自然表達，以及男性受到電刺激而展現的表情。出自查爾斯．達爾文的《人類和動物的情緒表達》（1889 年）

簡短歷史回顧

要了解健身運動如何對情感、心情或情緒造成影響，我們可以看看這些概念在歷史上是如何演變而來。如第一章所述，詹姆斯 - 蘭格（James-Lange）提出的情緒理論認為，情緒過程中的生理反應是情感體驗的來源。以下概念來自「什麼是情緒？」一文，這發表於 1884 年《心智》（*Mind*）期刊的內容，說明要了解在情緒體驗中的生理反應，所將會面臨的挑戰有多大，而至今這項挑戰依然存在。由現代的觀點來看詹姆斯的例子會有一個疑問，就是人們對事件進行評估後才會有生理與行為反應，這是否在任何情況下都成立呢？例如：現代臨床觀察發現了情緒的無意識本質，在一些失去視覺能力的腦損傷患者身上，儘管他們意識層面沒有覺察到，但依然可以對刺激表現出情緒反應，這種現象稱為情感盲視（Affective Blindsight）（Kunst-Wilson & Zajonc, 1980）。

我們對於標準情緒的直覺想法是，對某些事件的心理知覺會激發一種稱為情緒的心理感受，隨之這心理狀態會再引發生理上展現。我的論點恰好相反，生理的變化是直接對應事件的知覺，而這些變化產生後所帶來的感覺就是情緒。一般來說，我們失去了財富會感到遺憾與哭泣、我們遇到一頭熊會嚇得拔腿就跑、我們被羞辱了會憤怒與動手。這裡想捍衛的假說，順序是不正確的，一種心理狀態不會立刻被另一種所引發，生理表現必須先發生於兩者之間，因此更合理的說法是，因為我們哭所以才覺得遺憾、因為動手所以才生氣、因為發抖所以才害怕，而不是因為感到抱歉、生氣或害怕才會有哭泣、動手或發抖（James, 1884, p. 189）。

如果沒有跟隨著生理狀態的知覺，那將會是純粹的認知形式，蒼白無色沒有情緒溫度。這樣我們可能看到熊後所下的判斷是最好是快逃、被羞辱後認為動手是對的，但這實際上並不會感到害怕或生氣（James, 1884, p.190）。

有人可能會質疑，是否有證據表明特

定知覺確實會透過某種直接的生理影響來對身體造成廣泛性的效果，而這是先於情緒的？當然有這樣的證據。在欣賞詩歌、戲劇或傳奇故事時，我們常會驚訝於自己的反應，像是情緒突然如大浪襲來讓身體失控顫抖，在休止時突然感到心慌而熱淚盈框，在聽音樂時，情況更是如此。如果突然在樹林裡看到一個黑影移動，我們心跳會漏了一拍，會在任何危險出現前憋住呼吸。如果朋友靠近懸崖邊，儘管知道他安全無虞，也不會想見他墜落，但依然會覺得全身不對勁（James, 1884, p. 196）。

詹姆斯還以精神疾病案例來闡釋他的觀點，描述恐慌發作的症狀，這是一種現代焦慮症，在第六章中會進行討論。

在每個收容所裡我們都能見到無緣無故的恐懼、憤怒、憂愁或自負，和其他毫無緣由的冷漠，儘管將很多外在理由除去，但這種冷漠依然存在。在前者的情況下，我們必須假設神經機制在某個情緒向度上是不穩定的，以至於幾乎就算是各種不合宜的刺激，都同樣會造成干擾，因而產生情緒構成的心身特殊感覺複合體。舉個特別的例子，如果無法深呼吸、心臟用力蹦蹦跳，這種特殊的異常感是種「前胸焦慮（Precordial Anxiety）」，會讓人不自主地前伏並坐著不動，也許還有其他未知的內在臟器歷程。所有這些都同時發生在某人身上，結合感覺的感受就是恐懼的情緒，就是所謂的病態恐懼（Morbid Fear）的受害者。一位偶爾發作這種痛苦疾病的朋友跟我說，他的情況一切都是圍繞著心臟與呼吸器官，在發作期間他得努力控制他的思緒並減緩心跳，當他深呼吸並可以保持身體端正的那一刻，恐懼就消失了（James, 1884, p. 199）。

但必須說，這個假說要獲得關鍵性的確認，會跟給它決定性的否證一樣困難。在一個全身麻醉個案會有情緒冷漠的情況，除此之外沒有肢體動作的影響或智力的改變。這即使不是關鍵性的測試，至少也是一個強力的支持證據，支持我們的觀點具有真實性。在這種情況下若發現有強烈情緒存在的話，將可以徹底推翻我們的觀點。癔病性感覺缺失似乎一直存在，因器質性疾病而引起的完全麻醉相當罕見（James, 1884, p. 203）。

接著詹姆斯講述和德國醫師史特林佩爾（StrŸmpell）的交流，該醫師發表了一個 15 歲鞋匠學徒的個案報告。除了一隻眼睛跟一隻耳朵外，那位男孩失去了全部的感覺。據報導，他在弄髒床後會表現出羞恥感，看到最喜愛的食物但再也吃不到時會感到悲傷。詹姆斯寫信給史特林佩爾教授，問他如何確定羞恥與悲傷是男孩心中的真實感受，抑或只是觀察者自己對情緒的反射解釋。以下是史特林佩爾的回應：

「我可以很肯定地說他絕不是完全沒情緒感受的，除了我論文提到的悲傷與羞恥感之外，我清楚記得他表現過憤怒，而且經常與醫院人員吵架，他也會表現出擔心受到我的處罰。簡而言之，我不認為這個案完全符合你的理論，另一方面，我也不會說他駁斥了你的理論。我這個情況肯定是一種相當集中的麻痺狀態（知覺麻痺，就像癔病性感覺缺失），因此他並不像外在印象那樣」（James, 1884, p. 204）。

這些段落說明想揭開所有環境中支配人的行為法則有多困難。刺激之間的交互作用、刺激的神經整合、自主神經與賀爾蒙的激發、對刺激的知覺與詮釋以及隨後的情緒與行為反應，一直是詹姆斯 - 朗格理論之後，各種理論的焦點所在（Carlson, 1998;

Rosenzweig, Leiman & Breedlove, 1999b）。

坎農 - 巴德理論（Cannon-Bard Theory）提出了不同的事件順序。基於 1920 年代在動物身上進行的恐懼與憤怒生理研究，哈佛醫師沃爾特·坎農（Walter Cannon）推斷，是大腦先決定了對刺激要做何反應，隨後生理與情緒會同時發生。1960 年代社會心理學家史丹利·沙赫特（Stanley Schachter）提出了情緒認知理論，當中情緒反應是非特定生理反應（例如：心跳增加）與激發的認知詮釋間交互作用的結果。沙赫特表明，生理激發（因注射腎上腺素所引起）會取決於當時的情境而被人感知成不同情緒。例如：同樣是走路時心跳加速，如果是因為看到一隻狂吠的大型犬，那就會解釋成「我很害怕」；但如果是遇見一位有吸引力的跑者對你微笑，那就會解釋成「我很興奮」。沙赫特的情緒理論是基於非特定的喚醒，激發程度決定了情緒強度，而對激發的詮釋則決定了價量。

然而就如上述提及，有證據表示不同情緒會表現出不同的自主神經激發模式。克洛爾（Clore）、史瓦茲（Schwarz）和康威（Conway）提出對激發的詮釋不僅決定價量，也對情緒強度有影響。情感強度與基本情緒的體驗與表達方式，也具有個別差異一致性（Davidson, 2000; Gauvin & Spence, 1998）。另一種觀點是，當原始、反射性的行為反應被抑制時，人們的情緒就會體驗成情感（Lang, 1995）。當代研究持續受到情緒的生物遺傳性、認知與發展方面的影響（Smith & Crabbe, 2000），沒有那一個理論在所有情況下都成立，因此熟悉各種理論的歷史是重要的。

情感的趨近－退縮模型（Approach-Withdrawal Model）是幾十年前所發展，當時發現生物有兩種主要情緒反應傾向：迴避或接近。施奈拉（Schneirla, 1959）說明迴避就是生物體撤離有害的刺激，而接近則是欲求刺激的吸引與促進。康諾爾斯基（Konorski, 1967）把這個想法擴展成包含對反應激發程度的調節，以及奧斯古德（Osgood）、蘇西（Suci）和泰南鮑姆（Tennenbaum）（1957）建立了兩個情緒描述向度：情感價量（厭惡到吸引）和生理激發（平靜到激發）（見圖 5.1）。

因為心情或情緒的愉悅／不愉悅通常意味著接近／迴避行為，第三個情感向度——主導（Dominance）包含在大多數的情感理論中（Bradley & Lang, 1994; Schaefer & Plutchik, 1966），尤其是用於社交互動時（Leary, 1957; Wiggins, Trapnell & Phillips, 1988），愉悅、激發與主導這三個維度是人們對臉部表情、肢體動作及姿勢判斷的基礎（Mehrabian, 1970; Mehrabian & Russell, 1974）。體能活動與健身運動是否會影響情緒激發、情感價量及主導性體驗，這部分目前尚待確認，本章後續會再討論這個問題。在所有提及的觀點裡，情感體驗的

亞里斯多德與情緒

在他的經典著作《修辭學》裡，亞里斯多德認知到喚起人們的情緒在說服藝術中相當重要，這包含了生氣、冷靜、恐懼和對支配屈服後的羞恥感。

我們還為對吾人做了什麼而感到羞恥，讓我們遭受羞辱與責備的行為。當我們投降於自身，或出借行惡，例如：當我們屈服於暴行。屈從於他人慾望的行為是可恥的……（William Rhys Roberts, 1924）。

趨近—迴避行為與正向—負向情感：憤怒的特例

憤怒在環繞模型（Circumplex Model）中被視為負向情緒，被認為與厭惡或迴避行為有關（Watson, Clark & Tellegen, 1988）。然而愈來愈多證據顯示，憤怒情緒與正向情感都可能與趨近動力有關。當對期待狀態的阻礙（意味著接近敏感度的涉入）和懲罰威脅（意味著迴避敏感性的涉入）共存時，憤怒與恐懼會一起發生（Carver, 2004）。

引起憤怒的操弄，也可以提高與正向情感體驗有關的其他情感狀態（例如：積極、警覺、專注、堅定、熱情、興奮、自豪、受啓發、有趣、堅強）（Harmon-Jones et al., 2009）。現今有些理論者（Carver & Harmon-Jones, 2009a）提出憤怒具有和接近行為相同的神經基礎，不過這並非沒有爭議（Carver & Harmon-Jones, 2009b; Tomarken & Zald, 2009; Watson, 2009）。

定義很廣泛，被認為比心情與情緒還要根本，儘管該詞已被用來當成心情的同義詞（Tellegen, 1985），正如我們所見，心情與情緒的重要層面也涉及生理反應。

當代對情感與情緒的觀點

當前對情緒的觀點是基於這些早期看法。情感表達是取決於兩項連結神經迴路結構的基本動機系統，是個人為了生存而產生的攝食和防衛行為（Davidson, 2000; Lang, 2000）。動機有內在的雙相組織—就是趨近與退縮。趨近系統涉及欲求相關行為並產生與目標相同的正向情感（例如：好奇心、熱情、自豪、愛）。迴避系統則涉及由厭惡刺激退出，並產生避免被傷害的負向情感（例如：恐懼與厭惡）。

朗（Lang, 2000）以「自然選擇性注意力」來解釋情緒的動機基礎，其中注意力主要由線索是否突出、內在動機是否明顯及原本就存在的動力狀態，欲求或具防衛意含的線索提醒我們需要關注與反應，反應的強度取決於激發的程度。例如：單車騎士如果整個上午都在騎車而忽略了她的水壺，那麼因為口渴引發的激發程度會很高，因此飲水機或自動販賣機對她而言就是極具吸引力的提示，她看到路旁的飲料店時就會漾起微笑（行為），接著伴隨自主神經與賀爾蒙的激發，來支持她解除口渴的欲望。

情感是價量（正向或負向）與強度的函數變化。

雖然每種情緒都有其獨特的臉部、行為與生理特徵，但在某些情況下它們似乎共享著神經系統（Phan et al., 2002; Vytal & Hamann, 2010）。然而情緒反應是否可以對應到愉悅—不愉悅的情感向度上，或對應到用來了解心情的環繞模型中的趨近—迴避行為向度。這方面目前還不清楚（Watson & Tellegen, 1985）。例如：經典的動物行為模型得到的結論是，戰鬥或逃跑都是由大腦中的懲罰系統所產生的防衛行為，與調節接近行為的神經獎賞系統是分開的。

相同地，情感模型通常假設不愉快的心情或情緒會與迴避行為共同經歷，而愉快心情或情緒就會連結趨近行為，不過目前還不清楚這項論點是否總是成立。正如本章前面所提到，憤怒通常被視為一種負向情緒反應，與一種防衛性的迴避行為，憤怒會引發攻擊、對人際有破壞性或對健康不良影響，這取決於它表達或被控制的情況（Chida & Steptoe, 2009; Spielberger, 1983）。相對之下，當人們是為了自己或理想而挺身而出，而不是瑟縮在恐懼或絕望中，此時憤怒就會有正向的體驗。正如亞里斯多德所說，憤怒可以燃起對壓迫的抵抗，減少因順從他人錯誤行動而帶來的羞恥感，隨後的掌控感或主導性會帶來極佳的滿足感或愉悅。然而，正義的怒火雖然讓人感覺良好，但可能讓某人受到傷害而擔心受到他人報復，或因違反個人道德觀而感到內疚（Lazarus, 2006）。相比之下，憤怒、暴力的人可以由支配他人來獲得快樂。

在這裡，將情感體驗透過行為表達區分為情緒或心情可能是有幫助的，每個都涉及到神經調節的細微差異。一般經驗看來，一個憂鬱的人可能會昏昏欲睡，除了悲傷外的情緒都很微小，然而一個憂鬱同時也焦慮的人（這很常見）會表現出激動的行為，在每種情況下情感都是不愉快的，但情緒的激發與行為則是互相對立的。

憤怒可能更複雜，即使是相同特質的人，在有生氣的心情或情緒時，會以截然不同的方式來表達。憤怒可以向外表達（例如：大聲吶喊、丟東西、打或踢東西）或向內表達（例如：憋著、計畫報仇，甚至內疚），或者可以透過因應策略來加以控制（例如：數到十、討論或寫下來、甚至運動來發洩（Speilberger et al., 1983）。由此可以想見，憤怒的體驗與表達的神經基礎會是不同的。

在這裡談到情感體驗的另一個向度——主導性也很有幫助。一個會主導經歷憤怒的人，會更可能以敵意、侵略或暴力的形式來展現趨近行為。相反的，一個以順從性經歷憤怒的人更傾向於避免對抗，會控制它或是藏在心底。

情感與情緒的神經解剖

情緒的喚起與表達具有很強的生理基礎。早期的希臘哲學家畢達哥拉斯（Pythagoras）和阿爾克邁翁（Alcmaeon）認為大腦是心靈的器官。柏拉圖（Plato）也同意，並指出頭部這個「球狀體是我們神聖的部件，統理著其他部分」。但是柏拉圖的學生亞里士多德並不同意，他採納了希伯來人、印度人和中國人早期的觀點，認為心臟才是智能的器官和神經系統中樞。關於情緒的起源是大腦或心臟這件事，成為一個爭論不休的哲學議題，橫跨世代更延伸到文藝復興時期的歐洲。

> 告訴我愛情來自何方，是心還是腦。
>
> 莎士比亞，《威尼斯商人》

正如我們所見，情緒分立理論（Theories of Discrete Emotion; Darwin, 1872; Ekman et al., 1972）提出了一組有限的基本情緒（例如：快樂、悲傷、憤怒、恐懼和厭惡），它們具有獨特的生理與神經特徵。其他理論觀點像是情緒向度理論（Dimensional Theories of Emotion），透過框架來將情緒概念化，在框架裡情感狀態可以由幾個因子來表示，例如：情緒激發（情緒強度）和情緒價量（愉悅或不愉悅程度）。大部分測量腦波或週邊生理反應（如：心率、血壓、皮膚電導或壓力荷爾蒙）的研究並無法確認每種基本情緒具有獨特的心理生理反應模式

（Barrett & Wager, 2006; Cacioppo et al., 2000; Zajonc & McIntosh, 1992）。然而由低等動物與人類大腦的累積研究看來，情緒在大腦與神經迴路是獨特但有時又共享的活動模式。

1937 年，詹姆斯．帕佩茲（James Papez）提出一組相互連結的大腦結構是負責動機和情感，這神經迴路包含下視丘、乳頭體、前丘腦、杏仁核和扣帶迴皮層（見圖 5.4）。

1878 年法國解剖學家布洛卡（Broca）描繪出了大腦各區域，國家心理健康研究所的保羅．麥克連恩（Paul McLean）將帕佩茲的迴路擴展到「邊緣系統」，與情緒相關的包括前額葉皮層、海馬迴、杏仁核和中隔。

大腦與情緒行爲

後來的研究主要是以老鼠作為動物模型來了解人類的情況，呈現大腦中兩個主要神經迴路會激發情緒與趨近—迴避行為反應，帶來後續的獎勵或威脅。

趨近或者是說獎賞的神經迴路是在 1954 年由詹姆斯．奧茲（James Olds）和彼得．米勒（Peter Milner）所確立，位於內側前腦束（Medial Forebrain Bundle, MFB）；迴避或者說是處罰的迴路是在 1962 年由安東尼歐．費南德茲．德莫利納（Antonio Fernandez de Molina）和拉爾夫．亨斯佩格（Ralph Hunsperger）所確立，包含腦室周圍系統（Periventricular System, PVS）。內側前腦束路徑激發了「想要」（例如：衝動、驅力、渴望）、接近行為（例如：進食、交配、玩耍）和「喜歡」（像是快樂或滿足）。它們構成了行為趨近系統（Behavioral Approach System, BAS）。PVS 路徑激發會伴隨消極、不愉快情緒的防衛或迴避行為（例如：戰鬥或逃跑），構成了戰—逃系統（Fight-or-Flight System, FFS）。

和行為趨近系統相對且由戰—逃系統不同的是行為抑制系統（Behavioral Inhibition System, BIS）。1970 年代英國心理學家傑弗瑞．格雷（Jeffrey Gray）提出行為抑制系統，來作為戰—逃系統、行為趨近系統以外的第三種情緒系統（Gray 1973, 1994b），他

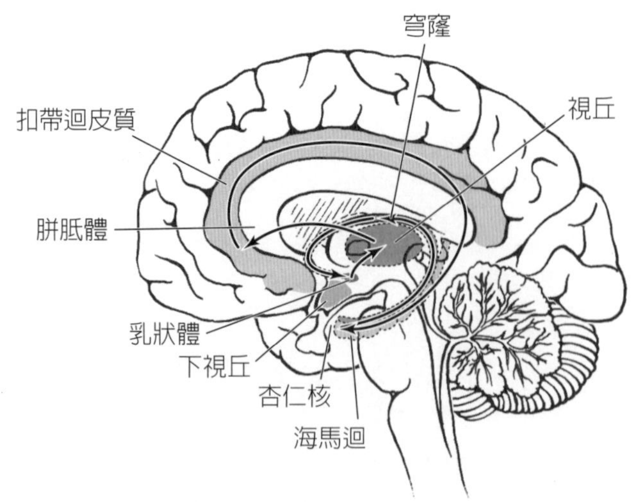

圖 5.4 Papez（1937）指出情緒經驗先是由扣帶迴皮質所決定，並調節海馬迴的活動。海馬迴經由穹窿神經束，投射到下視丘。源自視丘前端的下視丘的神經訊號，則會傳遞到大腦皮質

曾於曾於倫敦精神病學研究所接受訓練，並於 1983 年接替知名人格研究者漢斯·艾森克（Hans Eysenck）擔任心理系主任。行為抑制系統是由懲罰或失敗的威脅以及不確定性所引起（Gray, 1987）。根據格雷的看法，行為抑制系統主要功能是比較預期與實際的刺激，當真實與預期刺激間存在差異（例如：新奇或不確定性）或預期刺激令人厭惡時，行為抑制系統就會活化，將注意力集中在環境並抑制正在進行中的行為。行為抑制系統是適應的一環，有時最好的決定是不做任何事時（例如：動物裝死或人們接受命運），因為在某些情況下，什麼都不做可能才是好的，因為做了什麼事可能會讓情況變得更糟。當我們錯誤地認為自己的行動都是徒勞（過早放棄或屈服於絕望），或無法很快決定要逃離還是要對抗威脅（例如：恐慌）時，行為抑制系統就會無法正確運作。

在成功來自於競爭的文化中，人們學會要定期活化行為抑制系統來避免社交報復。極端點來看，行為抑制系統持續下去會導致社會適應變差與精神障礙，像是焦慮、憂鬱與怒氣管理的問題，這些問題會導致心身疾病，像是胃潰瘍、高血壓，也可能會與心臟病、癌症有關。由於性情（例如：艾森克（Eysenck）的外向—內向或情緒穩定—不穩定的性情特質）和後天學習經歷，人的性格通常可以行為趨近系統或行為抑制系統的主導性多寡來加以描述。行為趨近系統主導的人對獎勵更敏感，可能會傾向於冒險、外向、自信與衝動。行為抑制系統佔優勢的人對懲罰較在意，可能是膽小、孤僻、害羞、擔心跟謹慎的。目前這些觀點應用在人身上是將行為趨近系統概念化為三部分（驅力、尋找樂趣和獎勵敏感性）。行為抑制系統作為單一的迴避系統，調節厭惡動機以擺脫不愉快的事物（Carver & White, 1994）。懲罰與獎勵敏感性問卷（The Sensitivity to Punishment and Sensitivity to Reward Questionnaire, SPSRQ）即是根據格雷的論點所發展，適用於焦慮與衝動的情況（Torrubia et al., 2001）

行為趨近系統的神經解剖

大腦沒有單一個愉悅中心而是一個神經系統，包括沿著內側前腦束（MFB）的皮質下區域，腹側蓋區（The Ventral Tegmental Area）、伏隔核（Nucleus Accumbens）和腹側蒼白球迴路（Ventral Pallidum Circuit）、隔膜（Septum）部分視丘（Thalamus）和杏仁核（Amygdala），與皮質區域（眶額皮質（Orbitofrontal Cortex）及前扣帶迴皮質（Anterior Cingulate Cortex）。

腦室周圍系統（PVS）的路徑從下視丘內側（例如：視上核（Supraoptic Region））出發，沿著第三腦室延伸到視丘與腦幹髓質的內臟和軀體運動神經元，包括終紋床核（Bed Nucleus of the Stria Terminalis, BNST）、杏仁核和導水管周圍

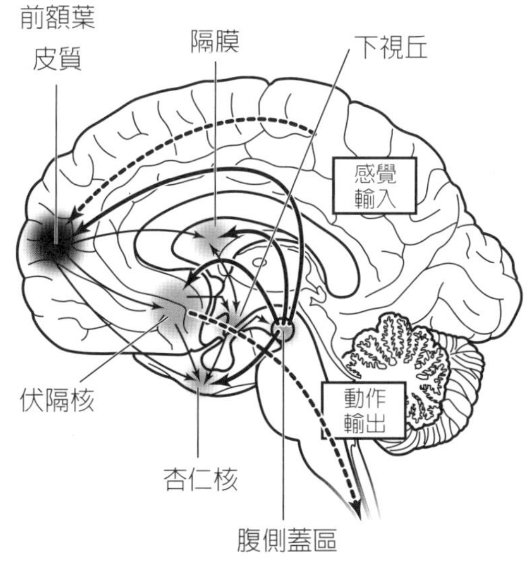

圖 5.5　大腦的獎賞迴路

灰質（Periaqueductal Gray, PAG）。

行為抑制系統的神經解剖

對格雷來說，預期性焦慮（透過僵硬行為來看）反映了一種情緒狀態，這是由行為抑制系統激發了海馬迴（Hippocampus）和隔膜間的大腦神經迴路所調節，由來自橋腦（Pons）的藍斑核（Locus Coeruleus）的上行正腎上腺素系統（Ascending Noradrenergic System）調節（Gray, 1987），和負責評估情況複雜度並決定多數情緒反應的前額葉皮層（Gray, 1994a）。後來，神經生物學家揚・潘克塞（Jan Panksepp）認為，上行正腎上腺素系統和格雷的行為抑制系統的活動，為大腦情緒反應做好了準備，但還有一個關鍵迴路在是杏仁核和導水管周圍灰質間的迴路，屬於恐懼和焦慮的情緒狀態（Panksepp, 1998）。

杏仁核－下視丘－中央灰質軸與恐懼。大腦有三處如果加以電刺激的話會引發恐懼特有反應（即逃跑或僵硬、心率加快、排尿或排便），分別是外側和中央區杏仁核、前和內側下視丘以及部分的導水管周圍灰質（見圖 5.6；Panksepp, 1998）。

杏仁核與正向回饋和注意力。位於基底核外側的杏仁核也涉入了學習與記憶中的正向回饋，可能是由於腹側紋狀體多巴胺系統（Ventral Striatal Dopamine Systems）和眶額皮質（Orbitofrontal Cortax）的聯繫。從人類神經影像學的研究顯示，呈現愉悅或不愉悅的情境時，杏仁核都會激發（Garavan et al., 2001）。因此，一般認為杏仁核有助於在不確定情境下調節情緒性行為，這也被視為獎勵和嫌惡的潛在表徵。

終紋床核（The bed Nucleus of The Stria

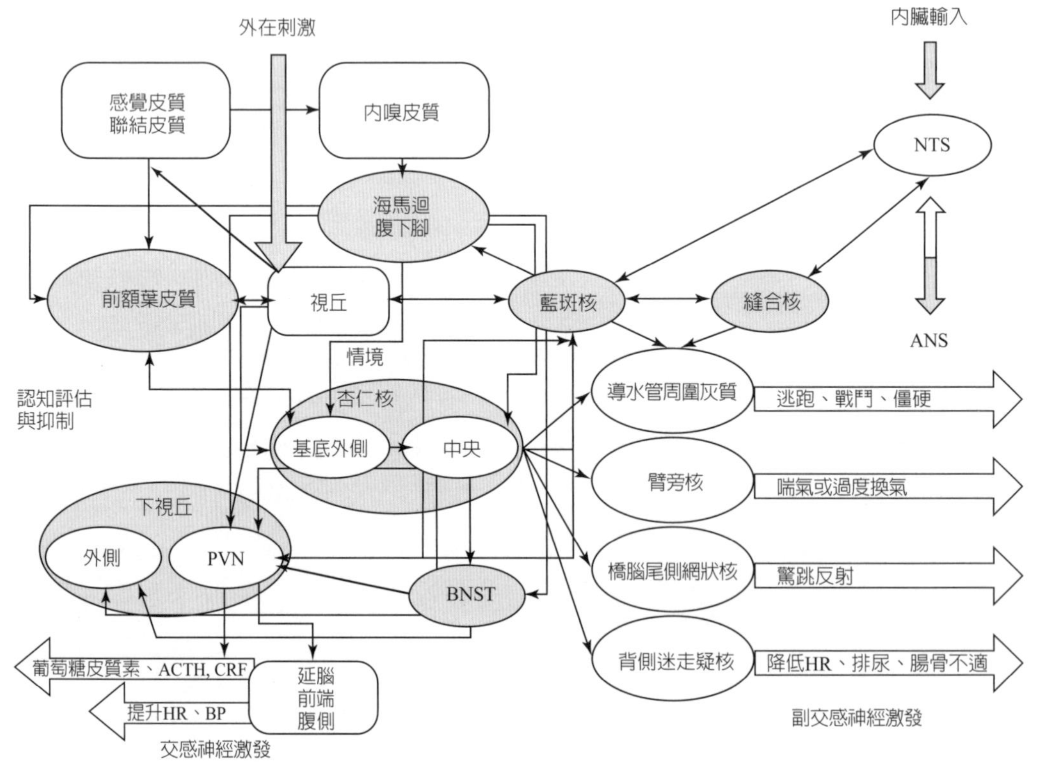

圖 5.6　大腦中的處罰迴路

獲得允許，取材自 T. Steimer, 2002, "The biology of fear-and anxiety-related behaviors," *Dialogues in Clinical Neuroscience*, 4: 231-249.

Terminalis, BNST）。終紋床核與中央杏仁核、伏隔核（NAc）的外圍共同形成了所謂的擴展杏仁核（Extended Amygdala）。終紋床核接收來自中央和基底外側杏仁核、前額葉皮層、海馬迴以及內臟器官的神經輸入，並投射到下視丘室旁核（Paraventricular Nucleus of The Hypothalamus, PVN），可調節壓力情緒時的生理反應。在伏隔核和腹側被蓋區調節多巴胺神經元的活性（Georges & Aston-Jones, 2001）。因此，終紋床核是感受與趨近—獎勵和迴避—懲罰迴路兩者之間的重要中繼站。

神經影像學與情緒

早期基於腦損傷、電生理測量、正子斷層照影（Positron Emission Tomography）與功能性磁振造影（Functional Magnetic Resonance Imaging）的神經科學研究，發現了幾個涉及人們情緒體驗與表達的關鍵腦區（Davidson & Irwin 1999）（參考《人類情感表達的腦區》，*Brain Regions Involved in the Expression of Human Emotion*）

儘管這些腦區被認為是系統而不是單獨運作，不過的確有一些特殊的功能：

- 前額葉皮質或許對情感後續的記憶有所貢獻，允許情緒維持足夠長的時間來引導行為，以及適合該情緒的目標。
- 海馬迴似乎會處理情緒發生環境或脈絡的記憶，海馬迴受損的人依然會感受到情緒，但通常就不會記得正確的時間或地點。
- 腹側紋狀體，尤其伏隔核來自腹側蓋區的多巴胺神經元，是中腦邊緣途徑（The Mesolimbic Pathway）的一部分。這些神經元表達腦啡肽（Encephalin）和強啡肽（Dynorphin）鴉片接受器，這些接受器是所謂的獎勵動機行為的關鍵。吸毒者注射可卡因或吸煙者吸入尼古丁，以及觀看正面形象，都會激活伏隔核。
- 前扣帶回皮質是演化程度低於人類的物種也共有的原始皮質部分，似乎有助於情緒產生時調節注意力。腦島皮質（Insular Cortex）接收來自於自主神經系統的訊息，特別是心血管反應。並且向中央區杏仁核與下視丘傳遞訊號，以在經歷壓力時來調節心臟與內分泌反應。
- 杏仁核在整合壓力與情緒時的行為、自主神經反應與賀爾蒙反應上扮演關鍵角色。此外，杏仁核的活動對於負向心情較為敏感，例如：被診斷為憂鬱和焦慮症患者的杏仁核活動會提升，恐懼症患者在被誘發恐懼情緒時杏仁核活動也會增加。即使看到恐懼臉部表情也會增加杏仁核的血流量與新陳代謝。杏仁核上的接受器，對於抗焦慮效果的苯二氮平類和鴉片類藥物有極大的反應（Carlson, 1998）。

與人類情緒表達有關的腦區

- 前額葉的三部分
  1. 背外側（額葉的頂部與側面）
  2. 腹內側（中部、底部）
  3. 眶額（眼眶正上方的額葉底部）
- 杏仁核，尤其是中央區
- 海馬迴
- 腹側紋狀體，尤其是伏隔核（尾狀核和殼核前下方）
- 扣帶皮層（位於大腦和側腦室之間的一層灰質）
- 腦島皮質（靠近顳葉的一個內捲皮質）

一篇涵蓋 55 篇使用 PET 或 fMRI（見第三章）的神經影像學後設分析研究，透過視覺、聽覺刺激或想像來描繪出健康人的二十個特定腦區，是針對正負向情感或像是快樂、恐懼、憤怒、悲傷或厭惡這類特定情緒（Phan et al., 2002）。主要研究結果如下：(1) 內側前額葉皮質在情緒處理中有著全面性作用；(2) 恐懼特別與杏仁核有關；(3) 悲傷與前扣帶皮層下方的活動有關；(4) 視覺刺激所引發的情緒會活化枕葉皮質和杏仁核；(5) 透過情緒回憶或想像誘發前扣帶迴和腦島；(6) 具有認知成分的情緒作業也涉及前扣帶迴和腦島。然而該分析並未具體評估是否可以根據腦區活躍程度，來將每種基本情緒與其他情緒區分開來。後續針對 106 篇 PET 和 fMRI 的後設分析研究（Murphy, Nimmo-Smith, & Lawrence, 2003）顯示，趨近情緒時的左腦活動與消極退縮情緒在腦半球間是對稱的。此外恐懼（杏仁核）、厭惡（腦島皮質）和憤怒（蒼白球和外側眶額葉）的活化部位有明顯不同，但快樂與悲傷就未能在腦區上區分開來。

這兩篇回顧研究並未對情緒辨認（例如：看到可能不會引起情緒反應的臉部表情）與情緒體驗（例如：引發情緒的場景、氣味或記憶）做區別。2003 年莫菲（Murphy）與其同事也對八十三項 fMRI 或 PET 研究進行後設分析，根據標準化 3D 座標將結果彙整於全腦圖上（Vytal & Hamann, 2010），透過各種引發情緒的研究來看，五種基本情緒（憤怒、恐懼、悲傷、厭惡與快樂）具有獨特的腦區活動模式。快樂活化了右側顳上迴（Superior Temporal Gyrus, STG）（腦迴是大腦皮層的脊紋，通常被一個或多個腦溝或裂隙包圍，見圖 5.7、5.8）與前扣帶迴皮質，這兩個腦區的活動將快樂與悲傷、憤怒、恐懼和厭惡（只有前扣帶迴皮質）區分開來。悲傷會活化額內迴（Medial Frontal Gyrus, MFG）和尾狀核、前扣帶迴皮質的前端，這兩個腦區活動將悲傷與快樂、憤怒、恐懼和厭惡區分開來。憤怒會活化左下迴（Left Inferior Gyrus, IFG）和海馬旁迴（Parahippocampal Gyrus, PHG），這兩個腦區將憤怒與其他情緒狀態區分開來。恐懼活化了杏仁核和腦島皮質，這些腦區將恐懼與快樂、悲傷、憤怒（僅腦島）和厭惡（後腦島皮質）區分開來。厭惡活化左下迴和前腦島皮質，這兩個腦區可靠地將厭惡與所有其他情緒狀態區分開來，除了悲傷與厭惡外，情緒臉孔是所有基本情緒的研究最常用的刺激（佔二分之一到三分之二），情緒圖片則是第二常用的。儘管如此，後設分析的研究結果顯示，當僅用臉部表情來評估時就無法呈現實質上的差異。

後續一項後設分析，以情緒臉孔處理的 100 篇研究，與情緒場景處理的 57 篇研究，結果發現臉孔與場景，都會在杏仁核引起 fMRI BOLD 的活化（表示血流量增加：參考第三章），後續跟著是內側前額葉皮質、下額葉和眶額葉皮質、下顳葉皮質和紋外枕葉皮質（視覺神經元受注意力、工作記憶和預期獎勵所調控）。那些已知是特定處理臉部表情的腦區包含前梭狀迴（Anterior Fusiform Gyrus）和顳中迴（Middle Temporal Gyrus）。特定針對情緒場景的腦區是側枕葉皮質（Lateral Occipital Cortex）以及視丘的後部與內側背核（Sabatinelli et al., 2011）。

最近一項測量事件誘發電位（Event-Related Brain Potentials, ERP）的研究顯示，觀看情緒臉孔或情緒化（愉快或不愉快）的場景都會增強 N170。與情緒臉孔相比，情緒化場景會誘發更強的激發程度與情緒

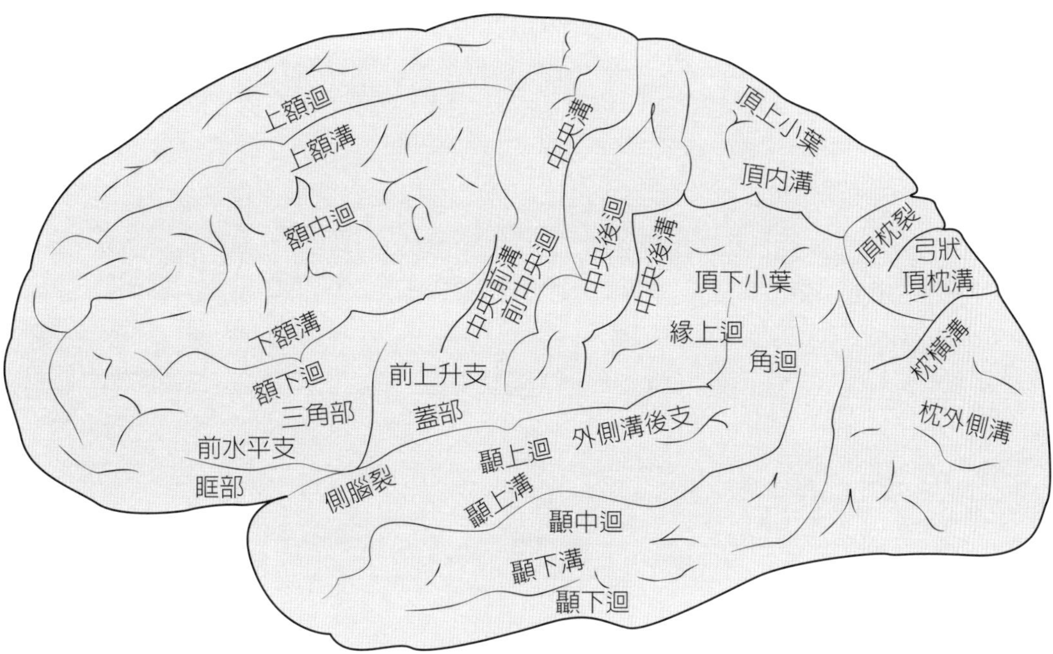

圖 5.7　腦迴與腦溝的側切面圖

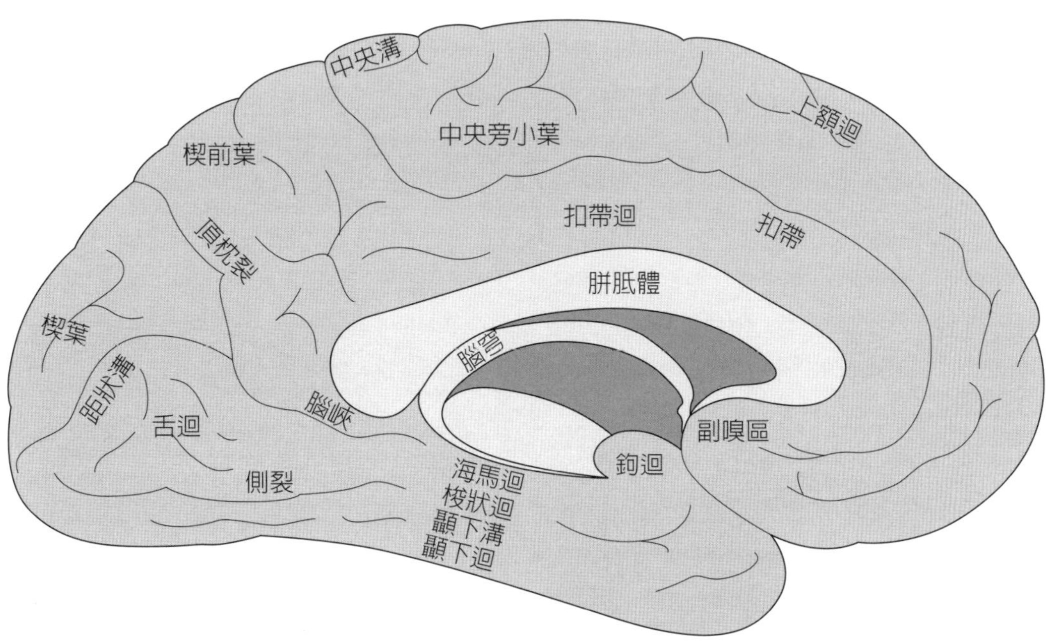

圖 5.8　腦迴和腦溝的內側矢狀切面

價量評估、更大的早期後側負向波（Early Posterior Negativity, EPN）與晚期正向波（Late Positive Potential, LPP）（Thom et al., 2012）。在獎勵回饋時，fMRI 顯示包括腹側紋狀體和內側前額葉皮質在內的中央皮質邊緣獎勵系統（尾狀核、杏仁核和眶額葉皮質），其活化情況與回饋負波（Feedback Negativity, FN）所誘發的腦波電位（來自內側前額葉皮質和紋狀體）有關（Carlson et al., 2011）。

杏仁核對於恐懼與焦慮的學習尤其重要，一些腦損傷研究顯示，恐懼情緒是對當下危險的原始又固化的反應，但是否會習得恐懼與焦慮還是有需要有杏仁核存在（LeDoux, 1994）。要研究人們的恐懼、焦慮或其他正負向情緒狀態的大腦活動，有個好用的方式是透過聽覺驚跳眨眼反應（Acoustic Startle Eye-Blink Response, ASER）（Lang, 1995; Lang, Bradley & Cuthbert, 1998）。這是以突然的聲響（例如：起步槍的聲音）來誘發，為來自聽覺神經的強制性反射，由腹側耳蝸根神經元（Ventral Cochlear Root Neurons）投射到橋腦尾側網狀核（Nucleus Reticularis Pontis Caudalis）和支配眼輪匝肌（Orbicularis Occuli，用來眨眼的肌肉）（Davis, 1997; Lee et al., 1996）。聽覺驚跳眨眼反應是把電極放在眼睛下方和旁邊，來記錄眨眼時眼輪匝肌活動的綜合肌電訊號。圖 5.9 為電極擺放位置。典型的肌電圖（EMG）反應如圖 5.10 所示。

橋腦尾側網狀核由杏仁核與導水管周圍灰質（PAG）的神經元所調控，形成一個神經迴路，使杏仁核能夠在情緒間調節聽覺驚跳眨眼反應（見圖 5.11）。以人們來說，可預測電擊即將來臨與用圖片引發恐懼或厭惡等方式，都能使聽覺驚跳眨眼反應的振幅增加（Lang, 1995），苯二氮平類的抗焦慮藥物可降低聽覺驚跳眨眼反應。

佛羅里達大學的生理心理學家彼得．朗（Peter Lang）和他的同事認為聽覺驚跳眨眼反應是一種防衛性反射，當主要感受是負向因而有迴避或退縮的動機，就會產生想逃離的狀態。研究人員發現，讓人看一系列標準化的圖片，內容從非常愉快到非常不愉快都有，在引起注意、反感和高度情緒激發的情況下，聽覺驚跳眨眼反應會增強（Cuthbert, Bradley, & Lang, 1996; Lang 1995; Lang et al., 1998）。當參與者感覺圖片是正向或愉快時，聽覺驚跳眨眼反應多半會降

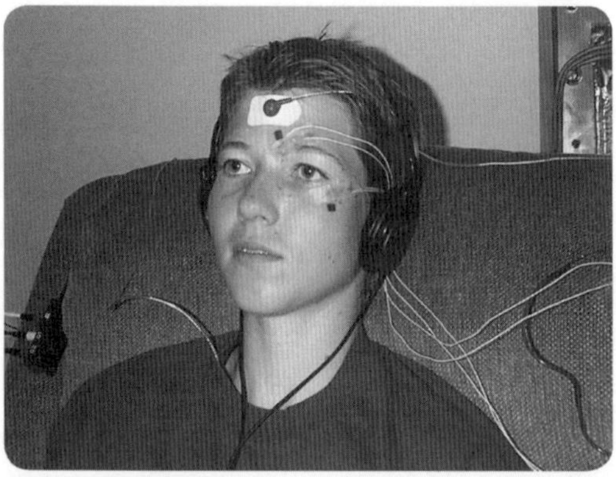

圖 5.9　測量聽覺驚跳眨眼反應的肌電圖所需電極擺放位置

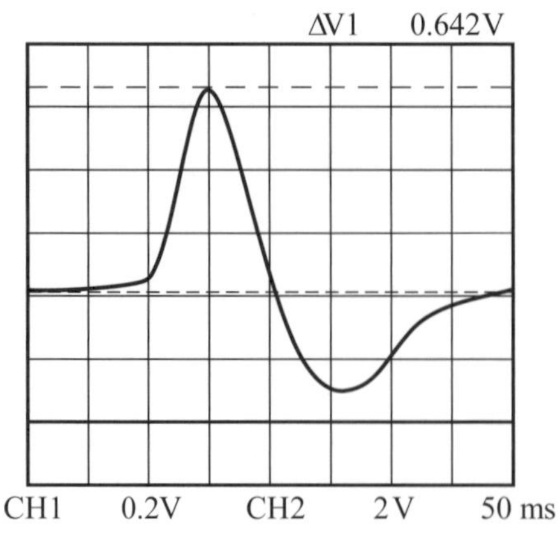

圖 5.10　典型驚跳眨眼反應的肌電圖

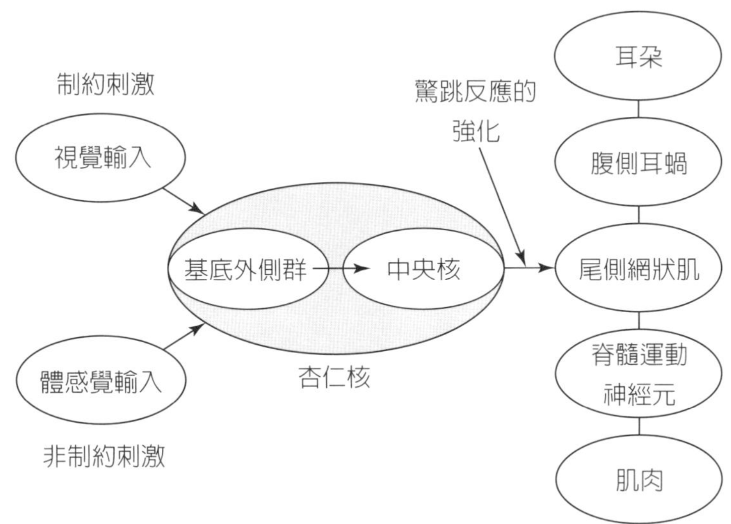

圖 5.11　驚跳反應的神經迴路流程圖

低。

腦半球不對稱性

左右半腦的情感神經迴路功能可能有點不同，這種差異稱為腦半球不對稱性（Hemispheric Asymmetry）。例如：前額葉皮質受損，特別是左背外側的區域的個案，罹患憂鬱症的風險會增加（Davidson & Irwin, 1999）。這其實並不是新發現。現代額葉功能理論是由大衛．費里爾（David Ferrier）在 1870 年代首先提出，這部分是基於菲尼亞斯．蓋奇（Phineas Gage）的案例所影響。蓋奇是在左額葉皮質嚴重損傷，且心智功能嚴重損毀的情況下依然存活。蓋奇是佛蒙特州卡文迪許附近的拉特蘭和伯靈頓鐵路建設團的工人。1848 年 9 月，一次意外爆炸使得一根 3.5 英尺、13 磅（1 公尺，6 公斤）的鐵棒噴飛，穿過了蓋奇的左顴骨和眼睛，再從他的頭頂穿出，幾乎破壞了左額葉皮質（見圖 5.12）。不過蓋奇活了下來並在 1849 年中重返工作崗位，但是他的性格發生了巨大變化。意外發生前他是一個能幹、工作效率佳、精神狀態正常的工人。但後來他被認為「不穩定、急躁和固執，而且反覆無常和搖擺不定，這使得他無法為未來制定任何計畫」。蓋奇的朋友說他「不再是蓋奇了」。蓋奇這個個案是由他的醫生約翰．哈洛（John Harlow）博士所報告，並將

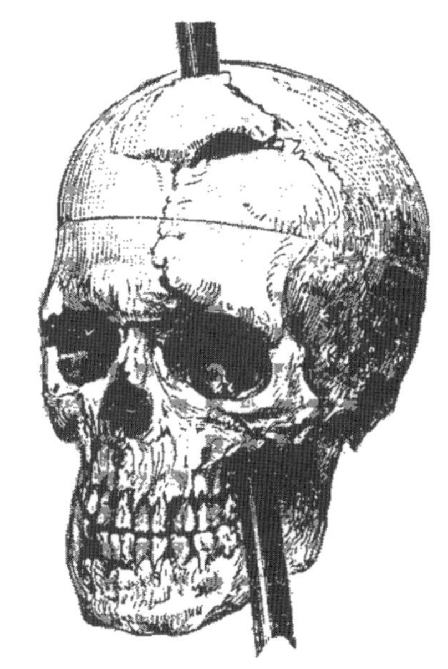

圖 5.12　圖為 1868 年哈洛博士（Harlow, 1868）在蓋奇的報告中所呈現的頭骨重建圖像。粗線近似於鐵棒的粗細和路徑

頭骨和鐵棒交給了哈佛醫學院，現在它們被陳列在康威醫學圖書館（Countway Library of Medicine）（Macmillan, 2000）。透過現代技術重建蓋奇的腦損傷情況發現，主要發生在認知和情緒相關的左右前額葉區域，這與蓋奇的人格與性情改變的報告一致（Damasio et al., 1994）。

情感風格

透過觀看圖片來引發正負向情感，並透過腦波來測量健康者的額葉腦半球的不對稱性，不只是看正向圖片時左半腦的活動會較高，而且看負向圖片時右半腦的活動會較高。有些人似乎具有所謂的情感風格或是脾氣，會傾向以正向或負向的方式去回應情緒事件，左側額葉較活化的人傾向於正向去看待情緒事件，而右側較活化的人則是較負向看待事件。一些研究也發現，人們的情感風格會影響從負向情緒中恢復的速度，以及可以維持正向情緒的時間（Davidson, 2000）。

當焦慮症患者因可怕圖片（像是蛇或蜘蛛）引起負面情緒時，PET 和 fMRI 會呈現右下前額葉皮質的血流量和新陳代謝增加，不過在體驗正向情緒時，關於前額葉變化還沒有太多證據。

儘管早期研究顯示左側額葉皮質活動大於右側額葉皮質活動會與正向情緒有關，但近來關於憤怒的研究顯示這種左側活動大於右側的現象與趨近動機相關，這可能是正向（例如：熱忱）或負向（例如：憤怒）的情感（Harmon-Jones et al., 2009）。

情緒因應

在本章前段已了解，人們的性格或性情的影響可以解釋當情緒來臨時會朝向趨近或迴避的狀態（例如：外向或內向、情緒穩定或神經質、對獎勵敏感或懲罰敏感），接著將談到人們在評估事件的意義上有何不同，以及如何應對這些事件（Lazarus, 1966）。

在極端適應不良的情況下，錯誤的想法（例如：極端化、僵化、不切實際、不合邏輯、絕對的評價）可能對遇到情緒時的意義錯誤解讀，進而導致自艾自憐與憤世嫉俗（Ellis, 1957），要調適這種情況需要有效因應。因應的意思是指「改變認知和行為來調適那些消耗或超出個人資源的內外在需求」（Lazarus & Folkman 1985, p. 141）。

就如一開始所說，兩種常見的因應方式，是以問題焦點因應和以情緒焦點因應，問題焦點因應會使用分析策略來做預防，或是針對有害、威脅或具挑戰性的情況來制定計畫。一旦確定問題是什麼，人們就會權衡成本與效益來訂出解決策略，人們的策略也可以針對自己，例如：調整目標、降低目標的重要性或選擇其他的方式進行。

情緒焦點因應會透過避免、最小化、忍受、疏離及選擇性關注等方式來減少痛苦。如此透過對情境認知再評估的方式，是改變了人們看待情境的意義，而不是改變情境本身。例如：要選擇性關注或離開壓力情境是一個暫停的情況，而不是改變它。其他因應行為，例如：冥想、祈禱、尋求情感支持、暫時性愉悅行為補償（食物、飲料、藥物）等行為，雖然不是做再評估，但有時也能解決問題或獲得與認知再評估相當的成果。

情緒焦點因應的方式從自我安慰（例如：放鬆、尋求情感支持）到表達負向情緒（例如：大叫、哭泣）、關照負向想法（例如：反芻），再到試圖擺脫壓力情況（例如：迴避、否認、一廂情願式思考）（Carver & Connor-Smith, 2010）。問題和情

一些因應的方法

尋求社會支持：我會跟某人交談來獲得更多的資訊及方法
接受責任：我會批評或訓誡自己
自我控制：我會試著不讓事情變得無可挽回，所以不會再多加干涉
逃離—迴避：我希望發生奇蹟
心理疏離：我順應命運；有時候我只是運氣不好

投入因應，處理情緒困擾或期原因。
非投入因應，逃避處理情緒困擾（例如：減少負向想法）或其原因（例如：迴避、否認、一廂情願式想法）。

緒焦點的因應方式也可以相互促進。有效的問題焦點因應可以降低威脅，也減少了威脅而來的痛苦。有效的情緒焦點因應可以減少負向的痛苦，讓人們可以冷靜地思考問題，也許可產生更好的問題焦點因應方式。因此，問題和情緒焦點因應方式可以相互圓滿（Lazarus, 2006），選擇降低或避免情緒困擾而不正面去處理原因的人，可能會發現健身運動很有幫助。健身運動可以降低痛苦的感受，甚至有些人說在健身運動時獲得了解決問題的點子。

圖 5.13 顯示健身運動直接或間接對不同性格、壓力以及因應方式產生正向影響的一些可能性。

性格一部分決定了人們如何評估與因應情緒。第四章提到，堅強或有韌性的人傾向於把變化視為轉機而不是威脅，並且多半相信終將可以掌控自己的生活（Kobasa, Maddi & Kahn, 1982）。同樣的，樂觀與悲觀反應的是對一般生活的自信或是疑慮（Carver & Connor-Smith, 2010; Tiger, 1979）。性格的生物學模型包含趨近與迴避性情，還有一般

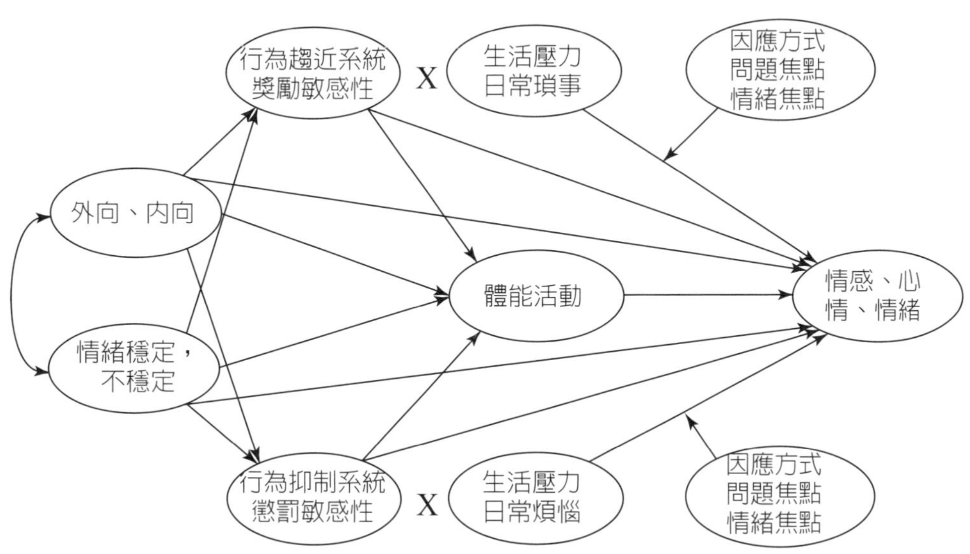

圖 5.13　體能活動改善情感體驗的途徑

說的五因素性格模型（外向性、神經質、隨和、盡責性和開放性）（Digman, 1990; Goldberg, 1981; McCrae & Costa, 2003）。研究者認為趨近和迴避系統是由不同的腦區負責，系統敏感性（因人而異）會影響對環境線索是獎勵或威脅的反應，進而影響行為（Carver & Connor-Smith, 2010）。

外向是一種趨近的性情，傳達了自信、主導、自發、活力、社交能力，甚至是快樂。神經質是一種迴避性情，表示對情緒困擾的敏感、焦慮、憂鬱、敵意和喜怒無常，隨和的人友好、樂於助人、體貼，並且能夠抑制負面感受，跟那些面臨衝突時會強勢主導的討厭鬼相比，也比較不會對人生氣。

有責任感的人會規劃、堅持並為實現目標而努力，他們也會克制衝動並表現出責任感，對經驗的開放性包括好奇心、靈活性、想像力、樂於嘗試新事物，可能也較為理性。後設分析研究得出的結論是：樂觀、外向、盡責和開放性，可以預測會有比較多的投入因應（Engagement Coping）；神經質則會有較多的非投入因應（Disengagement Coping）；樂觀、盡責和隨和者也比較少採用非投入因應（Connor-Smith & Flachsbart, 2007; Nes & Segerstrom, 2006）。

正向心理學

正向心理學的中心思想（Seligman & Csikszentmihalyi, 2000）是「如果個人從事正向思考和感受，避免或盡量減少對灰心和悲慘—即生活壓力的其中一面—的關注，他們就會發現健康和幸福的神奇靈藥」（Lazarus, 2003b, p. 93）。樂觀主義的研究者馬丁．塞利格曼（Martin Seligman）與克里斯多福．彼得森（Christopher Peterson）共同撰寫了《品格強項與美德：分類與操作手冊》（*Character Strengths and Virtues: A Handbook and Classification*），他們稱之為美國精神病學協會（American Psychiatric Association）所出版的《精神疾病診斷和統計手冊》（*Diagnostic and Statistical Manual of Mental Disorders*, DSM）的正向對應版（Peterson & Seligman, 2004）。他們擷取了包含亞洲、希臘、羅馬和西方文明中所強調的美德項目，其中包括六個品格強項：智慧或知識、勇氣、人道、正義、自制及超越，每一項都包括有幾個子項目，對基督教傳統的七種美德做了些許重新包裝：自制（例如：謙虛，自我控制）、正義（例如：公平，普同感），勇氣（例如：堅韌，勇敢），實踐智慧，人性（例如：慈善）以及超越（例如：希望、信仰）（Cloninger, 2005）。正向心理學的科學基礎一直有點爭議（Lazarus, 2003a, 2003b），但儘管如此，過去幾年也出現了不少正向心理學應用於推廣與專注健身運動的研究。

情感影響健身運動效果的因素

要了解可以調節健身運動對情感影響的變項，得先了解影響情感的因素有哪些。不同因素對於情感的價量或強度各不相同，這兩個維度也受到各種內外在因素的影響，例如：情緒記憶系統會交互聯繫，因此情緒可以活化關於情緒的記憶或想法，想法也可以活化已存在的情緒反應（Lang, 2000）。情感的關鍵因子也會因心情與情緒而異。華生（Watson）與克拉克（Clark）（1994）把影響心情的潛在因子分為四大類：外在因素、內在節律、特質與性情以及品格變異性。外在因素可以是環境中當下出現的情況，例如：持續多天下雨或是有氧課程中的新音樂。內在節律包含心情自然起伏的生理因素，例如：月經週期。特質與性情指的是人們經歷正向或負向的心情狀態的整體趨勢，品格變異性表示個體間心情波動幅度的差異。

隨著時間的過往，心情會受到頻繁出現的強烈情緒而影響，例如：一個大學老友的驚喜來電，聊到大學時的球賽、參加的派對以及兄弟會時的趣事，聊完後不好的心情也就隨之消逝。心情也會隨著生理變化而受影響，例如：藥物作用、睡眠不足與健身運動（Ekman, 1994）。例如：在一項女性的場域研究發現，體能活動會影響一天中的感覺狀態，在健身運動後正向感受、恢復活力與平靜的程度都會較高（Gauvin, Rejeski & Reboussin, 2000）。健身運動對心情的影響會受到個人、情境與事件變項的影響，例如：健身運動的模式或強度。

情感、情緒與心情都對個人因素很敏感，例如：健康（疾病或過敏帶來的負向影響）、賀爾蒙與知覺。期待也是一種個人因素，會影響健身運動訓練對自尊的效果（見第十二章），但急性健身運動對心情的正向效果，看起來並不因期望而受到影響（Berger et al., 1998; Tieman et al., 2001）。有證據顯示對健身運動的自我效能感，會

影響心情的因子會交互作用的例子

吉兒（Jill）剛搬到這座城市時，連續三週每天都下雨，雖然她偶爾會享受雨天但這樣她就無法到外面路步。吉兒透過健身運動來調節經期疼痛，所以她若無法有持續健身運動，這位熱情開朗年輕女性的心情可能會低落近一個月。

調節健身運動對心情的影響，因此較高的自我效能與健身運動中、後的好心情有關（Bozoian, Rejeski & McAuley, 1994）。

個人的健身運動經驗多寡也是個變項，會調節健身運動對情感的影響力，以及心情調節對運動動力的重要性。跟豐富經驗的健身者相比，一個菜鳥健身者在第一天做完重量訓練後的肌肉酸痛，會產生強烈且負向的情感反應。健身者會習慣運動後會有些酸痛，如果他根據過往的經驗，把這些酸痛解讀為超負荷後將要成長的前奏，就可能會有正向的情緒反應。我們也應該去了解健身運動經驗是否影響健身運動對心情的效果。一項168名健身中心會員的橫斷研究顯示，有經驗的健身運動者評估運動對影響心情的重要性，會比菜鳥運動者更高（Hsiao & Thayer, 1998）。進階會員在健身運動改善心情方面的得分高於初階會員，在健身運動社交上也高於中級與初階會員。

影響情感的情境因素包含物理環境（例如：天氣）和社會環境，實驗室設計的研究可能會有情境效應，因為不同參與者對環境的解讀，可能會混淆健身運動對心情的影響。社會環境會與個人因素、事件變項產生交互作用，進而影響情感反應與心情。例如：一名參加入門有氧課程的人，會因為發現自己的進步，以及與同學的互動感到樂觀與積極。不過在他因工作排班需求而改到進階班後，因為課程較難，其他參與者都更熟練也更窈窕，因此她變得有點氣餒，心情也比較差。

會影響情感反應的健身運動特徵，包含強度、持續時間與類型。回想一下，情感具有價量與強度這兩個維度。健身運動會隨著強度增加而提高激發程度，產生的情感價量，則取決於參與者對這個激發狀態的詮

關於健身運動後激發影響情感反應的解釋

查德和正從輕度心臟病發作恢復的祖父弗蘭克，兩人一起走上陡坡時都感到呼吸急促。弗蘭克的情緒反應是恐懼，一整天都處於沮喪的心情中；對查德來說，呼吸困難是種正常的生理反應，這對他的心情並沒有造成太大的影響。

釋。健身運動的持續時間也可能會影響心情，但這並沒有系統性的研究支持（Yeung, 1996）。持續時間會產生的效果應以不同模式、強度與群體來加以評估。健身運動類型是另一個會影響心情的事件變項，第六章與第七章提供了一些證據，來說明焦慮與憂鬱的差異與健身運動的類型有關（有氧運動 vs. 重量訓練）。

健身運動與情感的研究

情感與健身運動的研究，儘管已經用了心理生理學與觀察技術來評估人們的情緒，但通常還是會使用自我報告來測量情感。這一節回顧有那些自我報告工具，可以用來測量健身運動對情感的影響，並提供關於急性健身運動與運動訓練，對情感與心情影響的實例。

自我報告工具

最常用於健身運動與情感研究的工具，是形容詞列表，尤其是心情狀態量表（Profile of Mood States; POMS; McNair, Lorr & Droppleman, 1981）。其他用來測量情感的工具，包含有正負向情感量表（Positive Affect and Negative Affect Scales, PANAS; Watson, Clark & Tellegen, 1988），與情感方格（Affect Grid; Russell, Weiss & Mendelsohn, 1989）。還有其他專門設計來測量運動的情感反應，包含感覺量表（Feeling Scale; Hardy & Rejeski, 1989）、健身運動誘發感覺量表（Exercise Induced Feeling Inventory; Gauvin & Rejeski, 1993）與主觀健身運動經驗量表（Subjective Exercise Experiences Scale; McAuley & Courneya, 1994）。這三個量表的發展基於一些考量：現有的，經過驗證的心情量表，有不夠敏感或不夠具體的問題，無法偵測到體能活動期間的心情變化（Gauvin & Spence, 1998），或者體能活動的情感反應，在不同情境下所經歷就會有所差異。雖然第一個考量是合理的，這與量表可反應的範圍多大有關，也與量表的內容結構有關。第二個問題就更難理解了。

為什麼在健身運動後，應該會有獨特的心情或情緒？如果這個發現是真的，就表示是對 100 年來的研究，認為心情與情緒的表達具有跨情境與跨文化不變性這點，來一個痛快的反駁。照這個邏輯推演下來，健身運動會需要有專屬的量表才能滿足每個人的行為，美食饗宴後的愉悅或快樂的感受，與性愛後或大幅加薪的喜悅是不同的。雖然喜悅所帶來的強度與情緒激發，在每次經歷都會有所不同，但喜悅這個獨特的情感體驗的結構會是相同的。這個問題在第六章〈焦慮〉中會有更詳細的討論。

一種方式是從現有對健身運動變化較敏感的心情或情感量表中挑題目，並把這些題目重新編排成一個新的、特定的量表。到目前為止，根據第二章建構效度的判斷標準來看，並沒有令人信服的證據（是測量特定運動情感反應的有效量表）。儘管如此，這一章仍會對特定健身運動的量表加以討論，因為這主題已經在健身運動心理學領域受到關注，且還會持續一段時間（Ekkekakis &

Petruzzello, 2000）。

單向度的心情狀態量表（POMS）有六十五個題目，採五點評量，從 0 分是完全沒有到 4 分很強烈。它包括六個分離的情感狀態：緊張—焦慮、憂鬱—沮喪、憤怒—敵意、活力、疲勞、混亂—困惑。要求受訪者關注當下的感覺（即現在），但心情狀態量表也可用來評估每天、每週或習慣性感受（一週一來，包括今天）。30 題的短版可以在 Multi-Health Systems, Inc. www.mhs.com 上獲得。

心情狀態量表經常被用來了解急性健身運動的抗焦慮與抗憂鬱效果，以及耐力型運動員在過度訓練與洩氣方面的研究。1998 年，勒內斯（LeUnes）和伯格（Burger）發表了心情狀態量表研究的參考書目，其中包括自 1975 年引進以來，在健身運動中使用的 194 項研究。儘管如此，還是有些研究者會質疑這用於沒有臨床疾病的人是否合適（Gauvin & Spence, 1998）。因為心情狀態量表是為精神疾病患者所發展的，目的是為了檢測門診患者的治療持續效果，它對這些變化以及實驗室操弄都很敏感。此外，還可以獲得根據性別、年齡與精神狀態（包含正常青年與成年人）的常態化資料，但問題在於它偏向強調負向情感，若對於那些很少壞心情的人，尤其是好心情的變化是否有足夠的敏感度。

雙極性的心情狀態量表（POMS）的發展強化了正向情感的部分，也對有無精神障礙的人都更適用。它有七十二個項目，採四點制評分，從 0（非常不同）到 3（非常相同）。它包括六個雙極量尺：沉著—焦慮、和藹—敵意、高昂—憂鬱、自信—不確定、精力充沛—疲倦、清晰—困惑。

正負向情感量表（PANAS）使用兩個 10 題，獨立向度的心情指數來評估正向和負向情感（Watson, Clark & Tellegen, 1988），量表在兩個月內具有高內部一致性和良好穩定性。正負向情感量表的雙因子結構，在一個 645 名運動訓練營參與者的研究中獲得確認，參與者年齡為 10 至 17 歲，在健身運動後立即進行。不過負面情感量尺中的三個項目（煩躁、痛苦和不安）在心理測量學上還存有些疑慮（Crocker, 1997）。

情感方格是基於調性與激發程度而來的單向工具，其定義為愉悅—不愉悅與激發—困倦（Russell, Weiss & Mendelsohn 1989），應用環繞模型（Circumplex Model）將兩個感覺相關的概念放置於雙極維度（見圖 5.1）。情感方格可有效用呈現當下心情、情緒相關詞彙的意義，以及臉部表情的感受，具有跨文化的有效性（Russell, Lewicka & Niit, 1989）。

感覺量尺（Feeling Scale）是另一種單項目工具，用來測量情感的價量（Hardy & Rejeski, 1989），參與者以 11 等級的雙極量尺來評估整體感受，語文錨定為非常好到非常差。

健身運動誘發感覺量表有十二個形容詞，以李克特式五點量尺（5-point Likert-Type Scale）來評分，由沒有感覺到感覺非常強烈（Gauvin & Rejeski, 1993）。適用於測量由積極投入、振奮、生理疲倦以及冷靜四種感覺狀態（熱情、精力、疲勞和平靜），而這些是急性健身運動的特性。

主觀健身運動經驗量表，用於測量運動刺激下的心理反應（McAuley & Courneya, 1994）。三個尺度中的兩個因素（正向幸福感與心理困擾）對應於心理健康的正負兩端，第三個因素疲勞則代表疲勞的主觀感受。量表包含十二個項目，參與者根據當下的感受，以李克特式量尺進行評分，從完全沒有到非常有。最後這三個專門為了運動所開發的量表，其有效性在其他領域受到質疑（例如：Ekkekakis & Petruzzello, 2001a, 2001b）。

測量注意事項

大部分用來評估情緒的問卷，也可以說是用來測量心情，因為完成問卷通常會需要一點時間（Smith & Crabbe, 2000）。例如：像有六十五個項目的心情狀態量表有幾個次量表來評估特定情緒，同時每個次量表的項目也都分散在整個測試中。填答者在回答第一個次量表項目時的感覺狀態，有可能在回答其他項目前發生了變化，這就影響了量表的有效性。要解決這種侷限，或許單項目測量（例如：雙極量尺），或許會更適合用來評估情緒狀態。因為跟耗時較長的工具相比，這類型比較不會因為測量行為本身，而改變被測量的變項。然而，像是感覺量表（Hardy & Rejeski, 1989）之類的單向量表，並無法確定正在被評估的是哪種情緒，或是不同人可能正經歷不同情緒，而沒有評定到特定的情緒（Lang, 1995）。

> 情感與健身運動所測量的通常是心情，而非短暫的情緒反應。

急性健身運動（Acute Excercise）

文獻中有個共識是健身運動對於改善情感有幫助。一項囊括 1979 年到 2005 年共 158 篇急性健身運動對正向情感影響的後設分析研究發現，健身運動的確可以提高正向心情（Reed & Ones, 2006）。也有證據顯示，強度低於換氣閾值或乳酸閾值的急性健身運動，可以提高主觀的正向情感（Ekkekakis, Parfitt & Petruzzello 2011）。急性健身運動對心情的注意多數來自臨床群體（例如：第二型糖尿病，Kopp et al., 2012; 脊髓損傷：Martin Ginis & Latimer 2007）。此外，每天心情的好或壞也與客觀測量的身體活動有關（Poole et al., 2011）。不過就如前面討論過，必須謹慎地避免過度聚焦在心情與情緒狀態的好處，而忽略了一些調節變項的影響，像是運動經驗、運動項目以及環境。

一般來說，跟不常健身運動的人相比，常健身運動者在單次健身運動後的心情改善幅度會較大（例如：Hoffman & Hoffman, 2008）。里德（Reed）與萬斯（Ones, 2006）表示低強度、持續長於 35 分鐘的低到中等程度的急性健身運動，會持續有正向影響。在一項客觀測量體能活動與日常心情的研究顯示，輕度與中度的體能活動也與每天的正向感受有關，但劇烈運動則不然（Poole et al., 2011）。

魯道夫（Rudolph）和金（Kim, 1996）在一所韓國大學測量 108 名體育學生，進行有氧舞蹈、足球、網球與保齡球的心情反應，在進行健身運動的前後填寫主觀運動體驗量表。結果發現，參與有氧舞蹈與足球的學生增強了好心情，不好的心情並沒有變化，在網球與保齡球的心情上也沒有變化。在這項研究中，參與者是自行選擇要進行哪項運動，然而以研究來說，要透過隨機分派運動類型，才能適當的檢測健身運動類型在情感反應上的作用。

健身運動的立即心理反應，會受到物理與環境因素的影響，例如：溫度、濕度、氣味及有他人在場。像是久坐少動的女性，在有無他人在場、有無鏡像的情境下，以中等強度進行 20 分鐘的運動（Martin Ginis,

Burke & Gauvin, 2007），在健身運動的前、中、後以運動誘發感覺量表來測量感覺狀態。在控制身體質量指數（BMI）因素下，與其他人一起在鏡子房間中運動的女性，相較於其他三組情況，會有活力增加較少、疲勞感提高較多的效果。由這組操弄（他人在場、有鏡像）的反應顯示，分析健身運動對心情的影響時，將環境因素考量進去是很重要的。

青少年運動員在參加比賽後好心情會提升，不過改善心情似乎很大一部分取決於成就感與自身能力是足以挑戰該賽事（Wankel & Sefton, 1989）。不過一項針對大學生的研究顯示，跑步後的心情變化，不會受到是否有競爭的影響（O'Connor, Carda & Graf, 1991）。

一篇關於使用心情狀態量表的回顧研究顯示，在非臨床群體中急性體育活動與心情改善是有關的，而在臨床群體中長期健身運動也與心情改善有關（Berger & Motl, 2000）。心情狀態量表還被用做健身運動後，心情變化的社會或認知解釋，然而儘管研究人員正探索各種可能，不過目前為止還沒有確切證據，顯示有單一解釋可以說明健身運動與心情變化的關聯。例如：常健身運動的人報告他自行跑步前後 10 分鐘的心情，並要求在運動後回憶運動前的心情（Anderson & Brice, 2011）。與不運動的對照組相比，由簡版心情狀態量表（Incredibly Short Profile of Mood States, ISP）所測量的整體情緒干擾值（Total Mood Disturbance, TMD）會顯著增加。此外，回憶運動前的心情會往好的方向扭曲，也就是說，回憶中的運動前心情會比實際情況還要糟，這麼一來急性健身運動對心情的改善效果就會顯得增強。仍需要有更多研究，來了解這種記憶扭曲的可能原因，像是當下的心情狀態，或是對運動後心情的期待。

我們常想的是健身運動如何提高好心情，以及怎麼在短期內產生效果，但也有證據顯示，健身運動可以減少壞心情，像是焦慮或強迫症狀（Abrantes et al., 2009），且效果會比健身運動期間更長。例如：在那些生氣特質較高的大學生身上，30 分鐘中等強度的自行車運動可以降低他們生氣的心情，並且在看情緒圖片所引發的怒氣提升也減輕了，但並沒有改變看情緒圖片所誘發的生氣情緒反應強度（Thom et al., 2012）。因此，僅管健身運動不影響生氣情緒的表現，但提供了預防 45 分鐘後引爆生氣情緒的方法。另一項研究透過引導想像法（Guided Imagery）來誘發不安或生氣的心情，研究報告指出肌力運動後生氣有減少，但並沒有比安靜休息更好（Bartholomew, 1999）。

訓練研究

兩位布萊恩（Bryne, 1993）回顧了 1975 年以來的 30 篇運動訓練對心情調節效果的研究，像是憂鬱、焦慮與其他情緒困擾的狀態，當中有 10 篇研究評估了非臨床族群者的心情變化，顯示心情的改善是與健康情況無關。整體而言，90% 的研究支持運動可以改善心情的論點。里德（Reed）和布克（Buck, 2009）回顧 1980 到 2008 年之間，105 篇關於規律有氧運動與正向情感的研究，當中提到對主觀情感獲得改善，以 30-35 分鐘、每週 3-5 天、持續 10-12 週的低強度運動為最佳。多項隨機研究也發現，對臨床患者的心情與生活品質也有正向影響，例如：接受乳癌治療的女性（Yang et al., 2011; Mutrie et al., 2007）、多發性硬化症（Multiple Sclerosis）的患者（Dalgas et al., 2010）以及頭部外傷患者（Driver & Ede, 2009）。還有一些證據顯示，心情改善與堅持健身運動有關，例如：讓 173 位肥胖女性進行為期六個月的中等強度健身運動，在開始與結束時進行簡明心情狀態量表（Profile of Mood States–Short Form）與其他心理測量（Annesi et al., 2011）。結果發現，心情有顯著改善、心情與身體滿意度對健身運動出勤率變化有所有影響，但自我效能感沒有，且這與身體質量指數的顯著變化有關。

額外訓練的研究雖然有強度不同的差異，但整體支持健身運動對心情的影響，且在不同群體都有正向的效果。在經過 12 週的強度訓練後，原本久坐不動的老年女性，心情有顯著的改善（Tsutsumi et al., 1998），高度與中強度的力量訓練都顯著地提升好心情，並且緊張與焦慮的狀態也都減少，這在中等強度的組別更為明顯。在隨機分派至不同強度肌力訓練的年輕有氧運動者中，最大改善效果的是中等強度的訓練，高強度的訓練在情感的降低上最為明顯，而那些經歷低強度訓練者則沒有什麼有益的變化（Etnier et al., 2005）。

在為期七週的訓練計畫中，對四個自選運動組的人，在運動課程前後都進行心情量測（Steinberg et al., 1998），結果發現課程會提升好心情、降低壞心情，不過健身運動所帶來的好心情，會在接下來的一週內減少，健身運動的一些正向心理效果也顯示，這種效應似乎是短期持續的效果。

> 雖然不是全部，但在許多群體都發現健身運動後心情會有正向的改變。

生理心理與行為測量

由欲求與迴避行為的動物研究在神經學上的貢獻來看，透過生理心理學技術來檢測人類的情緒是有可能的（見圖 5.14）。自主神經激發可以透過膚電反應（皮膚電導或皮膚阻抗）、表皮溫度的變化，以及心血管反應來測量（見第四章）。

膚電反應來自置放於皮膚的兩個電極

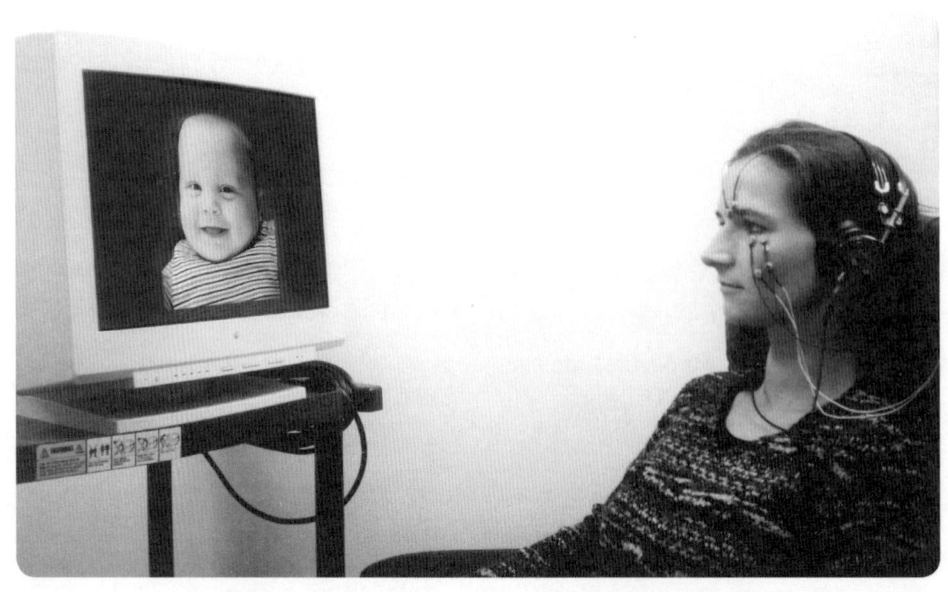

圖 5.14　使用情緒圖片來引發聽覺驚跳眨眼反應

間的阻抗變化，而這些變化跟情緒激發有關。皮膚電導會因負向情緒而增加、正向情緒而減少（例如：Hughes, Uhlmann & Pennebaker, 1994）。皮膚溫度的變化是因壓力引發交感神經活化，進而有反射性血管收縮與舒張所造成。在沒有特定身體活動的情況下，心率與血壓的變化，會與壓力反應及伴隨影響有關。這些方法的限制，是在於無法辨識是那一種情緒。例如：在閱讀國稅局對你退稅申報的回覆信件，和電視製作人邀請你參加遊戲節目的信件，兩者都會有心率與血壓升高。不過對於使用這些生理心理測量工具，來衡量自主神經活動，也存在著一些疑慮（Smith & Crabbe, 2000）。

肌肉收縮使肌纖維產生電位變化，透過置放在肌肉中的探針電極，或貼於該肌肉表皮的貼片電極來偵測。肌電圖可測量特定臉部肌肉活動情形，這與各種情緒反應有關（Cacioppo et al., 1986）。例如：顴肌肉活動（微笑）和皺眉肌活動（皺眉）可區分愉快和不愉快的情緒（Greenwald, Cook & Lang, 1989）。艾克曼（Ekman）與其同事進行大規模紀錄來了解臉部表情作為情緒的行為成份，並且特定情緒跟臉部表情之間的關聯，在不同文化中也是相似的（Ekman, 1989）。艾克曼與佛里森（Friesen）開發了臉部動作編碼系統（Facial Action Coding System, FACS），當中針對 44 種不同且可觀察的臉部肌肉動作進行評分，來對照情緒反應的持續時間與頻率。最初的臉部動作編碼系統，以及新版透過電腦影像分析的軟體，都支持臉部表情可以有效反應主觀情緒感受（Bartlett et al., 1999; Ekman, Davidson & Friesen, 1990）。

健身運動研究所使用的方法

健身運動研究主要測試神經肌肉活動的張力或反應性，包含聽覺驚跳眨眼反應、骨骼肌與臉部肌肉活動以及大腦皮質活動。在第三章提到了臨床神經生理學，測量生物電位來作為情緒指標的作法，圖 5.15 顯示了常用的生物電位測量方式，在健身運動後情緒的研究應用，可由後面章節的相關研究了解。

肌電圖

體力活動會增加代謝，但對於聽覺驚跳眨眼反應並沒有太多研究了解，不過有理由相信體力活動可能會直接影響大腦生化反應，進而影響驚跳反應。雖然不同的神經傳導物質對驚跳反應的影響，是會因腦區而有所不同（Davis, 1997; Davis et al., 1993），不過正腎上腺素（Norepinephrine）與血清素（Serotonin）通常會抑制驚嚇。多巴胺 D2（Dopamine D2）接受器的促進劑（Agonists）也會減弱驚跳反應，而 D1 的促進劑對驚跳的增強效果，會部分依賴於 D2 接受器的共同活化（Meloni & Davis, 1999）。

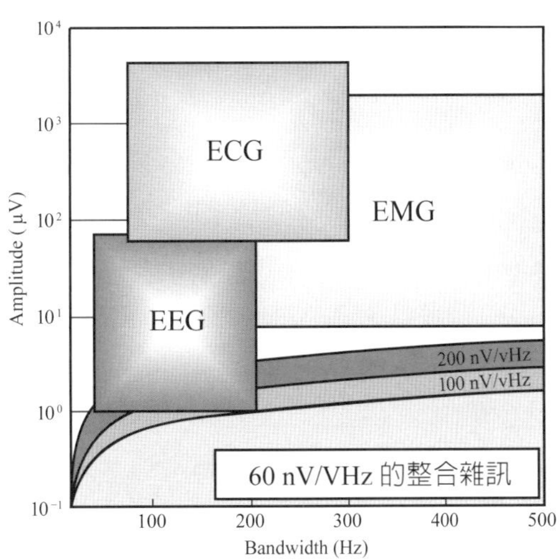

圖 5.15　臨床神經生理學中的生物電位

雖然不同腦區的影響還不清楚，不過由大鼠的研究來看，在跑步機或轉輪跑步時，正腎上腺素、血清素和多巴胺的濃度都會提高，跑步機跑步也提高了多巴胺的週轉率（用新合成的多巴胺來取代舊的）與紋狀體的 D2 接受器數量。研究指出長期跑轉輪會提高多巴胺的水平，並減少大腦的 D2 結合（見 Tieman et al., 2001 的評論）。因此，體力活動期間除了代謝的提高外，健身運動還可以改變大腦生物化學的動態模式，進而可能影響聽覺驚跳眨眼反應神經迴路的反射（強制性）或情緒（調節性）成分。其他神經傳導物質像是在不同腦區的促腎上腺皮質激素釋放因子（Corticotropinreleasing Factor）和膽囊收縮素（Cholecystokinin）也會影響驚嚇反應（Davis, 1997），因此需要有更多研究，來了解這些神經傳導物質在健身運動後的改變。

到這邊僅有三項研究討論急性健身運動聽覺驚跳眨眼反應的影響，26 名健康年輕男性以輕和高強度（40% 和 75% V.O2 峰值）騎自行車 20 分鐘後安靜休息，觀察其聽覺驚跳眨眼反應的振幅與潛伏期變化（Tieman et al., 2001）。無論是常健身運動或是久坐少動的參與者，運動強度都不影響聽覺驚跳眨眼反應的振幅或潛伏期。這些研究顯示，當參與者為具有平均體能程度的年輕健康男性時，無論有無健身運動習慣，可能其聽覺驚跳眨眼反應的基礎值已經改變了，因此不該期待急性健身運動會增強驚跳反應（由正向或負向前景刺激引發的驚跳反應）。

儘管健身運動對年輕健康男性沒有影響，但在那些有神經反應相關疾患（例如：焦慮症、注意力缺陷、過動，ADHD）的群體中，驚跳反應的基礎值可能就已經受影響。例如：研究顯示 ADHD 兒童的大腦多巴胺系統受到影響，局部腦血流研究指出 ADHD 兒童紋狀體上的尾壯核有低灌注（Hypoperfusion）的現象，這裡主要是多巴胺神經元；派醋甲酯（Methylphenidate）（即利他能（Ritalin）是治療 ADHD 的首選藥物，是一種多巴胺的促進劑，Barkley, 1998）。一項以 18 名已診斷為 ADHD 的男孩和女孩，和另 25 名對照兒童的研究中，讓他們進行最大和次大跑步機行走（65% 至 75%V.O2 峰值）來觀察幾個關鍵變項對聽覺驚跳眨眼反應的影響（Tantillo et al., 2002）。主要發現 ADHD 男孩在最高強度運動後的聽覺驚跳眨眼反應，潛伏期縮短和自發性眨眼次數增加，以及 ADHD 女孩在次強度潛伏期縮短，沒有被診斷為 ADHD 的一般兒童眨眼則不會受到運動影響。第三項研究（Smith et al., 2002）使用聽覺驚跳眨眼反應，來觀察健身運動是否會影響情緒反應。

測量情緒

很少有研究測試持續健身運動（超過 1 分鐘）對情緒的影響。菲爾林吉姆（Fillingim）、羅斯（Roth）和庫克（Cook, 1992）發現，和休息 15 分鐘相比，經歷 15 分鐘極低強度的踏車運動試驗（Cycle Ergometry, 50W）後的 8 分鐘，對悲傷與憤怒的意象，並沒有主觀或皺眉肌電圖反應的差異。然而這些研究使用情緒回憶的方式（即內在生成的想像），因此難以確認情緒是否真的有被激起（請見 Davidson et al., 1990 中，想要進行的情緒研究）。此外在分析中也沒有考慮操弄前的反應，也沒有量化個人最大強度。

這似乎是第一個根據當代情緒理論

（Lang, 1995）來了解健身運動對情緒反應的研究，24 名健康女大學生在經過 25 分鐘的低或中強度騎自行車或安靜休息後，評估低與中強度運動對自覺焦慮、聽覺驚跳眨眼反應與皺眉肌活動的影響（Smith et al., 2002）。在參與者觀看每張愉快、中性與不愉快的圖片之前，以及每組圖片看完 20 分鐘後，立即測量聽覺驚跳眨眼與皺眉肌肌電圖。結果發現在每組圖片後 20 分鐘，焦慮狀態明顯降低，驚跳反應幅度也是如此。坐著休息後的皺眉肌肌電圖顯示基準值並沒有變化，但在自行車活動後會降低，且降低幅度與運動強度成正比，驚跳幅度與焦慮狀態的降低有顯著相關（r=.44）。皺眉肌肌電圖在看圖的前後並沒有差異，從此結果看來，透過低與中強度的騎車或坐著休息後的驚跳反應幅度降低，可以看出抗焦慮效果，但情緒刺激不會對欲求或防衛行為的改變。

先天或後天的驚跳反射與其他脊髓反射（例如：肌腱反應（Myotendinous Responses））之間的交互作用，可能會受到情緒刺激的影響（例如：Bonnet et al., 1995）而變得有趣。在迪弗里斯（deVries）的系列研究（deVries et al., 1981; deVries et al., 1982）與其他研究（Bulbulian & Darabos 1986）都顯示健身運動後的 H 反射會減弱。H 反射是 S1-S2 薦神經根部（Sacral Spinal Roots）的單突觸反射，電刺激膝後膕空間（Popliteal Space）的脛神經（Tibial Nerve）來引發，在以肌電圖測量小腿抽動情況（見圖 5.16 和 5.17）。雖然 H 反射主要被視為 alpha 運動神經元興奮、上行和下行的脊髓上束正常的指標，中樞神經系統仍對其有調節效果。

腦波圖

幾項健身運動研究透過腦波測量，來評估腦半球不對稱活化與情緒的關係（例如：Petruzzello & Tate, 1997），但並沒有發現健身運動中或後發現有刺激引起的情緒反應。主觀評估的情感價量與前額葉有關，情感強度可以由頂顳葉區域的腦波變化來得知（Smith & Crabbe, 2000）。

儘管體育活動在心情的影響已被廣泛研究，但對於心情如何影響情緒反應的了解（Ekman, 1994），或是健身運動是否會調節這種影響（Smith & Crabbe, 2000），了解得還是不多。透過腦波來評估腦半球不對稱性活動與情緒反應有關（Davidson, 1998b），動機式參與（趨近或退縮）可能比情感價量還要重要（Carver & Harmon-Jones, 2009a）。

還有證據顯示額葉腦波不對稱性可能與心情相位變化有關。彼得魯哲羅（Petruzzello）與其同事（Petruzzello & Landers, 1994; Petruzzello & Tate, 1997）表示，休息狀態的額葉不對稱性與運動前後的心情變化（像是焦慮與活力喚起）有中度相關。他們 1994 年的研究也顯示，焦慮變化與健身運動前後的不對稱性變化有關。目前還不清楚情緒反應有多大程度會影響階段性心情變化。健身運動後心情會有所改善，但健身運動後的情緒反應所了解的還不夠多。

一項針對中等程度心肺體適能程度的年輕男女的研究，觀察他們進行 50% 峰值有氧動力的自行車活動 30 分鐘，在與休息 30 分鐘相比之下，對標準化的情緒圖片（有正向、負向與中性）有什麼情緒反應變化（Crabbe, Smith, & Dishman, 2007）。情緒反應是透過測量額葉腦波不對稱性與利用雙極量尺的自我評量人偶（Self-Assessment

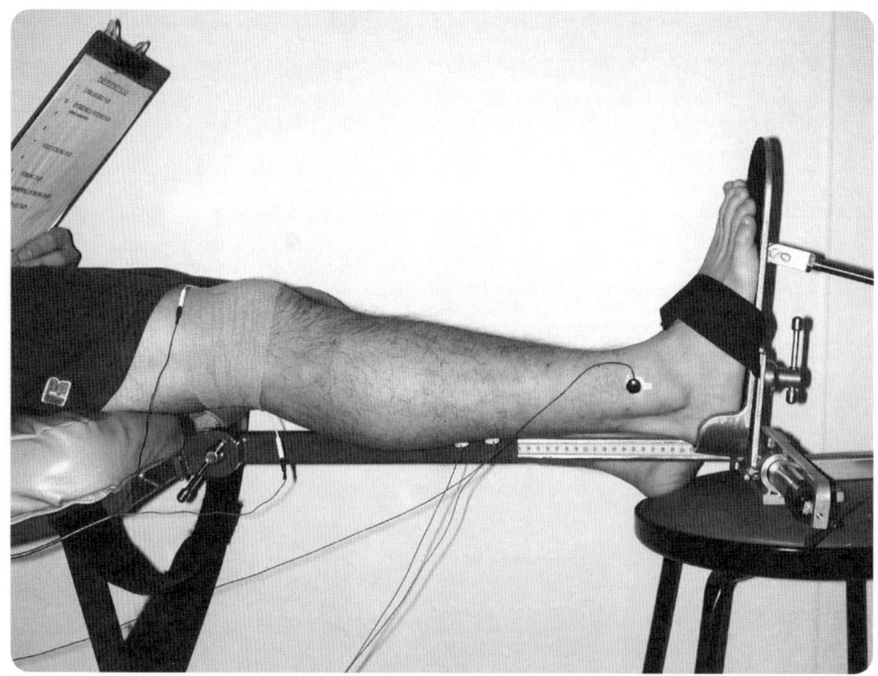

圖 5.16 使用肌電圖測量比目魚肌 H 反射的電極擺放位置

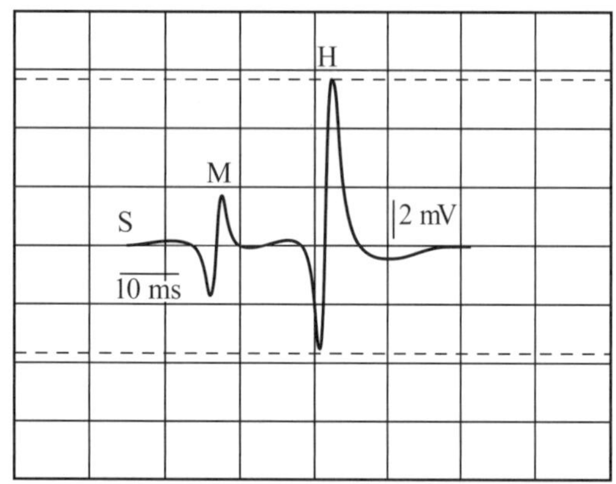

圖 5.17 通過肌電圖測量的 H 反射的波形記錄

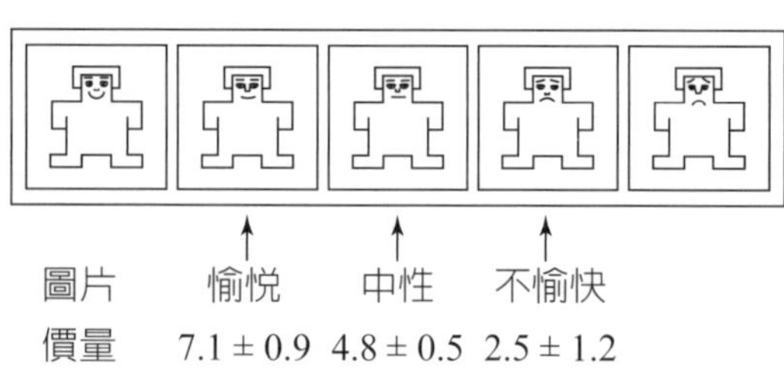

圖 5.18 自我評估人偶的愉悅程度

Manikin, SAM）來評估價量與激發程度，如圖 5.18 所示。

與理論一致（Davidson, 2000），前額葉不對稱性在 α（8-12 Hz）頻段與對圖片的情感價量評估，可由休息時的 α 不對稱性來預測。然而儘管焦慮有減少，但自行車健身運動組，對情緒圖片所引起的情緒反應或正負向情感並沒有影響。此外，雖然健身運動期間的激發程度有提高，但以 PANAS 所測量的正負向情感並沒有因健身運動而有影響，因此，研究並未能表明中等強度的自行車運動能引發情緒的刺激，或是透過影響心情來影響情緒反應。此外，累積的研究證據指出，健身運動中或後的腦波活動，在所有頻段都有提升而不只是 α 波段，且無論哪個腦半球，在所有測量位置活動都有增加，而非只有前額葉（Crabbe & Dishman, 2004）。然而這些研究僅限於少數個紀錄點，並沒有使用如第三章所講的密集陣列電極圖（Dense-Array Electrode Mapping）。儘管如此，證據顯示，與激發程度提高一樣，急性健身運動會一致性增加腦波活動，這可能是因為通過視丘到腦幹的感覺與心血管神經流量提升的緣故。

腦波測量到的是數量相對較少的表層神經元，表層活化並不能確保相對應的深層腦區也活化。在第三章中討論的大腦顯影技，術能夠讓研究人員估計在各種情緒時皮層下大腦區域（例如：杏仁核）的細胞代謝率；這些技術使得探討健身運動與情感之間的關係極有希望（Irwin et al., 1996; LaBar et al., 1998）。到目前為止，並沒有針對急性健身運動或運動訓練後，情感或情緒反應的神經影像學研究，然而至少有兩篇研究顯示，腦波反應與運動結束後的精力或疲勞有關（見第九章，〈活力和疲勞〉）。

在鄔（Woo）與他的同事（2009）一項研究中，讓沒有抱怨活力或疲勞問題的女大學生，在中等強度的跑步機上跑了 30 分鐘，結果顯示活力的提升部分可由右前額（而非左腦）的 δ、θ、α 腦波頻段來解釋，然而只有左前額的 θ 頻段會因健身運動而降低。在一項以常抱怨疲倦的大學生所進行隨機實驗（Dishman et al., 2010a）裡，在訓練的第 1、3、6 週進行了 3 次、每次 20 分鐘的低或中等強度運動，活力感的提高有一半可以由後腦 θ 波段活動來解釋。

有 20 篇以上已發表的急性健身運動對心情影響的實驗與準實驗顯示，運動一段時間後憤怒狀態會中度降低。這些研究都不是為了了解急性健身運動對憤怒影響而設計，大多數研究的參與者在運動前的憤怒程度都低，或者是根本沒有報告有在生氣。如果在運動前已經是生氣的狀態或是被惹怒，那麼運動後憤怒的減少可能會更明顯，就像焦慮一樣（Motl, O'Connor & Dishman, 2004; O'Connor, Raglin & Martinsen, 2000）。此外，許多研究使用心情狀態量表（POMS）來評估憤怒，這量表是用來評估憤怒或敵意的強度（McNair, Lorr & Droppleman, 1981），並不會區分憤怒的體驗或表達。相較之下，狀態—特質生氣表達量表（State Trait Anger Expression Inventory-2, STAXI-2）用於將憤怒由敵意與攻擊性區分開，並評估憤怒的體驗與表達。此外，大多數的評估研究並沒有操弄憤怒，如此就無法判斷運動與憤怒之間的因果關係。

研究限制

健身運動對情感的研究，也如一般情緒與心情的研究一樣，存在著一些問題，例如：測量方式的有效性、是否在合適的時機測量，以及哪些具有關鍵影響力卻又未知的調節或干擾變項。不幸的是，多數在實驗室進行單次運動對心情影響研究，在普及性上都是有限制的（生態效度差），雖然許多人選擇在封閉環境中健身運動，就像在實驗室中一樣（例如：在跑步機走路或跑步、在固定的機台騎自行車），但有許多研究都表明，在自然環境下進行體育活動對心情有正面的影響。

當參與者被要求在健身運動前就完成心情量表時，就無法不讓他們知道研究目的。此外，健身運動刺激無法標準化，考量到高強度運動（遠高於乳酸或通氣閾值），會與潛在的不愉快有關，這可能會混淆對心情的影響。許多研究沒有使用非健身運動的控制組。隨著時間的推移，人與人之間的生理心理反應可變性，會很難以衡量其方向與幅度。例如：使用基礎值進行比較，會被瞬間的感覺、情緒與心情所混淆。實驗室狀態的研究可能會提高情感評分的基礎值，進而放大了急性健身運動後的下降程度。另一方面，由於天花板與地板效應（人的情感體驗程度，不在測量工具的分數範圍），對沒有臨床障礙的人進行的研究可能會顯示健身運動沒有影響，或者是因為使用了為臨床群體所設計的心情評估工具，而這些工具可能不夠敏感，無法檢測出沒有臨床障礙者的變化。

訓練研究的限制在於使用方便樣本，後續追蹤困難，以及研究結果難以複製。健身運動與其他處置條件之間的比較通常是試探性的，因為在曝光方面的條件並不相同，因此可以排除注意力程度的影響，而且也沒有隨機分組。通常沒有考量初始的體適能程度或健身運動史，而且測量健康與與健身運動史的方法也不佳。研究者分析急性與長期健身運動前後的數值變化，但並沒有考慮到基礎值會隨著時間推移而對反應有著不同的影響（Gauvin, Rejeski & Reboussin, 2000）。雖然有著這些科學上的不足，但大部分的證據都支持這樣的觀點，也就是體育活動與健身運動在多數情況下，對大多數人的心情都有著正面的影響。

久坐不動或未經訓練的人，會排斥長或短時間的高強度運動（Weisser, Kinsman & Stamper, 1973），或是不如低強度運動來得愉悅（Ekkekakis, Hall & Petruzzello, 2008; Ekkekakis & Petruzzello, 2002; Hall, Ekkekakis & Petruzzello, 2002）。經常在費力的舉重或自行車運動中，會感覺到疲累增加而經常皺眉（de Morree & Marcora, 2010, 2011）。然而大多數人會說他們健身運動後感覺更好（Morgan, 1973, 1985），當然對有些人來說，這可能只是因為健身運動終於結束了。正如比爾．摩根（Bill Morgan）打趣說：「健身運動就像在用錘子敲擊拇指，停下來的感覺真爽。」

當人們是為了健康或體態而進行健身運動時，過程中是否會引發情感反應目前還沒有太多研究。史密斯（Smith）與其同事發現，大學女生在進行中等強度的自行車運動時愉悅感會提高，但在高強度運動時卻會降低。極低強度的自行車騎行，則被評為更愉快的（Smith & O'Connor, 2003）。一些研究顯示，與高強度的自行車運動相比，人們在進行低強度運動時的情感體驗會更為正向（Bixby & Lochbaum, 2006）。其他研究顯示，30 分鐘中等強度（即低於通氣閾值或乳酸閾值）的騎自行車被認為是輕度的激發，但愉悅感並沒有比安靜休息時多或少（Crabbe, Smith & Dishman, 2007）。在 20 分鐘的中等強度運動中，有些人的感覺會變得更好，而有些人會略差一點但仍然是正向的（Van Landuyt et al., 2000）。

綜合上面所說，新進研究顯示對於那些健康、活躍的年輕人而言，進行改善體能程度的健身運動，雖然他們會說情緒有高度激發，以及會有輕到中等程度的腿部肌肉疼痛，健身運動中都會報告有不錯的愉悅感受（Smith and O'onnor, 2003; Smith et al., 2002），我們將在第十六章「自覺強度」中持續討論這些健身運動的主觀反應。

近來才開始有研究針對健身運動時，是否會改變情緒反應或改變對環境威脅、潛在獎勵的注意力。在低強度自行車運動期間，人們臉部肌肉對情緒圖片的反應沒有改變（Smith & O'Connor, 2003），但在中等或高強度運動時會更快地偵測到威脅、中性與非威脅的情緒圖片（Shields et al., 2011）。在一項針對高焦慮特質的大學生研究裡，30 分鐘的中度自行車運動後，雖然正向感受有提高，但並沒有降低他們的負向感受，或讓注意力轉移到正向情境（Barnes et al.,

2010）。相比之下，大學生以中等強度騎自行車 10 分鐘後，他們對於愉快表情臉孔的關注度增加了，且對不愉快表情臉孔的關注會減少，但這效果在高強度運動時並不存在（Tian & Smith, 2011）。

整體來說，研究結果顯示在健身運動過程中，對於外界刺激的注意力會增強，這與健身運動時情緒迴路會受到抑制的假設相反（Dietrich & Audiffren, 2011）。然而目前還不清楚典型健身運動有多少程度，會選擇性激發那些關於健身運動控制、身體覺察、感知威脅或獎勵的大腦迴路，來影響健身運動中或後的情緒或心情。

機制

伯格（Berger）和莫特爾（Motl）提出說，為了最佳化體育活動後的心情提升，活動應該要是愉悅、有氧以及非競爭性的，中等強度並至少持續 20 分鐘，並且要在時間跟地點可以被預測的封閉式環境下進行（Berger & Motl, 2000）。然而很少人類的研究可以透過操弄社會、心理或生理因素，來了解體育活動或健身運動對心情改變的影響機制。大多數在測試了解可能機制的研究，都主要試想了解對特定心情像是焦慮、憂鬱的影響。這些情緒與機制將在第六章與第七章詳細討論。

生理性的

產熱假說（Thermogenic Hypothesis）認為，體溫升高是健身運動時心情會有正向改變的原因，但影響應該是多因素複合的，而且很少支持這做為有效機制的證據（Koltyn, 1997; Koltyn et al., 1992; Koltyn & Morgan, 1997; Youngstedt et al., 1993）。

腦血流量會因為各種壓力因素而增加，但健身運動的效果似乎主要限於與健身運動、感覺與心血管調控相關的區域，而不是情緒反應（Nybo & Secher, 2004; Secher, Seifert & Van Lieshout, 2008）。雖然急性和慢性運動都會影響前扣帶迴與腦島皮質（涉及情緒處理與心血管控制的區域）的血流（Colcombe et al., 2004; Williamson, McColl & Mathews, 2003），這種對健身運動的反應是否為健身運動的情緒反應，或是因激發程度提高而來的感覺與心血管反應，這部分還有待確定。

暫時性次額葉假說（Transient Hypofrontality Hypothesis）認為，在非最大運動負荷（Submaximal Exercise）時，那些沒有直接參與運動控制的腦區神經活動會降低，像是前額葉皮質（Dietrich, 2003）。根據迪特里希（Dietrich）說法：「腦血流和新陳代謝的研究，為健身運動會降低前額葉皮質神經活動的假說，提供了有力的支持」（Dietrich, 2006, p. 81）。然而最近透過近紅外光譜儀（Near-Infrared Spectroscopy, NIRS）（見第三章）的回顧與後設分析研究來看，與該解釋並不相符（Rooks et al., 2010）。回顧研究中腦部氧合（Oxygenation）、去氧（Deoxygenation）與血容量的反應模式看來，是與暫時性次額葉假說相反。圖 5.19 顯示，只有在高強度、耗竭的健身運動時，腦氧值才會降低，相比之下，中等到高難度的非最大負荷運動，會伴隨著腦氧量與血容量的增加（Rooks et al., 2010）。

腦內啡假說（Endorphin Hypothesis）一直在非專業人群中流傳。因為血液中腦內啡是一種天然的鴉片類藥物，會隨著健身運動而增加，因此被認為是健身運動帶來欣快感的「原因」。但在控制良好的實證研究中卻發現，心情變化與腦內啡程度之間並沒有關

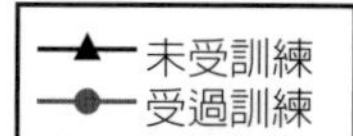

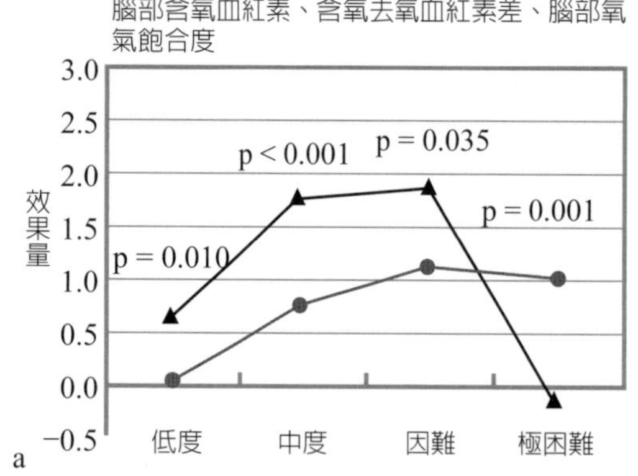

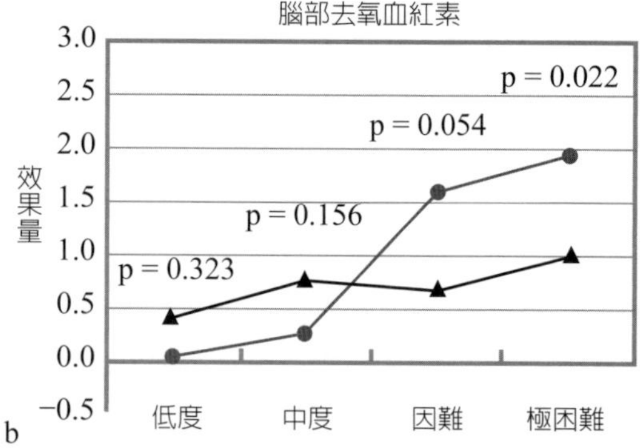

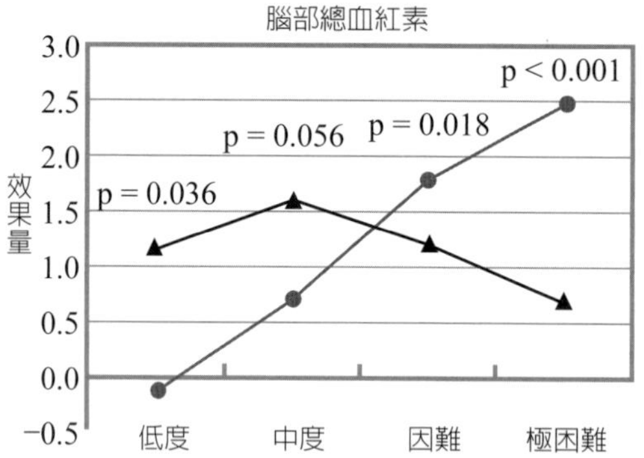

圖 5.19 漸進式運動期間的腦氧合程度

連（Hatfield et al., 1987；參見第七章中的〈其他生物學假說〉）。

腦內啡造成運動後心情或焦慮的變化，這個受歡迎的假說依然是可能的，但它在沒有太多現有證據時就已存在。血液中 β- 腦內啡（β-endorphin）在劇烈運動時，會從腦下垂體提高分泌（Boecker et al., 2010; Goldfarb & Jamurtas, 1997），周邊的 β- 腦內啡或腦啡（Enkephalins），對急性健身運動後心情或止痛效果的連結並不確定。大部分研究顯示，鴉片類藥物的拮抗劑並不會阻斷運動後心情改變，血液中增加的 β- 腦內啡對大腦的影響，會被因為運動的體溫變化而被血腦屏障（Blood–Brain Barrier）所阻斷。

關於健身運動後鴉片類物質的活動，在大腦的變化目前尚未有共識，雖然鴉片類藥物的止痛效果可以間接影響心情，但尚未確認健身運動引起的鎮痛效果，是否可以解釋人們心情的改善（Cook & Koltyn, 2000）。急性健身運動的週邊鴉片類物質的反應，會明顯抑制兒茶酚胺（Catecholamine）對運動時心血管、呼吸和內分泌反應的影響。但根據目前的證據，無法接受這些會對情緒有直接影響。雖然過去的證據有侷限性，但近來一項非控制實驗顯示，以正子斷層造影掃描 10 名經驗豐富的長跑者發現：主觀愉快感與大腦鴉片類物質有相關（Boecker et al., 2008）。這是首先也是唯一證據，支持大腦鴉片類物質會受到人們運動影響，這或許有助於解釋跑步相關的心情變化。至於週邊的鴉片類物質，將健身運動的血源性反應（Blood-Borne Responses）這個新發現當作大腦的替代指標，或對體育活動造成心智影響做推論解釋時，仍需要格外謹慎（Sparling et al., 2003; Szabo, Billett & Turner, 2001; White & Castellano, 2008a）

大腦多巴胺與鴉片類

回顧中腦邊緣多巴胺系統對大腦鴉片類系統的調節（Dishman & Holmes, 2012），享樂平衡理論（Hedonic Allostasis Theory）（Koob & Le Moal 1997）將成癮行為概念化為多巴胺系統低下的反應。這種多巴胺低下的狀態，被認為會誘發補償性行為（例如：尋求藥物、尋求刺激、強迫性運動）來做為恢復正常愉悅感的手段。相較之下，誘因顯著性假說（Incentive Salience Hypothesis）強調多巴胺在獎賞相關制約刺激中觸發「想要」的重要性。根據這個模型，與獎賞相關的喜歡或愉悅感，會涉及激發與中腦邊緣多巴胺路徑平行或下游的其他系統。這些基於其他享樂的系統，與 GABA 與鴉片類物質有關，會涉及腹側紋狀體和紋狀體－蒼白球迴路，為相異但整合的途徑（Smith & Berridge, 2007）。

在誘因顯著性模型中，多巴胺是活化行為的驅動因子，最終將產生愉悅的結果。因此多巴胺調節了觸發相關行為的動機，例如：尋求藥物、尋找刺激與健身運動。這兩個模型對多巴胺與鴉片類物質在健身運動的動機、愉悅感或獲得「快感」作用，卻有相反的預測。享樂缺失模型預測煩躁不安的狀態，可能來自於多巴胺傳遞的缺陷，導致愉悅感受需要重複體驗，因此才有後續相關行為的發生，所以某些人對於健身運動的渴望，會與較低的多巴胺基礎值有關，投入健身運動可能可以將多巴胺的傳遞，恢復到可以感受到愉悅感的程度。

在這個模型中，強迫性或運動「成癮」，是來自於由低多巴胺（也許還包含鴉片類物質）程度讓煩躁不安的狀態正常化（見圖 5.20）

或是如誘因顯著性模型所預測，較高的多巴胺傳遞，會驅使像是健身運動這樣的欲求性動機行為，因為中腦邊緣多巴胺系統就扮演著這樣的適應角色。在這個神經系統中，提高對環境的注意力與增加生存率、動機與執行趨近或迴避行為有關。這些交互激發取決於人們透過線索所得到對事件結果的預期，再導致愉悅或煩躁的主觀感受（無論是奔向伴侶候選人或是逃離獵食者）。在任何一種情境下，主要的認知狀態是動機（渴望、欲望、衝動），相關行為狀態就是動起來，多巴胺調節了這兩種功能。在導致正向結果的行為活化例子中，像是進食或交配之類的相關線索，就可能觸發 GABA 或鴉片類的愉悅迴路（或兩者都有）（Smith & Berridge, 2007）；在逃跑或與敵人戰鬥的

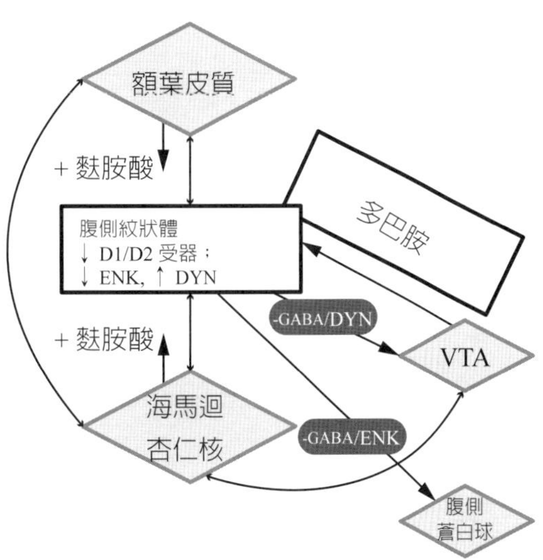

圖 5.20 大腦中多巴胺調節鴉片類物質的假設模型

情況下，激發享樂性的鴉片類迴路，可能意味著獲得成功逃離或已避免威脅的訊號（Dishman & Holmes, 2012）。

沒有單一神經傳導物質或神經調節系統，可以解釋人類心情，這是因為許多神經迴路都有著複雜的交互作用。這些神經迴路受許多興奮性與抑制性神經傳導物質（例如：乙醯膽鹼、GABA 和穀氨酸）、神經調節物質（例如：多巴胺、正腎上腺素和血清素）、神經營養因子（例如：腦源性神經營養因子（Brain Derived Neurotrophic Factor, BDNF）和神經生長因子（Nerve Growth Factor, NGF）、鴉片以外的神經肽（Neuropeptides 類像是 β- 腦內啡、腦啡與強啡肽（Dynorphin））、膽囊收縮素（Cholecystokinin）、促腎上腺皮質激素釋放因子（CRF）、甘丙胺素（galanin）、神經肽 Y（Neuropeptide Y; NPY 和 VGF）、膜脂質（Membrane Lipids）、內源性大麻素（Endocannabinoids）、氣體（例如：一氧化氮）、控制基因轉錄和翻譯的細胞內訊號，以及神經元的轉譯後修飾。鴉片類製劑、安非他命、苯二氮平類和四氫大麻酚（Tetrahydrocannabinol）等藥物對心情有強烈且直接的效果。然而在健身運動過程中，模擬這些藥物的內源性系統產生同樣強烈的作用，但多數情況下並沒有獲得同樣的生物效應。所以健身運動為什麼以及如何以心理健康或不健康的方式，來影響多數人或特殊族群的大腦神經系統，這依然是個關鍵問題（Dishman & O'Connor, 2009）。

心理社會因素

雖然有不少研究認為，健身運動讓心情變好可以由心理社會層面來解釋，但這效果可能是由健身運動對心情的生理和心理影響之間的交互作用所產生的，這些也會隨著健身運動而也所不同。

根據精熟假說（Mastery Hypothesis），在完成一件重要且費心力的事情後，心情會明顯改善。伯佐安（Bozoian）、雷耶斯基（Rejeski）與麥考利（McAuley, 1994）指出，自我效能可能會對健身運動影響心情的效果有交互作用，因此更好的自我效能對心情有更正面的改善有關。

分心假說（Distraction Hypothesis）認為，健身運動時可以由日常壓力與擔憂思緒中抽離出來，就獲得了心情提升的效果。如果分心是造成影響的主要機制，那麼在健身運動時多工的進行工作，像是在跑步機上或爬樓梯時進行商業交易或統整報告，可能就會抵消健身運動的心理益處。實際上，讓 150 名經驗豐富的長跑者在跑步前後完成心情狀態量表，發現活力的提升與非聯想思維（Nonassociative Thought）有關（Goode & Roth, 1993）。透過健身運動時想法量表（Thoughts During Exercise Scale）所得的人際關係想法，也與緊張和焦慮的降低有關。

BOX 健身運動帶來的心理益處可能與改善心情有關

- 透過強烈、持續性的有意義活動，可以改善情緒穩定度、知足與盡責
- 幸福感、愉悅感與自我意識增強，更能欣賞周遭環境
- 減少恐懼、緊張、易怒的感覺
- 不再擔憂與沮喪
- 對抗怠惰、疲勞、憂鬱與困惑

健身運動的危害

本章聚焦在健身運動所產生的正向影響與心情改善。體能活動除了好處以外，有時會在久經訓練的運動員身上看到情緒障礙，這是由於過度訓練（隨著時間推移，訓練已超過身體與心理的最適量與強度）而導致的倦怠（Stale）（Morgan et al., 1987）。倦怠是一種症候群，典型特徵是變得更緊張與憂鬱加、慢性疲勞、食慾減退、失眠、性慾下降、表現下降、內分泌失調和免疫系統弱化（Dishman, 1992）。

在非運動員身上也會看到有問題的過度運動（Morgan, 1979b）。強迫性運動、強迫性運動能力（Compulsive Athleticism）與運動依賴（Exercise Dependence）是一些相關術語，指得是把執行運動看得比工作、家庭、朋友與社交還要更重要。就算受到嚴重傷害還繼續運動，而且被阻止運動時還會出現情緒障礙、焦慮、內疚與憂鬱等戒斷症狀（Mondin et al., 1996; Cockerill & Riddington, 1996）。

一些研究顯示，非菁英跑者和同齡的泳者的倦怠率大約 33%（Raglin & Moger, 1999、Raglin & Wilson, 2000）。並沒有流行病學調查來了解運動倦怠（Athletic Staleness）或運動濫用（Abusive Exercise）的盛行率或危險因素。目前所呈現的是特定運動群體或健身狂熱者所有的臨床醫學問題，但並非公共衛生問題。正如本書最後部分所看到的那樣，已開發國家中很少會有成年人讓自己的體能活動面臨過度訓練或濫用的風險。這個主題在第十二章的練習濫用部分會有更深入的討論，因為這涉及到情緒調節與自我概念不平衡的問題。

小結

情感通常是以紙筆工具透過自我報告來測量，但其他的測量感覺狀態、情感、心情與情緒的方式包括測量生理指標（如：皮膚電導、肌電圖、腦波圖和神經影像）和行為指標，例如：臉部表情。目前研究證據雖然不完全有科學強力支持，但支持民間流傳的說法，認為健身運動可以改善心情。對這個觀察結果的社會、認知與生理學解釋尚未確定，但若將健身運動對心情的正向影響僅歸因於自我應驗式預言（Self-fulfilling Prophecy），似乎並不合適。很少有體育活動與健身運動的研究，是基於當代理論來探討心情或情緒。此外，研究尚未確認常用於休閒或健身的急性健身運動會影響情緒反應。特別有意思的是，運動後神經肌肉張力的降低，是否如一些研究所述，在健身運動對情緒的直接影響中扮演重要角色。

許多人決定健身運動的原因包含減重與健康，這在段其內會需要花費相當時間與精力，且一段時間內並不會有明顯的結果。調節心情這樣的短期回饋，可能對人們持續規律健身運動上是重要的。健身運動動機的清單已將心情包含為其中一個因素，能成為人們健身運動的原因在概念上是有意義的。然而健身運動對對心情的正向影響可能是微妙的，可能不易在初學者身上表現出來。健身運動讓心情變好，在假設上是讓那些過去有健身運動經驗的人更有動力了（Hsiao & Thayer, 1998）。第十三章和十五章介紹了內在因素對持續健身運動的影響。

參考網站

1. www.deakin.edu.au/health/psychology/gagepage/pgstory.htm
2. www.personalityresearch.org/basicemotions.html

第六章
焦 慮

徐晏萱 譯

很多在休閒時間健身運動的人，發現高強度運動（Hard Workout）有一種鎮靜效果，可以用來「忘卻憂慮」或者作為「緊張能量」的出口。也有人覺得在中強度的身體活動（如快步走）後感到輕鬆許多。過去文獻支持對於非臨床的族群而言，健身運動可以減緩焦慮。雖然健身運動曾經被認為可能增加恐慌症患者的焦慮，但近期研究指出，臨床族群也能從中獲益。本章提供焦慮造成社會財經衝擊的統計資料、定義焦慮（Anxiety）與焦慮疾患（Anxiety Disorders），也呈現研究中焦慮和健身運動之間的關聯，包括對健身運動效益的機制探討。

盛行率與社會衝擊

在美國，18 歲以上成人中，每年約有 18%（約 2 千 3 百萬人）遭受焦慮疾患（Kessler et al. 2005b），而 29% 的人則在其一生中會罹患某種形式的焦慮疾患（Kessler et al., 2005a）。誠然，焦慮疾患比物質濫用以外的各種精神疾病都更為盛行。女性比男性更有可能在一生中得到某一種焦慮疾患，女性得病的終生勝算（odds，約 30%）較男性（約 20%）高出了 60%（Kessler et al., 2005c）。圖 6.1 呈現在 12 個月間及終其一生中罹患各類焦慮疾患的盛行率。

青壯年比老年人更容易感到焦慮。圖 6.1 顯示，所有焦慮疾患的盛行率一直到 60 歲以後才開始下降。然而，15 到 24 歲的人，較之 25 到 54 歲的人，有高出 40% 的勝算會經歷焦慮發作。在美國的「全國共病調查複製研究」（National Comorbidity Survey Replication）（Breslau e al., 2006）中，涵蓋了 5,424 位西裔、非西裔黑人和非西裔白人的資料，顯示其中兩類少數族裔罹患廣泛性焦慮症（Generalized Anxiety Disorder）與社會焦慮症（Social Anxiety）的風險較低，而非西裔黑人罹患恐慌症的風險較低（見圖 6.2），在少數族裔中的低風險又在低教育程度的族群中更加明顯。

社會焦慮症是最常見的焦慮疾患，盛行率據報達 18.7%。社會焦慮症的初次發作一般是在兒童或青少年時期，若沒有接受治療，臨床病程通常會慢性化，不會自行緩解，並且連帶有顯著的功能缺損。社會焦慮症和其他精神疾病（包括情感疾患、其他焦慮疾患，以及物質濫用或依賴）具有高共病率。不過雖然有對社會焦慮症有效的治療方式，卻很少有患者去尋求專業協助（Van Ameringen et al., 2003）。

作為初級照護場域中最常見的焦慮疾患之一，恐慌症（Panic Disorcer）是慢性且使人衰弱的疾病。由於有醫學無法解釋的症狀，患者會過度使用健康照護服務（Pollack et al., 2003）。恐慌症時常與

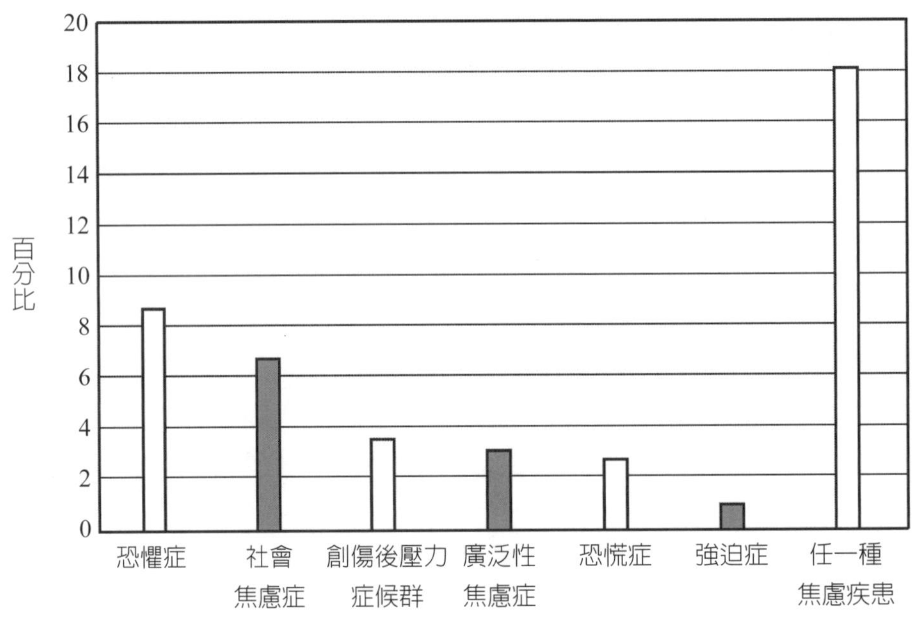

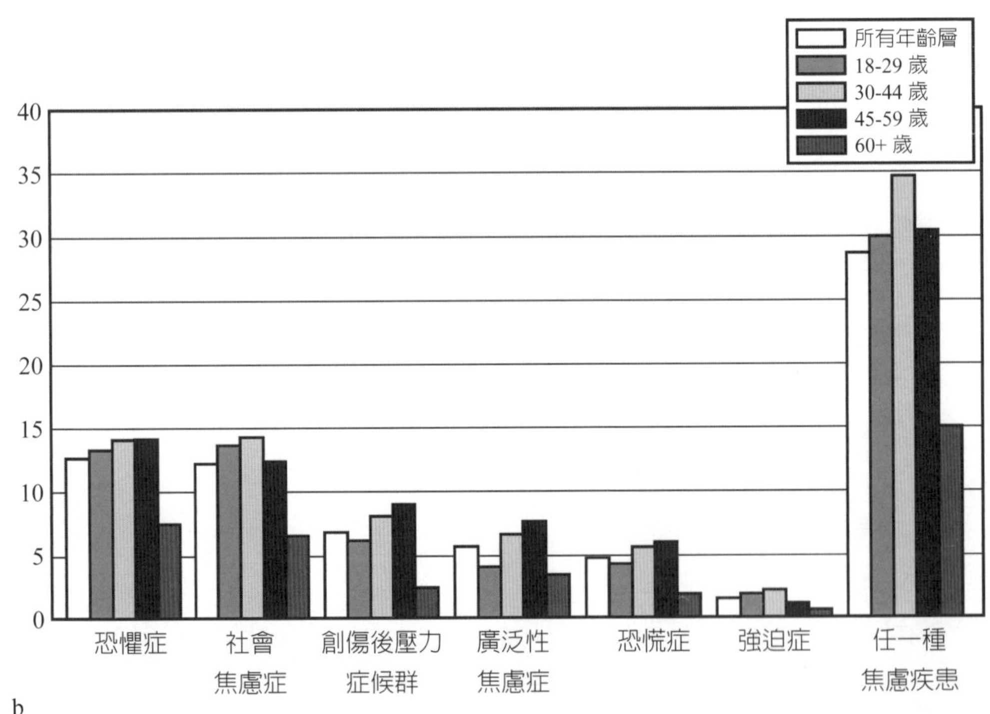

圖 6.1 (a) **美國成人焦慮疾患的** 12 **個月盛行率；**(b) **依年齡呈現美國成人焦慮疾患的終生盛行率估計值**

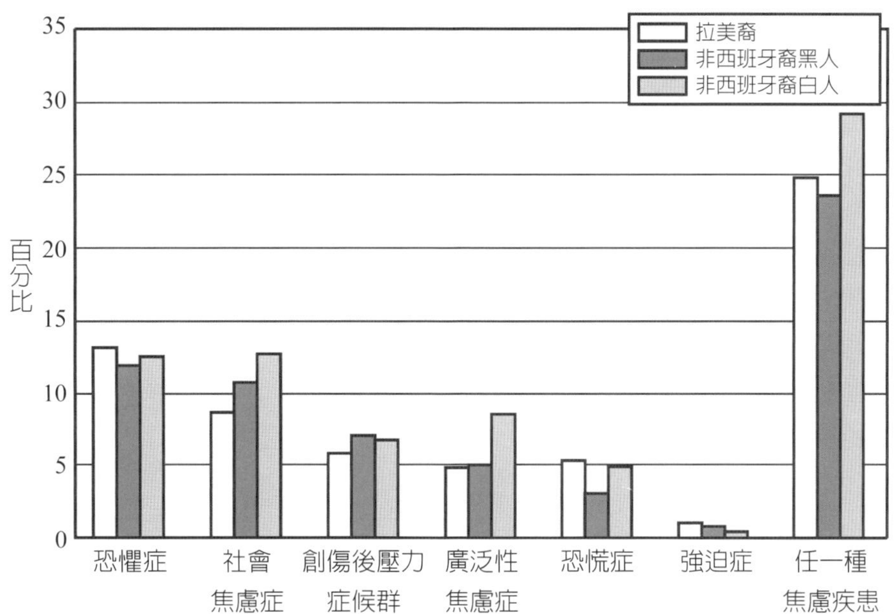

圖 6.2　依種族與族裔劃分的美國成人焦慮疾患終生盛行率估計

懼曠症（Agoraphobia）和重鬱症（Major Depression）共病，患者罹患心血管疾病的風險增加，甚至自殺的風險也提高。

廣泛性焦慮症（Generalized Anxiety Disorder, GAD，於後文定義之）是一個在普羅大眾中終生盛行率約 4-7% 的常見疾病。第一次發作的年齡通常在 20 歲初頭，但也經常在兒童與青少年看到。臨床病程經常慢性化，約 40% 的患者自陳病程已持續超過五年。廣泛性焦慮症與嚴重的功能缺損有關，會造成職業功能減損和生活品質下降。患者容易成為門診醫療的常客，進而產生很大的健康照護成本（Allgulander et al., 2003）。

焦慮疾患經常併發憂鬱、飲食疾患、或物質濫用，且恐慌症患者有更高風險會同時罹患心血管疾病（Kessler et al., 2005b; Weissman et al., 1990）。焦慮會在很多方面損害生活品質，例如：失去工作生產力（Greenberg et al., 1999）。除了個人的痛苦以外，全國共病調查複製研究的結果指出，焦慮疾患在美國可能每年耗費約八百五十億美元，主要支出在健康照護、藥物和生產力的喪失（DuPont et al., 1996; Greenberg et al., 1999）。自從 1990 年估計出焦慮疾患年耗四百到四百六十六億美元以來（佔當時心理健康支出總額的 31.5%），美國尚未更新在焦慮症上的花費，

但這個金額必定已然跟上憂鬱症的腳步。舉例來說，2009 年主要用來治療憂鬱與焦慮患者的抗憂鬱劑，是全美第四常見的處方藥物，佔了銷售額裡九十億美元（www.imshealth.com/portal/site/imshealth）。

> 焦慮疾患比物質濫用以外的其他精神疾病更為常見。

定義

焦慮是處於憂慮（Worry）、擔憂（Apprehension）或緊張（Tension）的狀態，常常在沒有實質或明確危險時發生。雖然焦

慮也是對於真實或想像中的危險的正常反應，但它和害怕（Fear）有所區別，害怕通常是對具威脅性刺激的暫時情緒反應。除了在多數的恐慌症以外，焦慮會比害怕更加持久且抽象。當症狀或外顯行為頻繁且嚴重，以致造成痛苦或損害正常生理社會功能時，焦慮便被視為一種疾病。

焦慮並不是新的難題。例如：希臘古籍中有六種焦慮的亞型：死亡（Death）、殘害（Mutilation）、分離（Separation）、罪惡（Guilt）、羞恥（Shame）以及晦澀（Diffuse）或缺乏特定性（Nonspecific），它們分別以激動（*Agitated*）、危險（*Danger*）、絕望（*Desperate*）、驚嚇（*Frightened*）、緊張（*Nervous*）、恐慌（*Panic*）、威脅（*Threatened*）、膽小（*Timid*）和受苦（*Troubled*）來表示（Newbold, 1990）。在一個世紀以前，佛洛伊德就注意到，普羅大眾常有長期、隨處浮現的焦慮（Free-Floating Anxiety）。

常見的焦慮疾患類型

焦慮疾患有好幾種類型：畏懼症（Phobias）、恐慌症、強迫症（Obsessive-Compulsive Disorder）、創傷後壓力症（Posttraumatic Stress Disorder）和廣泛性焦慮症，各有其特殊的心理與行為特徵。

- 最常見的**焦慮疾患**為社交**恐懼症**（**Social Phobia**）和特定**畏懼症**（**Specific Phobias**）。社交恐懼（又稱社會焦慮症，Social Anxiety Disorder）是害怕被他人評價、被批評，又或者是對此感到焦慮。有社交恐懼的人在社會情境中，對於被審視與困窘的場面，有無法承受的的恐懼，因而會逃避許多可能讓他感到愉快、或可以得到獎勵的經驗。社交恐懼症在男性與女性同樣常見，可能只發生在個別的情境（例如：只出現在公開場所飲食、公開演說、或者面對異性時），也可能是廣泛的，牽涉到幾乎所有家庭以外的社交情境。在某些文化下，有眼神交會的面對面接觸，可能特別讓人感到壓力。社交恐懼通常和低自尊與害怕被批評有關，症狀時常包含臉紅、手抖、噁心或尿急感。社交恐懼的人有時會確信這些由焦慮引起的續發症狀（Secondary Symptoms）是主要問題所在，而這些症狀可能持續進展，成為恐慌發作。
- **懼曠症**（**Agorophobia**）是由希臘文翻譯而來，意思是「對開放市場的恐懼」，但它其實特別指稱對於身處難以逃脫場景的恐懼，或指對於單獨外出，搭乘汽車、巴士或飛機，或身處擁擠環境等情景的逃避。有懼曠症的人通常害怕離開家裡，或離開家中的某個房間，他們藉由禁錮自己來減輕焦慮。而單純的畏懼症是對特定物體（如蜘蛛）或場所（如高處）有非理性的恐懼或逃避。這些特定畏懼症通常不是接觸到單一創傷事件（被狗咬或差點溺斃）就會產生。畏懼症較常有家族性，或是經由觀察他人的經驗，以替代學習的方式得到。
- **恐慌症**會反覆出現強烈的恐懼，並且沒有警訊或缺乏明顯的原因。身體症狀包括胸痛、心悸、窒息感或喘不過氣、暈眩、腹部不適、感覺不真實、害怕死之將至、失去控制，或快要發瘋。恐慌發作（Panic Attack）通常持續數分鐘，期間恐懼與自主神經症狀會逐漸增強，大約在 10 到 15 分鐘之內達到高峰。恐慌發作經常使個體想要逃離現場，並且之後就會設法避免身處在同樣的情境中，常導致當事人害怕獨處，或害怕到公眾場合，並且會持續害怕下一次的發作。

- **強迫症**是反覆出現具有侵擾性、不請自來的想法、衝動、或影像，或者有似乎無法停止的強迫行為，典型特徵是以重複的動作或儀式來減輕焦慮。強迫症較之其他多數的焦慮疾患而言，有更高的家族性。
- **創傷後壓力症候群**包含焦慮與行為障礙，是對特別具有威脅性或災難性的（短期或長期）壓力事件（如天災、戰爭、重大意外、目睹他人橫死、遭受嚴刑拷打、恐怖攻擊、強暴或其他犯罪行為），所出現的延遲或延長反應。症狀通常包括創傷經驗的重現（Flashbacks），或與創傷事件有關的夢境，自主神經過度激發（Autonomic Hyperarousal）與過度警覺（Hypervigilance），增強的驚嚇反應（Startle Reaction）和失眠。大約 50% 創傷後壓力症候群患者，在 6 個月內情況就會改善。但對於其他的患者，疾病一般會持續數年，且難以承受。
- **廣泛性焦慮症（Generalized Anxiety Disorder, GAD）**的定義是對於不只一件事情，有反覆出現，或持續有過度、無法控制的擔憂（Worry），為期至少 6 個月，且擔憂的日子比沒有擔憂的日子多。前文提過，佛洛伊德發現長期、隨處浮現的焦慮很常出現在一般大眾身上。廣泛性焦慮症會伴隨過度的警覺，以及和壓力與焦慮有關的身體症狀，例如：肌肉緊張。在焦慮疾患中，廣泛性焦慮症與其他疾病有最高的共病率（見圖 6.3）。廣泛性焦慮症的診斷準則目前仍在修正中，「過度擔憂（Excessive Worry）」是否是必要的診斷條件，仍然是有爭議的（例如：世界衛生組織在 1992 年發表的「國際疾病分類」（International Classification of Diseases）中，並未列入過度擔憂，Weisberg, 2009）。

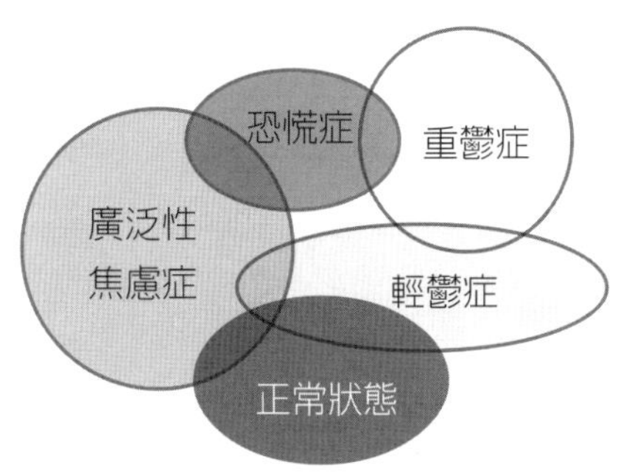

圖 6.3 廣泛性焦慮症的共病

Medscape Mental Health 授權轉載 (www.medscape.com/medscape/psychiatry/journal/1997/v02.n05/mh3070. woodman/mh3070.woodman.html), © 1997, Medscape Inc.

焦慮的成分，包括認知、情緒反應和生理變化，例如：運動神經緊張，和自主神經系統的過度活動。其中的認知與情緒向度將焦慮與生理激發（Arousal）區分開來，生理激發是一種不特定的生理反應，以肌肉緊張、心跳加速和警覺程度提高來表現。一個生理激發狀態很高的人不一定感到焦慮，但是焦慮的人一般都會有生理激發的特徵，並伴隨預期性的焦慮（Apprehensive Expectations）、躁動、對危險訊號的警戒，以及有效認知因應的減少。

焦慮通常被描述為暫時或短暫的（情境焦慮），抑或是一種人格特質的展現（特質焦慮）。**情境焦慮（State Anxiety）**是對有意識或無意識中知覺到的威脅，所產生的立即性心理和生理反應（意即「你現在是否感到焦慮？」）情境焦慮包含主觀感受和客觀表現（如心跳加快）。**特質焦慮（Trait Anxiety）**則是指一個人有多容易將事件評估為有威脅的人格特質（也就是「你是個焦慮的人嗎？」）。一般而言，具有高焦慮特質的人會知覺到更多具有威脅性的情境、更常展現焦慮狀態、並且對於特定情境會比一般人有更強烈的焦慮反應（Speilberger et al., 1983）（見圖 6.4）。特質焦慮與人格有關，但是比頑強的核心氣質（Core Temporament）更容易改變。雖然焦慮是常見的反應，但通常可以藉由症狀的數量與強度、個人痛苦的程度以及正常功能受損的程度，來區分一般程度的焦慮、和臨床上的焦慮疾患（見圖 6.5）。

情境焦慮是對個體知覺到的威脅，所產生的立即性心理與生理反應，而特質焦慮是一個人將事件視為具有威脅性的傾向。

健身運動的功效

1996 年，《美國衛生署長身體活動與健康報告書》（*U.S. Surgeon General's Report on Physical Activity and Health*, U.S. Department of Health and Human Servies 1996）指出，規律的身體活動可以降低焦慮感受。然而，由科學諮詢委員會（Scientific Advisory Committee）於 2008 年出版的《美國人身體活動指南》（*Physical activity Guidelines for Americans*）則認為，有關身體活動或健身運動能減少焦慮症患者的症狀，或能預防焦慮症的支持證據很少（Physical Activity Guidelines Advisory Committee, 2008）。有別於探討身體活動與憂鬱症的研究，幾乎沒有以群體為基礎（Population-Based）的前瞻性世代研究，去調查身體活動是否能保護個體免於焦慮症狀，只有少數的隨機對照試驗檢驗過健身運動計畫是否能減少焦慮症患者的焦慮症狀。現有的研究多半以實驗法來探討

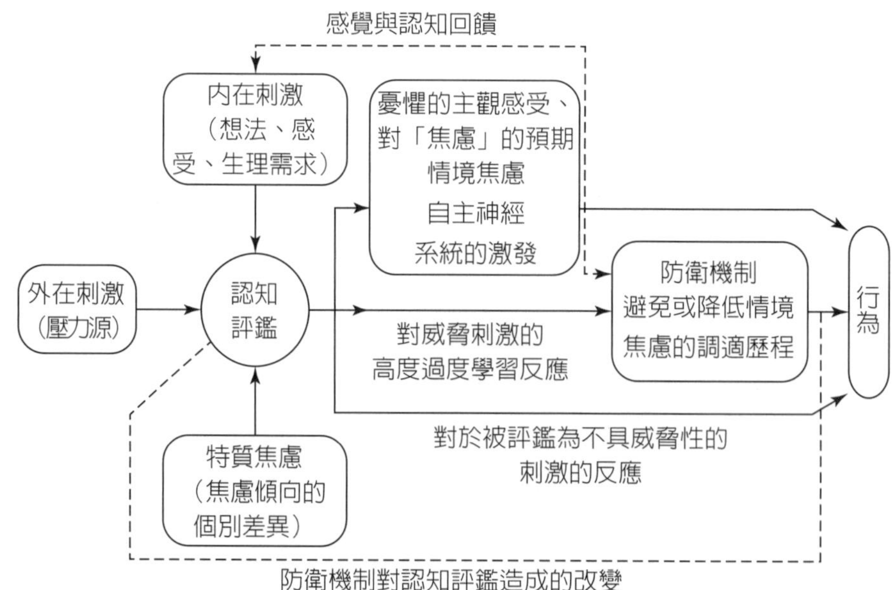

圖 6.4　情境焦慮與特質焦慮的概念

授權轉載自 C.D. Spielberger, 1996, Theory and research on anxiety. In *Anxiety and behavior* (New York: Academic Press), 17.

診斷指南

社會焦慮症

以下所有條件都需符合才能診斷為社會焦慮症：

- 患者的心理、行為或自主神經症狀必須來自焦慮，而非續發於其他症狀（例如：妄想或強迫意念）。
- 焦慮必須侷限於或主要發生在某個特定的社交情境。
- 逃避會感到畏懼的情境必須是主要特徵之一。

恐慌症

只有在沒有任何畏懼症的情況下，才能將恐慌症作為主要診斷。確診需要在大約一個月內，出現多次嚴重、自主神經性的焦慮發作。

- 發生在沒有客觀危險的情景之中
- 並非侷限在已知或預知（可能會引發發作）的情境。
- 在兩次發作之間，相對而言可以不感到焦慮（雖然常見有預期性的焦慮）。

強迫症

必須要連續兩週、在多數的日子裡出現強迫症狀（Obsessional Symptoms）、強迫行為（Compulsive Acts），或兩者皆有，並且必須是苦惱或干擾活動的來源。強迫症狀應具有下列特徵：

- 必須被視為患者自己的想法或衝動
- 必須至少有一種想法或行為無法被成功阻止，即使可能有當事人已經不再嘗試阻抗的其他想法或行為。
- 執行這個行為的想法，必須是不令人感到愉悅的（單純緩解緊張或焦慮，在此處不被視為令人感到愉悅）。
- 這些想法、心像或衝動，必須是重複且令人不悅的。

創傷後壓力症候群

創傷後壓力症候群一般只在有證據指出其發生於創傷事件後 6 個月內、且嚴重程度超乎尋常時才會被診斷。除了要有創傷的證據以外，一定要對事件有重複、侵擾性的回憶，或者在記憶裡、白日夢或夢境中重演創傷事件。通常會有明顯的情緒抽離、情感麻木或逃避可能引發對創傷事件的回憶的刺激，但這些並不是診斷的要件。自主神經系統的異常、情緒困擾（例如：憂鬱，或忽然出現強烈的恐懼或恐慌發作）、行為異常（攻擊疾患、酒精濫用）也都是診斷的一部分，但並非要件。

廣泛性焦慮症

焦慮的主要症狀必須一次出現至少數週，且多數的日子皆然，並且通常會持續數個月。這些症狀通常包括以下要素：

- 憂懼（對於未來遭遇不幸的擔憂、緊張不安、專注困難）
- 運動神經緊張（如坐立不安、緊張型頭痛、顫抖、無法放鬆）
- 自主神經系統過度活動（如頭昏、冒汗、心跳過快或呼吸急促、上腹部不適、頭暈、口乾）

在兒童可能主要以頻繁需要再保證，與反覆自陳有身體症狀來表現。

授權轉載自世界衛生組織（1992），國際疾病分類標準第十版（*International Classification of diseases-10*）（日內瓦：世界衛生組織）。

急性健身運動（Acute Exercise）對情境焦慮的影響；長期健身運動（Chronic Exercise）對無焦慮症診斷者的特質焦慮的影響，或以隨機對照試驗，針對沒有焦慮診斷但有其他醫學狀況的人，探討健身運動是否能改善他們的體適能（Fitness）與原本的疾病狀態。

威士康辛大學的比爾．摩根（Bill Morgan）推測，之所以會缺乏利用健身運動來處裡焦慮的研究，可能源自於 60 年代後期與 70 年代早期醫學界的態度，當時認為在焦慮神經質（Anxiety Neurosis）和一些沒有焦慮神經質的人身上，身體活動是引發恐慌發作的預測因子（Morgan, 1979a）。這種對於健身運動治療焦慮的負向態度是來自一項研究，其證據顯示乳酸注射會伴隨焦慮增加。Pitts 與 McClure（1967）對 10 位研究中控制組的參與者，和 14 位有焦慮神經質的參與者，在休息狀態下以靜脈注射的方式給予乳酸（DL- 乳酸鈉與鈣）或安慰劑（葡萄糖），並測量注射後的焦慮反應，他們發現有焦慮神經質的參與者在注射 DL- 乳酸鈉後（會提高血中乳酸濃度至大約每分升 40 毫克），幾乎所有患者（一位除外）都出現焦慮發作，在某些個案中，焦慮甚至持續了 2 到 5 天。Pitts 與 McClure 還記載了某些控制組參與者也出現焦慮反應，他們總結認為，乳酸可以引發焦慮症狀。因此，由於激烈運動會增加肌肉與血液中的乳酸，身體活動似乎可以引發焦慮症狀，而極限運動（Maximal Exercise）對血中乳酸濃度的提升，通常會達到 DL- 乳酸鈉注射的 2 至 3 倍之多。

然而，Grosz 與 Farmer（1972）以及 Morgan（1979s）的研究提出幾個原因，說明乳酸注射會引發焦慮症狀，但是由健身運動導致的乳酸增加卻不會引發焦慮症狀。例如：注入體內的乳酸很快就被轉化為碳酸氫鈉和二氧化碳，這些物質隨著代謝性鹼中毒（Metabolic Alkalosis）與後續引發的過度換氣（Hyperventilation），而和焦慮發作有關。而健身運動引發的乳酸增加，則是會導致代謝性酸中毒（Metabolic Acidosis）。自 1987 年以來，有十五個研究的實徵證據同樣反駁健身運動與恐慌發作之間的關係，在這些研究中的 420 位恐慌症患者與 444 場健身運動中，僅報告出 5 次的恐慌發作（O'Connor, Smith & Morgan, 2000）。也有研究指出，在 35 位恐慌症患者中，僅有一位在超極量跑步機測試（Supramaximal Treadmill Testing）的過程裡出現恐慌發作，這種跑步機測試會誘發比一般乳酸注射還要高出許多的血中乳酸值（每公升 8-14 毫摩爾），但一般乳酸注射（誘發血中乳酸值達每公升 5-6 毫摩爾）會在大約三分之二的恐慌症患者身上引起恐慌發作（Martinsen et al., 1998a）。此外，對於沒有臨床疾病的人來說，健身運動導致的乳酸累積和健身運動後焦慮並沒有關係（例如：Garvin, Koltyn & Morgan, 1997）。急性的次大運動（Acute Submaximal Exercise）也降低在施打會引發恐慌的膽囊收縮素（Cholecystokinin）後，恐慌症患者與健康人出現恐慌的頻率、與焦慮症狀的嚴重度。此外，小型的隨機對照試驗發現，雖然效果不及藥物治療，但為期 10 週的有氧運動訓練對於降低恐慌症與懼曠症患者的焦慮症狀很有效（Broocks et al., 1998），並且在合併使用抗焦慮藥物選擇性血清素抑制劑帕羅西汀（Paroxetine）之下，效果比單獨進行放鬆訓練更好（Wedekind et al., 2010）。只要兩週的中強度有氧運動，就能對那些在焦慮敏感（Anxiety Sensitivity，恐慌症患者的特徵）測驗上得到高分的年輕人，降低他們對焦慮症狀的恐懼（Smits et al., 2008）。

早期研究錯誤地將恐慌發作歸因於激烈運動。

在 60 年代晚期與 70 年代期間，以身體活動治療焦慮的研究因為這個乳酸—焦慮的爭議而受到阻礙，但是急性與長期運動對於焦慮的影響，在過去四十多年以來一直是許多研究探討的主題。Morgan（1973, 1979a）主導的幾項開創性研究，探討了急性身體活動對情境焦慮的影響，為後來大量的研究奠下基礎，顯示自評的焦慮程度會在有氧運動後下降。例如：Morgan（1973）分別在進行激烈運動前、激烈運動剛結束時，以及 45 分鐘的激烈運動結束後 20 到 30 分鐘之間，測量 40 位男性的情境焦慮，結果發現在運動剛結束時，焦慮些微上升，但是到了 20 到 30 分鐘後，焦慮程度明顯比健身運動前降低。在後續的一項研究中，有 75 位中年男性進行 20 分鐘、強度達到身體 70% 有氧作業能力（Aerobic Capacity）的健身運動，發現可以降低情境焦慮，且程度與冥想或安靜休息相仿，見圖 6.5（Bahrke & Morgan, 1978）。這個研究特別重要，因為它衍生了一項假說，認為這些有助於降低焦慮的情境，具有一個共同的特徵，就是「暫停（Time-Out）」，或者說從焦慮源或症狀中轉移注意力——分心可能可以解釋健身運動後焦慮減緩的原因，而這個觀點在後續也被其他研究支持（Breus & O'Connor, 1998）。

預防焦慮：觀察性研究

一項早期的橫斷式群體研究指出，活躍的人比不活躍的人有更少的焦慮症狀（Stephens, 1988）。「加拿大健康調查（Canada Health Survey）」對將近 11,000 位 15 歲以上的加拿大人，詢問他們有關焦慮和過去兩週內身體活動的問題，結果在 40 歲以上的女性，與 40 歲以上及以下的男性中，那些報告自己在每天休閒時間中，身體活動消耗量超過體重的每公斤 5 大卡的人，比只消耗每公斤 2 大卡的人，有更少的類焦慮症狀。

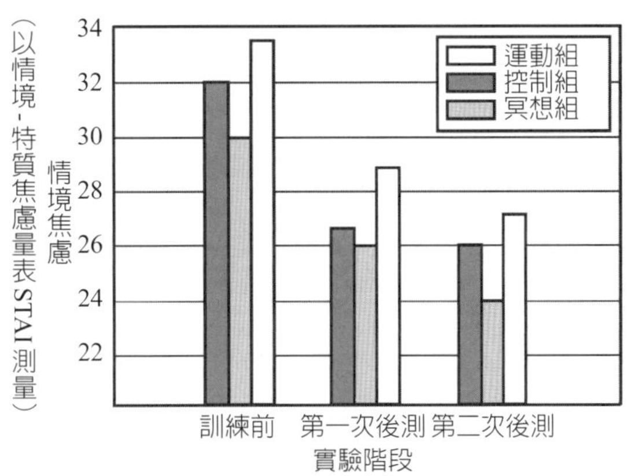

圖 6.5　運動組、冥想組及控制組在訓練前後的情境焦慮程度

資料來自 Bahrke 與 Morgan 1978

至少有五個在過去 10 年間發表的大型群體橫斷式研究（包括來自 350,000 位美國人的全國代表性樣本資料）指出，規律的身體活動與較少的焦慮症狀有關。

美國全國共病調查研究（U.S. National Comorbidity Survey）

Goodwin（2002）分析美國全國共病調查的資料（樣本數 5,877 人），其為 15 到 54 歲美國成人的全國代表性樣本，在校正年齡、性別、種族、婚姻狀態、教育程度、所得、身體疾病，和其他精神疾病的影響之後，那些自陳在休閒或工作中規律從事身體運動的人，在過去一年間被診斷為焦慮

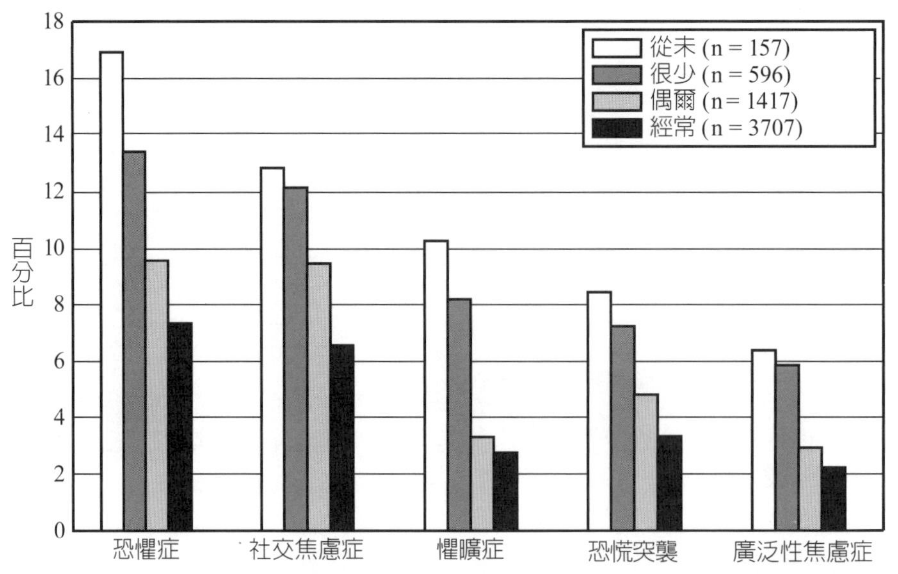

圖 6.6　美國國家共病調查研究中，依據身體活動的 12 個月焦慮症盛行率

疾患的勝算降低了 25-35%，如下所述：懼曠症（機率比 OR = 0.64，95% 信賴區間 CI = 0.43-0.94）、社交焦慮症（OR = 0.65, 95% CI = 0.53-0.80）、特定物體畏懼症（OR = 0.78, 95% CI = 0.63-0.97）、恐慌發作（OR = 0.73, 95% CI = 0.56-0.96）。其中廣泛性焦慮症的機率下降了將近 40%（OR = 0. 61, 95% CI = 0.42-0.88），但是在校正其他精神疾患的有無以後，結果便不再顯著，這可能反映廣泛性焦慮症和憂鬱，或其他焦慮疾患之間具有高度的共病性。隨著身體活動的頻率增加，各項焦慮疾患出現的機率也跟著下降，且兩者具有劑量反應關係，見圖 6.7。

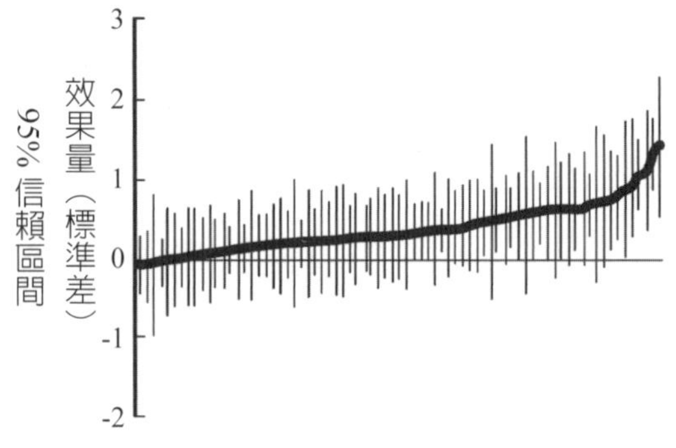

圖 6.7　在焦慮疾患以外的醫學疾病患者身上，所進行的隨機對照試驗，探討運動訓練與焦慮症狀的關係

資料來自 Herring, Matthew, O'Connor and Dishman 2010.

2006年行為風險因子監測調查研究（2006 Behavioral Risk Factor Surveillance Survey）

2006 年的行為風險監測調查以隨機電話訪問進行，調查了 217,379 位居住在美國 38 州、哥倫比亞特區、波多黎各，以及美屬維京群島的受訪者（Strine et al., 2008）。大約 11% 的人（14.3% 女性、8.2% 男性）表示他們曾經至少一次被醫師或健康照護提供者告知自己有焦慮疾患（包括急性壓力症候群、廣泛性焦慮症、強迫症、恐慌發作、恐慌症、恐懼症、創傷後壓力症候群或社交焦慮症）。大約 24% 的受訪者表示，他們在過去 30 天內未曾在休閒時間中進行任何身體活動或運動。無論年齡老少，不活動的人有多出 40% 的機會在終其一生中罹患焦慮疾患（OR= 1.4, 95% CI = 1.3-1.5）。而在校正了年齡、性別、種族與族裔、教育程度、婚姻與工作狀態、慢性病（心血管疾病、糖尿病、氣喘）、抽菸、肥胖（BMI 大於 30 kg/m^2）和酒精攝取（男性每天超過 2 個標準杯、女性超過一杯）以後，仍舊增加了 10% 的風險。

挪威北特倫德拉格郡健康研究（Health Study of North Trøndelag County, Norway）

在這個研究中，總共有 1,260 位的睪丸癌倖存者與 20,207 位一般男性完成了郵寄的問卷，問卷內容評估休閒時間中的身體活動情形（包括走路去上班）和焦慮症狀（Thorsen et al., 2005）。其中，報告自己在過去 1 年中，每週花費少於 1 小時在低強度身體活動（意即不至於會流汗或喘不過氣），並且沒有時間進行高強度身體活動的人，被歸類為缺乏身體活動（包含 18% 的人）。不管有沒有癌症診斷，相較有身體活動者（13%），缺乏身體活動者（17%）的焦慮症狀盛行率更高（OR = 1.36, 95% CI = 1.23-1.51）。不過，在校正了年齡、身體質量指數（BMI）、教育程度、獨居、抽菸、和高憂鬱症狀的影響以後，缺乏身體運動者有焦慮症狀的機率便不再比較高。

荷蘭雙胞胎登錄研究（The Netherlands Twin Registry）

在荷蘭雙胞胎登錄研究中，有 12,450 位青少年（至少 10 歲以上）和成年人在 1991 到 2002 年之間，參與有關生活型態和健康的研究（De Moor et al., 2006），他們參與健身運動的盛行率為 51.4%（每週至少有 1 個小時、達到四個代謝當量（Metabolic Equivalent, MET）以上的活動。在校正性別與年齡以後，有健身運動的人整體而言感到焦慮的勝算大約降低了 16%（OR = 0.84, 95% CI = 0.81-0.87）。但是這個相關性可能受到人格特質的混淆，因為有健身運動的人同時也比較外向且情緒穩定，而這些特質本身就會降低罹患焦慮疾患的風險。在 18 到 50 歲之間的同卵雙胞胎中（479 對男性、943 對女性），健身運動較多的那一位手足，並沒有比健身運動較少的另一位報告出更少的焦慮（De Moor et al., 2008）。此外，縱貫研究分析發現（追蹤 2 到 11 年），健身運動參與的增加並不能預測焦慮的減少。

前瞻性世代研究

至少有三項以群體為基礎的前瞻性世代研究指出，身體活動與 25% 至 40% 的焦慮疾患風險降低有關。

澳洲北河精神健康研究（Northern Rivers Mental Health Study, Australia）。居住在新南威爾斯里奇蒙谷（Richmond Valley）的一群社區居民接受了為期 2 年的追蹤，藉以找出無論先前經歷為何，都可以預測精神健康狀態的因素（Beard et al., 2007）。經過隨機的電話篩選後，招募到一群有精神疾患風險的人，1,407 名受到邀請的參與者在研究的一開始（基準期）完成了面對面的「迷你版世界衛生組織組合型診斷會談（依據 ICD-10 診斷準則）」，其中有 859 位為可能案例（51.4%），548 位可能為非案例（56.9%）。經過 2 年之後，968 位 18 到 85 歲的成人再次接受訪談，其中在基準期報告自己每週進行至少 3 小時激烈身體活動的人，比那些說自己沒有任何活動的人，會發展出任何一種的焦慮疾患的機率少了 43%（OR = 0.57, 95% CI = 0.31-1.05），不過這個機率的減少在校正了基準期蒐集到的性別、生活壓力事件、情緒穩定度和困擾症狀以後，就不存在了。

納瓦拉大學追蹤研究（SUN, Sequimiento

Universidad de Navarra）。有一群共 10,381 位的納瓦拉大學畢業生（平均年齡 43 ± 12 歲）接受了 4 到 6 年的追蹤，結果發現他們的焦慮疾患發生率有所下降（Sanchez-Villegas et al., 2008）。其中出現過 731 個焦慮疾患的案例，是以自陳被醫師診斷為焦慮症，或有習慣使用鎮靜劑來判斷。在校正了基準期的年齡、性別、熱量攝取、抽菸、婚姻狀態、關節炎、潰瘍和癌症後，相較於樣本中最不活躍的 20% 的人，其中 20% 在每週的休閒活動中消耗 19 到 30 小時代謝當量（MET）的人，出現焦慮的勝算降低了三分之一（OR= 0.67, 95% CI = 0.52-0.85），而另外 20% 每週消耗 33 小時代謝當謝以上的人，則下降了 25%（OR = 0.74, 95% CI = 0.58-0.94）。

瑞典健康專業人士研究（Swedish Health Professionals）。有學者分析一筆從 2004 到 2006 年間，一群瑞典西部健康照護專業人士和社會保險工作人員的資料（Jonsdottir et al., 2010）。發現相較於久坐少動（Sedentary）的人，那些在 2004 年報告自己在過去 3 個月內有從事輕度身體活動（每週至少 2 小時從事園藝、健走或騎單車上班）或中度至激烈身體活動（每週至少 2 小時，或曾持續 5 小時高強度的有氧運動、跳舞、游泳、足球或重度園藝工作）的人，在 2006 年接受追蹤時，較不會報告出焦慮症狀增加（勝算比分別是 OR = 0.64, 95% CI = 0.42-1.02, OR = 0.56; 95% CI = 0.34-0.94）。

情境焦慮

針對無焦慮疾患的成人所進行的量化回顧研究（即後設分析研究），已經廣泛報告在急性健身運動（Acute Exercise）後會有暫時性的情境焦慮降低。在 1960 至 1993 年間的研究指出，平均會有四分之一（McDonald & Hodgdon 1991; Petruzzello et al., 1991）到二分之一（Landers & Petruzzello, 1994）的降低，並且一般在健身運動後 5 到 30 分鐘之內會出現較大的變化，為時 20 到 30 分鐘。一些研究指出，急性健身運動對於降低情境焦慮的效果，就和冥想（Bahrke & Morgan, 1978）、生理回饋以及藥物（Broocks et al., 1998）一樣好，但沒有比安靜休息或分心更有效。不過，健身運動的抗焦慮效果顯然比休息或分心維持更久，短期健身運動已被證實和情境焦慮下降有關，並且效果可持續數小時之久。舉例來說，Raglin 與 Wilson（1996）指出，在進行 20 分鐘攝氧峰值（$\dot{V}O2$ peak）為 40%、60% 或 70% 的自行車運動後，情境焦慮的降低維持了將近 2 個小時。

> 單次運動降低情境焦慮的效果和其他傳統療法（如冥想）一樣好。

在 1993 年發表的研究中，健身運動後焦慮狀態的改變並沒有因為運動強度的不同而有差別，其中運動強度是以攝氧峰值百分比來表示（Landers & Petruzzello, 1994; Petruzzello et al., 1991），但這些研究大多沒有依照個人不同的心肺功能去計算運動的相對強度，也沒有在同一群的研究參與者中比較不同運動強度的影響。有氧作業能力（Aerobic Capacity）經常以次大運動負荷測試（Submaximal Exercise Tests）或心率來估計，這可能與真實的氧有能力出現高達 20% 的差距。針對運動強度進行精確的評估，對於給予健身運動處方而言，以及在判斷急性健身運動用於減輕焦慮時所需的，或最佳的運動強度上，是至關重要的。1993 年以後發表的研究，一般都已經使用標準方法來定量運動強度，這些研究發現，在進行強度範圍處於最大攝氧峰值 40-70% 之間的健身運動以後，焦慮會降低或沒有改變（Breus & O'Connor, 1998; Dishman, Farquhar & Cureton, 1994; Garvin, Koltyn & Morgan, 1997; Koltyn & Morgan, 1992; O'Connor & Davis, 1992; Raglin & Wilson, 1996），而在進行極限運動測試後，則在不同的樣本上發現焦慮可能會增加、降低或不變（Koltyn, Lynch & Hill, 1998; O'Connor et al., 1995）。

這些研究中的參與者分別有不同的體適能水準，並且他們的身體活動史通常沒有被詳細記載或測量。探討急性健身運動減輕焦慮的文獻有一項共同的研究限制，便是沒有直接對那些有不同體適能狀態與身體活動史的研究參與者進行比較。並且一般的作法是使用最大攝氧峰值百分比，來代表健身運動的相對強度，但是這個值在平時從事不同健身運動訓練的人身上並不能相提並論。在同樣的最大攝氧峰值百分比下，平時不運動的人會比平時活動量大的人經歷到更多的代謝壓力（Metabolic Strain; Wilmore & Costill, 1994），而這個差異可能會影響健身運動後的焦慮反應。而且，身體上比較活躍的成人，對於健身運動的心理效益也有更高的期望（Hsiao & Thayer, 1998; Steinhardt & Dishman, 1989），這可能會使他們在急性健身運動後，對於焦慮降低的自陳報告出現偏誤。

有關健身運動後焦慮情形的大量證據來自以自評方式測量焦慮的研究（Morgan, 1997; Petruzzello et al., 1991），這些測量的內容非常清楚直白。因此，研究者也沒有輕忽研究結果可能出於參與者對健身運動的心理效益存有主觀期待，進而造成混淆（Morgan, 1997）。在自行車運動後焦慮減低（Youngstedt et al., 1993），以及慢跑後舒緩緊張（Berger et al., 1998）的調查報告中，對於主觀預期的探討，為這種效果呈現了不一致的證據。有個研究控制了身體活動史、體適能，和對運動的心理效益的期望，指出體適能低的年輕男性——而非那些體適能高的人——儘管在極限運動剛結束時，會比體能好的男性有更高的焦慮，但在 20 分鐘低強度（40% 最大攝氧峰值）的自行車運動後，他們的情境焦慮降低了（Tieman et al., 2002）。因此，在這個研究中，體適能較差和近期體能活動不足，並不會造成年輕男性再次大運動後無法獲得焦慮的減輕。

多數探討焦慮與健身運動的研究，已經檢驗過中度或高強度有氧、低阻力運動的效果（例如：游泳、自行車運動或慢跑），而高強度運動（例如：舉重）後的焦慮減輕，則比較少受到檢視。在 1993 年，Raglin、Turner 及 Eksten 發現，在重量訓練後並沒有出現情境焦慮的減輕，但在腿部踩車運動（Leg Cycle Exercise）後卻有顯著的降低。Focht 與 Koltyn（1999）發現，在進行強度為一次反覆最大重量（1-Repetition Maximum, 1RM）的 50% 的阻力運動後，會有情境焦慮的降低，不過這種效果一直要到健身運動後 60 分鐘以上才出現，而在強度為 1RM 的 80% 時則無此效果。在另一個研究中，焦慮降低在阻力運動後延遲了 1.5 到 2 小時才出現（O'Connor et al., 1993）。Bartholomew 與 Linder（1998）發現，在 20 分鐘強度為 1RM 的 40-50% 的阻力運動後，會有情境焦慮的降低，並且這個效果在運動後 15 到 30 分鐘才出現，他們還發現在 20 分鐘高強度阻力運動（75-85% 1RM）後的 5 到 15 分鐘，焦慮反而增加了。

特質焦慮

很多研究支持規律運動可以降低一般性焦慮感受的看法。有兩項早期的後設分析也同意這種說法，認為對沒有焦慮疾患或其他醫學疾病的人進行健身運動訓練，可以降低他們的特質焦慮。比較近期的文獻回顧，則發現在罹患非焦慮疾患的慢性病患者身上，健身運動對焦慮症狀的減低也有類似的助益。

Petruzzello 等人（1991）在他們早期針對健身運動與焦慮研究所進行的後設分析中做了總結：在運動訓練後，特質焦慮通常會降低約 0.33 個標準差，反映在研究最常用的量表上約為 3 分的改變（Spielberger 的情境一特質焦慮量表（State-Trait Anxiety Inventory, STAI））分數範圍從 20 分（幾乎從不感到焦慮）到 80 分（幾乎總是感到焦慮）。雖然事實上幾乎所有參與研究的人都沒有焦慮疾患的診斷，但在那些焦慮特質較高的人身上，焦慮降低的程度也較高。看來健身運動的效果和其他積極治療一樣好，並且比控制情境還要好。

後續 Long 與 van Stavel（1995）整理了四十項在健康成人進行的類實驗（Quasi-Experimental）與實驗研究結果，運動訓練後特質焦慮平均降低了 0.40 個標準差。自 1995 年以來，大約又有五十項運動訓練的隨機對照試驗被報告出來。

近期有一項對四十個隨機對照試驗進行的後設分析，其中包含 2,914 名有慢性病（非焦慮疾患）的患者，結果發現和沒有接受治療（也沒有運動）的控制組相比，運動訓練可以小量但顯著地降低焦慮症狀（0.29 SD, 95% CI = 0.23-0.36, Herring, O'Connor & Dishman, 2010）（見圖 6.7）。在這些試驗中，焦慮程度降低最大是在試驗維期不超過 3 個月、每次健身運動維持至少 30 分鐘、評估超過一週以前的焦慮症狀的時候。

劑量反應研究？（Dose-Response Studies?）

目前還沒有健身運動訓練研究有操弄健身運動計畫的長度，或健身運動的類型，來看焦慮降低的量是否會有所不同。約半數的研究只採用有氧運動（健走、慢跑或騎單車），四分之一的研究單獨使用阻力運動，或合併有氧與阻力運動（通常是低強度的力量訓練）。這些研究中，焦慮降低的量在不同類型、不同持續時間（通常持續 25-60 分鐘）、連續或間接運動（即中間有休息的運動）中都差不多。但是多數研究並未精確描述真正用於積極運動（Active Exercise）的時間有多長，有些時間可能被拿來做熱身、休息和緩和運動。我們也不知道在臨床試驗中，有氧或阻力運動的強度是否會影響焦慮的降低。超過半數的試驗採用中度至激烈的運動（即 60-80% 有氧能力或最大肌力），以及每週 3 天以上的頻率。焦慮症狀的降低在這些不同運動強度的研究中大致類似。

> 對沒有焦慮疾患的人而言，長期運動不太可能對特質焦慮產生很大的影響效果，但對於其中焦慮特質較高的人來說，卻可以降低他們的情境焦慮。

對焦慮患者進行健身運動訓練

很少有健身運動訓練的研究在臨床族群中進行，但一般而言，這群人無論何種運動強度，或改變了多少有氧能力，都會展現焦慮的降低。Martinsen、Hoffart及Solberg（1989）在79位有各類焦慮疾患的住院病人，檢驗有氧（健走與慢跑）與無氧（肌力、伸展、放鬆）運動的效果，病人被隨機指派到這兩組，每週健身運動3天、每次一個小時。經過8週的訓練以後，不管有氧能力的改變量有多少，兩組病人的焦慮都顯著降低，並且程度相仿。有另一項研究同樣記載了健身運動訓練的好處（Martinsen, Sandvik & Kolbjornsrud, 1989），他們對44位患有各類焦慮疾患的住院病人進行8週，每週5次，每次1個小時的有氧運動，結果除了社交恐懼症患者以外，所有病人都有焦慮症狀的改善，其中廣泛性焦慮症及有懼曠症但沒有恐慌發作的病人，在1年後的追蹤仍然維持這種改善的狀態。Sexton、Maere與Dahl（1989）也曾報告住院病患在參與8週中或低強度的有氧運動訓練後，焦慮的降低在6個月後仍持續存在。此外，心理症狀在兩種強度的運動下也有類似的改善情形。

至少已有三個隨機對照試驗指出，在健身運動訓練後，患有焦慮疾患的人會有焦慮程度的降低（例如：Broocks et al., 1998、Herring et al., 2012、Merom et al., 2008）。

在恐慌症與懼曠症患者中，對比有氧運動與選擇性血清素回收抑制劑

有一項隨機對照試驗指出，10週的有氧運動訓練對於降低恐慌症和懼曠症患者的焦慮症狀是有效的，只是效果不如藥物治療來得好（Broocks et al., 1998）。在這個試驗中，有46位門診病人，罹患中至重度的恐慌症，並合併有懼曠症（有4位沒有懼曠症），被隨機分派去接受10週規律的有氧運動（慢跑）、服用血清素再回收抑制劑（每天112.5毫克的氯米帕明（Clomipramine）），或服用安慰劑。受試者流失率在運動組為31%，安慰劑組為27%，而氯米帕明組則是0%。與安慰劑相比，運動與服用氯米帕明皆伴隨顯著的症狀降低，但是氯米帕明治療可以比運動更快、更有效地改善焦慮症狀（見圖6.8）。雖然有些證據指出，恐慌症患者體能活動不足，且會逃避運動（Broocks et al., 1997），但在科學上並沒有共識認為這些患者是因為恐懼而逃避體能活動（O'Connor, Smith & Morgan, 2000）。

健走加上團體認知行為治療

有一項在門診進行的集群隨機化試驗（Group Randomized Trial），針對恐慌症、廣泛性焦慮症及社交恐懼症患者，比較居家健走課程、合併團體認知行為治療（21人），與接受團體認知行為治療，加上衛生教育課程（20人）的療效（Merom et al., 2008）。在校正了研究一開始的自評憂鬱、焦慮、壓力程度，以及焦慮疾患的種類以

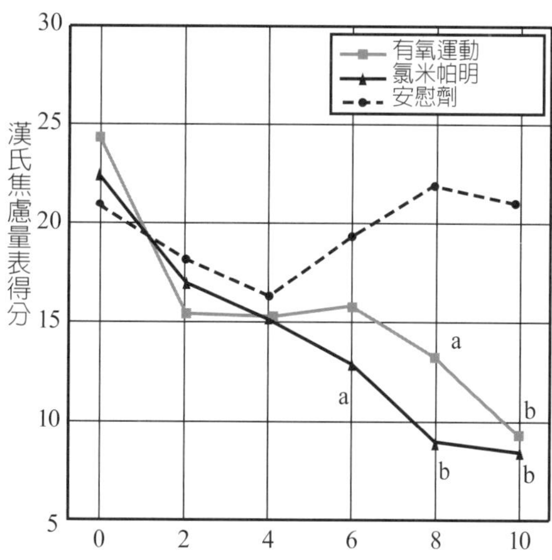

圖6.8 針對恐慌症患者的有氧運動或藥物治療

資料來自Broocks等人（1998）

後，發現進行居家健走合併團體認知行為治療的那一組人，報告出較少的憂慮、焦慮症狀和壓力。

廣泛性焦慮症

在喬治亞大學，有 30 位 18 到 37 歲，久坐少動，且依 DSM-IV 診斷為廣泛性焦慮症的女性，被隨機分派至 6 週的阻力運動訓練組、有氧運動訓練組或等待名單控制組（Wait-List Control Group），其中等待名單控制組中的研究參與者，在研究試驗結束後可以選擇再接受運動訓練（Herring et al., 2012）。這項試驗中，有 70% 的參與者同時患有另一種焦慮或情感疾患，三分之一正在接受抗焦慮劑治療。這些參與者在監督下每週運動 2 次，進行下半身舉重（Lower-Body Weightlifting）或踩車運動（Leg Cycling），並且對兩個組別中的參與者在運動的身體部位、正功漸增負荷（Positive Work Load Progression，註：正功指運動時施力方向與身體移動方向一致），以及用於積極運動的時間上進行配對。過程中沒有出現不良事件。阻力運動、有氧運動和控制情境的焦慮緩解率分別是 60%、40% 和 30%。圖 6.9 可見相較於控制組，兩個運動訓練組中的研究參與者出現焦慮症狀的降低。

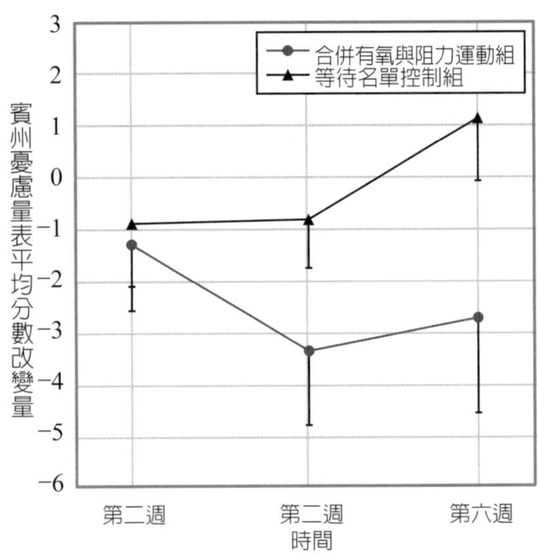

圖 6.9　運動訓練用於廣泛性焦慮症短期治療方案的可行性：一項隨機對照試驗

研究議題

重要的是，要知道身體活動和健身運動是否可以讓沒有焦慮疾患的人也得到放鬆。日常生活中的壓力總是伴隨著焦慮，雖然不至於造成疾病，卻會使人不舒服或影響工作或休閒活動，進而對生活品質造成負面的影響。這也是大多探討健身運動和焦慮的研究，會納入只有一般焦慮程度，甚至低度焦慮者的緣故。但是這種研究取向也造成四個問題。第一個問題是類化的困難，針對沒有焦慮症的人所進行的研究，顯然無法告訴我們健身運動是否可以有效地治療嚴重焦慮疾患。考量到各種焦慮疾患的高盛行率，去了解身體活動與健身運動對焦慮症患者有何潛在效益或任何危害，對公共衛生而言是重要的。

第二個問題是有些人一開始的焦慮水準就很低，這會造成焦慮可以降低的空間有限。換言之，我們並不期待健身運動可以讓原本就不焦慮的人更不焦慮。近期一些探討非臨床族群的學者，透過篩檢大量研究參與者來找出有焦慮特質較高者或使用咖啡因來引發高度焦慮，藉此檢驗焦慮升高的議題（例如：Breus & O'Connor, 1998）。

第三個問題是，在大多數的健身運動研究中，用來測量焦慮的量表是否對於偵測健身運動後，真實焦慮降低的程度具有足夠敏感性。這個問題在研究參與者初始焦慮程度低的時候更為明顯。多數在健身運動研究中使用過的量表只提供單一個焦慮分數。有些心理學家認為，至少擔憂（Worry）與生理症狀應該要分開測量。特別值得注意的是，在健身運動研究中使用的量表，對於「與運動相應的焦慮程度（Anxiety in Response to Exercise）」不具有足夠的敏感度或特異性。自評的焦慮程度通常使用情境一特質焦慮量表（State-Trait Anxiety Inventory, STAI; Spielberger et al., 1983）、盤斯心情量表（Profile of Mood Stat, POMS; McNair, Lorr and Droppleman, 1981）中的緊張一焦慮量尺或其他類似量表，以一些形容詞來評估焦慮或緊張的心情。情境一特質焦慮量表（STAI）是世界上最被驗證的焦慮測量方式，但有些學者開始擔心 STAI 和 POMS 恐怕未能測量到運動中與運動後的焦慮或緊張狀態（參閱 Ekkekakis & Petruzzello, 1999）。其中一個考量是，填答者對於量表問題的回答，可能會片面地受到個人感知到的，由健身運動引發的生理激發狀態的影響。另一個潛在的問題是，我們對於健身運動中或健身運動後的焦慮，和那些因其他情境或狀態而生的焦慮有著不同的經驗感受，焦慮的結構可能被健身運動改變了。有些研究者甚至相信，我們需要特別為運動來設計對焦慮的測量，不過目前的研究尚未發展至此，我們很難想像在健身運動中或健身運動後的焦慮，為什麼或如何可以是一個獨特的現象。然而，有些人出現和焦慮相關的症狀，如肌肉緊張或疼痛，但卻沒有感到擔憂。因此，在健身運動前焦慮程度未達臨床標準的人，仍然可能在健身運動後感到更加平靜、放鬆，只是這些焦慮量表的題目不足以測量到放鬆感受的改變。究竟放鬆的感受是否僅是無焦慮的狀態？放鬆和焦慮是否為同一種感受的兩端（激發或活化與否），抑或它們是兩種不同的感受？這是心理學尚未解決的議題。

第四個問題是研究中幾乎沒有焦慮降低的生理證據。這個問題很重要，原因有三。首先關乎先前提過的，測量敏感度與特異性的問題。有一些早期（例如：deVries et al., 1981）和一項近期的研究（Smith et al., 2002）顯示，急性健身和長期健身運動可以降低肌肉反射與緊張。但是還不清楚健身運動後肌肉張力的降低，是否是焦慮降低的一部分，又或者是獨立於焦慮，對健身運動的生理反應。同樣的，研究也發現在運動期間或運動後測量腦波，α 波經常會有中等至大幅度的增加（Crabbe & Dishman, 2001; Kubitz & Mott, 1996; Petruzzello et al.,

年輕人的身體活動與焦慮

目前尚無針對焦慮症兒童或青少年所進行的隨機對照試驗。有一項後設分析研究找到六個控制不佳的試驗，以一般大眾中 11 到 19 歲的年輕人作為研究參與者，比較運動訓練與沒有接受治療、接受非藥物介入或接受心理治療的效果（Larun et al., 2006）。結果發現，無論運動強度的高低，運動組中的參與者有中等強度，但統計上未達顯著的焦慮減輕（-0.48 SD, 95% CI = -0.97 - 0.01）。

不過，還並不清楚這個明顯的效果是否可以被類化，去降低青少年罹患憂鬱症的主要風險。有一項為期 4 年的縱貫研究，分析了 2,548 位在德國慕尼黑 14 到 24 歲的青少年與青年，發現那些在基準線自陳有規律健身或參與競技運動的人，在之後任何一種精神疾患和焦慮的整體發生率較低（Andreas Strohle et al., 2007）。

1991；見圖 6.10）。α 波增加在傳統上認為是代表放鬆的清醒狀態，但並非所有腦波專家都同意，並且健身運動研究並沒有說明 α 波增加，是由健身運動造成，還是與焦慮降低有關。而其他理論上與焦慮無關的腦波頻率，也會在健身運動後增加（Crabbe & Dishman, 2001）。此外，有些研究者將運動後的血壓降低，解釋為運動減緩焦慮的間接證據（Petruzzello et al., 1991; Raglin, Turner & Eksten, 1993），但是運動後低血壓（運動後血壓會降低達 2 小時）是眾所周知的身體現象，即便焦慮沒有減輕也會如此（Youngstedt et al., 1993）。

想要對焦慮做生理測量的第二的理由是，我們需要去佐證自評的焦慮確實可以反映心情（Mood）與情緒（Emotional）反應。雖然生理測量不能作為自陳報告的替代品（自陳報告是唯一可以直接測量到一個人的感受的方法），但是它比焦慮的自陳報告更加客觀，它們比較不會受到實驗中人為誤差的影響，例如：需求特性（Demand Characteristics）、實驗者對研究參與者造成填答上的影響、社會期許，或其他可能因為研究參與者對健身運動的期待，而導致人為的自評偏差等。

最後，第三點，缺乏焦慮降低的生理

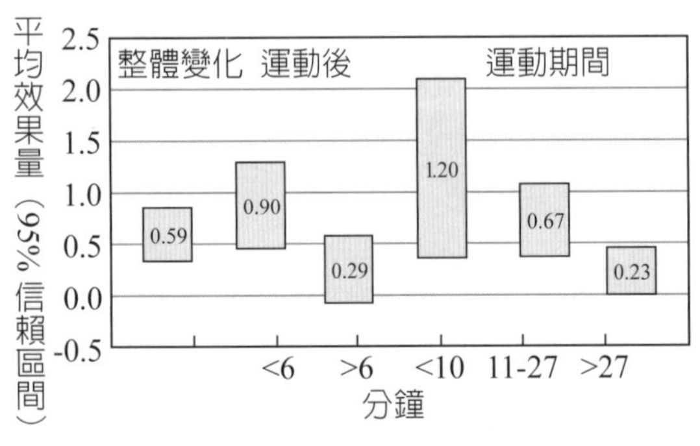

圖 6.10　運動後腦電圖部 α 波

資料取自 Crabbe and Dishman, 2004.

證據之所以會是一個問題，也是因為從希波克拉底、到達爾文與威廉詹姆斯（William James）至今日，生理變項已經是多數「負向情緒理論（包括焦慮）」中的一部分（參閱第一章與第七章）。數個當代理論提出，對驚嚇反應的肌電圖測量（Lang, Bradley & Cuthbert, 1998）和對腦波不對稱性的腦電圖測量（Davidson, 1992）提供了一個人「將環境中的事件，解釋為負向或具有威脅性的傾向」的指標。近期，腦電圖顯示的大腦不對稱性（Petruzzello, Hall & Ekkekakis, 2001; Petruzzello & Landers, 1994、Petruzzello & Tate, 1997）和肌電圖對驚嚇的測量（Smith et al., 2002）被發現與自評的焦慮有關，但和整體情緒反應無關（Crabbe, Smith & Dishman, 2007; Smith et al., 2002）。在急性健身與腦波活動的研究中，有愈來愈多證據顯示，無論左腦或右腦，所有頻段的活動都會隨著健身運動而增加（Crabbe & Dishman, 2004）。但是這些研究只在幾個位置做腦波紀錄，並且沒有使用高密度陣列腦波紀錄圖譜技術（Dense-Array Electrode Mapping）。現有的證據顯示，急性健身會增加腦波活動，並且大致與生理激發的方向一致，這可能是由於從周邊感覺與心臟血管而來的神經訊息增加，經由腦幹傳遞至視丘所致。

為了尋找健身運動會影響中樞神經系統中自評焦慮層面的證據，脊髓的霍夫曼氏反射（Hoffmann Reflex, H 反射）被研究所探討。H 反射是一種單突觸反射，但是脊髓與大腦之間有上行與下行的神經束，可以讓中樞神經系統對其進行調控。deVries 與其他人（deVries et al., 1982; Bulbulian & Darabos, 1986）進行了一系列的研究，發現健身運動後 H 反射會降低，他們假設這個降低的情況代表健身運動具有鎮靜的效果。然而，近期的研究發現，H 反射的改變與健身運動後自評焦慮的改變並沒有相關性（Motl & Dishman, 2004; Motl, O'Connor, & Dishman, 2004），而且看起來健身運動後 H 反射的降低，並未擴及健身運動肢體的脊髓神經節之外（Motl & Dishman, 2003）。

最後一個考量是，我們對身體活動發生的場景（Setting）可能造成的影響，所知甚少。Thayer（1987）報告 10 到 15 分鐘的戶外健走會降低自評的緊張程度，但是更早的研究則指出跑步機上的急性健走對焦慮沒有影響（Morgan, 1973）。McAuley、Mihalko 與 Bane（1996）發現，在進行自選強度的健身運動以後，雖然健身運動期間些微焦慮上升，但在健身運動後焦慮會降低，並且在實驗室與自然環境中皆然。

心理治療

用來治療焦慮最有效的兩種方式，是行為治療與認知行為治療。行為治療幫助患者藉由呼吸技巧或漸進式暴露法，來改變對害怕的事物的反應。認知行為治療除了上述的方法以外，還教患者了解自己的思考型態，使他們在會感到焦慮的情境中，可以有不同的反應。

藥物治療

雖然在 2005 年，美國每 3 位焦慮症病人中就有將近 2 位接受抗憂鬱藥物的長期治療（Olfson & Marcus, 2009），有一類稱為苯二氮平類（Benzodiazepines, BZDs）的藥物，能提供嚴重焦慮疾患最有效的短期治療，特別是對廣泛性焦慮症而言（Ballenger, 2001）。BZDs 的作用快速、短效，藉由與 γ- 氨基丁酸 A 型受體（GABAA 受體）結合，可以把會造成細胞過極化（Hyperpolarize）的氯離子管道打開，使其較不容易激發。BZDs 是中樞神經系統抑制劑，屬於鎮靜安眠類藥物，鎮靜劑（Sedative Drugs）可以抗焦慮（Anxiolytic），並具有安定的效果；安眠藥物（Hypnotics）會引發嗜睡狀態，可以幫助進入睡眠，並維持睡眠狀態。

在 2009 年，美國估計使用了 8 千 8 百萬帖的 BZDs 處方，使之成為第十常見的藥物類別（IMS Health, 2010, www.imshealth.com）。贊安諾（商品名 Xanax，學名 Alprazolam）在美國是遠高於其他種類，最常被開立的 BZDs（2009 年使用了 4 千 4 百 40 萬帖處方）。高效價（Potency）的 BZDs（如 Alprazolam、Clonazepam 和 Lorazepam）對於治療恐慌症和恐慌發作（有或沒有伴隨懼曠症）是有效的，在強迫症與恐慌症的治療中，也可以作為選擇性羥色胺再攝取抑制劑以外的輔助療法（Chouinard, 2004）。有一些稱為 β 受體阻斷劑的藥物（β-blockers，如 Propranolol）可以阻斷正腎上腺素的受體，有助於降低恐慌症狀，特別是心跳過速與心悸。選擇性羥色胺再攝取抑制劑（Selective Serotonin Reuptake Inhibitors, SSRIs）則是治療社交焦慮和恐慌症的第一線藥物。屬於 BZDs 的氯硝西泮（Clonazepam）和某些單胺氧化酶抑制劑（Monoamine Oxidase Inhibitors）可能也有一些助益。

社交焦慮症的治療可能需要持續數個月，以穩固療效並達到完全的緩解。有鑑於社交焦慮症經常慢性化、伴隨失能，且在短期治療後有很高的復發率，一般建議有效的治療要持續至少 12 個月（Van Ameringen et al., 2003）。

常見治療焦慮的藥物

苯二氮平類（Benzodiazepines）

- Ativan（中譯安定文錠，學名 lorazepam）
- Centrax（學名 prazepam）
- Halcion（中譯酣樂欣錠，學名 triazelam）
- Klonopin（學名 clonazepam）（譯註：台灣較常見利福全，Rivotril）
- Paxipam（學名 halazepam）
- Restoril（學名 temazepam）
- Serax（學名 oxazepam）
- Valium（中譯煩靜錠，學名 diazepam）
- Versed（學名 midazolam），僅能在醫院做靜脈注射
- Xanax（中譯贊安諾，學名 alprazolam）

巴比妥酸鹽類（Barbiturates）

- Librium（學名 chlordiazepoxide）
- Tranxene（中譯慮適寧，學名 clorazepate）

三環抗憂鬱劑（Tricyclics）

- Surmontil（學名 trimipramine），治療恐慌症和強迫症

血清素拮抗劑（Serotonin Antagonist）

- Buspar（學名 buspirone）

選擇性血清素再回收抑制劑（Selective Serotonin Reuptake Inhibitors）

- Celexa（學名 citalopram）
- Luvox（中譯無鬱寧，學名 fluvoxamine）
- Paxil（學名 paroxetine）
- Selfemra（學名 fluoxetine），治療恐慌發作與強迫症
- Zoloft（中譯憂必晴，學名 sertraline）

選擇性血清素與正腎上腺素再回收抑制劑（Selective Serotonin and Noradrenaline Reuptake Inhibitors）

- Cymbalta（中譯千憂解，學名 duloxetine），治療廣泛性焦慮症
- Effexor（中譯 Effexor，學名 venlafaxine），治療廣泛性焦慮症
- Luvox（學名 fluvoxamine），治療強迫症、社交焦慮症、恐慌症、創傷後壓力症候群、廣泛性焦慮症

多巴胺拮抗劑（Dopamine Agonists）

- Wellbutrin（中譯 Wellbutrin，學名 bupropion），治療恐慌症

副作用：鎮靜狀態、低肌肉張力、抗痙攣，可能出現耐受性、物質依賴與戒斷

包含藥物與認知行為治療的整合治療取向，可能提供恐慌症最好的治療。長期的療效、與使用簡單，是選擇治療方法時的重要考量，這是因為一般會建議患者持續治療至少 12 個月，並且在某些案例身上，治療可能需要一直持續下去（Pollack et al., 2003）。

目前 BZDs 與 Buspirone 經常被用來治療廣泛性焦慮症，但是並不建議在治療廣泛性焦慮症時長期使用 BZDs，因為它會引發藥物耐受性，並且可能連帶出現精神動作（Psychomotor）損害、認知與記憶改變、身體依賴和戒斷反應。SSRIs（如 Paroxetine）

和血清素與正腎上腺素再回收抑制劑（如長效型 Venlafaxine）對於治療廣泛性焦慮症似乎也有效。而在心理治療中，認知行為治療（Cognitive Behavioral Therapy, CBT）對廣泛性焦慮症有最好的治療效果，在 12 週的 CBT 後，治療效果還可以維持到 1 年。目前還沒有對廣泛性焦慮症進行長期治療的臨床指引（Allgulander et al., 2003）。藥物作用提供了心理藥理學（Psychopharmacology）理論模型，有助引導研究發展，去探討健身運動抗焦慮效果背後可能的生理機制。

機制

有一個重要的議題，是去了解在急性健身，或完成健身運動訓練計畫後，焦慮降低是來自健身運動的直接效果，還是由運動場景（Exercise Setting）的其他面向所致。健身運動不太可能直接降低某些焦慮類型的發生次數，但可能有助於因應焦慮。例如：我們沒有道理去期待健身運動可以減輕恐懼症，一個會怕蜘蛛的人在遇到蜘蛛的時候，不管他是積極生活體能良好，還是久坐少動，都還是會感到焦慮。

同樣的，有社交恐懼症的人通常認為自己的焦慮是不理性的，但是他們身處社會情境時，對於社交評價的自覺與害怕卻還是會持續。因此，他們盡力避免在社交情境中遇到人。沒有理由期待身體活動充足的人會以某種原因而免於社交焦慮，因為這主要是習得的反應。誠然，認知行為治療被證明是社交恐懼症最有效的治療方法。在認知行為治療團體中，患者可能會以逐漸晉級（Progressive Hierarchy）的方式來處理他們的焦慮，學習在社交中介紹彼此、閒聊寒暄、向一群人做簡報、模擬工作面試、坐在眾目睽睽之前和其他人一起表演短劇等。它的概念是，藉由去體驗不帶負向後果的社會評價，來對社交情境減敏。健身運動無法直接達成這些事情。社交恐懼確實有可能讓患者不肯在公開場合健身運動，但是認知行為治療卻可以在團體健身運動的情境中進行，例如：在健身俱樂部裡。在這種情況下，雖然健身運動不會是治療的核心，但有社交恐懼症的人可能會發現，健身運動是個可以降低社交互動（Social Encounter）導致焦慮的方法。有一些研究顯示，健身運動可以幫助有情境恐懼（Situational Phobia）的患者，或許可以協助他們學會因應生理激發的感受（例如：由高強度運動造成的生理激發）（例如：Orwin, 1974）。

另一方面，健身運動可能更有望幫助廣泛性焦慮症患者去因應他們的症狀。假使證實有效，健身運動對廣泛性焦慮症來說，具有很重要的公衛效益。有調查顯示，只有 25% 的廣泛性焦慮症患者曾經接受治療（Uhlenhuth et al., 1983）。

釐清何種運動強度、模式和持續時間，會對焦慮症狀造成最大的衝擊，以及找出健身運動對焦慮的心理、生理指標的影響，可以幫助我們了解健身運動產生抗焦慮效果的機制。一般的共識是認為，健身運動可以降低焦慮，但是對於這是如何產生卻沒有一致的看法。要了解健身運動和焦慮降低的關係，第一步是去了解焦慮的成因。有證據指出，焦慮疾患的易感性（Susceptibility）具有中等程度的基因影響，但是，焦慮疾患的形成可能取決於生理、行為和環境的因素（O'Connor, Raglin & Martinsen, 2000）。曾用於解釋焦慮症如何產生的理論，包括基因、認知行為、心理動力、社會肇因（Sociogenic）和神經生理理論。沒有單一個理論可以充分解釋焦慮症的病因，而健身運動對於焦慮的效果可能是多面向的。其中最熱門的研究領域著重在焦慮的認知與神經生理面向（O'Connor, Raglin, & Martinsen, 2000）。

認知理論

如同在第十四章中提到的，認知理論聚焦在認知，用以解釋行為和感受。例如：特質焦慮的發展被形容是藉由親身體驗，或觀察到有身體威脅性的事件，或對失敗的負向評價，而在認知上習得的。從這個觀點來看，病態焦慮是從認知評鑑（Cognitive Appraisals）而來，例如：高估恐懼事件的強度、低估個人因應的能力，或把和焦慮相關的生理症狀做災難化的錯誤解讀（例如：把心跳加快解釋為可能是心臟病發作）（O'Connor, Raglin & Martinsen, 2000）。McNally、Foa 和 Donnell（1989）的研究也支持焦慮疾患具有認知的成分，他們發現，相較於非臨床的對照組（Nonclinical controls），焦慮症患者對與焦慮有關的訊息會展現一種回憶偏誤（Recall Bias）。焦慮症患者較傾向注意到，並且記住那些具有威脅性或被知覺為具有威脅性的刺激。

也曾經有人從認知的角度，為健身運動對焦慮的效果提出解釋。體驗健身運動造成的生理感覺，有助於重新定義一個人對生理喚醒狀態的主觀認定，與對焦慮症狀的感知相抗衡。健身運動期間心臟狂跳的感受，可以從被視為焦慮症狀，轉而被「重新框架（Reframe）」為健身運動得宜的徵兆。健身運動也可以將注意力從引發焦慮的想法中轉移，使得可以從擔心與憂慮中「暫時停止（Time-Out）」（注意力轉移假說（Distraction Hypothesis））。Breus 和 O'Connor（1998）檢驗 Bahrke 和 Morgan（1978）的暫時停止（或注意力轉移）假說，他們找來 18 位（譯註：應為 14 位）高焦慮特質的女大學生，分別一邊讀書一邊進行中強度的運動（40% 有氧作業能力）、單純只讀書或安靜休息（譯註：該研究還有一組為只進行運動），並在這前後測量他們的情境焦慮（使用情境—特質焦慮量表）。結果在邊讀書邊運動、只讀書或安靜休息之後，焦慮程度並沒有改變，但是在只進行運動的情境中卻有焦慮減低的情形，顯示健身運動的抗焦慮效果（將運動作為從擔心憂慮中暫時停止的方法）被讀書給阻絕了。

「暫停假說」（Time-out Hypothesis）指出運動可以將注意力從會引發焦慮的想法中轉移，使擔心憂慮得以暫時停止。

神經生理理論

隨著人類研究測量技術的益發精良（如腦造影技術），對於焦慮成因與臨床表現的神經生理解釋也精益求精。解釋焦慮形成的神經生理理論和憂鬱症的理論緊密相連，因為有證據支持，焦慮與憂鬱和某些同樣的神經系統失常有關（例如：正腎上腺與血清素系統）。幾個主要的情感疾患中，患者通常有明顯的焦慮症狀，而許多焦慮患者也曾有憂鬱病史。

焦慮的神經生理觀點支持將認知理論與神經理論整合。例如：和焦慮有關的神經迴路中，必定包含可以察覺到具有潛在威脅性的刺激的感覺傳入神經纖維，這樣這些刺激才能被更高階的大腦區域解讀為具有威脅性。這些腦區必須對這些感覺輸入進行評估，並將之整合到相關的記憶之中。如果這個刺激接著被解讀為代表威脅，就會依傳出神經的不同，引發內分泌、自主神經和肌肉的協同反應。這些神經系統的作用取決於幾種神經傳導素，這些神經傳導素便是焦慮症藥物治療的目標。

有來自人類與動物研究的證據顯示，杏仁核、藍斑核（Locus Coeruleus）、中腦、視丘、右側海馬迴、前端扣帶迴（Anterior Cingulate Cortex）、腦島（Insular Cortex）和右側前額葉皮質與焦慮的形成與臨床表現有所有關聯（Goddard & Charney, 1997; Reiman, 1997）。杏仁核似乎是在害怕與焦慮反應裡，和心理生理成分有關的關鍵中樞神經結構（參閱第三章）（Goddard & Harney, 1997）。杏仁核接收來自視丘和藍斑核的訊息，以及高級皮質區整合過的感覺訊息，藉此，那些直接從親身體驗而來（當狗咆哮時出現的焦慮狀態）、從無意識處理歷程而來（自發的恐慌發作）和從過去經驗而來（壓力後創傷）的焦慮，就可以受到杏仁核的中介。傳往各個認知、情感、神經內分泌、心肺和肌肉骨骼中樞的神經投射，使杏仁核得以在焦慮的症狀表現上扮演關鍵角色。例如：杏仁核和藍斑核有通往下視丘的投射纖維，促成交感神經系統的活化。

我們對於焦慮相關神經生理機制的了解，很多是構築於動物行為研究。例如：在第三章中提到的，大鼠自主運動（Locomotion）的增加，通常反映低度的行為抑制（例如：較少僵滯），是具有適應性的動機狀態（Motivational State），特別當這種運動具有目的性且動物還展現其他探索行為（例如：站立或趨近開放空間的中心）的時候，更是如此。反之，若大鼠自主運動程度低、幾乎不趨近開放空間的中心、僵滯、便溺、發抖，一般認為是過度警醒、遲疑、恐懼和自主神經活化的指標，而這些都是人類焦慮時常見的反應。在某些有威脅的情境下，大鼠的自主運動增加也代表恐慌（意即對掠食者的逃跑反應）。

健身運動抗焦慮效果的神經生物機制，還沒有在公認的焦慮動物模型中被充分研究。Mogenson（1987）精心設計的「邊緣系統一動作焦慮整合模式（Limbic-Motor Integration Model fo Anxiety）」與大鼠身體活動及焦慮行為的研究有些關係。在這個模型中，恐懼的自主運動藉由邊緣系統對中腦運動系統裡（Mesencephalic Locomotor System）腳橋被蓋核（Tegmental Pedunculopontine Nucleus）的調變而受到控制，透過紋狀體（Corpus Striatum）中 γ- 胺基丁酸（Gamma-Aminobutyric Acid, GABA）與多巴胺神經傳遞系統的相互抑制來達成。顯然，從伏隔核（Nucleus Accumbens）到腹側蒼白球（Ventral Pallidum）的 GABA 輸出神經（Efferents）會抑制自主運動。

通往杏仁核（杏仁核會在知覺到威脅時，協調產生僵滯或逃跑行為）的重要神經輸入來自海馬迴（海馬迴可以進行調節，將當前的環境與過去的危險記憶做核對）、腹側被蓋區（Ventral Tegmental Area, VTA，位於海馬迴週邊，可協助調節趨近行為的享樂中樞）、環導水管灰質（Periaqueductal Gray, PAG，位於第三與第四腦室之間，圍繞著大腦導水管的疼痛處理區），以及背側縫合核（Dorsal Raphe Nuclei，會影響威脅情境中的自主運動）。

對焦慮疾患機制的洞察，和對健身運動功效的可能解釋，來自心理藥物相關文獻、探討藥物對神經傳導系統的作用的研究，以及探討健身運動對這些系統的影響的研究。血清素和正腎上腺素系統一直被認為

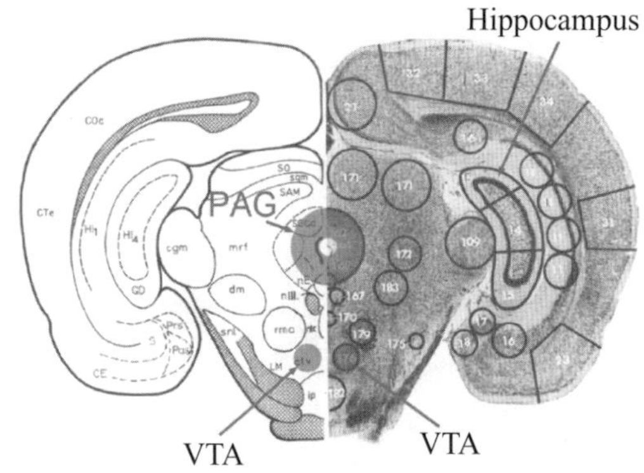

圖 6.11　與焦慮有關的自主運動；圍繞第三與第四腦室間大腦導水管的環導水管灰質（Periaqueductal Gray Matter, PAG）、海馬迴及海馬迴週邊的腹側背蓋區（Ventral Tegmental Area, VTA），在老鼠遇到威脅時調節恐懼行為

資料來自 *Maps and guide to microdissection of the rat brain*, M. Palkovits and M.H. Brownstein, pg. 152, copyright 1988. By permission of M. Palkovits

與焦慮有關，並且有可靠的證據顯示，也有來自特定神經傳導物質的影響，如GABA。

血清素

許多抗憂鬱和抗焦慮藥物會影響血清素系統，例如：阻斷血清素再回收（見圖 6.12），或以致效劑或拮抗劑的形式作用在血清素受體。血清素再回收抑制劑（如可洛米普明（Clomipramine）和氟西汀（Fluoxetine））經常被用來治療嚴重的焦慮症（Goddard & Charney, 1998）。藉由血清素受體致效劑（如非選擇性的血清素致效劑 M-Chlorophenylpiperazine）來阻斷血清素在受體層次與的結合，可以在多數恐慌症患者身上引發焦慮，但這種情形只會出現在少數的健康控制組中，暗示患者的血清素系統有失調的情形。血清素受體 5-HT2 的活化會引發小鼠類焦慮的行為（Fox, Hammack & Falls, 2008; Salam et al., 2009），而且缺乏

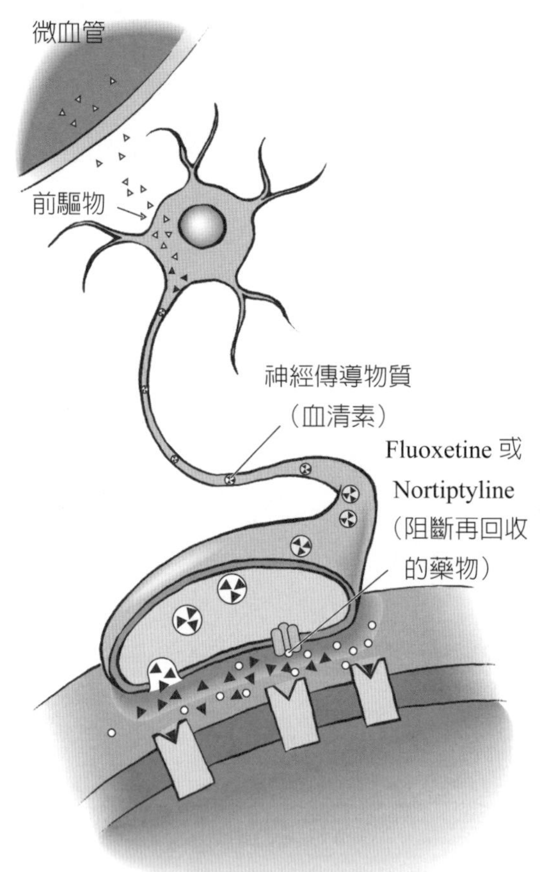

圖 6.12　在受體層次的血清素再回收抑制作用

5-HT2 受體的轉殖基因鼠對於令人害怕的環境具有抵抗力（Heisler et al., 2007）。

動物實驗顯示，健身運動訓練會伴隨縫合核活動與血清素合成的增加（Dishman, 1998）。藉由測量血液中色胺酸（Tryptophan）的動向（Disposition）、與腦脊液中 **5-HIAA**（血清素代謝物）的濃度，也有間接證據支持健身運動對中樞血清素系統的效果（Chaouloff, 1997）。大腦血清素隨運動提升的機制，與運動對色胺酸的作用有關（見第三章）。運動會引發對脂肪的分解（Lipolysis，使三酸甘油酯分解成游離脂肪酸）增加，以供頻繁肌肉收縮所需。

血清中增高的游離脂肪酸，和色胺酸競相與白蛋白（Albumin）結合，導致游離的色胺酸增加。游離色胺酸的增加促使色胺酸大量湧入腦中，使得血清素更有機會被合成。游離脂肪酸的增加，在探討運動導致血清素增加的機制中，受到最多的支持（Chaouloff, 1977）。運動也可能導致中性胺基酸（芳香胺基酸與支鏈胺基酸）的減少，而這些中性胺基酸原本會與游離色胺酸爭相穿越血腦屏障。不過，有關急性健身對支鏈胺基酸造成的變化，研究結果並不一致（Chaouloff, 1997）。

運動對焦慮的影響，可能是藉由改變某些基質，促使色胺酸被回收到大腦，並進一步增加血清素的合成。

有一項科羅拉多大學的研究（Greenwood et al., 2005; Greenwood et al., 2008）提供了自主運動改變中樞血清素功能的證據。大鼠在進行 6 週的自主運動以後，背側縫合核（Dorsal Raphe Nucleus, DRN）中血清素 5-HT1A 自控受體的傳訊核糖核酸（mRNA）出現調升，這可能造成 DRN 細胞放電的自主回饋抑制提高，降低 DRN 投射區域中血清素的釋放（有助於誘發與焦慮有關的行為表現），進而降低 DRN 的活動（Greenwood & Fleshner, 2011）。同樣的，Dishman 等人（1997）發現，6 週的轉輪運動會造成海馬迴與杏仁核中血清素代謝物 5- 氫氧靛基醋酸（5-Hydroxyindole Acetic Acid）降低，並且在受到無法控制的足底電擊後，也較少出現類焦慮行為。只要 2 週的自主運動，就可以減輕血清素 5-HT2B/C 受體致效劑所引發的、驚嚇反應增強的效果（Fox et al., 2008）。

正腎上腺素

有幾組證據指出，正腎上腺素與焦慮有關（O'Connor, Raglin & Martinsen, 2000）。以β- 腎上腺素阻斷劑（β-Adrenergic Blocking Agents）來抑制正腎上腺素（Norepinephrine, NE），會向下調控正腎上腺素受體作用器系統（NE Receptor-Effector System），這被發現對治療社交恐懼有用（Gorman & Gorman, 1987）。藍斑核的運作以及正腎上腺素的釋放也被認為與焦慮症有關。整體而言，藍斑核的自發性活動與警覺、喚醒程度有關。藍斑核藉由降低海馬迴、視丘和皮質區自發性放電的背景頻率，以及增強側膝核與視覺皮質的誘發反應來增強信噪比。曾有學者假設，恐慌症患者的α-2 正腎上腺素受體系統失調，這個系統涉及正腎上腺素從藍斑核釋放的調控。有研究發現，恐慌症患者的生長激素對於一種名為 Clonidine 的α-2 受體致效劑反應較不靈敏（Tancer, Stein & Uhde, 1993），同時對另一種名為 Yohimbine 的α-2 受體拮抗劑會出現劇烈的焦慮與生理反應（例如：Charney et al., 1992）。α-2 受體致效劑（如 Clonidine）會降低藍斑核的活動（即降低正腎上腺素的釋放），而其拮抗劑（如 Yohimbine）則會增加藍斑核的活動。刺激動物的藍斑核會導致類似焦慮的行為，並產生和焦慮有關的行為與生理變化，摘除藍斑核，則會消除這些焦慮反應。

運動可能是在藍斑核的層次，藉由影響正腎上腺素而有益於焦慮症患者，但這種看法在人類研究中證據仍有限。

腎上腺素受體之間的差異，可以作為

自主神經系統和正腎上腺素系統或 EPI（譯註：EPI 應為腎上腺素（Epinephrine））活動的指標。有些研究者有興趣探討運動對這些系統的影響，他們檢驗人類身上正腎上腺素受體的密度。接受過耐力訓練的運動員，體中淋巴球（一種白血球）上的 β- 正腎上腺素受體密度高於常人，並且在急性長時間、高強度的身體活動之後，淋巴球上的 β- 正腎上腺素受體密度還會增加。不過，淋巴球上的正腎上腺素受體屬於 β_2 型，和骨骼、平滑肌、肝臟、周邊交感神經組織上的受體一樣，對腎上腺素（Epinephrine）具有高度親和力，不太確定它們是否能作為週邊交感神經系統受體的指標，但至少它們並不能反映大腦的正腎上腺素活動（Dishman, 1998）。有研究在大鼠的運動訓練中發現，牠們在受到壓力之後，藍斑核、杏仁核、海馬迴和下視丘的正腎上腺素濃度會增加（Dishman et al., 2000），而大腦額葉皮質的正腎上腺素釋放則會減少（Coares et al., 1999）。在人類研究中，急性身體活動後的大腦正腎上腺素活動變化，則是藉由測量尿液、血清或腦脊髓液中的 3- 甲氧基 -4 羥基苯乙二醇（3-Methoxy-4-Hydroxyphenylglycol, MHPG，正腎上腺素代謝物）來作估計。有些研究探討急性身體活動後尿液中的 MHPG，發現 MHPG 排泄（Excretion）增加或沒有改變。在休息狀態下，週邊血管或尿液中的 MHPG 有 20% 到 60% 來自腦中正腎上腺素的代謝物。然而，運動期間血液中正腎上腺素濃度的增加，主要來自支配心臟的交感神經，也有一些來自運動的骨骼肌。因此，焦慮和急性健身後血中 MHPG 增加，關係尚不明確。

γ-氨基丁酸（Gamma-aminobutyric Acid, GABA）

GABA 作為主要的抑制性神經傳導素，意謂它在調控喚醒程度上扮演某種角色，而且有大量的證據指出 GABA 與焦慮疾患有關。GABA 的神經元與受體廣泛分布在各個腦區，這些腦區對焦慮表現而言都很重要，包括下視丘、環導水管灰質、中隔區（Septum）、海馬迴和杏仁核（Menard & Treit, 1999）。GABA 與苯二氮平類藥物（如 Diazepam 或 Valium）會和 GAGBA 受體結合，藉由開啟氯離子通道、造成細胞過極化，來抑制大腦神經元的活動（見圖 6.13）。苯二氮平類藥物（BZDs）對於治療廣泛性焦慮症很有效，而苯二氮平受體反致效劑（如 β-carbolines）則會導致強烈的焦慮反應（Dorow, 1987）。

另一個被提出的假說則連結了焦慮的生理和認知歷程（Sarter & Bruno, 1999）。苯二氮平類藥物會抑制源自前腦基底部（Basal Forebrain）的膽鹼神經元，這些前腦基底部的神經元對所有皮質區都有神經支配，涉及對皮質訊息處理的調控，前腦基底部神經元也接收來自藍斑核與杏仁核的訊息。Sarter 與 Bruno（1999）假設，來自前腦基底部的

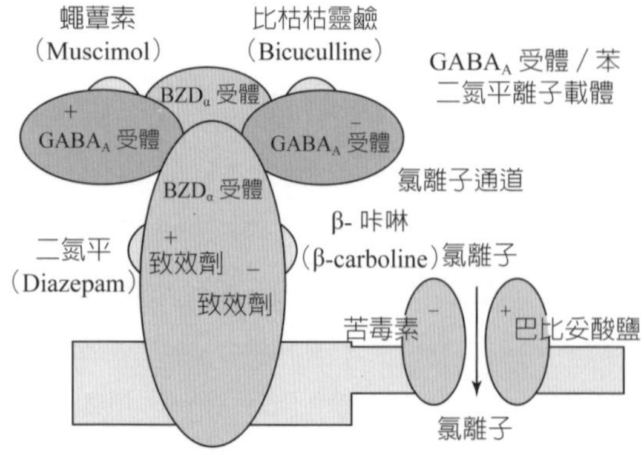

圖 6.13 GABA$_A$ 受體 / 苯二氮平離子載體受體複合物

膽鹼輸入的興奮性增加，在焦慮的認知層面扮演某種角色，它會增強對那些和焦慮有關的刺激的處理。苯二氮平對這些膽鹼神經元的抑制，會是減少這類處理的機制。

Dishman 等人（1996）研究長期進行轉輪運動和跑步機訓練，對大鼠中樞神經系統神經傳導系統的影響。他們發現做轉輪跑步運動的大鼠，斜紋體中的 GABA 濃度增加、GABAA 受體數量減少，並且趨近開放空間的自主運動增加。這個發現與 Mogenson（1987）在邊緣系統一運動焦慮整合模型（Limbic-Motor Integration model）中提出的抗焦慮效果是一致的。以 GABA 來解釋運動的抗焦慮效果，可能是透過運動對中樞膽鹼功能的影響，而中樞膽鹼會受到苯二氮平受體致效劑的抑制。運動訓練可以誘發週邊膽鹼功能改變（Zhao et al., 1997），意謂著運動訓練後的焦慮改善，也有可能是來自中樞神經系統中膽鹼神經迴路的適應性改變（相關討論可參閱 O'Connor, Raglin, & Martinsen, 2000）。

運動後的焦慮改善，可能來自中樞神經系統中，膽鹼或 GABA 神經迴路的適應性改變。

小結

焦慮是對真實的或知覺到的威脅的反應，具有認知、行為、情緒和生理的成份。多數人在某些時刻會經驗到急性的焦慮（Acute Anxeity），影響不大，但焦慮疾患卻會使人喪失機能。在美國與全世界有數以百萬計的人罹患焦慮症，造成的財務與情緒耗損非常可觀。藥物治療有其風險與缺點，考量將健身運動用於預防與治療的可能性，則因為附加的健康效益而十分具有吸引力。

幾乎沒有研究對恐慌症以外的臨床族群進行相關探討，多數研究是對初始焦慮程度未達臨床水準的研究參與者進行測量。然而，在這些非臨床的受訪者身上，即使焦慮分數可以改善的空間很小，還是一致地觀察到急性健身後有**焦慮的降低，並且有大量研究著手探討臨床族群接受健身運動訓練的效果，看起來也很有希望**。有氧運動似乎可以降低急性焦慮，但是這種效果的強度和持續時間，還需要更多研究探討。至於阻力運動對於急性焦慮的效果，研究結果還不一致。

對於急性健身與長期健身運動如何可以帶來焦慮的降低，有幾個可能的解釋機制受到檢驗。隨著我們對相關神經生理有更多了解，這些看似可行的機制也逐漸發展成形。這個機械式的工作，需要在罹患焦慮症與無焦慮症，但焦慮程度高於平均的人身上進行。建議應以多種不同取向進行研究，包括使用非侵入性的腦造影、神經傳導素阻斷劑和心理生理方法（例如：把腦波或神經肌肉反射的肌電測量結果，和自評的健身運動後焦慮反應，拿來做相關性分析）。焦慮的動物模型也有潛在的重要角色，可以在神經生理的機制上產出有用的新知識，來解釋在健身運動與身體活動後，焦慮降低的情形。

參考網站

1. www.nimh.nih.gov/health/topics/anxiety-disorders/index.shtml
2. www.mentalhealth.com/p.html
3. www.medscape.com/psychiatry

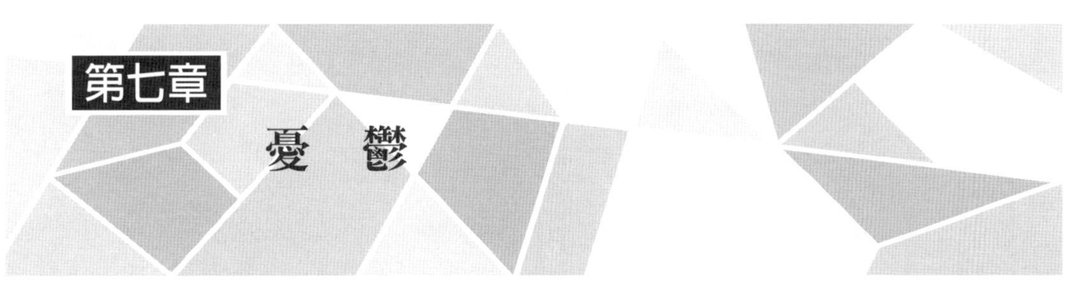

第七章 憂 鬱

徐晏萱 譯

多數人曾有過暫時的悲傷或憂鬱，憂鬱在幾分鐘或幾小時後就過去了，但當時似乎需要花好大的力氣去做一些例行的活動（甚至是洗衣服）。許多人說在缺乏身體活動的時期容易感到憂鬱，而健身運動似乎可以緩和心情。不過，健身運動和憂鬱的關係就像雞生蛋、蛋生雞的難題，人是因為久坐少動所以感到憂鬱，還是因為感到憂鬱而不動呢？幾個縱貫研究提供了一些證據，缺乏身體活動會增加憂鬱的風險，而對臨床憂鬱患者進行的研究，則顯示運動訓練可以改善憂鬱症狀。藉由檢視大量有關憂鬱心理生理機制的研究，或許可以找到一個解釋。本章對這個問題的範疇進行回顧，提出臨床定義：整理探討健身運動與憂鬱的文獻，以及說明當前用於解釋此效果的社會、認知和心理生理機制，並提供一個基礎，來理解健身運動與憂鬱之間的關係。

盛行率和社會衝擊

2001 年，憂鬱是高所得國家中，失能調整生命年（Disability-Adjusted Life Expectancy，譯註：原為 Disease-Adjusted Life Years（DALY），為一種反映因疾病傷損導致健康餘命損失的指標，綜合考量過早死亡的年數（Years of Life Lost, YYLs）與失能狀態（Years of Life Lived With A Disability, Weighted By The Severity of The Disability, YLDs））的十大風險因子之一（Lopez et al., 2006），並且推估在 2020 年將會排名世界第二，在 2030 年會是世界第一（Mathers & Loncar, 2006）。美國的重鬱症（Major Depression）年盛行率在 1940 到 1990 年代穩定增加，大約 10 年前，約莫三分之一的美國人，終其一生會有至少一次的憂鬱發作（Ernst, Rand & Stevinson, 1998）。到了 1996 年，每年有 1 千 2 百 60 萬次的求診是因為重鬱症或其他類型的憂鬱疾患（Schappert, 1998），而且憂鬱是所有尋求心理治療的成人中，最常見的主訴問題之一。

不過，感到憂鬱只是憂鬱症的一部分，憂鬱症是一種持續出現情緒、生理和認知困擾的嚴重狀態。英格蘭、芬蘭、澳洲和美國的流行病學研究估計，在任何時間點，有 8% 的女性和 4% 的男性患有某種形式的憂鬱症（Lehtinen & Joukamaa, 1994）。在美國，4.5% 到 9.3% 的女性和 2.3% 到 3.2% 的男性患有重鬱症。

美國全國共病調查（National Comorbidity Survey）指出，重鬱症的終生

> 世界衛生組織推估，2020 年憂鬱症將會成為死亡與失能的第二大原因，僅次於心血管疾病，並且會在 2030 年成為最常見的原因。

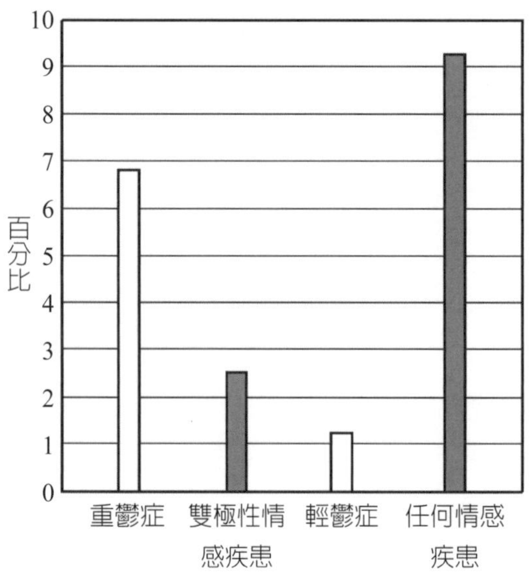

圖 7.1　美國成人過去 12 個月內情感疾患盛行率估計

資料源自 Kessler et al. 2005

盛行率為 17%（女性 21%、男性 13%），而過去 12 個月間的罹病率則為 9.5%（Kessler et al., 1994）。除了雙極性情感疾患（躁鬱症）中的躁症發作以外，女性罹患憂鬱症的比例幾乎是男性的兩倍。如圖 7.1 所示，經過 10 年後再進行的美國全國共病調查複製研究（National Comorbidity Survey Replication）估計，全美每年有 9.5% 的成人患有憂鬱疾患（Kessler et al., 2005b），且其中 21% 在一生中曾經罹患情感疾患（Kessler et al., 2005a）。在美國成人中，重鬱症最新的終生盛行率估計值為 16%（Kessler et al., 2003）。

在美國，情感疾患的比例會因性別、年齡及種族而有不同。女性一生中罹患任何一種情感疾患的勝算（Odds）較之男性高出了 50%。圖 7.2 顯示，重鬱症和輕鬱症（Dysthymia）的盛行率在 60 歲以前會隨年齡增加。情感疾患初次發作年齡的中位數是 30 歲，比多數其他精神疾患都來得晚（Kessler et al., 2005a）。不過，憂鬱症狀每年還是影響了大約 8% 到 9% 的青少年與青

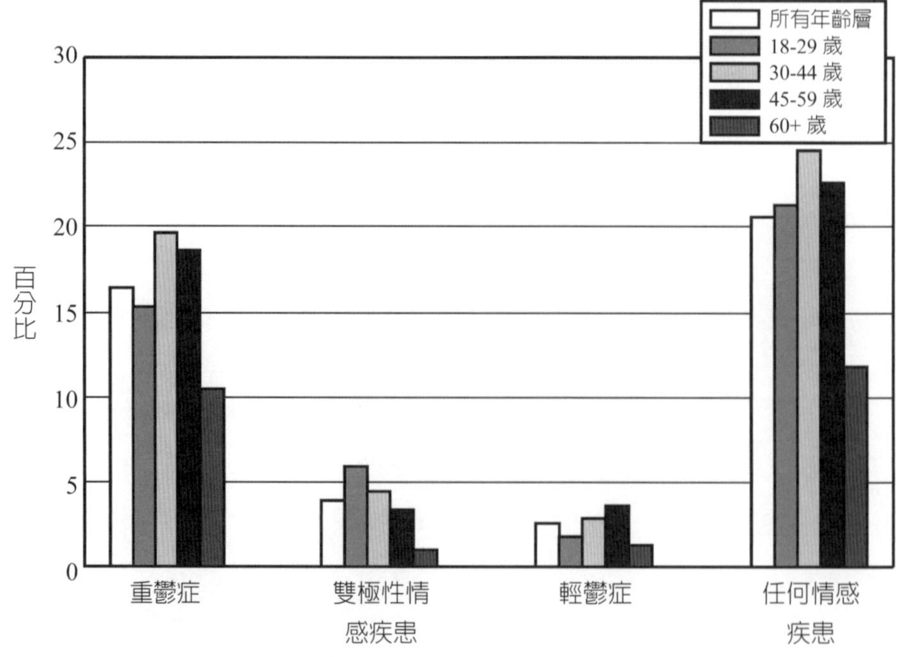

圖 7.2　美國成人過去 12 個月內情感疾患盛行率估計

資料源自 Kessler et al. 2005.

年（Rushton, Forcier & Schectman, 2002）。青少年與青壯年中的憂鬱症年罹患率，約是 25 到 44 歲成人的兩倍是 65 歲以上成人的四倍（Kessler et al., 1994）。

非裔美國人通常比白種美國人還少經歷到憂鬱，而非白人的西裔美國人則比白種人更常經歷到憂鬱。美國全國共病調查複製研究（Breslau et al., 2006）的結果發現，西裔黑人和非西裔黑人得到憂鬱症的風險都比較低，西裔族群罹患輕鬱症的風險也較低（參閱圖 7.3）。

美國全國共病調查複製研究，和世界衛生組織的世界心理健康調查（World Mental Health Surveys）發現，有重鬱症的人嘗試自殺的風險是別人的兩到三倍。憂鬱的人有較高的勝算會出現自殺想法，但是那些有嚴重焦慮或激躁不安（如創傷後壓力症候群），和衝動控制力薄弱的人（如行為規範障礙症或物質使用疾患），最容易計畫或嘗試自殺（Nock et al., 2009; Nock et al., 2010）。

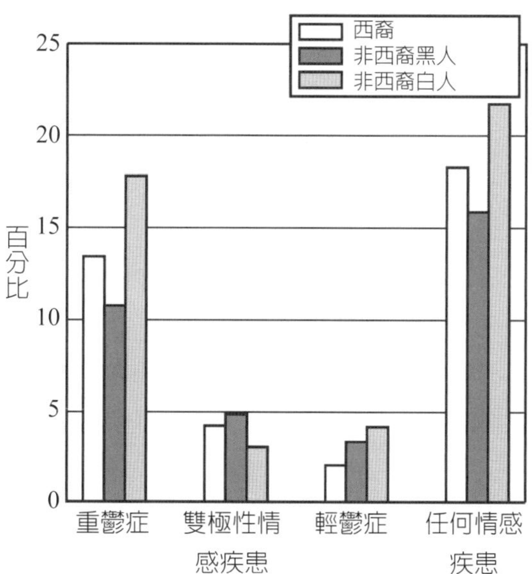

圖 7.3　依據人種與族裔區分的美國成人情感疾患終生盛行率估計

資料來自 Breslau et al., 2006.

此外，可歸因於憂鬱症的自殺比率，從 10 歲起到成年早期劇烈增加（Greenberg et al., 1993）。自殺是青少年與青壯年人口中的第三大死因。憂鬱在 25 歲以下的女孩和成年女性中特別普遍，她們罹患憂慮症的比例是同齡男孩與成年男性的兩倍，25 歲到 54 歲女性的六倍（Regier et al., 1988）。

對 12 個月內有自殺想法、自殺計畫和自殺企圖的盛行率估計，在全球人口中分別約為 2.0%、0.6% 和 0.3%，在已發展國家的比例和發展中國家類似（Borges et al., 2010）。

自殺行為的風險因子

- 女性
- 年輕（50 歲以下）
- 教育程度較低
- 收入較少或無業
- 未婚
- 父母有心理病理問題
- 童年逆境
- 過去 12 個月患有 DSM-IV 中的精神疾患

轉載自 Borges 等人（2010）

嘗試自殺的美國人大約 80% 在先前有過精神疾患（特別是情感疾患合併焦慮、衝動控制和物質使用疾患；Nock et al., 2010）。每年，全球有將近一百起自殺死亡的案例。在美國，每年有超過三萬人自殺，使自殺成為第十一大死因。

2008 年，自殺是美國男性的第七大死因、美國女性的第十五大死因。自殺是 15 到 34 歲美國印地安人與阿拉斯加原住民的第二大死因。男性因自殺死亡幾乎是女性的四倍，但是女性嘗試自殺是男性的兩到三倍。美國每一起自殺事件，背後就有二十四次未致死的自殺嘗試（美國疾病管制與預防中心，2010a）。

憂鬱症對個人、社會和經濟造成很高的代價，憂鬱症患者經歷了失去喜樂、無望和人際關係上的困難。憂鬱的人有較高的自殺風險，在年輕人與成年人當中，憂鬱症是精神疾患裡，對於自殺最有力的風險因子（Petronis et al., 1990）。

如果你或你知道的人有自殺風險，請打電話到美國國家預防自殺生命熱線 800-273-TALK（800-273-8255）。
譯註：台灣請打衛福部 24 小時安心專線 1925（依舊愛我）。

美國的自殺情形

依據美國疾病管制署（2010a, 2010b）：

- 自殺是 25 到 34 歲間的第二大死因
- 自殺是 15 到 24 歲間的第三大死因
- 在 15 到 24 歲間，自殺佔每年死亡原因的 12.2%
- 九年級到十二年級的學生中，有 13.8% 在過去 12 個月內認真考慮過自殺（17.4% 的女學生、10.5% 的男學生）
- 6.3% 的學生表示在過去 12 個月內至少有過一次企圖自殺（8.1% 的女學生、4.6% 的男學生）
- 自殺致死率在年長男性中最高

2000 年美國因自殺造成的損失，估計有兩百六十一億（31%）直接醫療支出，五十四億（7%）因自殺死亡衍生的支出，和五百一十五億（62%）勞動生產力的損失（Greenberg et al., 2003）。2009 年，估計美國使用了一億六千九百萬帖的抗憂鬱處方箋，成為第三常見的處方類別，僅次於降血脂藥和可待因類（Codeine-Based）藥物。在 2009 年期間，這些主要是提供給憂鬱與焦慮患者的銷售，為處方藥物中的第四高，佔了九十九億美元（www.imshealth.com/portal/site/imshealth）。

2004 年，歐洲花費在憂鬱症的年度總額估計為一千一百一十八億歐元，相當於耗費每人 253 歐元。其中直接支出為四百二十億歐元，細分如下：門診照護（二十二億歐元）、藥物成本（九十億歐元）和住院費用（一百億歐元）。因罹病與死亡衍生的間接支出則估計有七百六十億歐元。憂鬱症是歐洲代價最高昂的腦部疾病，佔所有心理健康照護費用的 33%，以及國內生產毛額（或歐洲經濟總額）的 1%。

有證據指出憂鬱症會造成長期的生理後遺症，如骨質密度降低，以及罹患冠狀動脈心臟病和高血壓的比例增加（Gold & Chorosos, 1999; Jonas, Franks, & Ingram, 1997）。憂鬱和肥胖有複雜的雙向關係（Stunkard, Faith, & Allison, 2003），考量到各年齡層肥胖和過重的比例都偏高，這個問題就顯得特別重要。有些證據顯示憂鬱會增加肥胖的風險（Luppino et al., 2010），而且特別對青少女而言是如此（Herva et al., 2006），但是，探討肥胖與接受憂鬱治療的患者的關係，還須要衡量有些抗憂鬱劑也和體重增加有關。

雖然在任何時間點，有 8% 的女性和 4% 的男性患有憂鬱症，但憂鬱的人只有 30% 會尋求專業協助，少於半數受到足夠的治療。

臨床樣態

定義憂鬱症並不容易，因為它包含好幾種類型的情感疾患，彼此之間可能有對立的症狀（例如：睡眠增加或減少、食慾增加或減少，參閱表 7.1）。《精神疾病診斷準則手冊》（*Diagnostic and Statistical Manual of Mental Disorders, DSM*；美國精神醫學會，2000）將情感疾患分為四類：(1) 憂鬱症（Depression）；(2) 雙極性情感疾患（Bipolar Disorder）或躁鬱症（Manic-Depressive Disorder）；(3) 因醫學狀況導致的情感疾患（Mood Disorders Due to a Medical Condition）；以及 (4) 物質誘發的情感疾患（Substance-Induced Mood Disorders）。第一類包括**重鬱症**（**Major Depression**）和較輕微、慢性的**輕鬱症**（**Dysthymia**）。重鬱症兩個主要的亞型為憂鬱病性（Melancholic）與非典型（Atypical）憂鬱症，但是 53% 達到重鬱症診斷標準的人並不符合這兩類之一。第二類的雙極性情感疾患（**或躁鬱症**），特徵是會有憂鬱期，並交替轉換出現高昂（Elevated）、開闊（Expansive）或易怒的情緒，有誇大的自信、危險或無社會適應性的行為（Asocial Behavior），甚至於偏執的時期。

在歐洲，國際疾病分類（International Classification of Diseases, ICD-10；由世界衛生組織背書，1992 年，瑞士日內瓦）將憂鬱發作（或鬱期，Depressive Episode）定義為情緒低落、失去興趣與享樂、精力減退以致容易疲勞（常常只是努力了一點就會如此），以及活動減少（世界衛生組織，1992）。憂鬱發作可以分為輕度、中度或重度。

表 7.1 單極性情感疾患（重鬱症）的亞型

憂鬱病性憂鬱症（Melancholia）	非典型憂鬱症（Atypical Depression）
生理過度喚醒（Physiologicla Hyperarousal）	生理過度喚醒（Physiologicla Hyperarousal）
失眠	嗜睡（Hypersomnia）
食慾不振	食慾增加
晨間清醒	疲倦
深沉的無價值感	情感平板
性驅力（Libido）減低	性驅力（Libido）減低
內分泌失調	內分泌失調
悲觀	嚴重缺乏動力（Inertia）
失去喜樂	
慢波睡眠減少	
恐懼	
偏好提取痛苦的記憶	

躁鬱症

- 第一型雙極性情感疾患（Bipolar I）：重鬱與躁症（或無法控制的高昂狀態）交替出現。
- 第二型雙極性情感疾患（Bipolar II）：重鬱與輕躁（一種較輕度的高昂狀態）交替出現。
- 循環性情感疾患（Cyclothymia）：較輕微的鬱症與輕躁交替出現。

在鬱期中，低落的情緒通常會每天持續出現至少維持 2 週，並且無論在何種情況下皆是如此，但在一天中傾向逐漸變好。當症狀持續未達 2 週，但卻非常嚴重且快速發生時，也可能被診斷為憂鬱發作。在某些情況下，焦慮和動作性激躁（Motor Agitation）可能比情緒低落更加明顯。此外，情緒障礙也可能不若其他特徵明顯，例如：易怒、酒精濫用；以及原本就有的問題惡化，例如：恐懼症、強迫意念或伴隨身體症狀的強迫行為。

有些在 ICD-10 分類系統中所描述的症狀，對於定義典型身體化憂鬱症（Somatic Depression）具有特殊的臨床意義，並且和美國 *DSM-IV* 系統對憂鬱病性憂鬱症（Melancholia）的診斷類似。

至少需要出現以下五個症狀才能作身體化憂鬱症的診斷：

(1) 在平常感到享受的活動中失去興趣或喜樂
(2) 對於平常會感到快樂的環境與事件缺乏情緒反應
(3) 在晨間比平時早 2 個小時以上清醒
(4) 憂鬱在早上比較嚴重
(5) 有明確精神運動遲滯或激躁（Psychomotor Retardation or Agitation）的客觀證據（觀察到或由他人報告）

重鬱症發作的時候，上述症狀會造成顯著的痛苦，並在社會與職業場域，以及個人生活的其他領域造成損害。憂鬱若是由物質濫用、藥物使用或醫學狀況（如甲狀腺亢進、心臟疾病、糖尿病、多發性硬化症、肝炎或風濕性關節炎）造成，就不會被視為重鬱症。此外，許多人在摯愛逝去後的前 2 個月也會有這些症狀，但除非這些症狀和顯著的功能損害有關，或者是當事人沉浸在無價值感中、有自殺意念、出現精神症狀，或精神運動遲滯，這不會被視為重鬱症。

憂鬱的女性幾乎是男性的兩倍。這種差異的原因不得而知，但可能和基因、內分泌作用，以及社會學習有關。舉例來說，雙極性情感疾患的風險因子包括女性（特別是 35 到 45 歲之間）、有憂鬱症或酒癮家族

國際疾病分類（ICD-10）中鬱期常見症狀

- 專注力和注意力降低
- 自尊與自信降低
- 罪惡感與無價值感（即使在輕度發作時也是如此）
- 對於未來感到黯淡、悲觀
- 有自我傷害或自殺的想法或行為
- 睡眠障礙
- 食慾不振

授權轉載自國際衛生組織（1992）國際疾病分類（ICD-10）

史、6 個月內分娩、近期負向生活事件、缺乏信賴關係、和負向家庭環境。憂鬱的病因一般涉及與壓力情緒有關的神經生理歷程，憂鬱可能由災難事件所致，如摯愛死亡、失去自尊（例如：因為沒有達到重要目標而覺得自己沒有價值）、慢性焦慮或壓力，憂鬱也可能在沒有明顯原因的情況下出現。

在一項具有指標意義的美國國家級研究中，約半數憂鬱症患者在接受 2 個月以上的抗憂鬱藥物治療、心理治療或兩者同時進行之後，仍舊有餘留的症狀。在這個「序列性轉換藥物的憂鬱症狀緩解研究（Sequenced Treatment Alternatives to Relive Depression, STAR*D）」裡，經過 6 週以上的選擇性血清素再回收抑制劑 Citalopram 治療後，在將近 2,900 位憂鬱症患者中，只有 47% 出現良好反應（即症狀減輕 50%），只有 27% 完全緩解（即不再有任何症狀）。接著，那些仍有症狀、未完全緩解的患者，改為服用 Sertraline（另一種血清素再回收抑制劑）、Venlafaxine（血清素再回收抑制劑與正腎上腺素回收抑制劑混合物）或 Bupropion-SR（正腎上腺素－多巴胺再回收抑制劑），約有 25% 的患者在後續得到緩解（Rush et al., 2006; Trivedi et al., 2006a）。另一群未完全緩解者改為接受認知治療，經過第二輪的治療後，出現類似的緩解率（31%）。患者對心理治療的耐受性比對藥物高，但在 Citalopram 後再補上另一種藥物，會比補上心理治療有更快的療效（平均而言，分別為 40 天與 55 天；Gaynes et al., 2009）。

這些事實意味著自我幫助行為（Self-Help Behaviors；例如：健身運動）具有潛在的重要性（健身運動可以增進心理健康；Freeman et al., 2010）。許多研究都認同，規律的身體活動可以降低憂鬱症狀，也可以降低一個人在未來會經歷憂鬱的可能性。如同前面討論過的，健身運動可能對大腦的單胺系統有類似於抗憂鬱劑的作用，又或者是運動的場景可能對認知具有益處，例如：增加身體自尊，健身運動還可以藉由提升精力充沛的感覺、促進良好睡眠以及改善性功能，而有助於消除無效藥物治療所遺留的症狀。對於那些藥物治療反應不佳的患者，運動訓練已經成功用於強化治療效果（Augmentation Therapy, Trivedi et al., 2006b）。

健身運動的功效

自古以來，醫師便建議以身體活動來對抗憂鬱。大約 2,500 年前，希波克拉底（Hippocrates）開立健身運動處方給他罹患憂鬱病性憂鬱症（*Melancholia*）的患者——憂鬱病性一詞至今仍被精神科醫師用來描述重度的憂鬱症。有一份 20 世紀初的報告，似乎是當代第一個探討健身運動與憂鬱症患者的研究，其中記載了兩位男性憂鬱症患者，在運動了大約 2 小時的那幾天，心情和反應時間都比休息的其他天來得好（Franz & Hamilton, 1905）。大約 65 年後，第一個以實驗法進行的研究顯示，男性的自評憂鬱症狀在進行運動訓練計畫以後有所改善（Morgan et al., 1970）。這個發現後來被擴展到一項針對精神科門診病患進行的小型隨機臨床試驗，結果顯示在 12 週慢跑治療後，患者憂鬱症狀的減低程度和接受兩種形式的心理治療團體相當，或者更多（Greist et al., 1979）。此外，接受慢跑治療的病人中，十個有九個在 9 個月後仍持續慢跑，並且不感到憂鬱，而其他組的病人則再度出現憂鬱症狀。

大約 10 年後，有三項早期的群體調查

（Population-Based Suveys）顯示，在休閒時間規律的身體活動，可能降低成年期發展出憂鬱症的機率：

(1) 1975 年，第一期美國國家健康與營養調查研究（National Health and Nutrition Examination Survey I, NHANES I）對7,000 位 25 到 74 歲的美國人進行調查，發現說自己在休閒時間幾乎沒有運動的人，同時也報告出較多的憂鬱症狀（Stephens, 1988）。

(2) 1978 到 1979 年，對 24,000 位 15 歲以上加拿大人進行的加拿大健康調查研究（Canada Health Survey）和 1981 年對 22,000 位 10 歲以上加拿大人進行的加拿大體適能調查（Canada Fitness Survey）有類似的發現（Stephens, 1988）。在這些調查裡，說自己在休閒時間有適度活動或非常活躍的人，也比較可能報告出正向的情緒感受。

(3) 1975 和 1984 年在德國上巴伐利亞（Upper Bavaria）對 1,500 位 15 歲以上受試者進行的研究，發現相較於有規律健身運動的人，有好幾種憂鬱疾患更常出現在那些目前沒有在健身運動的人身上（Weyerer, 1992）。

在這三項研究中，無論生理疾病的有無、性別、年齡或社會階層，不活動的人憂鬱的比例較高。不過這幾個研究只對活動與不活動的人做橫斷性的比較，也就是說，這些研究只是對同時測量到的身體活動和健康狀態「拍了張快照」，並不能確定究竟是不活動還是憂鬱先發生，有可能是人先變得憂鬱才開始不動，而非不動才造成憂鬱的後果。如圖 7.4 所示，在上巴伐利亞研究中，缺乏身體活動並不能預測 5 年後有較高的憂鬱。

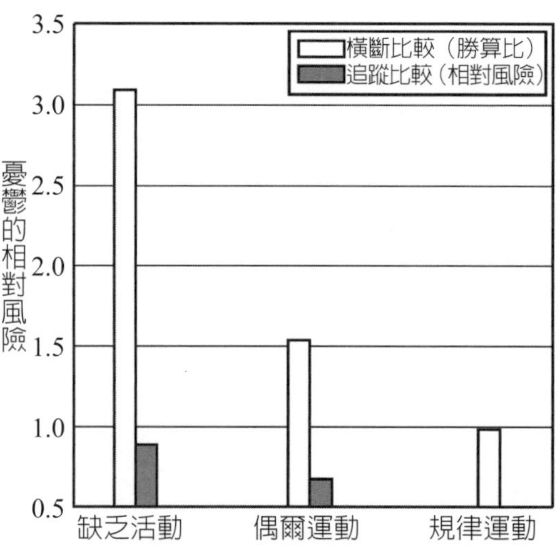

圖 7.4 上巴伐利亞田野研究對 1,536 位社區居民測量身體活動水準，並以臨床會談來評估憂鬱。缺乏活動的人，憂鬱的勝算比（odds ratio, OR）是 3.15，但是缺乏身體活動並未顯著增加 5 年後的憂鬱風險

美國國家健康與營養調查研究的結果比較令人振奮一些。大約 1,500 位在第一期研究（NHANES I）接受訪談的受試者在 8 年後再度受訪（Farmer et al., 1988），這次的追蹤調查首先測量身體活動，接著看後來出現的憂鬱症狀。第一期美國國家健康與營養調查追蹤研究的發現如下：

- 在 1975 年沒有憂鬱，但久坐少動，且 8 年間持續缺乏活動的高加索女性，憂鬱的比例是那些一開始說自己有中等程度身體活動，且 8 年間保持活躍的女性的兩倍。
- 在 1975 年憂鬱且缺乏活動的高加索男性，在 8 年後憂鬱的可能性是那些一開始憂鬱但後來從事較多身體活動的人的十二倍。

上述的發現，無論在何種年齡、教育程度或社會經濟地位的人身上，都可以觀察得到。

另外還有兩項重要的前瞻性研究對憂鬱追蹤了一段時間，並依照身體活動程度來比較風險程度：

(1) 阿拉米達縣研究（Alameda County Study）在加州奧克蘭附近進行，大約5,000位沒有憂鬱的成年男性與女性，在1965、1974和1983年完成有關身體活動與憂鬱的調查（Camacho et al., 1991）。依據自陳的身體活動頻率與強度，研究參與者被分類為低度、中度和高度身體活動組。相較於一開始就非常活躍的人，那些在1965年缺乏身體活動但沒有憂鬱的人，到1974年憂鬱的風險增加了70%。此外，從1965年到1983年身體活動量的改變和1983年憂鬱症狀之間的關係，顯示憂鬱的風險可以藉由增加健身運動來改變，不過這個關係並未獨立於憂鬱的其他風險因子。

(2) 有一項研究在60年代中期到1977年間，對10,000位哈佛校友進行，發現身體活動會降低得到憂鬱診斷的可能性（Paffenbarger, Lee, & Leung, 1994）。每週藉著健走、爬樓梯或競技運動消耗掉1,000到2,500大卡的男性，比那些較少活動的同儕減少了17%的憂鬱風險，其中每週消耗超過2,500大卡的人，風險降低了28%。

自從這些早期研究發表以後，有超過30個前瞻性觀察研究指出，身體活躍的人憂鬱症狀增加的風險降低，並且至少有二十五個隨機對照試驗，檢驗運動訓練是否可以降低情感疾患（主要為重鬱症）成年患者的症狀。1984年，美國國家心理衛生研究院運動與心理健康工作坊（National Institute of Mental Health Workshop on Exercise and Mental Health）總結健身運動與輕至中度憂鬱的降低有關（Morgan & Goldston, 1987）。這個結論在1992年於多倫多舉行的第二屆身體活動、體適能與健康國際共識論壇（International Consensus Symposium on Physical Activity, Fitness, and Health; Bouchard, Shephard & Stephens, 1994），1996年的

精神疾病診斷與統計手冊第四版的重鬱症診斷標準

在2週內，至少同時出現五項以下的症狀，並且其中一項必須是憂鬱情緒或失去興趣或喜樂：

1. 一天當中多數時間都情緒低落，且幾乎每天都如此（在青少年或兒童可能是易怒的情緒）
2. 一天當中多數時間且幾乎每天，對於所有活動的興趣或愉悅感明顯降低
3. 在沒有節食的情形下，體重顯著減輕或增加
4. 失眠或嗜睡
5. 精神運動激躁或遲滯
6. 疲勞或失去精力
7. 精神萎靡或感到不安
8. 缺乏價值感或有過度的罪惡感
9. 專注力受損或優柔寡斷
10. 反覆出現有關死亡或自殺的想法

要診斷為重鬱症，症狀不應符合躁症診斷標準、不應導因於物質（如酒精）或一般醫學狀況（如甲狀腺功能低下）的直接生理作用，並且無法以喪親之慟做更好的解釋。

依據美國精神醫學會

美國衛生總署身體活動與健康報告（U.S. Surgeon General's Report, *Physical Activity and Health*），以及 2008 年科學諮詢委員會（Scientific Advisory Committee）的美國人身體活動指引（*Physical Activity Guidelines for Americans*）中都得到支持。有關健身運動與輕中度憂鬱症狀減輕的關聯的記載，來自群體研究、敘述性與量化文獻回顧（即後設分析），以及在臨床與非臨床族群進行的運動訓練研究。

多數有關運動和憂鬱的研究，以年輕人到中年人為對象，太少有研究是對兒童進行，因而難以在這個族群得到結論。在 65 歲以上的人（O'Connor, Aenchbacher, & Dishman, 1993），證據顯示健身運動對憂鬱症狀減輕的助益可能隨年齡增長而漸減。不過，雖然年長者的憂鬱會伴隨更多與老化有關的症狀（例如：睡眠與認知障礙），高齡者憂鬱症診斷的盛行率比年輕人和中年人來得低。通常，無論年齡、性別、人種或社會經濟地位，身體活動都對預防憂鬱有益。

> 身體活動在協助預防憂鬱的助益上，顯然無論年齡、性別、人種或社經地位皆然。

預防憂鬱：群體研究

主要有兩類研究設計被用來檢驗身體活動和憂鬱症狀之間的保護關係。多數的研究，特別是早期研究，會在一個時間點做橫斷式的取樣，同時測量身體活動和憂鬱，這些研究無法判斷是否是身體活動降低了憂鬱，還是憂鬱降低了身體活動程度。在過去大約十年間，許多研究使用前瞻性的世代研究設計，先測量身體活動，再追蹤數年後出現的憂鬱症狀，當這些縱貫研究控制了與低度身體活動和憂鬱症狀都有關的混淆變項以後，就提供了更有力的證據說明身體活動可以降低憂鬱。

橫斷式研究

自 2000 年以來，成年人休閒時間身體活動和憂鬱症狀減輕之間的關係，已經在超過一百個由多國發表的群體橫斷式觀察研究中得到普遍的支持，其中包括納入了將近 200,000 位美國人的國家代表性樣本。平均而言，相較於缺乏活動的人，活躍的人有憂鬱症狀的勝算降低了將近 45%。在一筆美國人的國家型樣本中，活躍的人憂鬱的勝算降低了將近 30%。不過，這些研究無法以時間序列來推論，是因為較多的身體活動導致較低的憂鬱程度，而這些研究通常沒有去校正那些在比較活躍的人身上，也可能比較不常出現憂鬱風險因子。儘管如此，這些研究提供了一些劑量反應關聯（Dose-Response Associations）和群體中跨族群一致性的證據（身體活動指引諮詢委員會 Physical Activity Guidelines Advisory Committee，2008）。

美國國家共病調查研究。Goodwin（2003）分析美國國家共病調查研究中的資料（樣本數 5,877 人），這是一個具有國家代表性的樣本，收集了 15 歲到 54 歲美國成人的資料。在校正年齡、性別、人種、婚姻狀態、教育程度、所得、身體疾病和其他精神疾患以後，那些說自己在閒暇或工作中有規律從事健身運動的人，在過去的一年間得到重鬱症診斷的勝算降低了 25%。另外，得到輕鬱症的勝算也降低了 14%、得到雙極性情感疾患的勝算降低了 6%，但沒有達到統計上的顯著性。不過，其中重鬱症、輕鬱症和雙極性情感疾勝算的降低及身體活動

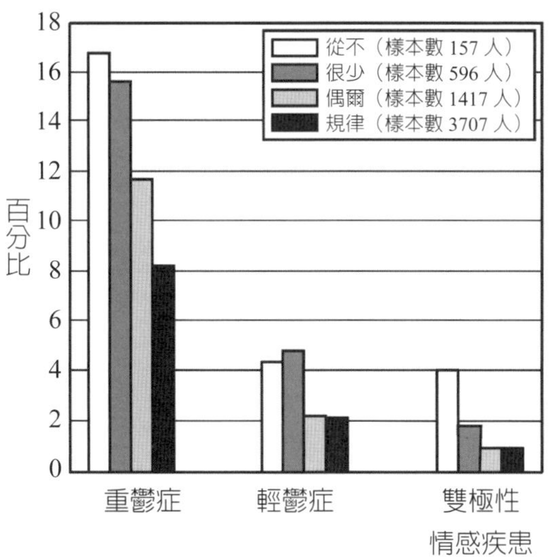

圖 7.5 依據美國全國共病調查研究，以身體活動頻率來區分的 12 個月內情感疾患盛行率

資料來自 Goodwin, 2003.

頻率的提高，兩者之間有劑量反應關係（見圖 7.5）。

青年冠狀動脈疾病風險形成研究（CARDIA）。青年冠狀動脈疾病風險形成研究（Coronary Artery Risk Development in Young Adults study, CARDIA）納入了非裔（1,157 位男性與 1,480 位女性）和白種（1,171 位男性與 1,307 位女性）美國人，以流行病學研究中心憂鬱量表（Center for Epidemiological Studies Depression, CES-D）來測量憂鬱症狀提高的病史（指標為在第 5、第 10 和第 15 年進行追蹤評估時，得分超過 16 分的次數；Knox et al., 2006）。在校正年齡、教育程度、酒精攝取、抽菸和身體質量指數（Body Mass Index, BMI）以後，憂鬱症狀史和第 15 年的身體活動量，跨種族具有一致的反向相關性（在過去 1 年中，每次憂鬱症狀增加期間，活動減少約二十八個代謝當量（Metabolic Equivalents, METs））。

醫療支出固定樣本研究（Medical Expenditure Panel Study）。在 2003 年，一項對美國群體而言具有國家代表性的研究，詢問 23,283 位成人是否每週 3 次進行至少 30 分鐘以上中等程度或激烈的活動（Morrato et al., 2007），並取得社會人口學特徵和醫學狀況（包括依據國際疾病分類第九版 ICD-9 診斷的憂鬱疾患或重鬱症）的資料。身體活躍的人得到憂鬱症的勝算降低了 40%，在校正性別、年齡、人種和族裔、教育程度、所得、身體質量指數、心血管疾病、高血壓、高血脂和身體殘疾以後，憂鬱在活躍的人身上降低情形變得比較不明顯，但仍然維持統計上的顯著性。

2006 年行為風險因子監測調查（Behavioral Risk Factor Surveilance Survey）。2006 年的行為風險因子監測調查在美國的 38 州、華盛頓哥倫比亞特區、波多黎各和美屬維吉尼亞群島，以隨機撥號法對 217,379 位受訪者進行電話調查（Strine et al., 2008），並使用依據精神疾病診斷與統計手冊第四版診斷標準（DSM-IV）所發展的病人健康問卷（Physical Health Questionniare）來評估受訪者目前是否有中度憂鬱的症狀（自殺想法除外）。受訪者報告是否曾有醫師或健康照護提供者，告知自己有憂鬱疾患（包括憂鬱症 Depression、重鬱症 Major Depression、輕鬱症 Dysthymia 或輕度憂鬱症 Minor Depression）。結果無論年齡大小、缺乏活動的人（佔樣本中的 24%），目前有憂鬱症狀的可能性增加三倍，一生中曾有憂鬱診斷的機率增加 40%。在校正年齡、性別、人種與族裔、教育程度、婚姻和工作狀態、慢性病（心血管疾病、糖尿病、氣喘）、抽菸、肥胖（BMI 大於 30 kg/m^2）和重度酒精攝取（男性每日超過兩份、女性超過一份）以後，這些風險仍舊分別增加了 100% 與 20%。

荷蘭雙胞胎登錄研究（Netherlands Twin Registry）。荷蘭雙胞胎登錄研究的樣本包括了 12,450 位，在 1991 到 2002 年間參與生活型態與健康研究的青少年（至少 10 歲以上）和成年人（De Moor et al., 2006）。健身運動參與被定義為每週至少 1 個小時，需要進行四個代謝當量以上的活動。在校正了性別與年齡以後，有健身運動的人出現憂鬱症狀的勝算大約降低了 17%。不過，這個相關有可能受到人格特質的混淆，因為健身運動的人也比較外向、情緒穩定，這些特質本身就會降低得到焦慮和憂鬱疾患的風險（見第六章）。事實上，在 18 到 50 歲的同卵雙生子中（479 位男性和 943 位女性），健身運動較多的那一位並沒有報告出較少的憂鬱症狀（De Moor et al., 2008）。此外，縱貫研究分析（追蹤期間 2 到 11 年）顯示，運動參與的增加並不能預測憂鬱症狀的減少。

前瞻性世代研究

自從 1998 年第一份有關運動與憂鬱的群體前瞻性研究發表以後，全球出現了超過三十項此類的研究報告。這些來自美國和其他十一國（澳洲、加拿大、中國、丹麥、英格蘭、芬蘭、德國、以色列、義大利、荷蘭和日本）的研究納入了 50,000 位成年人，幾乎所有研究都指出，憂鬱症狀比較可能出現在自陳休閒時間，幾乎沒有身體活動的人身上。然而，大約半數的研究結果未能達到高度的統計顯著性，通常是因為樣本數太小（四分之一的分析比較中，樣本數只有

憂鬱評估方法的範例

自陳式的群體或社區篩檢

- 流行病學研究中心憂鬱量表（Center for Epidemiological Studies, CES-D）：有 21 題（CES-D）、10 題（CES-D 10），以及供 12 至 18 歲青少年使用的 20 題版本 CED-DC）。
- 老年憂鬱量表（Geriatric Depression Scale, GDS）：有 30 題與 15、12、10 題的短版。

臨床症狀的自陳報告

- 貝克憂鬱量表（Beck Depression Inventory, BDI-II）：21 題。
- 醫院焦慮與憂鬱量表（Hospital Anxiety and Depression Scale, HADS）：其中 7 題測量憂鬱，也可供醫師會談使用。

由受訓訪員進行的臨床症狀與診斷會談

- 孟艾氏憂鬱量表（Montgomery-Asberg Depression Rating Scale, MADRS）：10 題，評估症狀嚴重度。
- 漢氏憂鬱量表（Hamilton Depression Rating Scale, HRSD）：21 題，評估症狀嚴重度。
- 結構式臨床訪談問卷（Structured Clinical Interview for Depression, SCID）：半結構式會談，可進行診斷。

500 人以下），再加上風險降低的情況相對而言較小且程度不一。由於這些研究是前瞻性的，並且滿足了可以分析時間序列性的條件，那些原本在橫斷式研究中觀察到的相關性，在這邊比較不可能會是以「先有憂鬱症狀再減少活動」來解釋。這些研究的平均追蹤時間大約是4年（範圍從9個月到37年）。

把各個研究的結果平均起來看，在尚未校正活躍組與缺乏活動組之間，原本可能就有差異的憂鬱風險因子時，相較於缺乏活動的人，活躍的人症狀提高的勝算約降低 33%。在校正了風險因子（例如：年齡、性別、人種、教育程度、所得、抽菸、飲酒、慢性健康問題和其他社會與心理風險因子）之後，活躍組的勝算仍然降低了約 20%（見圖 7.6）。

身體活動在對抗憂鬱上的明顯保護效果，不僅限於以自陳量表測得的症狀。至少有十個研究，報告出在基準期（Baseline，研究一開始時）活躍的人，在追蹤期間被醫師診斷有憂鬱的比例較低。在校正風險因子，如年齡、性別、人種、教育程度、所得、抽菸、飲酒和醫學狀況（但不包括共病的精神疾患）後，活躍的人憂鬱的平均勝算大約降低 25%。

阿拉米達縣研究（Alameda County Study）阿拉米達縣研究在 1994 年評估了 1,947 位 50 至 94 歲居住在加州奧克蘭和柏克萊附近的研究參與者，並在 5 年後進行追蹤（Strawbrighe et al., 2002）。在這群人中，以 DSM-IV 診斷出的憂鬱症發生率約為 5.4%。身體活動則以一個八點量尺的問卷，評估受訪者是否從未、有時或偶爾參與四大面向的身體活動：健身運動（Physical Exercise）、競技運動（Active Sports）、長距離健走（Long Walks）和游泳。在校正年齡、性別、族裔、經濟壓力、慢性健康問題、失能狀態、身體質量指數（BMI）、飲酒、抽菸和社會關係以後，發現 1994 年身體活動問卷上的評分每增加一點，在 5 年間出現過憂鬱的風險就下降 17%（OR = 0.83, 95% CI: 0.73-0.96）。

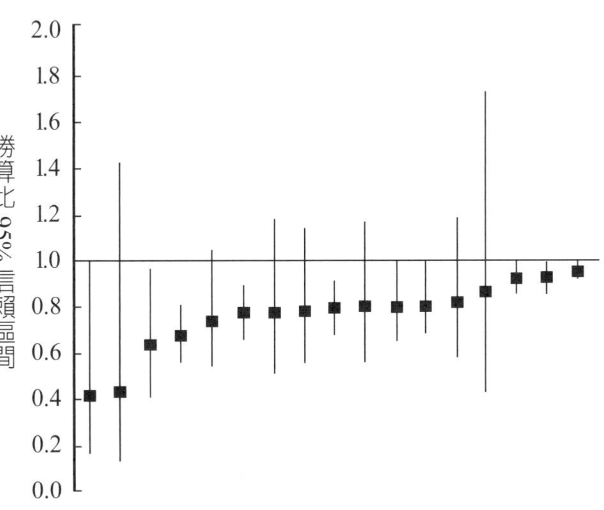

圖 7.6　1995 至 2008 年發表的前瞻性世代研究中，校正後的勝算比和 95% 信賴區間

資料來自身體活動指引諮詢委員會，2008。

澳洲女性健康縱貫研究（Australian Longitudinal Study on Women's Health） 澳洲女性縱貫研究在 1996、1998、和 2001 年，評估了以群體為基礎的中年女性樣本共 9,207 位，使用其中的橫斷式與前瞻性資料進行分析，來檢視身體活動和憂鬱症狀之間的劑量反應關係（Brown et al., 2005）。結果發現隨著過去、現在和習慣性的活動程度增加，憂鬱症狀也跟著降低。在校正了出生的國家、教育程度、婚姻狀態、職業、抽菸、身體質量指數（BMI）、停經、健康狀態，和在另一個測量上的憂鬱與焦慮得分後，原本報告目前或前幾年每週從事 1 個小時以上中等強度身體活動的女性，相較於那些只從事 1 個小時以下活動者，在 2001 年於流行病學中心憂鬱量表（CES-D）上分數提高的勝算比為 30% 到 40%。

在另一個 6,677 位年輕女性（2000 年為 22 到 27 歲者）的世代樣本（Cohort）中，收集了她們在 2000 年與 2003 年接受追蹤時的自陳憂鬱症狀（Ball, Burton, & Brown, 2009）。該研究中，中度身體活動大約等同於每週 150 分鐘的中強度活動。結果發現，在 2000 年久坐少動的女性（即缺乏身體活動或活動程度非常低的受訪者），若有增加活動量到中等程度，則在 2003 年憂鬱症狀提高的校正後勝算降低了 25%，若他們在 2003 年已變得高度活躍，則更是降低了 50%（見圖 7.7）。

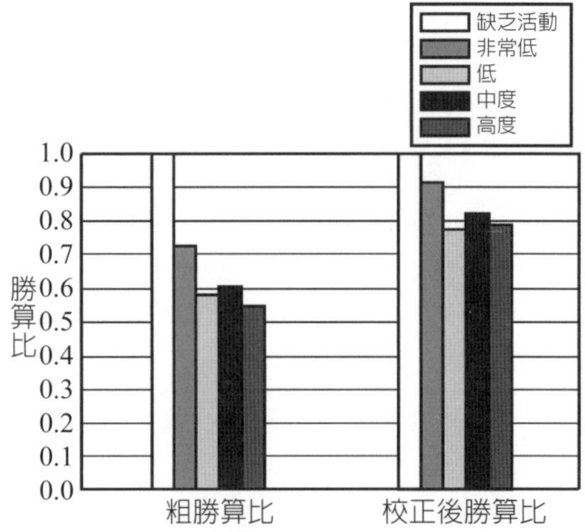

圖 7.7　澳洲女性健康縱貫研究中身體活動與憂鬱症狀發生的劑量反應關係

資料來自 Ball, Burton, & Brown, 2008.

美國非裔女性健康研究（U.S. Black Women's Healthy Study） 這一個包含 35,224 位 21 到 69 歲美國非裔女性的樣本中，受訪者在郵遞的問卷中回答有關過去和現在健身運動程度的問題，分別在基準期（1995 年）與追蹤時（1997 年）作答（Wise et al., 2006）。該研究使用流行病學中心憂鬱量表（CES-D）來測量 1999 年憂鬱症狀的提高，在校正年齡、教育程度、職業、婚姻狀態、身體質量指數（BMI）、健康狀態、抽菸、飲酒和育兒以後，憂鬱症狀提高的勝算和成年期每週接近 4 小時激烈的身體活動有反向相關（但更高就沒有相關了）。那些說自己在高中（每週 5 個小時以上）和成年期（每週 2 個小時以上）都從事競技運動的女性，相較於那些說自己從來不活動的女性，有憂鬱症狀的勝算降低了 25%，但是健走和憂鬱症狀的風險沒有關係。

哥本哈根心臟研究（Copenhagen City Heart Study） 這項研究在 1976 到 1978 年的基準線期間、1981 到 1983 年間以及 1991 到 1994 年間，對 18,146 位住在丹麥哥本哈根市的居民測量他們休閒時間的身體活動，以及潛在的混淆變項（Mikkelsen et al., 2010），並從兩間丹麥醫院的登錄資料中，取得 2002 年間發生過憂鬱的案例（這些憂鬱是以 ICD-8 或 ICD-10 標準進行診斷）。他們以先前測量到的身體活動與混淆變項（也就是大約 5 到 10 年以前），分別預測兩次追蹤評估時的憂鬱風險，並對年齡、教育程度和慢性病進行校正。結果發現，相較於有高度身體活動的女性，那些從事中度身體活動的女性，憂鬱發生的風險提高了 7%，而只有低度身體活動的女性則提高了 80%，與有高度身體活動的男性相比，有中度身體活動的男性發生憂鬱的風險提高 11%，但那些只有低度身體活動的男性則有 39% 的風險提升（見圖 7.8）。

火奴魯魯亞洲老化研究（Honolulu-Asia Aging Study）一共 1,282 位 71 到 93 歲的年長男性，在這項研究中報告他們在 1991 到 1993 年間每日行走的距離（12 個街區 = 一英哩或 1.6 公里），以及 8 年後在 1999 到 2000 年間的憂鬱症狀（Smith, Masaki et al., 2010）。經過年齡校正的 8 年憂鬱症狀發生率在低度（每天少於 0.25 英哩或 0.4 公里）、中度（每天 0.25-1.5 英哩或 0.4-2.4 公里）和高度（每天超過 1.5 英哩或 2.4 公里）行走距離組中，分別為 13.6%、7.6%、及 8.5%。在校正年齡、教育程度、婚姻狀態、身體質量指數（BMI）、糖尿病、飲酒、抽菸、癌症、巴金森氏症、認知缺損或失智症和失能狀態的影響後，低度行走距離組中，憂鬱症狀發生的勝算比中、高組分別增加了 60% 到 90%。

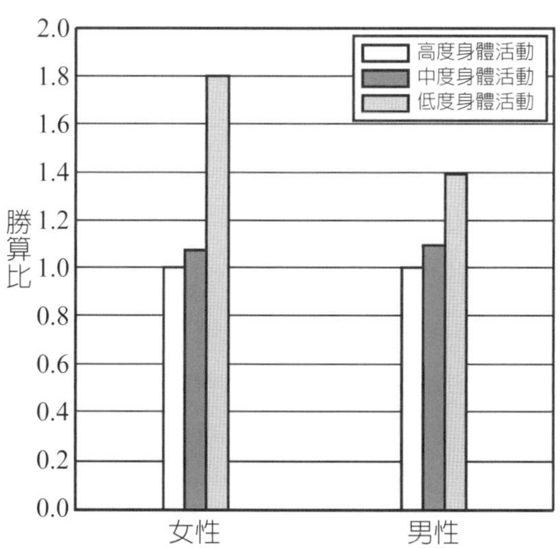

圖 7.8　哥本哈根心臟研究中，缺乏活動的男性與女性憂鬱發生的情形

資料來自 Mikkelsen et al., 2010.

台灣中老年身心社會生活狀況長期追蹤調查（Taiwan's Health and Living Status of the Elderly Survey）在一個具有國家代表性的世代族群中，3,778 位於 1996 年已 50 歲以上的成年人，在 1999 年到 2003 年之間接受研究追蹤（Ku, Fox & Chen, 2009）。該研究對年齡、性別、教育程度、婚姻狀態、獨居、所得與社會支持滿意度、飲酒、慢性病和日常生活功能限制進行校正，其中在 1996 年被分類為低度活躍者（樣本數 1,139 人，自陳在休閒時間中每週進行 3 次以下的身體活動），相較於活躍者（每週 3 次以上）有高出 34% 的勝算會在 2003 年出現更高的憂鬱症狀。在 1996 和 1999 年休閒時間活動程度都低的人（818 名），相較於兩次都說自己活躍的人（714 名），在憂鬱症狀提高的勝算上增加了 40%。

劑量反應研究？

在研究中，至少要對身體活動程度納入三種強度的評估，才能判斷出現憂鬱症狀的勝算是否隨身體活動增加而有劑量梯度的下降（Dose-Gradiant Reduction），但是具有這種評估的前瞻性世代研究不到十個（美國身體活動指引諮詢委員會，2008）。在校正年齡、性別和其他風險因子以後，相較於有中高程度身體活動者（中、高兩組沒有差異，OR = 0.77, 95% CI = 0.72-0.82），最低度身體活動組的憂鬱症狀勝算的降低幅度比較小（OR = 0.86, 95% CI = 0.79-0.94）。此外，大約半數的前瞻性世代研究有提供充足的訊息，來判斷所謂活躍的人，是否確實達到公共衛生建議的中度或激烈身體活動（即每週至少 5 天進行 30 分鐘的中強度有氧身體活動，或每週至少 3 天進行 20 分鐘的高強度有氧身體活動）。在校正了其他風險因子以後，相較於活動程度未達建議水準者（OR = 0.84, 95% CI = 0.78-0.90），中度或高強度的身體活動具有保護效果（OR = 0.77, 95% CI = 0.72- 0.82）。因此，雖然並不完善，但證據支持身體活動程度和憂鬱分數降低之間具有劑量反應關係，並且有待隨機臨床試驗的進一步驗證。

前瞻性世代研究的因果關係？

縱貫研究滿足了資料之間具有時間序列性的要求，但無法確認憂鬱的發生導因於缺乏身體活動（De Moor et al., 2008）。即使校正了基準期的混淆變項，仍無法排除仍有其他特質是身體活動與憂鬱傾向共有的，這可能會對研究結果造成干擾。加拿大國家群體健康調查研究（Canadian National Population Health Survey）的結果發現，重鬱發作與缺乏身體活動（而非更加活躍）有關（不活動的風險增加 60%；Patten et al., 2009）。

從一群有重鬱或輕鬱診斷（依據「研究診斷標準」（Research Diagnostic Criteria））的成年人的研究資料（樣本數 424 人）發現，身體活動會抵消醫學狀況與負向生活事件對憂鬱的影響，但是身體活動和後續的憂鬱沒有關係（Harris, Cronkite & Moos, 2006）。這個研究在基準期、1 年後、4 年後和 10 年後，測量研究參與者過去 1 個月的身體活動（游泳、打網球、長距離爬山或健走）、憂鬱和其他人口學與心理社會構念，發現較多的身體活動和同時期較低的憂鬱有關，即便在控制了性別、年齡、醫學問題和負向生活事件後，結果依然如此。

> 其他研究支持身體活動和憂鬱可以互相影響。有研究對 496 名青少女連續 6 年進行年度評估，發現身體活動會降低憂鬱症狀，以及重度或輕度憂鬱症發作的風險，但憂鬱症狀和重鬱或輕鬱會減少未來的身體活動（Jerstad et al., 2010）。

幾乎沒有例外的是，過去的世代研究多只對身體活動做一次或兩次的估計，即便是追蹤期間長達數年的研究也是如此，憂鬱發生率時常和身體活動的劑量沒有相關性。不過，先前的研究仰賴對身體活動的自陳報告（多數研究對此沒有任何可以證明有效性的佐證資料），並以各種不同的標準和方法來分類身體活動的程度，在研究之間沒有一致的作法。這些研究都沒有測量身體活動報告的改變，或是對結果做連續持續的測量。但是，有必要去估計這些變化的軌跡，才能判斷因為高報或低報身體活動所導致的分類錯誤，另外，缺乏身體活動與憂鬱風險共有某些特質，也可以藉此排除這些特質變化所造成的混淆，包括有和憂鬱共病的精神疾患，像是焦慮、酒精濫用或睡眠障礙。心肺適能（Cardiorespiratory Fitness, CRF）提供一個客觀的替代方法，來測量身體活動程度，在考慮了年齡、身體質量指數（BMI）和抽菸以後，健康成人在 40 到 60 歲之間的心肺適能降低，最能以中度到激烈的身體活動減少來解釋（Jackson et al., 2009）。

有氧中心縱貫研究（Aerobic Center Longitudinal Study）是一項前瞻性世代研究，納入了對體適能和憂鬱症狀的測量。心肺適能在四次門診時測量，每次門診之間相隔 2 到 3 年，可以對第一次門診時沒有報告憂鬱的 7,936 名男性與 1,261 名女性，客觀估計身體活動程度的累積。在初診後的回診期間，有 446 名男性、153 名女性出現憂鬱，在校正了年齡、回診間隔、身體質量指數（BMI）和初診時的體能後，對 51 到 55 歲的男性與 53 到 56 歲的女性而言，在跑步機上的耐力每減少 1 分鐘（即體適能降低半個代謝當量），憂鬱發生的勝算就分別增加了 2% 和 9.5%。再進一步校正抽菸、酒精攝取、醫學狀況、焦慮和睡眠問題以後，這個勝算的增加仍然維持顯著，只降低到 1.3% 與 5.4%（見圖 7.9）。研究結果支持在中年後期，體適能加速衰退時，心肺適能的維持有助降低憂鬱主訴問題的出現。

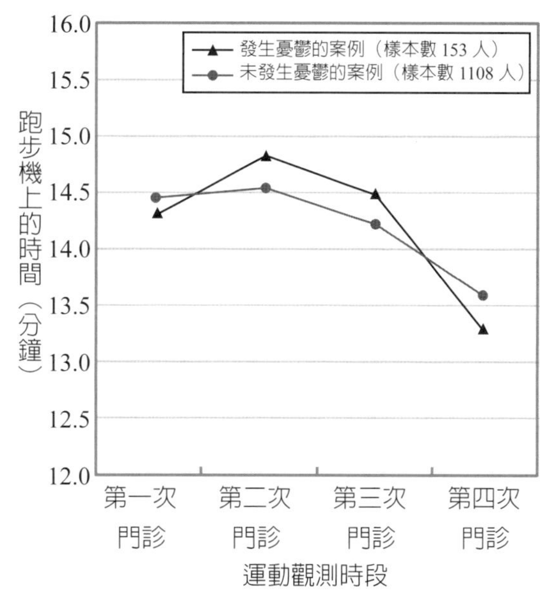

圖 7.9　心肺適能的降低和憂鬱症的發生（校正年齡、回診間隔、身體質量指數、抽菸、酒精攝取、疾病的數量和主訴的焦慮或睡眠問題）

治療憂鬱：實驗研究

發現健身運動會改善自評憂鬱程度的實驗研究，多數是在心理、生理都健康的人身上進行，但是有一些針對輕到中度單極性憂鬱症患者的研究發現，患者經過數週中強度運動之後情緒會有改善。當運動計畫持續數個月，自評憂鬱的改善情形和心理治療後相仿，而對抗憂鬱最好的效果，是出現在門診病人同時進行運動計畫與心理治療的時候。有幾個研究的運動計畫持續了 4 到 6 個月，發現改善情形與一般在藥物治療後所看到的差不多。雖然健身運動在治療輕度到中度憂鬱上，看似與藥物治療不相上下，但它降低症狀的臨床效果會比較慢出現。目前還不清楚健身運動降低憂鬱所需的最輕微或最佳類型或數量為何，但是體適能（Physical Fitness）的增進似乎是不需要的，而阻力運動在幾項研究中被發現是有效的。

文獻回顧與後設分析

在過去幾年間發表的後設分析研究，支持更早之前對健身運動與憂鬱研究的文獻回顧，它們認為健身運動可以降低憂鬱症患者的憂鬱症狀（Craft & Landers,

其他在群體研究中時常以統計進行控制的憂鬱風險因子

- 年齡
- 教育程度
- 慢性疾病（Chronic Conditions）
- 社交孤立
- 自覺健康狀態
- 身體失能
- 身體症狀
- 自主性（Autonomu）
- 生活壓力事件（搬家、失業、分居或離婚、喪偶和經濟困頓）

1998、Martinsen, 1990, 1993, 1994、Morgan, 1994b、North, McCullagh & Tran, 1990）。此外，運動訓練也可以降低患有其他非憂鬱之醫學疾病的症狀（見〈近期憂鬱患者隨機對照試驗之後設分析摘要〉專欄）。過去有限的急性健身研究（Bartholomew, Morrison & Ciccolo, 2005）和大量的運動訓練研究顯示，健身運動的抗憂鬱效果是立即的也是長期的。在這些研究中，健身運動和傳統治療相比，效果也不遑多讓。在四十項共包含 2,408 名無憂鬱診斷受試者的研究中，被分派到運動訓練組的人，憂鬱分數比被分到治療控制組的人降低了將近 0.60 個標準差（Rethorst, Wipfli & Landers, 2009）。一項後設分析研究探討了 14 個針對有憂鬱診斷的人所進行的長期運動試驗（Lawlor & Hopker, 2001），發現有運動的人在貝克憂鬱量表上的憂鬱症狀得分，比沒有接受治療的人還低了 1.1 個標準差（95% CI = –1.5 to –0.60），這等同於在這個分數上限達 63 分的量表上，症狀降低了 7 分（95% CI = –10.0 to –4.6）。其中量表得分至少 10 分以上的人被視為輕度憂鬱，分數越高代表憂鬱越嚴重。健身運動的效果和認知心理治療的效果相當。

一項近期的系統性回顧研究探討了九十個隨機對照試驗，其中包含了共 10,534 位久坐少動、患有非憂鬱症之慢性病的成人，發現運動訓練降低憂鬱症狀平均約 0.30 個標準差（95% CI = 0.25-0.36, Herring et al., 2012），並且當患者 (1) 基準期憂鬱症狀分數較高；(2) 有達到建議的身體活動水準；以及 (3) 試驗的主要成果指標（泰半與功能水準有關）在基準期憂鬱症狀屬於輕至中度者身上得到顯著改善時，健身運動會有較大的抗憂鬱效果。

相形之下，臨床試驗顯示心理治療與等候控制組（0.88 個標準差）、一般照護控制組（0.52 個標準差）或安慰劑控制組（0.36 個標準差）相比時，也呈現差不多大的效果（Cuijpers et al., 2008a），和治療憂鬱或輕鬱的藥物治療相比，效果大約小了 0.30 個標準差（–0.28, 95% CI = –0.47 to –0.10; Cuijpers et al., 2008b）。

然而，憂鬱症患者的運動試驗有幾個科學上的缺陷，而無法讓我們能夠輕易地去總結憂鬱症狀的降低，單純是運動的結果（Krogh et al., 2010; Lawlor & Hopker, 2001）。

當症狀的數量或強度降到一開始的一半以下，憂鬱症治療的臨床療效（Clinical Response）通常就會被判定為良好。不過，大約半數有治療反應的患者並沒有得到症狀的緩解，可是這是一般治療結束時希望達到的狀態。緩解的定義一般是指在由醫師評估的十七題漢氏憂鬱量表（HAM-D-17）上的得分，7 分以下沒有憂鬱或只有非常輕微的憂鬱、不再符合診斷（即患者不再達到 *DSM-IV* 中列出的重鬱症診斷標準），以及社交與職業功能恢復正常。幾乎沒有運動試驗研究說明所報告減低的症狀，是否就足以表示療效良好或達到緩解的標準（例如：Dunn et al., 2005; Singh et al., 2005）。

雖然，對於使用有氧與阻力運動訓練，來治療憂鬱的隨機對照試驗，在未來應該要針對研究方法的品質進行改善（身體活動指引諮詢委員會，2008），但過去這些健身運動研究所使用的研究法的限制，在心理治療的試驗中也同樣常見（Cuijpers et al., 2008b, 2010）。

健身運動訓練研究

多數探討長期健身運動與憂鬱的研究，是以有氧運動進行介入，例如：健走或慢跑。不過，研究對象的類型一開始的憂鬱程度、用來做比較的參照組、憂鬱的測量方式和運動方案的實行，各個研究中都不盡相同。

有氧運動訓練和阻力運動訓練都對憂鬱症患者有正面的效果。

Martinsen、Medhus 與 Sandvik（1985）和 Martinsen、Hoffart 與 Solberg（1989）對有重鬱症的精神科住院病患，檢驗運動訓練對憂鬱的效果。在他們的第一個研究中，43 名患者在標準治療（包括心理與藥物治療）以外，額外被隨機分派到運動組或職能訓練控制組。經過 9 週的訓練以後，相較於控制組，運動組的病人在自評憂鬱症狀的降低幅度顯著較大。在第二個研究中，99 名被診斷為單極性憂鬱症（重鬱症、輕鬱症和非典型憂鬱症）的住院病患被隨機分派到有氧或非有氧運動組。經過 8 週的訓練以後，兩組的憂鬱分數都有顯著的下降。不過，雖然非有氧運動組的最大攝氧量沒有變化，而有氧運動組卻有顯著增加，但憂鬱分數的變化情形在兩組之間沒有差異。因此，兩種運動形式對於降低憂鬱症狀而言都是有效的。

Doyne 等人（1987）比較有氧運動和阻力運動對降低憂鬱的療效。40 位 18 至 35 歲，依據「研究診斷標準（Research Diagnostic Criteria）」診斷有憂鬱症的女性，被隨機分派到有氧運動（慢跑）或舉重組。在 8 週的運動訓練以後，兩組的憂鬱分數都顯著降低，而等候控制組的憂鬱分數則沒有顯著改變。憂鬱分數的降低在兩種運動形式之間相仿。這兩個研究的結果顯示，有氧能力的改變對於實現身體運動的抗憂鬱效果而言，並不是必需的。

Singh、Clements 與 Fiatarone（1997）在符合 *DSM-IV* 重度憂鬱症（Major Depression）、輕度憂鬱症（Minor Depression）或輕鬱症（Dysthemia）診斷標準的老年受試者身上，進行了為期 10 週的漸進式阻力運動訓練研究。結果發現和接受衛生教育的組別相比，參與阻力訓練者在自評的貝克憂鬱量表和由醫師進行診斷性會談評估得到的憂鬱症狀分數，都下降得比較多（大約 4-5 個標準差）。

Fermont 與 Craighead（1987）為了憂鬱症，將有氧運動與傳統心理治療做比較，他們的樣本為 49 位 19 至 62 歲，自陳有輕至中度憂鬱的男女。研究受訪者被隨機分派到監督式慢跑組（Supervised Running Group）、個別認知心理治療組或慢跑與心理治療並行組。經過 10 週的治療後，所有組別的憂鬱分數都顯著降低，但是組間沒有出現差異（見圖 7.10）。因此，健身運動被

憂鬱症患者健身運動試驗的方法學缺陷

- 使用志願參與者
- 使用症狀評估而非臨床診斷作為療效指標
- 未能對組別的分派進行保密
- 在結算療效時排除了中途退出者

近期探討憂鬱患者隨機對照試驗的後設分析研究

Mead 等人（2009），更新 Lawlor 與 Hopker 於 2001 年的文獻回顧，找出二十三項隨機對照試驗，排除產後憂鬱的女性後，其中包含 907 位有憂鬱診斷的成人。

- 平均而言，健身運動可降低症狀達 -0.82 個標準差（95% CI = –0.51 to –1.12）。
- 但是在作者判定為品質最佳的三個試驗中，效果只有上述的一半（例如：治療方式對患者保密、在評估結果時納入中途退出者）。

Rethorst 等人（2009），共十七個研究，包含 574 名研究參與者，檢驗健身運動對有憂鬱診斷者的效果。

- 接受健身運動治療的憂鬱症患者，在憂鬱得分上顯著低於接受控制組處理的人（效果量 ES =-1.03 SD）。
- 貝克憂鬱量表（BDI）得分的平均變化值為 10.60、漢氏憂鬱量表（HRSD）的平均變化值為 8.11。
- 持續 10 到 16 週的介入，比 4 到 9 週的效果更大（95% CI = 0.102 - 0.870），但是十三項持續 16 週介入的試驗效果比較小。
- 有足夠保密程序的研究，效果顯著比沒有充足保密程序的研究還大（95% CI = 0.106-0.893）。
- 有進行充足的治療意向（Intent to Treat）分析的研究，得到顯著較佳的效果（95% CI = 0.357 - 1.340）。（譯註："Intent to Treat" 在引用研究的原文中，意指結果分析納入隨機分派組別中所有研究參與者的資料，而非只納入有開始治療或有完成治療者）

Krogh 等人（2011），在十三項研究中，找到八項有對分派到實驗組的受試者進行充分保密。

- 在六個研究中，評估症狀的人不知道（Blinded）受試者被分派的組別。
- 六個研究使用治療意向分析（Intention-to-Treat Analyses，即計算運動組與控制組的平均效果時，納入中途退出者的資料）。
- 運動的平均效果為，症狀降低 0.40 個標準差（95% CI = -0.66 to 0.14）。
- 各研究的效果不同，且和介入時間的長短有反向相關（範圍為 4 至 16 週）。
- 不過，遵從率（Adherence）有從 100% 到 42%，其中某些維期最長的試驗有最低的遵從率，和對憂鬱最小的效果。
- 三項被認為研究設計最佳的研究（對組別的隨機分派充分保密、對評估結果者進行單盲、做治療意向分析）效果較小，且統計未達顯著（-0.19 SD, 95% CI = -0.70 - 0.31）。
- 這三個研究分別將運動組和另一個接受積極治療的組別進行比較（例如：做伸展、放鬆練習或隔週回精神科門診），而不是和沒有接受任何介入的控制組比較（例如：在研究中未接受治療，但在控制階段過後提供運動課程）。
- 與安慰劑作比較，可判斷運動是否優於其他效果極小的治療，但這會低估健身運動本身的功效。考量到很多憂鬱的人並不向醫療專業人員尋求治療，了解單獨進行健身運動的效果也是重要的。

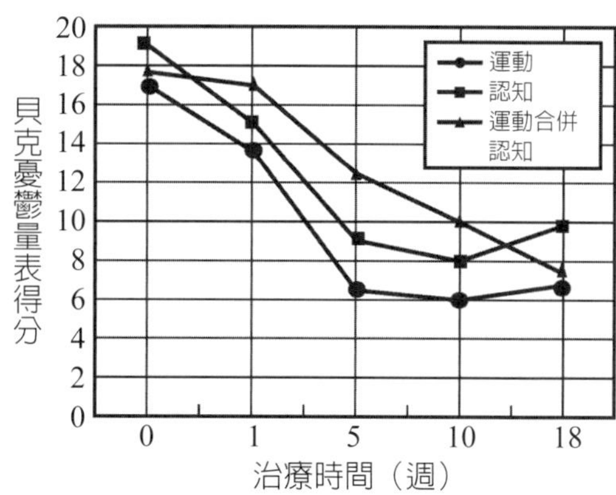

圖 7.10 隨機分派至有監督的慢跑、個別認知心理治療或慢跑合併心理治療組的男性與女性，在自陳憂鬱症狀上的改變

資料取自 Fremont & Graighead, 1987.

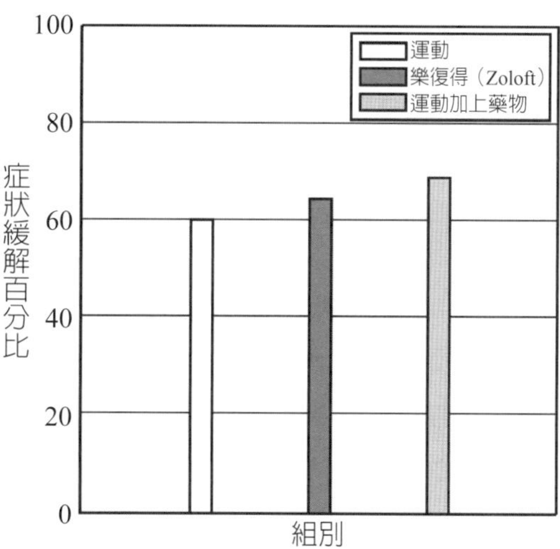

圖 7.11 臨床上診斷有重鬱症的年長男女，被隨機分派至抗憂鬱劑治療組、有氧運動組或有氧運動，合併藥物治療組後，16 週後的症狀緩解率

資料取自 Blumenthal et al., 1999.

認為與傳統心理治療同樣有效，但是並未提供額外的效益。

有一項訓練研究納入了 156 位有重鬱症診斷的年長男女，將有氧運動和標準藥物治療進行比較（Blumenthal et al., 1999）。研究參與者被隨機分派到有氧運動、抗憂鬱藥物或運動合併藥物治療組。在 16 週後，三組參與者的憂鬱都在統計與臨床上達到顯著的降低。只接受藥物治療的組別，在一開始最快出現治療反應，但是在這個較為年長的樣本中，在療程結束時，健身運動治療對於降低憂鬱，是和藥物治療同樣有效（見 7.11）。對這群年長男女的追蹤研究發現，相較於藥物治療，運動組中的參與者較可能完全復原，並且在治療後的 6 個月較不會復發憂鬱（Babyak et al., 2000）。

多少才夠？

知道最少需要多少或理想上需要多少健身運動，才有助於防範或治療憂鬱會是很重要的。目前，日常身體活動的強度或總量，和憂鬱之間似乎沒有清楚的劑量反應關係。儘管如此，總體來說，久坐少動似乎會增加憂鬱的風險，但是高強度運動不見得比低強度運動更能防止憂鬱。

在加拿大體適能調查研究（Canada Fitness Survey）中（Stephens, 1988），當日常休閒的能量消耗每天至少有 1 大卡 / 每公斤體重時，似乎可以避免出現憂鬱症狀，這是低度的活動水準（約如 20 分鐘的健走）。當能量消耗增加至每天 2 到 5 大卡 / 每公斤體重時，並未能進一步降低憂鬱的風險。

哈佛校友研究的資料（Paffenbarger, Lee & Leung, 1994）支持增加健身運動會讓憂鬱出現劑量依存性（Dose-Dependent）的降低，這個結果是在超過 3 小時的激烈運動，或每週 2,500 大卡的能量消耗以後出現（見圖 7.12）。不過，這個發現的重要性有限，因為在美國，僅有不到十分之一的成人，會花這麼多精力在休閒時間的身體活動上。

有一個研究是針對 357 位沒有憂鬱症的健康老年人，檢驗情境和運動強度對憂鬱情

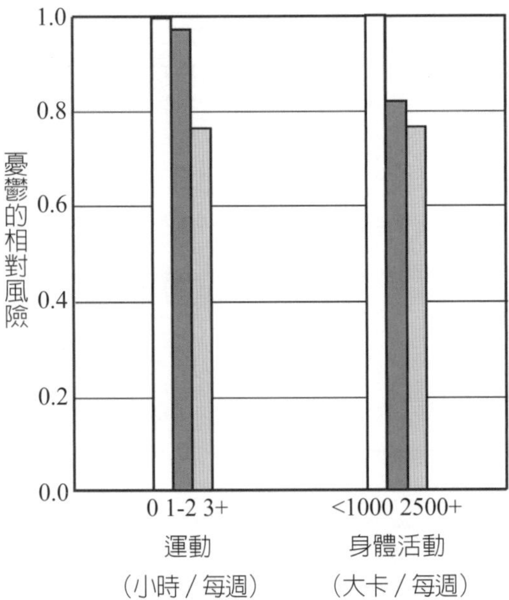

圖 7.12 對哈佛大學校友（樣本為 10,201 名男性）在 1962 年至 1966 年間的活動習慣分析，以及 23 至 27 年後追蹤時的憂鬱發生率，顯示當有規律活動時，憂鬱的相對風險（relative risk, RR）有所改善

資料取自 Puffenbarger, Lee, & Leung, 1994.

緒的影響（King, Taylor & Haskell, 1993）。50 到 65 歲久坐少動的男女被隨機分派到三種運動訓練課程（即高強度團體運動、高強度居家運動和低強度居家運動）。過了 12 個月以後，三組之間並沒有出現顯著的差異。不過，後續的資料分析發現，不論形式或強度，運動參與和憂鬱分數之間具有反向的相關性。

針對健康成人與非精神科病人進行的隨機對照試驗中，大約有四分之三採用每週 3 天 60% 到 80% 有氧作業能力（Aerobic Capacity），最大肌力屬於中度至費力的運動強度。其他研究則採用較低的強度或每週 2 次的頻率。每次健身運動的平均持續時間約為 35 分鐘，但是在四分之一的研究中短於 30 分鐘，在另外四分之一則是超過 1 個小時。不過，少於一半的研究有清楚說明從暖身、健身運動、到緩和運動的時間是如何運用的。儘管如此，在這些各有特色的健身運動方案中，憂鬱症狀的降低並沒有出現一致性的差異。然而，這些研究並未以實驗法來檢驗，這些明顯的抗憂鬱效果，是否取決於身體活動的類型或運動量。在三項執行得宜，針對憂鬱症患者的研究中，有兩項顯示出對於症狀降低的劑量反應效果。

有氧運動DOSE研究

DOSE 研究是第一個在病人中，檢驗有氧運動和憂鬱症狀降低之劑量反應關係的隨機對照試驗（Dunn et al., 2005）。八位診斷有輕至中度重鬱症的成人，被分派到安慰控制組（每週三天進行伸展運動）、或四種在受監督的實驗室中單獨進行的有氧運動治療，四組的差別為每次與每週的能量消耗程度不同：低劑量（每公斤每週 7.0 大卡，或約每次 100 到 150 卡），或高劑量（每公斤

在身體疾病的恢復期健身運動對憂鬱有所助益

大約有十幾個實驗顯示，心臟病發後，處於恢復期的病人參與心臟復健運動計畫，自評的憂鬱有中等程度的降低（大約 1/2 個標準差；Kugler, Seelbach & Kruskemper, 1994）。

也有報告指出，乳癌倖存者在健身運動後，憂鬱症狀有所改善（Segar, 1998）。

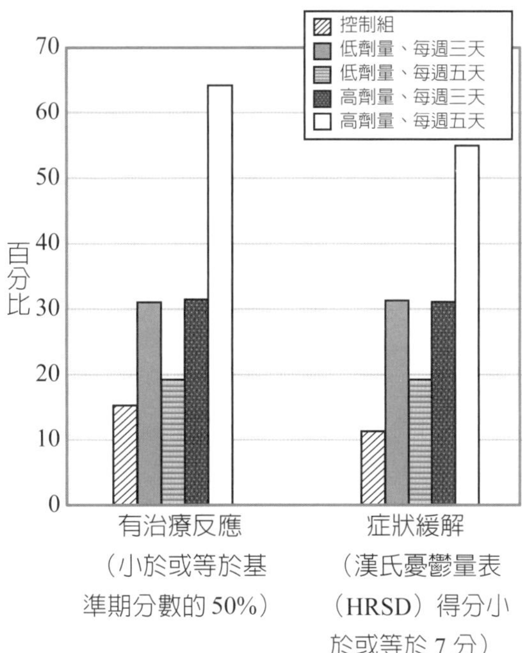

圖 7.13 兩種劑量的運動治療組，憂鬱治療反應變化情形與緩解率

每週 17.5 大卡或約每次 250 到 400 卡），以及每週三天或每週五天。研究的主要結果指標，為醫師在診斷評估量表上對憂鬱症狀的評分。高劑量組在 12 週時的憂鬱分數比基準期降低了 47%。相較之下，低劑量與控制組分別降低了 30% 與 29%，在第 12 週時，運動頻率並沒有出現主要效果，但是圖 7.13 顯示高劑量組中每週運動五天的人，有兩倍的機率會有良好的治療反應（即 50% 以上的症狀降低）和症狀緩解（即不再有足以被診斷為憂鬱的症狀）。

阻力運動劑量研究

60 位 60 歲以上，患有重鬱症（major depression）或輕度憂鬱症（minor depression）的社區居民，被隨機分配接受醫師的一般照顧或接受為期 8 週，每週 3 天受監督的漸進式高強度（80% 最大肌力），或低強度（20% 最大肌力）阻力運動（Singh et al., 2005）。結果發現，高強度組別中，有良好治療反應（即醫師評估症狀降低 50%）的比例（61%），是低強度組別（29%）與標準（一般）照顧組（21%）的兩倍。

> 對某些運動員而言，過度訓練可能引發憂鬱狀態（Morgan, 1994b）。不過絕大多數的年輕人與成人，都常久坐少動，因此對一般大衆來說，並不需要擔心因為過度訓練而導致憂鬱。

DEMO試驗

DEMO 試驗是在 2005 年 1 月至 2007 年 7 月間，針對單極性憂鬱症患者所進行的隨機實用性臨床試驗。患者由全科醫師（General Practitioners）或精神科醫師轉介，納入條件需要符合 ICD-10 對單極性憂鬱症的診斷標準，年齡 18 至 55 歲。共有 165 名患者在 4 個月間，每週進行受監督的重量（阻力）、有氧或放鬆訓練（Krogh et al., 2009）。研究的主要結果指標為 17 題的漢氏憂鬱量表（HAM-D[17]），次要結果指標為最後 10 個工作天中曠職天數百分比，第三類結果指標則為認知能力。儘管阻力訓練組的肌力增加、有氧訓練組的最大攝氧量增加，他們在 4 個月後憂鬱症狀或認知能力的改變量，並沒有與放鬆訓練組不同。不過，40% 的參與者中途退出研究，而持續受訓的人平均每週只有 1 天進行受監督的運動，因此他們實際的運動程度可能不足以影響症狀。此外，也沒有去確認參與者在活動設計以外所進行的運動，因此在這個研究中，體適能分數（基於表現而非客觀的生理指標）的進步，可能只是因為參與者在第二次測試時，有想要表現更好的動機而出現進步。

> 久坐少動會增加憂鬱風險，但是高強度的身體活動不見比中度身體活動提供更多的保護。

雖然有幾項研究檢驗了阻力或伸展運動對憂鬱的影響，但多數以慢跑作為活動的形式，有幾項則採用自行車運動。健身運動處方的開立通常是依據美國運動醫學會（American College of Sports Medicine）的指引，對健康人的心肺適能提出運動類型與運動量的建議（見表 5.14）。由於這些研究並沒有報告不良反應，以下的健身運動指引應該適用於憂鬱但其他身體狀態健康的人：

- 每週 3 至 5 天
- 每次 20 到 60 分鐘
- 達到最大心率的 55% 到 90%

剛開始進行運動計畫的人都應該要逐漸增加運動的強度與時間，而且逐漸進展對於憂鬱的人來講特別重要。逐漸進展有助於最大化成就感，並且可以控制、最小化因為進度太快而造成無法持續、所衍生的失敗感。重要的是，要記得對於減緩憂鬱而言，持續的參與比增進體適能更加重要。

藥物治療

全世界有三十種以上的藥物用於治療憂鬱症（參閱「常見抗憂鬱劑」）。2005 年估計有兩千七百萬美國人使用抗憂鬱藥物，其中包括 2.5% 6 歲到 17 歲的兒童（Olfson & Marcus, 2009）。半數的病人是為了背痛或神經痛、疲倦、睡眠困擾或其他憂鬱以外的問題而服用這些藥物。在使用抗憂鬱藥物的美國人中，接受心理治療的百分比在 1996 年落於 31.5%，在 2005 年則少於 20%。大約 80% 的病人是接受精神科以外的醫師的治療。

最常用來治療憂鬱的藥物包括 1940 年代問世的三環抗憂鬱劑（Tricyclics），會阻斷大腦神經元釋放的單胺類神經傳導物質的再回收。1950 年代出現的單胺氧化酵素抑制劑（Monoamine Oxidase Inhibitors, MAOIs），會阻斷單胺類物質被神經元釋放以後的脫胺作用（Deamination，即代謝作用），以及 1980 年代晚期推出的選擇性血清素再回收抑制劑（SSRIs），會在血清素被釋放之後，阻斷它重新回到神經元。SSRIs 是目前最廣泛使用的抗憂鬱藥物，不是因為它們比其他藥物有效，而是因為副作用比三環抗憂鬱劑和 MAOIs 少（例如：較少的鎮靜效果、口乾、暈眩、頭昏、胃部不適和體重增加）。

在 1990 年代，選擇性正腎上腺素再回收抑制（Selective Norepinephrine Reuptake Inhibitors, SNRIs，如 Reboxetine，會選擇性阻斷正腎上腺的再回收），和可以同時阻斷正腎上腺素和血清素再回收（如 Venlafaxine）或阻斷多巴胺再回收勝於阻斷正腎上腺素和血清素（如 Amineptine 和 Bupropion）的藥物變得十分盛行。一些其他的四環抗憂鬱劑（Tetracyclic Antidepressant，也稱為正腎上腺素及特定血清素抗憂鬱劑，Noradrenergic and Specific Serotonin Antidepressants (NaSSAs)）。在 1970 年代問世，具有和三環抗憂鬱劑與 MAOIs 不同的化學結構。它們不會影響單胺類的再回收或代謝，而是會對受體進行阻斷（例如：Mianserin 阻斷 5-HT（血清素）受體、Mirtazapine 阻斷 α-2（正腎上腺素）自控受體（Autoreceptors））。藉由阻斷 α-2

腎上腺素自控受體，以及 α-1 和 5-HT3 受體，NaSSAs 可以增強腎上腺素與血清素的神經傳導，特別是經由 5-HT1A 進行中介的訊息傳遞。

運動與憂鬱研究的缺點包括：使用非憂鬱的研究參與者、只使用自陳報告來測量憂鬱、未納入安慰劑控制組，以及未充分說明訓練方案中所使用的運動刺激為何。

機制

有充分的證據顯示健身運動和憂鬱減輕有關，但是我們仍在探索這種抗憂鬱效果背後的原因。對於這種關聯的解釋，是基於社會、認知和生理機制。其中可能的社會認知解釋包括主觀期待、從壓力源轉移、注意力、改善自我意象、控制感、社會互動和社

四環正腎上腺素及特定血清素抗憂鬱劑

- Mianserin (Bolvidon (商品名：保鬱通)、Norval, Tolvon ((商品名：治爾鬱))
- Mirtazepine (Remeron (商品名：樂活優), Avanza, Zispin)
- Setiptiline (Tecipul)

對監督憂鬱患者進行健身運動訓練的建議

- **熟悉精神疾患的症狀與基本治療方式，手邊準備好轉介資源**。如果出現超乎一般適應問題的情緒或心理問題，你可以展現你的關心，並準備好當地相關資源的聯絡人與電話號碼，讓對方知道可以取得專業協助。保持機警！對所有健康照顧提供者而言，知道如何辨識與回應自殺意念是重要的。熟悉常用來治療憂鬱的藥物。在初談的時候，相較於告知精神疾病診斷，一般人可能對提供有關藥物的訊息比較自在。並且，有些藥物可能有副作用，像是體重增加或疲倦，這些可能影響一個人運動的動機。
- **避免輕忽對方的感受或擔心**。多數人偏好單純傾聽並表示同情的人，而非企圖安撫或給予建議的人。以案主中心心理治療而言，改變的核心條件是真誠、同理和溫暖。避免讓你對病患的關懷，取決於他是否達到你對運動參與的標準。
- **建立你與病人之間的關係界線**。當你與患者的關係發展融洽，某些人可能會開始把你當作輔導員。支持、鼓勵他們，但是避免助長依賴。對多數人而言這不會是個問題，但是，有精神疾患的人可能會緊抓一位第一次看起來對他的生活真心誠意感到興趣的人，並且可能不容易建立界線。依據專業倫理以及你感到舒適的狀態，對你和患者之間的關係設下限制，這是你的責任。
- **評估當前的身體活動習慣與體適能**。因為憂鬱的個體有困難管理時間和完成日常生活中的任務，他們可能會高估身體活動的總量與強度。任何活動都可能看起來是極大的負擔。對於運動遲緩和嗜睡的個體而言，日常活動

可能比一般久坐少動的人還要少，進而造成體適能較差。在這種情形下，一個人可能會懷疑自己進行任何一種運動的能力，因此應該要對他再保證，運動方案會針對他量身訂做。

- **決定運動的動機**。有什麼運動的副產品對這個人而言是有意義的？他的動機是內在的還是外在的？這個人有沒有想要達成的特定目標？這些目標是否合乎實際？在個體心理狀態的脈絡之下去考慮他的動機是重要的，這樣才能建立目標、給予合適的運動處方、增進遵從性，並幫助他發展對運動與自我的正向感知。
- **讓運動有趣、沒有威脅性**。既然動機低落、疲勞和樂趣減少是憂鬱的核心症狀，讓活動盡量使人愉快是重要的。其中一個方法是找出對方以往喜愛的活動，並創造可以回應他的興趣的環境。辨識讓他感到害怕的運動的特徵，並盡量減少。一個人可能享受團體有氧運動的社會面，但另一個人可能覺得團體的氣氛具有威脅性。此外，雖然你要避免讓運動太過困難，但很重要的是，也要避免讓運動簡單到像是在浪費時間或「沒做到什麼」。
- **讓運動沒有阻礙**。讓一個人去運動大概是最大的一道關卡。討論可能會阻礙運動的障礙（時間、交通、工作與家庭衝突等），並形成克服這些困難的計畫。這一步可能需要你幫助對方在最基本的層面上解決問題。例如：假使對方的配偶在預定的運動時間需要用車，你可能得幫忙想替代方案。
- **讓對方參與運動方案的規劃，以促進個人責任感**。病人願意或可以應付的控制程度會因人而異。避免給予難以承受的太多責任，但同時嘗試增進獨立感與成就感。注意那些可以讓你知道每個人適合什麼的線索，準備好視需要將控制權釋出或接管。不要讓對方把他的成功歸功於你。鼓勵對方對自己無論多小的成就都要引以為傲。
- **為不依從與藉口做好準備**。不批判是很重要的。避免責備，並試著將罪惡感與自責的機會降到最低。不要讓對方把一時的失誤放大為全然的失敗感。為失誤和問題情境做計畫，並預先和病人一起解決問題。不要接受模糊不清的藉口；反之，要為失誤找出具體、可以調整的原因，並發展策略來克服障礙。將失誤視為一個學習的歷程，並且在失誤後盡快建立成功的機會。
- **鼓勵對方在既定的運動課程以外也增加身體活動**。在兩次運動課程之間設定少量、可以作到的、容易達成的活動目標（共同協議出來）。要對方對他的活動習慣、阻礙或挫折、運動成績等做紀錄，作為未來進行問題解決時的工具。舉例而言，使用計步器可以促進自我監督與目標設定，是簡單、便宜的方法。
- **注意破壞行為**。不管是心理的還是跟運動有關的習慣，會讓人感到舒適，而任何背離這些「舒適區」的事情，可能會受到病人或仰賴病人某種行為模式的重要他人的阻抗。因此，病人或其他人可能會有微妙的嘗試去阻擋改變，而這些對於改變的潛在阻礙應該要被辨識出並直接處理。
- **留意是什麼行為被增強了**。對很多人來說，負面的注意力比沒有注意還好。如果你總是對沒有參與課程表示關切或更關注對那些顯得焦慮或憂鬱的人，那麼這類行為可能會增加。以對個體有意義的方式，正向增強希望出現的行為。記得，對某個人具有增強效果的事，不見得對另一個人也是如此。

授權轉載自 H.A. O'Neal, A.L. Dunn, & E.W. Martinsen, 2000, Depression and exercise, *International Journal of Sport Psychology*, 31(2): 133-135.

常見抗憂鬱劑

三環抗憂鬱藥物

- Anafranil（台灣商品名：安納福寧；成分名：clomipramine）
- Asendin（amoxapine）
- Aventyl（台灣商品名：愛文妥；成分名：nortriptyline）
- Elavil（amitriptyline）
- Norpramin（台灣商品名：乃普朗明〔已註銷〕；成分名：desipramine）
- Pamelor（nortriptyline）
- Sinequan（台灣商品名：神寧健；成分名：doxepin）
- Surmontil（台灣商品名：舒清治；成分名 trimipramine）
- Tofranil（台灣商品名：妥富腦；成分名：imipramine）
- Vivactil（protriptyline）

單胺氧化酶抑制劑

- Marplan（isocarboxazid）
- Nardil（台灣商品名：腦定安；成分名 phenelzine sulfate）
- Parnate（tranylcypromine sulfate）

選擇性血清素再回收抑制劑

- Celexa（citalopram）
- Desyrel（trazodone）現有學名藥
- Lexapro（台灣商品名：立普能；成分名：escitalopram）
- Ludiomil（maprotiline）
- Paxil（paroxetine）
- Prozac（台灣商品名：百憂解；成分名：fluoxetine）
- Selfemra（fluoxetine）
- Zoloft（台灣商品名：樂復得；成分名：sertraline）

選擇性血清素與正腎上腺素再回收抑制劑

- Cymbalta（台灣商品名：千憂解；成分名：duloxetine），廣泛性焦慮症使用
- Effexor（台灣商品名：速悅；成分名：venlafaxine），廣泛性焦慮症使用
- Luvox（台灣商品名：無鬱寧；成分名：fluvoxamine）
- Prixtiq（長效 desvenlafaxine）
- Serzone（台灣商品名：神閒寧；成分名：nefazodone）

多巴胺致效劑

- Wellbutrin（台灣商品名：威克倦；成分名：bupropion），恐慌症使用
- Zyban（台灣商品名：耐煙盼；成分名：長效型 bupropion）

上述藥物的學名附於括號內。副作用包括低血壓、視力模糊、心律不整、腸胃不適、男性性功能障礙及長期使用下具有毒性。

會支持（Ernst, Rand & Stevinson, 1998）。不過這些說法雖然貌似合理，目前還沒有在設計良好的研究中受到實證檢驗（O'Neal, Dunn & Martinsen, 2000）。此外，即便這些說法被證明為真，還是無法解釋在發生的情境以外，身體活動所產生的直接效果。例如：在一個研究中，30 位輕微憂鬱的年長男女被隨機分派去與一名學生一起在戶外健走 20 分鐘，或和一名學生每週 2 次進行 20 分鐘的社交接觸，又或者被分派到等候對照組，共為期 6 週（McNeil, LeBlanc & Joyner, 1991）。由圖 7.14 可見，在健走後的憂鬱降低，和僅是每週與學生會面是一樣的。因此，在這兩種情境中的憂鬱降低，有可能是來自與學生的社交接觸，對於抗憂鬱效果而言，健走可能是多餘的。

對生理機制的探討，會更有潛力確立直接的因果關係。不過，即便是生理的解釋，也未必能直接支持運動在減緩憂鬱上，具有獨立的效果。舉例而言，光照治療對於某些憂鬱而言是有效的。因此，相較於

> 健身運動可能因為在心理社會上的益處，像是提升自尊或增加社會支持，而造成憂鬱的降低。

提出健身運動抗憂鬱效果的心理社會機制

- **主觀期待**：民間盛行的說法是健身運動讓你感覺更好，所以大家可能抱著情緒會改善的期待而開始運動（安慰劑效果）。
- **從壓力中轉移**：焦慮與憂鬱的降低或許可以用運動期間憂慮與擔心被「暫停（Time-Out）」或分心來解釋。從壓力情緒中得到的心理喘息，可能遺留殘餘的效果，並在屢次運動中被強化，而情緒的改善則可以增強這些活動的重複進行。
- **注意力**：參與運動計畫的人通常和體適能專業人員（Fitness Professionals）與其他參與者有一對一的接觸。來自他人的正向注意力可能使個體覺得自己對他人是重要的，進而增進價值感（Sense of Value）與自我價值（Self-Worth）。
- **改善自我意象**：對規律運動產生的身體適應除了改善運動耐力以外，還包括外形美觀的效益（Cosmetic Ben-Efits），例如：增加肌肉張力。

  身體的自我概念可以被增強，隨之而來的自尊也可以提升，而對心理健康而言，自尊是一個關鍵的心理變項。
- **控制感**：無助與無望感是憂鬱的核心要素。參與運動使憂鬱的人可以控制自己生活的一個面向。在一個領域重新建立權力感（Sense of Power），或許可以將控制感轉移到生活的另一個領域，並增進希望感。
- **社交互動**：社交隔離可能是憂鬱的致病與維持因素，而在醫院、社區活動中心或商業健身中心參與運動課程，可以提供人際接觸，從而降低孤立感。
- **社會支持**：和他人一起運動可以讓憂鬱的人有機會在有形或無形的層面上，印證自己對他人是重要的，並灌輸自己是社群的一部分的感受。

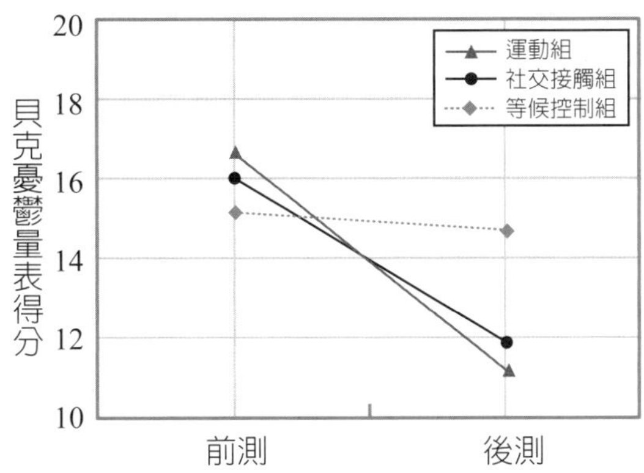

圖 7.14 對比運動課程（健走）後憂鬱降低以及安排規律的社交接觸

運動本身，在豔陽下運動更可能是因為暴露於光照中而降低憂鬱。儘管如此，為了支持生物學上的合理性，對於隨著身體活動增加而出現的憂鬱降低，其解釋應該要與已知的憂鬱病因，以及由身體活動所致的生物適應情形一致。

憂鬱的神經生理

對憂鬱病因的背景知識，有助找出憂鬱症狀改變與運動適應之間的關係。兩個憂鬱症最重要的神經生理模型分別為單胺耗竭假說（Monoamine Depletion Hypothesis）與下視丘—腦下垂體—腎上腺軸（Hypothalamic-Pituitary-Adrenal Axis, HPA axis）模型。

> 憂鬱的生理基礎以單胺系統與 HPA 軸功能失調為主。

單胺耗竭假說

對於憂鬱症神經生理的關鍵見解於 1950 年代開始成形，當時發現對身體疾患開立的藥物會引發未預期的心理副作用。服用「血壓平（Reserpine）」的高血壓患者有 15% 會出現憂鬱症狀，血壓平藉由使周邊神經中含有正腎上腺素與血清素的貯存顆粒（Storage Granules）不活化來控制血壓，會導致細胞內的正腎上腺素與血清素耗竭。由於血壓平是一種生物鹼，它可以通過血腦屏障，因此，大腦中的正腎上腺素與血清素耗竭似乎是副作用之一，而造成某些人有憂鬱的情緒。在同一個時期，用於治療肺結核的藥物異菸鹼異丙醯肼（Iproniazid）被發現有改善情緒的副作用，它會抑制一種稱為單胺氧化酶（Monoamine Oxidase, MAO）的酵素，該酵素會降解正腎上腺素與血清素。在 1960 與 1970 年代進行的研究顯示，與沒有臨床疾病的人相比，某些憂鬱症患者身上的正腎上腺素代謝物（即 3－甲氧基－4 羥基苯乙二醇，3-Methoxy-4-Hydroxy Phenylglycol, MHPG，見第三章）與血清素代謝物（即 5-HIAA）濃度有下降的情形。此外，有雙極性情感疾患的病人，在憂鬱期的 MHPG（正腎上腺素代謝物）濃度低，而在躁期則有高於正常的濃度。這些支持正腎上腺素、血清素或兩者的濃度和憂鬱有關的證據，致使出現了憂鬱症的單胺耗竭假說。

依據單胺耗竭假說，憂鬱導因於中樞腎上腺素受體的正腎上腺素不足、血清素不足或兩者皆有之，而躁症則來自過多的正腎上腺素。如前所述，正腎上腺素和血清素是主要的神經傳導物質，會調節多數和壓力與情緒有關的腦部區域，這使得他們成為探討憂鬱症病因的主要候選對象（見表 7.2，和第三章的「生物胺（Biogenic Amines）」）。此外，正腎上腺與血清素系統之間存在有結構性與功能性的關係。舉例來說，有神經投射是從藍斑核（Locus Coeruleus, LC）出發，通往縫合核（Raphe Nuclei）與藍斑核周邊生產血清素的細胞，其中藍斑核位於腦幹，是生產正腎上腺素的主要細胞，而縫合核則會合成腦中的血清素。

有數種抗憂鬱藥物的主要作用是增加正腎上腺素、血清素或兩者的濃度，這支持耗竭假說。多數常見的抗憂鬱藥物會向上調節（Up-Regulate）中樞神經系統 α- 腎上腺素和血清素受體，向下調節（Down-Regulate）β- 腎上腺素受體和造成突觸後次級傳訊者（腺苷酸環化酶，Adenylate Cyclase），去敏感或在神經傳導物被釋放後，阻止它們被代謝掉（見表 7.3）。抗憂鬱藥物在治療憂鬱疾患上，顯著比安慰劑更有效果（Williams et al., 2000）。藥物治療在幾個小時之內改變了正腎上腺素與血清素的濃度，但是症狀的變化要到 2 至 3 週後才會發生。

神經傳導素的濃度已經增加，症狀的減輕卻出現延遲，這挑戰了單胺耗竭假說。憂鬱症的病因與維持，並不如正腎上腺素或血清素不足的說法這樣簡單，而後續的研究也不支持將神經傳導素耗竭視為憂鬱症的成因。例如：有些憂鬱症患者有高濃度或正常濃度的 MHPG，也尚未證實他們腦脊髓液中的 MHPG 濃度較低。而兩種對憂鬱症有效的治療方法：電痙攣治療法（Electroconvulsive Shock Treatment, ECT）和抗憂鬱藥物 Iprindole，都不會影響單胺類的濃度（Maas, 1979）。

後來這個單胺模型被修正，將憂鬱症

表 7.2　正腎上腺素與血清素在中樞神經系統的作用

正腎上腺素	血清素
釋放賀爾蒙	感覺知覺
心血管功能	疼痛調節
快速動眼期睡眠	疲勞
止痛反應	欲求行為（Appetitive Behavior）
喚起	睡眠週期性
酬賞	溫度調節
性行為	皮質類固醇活性
警覺	作夢
情緒調節	

表 7.3　抗憂鬱藥物分類

藥物分類	作用
三環類抗憂鬱劑（Tricyclics, TCAs）	改變大腦對神經傳導物質正腎上腺素與血清素的反應（即藉由阻斷突觸前受體來防止正腎上腺素與血清素的再回收）。維持神經傳導素保持與突觸後受體的接觸，使作用得以延長。
單胺類氧化酶抑制劑（MAOIs）	阻斷酵素（MAO）在神經元內分解正腎上腺素、多巴胺和血清素等神經傳導物質。
選擇性血清素再回收抑制劑（SSRIs）	針對血清素系統，防止血清素在釋放到突觸後被神經元再回收，以增強血清素的活動。

描述為正腎上腺素與血清素系統失調的結果，而非單指傳導素濃度的減少。憂鬱被視為是來自這些神經傳導系統自我調節能力的損壞，以及對神經中樞（如前額葉、杏仁核、海馬迴和腦室周圍灰質）的過度刺激。其中，藍斑核被認為是功能失調的主要位置。

對於正腎上腺素的濃度低落，有一個關鍵反應是向上調節突觸後 β-1 受體（即增加數量或敏感性）。這個反應可能接著會使正腎上腺素被釋放到突觸間的時候，神經元對其過度反應。抗憂鬱藥物的治療反應有一個標誌性特徵，就是對 β-1 受體的向下調節，以及對正腎上腺素的敏感性恢復正常。

此外，突觸前 α-2 自控受體在正常情況下會參與負向回饋，以控制正腎上腺素的釋放。隨著正腎上腺素濃度的降低，藍斑核藉由 α-2 自控受體所進行的自我抑制也會降低。負向回饋被移除，會導致藍斑核神經元過度釋放正腎上腺素。這個反應可能會在壓力下因為正腎上腺素細胞過度放電，而導致腦中正腎上腺素出現暫時性的耗竭。由於正腎上腺素的主要功能是藉由抑制作用來調節腦中其他細胞的放電頻率，結果可能會造成調節負向情緒（如憂鬱）的神經中樞過度活動。

許多憂鬱症的生理研究專注在大腦的單胺系統，特別是正腎上腺素與血清素系統。但是，憂鬱的病因應該也要考慮到單胺類的多巴胺（Dopamine, DA; O'Neal, Dunn & Martinsen, 2000）。腦中生產多巴胺的細胞的主要位置之一在腹側被蓋區（Ventral Tegmental Area, VTA），對腹側被蓋區和它周圍的下視丘區域進行電刺激，會產生愉悅的感受。雖然正腎上腺素不是腹側被蓋區主要的神經傳導物質，但腦中正腎上腺素的耗竭，似乎會間接抑制腹側被蓋區中多巴胺的正常活動。多巴胺系統在酬賞、動機和運動功能扮演關鍵的角色。舉例來說，自然的酬賞和增強牽涉到伏隔核（Nucleus Accumbens）中多巴胺的釋放，此處有些多巴胺受體含有腦啡肽（Encephalin）和類鴉片的強啡肽（Dynorphin Opioids），有助於調節動機與愉悅感（見第三章）。

因此，這個系統的失調可能會導致憂鬱症裡的失去喜樂（Anhedonia）和精神動作障礙。例如：研究發現慢性壓力引發促腎上腺皮質激素釋放激素（Corticotropin-Releasing Hormone, CRH）與皮質醇（Cortisol）長期增高，隨之而來的是通往邊緣系統的多巴胺傳遞異常（Chrousos, 1998），而且某些抗憂鬱藥物藉由作用，在多巴胺受體或改變多巴胺的代謝，來影響多巴胺活動（Willner, 1995）。

下視丘—腦下垂體—腎上腺軸模式

憂鬱症神經生理系統的整合（即 HPA 軸與單胺），藉著正腎上腺素正常運作需要足量的**醣皮質激素（Glucocorticoids）**而得到闡述（Gold & Chorosos, 1999）。有相當多的證據說明 HPA 軸在憂鬱症的病因中扮演不可或缺的角色。舉例而言，憂鬱症狀（如體重減輕與睡眠障礙）可能直接與 HPA 軸功能異常有關。

HPA 軸在壓力反應中扮演主要的角色（見第四章），而其壓力反應的異常已被認為與憂鬱的病因有關。當我們感知到真實的或想像中的威脅時，下視丘的室旁核（Paraventricular Nucleus, PVN）會釋放促腎上腺皮質激素釋放激素（CRH）到腦下垂體前端的中突（Median Eminence），促 CRH 作用在腦下垂體，發出信號使腎上腺皮質激素（Adrenocorticotropic Hormone, ACTH）和 ß- 腦內啡（ß-endorphin）從前腦啡黑色素激素（Pro-Opiomelanocortin, POMC，一種前驅分子）中釋放出來，ACTH 接著發揮它對腎上腺的作用，刺激腎上腺皮質增加對皮質醇的合成與釋放。這個系統的整體功能是將身體準備好，以進行戰或逃的反應（Fight or Flight，對壓力生理反應的詳細說明請參閱第三章與第四章）。

雖然這個系統的活化對於合宜的壓力反應至關重要，但過度的 HPA 軸活化卻也可能在憂鬱的形成上扮演角色。事實上，

> **HPA軸的功能**
>
> - 調節飢餓與飽足感
> - 性行為
> - 睡眠
> - 成長
> - 分泌賀爾蒙
> - 調節壓力的生理反應

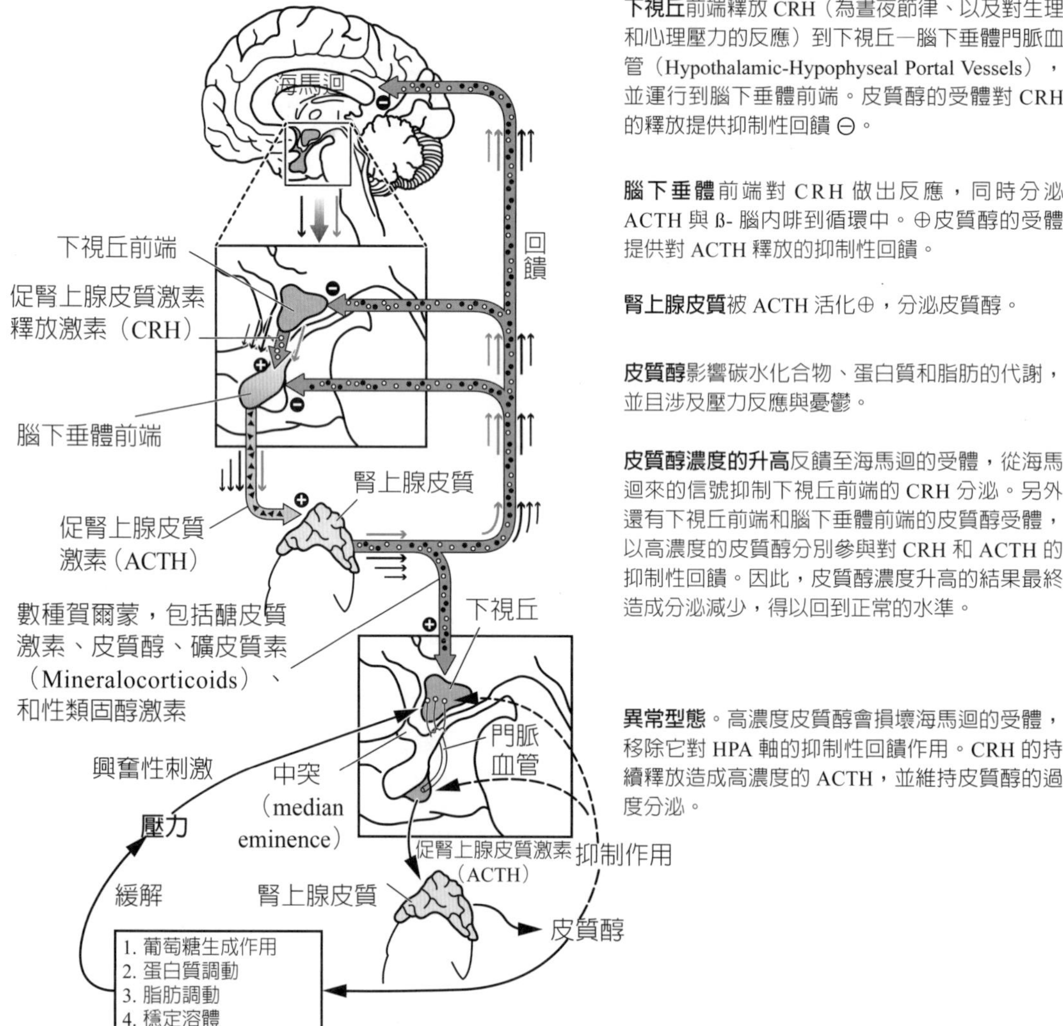
海馬迴
下視丘前端
促腎上腺皮質激素
釋放激素（CRH）
腦下垂體前端
回饋
腎上腺皮質
促腎上腺皮質
激素（ACTH）
數種賀爾蒙，包括醣皮質激素、皮質醇、礦皮質素（Mineralocorticoids）、和性類固醇激素
下視丘
門脈
血管
興奮性刺激
中突
（median
eminence）
壓力
促腎上腺皮質激素
（ACTH）
抑制作用
緩解
腎上腺皮質
皮質醇
1. 葡萄糖生成作用
2. 蛋白質調動
3. 脂肪調動
4. 穩定溶體
下視丘前端釋放 CRH（為晝夜節律、以及對生理和心理壓力的反應）到下視丘－腦下垂體門脈血管（Hypothalamic-Hypophyseal Portal Vessels），並運行到腦下垂體前端。皮質醇的受體對 CRH 的釋放提供抑制性回饋 ⊖。
腦下垂體前端對 CRH 做出反應，同時分泌 ACTH 與 ß- 腦內啡到循環中。⊕皮質醇的受體提供對 ACTH 釋放的抑制性回饋。
腎上腺皮質被 ACTH 活化⊕，分泌皮質醇。
皮質醇影響碳水化合物、蛋白質和脂肪的代謝，並且涉及壓力反應與憂鬱。
皮質醇濃度的升高反饋至海馬迴的受體，從海馬迴來的信號抑制下視丘前端的 CRH 分泌。另外還有下視丘前端和腦下垂體前端的皮質醇受體，以高濃度的皮質醇分別參與對 CRH 和 ACTH 的抑制性回饋。因此，皮質醇濃度升高的結果最終造成分泌減少，得以回到正常的水準。
異常型態。高濃度皮質醇會損壞海馬迴的受體，移除它對 HPA 軸的抑制性回饋作用。CRH 的持續釋放造成高濃度的 ACTH，並維持皮質醇的過度分泌。

圖 7.15 促腎上腺皮質激素釋放激素（Corticotropin-Releasing Hormone, CRH）對 HPA 軸的作用與影響（正常與異常型態）

憂鬱病性憂鬱症（Melancholia）和極度壓力狀態相似，也可能受到壓力的促使而發生（Gold & Chorousos, 1999）。海馬迴的細胞含有醣皮質激素受體（Glucocorticoid Receptors），會調節對下視丘中 CRH 神經元的抑制（見圖 7.12）。在正常情況下，當高濃度的皮質醇反饋到海馬迴與下視丘的醣皮質激素受體時，後續對 CRH 與皮質類固醇的生產會**降低**（即負向回饋，產出物抑制原本的生產活動）。然而，皮質醇增多（Hypercortisolism）可能會損壞海馬迴中的醣皮質激素受體，但醣皮質激素受體會抑制從 HPA 軸來的反饋，向下調節海馬迴受體，造成 HPA 軸過度活化。皮質醇增多可能也會改變腦幹中的單胺系統或其他調節 HPA 功能的神經系統（例如：杏仁核與前額葉皮質），而導致皮質醇與 ACTH 的濃度異常增高（Gold & Chrousos, 1999）。誠然，大約 50% 的憂鬱症患者有皮質醇增多的情形，憂鬱之下，還會有整體 ACTH 增加、類固醇負向回饋敏感性喪失，以及對所有劑量的 CRH 敏感度增加。由於 CRH 和醣皮質激素，會影響對情緒反應很重要的邊緣系統（包括伏隔核、杏仁核和海馬迴），慢性壓力下 CRH 和皮質醇的濃度上升，可能會損壞腦中情緒調節區的功能（Gold & Chrousos, 1999）。

健身運動影響憂鬱之生物合理性的證據

對於用來解釋人類身體活動和健身運動具有抗憂鬱效果的生物機制，幾乎沒有研究檢驗。不過，在過去 10 年間，健身運動心理學領域有幾個令人振奮的研究方向出現，他們使用了神經科學的方法，以及壓力與憂鬱的動物模型。

單胺失調假說

根據**單胺失調假說**，憂鬱是生物單胺系統失調的結果。因此，健身運動可能藉由調節這個神經傳導系統而降低憂鬱。例如：有證據顯示長期健身運動，會影響位於腦幹的正腎上腺素和血清素受體，其中腦幹的正腎上腺素神經元會投射到酬賞中樞腹側被蓋區。運動適應（Exercise Adaptation，例如：單胺的合成增加）可能經由與運動神經元的連結，來影響邊緣系統結構；而從肌肉而來的感覺輸入神經，可以經由視丘刺激更高階的皮質區。

> **運動可能藉由適應的機制（Adaptations）來降低憂鬱，例如：提升中樞神經系統中正腎上腺素與血清素的合成。**

有些人類與動物研究的目的是去描述健身運動對正腎上腺素的作用，以及它的合成與代謝。在人類研究中，會藉由測量尿液、血清或（很少見地）腦脊液中的 MHPG 濃度（正腎上腺素主要的代謝物），來估計急性身體活動後腦中正腎上腺活動的改變。探討憂鬱與無憂鬱症受試者的研究，曾經發現急性健身後尿液中的 MHPG 增加，也發現過沒有增加。例如：在休息狀態中，周邊血液或尿液中的 MHPG 只有大約三分之一是來自腦中正腎上腺素的代謝。而在輕至中度的急性健身中，發現正腎上腺素會增加兩到六倍，但這個增加多半不是來自大腦，而是來自支配心臟的交感神經節後神經末梢（Postganglionic Nerve Endings）還有些是從運動的骨骼肌而來。這個正腎上腺素的增加和為了應付運動的負荷而產生的生物調節有關。我們必須要測量到特定腦區中的正腎上腺素與血清素濃度與變化，才能判斷運動訓練對中樞神經的影響。但是也可以理解這在人類研究中是困難的，並且也還沒有研究使用腦造影的方法來探討運動對憂鬱的作用。

動物研究則提供較好的證據，說明運動對於會影響憂鬱的單胺系統的中介作用。研究發現，大鼠的血清素與正腎上腺素在急性運動期間暫時增加（見圖 7.16），且在長期運動後腦中的單胺系統出現適應情形（Dishman, Renner et al., 2000; Dunn & Dishman, 1991; Dunn, Reigle et al., 2006）。此外，長期的中強度運動會伴隨大腦皮質ß- 正腎上腺素受體的向下調節（Yoo et al., 2000; Yoo et al., 1999），這與抗憂鬱藥物的作用相仿。抗憂鬱藥物中有一種是血清素再回收抑制劑，它的關鍵作用之一是抑制血清素轉運子（Serotonin Transporter, SERT），血清素轉運子在血清素分子被釋放後，負責將之運送回血清素細胞。阻斷再回收會使血清素在突觸間停留更久，據信就會有更多可以和突觸後血清素受體結合的分子（見圖 7.17）。

研究者對新生的雄性大鼠施打一種血清素再回收抑制劑（Clomipramine），這種物質會導致腦中正腎上腺素長期耗竭，也會引發大鼠成年期的憂鬱。在牠們成熟以後，相較於少有活動的大鼠，有進行轉輪或跑步機運動 12 週者，大腦額葉皮質的正腎上腺素濃度增加（Yoo et al., 2000）。正腎上腺濃度在兩個運動組中都有增加，但是其中的轉輪運動組出現 ß- 正腎上腺素受體療癒性的降低，就和抗憂鬱劑的效果一樣，而且牠們的性行為表現提升，這也是抗憂鬱作用的行為徵兆之一。

在動物研究中，憂鬱的常見模型有一種是反覆暴露在無法控制、無法逃避的壓力中，會導致腦中正腎上腺素與血清素耗竭，並造成後來可以逃避壓力時，動物的逃避行為出現缺損。第一個在長期運動後使用這個模型的研究顯示，相較於先前被允許在轉輪上運動六週的大鼠，久坐少動的大鼠在暴露於無法控制、無法逃避的足底電擊後，藍斑核、海馬迴和杏仁核的正腎上腺素與血清素代謝物 5-HIAA 濃度較低（Dishman

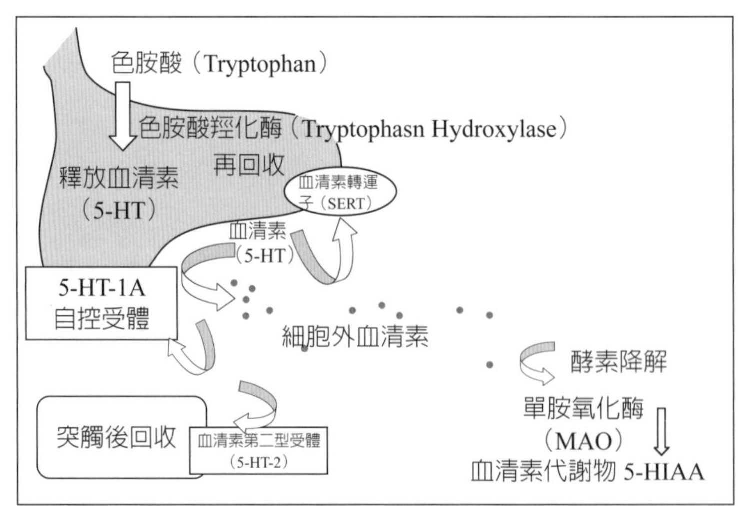

圖 7.16　圖解突觸間血清素活動。血清素被突觸前神經元釋放以後可能的結果：突觸後回收與突觸前自控受體結合，或由突觸前神經元藉血清素轉運子 SERT 的作用再回收

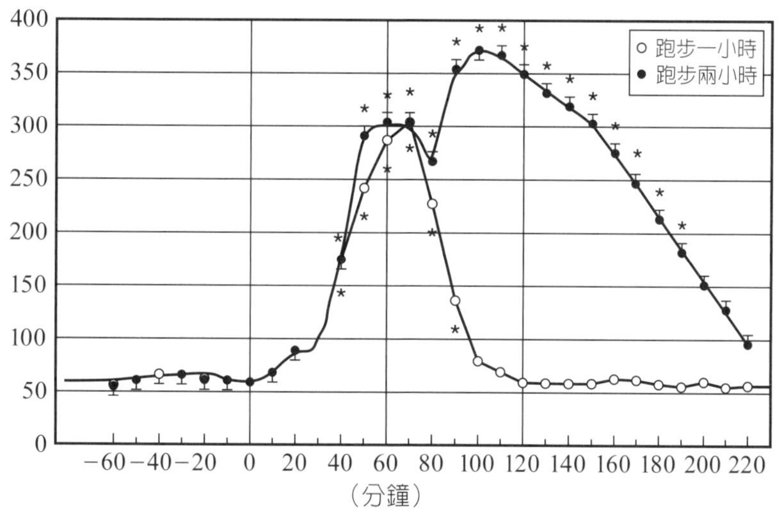

圖 7.17 經過跑步機運動訓練後，在跑步機上跑步時的正腎上腺素濃度變化

資料取自 Pagliari & Peyrin, 1995.

et al.,1997）。久坐少動的動物在足底電擊後，杏仁核的血清素升高 28%。有跑轉輪的大鼠在後續對可控制的足底電擊，會比久坐少動的大鼠有更快的逃避反應，顯示轉輪運動具有抗憂鬱效果。後來的研究發現，轉輪運動在降低所謂的習得無助感（Learned Helplessness）上也有類似的效果（Greenwood et al., 2003）。

有證據顯示，急性跑步機運動會增加多巴胺的釋放與轉換，並長期向上調節大鼠斜紋體中的多巴胺第二型受體（DA D2 Receptors），但是運動對於斜紋體多巴胺活動的效果尚未在人類身上證實（文獻回顧請見 Dishman, Berthoud et al., 2006；Knab & Lightfoot, 2010）。這些改變被發現在一部分調控自主運動的斜紋體上，而非在調節動機驅力的腹側被蓋區或伏隔核。相較於被迫進行的跑步機運動，長期跑轉輪、體能良好的大鼠斜紋體的多巴胺活動有降低的情形（Waters et al., 2008），然而，多巴胺第二型受體的基因表現在小鼠並沒有改變（Knab et al., 2009），卻在大鼠的伏隔核降低（Greenwood et al., 2011）。因此，總結來說，我們還不清楚健身運動是否在與調節情緒（如憂鬱）有關的腦區影響多巴胺運作。

有新的證據顯示，血清素系統的基因變異（即由雙親遺傳得到的等位基因（Alleles，或型態）組合）可能會與身體活動程度交互作用而影響憂鬱症狀。舉例來說，血清素轉運子的短的等位基因和較低的血清素代謝有關，可能會造成憂鬱症狀提高的風險。在一項近期的橫斷式研究中（Rethorst et al., 2011），至少從雙親之一遺傳到短的等位基因，且身體活動相對較少的大學生，會比從雙親遺傳到長的等位基因，但身體活動程度一樣低者，在貝克憂鬱量表上報告出更多的憂鬱症狀。不過，與預期相反的是，在自陳有高度身體活動的學生中，至少有一個短的等位基因者，憂鬱症狀比那些有兩個長的等位基因的學生還要低。僅管如此，在 5 週的有氧運動訓練以後，至少有一個長等位基因的學生，憂鬱症狀會比有兩個短等位基因者降低更多（Rethorst et al., 2010）。

下視丘—腦下垂體—腎上腺皮質（HPA）假說

長期的健身運動訓練會造成在進行一般健身運動時，內分泌的反應降低（Richter & Sutton, 1994）。因此，身體活動對 HPA 軸的調節效果可能是運動影響憂鬱的另一個途徑。有動物研究提供了一些證據，支持運動對 HPA 軸造成的影響可能與抗憂鬱效果有關。舉例而言，接受過跑步機訓練的雌性大鼠，在跑步機上跑步時的 ACTH 與皮質類固醇反應降低，但是在約束性壓力（Immobilization Stress）（White-Welkley et al., 1995）與足底電擊（White-Welkley et al., 1996）下，卻對 ACTH 過度反應。我們並不清楚這個對 ACTH 的過度反應是否為健康的適應，也不清楚它是否可以歸因於 CRH 的增加，或其他會影響 CRH 釋放的因素。若是有出現隨運動而生的 CRH 活動改變，將與憂鬱很有相關，因為 CRH 會增加腦幹藍斑核的活動。回想一下，藍斑核在大腦與周邊交感神經系統，對欲求與嫌惡行為的反應中，扮演關鍵的調節角色，而這些行為對憂鬱症來說十分重要。

運動訓練造成的 HPA 軸適應，可能有助於重新調節那些原先助長憂鬱症的生物因素所造成的損害，但相關研究有限。

其他以生理為基礎的假說

除了第五章提到和情感、情緒及心情有關的假說（意即在單次健身期間，腦血流、體溫和腦內啡增加或許可以解釋情緒改變），新的研究領域顯示，還有其他潛在的生物機制可以解釋運動對憂鬱的正向作用。舉例來說，神經滋養胜肽（Neurotrophic Peptides）如腦源性神經營養因子（Brain-Derived Neurotrophic Factor, BDNF）和 VGF 會增強數種神經系統的生長與維護，並且可能對憂鬱症的神經病理與治療具有重要的角色（Hunsberger et al., 2007; Russo-Neustadt, 2003）。動物實驗顯示，長期健身運動會造成海馬迴（與脈絡記憶有關，例如：Adlard & Cotman, 2004）與中腦邊緣系統（Mesolimbic System）腹側被蓋區（幫助調節動機；Van Hoomissen, Chambliss, Holmes & Dishman, 2003）VGF 與 BDNF 的基因表現增加。

小結

重鬱症是常見的精神健康疾病，可以導致嚴重的後果，它的特徵是當事人有顯著的痛苦、社會與職業功能的缺損，或兩者皆有之。憂鬱症的傳統治療耗時、昂貴且時常無效。藥物處遇的副作用可能包括疲勞、心血管副作用，以及成癮的可能性。因此，健身運動或許是一個理想的替代或輔助療法。整體而言，文獻支持對罹患輕至中度憂鬱的人而言，健身運動對於降低憂鬱症主要風險與減輕症狀具有某些效果。在一些研究中，健身運動訓練後的憂鬱減輕，就和接受心理治療或藥物治療後看到的一樣好。

不過，我們還沒有確立，要達到最佳的正向效果，應如何設定健身運動類型、頻率和強度這些參數。我們仍需要對實驗進行良好控制的研究，涵蓋不同人口學特性的族群並充分考慮受試者的特性，才能決定健身運動在抵抗憂鬱風險上，明顯可見的保護作用是否為獨立的效果，以及該效果是否橫跨性別、年齡、種族與族裔、教育程度、社會經濟水準和心智狀態皆然。憂鬱的人一般會比精神健康的人有較低的肌耐力（Morgan,

1968）、身體勞動能力（Physical Working Capacity, Morgan, 1969）及心肺適能（O'Neal, Dunn & Martinsen, 2000; Martinsen, Strand et al., 1989），但是在對他們特有的治療依從性問題處理得宜之下，小心、漸次地執行健身運動計畫是有可能成功的。此外，在中年時期維持心肺適能的人，出現憂鬱症狀的勝算（Odds）也比較低。

雖然近期的隨機對照試驗裡，對於中強度健身運動可有效降低輕至中度憂鬱症狀的看法，提供了更多的公信力，但健身運動尚未在醫療上被視為憂鬱的治療方法（美國精神醫學會，2000）。了解健身運動直接並獨立造成憂鬱降低的機制（特別是神經生理機制），將是健身運動心理學下一個待發開的疆界。

參考網站

1. www.ndmda.org
2. www.psychologyinfo.com/depression
3. www.nimh.nih.gov/health/topics/depression/index.shtml

第八章 健身運動與認知功能

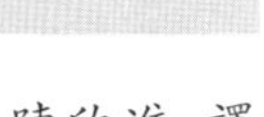

陳欣進 譯

決定接受並維持規律的健身運動或積極生活型態是一件聰明事，但是健身運動影響智能的效果如何？健身運動能否讓我們更聰明？健身運動與認知能力的關係是研究與應用上較新的領域，但是對於人類認知的學術興趣，可以追溯自西元前兩世紀與亞里斯多德的《論記憶與回憶》（Sorabji, 2004）。在這篇論文中，亞里斯多德將心智歷程概念化為可以操作的實徵研究。自此之後，科學家們便根據知覺衡鑑、大腦結構與功能的改變，以及對行為的影響效果等層面，檢驗認知歷程的運作與表現形式。

認知歷程受到遺傳、發展因素，以及環境經驗等因素影響。本章著重於健身運動脈絡下環境的影響，藉此了解健身運動與我們的推理、記憶，及反應等能力之間關係的基礎。有關健身運動對健康、臨床，與各種年齡族群的效果證據也會呈現並討論。可能的機制、中介變項，以及調節變項將會呈現，針對健身運動與認知功能之間關係的爭論議題也將會整合概述。

> 古希臘人主張健康的身體帶來健康的心智（Mens sana in corpora sano）。然而，直到近年我們才開始系統性地以實徵研究，評估健身運動與認知功能之間的關係。

名詞定義

亞里斯多德對於認知研究的觀點，影響了 15 與 16 世紀促進萌發科學方法的歐洲哲學家。例如：笛卡兒對心理學的貢獻之一，即為其主張認知可被直接觀察與測量，且大腦為行為的中介者（Hergenhahn, 1992）。當代研究者以認知（Cognition）一詞，代表所有能反映出個人知識與覺察任何心智運作的歷程，其涵蓋了感知、記憶、判斷與推理（Wilson, Caldwell & Russell, 2007）。認知歷程反映了許多以階層形式為假設，交互影響的心智歷程之間的整合。較高階層的認知歷程涵蓋跟意識（比方計畫跑一場馬拉松）與目標導向行為（比方選擇慢跑而非電玩）有關的歷程。較低階層的認知歷程，則支配自動化與反射性行為。

> 認知（Cognition）一詞來自拉丁文「cognoscere」，意指了解、概念化，以及辨識，也就是思考的歷程。

測量

過去 150 年已經發展出數百種測量心智歷程的測驗。有些測驗在總體層次評估認知（一般智能），其他測驗則分別並探索特定歷程的運作（如注意力）。健身運動科學家最常用的測驗，取自四個相互重疊的研究領域：教育心理學、實驗心理學、臨床神經心理學，以及神經生理學。

> 第一個測量智能的的測驗為發表於 1905 年的比西量表（Binet-Simon Test）。

教育心理學與心理計量學

20 世紀初期，法國政府最早開始評估生活在巴黎的兒童，如何能從普及教育中獲得幫助。最早設計測量智能個別差異的第一項測驗，是由法國心理學家比奈（Alfred Binet）完成。比西量表（Binet-Simon Test, 1905）包含了像是推理與問題解決等，高層次心智歷程的三十道可衡鑑之題目。這些題目按難度排序，且依據通過 / 失敗之標準進行計分。兒童的心理年齡可以依據年齡等級得到的常模來決定。比奈對於智能的開創性概念，與對於測驗題具啟發性的選擇與組織，對於第二章討論過的心理計量學之發展有著重大貢獻。在過去一個世紀，心理計量學逐漸採用精密複雜的計量方法來測量人類表現，並探索人類的智能結構（Wasserman & Tulsky, 2005）。智能因素結構的一個例子可見於圖 8.1。心理計量學的興起，引領了大量智能測驗的發展，如史比量表（Stanford-Binet Scales）、魏氏智力測驗（Wechsler Intelligence Scales），及考夫曼兒童智力測驗（Kaufman Assessment Battery for Children）等，這些測驗已在全球廣泛使用，並測量與鑑定了數百萬人的能力。

實驗心理學

心理學門始於 1872 年的德國，威廉馮特（Wilhelm Wundt）聚焦於透過探討心智成分以了解心智複雜性。馮特與其學生研究認知結構時採用的研究法，為記憶測驗與反應時間，測量以解構心智歷程的心理計時法（Mental Chronometry）。心智歷程與相應

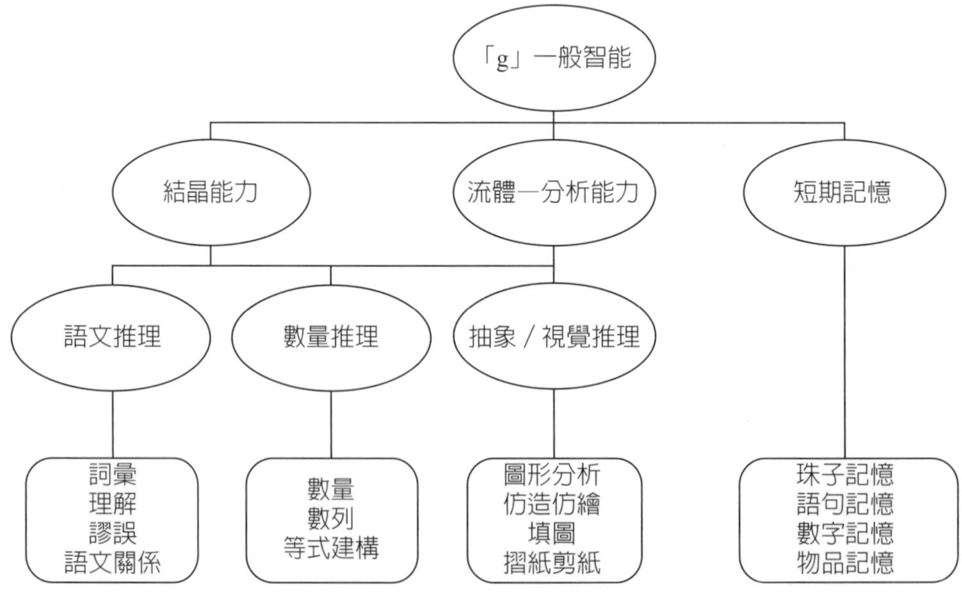

圖 8.1　史比量表的因素結構。一般智能（g）是透過測量個別測驗題（如詞彙、數列、物品記憶）上之表現導出的單一分數。題目分數間的相關，提供了用以推論個體適應性思考與行為（如推理、能力及記憶）背後之心智結構的基礎

的主觀經驗，是在高度控制的研究室情境下檢驗。許多當代實驗心理學家執行的實驗仍沿用這種成分分析的傳統（Detterman, 1986）。

當代認知心理學著重於訊息如何被登錄、儲存、處理、操作，以及導致行為的方法出現於 1960 年代。研究者對於登錄歷程感到興趣，通常是運用測量感覺系統如何將原始物理能量，轉換成為有知覺意義的知覺測驗。例如：視覺與聽覺器官掃描並檢驗外在世界。時間檢查法（Inspection-Time Methods; Nettelbeck & Wilson, 1997）與掃描方案（Sternberg, 1969）已被發展用以離析知覺歷程。訊息的儲存與處理一般是採用短期記憶與長期記憶之經典測驗進行研究，這些測驗可以追溯至 19 世紀中期赫爾曼 · 艾賓浩斯（Hermann Ebbinghaus）所發展的方法（如布朗 - 彼得森測驗，Brown-Peterson Tests）。

工作記憶（Working Memory）的構念於 1980 年代自短期記憶功能的理論化開始演進（Baddeley, 1986）。工作記憶指的是暫時儲存並操弄如學習、語言理解，以及推理等複雜作業所須要的訊息。注意力測驗提供了研究者在探索並衡鑑訊息如何被操弄的研究方法。這些測驗檢驗了影響記憶系統登錄與操作的心智歷程。

其他研究方法用以衡鑑訊息如何導致行為。執行功能（Executive Function）測驗衡鑑在決策判斷、目標計畫，以及選擇行為上的重要心智歷程（Miyake et al., 2000; Naglieri & Johnson, 2000; Posner & Dahaene, 1994）。這些歷程也被歸類為後設認知（Metacognition），指的是以控制問題解決所須思考歷程的高階思考（Borkowski, Carr & Pressely, 1987; Flavell, 1979）。圖 8.2 提供了一般訊息處理模式的一個例子，該模式突顯了刺激選取、操弄，以及反應準備上所涉及的歷程。這些低階歷程的操作可藉由注意力歷程與動機加以調整。

臨床神經心理學

醫師長期以來對於疾病與外傷如何影響認知與行為感到興趣。公元前三世紀，希波克拉底（Hippocrates）解釋了思考與推理疾病是由於四種體液的不平衡：血液、黑膽汁、黃膽汁以及痰液。他相信這些體液的不平衡，改變了大腦並影響情緒與知覺。蓋倫（Galen），一位 2 世紀羅馬醫師，藉由連結性格特性與體液間的關係，延伸了希波克拉底對於心智功能的自然主義解釋。如第五章的描述，當代的生物學基礎性格理論，反映了這些體液不平衡的早期概念（例如：Eysenck, 1990）。

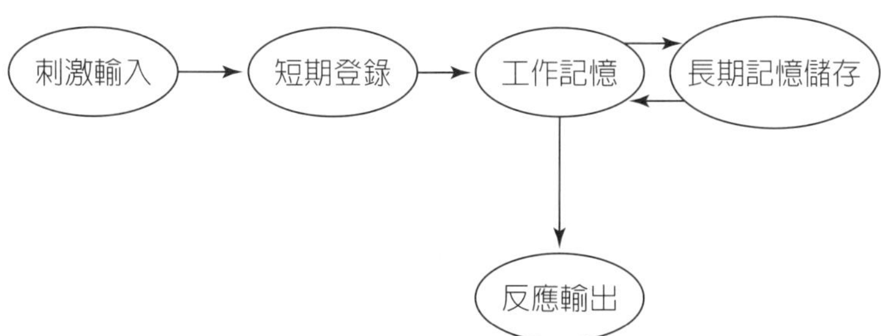

圖 8.2　訊息處理模式。環境訊息影響感覺受器並傳遞進入短期、工作記憶。工作記憶是透過控制歷程（如複誦）操弄並使用長期記憶儲存中所提取出之記憶的場所。執行歷程涉及目標導向行為，並接著設定行為動作

目前有發展大量不同類型的測驗，可以測量臨床族群的認知功能，例如：阿茲海默症（Alzheimer's Disease）或腦震盪病患。Lezak 與其同事的一項神經認知文獻綜合回顧，記錄了超過四百項設計，來測量像是心智彈性與處理速度等多種認知功能的行為測驗（Lezak, Howieson, & Loring, 2004）。

神經生理測量

相較於之前所描述的測量方法，亦即透過行為觀察以推論認知歷程。研究者長期以來，也對於神經活動的直接測量感到興趣。研究者們使用測量大腦皮質活動的方法（如腦波圖，Electroencephalography, EEG）已有數十年。過去 20 年的重大技術發展，提供大腦結構與功能上更加精確的測量。

如第二、三章所描述，健身運動研究者利用多樣技術來衡鑑身體運動的角色、體適能的水準，以及對於健康與臨床族群在大腦功能上的訓練介入。每一種方法捕捉到大腦些微不同的觀點，當整合起來可以描繪訊息處理、記憶，以及注意歷程等運作時的神經網路（O'Reilly 2010; Posner & Raichle, 1997）。測量人們進行特定認知測驗時大腦活動改變的能力，提供了研究者探討健身運動對於認知功能影響的證據。更進

與執行功能及記憶有關的大腦結構

- **前葉（Frontal Lobe）**接收來自皮質與下皮質區域的多重輸入，並以聯合目標導向行為的方式整合訊息。
- **背外側前額葉皮質（Dorsolateral Prefrontal Fortex）**接收來自頂葉皮質（Parietal Cortex），前動作皮質（Premotor Cortex），以及基底核（Basal Ganglia）的輸入。此前葉區域與目標選擇、計畫、次序、口語與空間工作記憶、自我監控，以及自我覺察有關。
- **腹內側前額葉皮質（Ventrolateral Prefrontal Cortex）**接收來自顳葉（Temporal Cortex）的輸入。此區域在分析環境訊息的特徵與屬性，扮演執行目標導向動作上之角色。左腹內側前額葉皮質區涉及在阻止分心時維持訊息之工作記憶歷程有關；右腹內側前額葉皮質區與警覺及偵測潛在威脅情境有關。
- **眼窩額葉皮質（Orbitofrontal Cortex）**與邊緣系統（Limbic System）緊密關聯，尤其是杏仁核（Amygdala）。此區域在抑制不合適反應與判斷酬賞及風險機率上扮演角色。一般認為此腦區的處理歷程支撐著情緒與社會行為。
- **前扣帶迴皮質（Anterior Cingulate Cortex）**涉及監控與偵測行為錯誤，並與衝突偵測歷程有關。此腦區是涉及處理刺激與記憶更新之網路的一部分。
- **邊緣系統（Limbic System）**為一個複雜結構，並與情緒、學習、以及記憶有關。
- **杏仁核（Amygdala）**為邊緣系統中的神經核團，並影響情緒行為與情緒情境相關記憶。情緒經驗的學習快速，而記憶亦會引發恐懼與焦慮反應（如心跳過速、呼吸加快，及壓力賀爾蒙釋放）。
- **海馬迴（Hippocampus）**為邊緣系統中涉及長期記憶形成的結構。海馬迴中的神經活化可造成長期增益（Long-Term Potentiation），並促使經驗脈絡與相關訊息等之記憶的固化與儲存。

一步地，動物腦的研究報告（通常是齧齒類動物），提供了有關身體活動在新成代謝改變上之效果的訊息。此效果可能發生在動物學習與表現潛在有關的腦細胞之內或之間（Dishman, Berthoud, et al., 2006; Meeusen & De Meirleir, 1995）。

認知功能的多元向度與測量方法的多樣性，反映出在解釋身體活動與健身運動對認知功能效果的證據上，所會面臨的特殊挑戰。

研究

許多敘述性與後設分析（統合分析）的回顧指出，短期與長期健身運動訓練會影響認知功能。第一個有關健身運動與認知研究的綜合後設分析回顧於 1997 年實行（Etnier et al., 1997）。這項針對一百三十四項橫斷性、相關性，以及實驗性研究所進行的分析顯示整體平均有 0.25 的效果量（Effect Size, ES），說明健身運動在心智功能上發揮小但卻有顯著的效果。調節分析顯示，關聯強度與許多因素有關。在採用短期健身運動（ES = 0.16）的研究上，相較於採用長期健身運動訓練計畫（ES = 0.33）的研究，較容易得到較小顯著的效果量。如下面列表所示，許多描述性與量性回顧，聚焦於短期與長期健身運動訓練方案。

短期健身運動與認知：描述性回顧

Tomporowski 與 Ellis (1986)：
檢驗二十七項發表實驗。

方法：將研究依四種類別分組：

- 非常短、高強度健身運動（等長運動，Isometric）
- 短期、高強度、有氧健身運動
- 短期、中強度、有氧健身運動
- 長期、中強度、有氧健身運動

結論：

- 許多研究缺乏合適的方法學控制。
- 對於健身運動—認知關係缺乏足夠的支持。

McMorris 與 Graydon (2000)：
評估二十三項發表實驗。

方法：將研究依三種類別分組：

- 休息 vs. 非最大運動負荷（Submaximal Exercise）
- 休息 vs. 最大運動負荷（Maximal Exercise）
- 非最大運動負荷 vs. 最大運動負荷

結論：

- 增加反應速度與最高無氧閾值（Anaerobic Threshold）之健身運動有關。
- 運動強度對於反應正確率沒有效果。
- 沒有證據支持單向度倒 U 型假說（Unidimensional Inverted-U Hypothesis）。

Brisswalter、Collardeau 與 Arcelin (2002)：
評估七項發表研究。

方法：將研究依三種類別分組：

- 健身運動強度
- 健身運動長度
- 參與者的體適能水準

結論：

- 在少於 20 分鐘之中強度健身運動（～40%-80% $\dot{V}O_2max$）期間，能改善在簡單與複雜心智作業上的認知表現。
- 在少於 20 分鐘之中強度健身運動（～40%-80% $\dot{V}O_2max$）期間，在簡單與複雜心智作業上有認知表現改善。與上一點內容一樣
- 有氧適能水準與健身運動期間之認知表現無關。

Tomporowski (2003a)：

評估四十三項發表實驗。

方法：將研究依三種類別分組：

- 強烈有氧健身運動
- 短期有氧與無氧健身運動
- 穩定狀態有氧健身運動

結論：

- 在推定健身運動誘發疲勞狀態期間，認知功能抗拒改變。
- 在穩定狀態與中度健身運動期間與之後，反應速度、反應正確率，以及執行處理均有促進效果。
- 在記憶儲存上沒有健身運動相關改變。
- 沒有證據支持單向度倒U型假說（Unidimensional Inverted-U Hypothesis）。

短期健身運動與認知：後設分析性回顧

Etnier 等人（1997）：

檢驗一百三十四項發表與未發表研究。

方法：自短期健身運動研究中鑑定出的三百七十一項效果。

結論：

- 短期健身運動具有小但能顯著改善認知表現（ES = 0.16）。
- 在穩定狀態與中度健身運動期間與之後，反應速度、反應正確率，以及執行處理均有促進效果。
- 效果量大小依採用的認知測驗而定。
- 沒有證據支持單向度倒U型假說（Unidimensional Inverted-U Hypothesis）。
- 認知功能不受推定健身運動誘發疲勞狀態影響。
- 健身運動降低簡單反應時間與延長選擇反應時間。

Lambourne 與 Tomporowski (2010)：

檢驗四十項發表受試者內實驗。

方法：分別針對健身運動期間與之後的認知測量進行分析。

- 總計採用二十一項研究中的一百二十六項效果以衡鑑健身運動期間的認知表現。
- 總計採用二十九項研究中的一百零九項效果以衡鑑健身運動後的認知表現。

結論：

- 健身運動期間有認知表現受損（d = -0.14, 95% CI = -0.26～-0.01），中介變項分析顯示認知表現為雙相性（Biphasic），健身運動的前 20 分鐘表現下滑，過了此時間點後表現提升。
- 在穩定狀態有氧健身運動期間，能改善在簡單、選擇，以及區辨反應時間上的表現，但在厭氧健身運動期間則下滑。
- 效果量大小依採用的認知測驗而定，最大的效果是在自動化處理上，在執行處理歷程上則有最小的效果。
- 在健身運動之後能改善認知表現（d = 0.20, 95% CI = 0.14～0.25），中介變項分析顯示騎自行車比跑步方案有更大的效果量。

McMorris 等人（2011）：

檢驗在中度水準有氧健身運動（～50%-75% VO_2max）期間測試工作記憶的二十四項實驗中的三十八項效果。

方法：分別針對健身運動期間的反應時間與反應正確率變化進行分析。

結論：

- 健身運動導致反應速度上大幅的提升（g = -1.41, 95% CI = -1.74～-1.08）。
- 健身運動導致反應正確率上低至中度幅度的降低（g = 0.40, 95% CI = 0.08～0.72）。

長期健身運動與認知：描述性回顧

Folkins 與 Sims (1981)：

檢驗十二項研究。

方法：檢驗執行於兒童、青年以及老年人之研究。

結論：

- 幾乎沒有證據顯示體適能訓練會影響兒童與年輕成人，在智能與學業表現等相關一般測驗上的表現。
- 兩項研究顯示老年心智病人上的改善。

Chodzko-Zajko 與 Moore (1994)：

檢驗三十五項研究。

方法：檢驗執行於老年人族群的二十三項橫斷與十二項長期健身運動研究。

結論：

- 體適能與認知處理速度提升有關。
- 有足夠證據顯示沒有體適能訓練會影響老年人的認知表現。

長期健身運動與認知：後設分析性回顧

Etnier 等人（1997）：

檢驗一百三十四項發表與未發表的橫斷、類實驗以及實驗研究。

方法：自長期健身運動研究中鑑定出的三百五十八項效果。

結論：

- 健身運動訓練對認知上有中度改善的效果（ES = 0.53）。
- 隨機實驗（n = 17）具有小但顯著的效果（ES = 0. 18）。
- 效果與體適能無關。
- 效果受到年齡調節。

Etnier 等人（2006）：

檢驗三十七項橫斷、受試者內以及受試者間研究。

方法：自長期健身運動研究中鑑定出的五百七十一項效果。

結論：

- 健身運動訓練對認知上有小程度改善的效果（ES = 0.34, SD = 0.34）。
- 八項橫斷研究得到二十七項效果且有 0.40 的平均效果量（SD = 0.67）。
- 三十項受試者內研究得到一百零六項效果且有 0.25 的平均效果量（SD = 0.35）。
- 二十四項受試者間研究得到七十八項效果且有 0.27 的平均效果量（SD = 0.50）。
- 迴歸分析顯示有氧適能不是改善認知表現的預測變項。

Colcombe 與 Kramer (2003)：

檢驗執行於非臨床與臨床老年人（55 歲或更老）族群之十八項介入實驗。

方法：鑑定出一百九十七項效果並將其編碼入四個類別：速度、視空間、控制歷程以及執行歷程。

結論：

- 健身運動訓練對認知上有中度改善的效果（g = 0.48, SE = 0.028）。
- 訓練顯著影響速度（g = 0.27, SE = 0.50）、視空間（g = 0.43, SE = 0.062）、控制歷程（ES = 0.46, SE = 0.035），以及執行歷程（g = 0.68, SE = 0.052）。
- 臨床與非臨床樣本均顯示類似的改善效果。

Angevaren 等人（2008）：

檢驗執行於非臨床之 55 歲與更年長成人族群之十一項隨機控制試驗。

方法：將效果編碼入十一個類別。

結論：

- 十一個比較中的兩項得到顯著效果。
- 在動作功能上顯示有大的效果（ES = 1.17, 95% CI = 0.19～2.15）。在認知速度（ES = 0.26, 95% CI = 0.04～0.48）、聽覺注意力（ES = 0.50, 95% CI = 0.13～0.91），以

及視覺注意力（ES = 0.26, 95% CI = 0.02～0.49）上觀察到有中度的效果。

・認知功能與有氧適能改善無關。

短期健身運動與認知

運動心理學家已經探討了覺醒（Arousal），在注意力與表現上的效果。同樣地，心理學家長期對於覺醒在心智功能上的效果感到興趣（對於覺醒理論的一項傑出歷史回顧可參見 van der Molen 1996）。在 1908 年，Robert Yerkes 與 John Dodson 提出了倒 U 型假說（Inverted-U Hypothesis）以描述覺醒與表現之間的關係。在其最基本的形式，覺醒理論預測個體表現，會隨著覺醒增加而提升到最佳水準，並隨著覺醒再進一步的增加而下滑。而更細緻的當代理論（Hockey, 1997; Kahneman, 1973; Sanders, 1998）考量處理水準、資源分配（亦即心理上與生理上的資源），以及這些資源如何被使用等因素，用以解釋喚醒程度如何影響認知及後續的行為。古典喚醒理論的神經心理延伸也在近期被提出（Pfaff, 2006）。

之前提到的描述性與量化的回顧研究提出，雖然幾乎沒有任何支持倒 U 型假說的證據，但健身運動所誘發的覺醒確實影響了認知功能。一般來說，在短期健身運動後，認知功能會得到促進，但是在行為測驗上的影響卻顯得相當短暫（Lambourne & Tomporowski, 2010）。在進行 20 分鐘中強度的連續有氧健身運動後，感覺處理得到改善，且已學習良好之自動化行為（如簡單、選擇與區辨反應時間）的執行速度提升（Lambourne & Tomporowski, 2010）。進行執行功能測驗期間的反應速度也能提升，而反應正確率則下滑（McMorris et al., 2011）。出現主觀疲勞報告的相對短期強烈厭氧運動，幾乎不會影響認知表現（Brisswalter, Collardeau & Arcelin, 2002; McMorris & Graydon, 2000; Tomporowski, 2003），然而造成醣耗竭與脫水的長時間健身運動，則損害記憶與認知的多重成分（Brisswalter, Collardeau & Arcelin, 2002; Tomporowski, 2003）。

神經生理研究，提供了更多有關健身運動會如何影響認知功能機制的資訊。研究者在個體健身運動期間與之後都測量大腦活動。在運動期間，肌肉收縮與頭部及眼部動作會產生電位改變，使以微伏特為單位的大腦皮質活動，難以被偵測與監控，也讓欲在健身運動期間測量大腦活動變得困難（Luck, 2005）。少數利用事件相關電位法（Event-Related Potentials, ERP），於健身運動期間檢驗神經活動的研究結果（Grego et al., 2004; Pontifex & Hillman, 2007; Yagi et al., 1999），均顯示出在行為測驗上，個人的處理速度會減緩，且反應正確率會降低（Pontifex & Hillman, 2007）。造成如此改變的原因，可能是因為注意力資源被分配到動作控制上，以至於認知作業亦從表現中抽離。

相對地，大量研究在健身運動後測量大腦皮質的活動，一致顯示出在兒童與青年人族群上，有改善認知處理與執行控制等，這類的大腦活動型態改變（Kamijo, 2009）。尤其是在健身運動後，於區辨作業期間特別會觀察到，如此反映出工作記憶衡量與更新之 P3 振幅的提升，以及視為刺激評估速度之 P3 持續期的延長。ERP 之事件相關

> 訊息處理在短期健身運動期間加速，但在涉及工作記憶與執行控制的作業上則會增加錯誤。

負波（Event-Related Negativity, ERN）波型的模組，可在反應抑制作業期間看到，且可以解釋為執行控制的一項指標（Hillman, Erickson, & Kramer, 2008）。

總結來說，行為與神經生理研究的結果，均提供短期運動影響認知功能的證據。在健身運動期間，訊息處理速度會加快，但在涉及工作記憶與執行控制的作業上，則會有錯誤率增加的代價。健身運動一結束後，以速度與正確率測量的認知表現，顯示會有短暫促進。然而，大腦皮質活動測量結果，則指出此效果可能會持續一段時間。在兒童族群上，已有報告延遲 24 分鐘的大腦皮質活動改變（Hillman, Pontifex, et al. 2009），且在年輕人族群已有超過 60 分鐘的報告（Hillman, Snook & Jerome, 2003）。

來自橫斷研究的證據

許多研究是檢驗體適能或身體活動與心智能力兩者間的關係。在歷史上，大量研究著重於隨著年齡而有的認知功能改變。在美國，許多大規模研究回顧聚焦於老年人的認知能力，且證據顯示高齡者的身體活動與體適能水準，可能會改變與年齡相關的認知功能損失，並能延緩失智症與其他老化疾病的發病時間（Hamer & Chida, 2009; Lindwall, Rennemark & Berggren, 2008; Paterson & Warburton, 2010; Sturman et al., 2005）。更為近期的橫斷研究，探討兒童的體適能—認知關係，且許多大規模研究也顯示，兒童身體活動與學業成就的正向關係（California Department of Education, 2005；Carlson et al., 2008；Chomitz et al., 2009；Roberts, Freed & McCarthy, 2010）。

相較於全國性調查研究，有著更好控制情境的較小團體研究，會使用許多不同的認知測驗，結果均顯示出身體活動或體適能的好處，不論是對於兒童、青年或是長者。此外，體適能水準可能會與神經心理功能及大腦結構有所關聯。在高齡長者身上，較高的心肺適能與涉及執行控制、反應抑制，及動作控制的大腦區域皮質活動表現有關（Hillman, Erickson & Kramer, 2008）。神經影像研究報告與前額葉與頂葉皮質（Prakash et al., 2011）、前額葉與顳葉皮質灰質體積（Colcombe et al., 2006）、海馬迴體積（Colcombe et al., 2004），以及大腦血流量（Pereira et al., 2007）有正相關，這些腦區都顯示出大腦的健康程度與認知功能情形。

在兒童族群，Hillman、Buck 及其同事（2009）在許多被認為會影響執行控制與訊息處理的皮質活動指標上，觀察到與體適能相關的差異。在一項近期兒童神經造影研究的回顧中，指出體適能可能與特定大腦區域體積有關，特別是位於基底核，涉及執行控制與反應解決的背側紋狀體（Dorsal Striatum），以及在長期記憶上特別重要的海馬迴（Chaddock et al., 2011）。此外，磁振造影（Functional Magnetic Resonance Imaging，fMRI）記錄顯示，相較於體適能較低的兒童，體適能較好的兒童在與執行功能有關的前額葉區域，會有較高的活動。總結來說，橫斷研究提供了體適能與認知測驗表現之間，有著正向關係的清楚證據，並指出這項關聯背後的各個大腦系統。

來自長期訓練的證據

大量有關認知與健身運動的發表研究，利用有氧訓練進行健身運動介入。這些研究假定持續健身運動能改善心肺功能，並接著促進支持心智歷程的大腦功能。在許多研究中，心肺功能的測量是量化健身運動訓練影響時，常用的最佳標準。然而，有氧適能的改變並非是憂鬱症狀降低（見第七章）的必須條件，有氧適能變化並未與認知功能改善有一致的關聯（Etnier et al., 1997; Etnier et al., 2006）。後設分析均報告長期健身運動與認知功能在改善上，有著微小但顯著的整體效果量，但是被設計來直接檢驗心肺假說的後設迴歸分析，則發現幾乎沒有相關支持的證據（Etnier et al., 2006）。如同本章接著要討論的，當代研究者開始考慮到可能中介健身運動誘發認知功能改變的其他生理、心理社會及心理因素。例如：一項近期有關阻力訓練效果的回顧研究中，得出的結論是強度訓練介入可能促進較為年長成人的認知能力，尤其是記憶功能（O'Connor, Herring & Caravalho, 2010）。

健身運動訓練的效果，被視為對生命的每個階段都有相當的影響力（Dustman, Emmerson & Shearer, 1994; Hertzog et al., 2009）。大腦老化的特性是灰質與白質組織的退化，其中發生在前額葉皮質的退化，與執行處理與計畫有關的功能損失最為明顯（Erickson & Kramer, 2009; West, 1996）。健身運動長期被認為能改善與老化相關的認知衰退，且有許多研究衡量非臨床與臨床族群的影響。許多後設分析均支持健身運動訓練對於高齡者認知功能的助益，然而，研究間的效果型態並不一致。Etnier 與她的同僚（1997, 2006）的回顧研究發現，特定年齡範圍中介了健身運動的效果，但是此關聯難以解釋。Colcombe 與 Kramer（1997, 2003）針對執行於健康與臨床受損老年人族群的十八項研究之回顧，指出健身運動訓練可能會提升多重認知歷程，其中又以執行功能的助益最大。然而，Angevaren 與其同僚（2008）針對非臨床受損老年人族群之十一項隨機控制試驗的評估顯示，健身運動只影響少部分基礎認知歷程，並在較高層次注意力或執行歷程上發揮極小的影響力。Heyn、Abreu 及 Ottenbacher（2004）則是回顧執行於臨床受損虛弱老年人族群（平均 80 歲）之研究，指出此族群或許能藉由健身運動訓練，同時得到身體與心理助益。健身運動對於阿茲海默症族群的助益，已在 Eggermont 與其同僚（2006）的描述性回顧研究中被報告，然而，此效果對於有心血管風險因子之族群，可能會有所不同。這些回顧研究與後設分析之間缺乏共識，可能是由於研究的選擇、登錄方式，以及運動介入在提供上的差異所導致。雖然不同回顧研究間有著某些不一致的結果，不過仍有足夠證據指出，健身運動訓練有益於健康高齡者的心智處理能力。

來自神經心理研究的證據

訓練研究提供了健身運動與認知功能背後大腦系統改變之間，因果關係的可能證據。Kramer 與其同僚（2002）觀察到，有氧健身運動訓練與老年人（60-75 歲）執行功能（如時程安排、計畫、抑制以及工作記憶）的改善有關。採用 fMRI 腦造影法的一項複驗研究顯示，六個月的有氧訓練，在行為測驗中提升了抑制歷程，並改變了被預測會影響作業之認知需求的大腦區域神經活動（如前扣帶迴、中前葉腦迴、上前葉腦迴、上頂葉以及下頂葉）（Colcombe et al., 2004）。

健身運動訓練對兒童心智發展上的效果，則較少被研究。來自許多領域的研究指出，兒童神經組織的萌發，會被環境經驗與身體活動所影響（van Praag, 2009），且發展心理學家提供了強力證據，指出身體活動在認知發展上的重要角色（Thelen, 2004）。描述性回顧探討了健身運動訓練，與訊息處理、注意力，以及執行功能改善的關聯性（Chaddock et al., 2011; Tomporowski et al., 2008）。一項針對四十四個短期與長期介入的研究，其後設分析回顧得到整體 0.32 的效果量，指出兒童身體活動與認知功能間的可能正向關係（Sibley & Etnier, 2003）。

在一項探討長期運動，在執行功能上是否會有最大改善效果假設的實驗中，久坐過重兒童（n = 171，平均年齡 9.3）被隨機分派至低量（20 分鐘／天）或高量（40 分鐘／天）的 13 週課後運動方案，或無介入控制組（Davis et al., 2011）。在基準線與後測期間，均實施了一項提供執行功能、注意力、記憶以及知覺組織等，個別指標的標準化認知測驗，與一項學術成就的標準化測驗。兒童在執行歷程測驗表現上，出現運動量相關的健身運動效果（ES = 0.30），並且觀察到學業成就（數學）上的顯著改善（見圖 8.3）。不同兒童組（控制組：n = 9；健身運動組：n = 10）於訓練前與訓練後進行神經造影（fMRI）。在進行反應—抑制作業期間，相較於控制組，健身運動組兒童顯示，雙側前額葉皮質活動增加與雙側後頂葉皮質活動減少。這項發現與那些執行於老年人的研究一致，並對運動量—反應效果提供進一步的證據。

多年來，教育學家對於健身運動訓練與兒童學業表現間的關係感到興趣。一項在小學環境進行的早期實驗顯示，相較於傳統體育課程，進行 8 個月的強烈體育方案，改善了兒童在學術成就標準化測驗上的表現（Ismail, 1967）。近期一些相似發現也被報告（Donnelly & Lambourne, 2011），且這些結果也被用來推動學校或課後環境，應增加體育活動的提議（Morabia & Costanza, 2011）。

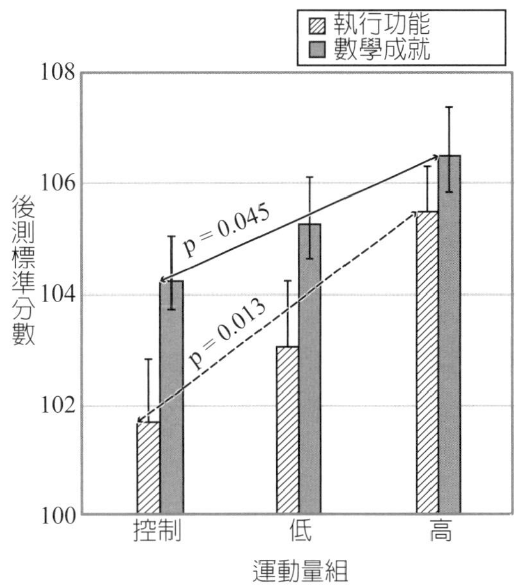

圖 8.3　相較於控制組，過重兒童於 20 分鐘與 40 分鐘有氧健身運動期的後測，在執行功能與數學學業成就（SE）測驗表現上呈現的運動量—反應效果

檢驗健身運動—認知關係的實驗，大多數都聚焦於老年人或兒童，這是因為資源下滑或發展不足，因此假定這些族群能由健身運動介入得到最多的助益。然而，有理由相信健身運動訓練，可能可以終生改善認知功能。Pereira 與其同僚（2007）發現 3 個月的有氧訓練，改善了 10 位青年人（平均年齡 33）的自由回憶，且此改變與海馬迴齒狀迴（Hippocampal Dentate Gyrus）的腦血量增加有關。同樣地，Stroth 與其同僚（2009）觀察到，相較於控制組，年輕人（平均年齡 19.6）在 6 週有氧健身運動訓練後，在空間記憶有所改善，不過語文記憶則無此效果。此外，Masley、Roetzheim 及 Gualtieri

（2009）報告，一項 10 週有氧健身運動方案能讓 71 位中年人（平均年齡 47.8），在執行歷程上有劑量相關改善效果（意即運動量與改善程度有關）。這些發現重複驗證了動物研究，並提供了健身運動有助於空間記憶與學習的證據。這些結果也指出，健身運動訓練終身有助於認知表現。

機制

早期檢驗健身運動－認知關係的研究，大多以描述性與非理論性研究（Tomporowski and Ellis, 1986）。隨著證據的累積，針對上述關係之研究者已開始提出許多可能的解釋。在老年族群上，Spirduso、Poon 及 Chodzko-Kajko（2008）提出一項身體活動與認知關係中，中介與調節因素的概念模式。此模式也已被延伸至兒童（Tomporowski, Lambourne & Okumura, 2011）（見圖 8.4），且有助於突顯當代研究者所面臨的複雜性。健身運動帶來的認知改變，已被其在身體上的直接生物效果，與其透過生理資源與心理資源帶來的間接效果所解釋。資源（Resources）與大腦可塑性（Brain Plasticity）是常常交換使用的術語，用以描述人們如何學習適應環境的情境與挑戰（Hertzog et al., 2009; Hillman, Erickson & Kramer, 2008; Noack et al., 2009）。

資源分配在許多有影響力的認知理論中，扮演核心的角色（Baltes, Staudinger & Lindenberger, 1999; Kahneman, 1973）。資源反映了能進行特定作業的能力，而資源分配則是由個別差異、環境因素，及動機所決定。相較於有足夠資源能投入在認知上，與適應不斷改變且具挑戰性環境的健康人，擁有較少資源的人被預測能從健身運動中獲得較大的幫助。這樣的假定引領許多研究者，評估健身運動在疾病、外傷與壓力有關之症狀（如疲勞、心智混淆與活力降低）上的改善效果。

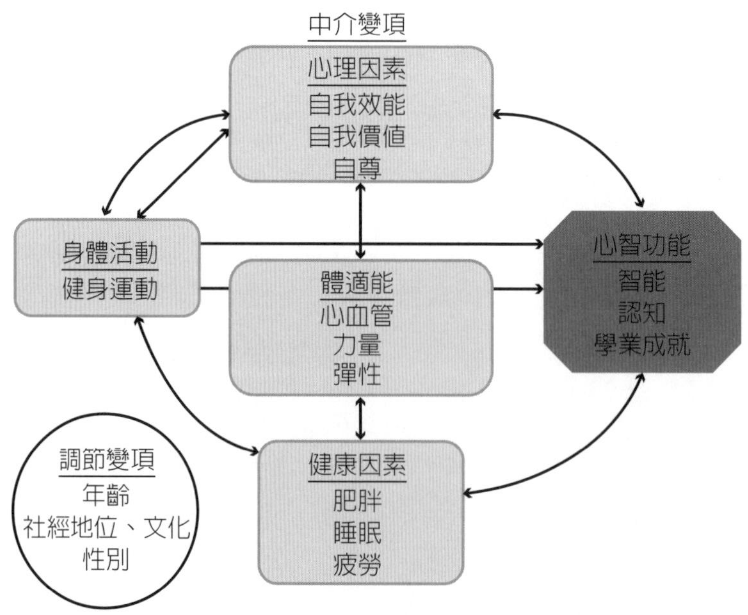

圖 8.4　在身體活動於認知功能效果上，可能有扮演角色的中介變項與調節變項

生物性解釋

早期老年學研究者，一般會認為健身運動能改善認知，是因為健身運動導致較大的腦部氧合作用與神經傳導物質調節（Spirduso, 1980; Stones & Kozma, 1988）。Dustman 與其同僚（1994）提供了第一項檢驗老年人神經心理功能研究的系統性回顧。這些研究對於大腦新陳代謝（如血流、耗氧與血醣利用），與其如何因身體活動而改變特別感興趣。Dustman 與其同僚結論道，橫斷研究藉由 EEG 與 ERP 方法，試圖了解體適能與較快訊息處理之間的關係，然而，這些訓練研究結果並無定論。

大腦結構改變，可能是健身運動影響認知的結果，並且對於會導致改變的許多機制，也陸續提出了許多假設。藉由大量動物文獻與現有的人類研究，研究者連結了老年認知功能改變與四項機制：(1) 可能可以改善大腦血流、氧氣提取，以及血醣利用的血管可塑性與血管新生（亦即新毛細血管的成長）；(2) 涉及能提升神經網路效率之樹突調整的突觸新生；(3) 神經生成或尤其在海馬迴的神經元創生與增殖；以及 (4) 神經膠細胞可塑性與支撐神經活動之其他腦細胞的增強（Churchill et al., 2002）。

附加的生物機制，包括神經營養因子的角色，如腦源性神經滋養因子（Brain-Derived Neurotrophic Factor, BDNF）、神經生長因子（Nerve Growth Factor），及甘丙胺素（Galanin）（Dishman, Berthoud et al., 2006）。包括那些涉及動作起始與控制的大腦結構，也可能因健身運動而改變（Anderson et al., 2003）。近期檢驗分子層次神經功能的研究，揭示了健身運動可能如何調節細胞內訊號系統的運作，與如何影響神經功能（van Praag, 2009; Vaynman & Gomez-Pinilla, 2006）。

在了解大腦結構與功能上，目前已有大幅進展，且當代研究者有許多連結大腦系統改變與行為，及認知功能改變的嘗試。然而，對於大腦活動有多大程度可以映射到認知與行為，已經有很久的討論（Diamond, 1991）。有關造影研究結果之解釋上，也提出許多質疑，且科學家也爭論著來自生物資料的結論。儘管如此，大量證據支持健身運動能夠正向影響認知功能之生物性改變的觀點。

資源解釋

健身運動也可以間接影響心智功能，像是生理與心理改變等潛在中介變項也已被提出。生理資源是恆定的，且其分配反映在活力與疲勞的變化上。歷史上，健身運動會被當作醫囑，用以恢復精神活力水準、調節睡眠型態，以及改善身體功能能量，這些都預期著藉由運動，能造成清晰思考與改善推理。能夠逆轉生理資源降低的藥劑，一直是運動表現、工作行為、工業意外，以及運輸等研究者感興趣的議題。許多研究檢驗睡眠剝奪，會如何導致疲勞並影響認知功能。一項針對檢驗睡眠剝奪 24 至 48 小時之七十項研究的後設分析，顯示此效果與作業有關，其中在簡單偵測作業上有大的影響（g = -0.78, 95% CI = -0.96～-0.60），在工作記憶上有中度效果（g = -0.55, 95% CI = -0.74～-0.37），而在高階推理作業上僅有小或不顯著的效果（Lim & Dinges, 2010）。相較於大量檢驗心理藥劑在生理疲勞與認知功能效果的研究，極少的研究是將健身運動視為對策加以探討。並且這些研究的結果也不一致，一些研究顯示出正向效果（Englund et al., 1985），而其他研究則顯示沒有顯著效果（LeDuc, Caldwell & Ruyak, 2000）。如同第十章的討論，有研究證據指出，長期健身運動改變了有睡眠抱怨族群的睡眠型態（King et al., 2008; Li et al., 2004），且睡眠調節有可能會有助於認知功能（Vitiello, 2008），然而，對於此關聯的實徵證據仍是不足的。

環境事件與壓力源，影響決定個體起始與維持心智處理能力的心理資源。對於壓力源的生物性反應已有大量研究，且健身運動對於壓力的影響，已在第四章描述。對於壓力的認知反應也可以被評估，且已有非臨床水準憂鬱與焦慮族群，在認知功能的許多面向上出現明顯下滑的證據。McDermott與Ebmeir（2009）針對十四項研究的後設分析顯示，憂鬱嚴重程度與執行功能、事件記憶及處理速度有關。

健身運動介入對於憂鬱族群認知功能的效果，要解釋起來並不容易，這是因為重度憂鬱症與憂鬱症狀，在前驅期與輕微短暫發作期之間有所不同，且此與認知相關大腦結構（之後會再討論）的退化有關。更進一步地，大多數健身運動訓練研究，所採用的結果測量大多限制在憂鬱症狀測量，而未包括認知測量（Deslandes et al., 2009）。包含有認知測量的介入研究，其結果也是混亂的，有些研究顯示正向助益（Khatri et al., 2001），而其他研究則沒有顯著效果（Hoffman et al., 2008）。同樣地，針對焦慮症狀的健身運動治療研究，並沒有包含將認知功能效果獨立出來的結果測量。

健身運動訓練，可能透過生理或心理資源分配而間接影響認知。然而，健身運動與特定資源間關係的強度仍未確定。像是結構方程式的統計方法（見第二章），可能是探索健身運動效果的有用方法。

疾病狀態、健身運動及認知

許多疾病、感染及環境情況會產生腦部傷害，並推測可能透過降低生理與心理資源，而負向影響認知功能。健身運動在這些少數情況中被用來當作治療的方法。重點會放在進展中之疾病，且顯示對於藥物治療幾乎沒有反應，像是阿茲海默症、多發性硬化症以及帕金森氏症。研究者聚焦在心血管疾病，與會影響大腦血流的疾病上。更進一步地，少數研究探討健身運動治療對於像是憂鬱症等，這類具生理基礎的心理疾病影響。

臨床族群上的健身運動與認知：回顧

Eggermont等人（2006）：

評估八項阿茲海默症患者臨床研究

方法：檢驗健身運動對於認知的效果，特別是注意力、記憶、溝通、執行功能以及一般心智功能。

結論：

- 八項研究中的七項顯示正向效果。
- 指出健身運動的助益效果，可能與心血管風險因子有關。

Hamer與Chida (2009)：

評估十六項失智症、阿茲海默症以及帕金森氏症之前瞻性研究

方法：於基準線時追蹤163,797位無失智男性與女性，其中3,219位持續追蹤。

結論：

- 身體活動降低 28% 失智症風險與 45% 阿茲海默症風險。
- 身體活動與帕金森氏症風險增加無關。

臨床族群上的健身運動與認知：後設分析

Heyn、Abreu 與 Ottenbacher (2004)：

評估三十項於 65 歲與更年長之臨床受損群體的隨機控制試驗

方法：隔離出十二項效果。

結論：

- 健身運動訓練改善認知表現達中度效果量（ES = 0.57, 95% CI = 0.38～0.75）。
- 衰弱久坐成人，健身運動顯示出良好的短期反應。

阿茲海默症

阿茲海默症（Alzheimer's Disease, AD）是失智症最常見的一種形式。其特徵為記憶喪失與心智混亂，且為無法治療、退化性以及末期致命的疾病。阿茲海默症與其他類型失智症（如血管型失智症、多發性梗塞失智症、路易氏體失智症，以及額葉—顳葉失智症）的區別，在於出現神經元外的 β- 類澱粉斑塊（β-amyloid Plaques）與神經元內的神經纖維纏結（Neurofibril Tangles）。大腦體積縮小，經常會先發生在海馬迴區域，這也有助於解釋標記阿茲海默症的記憶登錄困難。

研究顯示健康老年人，在長期健身運動訓練後，大腦結構的改變與認知表現的改善，這些發現提供了實驗的契機，有關阿茲海默症相關聯的認知功能退化，在什麼情況下會延緩或減少。雖然健身運動有益於健康老人的大腦結構與認知功能，這類的研究證據是有說服力的，但是身體活動對於有失智症狀之族群的助益，相關證據卻仍受到質疑（Briones, 2006）。失智症從前趨期，到輕度再到重度的發展進程，可能需要 10 年，其發病時間與進展速率受到許多樣因素影響（Polidori, Nelles & Pientka, 2010）。然而，近期隨機試驗結果是能夠讓人相信健身運動—認知功能提升的關係，即使是那些有罹患阿茲海默症風險的成人，與輕度失智的成人。

Lautenschlager 及其同僚（2008）將有罹患阿茲海默症風險的高齡者，分派至一項 6 個月的居家健身運動，或者僅有教育控制介入。於基準線、介入一結束後、介入後 12 個月，以及介入後 18 個月，分別施測包含十一項認知測驗的阿茲海默症評估量表（The Alzheimer Disease Assessment Scale, ADAS）與 CBERAD 認知測驗組（Cognitive Battery to Establish a Registry for Alzheimer's Disease）。介入一結束時，健身運動者的 ADAS 分數與延宕回憶記憶，均較控制組為佳。雖然是小效果量，且效果隨時間減小，但是仍持續到後續的追蹤測量上。

一項研究比較 75 名控制組成人，與 77 名輕微失智高齡者（平均年齡～75），結果顯示進行結構式步行方案的 6 個月與 12 個月後，並未出現認知功能上的任何改變（van Uffelen et al., 2011）。然而，對於身體活動方案的堅持性，在男性的記憶改善上有正向關聯，在女性則會於注意力改善上有正向關聯。Baker 及其同僚（2010）評估 6 個月有氧健身運動與伸展控制介入，對於 33 位久坐不動的輕度認知障礙老年人（Mild Cognitive Impairment, MCI，平均年齡 70）的影響。在介入 3 個月後的測量並無群體差異，然而，介入後測量顯示在執行功能上有所改善，而非工作記憶上則無此效果。證據顯示女性的改善程度（ES = 0.72）優於男性

（ES = 0.33）。

健身運動可能是藉由影響血管功能，進而改變阿茲海默症症狀。區域灌注不足，與大腦新陳代謝降低及失智症之間是有關聯性，且健身運動與腦血流增加有關。然而，健身運動對於大腦生理學上的效果，可能受到許多因素的調節。證據顯示心血管風險因子，可能改變健身運動對於認知功能的效果（Eggermont et al., 2006）。基因因子，也可能區別健身運動效果。例如：載脂蛋白 E4（ApoE4）在大腦新成代謝上扮演的角色，與失智症發病時間有關。近期橫斷造影研究指出有氧適能，可能特別有益於帶有 ApoE4 等位基因之老年人的記憶功能（Smith, Nielson et al., 2010）。這需要此領域更多的研究，才能確認上述的效果。即使健身運動僅能夠延緩失智症發病，不過此效果的社會影響仍會是顯著的，延緩失智症 12 個月，估計全球可減少 920 萬阿茲海默症患者（Lautenschlager et al., 2008）。

> 在 2010 年十月，美國國家衛生研究院召集一個獨立專家小組，發布一項預防阿茲海默症發病或降低其影響之因子的大規模報告。該小組檢驗二十五項系統性回顧與二百五十項一手研究，並將其歸為五大類：(1) 營養因子；(2) 醫學因子（包括處方藥物與非處方藥物）；(3) 社會、經濟及行為因子（包括身體活動）；(4) 毒性環境因子，以及 (5) 遺傳。被納入評估的許多因子中，僅有少數被發現與正向結果有關。認知投入與身體活動，相當一致地顯示出，會與降低阿茲海默症風險與認知下滑有關。不過這項關聯性僅為微小到中度，且被回顧到的研究品質普遍不高（Williams et al., 2010）。

多發性硬化症

多發性硬化症（Multiple Sclerosis）是一種中樞神經系統的慢性、發炎性、脫鞘性疾病。患者在所有認知領域中都有可能損傷，不過在心智速度、認知彈性、持續注意力及記憶提取的損傷，在多發性硬化症更為常見（Bol et al., 2009）。歷史上，多發性硬化症患者被建議要避免健身運動，起因於他們相信健身運動會增加疲勞而讓症狀更加惡化。直到近期，健身運動被發現能降低憂鬱與疲勞症狀，然而，健身運動在認知上的效果並未經過足夠地檢視。一項比較等待後補（n = 20）、6 個月有氧健身運動方案（n = 15），以及 6 個月瑜珈方案（n = 22）的隨機控制試驗發現，兩種活動情境均能降低疲勞症狀，但是無法影響包含注意力與執行功能作業之測驗組上的表現（Oken et al., 2004）。一項執行於已完成瑜珈訓練或攀岩的 20 位病人小群體研究發現，瑜珈有利於影響選擇性注意力，但在執行功能測驗上沒有效果。健身運動並未影響任何測驗表現（Velikonja et al., 2010））。

帕金森氏症

帕金森氏症，是一種以動作問題為最主要特徵的神經系統進行性疾病。最典型的是運動遲緩，或由於失去計畫、起始及執行動作能力，所造成的動作緩慢。進一步的症狀包括震顫、肌肉僵硬與說話改變。伴隨這些逐漸衰弱的症狀是認知功能下滑。此疾病與黑質（Substantia Nigra）退化，及多巴胺生成下滑有關，其中多巴胺生成對於基底核結構與其至前額葉區域之連結（特別是黑質紋狀體與視丘—皮質迴路）相當關鍵（Tanaka et al., 2009）。近期 fMRI 造影研究顯示，帕金森氏症會導致中背側前葉皮質的活動降低，此部位在工作記憶上是扮演核心的角色（Lewis et al., 2003; Owen, 2004）。

身體活動被認為是許多介入方法之中能改善帕金森氏症的症狀。對於健身運動效果的實徵性研究並不多，只有一項研究談到此關係。Tanaka 及其同僚（2009）將 10 位罹患輕度帕金森氏症成人，分派至一項持續 6 個月的健身運動方案，包含了多種類型的活動，能讓參與者達到最大年齡相關心率 60% 至 80% 的運動。參與者每週健身運動 3 次，每次 60 分鐘。另 10 位分派至控制情境者則維持其一般日常生活，且未參與健身運動活動。在介入前與介入後所施測的威斯康辛卡片分類測驗（Wisconsin Card Sort Test），與採用魏氏智力測驗（WAIS）注意力分量表測量注意力，顯示與健身運動有關的改善。測驗表現型態指出健身運動，提升帕金森氏症患者的心智彈性與反應抑制。長期身體活動可能影響大腦結構與神經調節物質的機制，可以預期在帕金森氏症患者上也有相近效果。不過，健身運動對於疾病病程的長期效果仍然未知。

心血管疾病

心血管疾病（動脈粥樣硬化），會影響心臟輸送血液與養分至全身的能力。大腦的血流降低或不規則，被認為與認知功能的改變有關。神經活動需要穩定的血醣供應，當其在新陳代謝資源被擾亂時，會顯得更為脆弱。高血壓與認知功能的細緻缺損有關（Elias & Goodell, 2010），且會因肥胖而更加惡化（Gunstad et al., 2009）。

一項隨機控制實驗，衡量結合 4 個月有氧健身運動與飲食控制，或是僅有飲食控制，對於那些前高血壓或有中度高血壓的過重成人，他們的認知功能有何影響（Smith, Blumenthal et al., 2010）。相較於控制組，結合健身運動與飲食控制組，發現在執行功能、記憶及學習上有所改善（n = 43）（d = 0.56）；僅有飲食控制組則未在這些測驗上觀察到改善。然而，因為缺乏健身運動控制情境，限制這項實驗的解釋。一項先前設計來檢驗輕度高血壓族群的實驗，並沒有觀察到有氧健身運動治療於記憶功能上之效果有任何變化（Pierce et al., 1993）。許多研究者認為導致過重的高脂飲食，可能不利認知功能（Molteni et al., 2002、Wolf et al., 2007）；健身運動結合卡路里攝取降低可能可以改善該情況。

慢性阻塞性肺部疾病

慢性阻塞性肺部疾病（Chronic Obstructive Pulmonary Disorder, COPD）為一個導因於干擾氧氣與二氧化碳交換的肺部氣道損傷之疾病。大多數 COPD 是因為長期吸菸所導致。COPD 症狀與氣喘相似，然而，氣喘是間歇性的，且可以由藥物治療逆轉，但是 COPD 的效果大部分是不可逆的。輕微 COPD 患者在重度勞頓感時，會經驗到呼吸困難或呼吸費力，中至重度 COPD 患者報告在身體動作時，會感到腿部疲乏與不適（Rochester, 2003）。與 COPD 也有關的是記憶力、抽象思考、反應速度以及複雜視空間處理的下滑（Emery, 2008）。動脈血氧濃度降低、輸腦氧氣減少以及血氧過低等，被認為是造成認知功能降低的原因。

橫斷研究指出，COPD 患者的有氧適能與認知功能有正向關聯（Emery et al., 1991; Emery et al., 1998; Etnier et al., 1999），且縱貫研究發現，堅持 12 個月日常健身運動方案的 COPD 患者，其執行功能仍維持其水準，但那些停止健身運動者則出現下滑（Emery et al., 2003）。健身運動介入已被發現能影響 COPD 年長者，特別是口語流暢性的執行功能（Emery, 1994; Etnier & Berry, 2001），然而，由於缺乏合適的控制情境，也限制了這些研究的解釋。

一項針對高齡者（平均年齡 66.6）的隨機控制實驗，測試了 10 週結合教育與壓力管理方案的健身運動（n = 29）、僅有教育與壓力管理方案（n = 25），以及等待控制組（n = 25）的呼吸功能、有氧適能與認知功能（Emery et al., 1998）。相較於控制組，分派到健身運動情境者在介入後，改善了口語流暢性。在注意力、動作速度或以轉換作業測量的執行功能上，並沒有發現健身運動相關的變化。整體而言，長期健身運動訓練的效果，提供了特別與執行功能有關的健身運動—認知關係之初步但有限的證據（Emery, 2008）。

相同地，短期健身運動可能對於老年人認知功能有選擇性效果。Emery 及其同僚（2001）針對 29 位 COPD 老年人（平均年齡 67）與其無 COPD 配對組，衡量短期有氧健身運動，對於認知功能的短期介入後效果。20 分鐘的騎自行車運動提升了 COPD 患者的口語流暢性，但對於健康老年人則無效果。考慮到缺氧為 COPD 的特徵，這些患者可能對於短期與長期健身運動帶來的好處特別敏感。

重度憂鬱症

相當多研究在探究重度憂鬱症的成因，與它可以如何被預防與治療，且研究已證實，健身運動對於降低風險與改善症狀的助益（見第七章）。雖然重度憂鬱最清楚呈現在情感上的反應與退縮行為，不過也會有記憶與專注力混亂的症狀。憂鬱可以在人生的任何一個時間點出現，然而，其發病最常見於 20～30 歲，並在之後的人生再次加重。

一項神經心理後設分析研究認為，早發性憂鬱以海馬迴縮小與記憶固化損傷為特徵，而以 65 歲後發病所定義的遲發性憂鬱，則與在執行功能和處理速度上相當關鍵的額葉紋狀體結構（Frontostriatal Structures）之擾亂有所關聯（Herrmann, Goodwin & Ebmeier, 2007）。此研究初步提供了這項預測的證據，說明前額葉迴路的活動耗竭，暗示遲發性憂鬱患者對於健身運動訓練的助益效果，可能會特別敏感。

Khatri 及其同僚（2001）進行的一項隨機控制實驗，比較臨床憂鬱男性與女性（平均年齡 57），在參與包含了每週 3 次、每次 45 分鐘之 4 個月監督式有氧健身運動方案後或參與藥物治療（舍曲林，Sertraline，一種選擇性血清素再吸收抑制劑）之後的認知測驗表現。兩組的憂鬱症狀都得到改善，然而，參與健身運動者，顯示記憶與執行功能測驗表現達到改善，且認為有助於特定認知功能。研究者承認缺乏非藥物對照組是此研究的一項限制，並指出認知表現差異可能是藥物相關的認知功能下滑。此替代解釋在 Hoffman 及其同僚（2008）的系統性複驗實驗中得到支持，該實驗比較了分派至健身運動、藥物治療（Sertraline），以及藥

> 重度憂鬱症是重大的健康負荷，且大多數研究衡量身體活動之介入，對於症狀效果的研究，是報告參與者的幸福感與心智狀態。然而，僅有少數研究有包括能反映神經認知處理的測量，並且研究是設計來檢驗運動—認知的關係。

物安慰組之 202 位臨床憂鬱中年男性與女性（平均年齡 51.7）的認知表現。如同先前之研究，比較健身運動與藥物情境時偵測到執行功能測驗的改善。然而，比較健身運動與安慰劑情境時卻沒有得到差異，認為之前研究的結果，可能是因為藥物誘發神經認知下滑，而非與健身運動有關的改善。

總結來說，健身運動可能是治療許多疾病的處方，而完整回顧已超出本章的範圍。然而，可以由目前已評估的研究作出一般結論。中樞神經系統結構受到許多各式疾病與環境危害而有不同的影響，然而也有證據支持健身運動可影響大腦結構與功能。所以，系統性健身運動或許可以在大腦健全與功能上，展現出整合性的效果，尤其是對於神經系統仍在發展的青少年。然而，現有的資料認為，健身運動訓練會影響成人的特定認知功能。健身運動治療可能有益於人們，藉由改變前額葉的大腦網絡，而能提升執行歷程。然而，如同下一節討論的，許多因子可能改變此效果的大小。對於疾病患者的記憶，與運動有關的改變，這方面的資訊仍相當有限。並且仍需要更多的研究來檢驗海馬迴結構的改變，是否會影響阿茲海默症或其他失智症患者的記憶。

健身運動效果的調節因子

如第二章所定義，調節變項是指自變項與依變項兩者間的因果關係路徑之外的第三個變項，可以改變介入（自變項）與結果（依變項）間的因果關係。健身運動在認知上的影響，並非是全有全無的關係。認知受到健身運動影響的程度或大小，可能是由許多因子所影響或調節。已被假設可調節健身運動 - 認知關係的因子，包括有年齡、性別與智力水準。

年齡

人腦在成熟期有將近一千億個細胞，其中絕大多數在生命前 20 年期間萌生並組織為有序的型態（Casey, Galvan & Hare, 2005）。傳統上，兒童生理與心理之進展，被認為是由許多里程碑或階段所組成的結構組。然而近期神經認知研究顯示，人們的心智歷程萌生於不同時間點，且我們都有各自發展的軌跡（Best, Miller & Jones, 2009; Diamond, 2006; Diamond & Lee, 2011）。並且，這些軌跡可被環境經驗所影響。

一項近期發展觀點（Best, 2010）突顯動作控制技巧、記憶、語言習得以及執行歷程等的萌生，並強調這些歷程可能會如何影響健身運動對認知發展，產生作用的可能方式。因為控制動作需要對於肌肉收縮進行選擇、下命令與安排時間順序，透過遊玩與遊戲，兒童學習動作與結果間的預測關係。運動活動的結構與其產生的心理表徵，也許能修改與形塑兒童與青少年在處理訊息與計畫行為的方式。心智處理速度在青年期達到頂點，但心智減緩始於 20-30 歲期間，並持續到人生晚期（Salthouse, 1988）。隨著年齡增長，處理速度的減低，常常會由後設認知或高階反應策略所補償（Baltes, Staudinger & Lindenberger, 1999）。健身運動訓練在認知上的效果大小，被認為可以反映出神經整合上廣泛改變的程度，以及在成人期是否能有效使用後設認知歷程。近期發展心理學上的進展，指出身體活動在成長與心智功能上的重要性，然而直到非常近期，也僅有少數研究著重討論此項關係（見以下列表）。

健身運動與認知發展：回顧

Tomporowski (2003)：

評估二十項執行於兒童與青少年族群的發表研究

方法：區隔十七項為臨床疾病兒童（注意力不足過動症、自閉症與學習障礙、行為障礙以及發展遲緩）研究與四項無臨床疾病兒童研究。

結論：

- 以學校為基礎的身體活動方案並不會干擾學業表現。
- 劇烈身體活動後或許能改善認知表現。
- 健身運動對於有衝動控制問題的疾患，也許能發揮一些助益。

Tomporowski 等人（2008）：

評估十六項與兒童及青少年有關的相關性與實驗性研究。

方法：將研究歸入三項類別：智力、認知以及學業成就。

結論：

- 智力的整體測量得分與學業成就，並沒有發現健身運動訓練的效果。
- 歷程一特定測驗常報告健身運動訓練的正向效果。
- 情境與心理社會因子的角色並未被驗明。

健身運動與認知發展：後設分析

Sibley 與 Etnier（2003）：

檢驗四十四項與兒童及青少年有關的發表與未發表研究。

方法：區隔一百二十五項效果並依照研究設計、年齡組、健身運動類型，以及認知測驗加以編碼。

結論：

- 健身運動在認知上的整體效果為 g = 0.32（SD = 0.27）。
- 年齡調節健身運動效果（ES = 0.40-0.48），其中以中學生有最大效果。
- 除記憶（ES = 0.03）之外的所有認知測驗（ES = 0.17-0.49），均出現顯著改變。

性別

一項以高齡者族群健身運動實驗的後設分析，顯示女性較男性更能獲得助益（Colcombe and Kramer, 2003）。與性別有關的賀爾蒙產生差異，被認為會影響大腦結構與認知功能，特別是年長女性（Erickson et al., 2007）。然而，一項涵蓋 839 位瑞典老年人的國家級研究發現，男性的認知表現與輕度之日常例行身體活動有正向關聯（Lindwall, Rennemark & Berggren, 2008）。目前已有的資訊，並不足以預測性別是否可能影響健身運動介入效果。

智力

相較於一般智力者，發展遲緩者的特徵，就是訊息處理速度慢，與較少有效記憶登錄能力。依據資源能量與分配的見解，研究者認為發展障礙者，可能對於健身運動訓練的助益效果特別敏感。雖然這項理論是有可能的，近期對於控制實驗的回顧（Tomporowski, Naglieri & Lambourne, 2010; Zagrodnik & Horvat, 2009）並未發現支持此健身運動一認知關係的實徵證據。然而，大多數已經執行的研究，採用認知功能的整體測量（如一般智力測驗），可能因此缺乏適當的敏感度。此領域仍缺乏足夠研究，尤其是像是執行功能與記憶等特定心智歷程。

總結來說，有用的心理理論提供兩個目的：總結研究者的觀察結果與提供因果關係預測的基礎。理論發展在過去 30 年，已經跨出一大步。具競爭力的神經心理、認知、社會以及行為理論，正引導著健身運動心理學家進行研究。對於有興趣了解健身運動與認知間關係的健身運動科學家來說，資料庫的增加是極為重要的，如此才能夠探討在預測行為改變上，及個別差異所扮演的角色。

研究議題

過去 10 年，評估健身運動是否可以提升心智功能的研究，數量急遽增加。一些研究結果被總結在媒體與熱門雜誌上，並吸引一般大眾、教育者以及政策制定者的大量關注。健身運動為基礎的介入措施，已經推廣至許多目標群體：兒童、老年人、身體或心智疾病族群以及其他人等。當想將在控制良好的實驗室情境下所得到之研究發現，拿來應用到真實世界情境時，科學家會傾向保守。在推廣健身運動對心智功能是有助益前，還需要持續蒐集介入措施會產生認知上有意義與持久改變的證據。

主張之證明

研究者對於介入措施是否能夠改善心智功能的興趣存在已久。幾個世紀以來，許多神奇藥物、飲食方式以及生活型態，被提出來認為可以增強或恢復人類身體或心智。實際上，20 世紀初期的某個時間點，人們相信每日服用放射性物質鐳，是可以促進健康並預防老化，許多人的每日攝取已達中毒水準。在今日，如同過去，人們會受到一些聲稱可以促進身體與心智健康的活動所吸引，例行健身運動只是許多有益健康的選項之一。

兩項近期有關改善認知功能治療方法設計的綜合回顧研究中提到有關「宣稱證明」的議題。Hertzog 及其同僚發表在〈Psychological Science in the Public Interest〉期刊的專題論文（Hertzog et al., 2009）中，描述了一項以終身取向，檢驗認知充實（亦即智能、身體以及社會活動）與心智訓練介入措施，對於正向心智健康結果的有效性。Noack 及其同僚（2009）的回顧，則是聚焦在高齡者的復健議題。

治療有效性，是依據下面〈介入有效性〉專欄中，說明的四項標準進行評估。縱貫研究的檢驗讓回顧者作出以下結論，包括心智投入活動與身體活動的豐富生活型態，是有助於認知功能。有效的介入方案，是以要求參與者能盡力認知嘗試、後設認知，以及高層次處理的訓練為特徵。心智與身體上具挑戰性的經驗，有助於認知功能的主張，此結果在先前的研究中就曾被提出過（Tomporowski, 1997）。

比較健身運動介入與心智增進介入，對於認知功能之獨立效果的研究，將對於文獻有重要貢獻。不過幾乎沒有隨機控制實驗，是有包含系統性控制心智投入活動的非健身運動情境。結合身體活動與心智投入的介入方案，被認為對心智功能有著相輔相成的效果（Schaefer, Huxhold & Lindenberger, 2006、Tomporowski, McCullick & Horvat, 2010）；然而，實徵上的支持證據仍十分有限。

是什麼讓健身運動是特別的？

Noack 及其同僚（2009）比較認知與身體活動治療的有效性，指出健身運動方案能穩定地產生較大的認知表現遷移效果。回顧者取自透過動物研究發展其基礎的神經發生儲備假說（Neurogenic Reserve Hypothesis; Kempermann, 2008），解釋為何健身運動訓練會是獨特的方式。健身運動導致一系列大腦中的神經改變，並增加了海馬迴齒狀迴中

介入有效性

用以判斷「宣稱證明」的標準（Hertzog et al. 2009, p. 17）：

1. **正向遷移**。在一個情境的學習，是否會影響另一個新技能的學習、一個新作業的執行，或是一個不同情境的作業表現？
遷移反映某個情境下所獲得的知識（如在教室），能運用到其他情境（如工作）的程度。以學習新認知技能為導向的認知訓練方案，常顯示在已被訓練作業上的大幅進步（如填字遊戲），但是卻鮮少遷移到其他作業（如數獨謎題）。設計來提升一般能力的方案，提供遷移的最佳證據。
2. **介入效果能持續一段時間**。介入效果將可以維持多久？
介入或許能在訓練期間改變表現。然而，檢視訓練效果在介入終止後，是否仍可以有持續性效果也很重要。當人們參與訓練方案，許多非認知因子可以改變他們的行為，不過那些從訓練中所獲得的學習，是否能繼續被運用就會是一項問題。
3. **介入措施的獲益能應用在日常生活上**。當面對例行日常挑戰時，個體能否轉變決策判斷與所採用的策略？
教導記憶策略（如記憶術訓練）的認知訓練方案，顯示個體在實驗室表現上，有著顯著且令人印象深刻的助益。然而，訓練效果的重要性，是要能反映在新習得的認知策略，在解決例行日常挑戰時，會被有效選擇與使用的程度。
4. **能類推到更廣大的群體**。訓練方案是否將會對所有個體，都能產生相近的結果？
認知訓練實驗室研究中的參與者，很少是從一般群體中隨機選取。由於選取偏誤，可能會影響訓練方案的效果，因此需要檢視訓練方案成效，可以類推到其他群體的程度。

的神經元數量。海馬迴神經元數量增加，即是建立了使人們能夠對於環境挑戰，作出適應性反應的資源池。然而，海馬迴細胞增加並不是唯一的重要結果，人們的經驗會接著改變海馬迴神經功能，並改變學習背後的神經路徑。如此，結合認知挑戰與身體活動的條件，被預測能維持神經發生儲備與可塑性。神經發生儲備假說預測，結合身體活動與認知投入，在人生早期特別重要，這是因為發展而來的儲備，能夠提供後續人生的資源。「人生早期廣泛類型的身體活動，不僅僅會幫助建立能夠適應複雜生活的高度最佳化海馬迴網絡……而且會藉由維持先驅細胞於細胞週期中的方式，幫助神經發生儲備」（Kempermann, 2008, p.167）。

非常少長期健身運動研究，提供其所使用介入方案的詳盡描述。多數研究僅是簡單描述介入方案為有氧或厭氧健身運動。參與者在獨自跑步機行走期間的認知投入，應該是不同於群體中的舞蹈活動。對於健身運動期間誘發認知要求的細緻檢驗，可能有助於（至少一部分地）解決研究結果間出現的不一致。

健身運動訓練是否影響表現或學習？

健身運動介入常常改變參與者的行為。心理學家清楚區分因學習而來的行為改變，與因表現而來的行為改變，前者是經驗所獲得之反應潛能上相對持久的改變，而後者是因為非認知因子造成的短暫改變。行為改變的三個來源已被定義：(1) 疲勞、情緒以及動機的每日變化；(2) 使用已有的策略或記憶術，以及 (3) 基本能力的改變（Noack et al., 2009）。志願參與健身運動研究的參與者，會注意到處置情境，且他們的期待可能會改變他們的認知測驗表現。同樣地，短期健身運動的活力效果，或長期健身運動發生的身體適應，可能會影響許多執行功能測驗中，相當重要的神經速度、選擇，以及決策判斷策略的使用。然而，認知測驗表現的提升，只會與生理擾動持續一樣長的時間。重複幾回短期健身運動，可以透過皮質與皮質下網絡的相對持久改變，導致學習的方式也會改變神經健全。這三種改變來源並非獨立運作，使得對於表現或學習作出結論顯得困難。

表現（技能）與學習（能力）的區分是重要的，這是因為同時反映了遷移與類推。身體與心智技能的改善在每日生活中是明顯重要的，且人類奮力透過練習達成或維持專業技能。然而，技能是領域限定的，且只有在特定脈絡內有用。能力則是構成橫跨多樣知識領域，適應性問題解決基礎的個體特質（Carroll, 1993）。目前，大量支持人類健身運動—認知關係的證據，是來自強調反應選擇、速度，以及正確性之執行處理的行為測驗。只有少數研究已報告記憶功能上的改變。近期神經研究證據開始突顯表現—學習議題，透過遷移與保留之操弄所設計以衡量學習效果的實驗應該會推進這個領域。

運動量—反應之研究？

研究證據顯示，大腦健全上的變化（如神經傳導物質、神精調節物質、血管形成以及神經生成）緊接在健身運動之後。目前，多次短期健身運動對於認知功能的效果，仍未清楚了解。歷史上，研究者已運用健身運動生理學家發展的指引，來改善成人的心肺功能。大部分研究運用參與者之認知功能，在多個月健身運動之前與之後所測量的有氧方案，其健身運動是以訓練效果所需之強度、時間長度，以及頻率進行。然而，支持心肺假說的證據仍相當缺乏（Etnier et al., 2006），替代解釋仍未出現。

健身運動訓練長度對於認知功能的實驗證據也是缺乏的。這些資料對於在教育、復健、健康，以及人類表現環境上的方案發展是特重要的。Davis 及其同僚（2011）觀察到在過重兒童上，健身運動每回長度（20 分鐘 vs.40 分鐘）與執行功能及學業成就表現改善之間的線性關係。同樣地，Masley 及其同僚（2009）衡鑑了健康中年人（平均年齡～47）在 10 週有氧健身運動參與前與參與後的認知功能，相較於每週健身運動 3 至 4 次與少於 2 次的參與者，研究發現每週健身運動 5 至 7 次的參與者有最大的執行功能獲益。研究者仍需要探討是否必須達到某一個身體活動閾值才能獲得認知助益。

小結

健身運動看來好像有益於人類認知。雖然在了解背後機制上已有進展，此關係的明確解釋是不足的。身體活動可能透過大量運作於不同層次功能（如分子、細胞、器官、或系統）在生理結構上的效果，而直接對認知有益。在神經心理學上的近期進展，突顯受到健身運動訓練影響之大腦網絡的重要性。然而，健身運動—認知關係是非常複雜的，且多重環境因子及個人過去學習經驗的角色，有著清楚的影響力。健身運動介入似乎影響了特定認知功能，且其效果大小可能依種種調節因子而定。重要的是也要了解，當健身運動介入的助益被證實時，效果大小的範圍一致地落在小效果與中度效果之間。

綜合來說，雖然健身運動有益於心智功能，現有的資料指出健身運動並非如熱門媒體發表文章所描述的萬靈丹。許多議題儘管尚未探討，卻必須被重視並加以討論，以推進我們對於身體活動改變生物系統的路徑，及那些生理上的適應性變化如何改變心智活動，以及這些改變最終如何影響行為等的了解。

參考網站

1. www.fi.edu/learn/brain/exercise.html
2. www.johnratey.com/newsite/index.html
3. www.apa.org/topics/children/healthy-eating.aspx
4. http://consensus.nih.gov/2010/alzstatement.htm

第九章

活力與疲勞

陳欣進 譯

一位撫養兩個孩子的職業婦女，常常覺得因為太疲勞而無法運動，但是當她試著運動時，即使只是繞著社區做低強度的步行運動，或僅是在後院挖土，都會在運動後感覺到短期的活力感提升。一些像是罹患癌症、憂鬱症，或是心臟病的內科病人，常常是久坐不動或感覺到持續疲勞。有這些病情的人們通常知道開始進行幾週的規律健身運動後，會有長期的活力感改善。一位可以持續數月，每天進行兩趟高強度游泳訓練，精力充沛的大學運動員，甚至可能可以連續數週，將其運動訓練提升到更高強度，並因此產生更為持久的強烈疲勞感。這些例子說明了身體活動與活力感、疲勞感之間關係潛在的複雜性。

本章著重於急性與長期身體活動對於活力感與疲勞感的影響。本章會先定義活力感與疲勞感，描述它們如何被概念化，評論它們的測量，並討論它們的重要性。接著這些背景訊息之後，會簡要說明對於身體活動與活力感、疲勞感之間關係已有的了解。

名詞定義

活力（Energy）一詞可定義為「能完成多少心智或身體活動量的主觀感覺」。疲勞（Fatigue）一詞則可定義為「能完成心智或身體活動量下滑的主觀感覺」。活力感常常以感到精力充沛與充滿活力來描述。疲勞感則常常以精疲力竭與疲累來描述。因為這些感覺是主觀的，儘管有些作者以心理活力（Mental Energy）與心理疲勞（Mental Fatigue）來澄清它們並不是與運動健身相關的身體疲勞，兩者可以用活力症狀或疲勞症狀加以描述。

> 活力（Energy）一詞來自拉丁文與希臘文的「Energia」與「Energos」，源於「en」（意指「更加」）與「erg」（意指「工作」）兩個字根。
> 疲勞（Fatigue）一詞來自拉丁文「Fatigare」，源於字根「Fati」（意指「足夠」）與法文「Fatiguer」，意指「勞動伴隨的疲倦與精疲力竭」。

簡史

有關心理層面活力與疲勞的有記錄歷史性見解，可至少追朔回西元前四世紀亞里斯多德的概念「Actus Et Potential」。他主張心理活力（Mental Energy）是活化所有心智運作的動力來源。描述活力與疲勞的當代英文詞彙可追溯 17 世紀。活力（Energy）一詞來自拉丁文與希臘文的「Energia」與「Energos」。這些詞源於「en」（意指「更加」）與「erg」（意指「工作」）兩個字根。疲勞（Fatigue）一詞來自拉丁文與法文的「Fatigare」與「Fatiguer」，並源於字根「fati」（在拉丁文中意指「足夠」，在法文中意指「勞動伴隨的疲倦與精疲力竭」）。

精神活力（Psychic Energy）在佛洛依德（Sigmund Freud）於1920年代所建立，且具影響力的性格心理分析理論（Psychoanalytic Theory of Personality）中辦演核心角色。在1921年，心理學家Bernard Muscio在奮力挑戰如何定義並測量疲勞之後，結論道「心理疲勞應該被完全排除於科學討論之外，發展心理疲勞測量的嘗試也應該被放棄（Muscio, 1921）」。除了一些極端立場，20世紀中期像是Elizabeth Duffy等的心理學家，發展出與心理活力類似的喚起理論（Iheories of Arousal，或稱激發理論），並主張喚起（Arousal）廣泛的影響著，即使不是全部也是大部分的行為與情緒。

近年來，研究者已經嘗試以較嚴謹的方式解釋心理疲勞，且從包括認知、疾病（如癌症相關疲勞），以及生物等不同觀點加以探究（Dawson et al., 2011; Deluca, 2005; Stahl, 2002; van der Linden, 2011; Watanabe et al., 2010）。今日對於活力感與疲勞感的興趣，可能達到有史以來最高，一部分原因是有許多人感到因為疲勞而無法達到最佳表現。科技演化也使得疲勞問題高度盛行，使用網際網路促進許多人們拓展社交、職業及其他認知活動，常常也因此縮短了從事像是睡眠與身體活動等心理活力促進活動的時間。

概念架構

一般人常區分身體疲勞（Physical Fatigue，與高強度骨骼肌活動有關）與心理疲勞（Mental Fatigue）。本章著重於疲勞的心理層面，區分身體疲勞與心理疲勞有助於討論的方便，但是也必須了解到這樣的二分法，在哲學上與技術上均是不適宜的。前述所定義的身體或心理的活力感或疲勞感，均是大腦神經迴路內的電化學活動所造成。這些電化學活動可以由大腦外的訊號所改變，比方接收到來自骨骼肌內感覺受器活動的訊號。

活力與疲勞有兩大類：急性（狀態）與慢性（特質）。活力與疲勞狀態在一天中起伏變動，而且受到像是一晚睡眠長度、中午需要高專注度的困難工作，及一次性健身運動等的每日突發事件所影響。慢性活力或疲勞是指包括人格相對長期穩固特性的長期持續經驗。你或許就認識有人總是有著高度心理活力。慢性活力與疲勞程度是可以改變的，但是通常需要較重大的刺激，像是疾病或行為持續改變（如睡眠長期改變、節食，或身體活動型態）。

假如一個人的主要感覺是疲勞，則他通常也缺乏活力感，反之亦然。然而活力感與疲勞感並不總是如此簡單。當一位婦女在長時間努力生下小孩後，她可能同時感到筋疲力盡與充滿活力。科學家對於這種偶然出現的混和感情非常有興趣，主要是因為這種現象暗示著，與活力感與疲勞感有關的大腦神經迴路是不同的。若是如此，健身運動對於活力感的效果，則可能獨立於與其對於疲勞感的效果。

活力與疲勞的互反關係（Reciprocal Relationship）是合理的，但是混和感情（如同時感到疲勞與有活力）暗示著活力感與疲勞感的神經迴路可能是分離的。

測量

目前並沒有大家都認為有效的活力感或疲勞感的客觀測量。較為一致的標準是透過晤談或較為常用的問卷，獲得活力感或疲勞感的自我報告進行測量。測量問卷常常是採用以下三種類型量表的其中一種。第一種是研究者或心理學家採用的**單極量表**（**Unipolar Scales**），此型量表是將活力與疲勞概念化為評定從沒有感覺到強烈感覺等類別的不同構念，這類型測量可以針對活力與疲勞混和感加以衡鑑。情緒狀態量表（Profile of Mood State，POMS）中的活力分量表（Vigor Subscale）與疲勞分量表（Fatigue Subscale）即為設計來測量活力與疲勞感強度的常用單極量表例子。這些量表可以測量你在第一次完成 26.2 英哩馬拉松後，立即感覺到的活力與疲勞混和感。

> 波士頓馬拉松終點線上的跑者，可能同時經驗到強烈的活力感與疲勞感。

廣泛使用的 SF-36 建康調查量表（SF-36 Health Survey）中的活力分量表（Vitality Subscale），是將活力與疲勞概念化為一個連續向度之兩端的一種**雙極量表**（**Bipolar Scale**）。舉例來說，要在這個雙極量表得到最高的活力分數，受測者必須報告感覺到總是充滿活力而且從不感到疲倦，假如有時會感到疲倦，則整體活力分數就扣分。此活力分量表常用在探討回憶活力感與疲勞感，頻率之量化改變的健身運動訓練研究。

第三種取向為同時測量疲勞與其他相關構念的**多向度量表**（**Multidimensional Scales**）。多向度量表常常用在病人運動訓練的研究上。例如：疲累症狀量表（Fatigue Symptom Inventory）是設計來測量癌症病人的疲勞感。此量表不僅是獲得疲勞的資訊，同時也測量病人知覺到疲勞干擾到包括工作、專注度、享受生活，以及維持與他人關係等日常生活的程度。雖然多向度測量常常提供疲勞相關功能的良好測量，但是由於無法聚焦在活力與疲勞問題上，可能會產生在測量活力與疲勞本身上的很大誤差。

測量病人的疲勞與像疼痛等的其他醫學上重要症狀，有時會稱為病人自陳結果（Patient-Reported Outcome, PRO）。因為 PRO 的重要性，美國國家衛生研究院（NIH）提供研究經費支持採用網路電腦適性測量系統（Web-Based Computer Adaptive Testing System），嚴謹測量的病患 PRO 測量改善計畫。相較於紙筆測驗，電腦適性測量的優點，是能夠透過前題的回答挑選新題目，因此，能以較少的題目達到更好的測量精確性。這項 NIH 計畫稱為個案自陳成效測量資訊系統（Patient Reported Outcomes Measurement Information System, PROMIS），在本章結尾提供包含更多資訊的相關網址。

理想上，心理活力與疲勞應該要能被客觀的測量。警覺作業（Vigilance Task），表現是目前有關活力與疲勞最好的客觀測量之一。這些作業屬於特定類型注意力的認知作業。例如：在警覺作業的一個例子中，於每秒依序呈現的一系列字母中，每當螢幕上的字母 Q 緊接著字母 M 之後出現時，就要按

> 病人自陳結果（Patient-Reported Outcome，PRO）可以是疲勞、疼痛，或基於其他直接收集自病人，而未被其他人解釋過之資訊的其他病人特性。

下電腦上的指定按鍵。警覺作業的一個獨特特徵是相對長時間（可以從 20 分鐘到數小時）的持續專注。隨著時間進行，警覺表現會出現下滑，可能是漏按電腦按鍵，或者是對 Q 字母按按鍵的反應時間拉長。

研究顯示包括像是夜晚失眠引發的疲勞事件，會降低警覺表現。研究也顯示，客觀警覺表現下滑與疲勞感增加及活力感降低，均有中度相關。例如：在一項研究中，143 位美國陸軍遊騎兵在完成 12 哩（19.3 公里）的 38 磅（17.2 公斤）背包負重行軍後，接著在 30 分鐘後完成 3 哩（4.8 公里）卸重跑步，並在緊接著的 4 小時後完成另一個 3 哩（4.8 公里）卸重跑步（Lieberman, Falco & Slade, 2002）。在這些活動之前、當中以及之後，士兵們都完成了情緒狀態量表（POMS）並且對手錶螢幕，以按按鍵的方式對呈現的聲音進行反應。對聲音反應的正確率與反應時間為這項研究的警覺性測量。士兵們也藉由隨機分派獲得安慰劑飲料或含有 6% 或 12% 碳水化合物的飲料。警覺性隨著飲料含碳水化合物的劑量而改善，而且主觀活力分數，也驗證從手錶螢幕所得到的客觀結果。

疲勞症狀的成因與相關因素

事實上包括環境、社會、行為、個人以及生理等許多變項都已經被認為與活力感與疲勞感有關，這使得想要完全了解身體活動，對於活力感與疲勞感的影響變得複雜。後續幾段將列舉會影響活力與疲勞症狀的多樣關鍵變項，疲勞的複雜性在此回顧後變得更加明顯。

每日為了維持清醒，使得我們從早起到晚上入睡之間的疲勞感逐漸增加。長期失眠使得疲勞感增加，這樣的疲勞感增加並且會逐日累積。主動投入需要持續維持注意力的認知作業，會隨時間增加疲勞感。像許多工作所要求的，當個人需要投入單一複雜作業，或在多項複雜任務間轉換時，持續好幾小時的維持注意力會引發更多的疲勞感。知覺為有趣或受威脅的生理或社會情境，會造成疲勞症狀的減少。神經質人格特質的人具有提升疲勞症狀的特性。一些像是暴露在強光或變光等環境情境會使人精力充沛，然而像是持續微弱亮光或完全黑暗等的環境情境則會促進疲憊感。一些像是你最喜歡的活潑音樂等的聲音，有助於你感到更有活力，但是其他像是持續暴露在吵雜工廠噪音等的聲音則令人疲憊。疲勞症狀與進行認知或身體活動的動機有著負相關。像是咖啡因、尼古丁，以及安非他命類（如 Adderall）等興奮劑的攝取會導致疲勞感降低。其他像是抗高血壓劑等藥物會產生疲勞感，還有一些像是酒精等物質會先增加活力感，再接著降低活力感，短期與長期限制飲食導致疲勞感增加。在某個時間點，多數婦女在懷孕時會增加疲勞感，這樣的疲勞感增加在某些婦女身上會較為輕微與短暫，但對某些婦女來說，則較為強烈與令人衰弱。疲憊也常見於頭部創傷之後，導致疾病的生理或心理病變，常常會使疲勞症狀提升。此外，同卵與異卵雙胞胎研究顯示，將近一半的長期疲勞狀態變異是可以歸因於遺傳因子。簡言之，大腦迴路是透過整合包含心理生物反應，與適應急慢性身體活動在內等的廣範類型訊息來源，以產生活力感與疲勞感。

嚴重疲勞的盛行率

長期且增加的疲勞症狀，不論在美國或全世界均是普遍問題。疲勞症狀在人群中是常態分布的，但是以公共衛生問題角度來看疲勞的盛行程度，端看要如何定義疲勞。舉例來說，一項針對 4,591 位美國中年男性與女性的研究顯示，其中有 37% 的人至少在人生中出現一次長期疲勞。當使用更嚴格的定義時，疲勞的盛行率就會降低，其症狀被定義為需要持續至少 1 個月或 6 個月以上時，疲勞的盛行率分別是 23% 與 16%。約有 20% 的基層醫療病人，抱怨曾在近期出現持續疲勞的病史。不論疲勞症狀如何被定義，女性出現疲勞症狀的機會，為男性的兩到三倍。

大約只有 1% 的美國人口受慢性疲勞症候群（Chronic Fatigue Syndrome）所苦。這樣的比例雖然不算高，但卻約略有 310 萬的美國人口。慢性疲勞症候群，其特徵為嚴重且失能的疲勞，持續至少 6 個月以上，伴隨廣泛的傳染性或風濕性疼痛與心理症狀。焦慮或憂鬱族群有高於一般人六到七倍的可能性受嚴重疲勞所苦，當這樣的疲勞出現時，醫師會更難進行重鬱症（Major Depressive Disorder）的診斷。疲勞增加是癌症患者的最常見症狀，約三分之一的癌症患者在治療後，這種疲勞仍會持續數個月或甚至數年。

長期疲勞的盛行率在全球並不一致。例如：一項針對 14 個不同國家居民的研究顯示，像是奈及利亞的低經濟開發國家中，人口中的疲勞盛行率低於平均水準（Skapinakis, Lewis & Mavreas, 2003）。然而，相對於經濟已開發國家的居民，經濟貧窮國家居民對醫生抱怨不明疲勞的人口百分比卻較高。簡言之，疲勞感與低活力影響了一大群人，尤其是女性、焦慮與憂鬱群眾、對抗疾病中，或生活在未工業化國家的人們。

低活力感與疲勞感對個人與社會都是明顯重要的。對個人而言，疲勞可以對於包括學習、人際關係、建康、生活品質，以及工作生產力等廣泛面向產生負面影響，由於在工作生產力上的影響效果，低活力與疲勞也不利經濟健康。

感到有活力，可能是演化遺物的一部

具有增加疲勞症狀特徵的疾病實例

- 過敏（如花粉熱）
- 貧血
- 神經性厭食症
- 焦慮症
- 氣喘
- 癌症
- 冠狀動脈心臟病
- 慢性疲勞症候群
- 慢性阻塞性肺部疾病
- 慢性疼痛
- 糖尿病
- 憂鬱症
- 纖維肌痛症
- 心臟衰竭
- 急性（如流行性感冒與感染性單核球增多症）與慢性（如梨形鞭毛蟲症與 HIV）感染
- 多發性硬化症
- 肥胖
- 巴金森氏症
- 睡眠障礙
- 中風
- 物質濫用
- 甲狀腺疾病

分。我們可以合理推測，相較於低活力的人，高活力的人也更容易成功取得食物、避難處以及配偶。疲勞對於物種演化成功的影響，可能是獨立於活力的影響。假設疲勞感代表著身體不適或身理心理活力狀態不佳，疲勞症狀可以警示需要比一般更多的休息。透過延後資源競爭的時程，直到能有更好的生理心理狀態再進行，所以能夠注意到疲勞症狀，讓人類祖先能夠更成功的傳遞基因。

除了有關活力感與疲勞感在演化上扮演角色的推測之外，這些症狀在其他地方也有重要之處。相對於有活力的孩子，低活力且疲累的兒童在學校表現較差，相對於沒有疲勞問題的人們，需要處理疲勞問題的人們，因為生理心理功能下滑，而有較差的生活品質。

低活力感與疲勞症狀的增加，對病人而言特別重要，這可以顯示在低活力與疲勞症狀的增加是尋求醫療協助的最主要原因之一。這樣的考量是符合邏輯的，對包括像是長者的許多人來說，疲勞症狀與死亡風險增加有著獨立關連。然而，許多醫師認為疲勞症狀的增加相對上並不重要，可能是因為疲勞症狀太過常見，而且並容易依此下特定診斷。然而醫師常常對於疲勞的態度並不是最健康，醫師工作常常需要長時間且無適當睡眠，而且許多醫師對於自己處理疲勞的堅韌度感到自豪。一項針對將近 3,000 名受訓醫師（亦即住院醫師）的調查發現，其中五分之一承認，因為疲勞相關的錯誤行為而傷害到病人，包括造成生命喪失、環境災難與經濟損失（如車諾比核能事故）等的各類型意外，都時常因為試圖忽視疲勞症狀而引發。

流行病學證據

為數超過 12 個共涵蓋超過 150,000 位參與者的人口研究，已針對疲勞感進行測量，並且比較那些在空閒時間經常活動身體與不常活動的成年人。這些研究結相當一致。不論進行研究所涉及的年齡、參與者健康狀態或是國家，研究結果均顯示，相對於活動較多的人群，較不活動的人群報告較少感到活力與較高的疲勞。圖 9.1 顯示在從青少年到老年生活在歐洲國家男性之研究結果的一致性。

整體來說，相較於不運動的人，主動身體運動的人降低了 40% 經驗疲勞的風險（Puetz, 2006）。在橫斷研究中，即使在針對像是抽菸或是喝酒等潛在混淆變項進行統計校正之後，這樣的效果仍然是有意義並且是強韌的。這樣的效果在前瞻性研究中也是穩定一致的被觀察到。例如：一項包含 54 位百歲人瑞在內的 128 位高齡長者的研究發現，身體不活動是疲勞增長 1.5 到 5 年的強力預測變項（Martin et al., 2006）。

步行是最常見的身體活動。在美國成人之間，從來不走路的人相比於從事步行運動的人，有高出四倍的機會報告沒有活力從事健身運動（Eyler et al., 2003）。如圖 9.2 所示，流行病學證據顯示，一般休閒時間身體運動與活力症狀（Energy Symptoms）之間，有著負向加速型劑量反應相關（Dose-Response Relationship）。

流行病學證據的一個限制是，透過簡短自陳報告測量身體活動，可能會出現大量的誤差。目前已知增加劇烈運動的成果之一是身體適能的提升（VO_2max），而相較於自陳身體活動，身體適能可以採用較沒有誤差的方式進行客觀測量。一項涵蓋 427 位高齡工作者的知名研究顯示，體適能較佳的人會有更高傾向報告更常感到活力充沛，且有統計上顯著性（Strijk et al., 2010）。

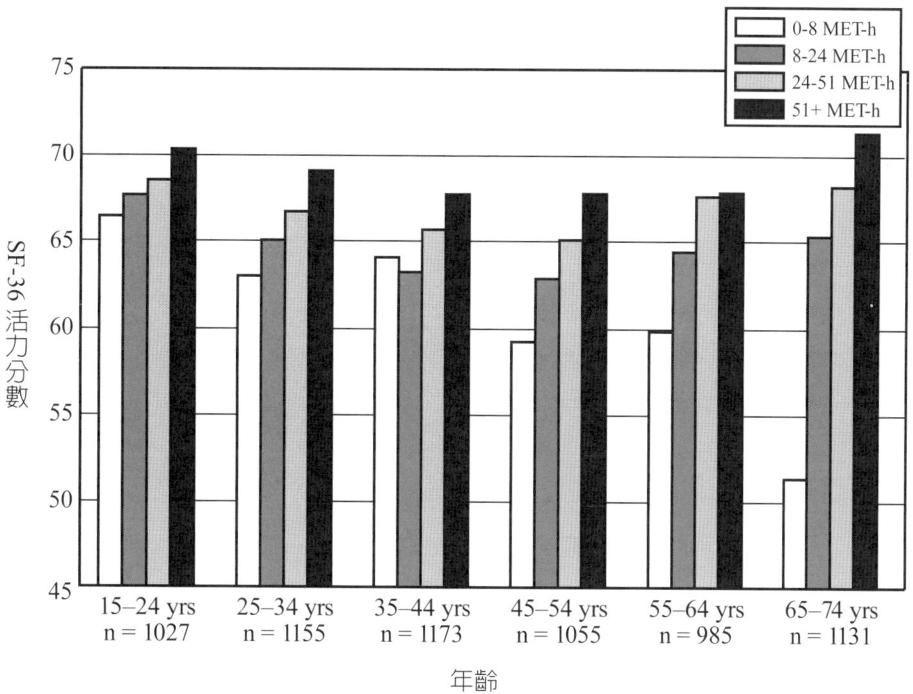

圖 9.1 自我報告事前每週身體活動量（MET- 小時／週）與活力感（以 SF-36 測量）兩者間的關係。資料來自生活在 16 個歐盟成員國中 6,526 位 15 歲以上男性

改編自 Abu-Omar, Rutten, & Lehtinen, 2004。

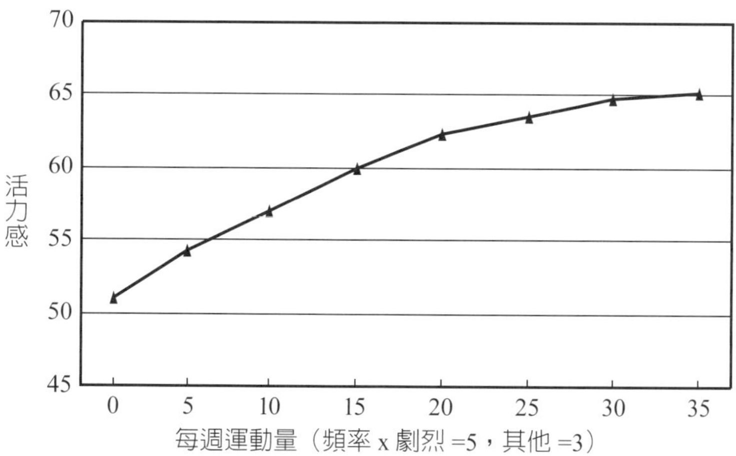

圖 9.2 每週健身運動量與活力感（以 SF-36 之活力分數測量）兩者間的關係。資料來自 39,325 位成年澳洲女性。為了比較，以相同方式測量 1,412 位成年美國女性的代表性樣本，平均分數與標準差分別是 58 與 21

改編自 Brown et al., 2000。

讓事情更複雜的是，當研究資料是包含從事像是耐力運動訓練等超高強度運動訓練的人時，會發現身體活動與活力感的倒 U 型關係。例如：一項包含 1,800 位 11 到 14 歲男孩與女孩的 2 年追蹤研究發現，每日久坐超過 4 小時或高度身體活動，兩者均與持續疲勞報告機率增加有關（Viner et al., 2008）。

一些流行病學證據顯示，疲勞是參與身體活動的阻礙。一個有 1,818 位美國成人的隨機樣本顯示，約有近 20% 的人報告他們因為太疲累，而無法規律健身運動（Brownson et al., 2001）。另一項研究則發現，其中 263 位復發緩解型多發性硬化患者，超過 6 個月疲勞症狀的增加，會與其身體活動減少有顯著關聯（Motl et al., 2011）。另一個不同研究得知，常報告疲勞的人通常只是考慮要做身體運動，而不是以實際行為投入健身運動。

簡言之，流行病學上的大量證據，支持身體不活動與疲勞與低活力間的關聯。然而，為了完全確定是否身體不活動造成人們缺乏活力，是必須要有實驗證據。

實驗證據

實驗室研究可以檢視身體活動是否會改變活力感或疲勞感，並提供關鍵證據。最常見的實驗類型包含了利用運動訓練，或一次性運動等方式增加身體活動。另一個與確定健身運動是造成活力或疲勞改變相同重要的內容，是去了解當人們停止運動健身時會發生什麼事。

減少身體活動

在規律健身運動的人們身上，很常見到身體活動減少期。有些人決定將時間花在其他事情上，最後並成為懶蟲。其他人因為受傷或手術，為了復原而需要一些時間，因此停止原本常進行的身體活動。許多女性在懷孕期間降低身體活動量。那些可以維持懷孕前身體活動程度的人，會有更為穩定的情緒，這包括更強的活力感與疲勞感（Poudevigne & O’Connor, 1995）。每年有大約 100 萬位美國女性增加臥床休息，為了希望有助於緩解多胎生產懷孕或妊娠併發症。很不幸地，目前證據顯示，臥床休息可能並沒有明顯益處，但卻有包括肌肉功能喪失、胰島素阻抗增加，以及血栓栓塞症風險等多重不良副作用。

假如身體活動讓人們感到有更多的活力，那麼那些經常健身運動的人一旦停止運動時，應該會讓他們的疲勞感增加。包含 3 到 20 天臥床休息或節制運動的少數研究發現，相較於以一般程度身體活動的控制組，臥床休息或節制運動會增加疲勞症狀與低活力感。例如：其中一項研究的結果摘要於圖 9.3。

增加身體活動

數十項主要針對大學生的研究，探討急性運動對於包括活力感與疲勞感等情緒的影響（Yeung, 1996）。在短期（約 20 至 40 分鐘）低到高強度運動後，活力感會提升，但是疲勞感則保持不變。在許多類型的運動中均可以觀察到活力感提升，這些運動類型包括有步行、騎自行車、游泳、阻力運動、瑜珈，以及武術（Herring & O’Connor, 2009）。雖然一些證據指出 30 分鐘的運動，是提升活力感較有效的刺激（Hansen, Stevens & Coast, 2001），但是即使是短至 10 分鐘的單次運動，也能發現這樣的改善（Osei-Tutu & Campagna, 2005）。

緊接在短期極高強度運動之後，疲勞感

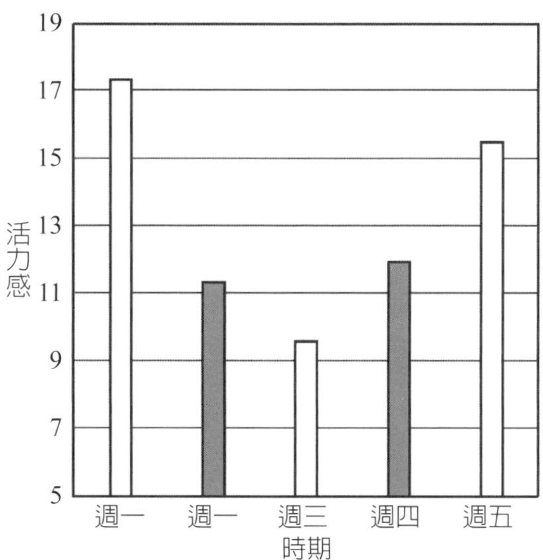

圖 9.3 高活力成人（每日 45 分鐘，每週 6 或 7 天）於執行運動節制時，分別在節制前（週一）、節制後（週五），以及節制期間（週二到週四）的活力感變化

依據 Mondin et al., 1996。

可能會增加。這種改變的強度取決於運動的強度，最高強度的運動，會觀察到最大程度的疲勞感提升。這樣的效果是短暫的，隨著回復時間延續，疲勞感會逐漸回復到運動前的水準。較長的急性運動期（大於 2 小時）下，即使是低強度運動，也會經驗到疲勞感增加與活力感降低。這樣的效果受到體適能的調節；高體適能者可以持續進行低強度運動數小時，而不會感到太多疲勞。

雖然一些證據顯示規律運動，能更可靠地提升活力與改善疲勞症狀，不過各年齡層的男性與女性，均能透過急性運動達成活力與疲勞症狀的改善（Hoffman & Hoffman, 2008）。單次運動後對於活力感與疲勞感的改善，也已經在包括憂鬱、多發性硬化，以及肥胖等廣泛類型疾病之病人上被驗證（Bartholomew, Morrison & Ciccolo, 2005）。一些研究檢驗單次運動，對於採用客觀警覺作業表現加以操作化之疲勞的影響，研究結果尚無法一致地產生在低到中強度運動後，警覺預期的改善，或在高強度運動後的警覺預期降低（Lambourne & Tomporowski, 2010）。

一些研究比較了單次急性運動，對於活力感與疲勞感的效果，以及可能也會影響這些感覺的其他經驗。一項研究報告指出，相較於吃一根糖果棒，一次 10 分鐘步行更能改善活力感與疲勞感（Thayer, 1987）。

想要快速提升活力，你可以散步、聽音樂、喝能量飲料、社交或小睡一下。雖然這些中的任何一項都可能會有幫助，需要更多研究來了解這些控管疲勞的方法，在短期與長期如何比較。

至少有七十項隨機對照試驗（Randomized Controlled Trial, RCT）的實驗，檢驗久坐不動者進行運動訓練，對於活力與疲勞症狀的影響。分析這些實驗已經發現，相對於不運動的對照參與者，那些參與了 6 到 20 週且每週 2 到 5 天運動訓練的人感受到疲勞感降低。健身運動與疲勞症狀的改善，在七十項研究中有 94% 的實驗組獲得支持。0.37 個標準差的整體平均效果，達到有意義的改善效果量（Puetz, O'Connor & Dishman, 2006）。由醫療診所和工作地點所舉辦的監督式運動方案與家庭運動方案，均報告能夠改善活力感與疲勞感。

改善活力感與疲勞感所須的理想健身運動量，目前仍不清楚。有關這個議題的最佳證據之一，是來自一項為期 6 個月的隨機對照試驗，其參與者包含 430 位久坐不動、超重，且停經後肥胖之婦女（Martin et al., 2009）。經過每週每公斤體重消耗 4、8 或

12 千卡之有氧運動訓練（每週 3 至 4 次以跑步機或半臥腳踏車進行低強度（50% 有氧能力）運動）之後，研究結果發現活力感獲得改善。這些身體活動量接近美國國家衛生研究院建議的 50%、100% 以及 150% 水準。這些結果顯示，低與高運動量的低強度運動，均能改善活力感。這些發現摘要於圖 9.4。

超過三分之二探討規律健身運動，對活力與疲勞症狀影響的研究，是針對步行、騎自行車，以及跑步型態等健身運動，但是最明顯的進步，是發生在肌力訓練研究。至今至少已有十個以上的實驗，支持單獨肌力訓練與活力及疲勞症狀改善有關的結論（O'Connor, Herring & Caravalho, 2010）。

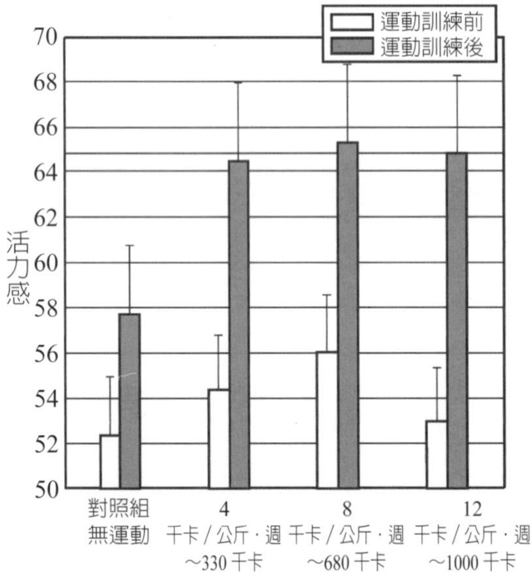

圖 9.4　一項以不同三種運動量檢驗持續六個月每週 3 或 4 次運動，對於活力感的影響（以 SF-36 活力分數測量）之隨機對照試驗結果。研究包含 464 位平均年齡 57 歲之久坐不動、超重，且停經後肥胖婦女。實心橫線為 55-64 歲美國國婦女 SF-36 活力分數之全國常模平均

改編自 Martin et al., 2009。

> **多年前，癌症病人被告知多休息可以最有效地提升幸福感。在這個熱門領域，現在有愈來愈多證據建議，乳癌及前列腺癌病人與倖存者，在治療之前、之中以及之後進行低到中強度運動，可以改善包括提升活力感等的生活品質。**

大多數涉及內科病人的隨機對照試驗，被研究的所有病人群體，在某種程度上，都可以透過健身運動訓練改善疲勞。其中以精神病與心臟病病人的改善程度最大。近幾年來，研究者逐漸探討規律健身運動，可以多大程度地提升癌症病人的生活品質，尤其是乳癌及前列腺癌病人。這些乳癌病人研究的其中一項結果呈現在圖 9.5。這些研究一般包含 12 週、每週 3 天、每節 45 分鐘的中強度監督式有氧運動。一項針對 43 個治療中癌症病人研究，與 27 個癌症倖存者研究的文獻回顧發現，運動訓練分別降低了這兩類研究中，病人的癌症相關疲勞 0.32 與 0.38 個標準差（Puetz & Herring, 2012）。這些改善程度，與針對癌症病人進行疲勞處置的藥物或心理治療之改善程度相近。

假如規律健身運動可以改善活力感，那麼我們可以合理猜想那些受疲勞所苦的人，可以藉由下床動一動得到最多的助益。在一項針對原本報告為無清楚病因，持續有疲勞感並習慣久坐的成人實驗中，在經過 6 週低到中強度運動練後，活力感可以改善近 20%。在這項研究（Puetz, Flowers & O'Connor, 2008）中，疲勞症狀的改善優於活力症狀的改善，而且察覺到疲勞症狀改善的速度（3 週內）快於活力感（主要發生在第 6 週）。

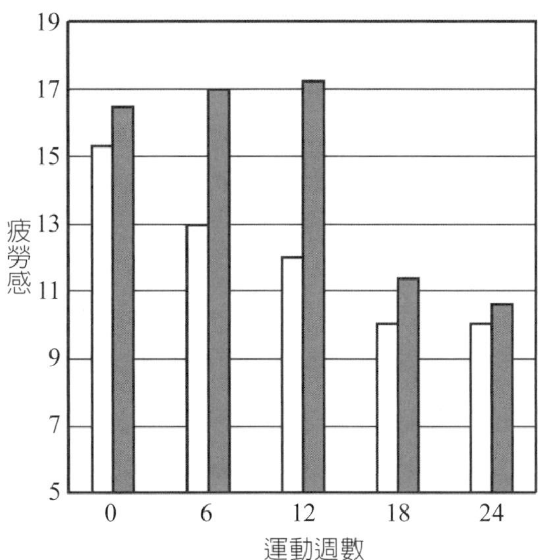

圖 9.5　乳癌倖存者的疲勞感。乳癌倖存者被隨機分派到緊接在基線測試立即進行 12 週健身運動方案（0 至 12 週，白色柱，n=29），或等待 12 週後接著於 12 至 24 週進行健身運動方案（灰色柱，n=29）

改編自 Milne et al., 2008。

相較於健康成人，慢性疲勞症候群（Chronic Fatigue Syndrome, CFS）患者與像是纖維肌痛症等的相關共病症，他們的身體活動較少，可能導致身體適能水準下滑。由於相信健身運動會惡化疾病症狀，許多 CFS 病人逃避運動。一些專家推想慢性疲勞的顯現，一部分是因為身體不活動所造成的心理生物結果。隨機對照試驗顯示，12 週的低到中強度漸進式運動訓練，能改善 CFS 的疲勞症狀。在至今最大規模的一項試驗中顯示，健身運動的不良反應率低，且與一般醫療照護相似（White et al., 2011）。在參與 1 年的漸進式運動訓練後，將近 30% 的人能從 CFS 中復元。健身運動可能對於合併 CFS 與纖維肌痛症的病人來說特別困難，且研究顯示相較於只罹患 CFS 的病人，這群病人運動時更花力氣且更加疼痛（Cook et al., 2006）。

對於慢性疲勞，健身運動較其他處置方法更好，像是認知行為治療與健身運動等非藥物取向的疲勞治療，比藥物治療更常被選擇為第一線治療，一部分是因為因應心理刺激物不良副作用（如，安非他命（Amphetamine）、派醋甲酯（Methylphenidate），以及莫達非尼（Modafinil））的極大潛力。如其名稱所示，認知行為治療聚焦在：(1) 教導病人合適地認知評估情境，並因此能更好的因應疲勞；(2) 使病人避免可能造成疲勞的不適應性行為（如，長期夜間喝咖啡導致經驗睡眠品質不佳）。雖然健身運動並不常與認知行

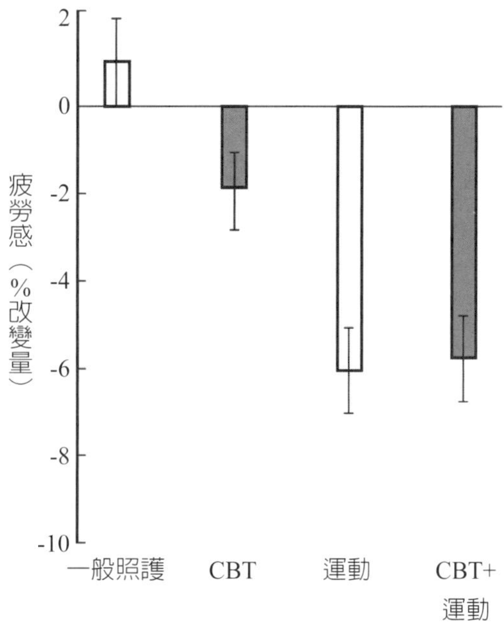

圖 9.6　相較於一般照護對照（n=270）、認知行為治療（CBT；n=286），以及健身運動加上認知行為治療（n=266），12 週有氧運動訓練（n=265；60 分鐘，3 次／週）對於疲勞症狀的影響。參與者為患有波灣戰爭症候群（Gulf War Illness, GWI）之美國退伍軍人

資料來自 Donta et al., 2003。

為治療比較，在一項比較兩種處置的大型研究中（Donta et al., 2003），運動訓練較認知行為治療的疲勞症狀改善程度更大，且合併運動訓練與認知行為治療並沒有額外益處。這項研究的結果如圖 9.6 所示。

機制

目前對於健身運動影響活力感與疲勞感之生物機制的了解不足，一部分是因為很少研究特別針對此目的而設計。身體活動減少後的活力感與疲勞感改變，或運動訓練似乎與體酯降低或有氧適能增加，這類周邊生理改變無關。這是合乎邏輯的，因為疲勞症狀是由大腦迴路產生，而大腦迴路不太可能受到與有氧適能有關之心血管（如血量增加）與新陳代謝（如增加骨骼肌粒線體）適應等的影響。如同似乎合理的生物機制，更合邏輯的取向，是要考慮與活力及疲勞症狀同時發生的大腦改變。

以腦電圖（Electroencephalography, EEG）測量大腦活動上的運動效果，是至今最主要的取向。在一項於法國執行的研究（Grego et al., 2004）中，訓練良好的自行車手，以中強度騎自行車 3 小時。騎車前與騎車後，測量車手對於兩個不同聲音，於聲音出現後 300 毫秒的的 EEG 反應，相較於運動前的休息狀態，運動時的 P300 波振幅較高，由於之前研究已經顯示，P300 波振幅與注意力資源有關，此研究的一個可能解釋是注意力與活力之潛在生物迴路，會受到健身運動影響。

其他研究（Petruzzello, Hall & Ekkekakis, 2001; Woo et al., 2009）連結 EEG 與活力及疲勞症狀報告。這些研究之一在開始研究時，是針對高疲勞成人為參與者，檢驗是否在一項為期 6 週，於第 1、第 3 以及第 6 週進行每週 20 分鐘低與中強度自行車運動方案之後，活力感與疲勞感短暫改變是與 EEG 有關（Dishman & Thom et al., 2010）。在第 3 與第 6 週間的急性低強度運動後，疲勞症狀獲得改善。在每個測試週兩種強度的急性運動後，活力感均出現提升。半數的急性運動改善活力感效果，是由位於大腦後方的 Theta 頻段（即 EEG 中每秒震盪 5 至 7 次之成分）EEG 改變所中介。

這些結果支持了健身運動所誘發的活力症狀改善，是具有生物基礎的想法。這類型研究，讓我們更加了解健身運動誘發活力與疲勞改變之大腦基礎，並且在排除或涉入其他替代假說上，均具有優先性。這些替代假說，包括像是主張這些症狀改善，是源於由對於運動後會出現心理改善，有著強烈預期之參與者的偏差症狀報告，因此產生的安慰劑效果。

儘管至今很少運用在健身運動研究，許多像是包括功能性神經造影，與心理藥物學研究等的研究取向，啟發了健身運動影響疲勞症狀的可能生物機制。許多功能性神經造影研究，已透過疲勞與不疲勞群體在休息時進行心理疲勞型（警覺）與非疲勞型（手指敲打）作業下，探究血流活動與疲勞測量間的關係（Cook et al., 2007）。至今最好的神經造影證據顯示，活力與疲勞症狀與扣帶迴、小腦、基底核，以及邊緣大腦區域的血流活動有最強的關聯（Genova, Wylie & DeLuca, 2011）。儘管低至高強度運動並未造成整體大腦血流改變，在這些強度運動下，於扣帶迴、小腦（在進行運動的豬上）、島腦，以及前額葉等大腦局部區域的血流增加已被報告（Rooks et al., 2010）。

精神科研究醫師採用不同取向理解疲勞。他們給予病人心理藥物，並檢驗其對於包括活力與疲勞在內，各種不同情緒與症狀的效果。以人類測試受試者進行的心理藥物學取向研究，已經推斷許多神經傳導物質系統為活力與疲勞症狀的重要生物成因（Stahl, 2002）。能增加大腦多巴胺（Dopamine, DA）水準的派醋甲酯（Methylphenidate，如利他能（Ratilin））與活力感增加有關。像是氟西汀（Fluoxetine，如百憂解（Prozac））、舍曲林（Sertraline，如樂復得（Zoloft）），以及安非他酮（Bupropion，如威克倦（Wellbutrin））等增加大腦正腎上腺素（NA），或同時增加 NA 與 DA 等藥物，可以降低疲勞與提升活力症狀（Demyttenaere, De Fruyt & Stahl, 2005）。而如莫達非尼（Modafinil，如，普衛醒（Provigil））等增加大腦組織胺水準的藥物能增加活力感，然而像是第一代抗組織胺藥物（如，可以穿透血腦屏障（Blood-Brain Barrier）的美吡拉敏（Mepyramine））等防止組織胺運作的藥物則會產生疲勞症狀。

因為 DA、NE，以及組織胺系統，有著廣泛投射到整個大腦的許多軸突（Axons），心理藥物學取向指出，許多大腦區域與路徑，均可能涉及活力與疲勞症狀。從 DA、NE，以及組織胺細胞體，投射到如背外側前額葉（Dorsolateral Prefrontal Cortex）等更高層大腦區域的路徑，被認為導致伴隨疲勞發生的認知表現降低（在執行功能與警覺作業上）。涉及依核（Nucleus Accumbens）的投射路徑，能影響一般動機與投入運動的特殊動機（Salamone et al., 2007）。投射至下視丘（Hypothalamus）的路徑，可影響最終左右像是皮質醇（Cortisol）等賀爾蒙的許多釋放因子。這些釋放因子能直接的影響大腦神經迴路（因為在大腦神經組織上存在皮質醇受器）或間接的影響免疫系統。舉例來說，皮質醇影響了過去被指出潛在造成疲勞的促發炎因子（Proinflammatory Cytokines，如腫瘤壞死因子 -α(TNF-α) 與許多白血球介素 (IL-1, IL-6, IL-8)）。細胞激素（Cytokines）為一群細胞訊號傳輸分子，這些分子存在於大多數細胞中，能夠在大腦神經組織上運作，並造成神經化學與神經內分泌改變。雖然能合理推測規律健身運動可以降低大腦中促發炎因子水準，並因此降低疲勞症狀，但是目前已有的證據顯示仍無法確定這樣的推測是否會發生（Cotman, Berchtold & Christie, 2007）。

小結

因為會影響意外事故、學習、生活品質，以及工作生產力，活力與疲勞症狀是重要的。儘管這些症狀受到無數因子影響，整體已知的流行病學與實驗證據量，明確的顯示身體活動與活力感及疲勞感之間，存在一致關係。相較於規律活動者，身體不活動者傾向報告更嚴重的疲勞與低活力症狀。單次急性低至中強度運動能改善活力感。對於一般成人、持續疲勞者，以及慢性疲勞症候群等各種內科不適患者，低至中強度運動訓練能改善活力感與疲勞感。假如運動強度維持在低水準，達健康建議量 50% 至 150% 的運動訓練量，會與促進活力感及疲勞感有關。像是耐力運動員投入的極高訓練強度或長度（又或兩者同時），能產生強烈且長期持續的疲勞感與低活力感。對於身體活動改變活力感與疲勞感的生物機制，目前仍缺乏足夠的了解，但其中可能涉及多重神經傳導物質系統、大腦迴路，以及細胞訊息傳遞分子間的複雜交互作用。

參考網址

1. www.cancer.gov/cancertopics/pdq/supportivecare/fatigue/patient
2. www.nlm.nih.gov/medlineplus/fatigue.html
3. www.ncfsfa.org
4. www.cdc.gov/cfs

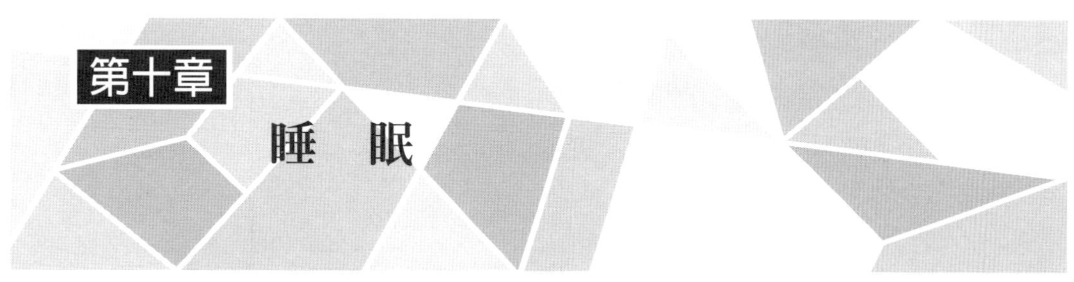

第十章 睡　眠

蔡宇哲 譯

人生有將近三分之一的時間花在睡覺上，因此了解有什麼方法可以提高睡眠品質是重要的研究議題。多數人認為他們只要在一天中有大量體力勞動，就可以獲得良好睡眠。這個想法也讓人們有個信念，認為健身運動自然有助於一夜好眠。雖然健身運動確實被美國國家睡眠基金會推薦為有助於睡眠的習慣，但很令人驚訝的是，幾乎沒有**實證研究**檢視健身運動與睡眠困擾之間的關係。這一章所提供的內容談了睡眠是什麼、如何測量以及會受到什麼因素影響。我們回顧了睡眠與健身運動的研究文獻，並嘗試探討健身運動影響睡眠的機制。

睡眠困擾

不好的睡眠會影響健康與身體症狀，慢性疾病（例如：心血管疾病與糖尿病）也與睡不好有關。在七十多種睡眠異常中，最廣為探討的是失眠與阻塞性睡眠呼吸中止症（呼吸中斷）。失眠是指睡眠不充足的感受（質或量的不佳），會與情緒困擾有互為因果關係的影響，同時也會有害白天生活的活動（National Institutes of Health, 2010）。失眠有很多種類型而且有可能同時存在。

失眠的類型包含入睡困難（難以入睡），與兩種形式的睡眠維持障礙（睡眠中頻繁醒來或夜裡醒來，早醒又難以再入睡）。急性失眠指得是持續 1-3 晚，短期失眠指得是持續 3 晚到 1 個月，長期失眠則是睡不好的情況持續超過 1 個月。急性失眠通常是情緒或生理困擾所導致，若沒有適當處理的話會演變成長期失眠。失眠可以是初級異常（較不常見的形式）或是與其他生理困擾共病（最常見的形式）。一般來說，從客觀的睡眠多項生理紀錄（Polysomnography）來看，失眠者會低估自己的睡眠能力（National Institutes of Health, 2010）。

促進睡眠的建議

- 最重要的建議是維持規律的上床與起床時間，連同週末也是
- 在睡前 3-4 小時避免咖啡因與尼古丁等刺激性物質
- 睡前避免飲酒，雖然可以較快入睡，但會讓後半段的睡眠品質變差
- 確保臥室是黑暗、安靜，而且室溫適中
- 睡前避免攝入過多食物跟水
- 建立規律、放鬆的睡前儀式
- 讓你的床只跟睡眠連結，別在床上看電視、手機或平板
- 避免白日過長的小睡
- 規律健身運動

修改自美國國家睡眠基金會（National Sleep Foundation, www.sleepfoundation.org）

睡眠困擾的流行率與影響

在美國大約有三分之一的民眾自述有睡眠問題，不過僅有約 15% 被診斷為失眠，睡眠維持困難又多於入睡困難。2009 年由美國國家睡眠基金會（National Sleep Foundation）所進行的睡眠調查顯示，夜間清醒與睡眠品質不佳（睡醒後沒有恢復感）是最為常見的抱怨。美國的全國共病調查（National Comorbidity Survey Replication）發現，針對那些難以入睡、睡眠維持困難、早醒以及睡醒沒有恢復感，12 個月內睡眠困擾盛行率介於 16.4 到 25%。大約有 36% 的人會報告至少有一項困擾（Roth et al., 2006）。這些人會有 3-4 倍的機會被診斷為焦慮、情感疾患或物質使用疾患合併社會角色的損壞，尤其是那些自陳睡眠沒有恢復感的人。以全球而言，將近 75% 的失眠者會陳述他們的問題，是難以維持睡眠或太早醒，然而大約 60% 的人會說他難以入睡，將近一半的人說他們的睡眠品質不佳（沒有恢復感）。

> 失眠的風險因子包含女性（特別是更年期間），年齡在 45-54 歲及 85 歲以上，與睡眠週期被打亂的輪班工作者（取材自 Rosekind & Gregory, 2010）。

相較於一般人，失眠者會較常去急診、看醫生、進行醫事檢測以及服用處方藥，因此失眠會直接地與間接地增加健康照護成本。失眠也會對白天功能造成負面影響，包括工作效能、工作與交通安全（Rosekind & Grefory, 2010）。美國在 1995 年度用於失眠治療的費用高達 139 億美金（Chilcott & Shapiro, 1996）。近來一項針對住院、門診、藥物與急診等醫療費用的回顧性觀察研究發現，每位失眠患者用於治療上的費用，18-64 歲約為 924 美元，65 歲以上則為 1143 美元（Ozminkowski, Wang & Walsh, 2007）。

> 在美國，失眠患者在診斷前 6 個月期間，直接或間接的醫療花費，比其他患者要高出 1200 美元。

有睡眠困擾者只有大約 5-20% 會向一般醫師求助，這當中大約一半會尋求藥物治療，通常是助眠或抗焦慮的苯二氮平類藥物（Benzodiazepine）。許多未尋求醫療協助的人，會透過非處方藥、喝咖啡的方式，來因應睡不好所帶來的白日睏睡，晚上則藉由酒精來幫助入睡，長期下來這些方式反而會讓睡眠問題變得更嚴重（Kripke et al., 1998）。

所謂天然的助眠物並未具有確定的功效，也可能帶來健康的風險。例如：褪黑激素（Melatonin）被宣稱為神奇的助眠藥物，不過實證上發現助眠的效果很有限。對於那些因為晝夜節律前移（過於早睡早起）而睡不好的高齡者，晚上使用褪黑激素可能會因為晝夜節律又往前移，而使得睡眠更加惡化。褪黑激素不好的副作用包含噁心、做惡夢與頭痛，這可能會抵消它的潛在好處（Guardiola-Lemaitre, 1997）。天然的褪黑激素用來助眠有許多限制，包含他很快就被代謝掉。褪黑激素的化學類似物像是雷美替安（Ramelteon），助眠效果可能比天然的褪黑激素要來得好。

失眠的藥物療法包含自我處方，像是非處方藥物、酒精以及草本的療法（例如：纈草（Valerian）、洋甘菊（Chamomile）和聖約翰草（St. John's wort））。抗組織胺類（Diphenhydramine or Hydroxyzine）非處方的助眠藥物雖然被廣為使用，但有些不良副作用，包括認知功能受損和殘留的後續影響。最常使用的處方藥物包含苯二氮平類、非苯二氮平類助眠藥，與雷美替安以及一些抗憂鬱劑，特別是血清素藥物（Rosekind & Gregory, 2010）。

了解助眠藥物如何有效作用，可以有助於了解如何透過健身運動來讓失眠者睡得更好。苯二氮平類為 $GABA_A$ 接受器的促進劑，為短期協助失眠的首選藥物，尤其是縮短入睡時間與減少夜間覺醒。然而因為會對記憶有損害且會導致睏睡回彈，不建議長期使用。非苯二氮平類跟苯二氮平類有相近的助眠效果，而且副作用較少，這兩類助眠藥物都有成癮性。雷美替安是褪黑激素促進劑，對於入睡困難有幫助，特別是治療晝夜節律混亂導致的失眠，像是輪班工作與時差問題。一些抗憂鬱劑由於具有鎮靜效果，因此也會被用來治療失眠。Trazodone 與 mirtazapine 透過血清素促進或抗組織胺的作用來造成鎮靜效果（Rosekind and Gregory, 2010）。血清素 5-HT2 接受器的拮抗劑（例如：Ritanserin）可以讓失眠者的深層睡眠與睡眠品質改善。

失眠治療常見藥物

苯二氮平類

- Dalmane（氟西泮）
- Doral, Dormalin（誇西泮）
- 酣樂欣 Halcion（三唑侖）
- ProSom, Eurodin（艾司唑侖）
- Restoril（替馬西洋）

非苯二氮平類

- Ambien, Edluar（唑吡坦）
- Sepracor（右佐匹克隆）
- Sonata（扎來普隆）

三環類

- Elavil（阿米替林）
- 神寧健 Sinequan（多慮平）

單胺氧化脢抑制劑 Monoamine Oxidase Inhibitors

- Desyrel（曲唑酮）

四環類

- 樂活憂 Remeron,Avanza, Zispin（米氮平）

褪黑激素促進劑

- 柔速瑞 Rozerem（雷美替安 Ramelteon）

簡短歷史回顧

1913 年法國科學家亨利．皮隆（Henri Pieron）所著《睡眠的生理問題》（*Le Problème Physiologique du Sommeil*）一書，首次以生理方式來描述睡眠。公認為美國睡眠研究之父的納瑟尼爾．克萊特曼（Nathaniel Kleitman）博士，於 1920 年芝加哥大學開始研究睡眠、清醒與晝夜節律，他開創了進行睡眠剝奪會有什麼影響的研究。1953 年他與學生尤金．阿瑟林斯基（Eugene Aserinsky）博士發現了睡眠當中有快速眼球轉動的現象。

睡眠研究開始於 1920 年代，快速動眼睡眠於 1950 年代初期被發現，不過睡眠研究目前仍持續發展中。

1955 年，克萊特曼另一位學生威廉．德門特（William C. Dement）博士闡述了夜晚睡眠具有週期性變化性質，並且於 1957 與 1958 年建立了快速動眼睡眠與做夢之間的關係。時至今日，有超過 1800 間獲認證的睡眠中心與實驗室，來辨認與治療睡眠障礙（Epstein & Valentine, 2010）。在這樣的背景發展下，透過科學研究來了解健身運動對睡眠的影響，還處於剛起步的階段（Youngstedt, 1997, 2000）。

定義

睡眠是一種可逆的無意識狀態，特徵為活動少且對外界刺激的反應變弱。在哺乳動物睡眠中的慢波睡眠（Slow-Wave Sleep）期間，被認為是降低大腦代謝來讓腦部獲得休息。夢境一般被認為發生於快速動眼睡眠期間（Rapid Eye Movement Sleep, REM Sleep），雖然這觀點仍有爭議，但快速動眼睡眠對於夢境的發生確實是個關鍵因素。快速動眼睡眠的關鍵性來自於在被剝奪的情況下會有回彈現象（Rebound Phenomenon），這是指睡眠時會出現比一般情況更多的快速動眼睡眠。整晚睡眠剝奪會對認知功能與心情有顯著影響，但對於身體運動能力的影響不大。多個晚上沒睡的話可能會導致知覺錯亂以及幻覺。

入睡並不等同於身體與大腦呈現停止狀態，根據相對應的神經、生理與行為模式會有不同睡眠階段。根據睡眠多項生理紀錄（Polysomngraph）的研究，睡眠可以區分為快速動眼睡眠與非快速動眼睡眠，後者由淺至深可區分為三個階段。階段三又稱為慢波睡眠，人們在這個睡眠階段時會很難被喚醒。整晚睡眠大約有 75% 為非快速動眼睡眠（階段一 5%、階段二 50%、階段三 20%）。在睡眠期間，大腦皮質的活動會從同步、低頻、高幅度，逐漸轉變為不同步、高頻、低幅度。這些腦波變化被區分為 δ 波（0.5-3 Hz）、θ 波（3.5-7.5 Hz）、α 波（8-12 Hz）與 β 波（13-30 Hz），α 波（8-12 Hz）通常被認為是放鬆的狀態（請參閱 Oxford University Press, from J.A. Horne, 1988, *Why we sleep: The functions of sleep in humans and other mammals* (Oxford, UK: Oxford University Press), ©1988 by James Horne.）。

> 睡眠階段是經由相對應的神經、生理與行為模式來加以區分，最為人所知的就是快速動眼睡眠，在這時期中多半會有夢境發生。

睡眠一開始由睏睡進入到階段一，此時的主要特徵是腦波呈現 θ 波，通常持續 1-7 分鐘。隨後進入階段二，除了 θ 波外還有紡錘波（Spindle Wave, 12-14 Hz）及 K 複合波（K complex, 突發尖波）。紡錘波在階段二、三期間中每分鐘會出現數次，K 複合波則只出現於階段二。隨後進入階段三，主要特徵為 δ 波，δ 波逐漸增加表示睡眠越深層。接著睡眠會逐漸變淺，重新回到階段二，後續就進入快速動眼睡眠。快速動眼睡眠通常會在入睡後 80 分鐘發生，此時主要特徵為 β 波，且期間會有極少的肌肉活動發生。

位於腦幹的橋腦（Pon）的神經元會觸發快速眼動睡眠的發生，並抑制脊髓神經元，導致骨骼肌會暫時呈現麻痺狀態（圖 10.1）。在橋腦中的腦橋尾側網狀嘴／尾核（Nucleus Reticularis Pontis Oralis/Caudalis (RPO/RPC)）是快速動眼睡眠產生最重要的腦區（圖 10.2）。這區域許多神經元在快速動眼睡眠時都是由乙醯膽鹼（Acetylcholine）這個神經傳導物質來作用。背縫核（Dorsal Raphe，主要為血清素）與藍斑核（Locus Coeruleus，主要為正腎上腺素）這兩個腦區的神經元則有助於停止快速動眼睡眠。

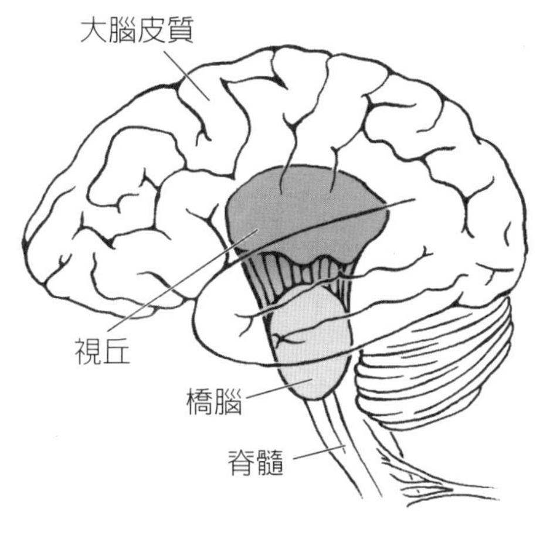

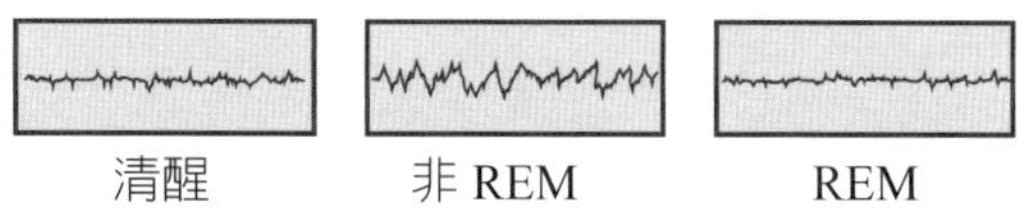

圖 10.1 橋腦中的神經元會觸發 REM 睡眠與抑制脊髓神經元

基於：Siegel 2000.

前腦基底部（Basal Forebrain）的活躍是啟動快速動眼睡眠的關鍵，一般認為由前下視丘視前區（Preoptic Area of The Anterior Hypothalamus）投射到前腦基底部的溫度敏感神經元是控制慢波睡眠的關鍵。

在夜晚 8 小時的睡眠當中，沒有睡眠問題的話會有 4-5 個睡眠週期，每個週期持續約 90 分鐘，當中快速動眼睡眠約佔 20-30 分鐘，睡眠階段的長度會隨著當晚不同時期而有所差異。睡眠週期由腦幹中樞所控制，可能位於延腦（Medulla）。慢波睡眠由前腦基底部所控制，主要發生於前三分之一夜。快速動眼睡眠主要發生於後三分之一夜，由橋腦中乙醯膽鹼釋放來啟動。藍斑核與縫核的活動在快速動眼睡眠期間則會被抑制。

在八十四種睡眠障礙中最常見的就是失眠，其定義為主觀上抱怨睡不好。失眠主要為難以入睡或維持睡眠，有時會兩者皆有。它實際上是一種症狀而不是疾病本身，那些可以透過運動來改善的失眠類型，被定義為運動有益型失眠（Common Types of Insomnia That Exercise Might Help）。

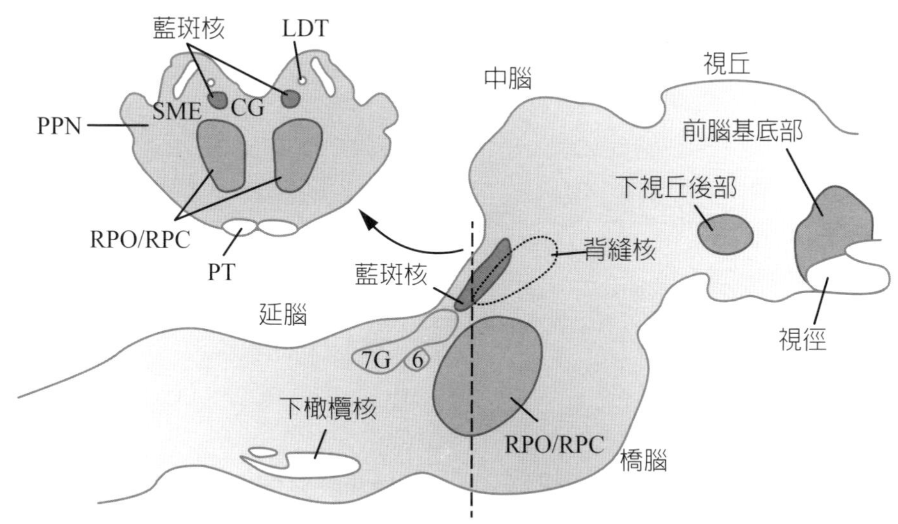

圖 10.2 腦橋尾側網狀嘴／尾核（RPO/RPC）神經元，是產生 REM 最重要的地方

健身運動可能會有助於幾種失眠類型

- 入睡困難型失眠（睡眠作息延遲）：入睡時間會因為上床時間太晚而有所延遲，這樣的延遲導致入睡困難或難以在希望的時間醒來。
- 心理生理性失眠：一種過度自體緊張（焦慮轉化為生理症狀），睡眠保健知識的學習與失眠抱怨、清醒時功能降低有關。
- 短暫性失眠（調整型睡眠異常）：睡眠困擾的出現與急性壓力、衝突或環境改變所導致的情緒波動有關。
- 週期性失眠（非 24 小時睡一醒症候群）：入睡或醒來時間會持續、穩定地每天延遲 1-2 小時。
- 助眠物質依賴型失眠（助眠藥物依賴）：失眠與睏睡的情況是來自於助眠藥物的耐受性與戒斷有關。
- 興奮劑依賴睡眠異常：為了降低睏睡或抑制睡意，而使用中樞神經興奮劑，停藥後會導致清醒狀態不穩定。
- 酒精依賴型失眠（酒精依賴睡眠異常）：為了協助縮短入睡時間而持續性地使用酒精。

測量

人們為了自己的睡眠困擾向醫生尋求協助後，通常會獲得藥物治療，而決定否繼續治療常取決於主觀上睡眠是否改善。睡眠的品質與數量，多由問卷來進行評估，然而自我評估睡眠情況通常是不夠準確的。例如：失眠患者常會誇大睡眠不足的情況，治療時通常會需要與患者釐清他的高估情況。相反地，睡眠呼吸中止的患者通常沒有覺察到自己的睡眠困擾。客觀的睡眠評估提供較準確的睡眠階段資訊，這些是了解睡眠生理機制所必要的，如此才能調理好睡眠。

睡眠的組成

睡眠常以下列狀態所花時間來描述：

- 階段一
- 階段二
- 階段三（又稱為慢波睡眠）
- 快速動眼睡眠
- 由清醒到快速動眼睡眠所需時間（REM latency）
- 入睡後醒來時間
- 入睡所需時間
- 總睡眠時間

睡眠可以透過動作感測器（例如：活動記錄器 Actigraph）記錄夜晚的腕部活動來加以評估。這類偵測手腕活動的活動圖譜（Actigraphy），針對人清醒或入睡的偵測有 95% 的準確性。這雖然方便實用，可以讓很多人進行長期監測，但活動圖譜的準確度，還是比不上睡眠多項生理紀錄（Polysomngrapy）。這是結合記錄大腦活動的腦波（Electroencephalographic, EEG）、肌肉與眼動的肌肉波（Electromyographic, EMG）來偵測快速動眼睡眠；胸與腹的擴

> 睡眠品質與數量，若以自我評估的方式來進行通常會不夠精確，且無法獲得慢波睡眠、快速動眼睡眠的資料，這些需要透過腦波、肌肉波等，客觀方法才能得知。

張感測器用來記錄呼吸；腳上的肌肉波電極用來記錄睡眠當中的腿部活動（圖 10.3）

健身運動與睡眠的研究

睡眠與健身運動的大規模研究，仰賴睡眠與運動的自我報告，這通常價值有限。較小型的研究會使用較多客觀測量方式來評估睡眠與運動，雖然研究會有所受限，但證據力會較為充分。2008 年美國人體育活動指南（Physical Activity Guidelines for Americans）的科學顧問委員會得出結論，健身運動可改善睡眠的論點，僅有中等證據程度（Physical Activity Guidelines Advisory Committee, 2008）。來自實驗室研究的證據顯示，透過睡眠多項生理紀錄的客觀資料來看，那些睡得不錯的人在進行單次健身運動後，對睡眠的改善程度很小。來自橫斷的觀察研究顯示，自覺有較多體能活動者，會睡得比活動量少的人來得好。一些隨機對照實驗顯示，體育活動與良好睡眠之間具有正相關。這些睡眠品質多半是透過主觀自我評估而來，也有些是針對睡眠不佳或被診斷的失眠者，透過健身運動訓練後，以睡眠多項生理紀錄來加以評估。

單次的急性健身運動

一項後設分析涵蓋了三十八個研究，401 個參與者與 211 個效果，顯示急性健身運動（Acute Exercise）對入睡時間與夜晚入睡後清醒時間，並沒有影響（Youngstedt, O'Connor & Dishman, 1997）。整體而言，健身運動會伴隨有總睡眠時間增加（10 分鐘）、慢波睡眠時間增加（4 分鐘）、入睡後到快速動眼睡眠期間增加（13 分鐘），同時也伴隨快速動眼睡眠時間減少（7 分鐘）（表 10.1），效果範圍約 0.2-0.5 個標準差，在統計學上為小到中度的效果，不過轉換後只是幾分鐘的睡眠時間，大約與不同晚的睡眠變動量相近。不過這些的參與者都是睡眠良好的人，因此若是針對睡眠障礙者

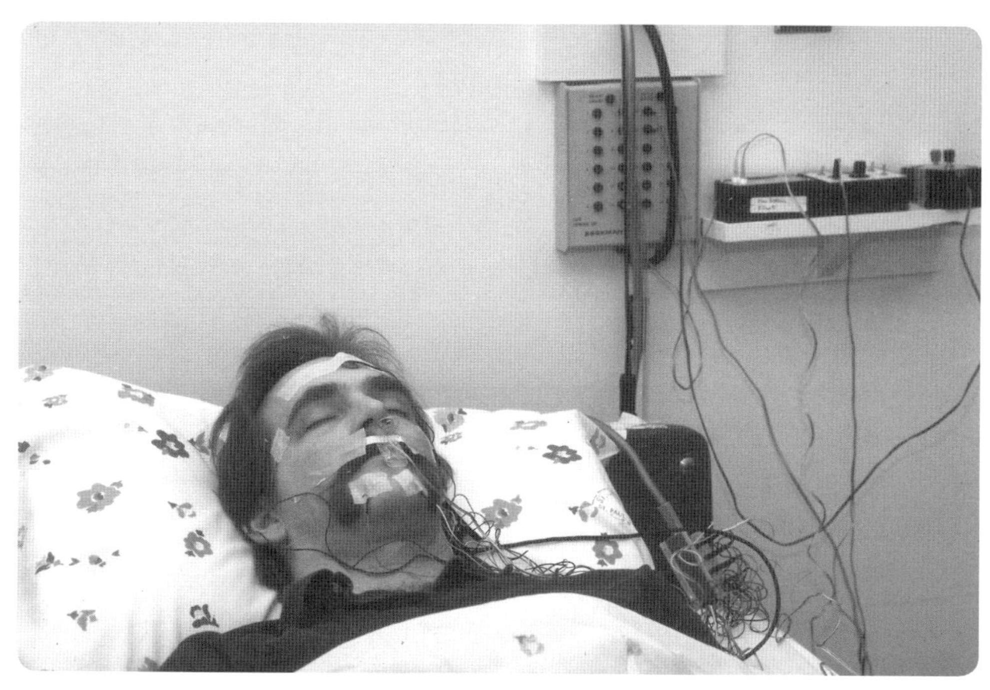

圖 10.3　使用多項生理紀錄來測量睡眠的各個面向

> 單次健身運動可以顯著增加睡眠時間，並減少快速動眼睡眠時間，不過要有意義地增加總睡眠時間，則會需要較長時間的運動（至少 1 小時）。

表 10.1　急性健身運動對睡眠的效果

變項	效果量
慢波睡眠	0.19（4.2 分鐘）
快速動眼睡眠	-0.49（7.4 分鐘）
入睡到快速動眼睡眠時間	0.52（13.1 分鐘）
總睡眠時間	0.42（9.9 分鐘）

的話，健身運動的效果可能會被低估。

與之前研究不同，這項後設分析發現高熱負擔（High Heat Load）的運動，與平均強度相比並不會增加慢波睡眠量，但會與增加入睡後的清醒有關。長時間的健身運動（約 2 小時）與大幅增加睡眠時間、大幅減少快速動眼睡眠時間有關。但這對多數人來說沒有實質意義，因為多數人每次健身運動的時間為 20-45 分鐘。

急性健身運動對慢波睡眠的實際效果，對比原先假設來說算是微不足道的，而且就算健身運動對慢波睡眠有影響，但這是否就代表睡眠有改善也還不確定。例如：藥物治療與健身運動，都能增加慢波睡眠，但人們並不會因此報告說睡得更好或白日睏睡度降低（Landolt et al., 1998; Youngstedt, Kripke & Elliott, 1999）。一項近期研究將 48 位中年失眠者（38 位女性與 10 位男性）隨機分為控制組、中或高強度有氧運動組、中或高強度阻力訓練組（Passos et al., 2010），以睡眠多項生理紀錄與每天記錄睡眠日誌（Sleep Diary）來評估睡眠。在經歷中強度有氧運動後，入睡時間與睡眠總清醒時間分別減少了 55% 與 30%，而總睡眠時間和睡眠效率分別增加了 18% 和 13%。睡眠日誌也顯示在總睡眠時間（25%）和入睡時間上（39%）都有所改善，自我評估的焦慮程度也有所降低（15%）。

基於人口的觀察研究

根據對一般大眾的問卷調查，觀察性流行病學研究顯示，身體活動與良好睡眠有關，但針對睡眠障礙者來探討長期健身運動對睡眠影響的研究並不多（Youngstedt and Kline, 2006）。在一項針對約 1200 名住在芬蘭坦佩雷市（Tampere）中年男女（年齡 36-50 歲）調查中，依重要性列出三項對入睡或睡眠品質最好的習慣或行為，人們會把健身運動排在第一位。

另一項隨機挑選住在針對住在亞利桑那州圖森市（Tucson）女性（403 位）和男性（319 位）的調查顯示，常有身體活動的人（即使每週只有 1 次）跟久坐少動的人相比，自述有睡眠問題和白天睏睡的比例也比較低（Sherrill, Kotchou & Quan, 1998；圖 10.4）

這種針對身體活躍與否，和睡眠好壞的流行病學研究，並無法確認其因果關係方

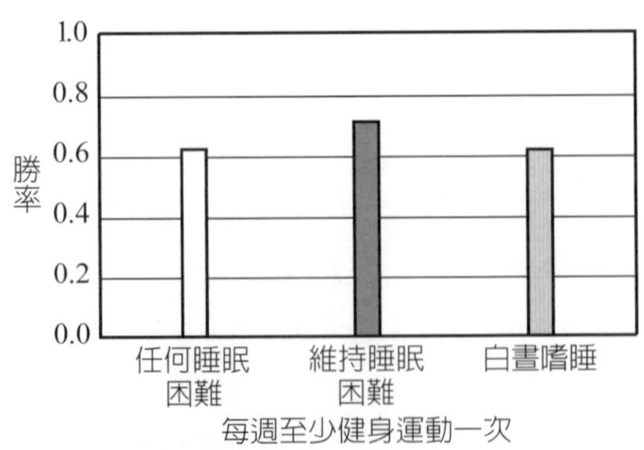

圖 10.4　健身運動與白晝嗜睡關係的流行病學證據

資料來自於：Sherrill, Kotchou and Quan, 1998.

向，有個合理的假設是：那些睡得比較好的人，白天也比較不疲累，因此會較願意規律進行健身運動（O'Connor & Youngstedt, 1995）。而且較常活動的人也可能會養成其他有助於睡眠的健康習慣，像是避免菸酒過量、較常接觸陽光，這些都對睡眠有幫助。關於健身運動後可以睡得更好的說法還有另一種可能性，人們通常是在有餘裕時才會去健身運動，因此之所以健身運動後可以睡得比較好，是因為本來工作壓力就比較小（Driver & Taylor, 2000）。

如果參與者在進行研究時，就期待健身運動對睡眠會有幫助的話，那麼以主觀睡眠評估的方式進行研究，就會是不合適的，因為他們已經先相信健身運動會對睡眠有益。雖然這並未獲得科學支持，但根據大眾說法健身運動是對睡眠有幫助的。依據這個信念，睡眠的價值在於可以保存或恢復能量，而身體疲勞是睏睡的象徵。

流行病學的研究顯示，健身運動有助於睡眠，但這效果可能來自於其他因素，像是個人特質或是擁有其他有益於睡眠的健康習慣。

從 1995 到 2008 年所發表的十三個橫斷研究中，有十一項發現（圖 10.5）相較於較少身體活動甚至久坐少動的人，常有身體活動的人睡眠不足或中斷的機率較低（mean OR = 0.73, 95% CI = 0.66-0.81）（Physical Activity Guidelines Advisory Committee, 2008）。此外，至少有兩項普查形式的橫斷研究顯示，無論身體質量指數如何（Body Mass Index, 是睡眠呼吸中止症的風險因子），以睡眠多項生理紀錄來看，每週健身運動 3 小時以上的男性或女性，有睡眠呼吸中止症的機率也較低（Peppard & Young, 2004; Quan et al. 2007）

有些支持證據來自美國、日本、芬蘭、瑞典、土耳其和澳大利亞的中老年男性和女性的研究，然而現有證據還不足以判斷健身運動對睡眠的影響，是否會因性別、年齡、睡眠異常類型或其他醫療狀況而有所差異。

諾丁漢（Nottingham）的健身運動與老化縱貫研究

英國的一群老年人最初在 1985 年（n=1042），後續在 1989 年（n=690）與 1993 年（n=410）參與研究（Morgan, 2003），在面談中評估他們休閒時的健身運動（在過去 6 週或更久以前，至少每週 1 次、每分鐘會消耗 2 大卡以上的活動，持續至少 30 分鐘）以及自我報告睡眠問題（入睡時間與總睡眠時間），將抱怨經常或持續有睡眠問題的人視為失眠個案，在 1985 年有 221 位、1985 年到 1993 年之間有 119 位，在校正年齡、性別與健康情況後，最不活躍的那 20% 人在 1985 年的失眠機率（OR=2.2）和 4-8 年內失眠的機率（OR=5.2），比最活躍 20% 的人高出五倍之多（Morgan, 2003）。

有氧運動中心縱貫研究

有氧運動中心的縱貫研究中，以客觀方式評估 7368 位男性與 1155 位女性的身體活動量，在四次就診時評估心肺健康（Cardiorespiratory Fitness），每次間隔 2-3 年。他們在第一次面談都沒有抱怨睡眠問題（Dishman, Sui, Church, Youngstedt & Blair, 2013），在隨後幾年的訪問中，男性有 784 位、女性有 207 位有睡眠抱怨。校正年齡、面談間隔時間、身體質量指數與第一次訪談

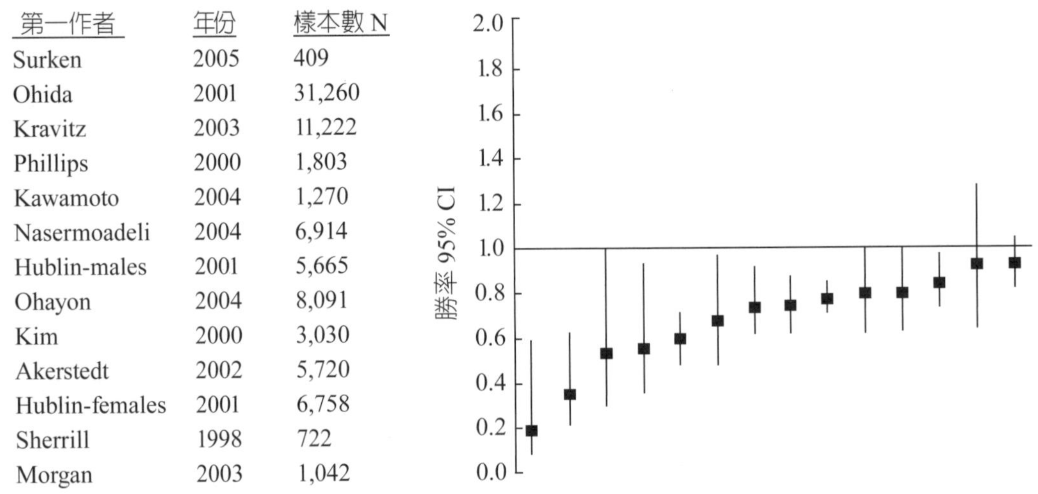

第一作者
年份
樣本數 N
Surken 2005 409
Ohida 2001 31,260
Kravitz 2003 11,222
Phillips 2000 1,803
Kawamoto 2004 1,270
Nasermoadeli 2004 6,914
Hublin-males 2001 5,665
Ohayon 2004 8,091
Kim 2000 3,030
Akerstedt 2002 5,720
Hublin-females 2001 6,758
Sherrill 1998 722
Morgan 2003 1,042
勝率 95% CI
2.0
1.8
1.6
1.4
1.2
1.0
0.8
0.6
0.4
0.2
0.0

圖 10.5 身體活動與自評睡眠障礙或睡眠不足，基於人口橫斷式研究的勝率

資料來自於：Physical Activity Guidelines Advisory Committee, 2008.

的體能程度後，51-55 歲的男性和 53-56 歲的女性跑步機耐力每下降 1 分鐘（心肺適能下降約 MET 的一半），會讓睡眠問題發生的機率增加 1%，這也是在控制了抽菸、喝酒、醫療情況、焦慮與憂鬱情況。

健身運動訓練

有幾項研究顯示常運動或健康的人，會有較多的慢波睡眠與總睡眠時間，但因為這些比較是在單一時間點進行，並無法確認睡眠改善是運動的影響，而不是其他組間差異（例如：健康的習慣或個性）所造成，也無法排除是那些睡得好的人會比較願意健身運動。

雖然有一項早期實驗研究顯示，停止規律健身運動會損害睡眠（Baekeland, 1970），但大多數關於長期健身運動對睡眠影響的研究，都侷限在睡眠良好者。儘管如此，在健身運動後可以看到半個到將近一個標準差、中到大幅度的改善，入睡時間更快、快速動眼睡眠較少、總睡眠量與慢波睡眠量都較多（見表 10.2）

隨機控制研究

並沒有太多以客觀測量方式，進行健身運動對睡眠長期效果的研究，然而隨機控制的研究中，睡眠衛生計畫裡的身體活動（有架構地運動並戶外照光、在白天時不躺床、建立睡眠儀式以及盡量減少臥室噪音與光線）（Alessi et al., 2005; Martin et al., 2007）與需居家照護者（Ouslander et al., 2006）的準實驗研究或睡眠呼吸中止症患者（Yamamoto et al., 2007）的研究，都顯示有一定程度的幫助。

在抱怨睡眠不佳的老年人隨機對照研究，有令人鼓舞的結果，一項針對老年憂鬱症患者（平均年齡 70 歲）的研究（Singh,

表 10.2 長期健身運動對睡眠項目的影響

項目	效果量（SD）
總睡眠時間	0.94
快速動眼睡眠	-0.57
入睡時間	0.45
慢波睡眠	0.43

結果根據一項涵蓋 12 個實驗的後設分析，資料來自 Kubitz et al., 1996.

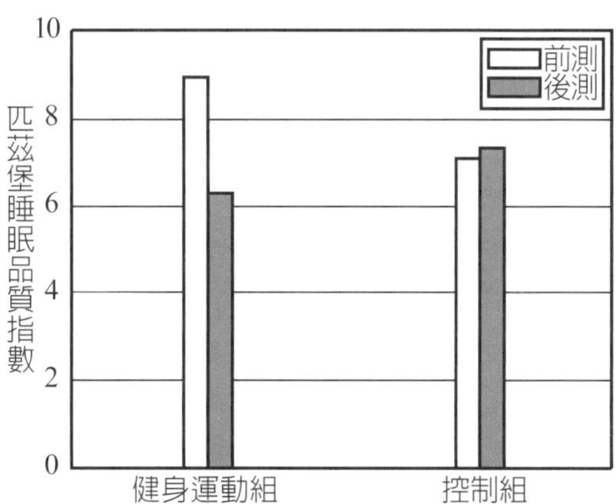

圖 10.6 32 位老年憂鬱症個案（平均年齡 71 歲）隨機分派為控制組與舉重運動組週 3 次、持續 10 週），得分高於 5 代表有睡眠問題，低於此得分代表睡眠良好

資料來自於 Singh, Clements and Fiatarone, 1997.

Clements, & Fiatarone,1997）發現，10 週的重量訓練（n=15, 每週 3 次）與單純健康教育培訓相較之下，會有主觀睡眠品質改善（見圖 10.6）。同樣，由 King 與他的同事在 1997 年於史丹佛大學所進行的隨機對照實驗發現，有中度睡眠問題的中老年人進行規律健身運動的話，也會有主觀上的睡眠品質改善（見圖 10.7）。

史丹佛大學研究

43 位年齡介於 50-76 歲之間，身體健康、不常健身運動且有中度睡眠抱怨的男女，透過匹茲堡睡眠品質指數（Pittsburgh Sleep Quality Index）與睡眠日誌來進行睡眠評估（King et al., 1997）。以社區為基礎進行 16 週的中強度運動訓練（主要是 30 分鐘的低強度有氧運動或快走，每週 4 次、介於 60%-75% 的有氧能力）。相較於等候控制組，運動組參與者在匹茲堡睡眠品質指數的總分有改善，子項目像是睡眠品質、入睡時間以及總睡眠時間都有變好（見圖 10.7）。

另一項也呈現於圖 10.8 的研究，有 66

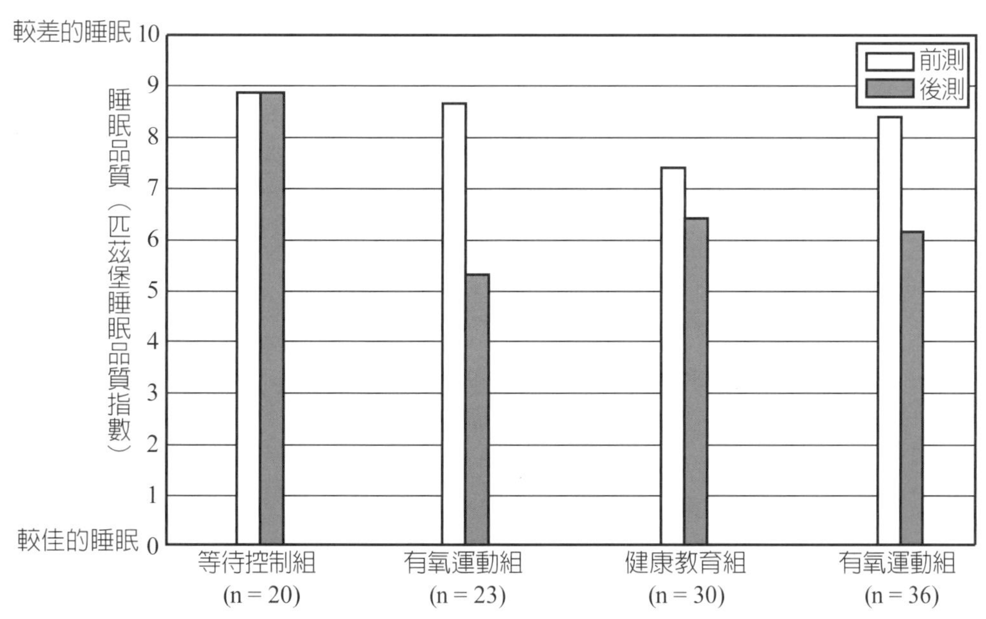

圖 10.7 有中度睡眠問題的高齡者，完成每週 4 次持續 16 週，30 至 40 分鐘的有氧運動控制組則維持他們平常的活動水準

基於：King et al., 2008; King et al., 1997.

位 55 歲以上、久坐少動且有輕到中度睡眠問題的老年人，隨機分派到中強度耐力運動（n=36）或健康衛教對照組（n=30），持續 12 個月（King et al., 2008）。運動組參與者在匹茲堡睡眠品質指數，內容中的睡眠障礙、入睡時間以及晨間恢復感等項目上有所改善。與對照組相比，這些人自評入睡時間的夜間變異性也降低了約半個標準差（Buman et al., 2011a）。透過客觀的睡眠多項生理紀錄來了解他們在家的睡眠情況，12 個月後運動組比起對照組參與者，階段一睡眠顯著減少、階段二睡眠增加、在前三分之一的睡眠期間較少醒來（King et al., 2008）。

另一項類似的研究，將 100 位久坐少動、49-82 歲，負責照顧失智症親屬的女性，隨機分配至中等強度運動（每週 4 次，每次 30-40 分鐘快走，有氧能力 60%-75%）或注意力控制（營養教育）計畫，過程進行 12 個月，參與者居家以透過電話訪談來完成（King et al., 2002）。透過匹茲堡睡眠品質指數的評估，運動組參與者的睡眠品質有所改善，但營養教育組則沒有。

另一項久坐少動的老人研究中，在進行 15 週、每週 1 小時中等強度的體育活動（例如：壘球、舞蹈、防身術、游泳和田徑）後，自我評估的睡眠時數有小幅增加（de Jong et al., 2006）。其他強度較低的健身運動（如走路或瑜伽）的研究則顯示，主觀睡眠改善的幅度較小或者是未達統計上的顯著差異（Elavsky & McAuley, 2007; Gary & Lee, 2007; Yurtkuran, Alp & Dilek, 2007）。

有些證據支持健身運動，對有睡眠抱怨的人是有幫助的。

在長期健身運動對睡眠有幫助這論點上，吉耶米諾（Guilleminault）及其同事（1995）提供了其他具說服力的證據。30 名心理生理性失眠患者（平均年齡 44 歲）被隨機分配接受三種不同的四周治療：(1) 睡眠衛生教育，(2) 睡眠衛生結合運動（每天步行 45 分鐘）以及 (3) 睡眠衛生加上照光（每天 1 小時，光強度 3,000 lux）。在治療前後的幾週內評估睡眠。單獨睡眠衛生教育讓總睡眠時間減少 3 分鐘，睡眠衛教加上運動的話則使總睡眠時間增加 17 分鐘。然而這項研究令人印象深刻的結果是，睡眠衛教加上照光的話可使總睡眠時間增加了將近 1 個小時。

失眠患者

最近一項研究探討長期健身運動，對睡眠不佳者的客觀睡眠有什麼影響。16 位女性和一位男性，年齡 55 歲以上，都久坐少動並被診斷患有原發性失眠至少 3 個月。他們參與一項隨機對照試驗（Reid et al.,2010）。一組是睡眠衛生（關於促進睡眠的教育和諮詢）加上 16 週的有氧運動（步行、飛輪或跑步機，每週 4 次，每次 30 至 40 分鐘，75% 最大心率），另一組則是單純睡眠衛生教育。相比之下，有加入運動的參與者在整體睡眠品質、入睡時間期、睡眠持續時間、白天功能失調和睡眠效率（匹茲堡睡眠品質指數）上的評分都有所改善。與介入前相比，運動組的憂鬱症狀和白日睏睡程度降低減少，精神也有所提高。

停經後女性

居住在西雅圖地區的 50-75 歲過重，久坐少動且並未接受賀爾蒙替代治療的婦女，隨機分派為兩組，其中一組在 12 個月中要每週進行 5 天，每次 45 分鐘的中強度運動（n = 87），另一組人則是每週進行一次低強度的伸展運動（n = 86）（Tworoger et al., 2003）。伸展與有氧運動組的人，在主觀睡眠品質上都有類似的改善，儘管如此，無論 BMI 或戶外時間長短，在這期間 $\dot{V}O_2$ 最大值提升 10% 以上的婦女跟沒有提升甚至降低的那些人相比，有睡眠品質不佳、睡眠時數短或使用助眠藥物的可能性較小。

在早上健身運動的女性當中，每週健身運動 225 分鐘以上，跟少於 180 分鐘的人相比，會有入睡困難的可能性低 70%（OR = 0.3）。但相反的在傍晚健身運動的話，每週健身運動 225 分鐘以上，跟少於 180 分鐘的人相比，會有入睡困難的可能性高出三倍（OR = 3.3）。然而這些差異可能是有偏差的，因為健身運動時間來自於自己的作息，會晚上健身運動的人多半是因為白天要工作，而早上健身運動的人多半是以退休或是不需工作。

睡眠與健身運動在研究上的問題

人與健身運動的一些特性，會使得健身運動對睡眠的影響程度有所差異。體適能程度，是一個會使健身運動對睡眠影響效果有差異的因子。健身運動可能對那些身體健康或較活躍者的睡眠有幫助，但卻可能對較不健康和不活躍的人帶來壓力並對睡眠有礙，這似乎是合理的推論。然而實驗結果表示，體適能程度對於急性健身運動對睡眠的影響，並沒有調節效果（Youngstedt, O'Connor & Dishman, 1997），這與問卷調查所得的結果一致，調查顯示健身運動對多數久坐少動者的睡眠，都是有幫助的（Youngstedt & Kline, 2006）。健身運動所引發的散熱機制是一項影響睡眠的假設，前下視丘（Anterior Hypothalamus）在調節散熱與睡眠上都有著重要作用。

一個常見的假設是當身體熱起來時，負責散熱機制的下視丘就會活躍起來，如此就特別會促進慢波睡眠（McGinty & Szymusiak, 1990）。這假設從那些泡熱水澡可增加慢波睡眠的研究獲得支持（Horne & Staff, 1983；見圖 10.8）。

一項以健康、沒有臨床病症的女性為對象的研究顯示，急性健身運動後的慢波睡眠增加效果，是與運動中體溫提升有關。被動式的體溫上升對慢波睡眠增加的效果跟實際運動很相近（Horne & Staff, 1983，圖 10.8 與 10.9）。Horne 和 Moore 在 1985 年的一項研究顯示，運動後慢波睡眠增加的效果可以透過身體冷卻來反轉。從這研究之後，睡眠研究者與專家普遍認為，健身運動之所以有助於睡眠，是因為體溫上升的緣故。然而 Horne 和 Moore 研究的限制，是並沒有在上床睡覺時或睡著後記錄體溫，而且健身運動是在上床睡覺前 6 小時進行，這讓體

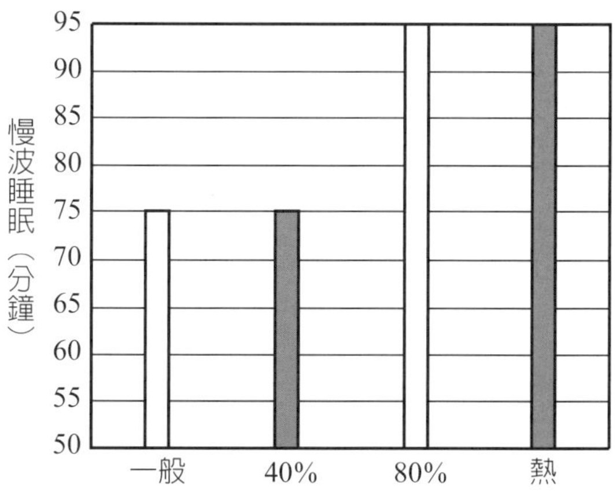

圖 10.8　身體溫度與睡眠：將人浸泡在熱水中，會增加慢波睡眠的比率，就如同以 80% 有氧能力進行健康運動的效果

資料來自於：Horne and Staff, 1983.

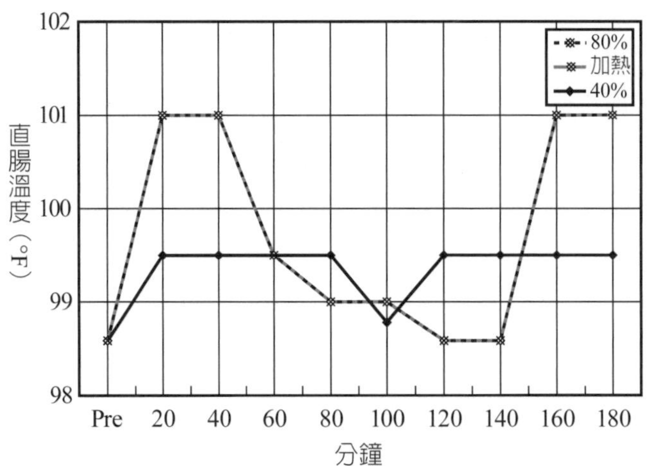

圖 10.9　高強度運動（80% 有氧能力）與被動加熱到相同身體溫度的情況，可用來檢測睡眠是否會受到運動過程中增加的身體溫度所影響

資料來自於：Horne and Staff, 1983

溫有足夠的時間恢復到一般狀態。後設分析的資料顯示體溫變化，對睡眠並沒有正向調節的效果，甚至與體溫調節假設是矛盾的（Youngstedt, O'Connor & Dishman, 1997）。

體溫會隨著健身運動強度而依比例提升，因此對睡眠最有幫助的應該是高強度的運動才對。但對大眾而言，只有 10% 左右的人會定期進行激烈運動，因此基於體溫假說，就不該期望健身運動可以對大部分人的睡眠有幫助。然而就如一些證據所呈現的（Youngstedt, O'Connor & Dishman, 1997），如果較低強度的運動就足以讓睡眠有所改善，那麼會有更多人可以透過運動來促進睡眠。

與睡眠有關的運動行為，主要是健身運動持續時間，以及在上床睡眠前多久進行運動。睡眠研究累積的資料顯示，健身運動時間增加超過 1 小時，總睡眠時間就會顯著地增加（Youngstedt, O'Connor & Dishman, 1997）。這個觀察提出了一個關於健身運動實用性的問題，因為多數人不太可能每天都健身運動超過 1 小時，來讓自己睡得更好。

大眾與健康專家普遍認為，睡前劇烈運動會有不好的影響，不過一些研究顯然與這種觀點矛盾。奧康納（O'Connor）、布魯斯（Breus）和楊斯泰特（Youngstedt）（1998）發現，在就寢時間前 30 到 90 分鐘進行以有氧能力 60% 強度、1 小時的運動，對睡眠並不會有不良影響。楊斯泰特（Youngstedt）及其同事（2000）則發現，在睡前 30 分鐘內進行 3 小時，70% 有氧能力的自行車劇烈運動，也對睡眠沒有顯著影響。米力麥基（Myllymäki）及其同事（2011）的報告顯示，在睡前 2 小時進行空中腳踏車（Leg Cycling Exercise）直到耗竭無力，也對睡眠品質沒有影響。此外，一項針對芬蘭成年人（n = 1,190）的隨機調查顯示，大多數在晚上（晚上 8 點之後）進行劇烈運動的人，主要會回報對睡眠有好的影響（Vuori et al.,1988）。對許多人來說，晚上健身運動才是符合現實生活的作法。因此「晚上健身運動會影響睡眠」這種未經證實的說法，可能會讓那些白天無法抽空健身運動者的人更加難以進行運動。

對多數人而言，睡前健身運動並不會影響睡眠。

機制

了解健身運動如何影響睡眠不僅在臨床應用上有價值，而且也可能有助於了解睡眠功能中的重要資訊，然而健身運動是如何促進睡眠的相關機制目前尚未獲得解答。前面討論過「身體加熱」是一個證據力模稜兩可的機制。其他可能但未經證實的解釋包含身體恢復、能量保存、腺苷（Adenosine）和褪黑激素分泌增加，這有助於調節睡眠的規律性。本節簡述我們對照光、抗焦慮與抗憂鬱、晝夜節律移動和生物化學作用的一些了解。間接證據顯示劇烈運動與女性褪黑激素分泌有正相關（Knight et al., 2005），而且會導致晝夜節律移動（Van Reeth et al., 1994），包含褪黑激素的晝夜節律週期延後（Barger et al., 2004）、影響腺苷的代謝（Benington, Kodali & Heller, 1995）與活化那些被假設能夠讓人較不焦慮與憂鬱的神經迴路（Youngstedt, 2005）

照光的效果

自然環境光線較弱與憂鬱程度、睡眠困擾有顯著相關，強光照治療可以有效降低一些種類的憂鬱並對睡眠有幫助。成年人每天平均接收約 20 分鐘的強光（例：高於 2,500 Lux）（Espiritu et al., 1994），但根據地點與季節的不同，平均照光時間也可能達 2 小時以上（Cole et al. 1995），尤其在冬天，許多在中午（1 小時，10,000lux）戶外運動的人可以獲得平均值的十倍。急性健身運動的研究，並沒有提供關於運動期間或當天的光照資訊。關於運動的實驗證據與傳聞之間的差異，一個解釋可能是因為許多研究都在實驗室內所進行，而大多數人健身運動則是在戶外進行，光線可能會比一般室內還要亮上數千倍。即使健身運動對睡眠的效果並未考慮到光線，但強光照射可能會有增強運動促進睡眠的效果，有研究報告指出，健身運動與光照對緩解憂鬱症狀有加成效果（Golden et al., 2005）。

抗焦慮與抗憂鬱效果

焦慮會有礙睡眠，在某些情況下健身運動可以緩解焦慮數小時（見第六章）。因此健身運動緩解焦慮進而促進睡眠是有道理的。不過一項探討這個機制的研究顯示這未有定論（Youngstedt et al., 2000）。與安靜坐著的控制組相比，儘管參與者健身運動後 20 分鐘的焦慮程度明顯降低，但在運動後 4-6 小時的睡前焦慮並沒有顯著差異，睡眠與睡前焦慮程度也沒有相關。規律健身運動也有抗憂鬱的效果，因此也可能經由緩解憂鬱症狀（包含睡眠困擾）來間接地促進睡眠（Singh, Clements & Fiatarone, 1997）。

晝夜節律相位移動效果

人的生理時鐘會讓睡眠與清醒規律循環，形成穩定的睡—醒週期。而一旦生理時鐘出現混亂、不同步時，睡眠也會受到干擾。像是輪班工作或是橫越多個時區的時差現象。大約三分之一的 60 歲以上高齡者處於長期晝夜節律不穩定的狀態，這種狀態會如同老化常見的睡眠異常一樣損害睡眠，像是睡眠呼吸中止症、週期性肢體運動異常（Periodic Limb Movements During Sleep）。校準晝夜節律相位可以有效改善高齡者的睡眠。研究發現運動可以造成跟強光相近的晝夜節律相位移動效果（Buxton et al., 2003）。

健身運動對睡眠的效果，有可能間接來自於戶外運動時所接收到的光線、焦慮與憂鬱的降低、晝夜節律相位的移動及運動所產生的生物化學影響。

生物化學效果

健身運動時肌肉與細胞外液（Interstitial Fluids）的腺苷會增加，當偵測到氧氣濃度低時，這會有促進血管擴張的功能（Radegran & Hellsten, 2000）。腺苷也被認為在調節睡眠中扮演重要的角色（Porkka-Heiskanen et al., 1997），楊斯泰特（Youngstedt）、克里普克（Kripke）和埃力奧特（Elliott）（1999）發現，健身運動後慢波睡眠會增加將近三倍，這是安慰劑組與咖啡因攝入組的比較上發現，因為咖啡因會阻斷腺苷的神經傳遞效果。

小結

急性健身運動會讓本來就睡得不錯的人，有延後快速動眼睡眠、快速動眼睡眠量也會稍微減少、慢波睡眠與總睡眠時間略為增加的效果。此外，約有十幾項的觀察研究顯示，相較於不常活動的人，常有身體活動者有睡眠抱怨的機率低了將近 25%。少數針對失眠或有睡眠困擾的人所進行的隨機實驗顯示，健身運動對睡眠不佳的種種症狀及主觀睡眠品質，有正向的大效果量（大於一個標準差），同時在使用客觀的睡眠多項生理紀錄研究中，睡眠也有著小幅的改變。

雖然常健身運動的人總是說他們睡得比較好，不過絕大多數觀察性研究都是透過橫斷設計，無法有合適的健身運動時間測量。然而至少一項前瞻性世代研究發現，與最活躍的成年人相比，最不活躍的那些人，在 4-8 年後會發生失眠的風險會是一倍以上。觀察研究發現，身體活動與良好睡眠之間有著程度依賴的關係，但由於多數隨機對照實驗都使用低到中等強度的運動，因此程度與反應之間的關係並沒能獲得很好的測試。一項隨機對照研究與一項前瞻性世代研究指出，較少的睡眠抱怨與心肺相關的提高有正相關，或與中年時期的健康下降有著負相關。然而改善睡眠所需的最低活動量目前尚不清楚。

健身運動對睡眠研究的最大限制，在於多半是以睡眠良好者為參與者，少量針對睡眠正常者的研究發現，長期健身運動對增加慢波睡眠與總睡眠量、降低入睡時間、入睡後清醒時間與快速動眼睡眠等，有著小到中度的效果，在有睡眠困擾的人身上或許可以有更大的影響（Youngstedt, O’Connor & Dishman, 1997; Youngstedt, 2000）。直到最近才有以客觀多項生理紀錄的研究證據顯示，急性健身運動與健身運動訓練，可以改善睡眠困擾者的睡眠。在對睡眠困擾者或以實驗造成睡眠片段化有更多研究之前，我們還無法理解健身運動對於促進睡眠有多大的潛力，我們仍然不完全了解健身運動對失眠，或其他睡眠困擾者的睡眠有多大的益處。然而健身運動對睡眠的干擾風險很小這點我們很有信心。中到強度的休閒健身運動，包括那些結束後會肌肉疼痛的健身運動，目前都沒有證據顯示會損害多數人的睡眠。

參考網站

1. www.sleepquest.com
2. http://sleep.stanford.edu
3. http://sleepcenter.ucla.edu
4. www.nhlbi.nih.gov/about/ncsdr
5. www.aasmnet.org/accred_centerstandards.aspx

第十一章
健身運動與疼痛

李季湜 譯

健身運動可以透過很多方式造成疼痛。一個 8 歲大的小孩在遊樂場裡面，從設施上跌落下來摔斷鎖骨；一名高中游泳選手在遊 100 公尺自由式的時候，感覺手臂肌肉劇烈疼痛；一位中年人在慢跑的時候感覺到胸口疼痛；一名 75 歲的婦人享受了在花園的工作之後，隔了一段時間之後覺得肌肉疼痛和僵硬持續了 2 天之久。雖然這些類型的疼痛，都有可能是體力活動帶來的後果，但短期或者長期健身運動也可以有降低疼痛的效果。在回顧了疼痛的定義、測量疼痛的方法、慢性疼痛的影響及其含蓋的範圍，以及疼痛的神經生物學基礎之後，本章節將探討短期和長期健身運動對疼痛的影響，包括它對改善病人各種不同疼痛的應用潛力，從偏頭痛、下背疼痛，一直到慢性糖尿病引發的神經痛。

定義

亞里斯多德的觀點對科學有很大的影響。他建立了五官的學說：味覺、觸覺、視覺、嗅覺以及聽覺。他認為痛覺只是一種情緒。這種看法使得後世學者很晚才注意到，痛覺也是一套獨立的感官系統，因而需要更多專注於此的研究（Dallenbach, 1939）。

現在的學者專家一致認為，痛覺是一種主觀知覺，而且國際痛覺研究協會（IASP Task Force on Taxonomy, 1994）定義痛覺是「一種不愉快的感官與情緒經驗，且此經驗與身體的受損，或者受損的可能性有關聯（p. 210-213）」。這樣的定義特意避開了疼痛與外界引發受傷的刺激之間的關係。

雖然痛覺通常與身體受傷有關，但疼痛的強度卻和外傷的嚴重程度沒有很直接的關係。有時候疼痛是心理因素造成，人們會錯誤地誇大疼痛感以避免去工作，或者為了取得醫藥，又或者是為了獲取不應得的金錢賠償。有一個研究檢視了 33000 個法律案件，估計其中有 29% 的個人傷害、30% 的殘障及 8% 的就醫案件，裡面有造假與誇大症狀的情況（Mittenberg et al., 2002）。生物因素也可能使得疼痛報告的強度和真實的物理傷害程度之間，沒有產生高度相關。一個很明顯的例子是，有少數人天生對痛覺不敏感，例如：他們缺乏一種製造特定鈉離子通道的基因，而具有此離子通道的神經是負責傳送身體受傷程度的訊息（Cox et al., 2006）。有此種基因缺陷的人，特別是小孩子，身體常常會因為各種不同原因而受傷。因為他們無法感知到身體受傷是一件很不愉快的事情，故無法學會避免受傷的危險。

大多數情況下，特別是在醫院真實世界的疼痛案例中，多種不同的生物與心理因素同時在作用，造成疼痛感知的強度和身體受傷嚴重程度，沒有產生很一致的關聯性。一些常見例子是，到心臟科就診的病人自訴胸口疼痛，然而檢查之後卻發現冠狀動脈很健康（Kaski, 2004）。也有些病人並沒有背痛，卻被核磁共振診斷出脊椎有異常（Jensen et al., 1994）。另外有些病人有一些心理疾病，例如：纖維肌痛，他們會自訴全身到處都痛，卻找不到任何生理物理上造成疼痛的原因（Abeles et al., 2007）。

關於疼痛的探討、研究和治療有一部分是根據其持續時間的長短，許多人因此覺得有需要區別出急性、短期的痛，或者是長期慢性的疼痛。雖然還沒有建立長期慢性疼痛的一致標準，許多人會認為這是指感覺到痛的時間長度，超過了身體組織復原所需的時間。長期疼痛通常是慢性病帶來的後果，例如：骨關節炎和癌症。超過 3 個月的疼痛，通常會被認定為長期疼痛，而未達此長度的，就認定為短期急性的痛。短期急性疼痛通常是一次性的創傷帶來的後果，例如：手術或者運動傷害。另外還有因為組織受傷帶來的生理狀態變化，像是做健身運動時因為心肌缺氧造成的胸口疼痛。

疼痛測量

因為疼痛是一種主觀的感知，它通常透過自我報告來測量。疼痛常透過三種不同角度來測量：位置、強度和對情緒的影響。

疼痛位置繪圖常用來表示痛覺感知的分布（請見圖 11.1）。我們會給病人看一張身體部位的圖（例如：膝蓋），然後請他們把所有感覺到疼痛的地方都畫上陰影。感到疼痛部位的數量常常與疼痛行為的程度呈現相關，例如：止痛藥的使用量以及因為疼痛而停止肢體動作的時間長短。

0 到 10 的量尺是一個可靠、有效力，

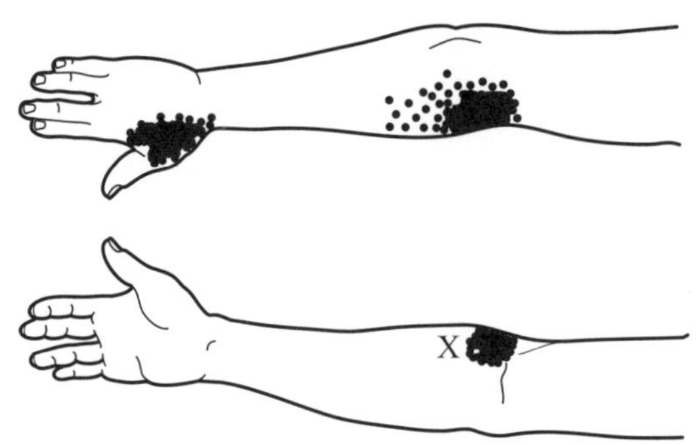

圖 11.1　網球肘疼痛位置繪圖

且常見的測量疼痛強度之方法。我們會告訴病人零代表沒有疼痛，10 代表你能想像到最強烈的疼痛（請參閱圖 11.2）。這個文字描述的基準，對於建立一個完全的疼痛測量範圍非常重要。如果把這段文字改成「沒有不舒服」以及「你能想像到最強烈的不舒服」，那麼我們測量到的就是疼痛對於情緒的影響。分別測量疼痛的強度以及對於情緒的影響相當有用，因為這兩種疼痛感受的神經生物機制不同，而且兩者的治療方式也有差異。典型的覺類比量尺（VAS）是一條長 10 公分的水平線，左右兩端各有前文所敘之文字描述為基準（請參照圖 11.3）。病人在這條水平線上做一個記號，以表達所感受到的疼痛強度。有許多研究證據顯示，這兩種量尺可以很可靠且有效地測量到疼痛的強度和對情緒之影響（Turk & Melzack, 2001）。

疼痛也可以用一些其他方式來測量。其中疼痛閾值指的是，能夠造成疼痛感受的最小刺激強度，而疼痛容忍度是一個人能夠承受的最大刺激強度。但必須注意，在研究情境下能夠測量到的疼痛容忍度其實是假的，因為研究倫理不會容許受試者曝露在真正最強的疼痛刺激之下。例如：在實驗中我們會給受試對象施加強大的機械壓力來引發疼痛，然而這個壓力不可能大到真的把接受

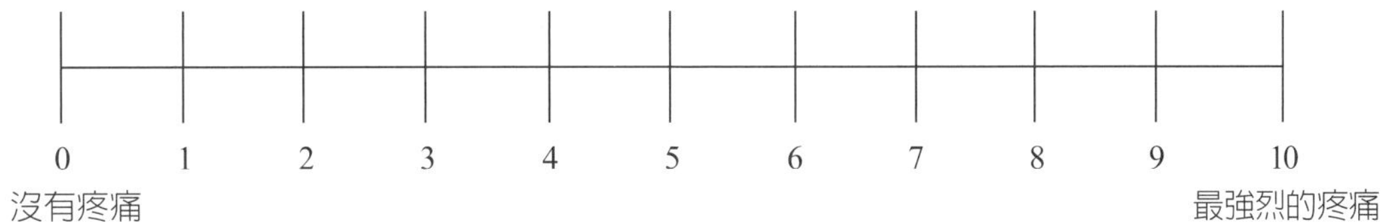

圖 11.2　數字 0 到 10 的疼痛量尺

圖 11.3　視覺類比疼痛量尺（剛好 10 公分，測量最小單位是釐米（0-100），從最左邊量起）

測試者的骨頭壓斷。

從多個向度來測量疼痛，會比只測量痛覺強度得到更多的資訊。最基本的多向度測量是痛覺強度與疼痛對情緒之影響。另外一些觀察角度，像是詢問痛的種類（例：是撕裂還是燒灼的感覺）、疼痛對日常活動的影響，以及痛的特徵如何隨著時間而變化（例：早上比較痛還是晚上比較痛）。

痛覺也可以從行為上來觀察，像是觀察受試者會不會舉起手來保護將被撞擊的身體部位，或者是受試者的臉部表情。如果語言障礙妨礙了觀察者與疼痛者之間的溝通，那麼行為測量就特別有用（例如：疼痛的對象是嬰兒、講不同母語的人，抑或疼痛者已經失去意識，或者有認知缺陷）。精明的醫療人員會特別注意患者是否出現有疼痛相關行為。

長期慢性疼痛的範圍與影響

在美國，長期慢性疼痛的發生率相當高，估計超過 30%，影響超過 1 億人。在女性中的發生率（34%）又高過男性（27%）。在成人當中，發生率最高的是年紀超過 65 歲的人（38%），而最低的是介於 18 到 24 歲（12%）。長期慢性疼痛維持的時間，會比造成疼痛的刺激更久，而且其強度往往隨著時間還會增加。關節炎、背部疼痛和偏頭痛，是最常見的三種長期慢性疼痛（Johannes et al., 2010; Manchikanti et a.l., 2009）。大多數有下背部疼痛和關節炎的患者，每天都會感受到中度的疼痛，但其中約有三分之一表示他們的疼痛很劇烈（Johannes et al., 2010）。收入較高的國家像是瑞典和美國，人口中背部疼痛的比率，要比收入較低國家例如：奈及利亞，高兩到四倍。而在同一個國家內，都會地區背部疼痛的發生率也是高於郊區（Volinn, 1997）。生產是一個很明顯的長期慢性疼痛來源。醫學研究院估計剖腹生產的婦女，隔年有 18% 的機率會出現疼痛，而自然生產的婦女中，一年後出現疼痛的比率是 10%（Institute of Medicine, 2011）。視外科手術類型而異，可有高達一半的病人會出現長期慢性疼痛現象。

長期慢性疼痛會帶來很明顯的經濟與健康方面的後遺症。在美國 2001 年有大約 8 百萬人在 3800 家專門治療疼痛的醫院與診所進行治療。因為疼痛降低工作上之表現而導致的損失，每年可超過 600 億（Stewart et al., 2003）。在美國每年開出超過 3 億筆止痛藥處方，購買藥物的費用超過 500 億（Gatchel & Okifuji, 2006）。大多數（高達 87%）患有一種長期慢性疼痛的病人，也會罹患另外一種疾病（共病），包括其他種類的疼痛或各種不同的生理（例如：氣喘、高血壓）及心理（例如：焦慮、憂鬱）狀況（Von Korff et al., 2005）。跟那些沒有疼痛纏身的人相比，罹患長期慢性疼痛的病人，其生活品質顯著下降（Jensen, Chodroff & Dworkin, 2007），他們承受的傷害包括注意力與工作記憶受損（Dick & Rashiq, 2007）、睡眠品質不好（Smith & Haythornthwaite, 2004）、失能比例上升（Jamison, 2010）、社交與婚姻出問題（Flor, Turk & Scholz 1987），以及保住工作的能力下降（Breivik et al., 2006）。此外患有長期慢性疼痛的人自殺率也升高。有兩個研究指出，約有 5% 罹患肌肉骨骼類長期慢性疼痛的病人會試圖自殺。

疼痛的神經生物學基礎

目前學者認為疼痛感覺是因中樞神經系統中，有某條專屬的神經路徑被活化而造成，而這條神經路徑可以不需要有真實的身體受傷就能被活化。例如：有些研究中的受試者僅僅是看一些別人在受苦的影片，自己就會感受到疼痛，而且大腦中一些與痛覺處理有關的腦區，就會被活化起來（Osborn & Derbyshire, 2010）。在一些其他狀況中也出現過，在身體沒有真的受傷的情況下，大腦處理痛覺的區域活化起來同時，病人主觀上也會感受到疼痛。這些狀況包括，有病人沒有任何醫學上的原因，卻感覺到長期慢性疼痛，像是纖維肌痛（Derbyshire, Whalley & Oakley, 2009）以及自己想像出來或者被催眠暗示出來的疼痛（Derbyshire et al., 2004）。這些研究與觀察突顯出一個概念，亦即主觀的痛覺是大腦中特定神經路徑被活化造成，而此神經路徑的活化與身體真正的受傷彼此是互相獨立的。

健身運動可以造成疼痛卻也可以治療疼痛，因為運動可以影響操控疼痛的神經機制。

通常疼痛是由於身體受傷，或者產生即將要受傷的變化而發生。這些身體變化造成的生理後果，就是活化了一些特殊的知覺受器，而這些受器是專門用來偵測環境中，一些會造成身體受傷的強烈刺激（這些受器被稱為痛覺受器）。痛覺受器受刺激後，把訊號經由感官神經索傳送到脊椎。在脊椎中有好幾條往上傳的神經路徑，會接收感官刺激訊號。這些長長的神經投射路徑傳送訊號到大腦中的次皮質區域像是視丘，也會把訊號傳到某些皮質區域。脊髓裡面有數萬個神經連結可以在痛覺信號從脊髓傳送到大腦的過程，產生抑制或者調節痛覺強度的作用。大腦內的神經迴路也可以改變疼痛的知覺，例如：以前受傷經驗的記憶，可以調整疼痛的知覺，而過去成功治療或者克制疼痛的經驗，可以降低痛的感知強度。此外，從大腦往下傳送到脊髓的神經，也可以發揮抑制和調整痛覺受器活性的作用。

短期和長期的健身運動，可以增加或者減少疼痛，此功能是透過週期性或者持續性地增加和減少大腦內神經迴路活性而達成。健身運動也可以靠著短效或者長期地影響痛覺受器、感覺輸入路徑、脊髓的神經投射，或者從大腦投射到脊髓的神經元，而達成改變疼痛知覺的效果。僅有少數實驗是專門針對運動如何影響痛覺的生物生理機制而設計。

痛覺受器和感覺輸入路徑

本節探討肌肉疼痛的神經學，因為運動需要使用到骨骼肌，而且在醫療上健身運動訓練最能緩解骨骼肌肉的疼痛。機械壓力和致痛化學物質是造成骨骼肌疼痛的直接原因。

痛覺受器是感覺受器的其中一種，在肌肉上它會針對有害的刺激產生反應。它們通常是小口徑沒有髓鞘化（稱為第四型或者C 纖維），或者有輕微髓鞘化（第三型或者A-δ）的神經纖維。大多數肌肉上的痛覺受器是第四型。高強度的機械壓力，例如：一個體重 250 磅（113.4 公斤）的美式足球線衛以全速衝刺，撞在一位跑鋒的大腿上，就會活化第三和第四型高閾值機械力感覺受器（HTM）。大約有 60% 的高閾值機械力感覺受器會對有害的壓力產生反應。這些痛覺受器，有一部分似乎會被高強度的運動活化，而這些健身運動會產生很高的肌肉內壓力（Cook et al., 1997）。

化學物質會活化第四型多類別痛覺受器，並使其變得更敏感。多類別痛覺受器對極端熱和冷的溫度產生痛覺反應，也會因為許多化學刺激而活化，導致疼痛知覺傳入。這些化學刺激包括：腺苷、三磷酸腺苷（ATP）、緩激肽、辣椒素、麩胺酸、組織胺、氫離子（H^+）、白血球介素、白三烯素、神經生長激素、一氧化氮、前列腺素、血清素以及 P 物質（Mense, 2009）。這些致痛（產生疼痛）化學物質通常作用在神經細胞表面的受器上。它們會打開離子通道，讓陽離子例如：鈉（Na^+）、鉀（K^+），通過神經細胞膜，而增加痛覺受器傳入訊號的活性。在中等到高強度運動中，肌肉受傷、發炎，以及心肌或者骨骼肌缺血，都會導致這些化學物質在肌肉中的濃度上升。根據實驗操弄研究的結果，最易導致骨骼肌和心肌疼痛的化學物質是氫離子、緩激肽，以及三磷酸腺苷所激發的反應，或者它的衍生物腺苷（Birdsong et al., 2010; Mense, 2009）。

在現實中這些化學刺激物是一起作用的，僅有少數基因異常的狀況會導致例外。例如：McArdle 症狀（是一種骨骼肌肝醣代謝的罕見疾病）的病人有一個基因異變，因而導致肌肉中有一種稱為肌磷酸化酶的酵素失效，這會造成病人在運動的時候無法使用肌肉中儲存的肝醣。這種病變的其中一種後果是，在運動的時候病人的肌肉中乳酸不會增加。如果乳酸累積是運動時造成肌肉疼痛的原因之一，那麼這些患者運動時感受到的疼痛就比較輕微。然而這些病人的其中一個症狀是，運動過後的疼痛會非常強烈，而且往往持續好幾個小時（Paterson et al., 1990）。很明顯地，乳酸不是運動過程中造成肌肉疼痛的原因，這和許多人原本的觀念相反。

其他的化學物質抑制第四型痛覺受器。例如：內生型嗎啡和大麻素會連結痛覺，輸入神經並且抑制它們的活性。內生型嗎啡（又稱內啡肽、腦啡肽、強啡肽及內嗎啡肽）是一種胜肽類化學分子，它們的生化性質和那些從外界近來的鴉片類物質很接近，例如：海洛因和嗎啡。內生性大麻素（花生四烯乙醇胺、2- 花生酰基甘油乙腈）是一種油脂類分子，可以連接在大麻類的受器上，這些也是大麻這種毒品裡面的有效成分會連接的受器。中度至高強度健身運動很明顯會增加內生性鴉片類分子和大麻素分子在周邊組織裡面的濃度，在那邊這些分子可以產生抑制痛覺輸入神經路徑的效果（Dishman & O'Connor, 2009; Sparling et al., 2003）。

訊號處理

痛覺輸入神經路徑的突觸，主要分布在脊椎的背角區域。痛覺訊號導入大腦的途徑主要有幾條，包括脊椎－視丘路徑、脊椎－網狀結構路徑，和脊椎－中腦路徑。脊椎－視丘路徑傳送神經訊息到好幾個腦區，包括網狀結構、導水管周圍灰質、下視丘、杏仁核，以及腹側視丘與側丘腦。而這些區域裡面的神經元，又會投射到好幾個更高階的腦區，包括島葉皮層和軀體感覺皮層。脊椎－網狀結構路徑的神經元，投射到網狀結構中大約在髓質和橋腦的高度，然後再透過突觸傳到中丘腦區域。最終這條路徑的神經元，把訊息投射到大腦中某些負責處理受傷事件的關鍵腦區，包括了藍斑核。脊椎－中腦路徑投射到好幾個腦區，特別值得注意的是輸入到導水管周圍灰質的神經訊息。該處的神經元會送出軸突到幾個邊緣系統區域，包括杏仁核和前扣帶環皮層。或許最關鍵的點是，因為痛覺訊息非常重要，所以有好幾條平行的神經通路，將痛覺感知傳往上送到相同的一組皮層以及次皮層的大腦區域，而這些腦區控制著針對環境變化能夠產生有效反應的行為（Price, 2000）。

中樞神經系統之處理

在大腦內，痛覺資訊由一組分布很廣的神經網路負責處理。這個網路和各腦區之間有許多交互連結。這些腦區可以調控行為反應，來對付能夠產生這些痛覺刺激的環境威脅。例如：訊息會傳到處理以下這些事件的腦區：

- 方向感、醒覺程度、恐懼及警醒感（參與這些處理機制的腦區有網狀結構、藍斑核、導水管周圍灰質、下視丘及杏仁核）。
- 表徵疼痛的強度（例如：初級和次級體觸感皮質（SI, SII），使用 fMRI 觀察這些腦區，發現活性和疼痛的指數高度相關（Coghill et al., 1999）。
- 疼痛的注意力（例如：前扣帶環皮層、眼眶前額葉；Bantick et al., 2002）。
- 認知上對疼痛的評價（例如：前額葉、頂葉以及島葉皮層；Kong et al., 2006）。
- 建立對疼痛的記憶（例如：海馬迴；Khanna & Sinclair 1989）。
- 針對痛覺產生有用的情緒和行為反應（例如：前扣帶環皮層、下視丘、杏仁核及島葉皮層；Price, 2000）。例如：臉部因為疼痛和不愉快感而產生的表情，可以誘發其他人產生想要來幫忙的行為動機。

疼痛調節

疼痛可以透過脊椎中的神經活性來調節。脊椎中有些神經投射路徑負責傳送痛覺訊息，而與這條投射路徑有突觸連結的神經元，可以增加或者減少痛覺訊號投射的強度。

從皮節輸入路徑傳來的非傷害性感覺訊號，會彙整在脊椎的背角區域，其神經索先與痛覺投射神經元，或者較小的中間神經元建立突觸連結，然後它們可以調節痛覺投射神經元的活性。此非傷害性訊號之輸入路徑比痛覺輸入神經索大，傳輸速率也比較快。它們傳送的是較輕的壓力、震盪、熱與冷及肌肉伸展與力量訊號。這個神經解剖背景知識，是一種治療方法：經由皮下電刺激增加非傷害性感知強度，來減低長期骨骼肌疼痛的作用原理（Johnson & Martinson, 2007）。

在健身運動過程中，非傷害性感知像是輕微壓力、肌肉伸展和力量等輸入訊號增加，可以改變肌肉疼痛感受的強度。例如：同樣是產生 250 瓦出力，以每分鐘 100 轉踩踏飛輪，可以比每分鐘 60 轉，讓肌肉伸展感覺受器產生更高的活性。因此這樣可以讓此運動在主觀認知上比較不疼痛。為什麼職業的自行車選手常以每分鐘 90 到 110 這樣的節奏來騎飛輪，而一般業餘的自行車運動愛好者卻以較慢的節奏來騎？

投射痛覺感知的神經元之活性，也會被脊椎內其他神經元的活動調節。脊椎內有成千個中間神經元，會與投射痛覺感知訊息的神經元有突觸連結，而它們的效果是激發或者抑制，得視參與的神經傳導物質種類而定（例如：穀氨酸、P 物質、一氧化氮，與降鈣素基因相關的胜肽是激發性，而 GABA、腦啡肽、內啡肽、血清素、去甲腎上腺素是抑制性）。

從大腦中往下朝脊椎傳送訊息的神經元，可以藉由降低痛覺訊號傳輸路徑的活性而減輕主觀的疼痛感覺。其中導水管周圍灰質（PAG）的活化，是這個往下痛覺調節系統中的關鍵成員。如圖 11.4 所示，PAG 接

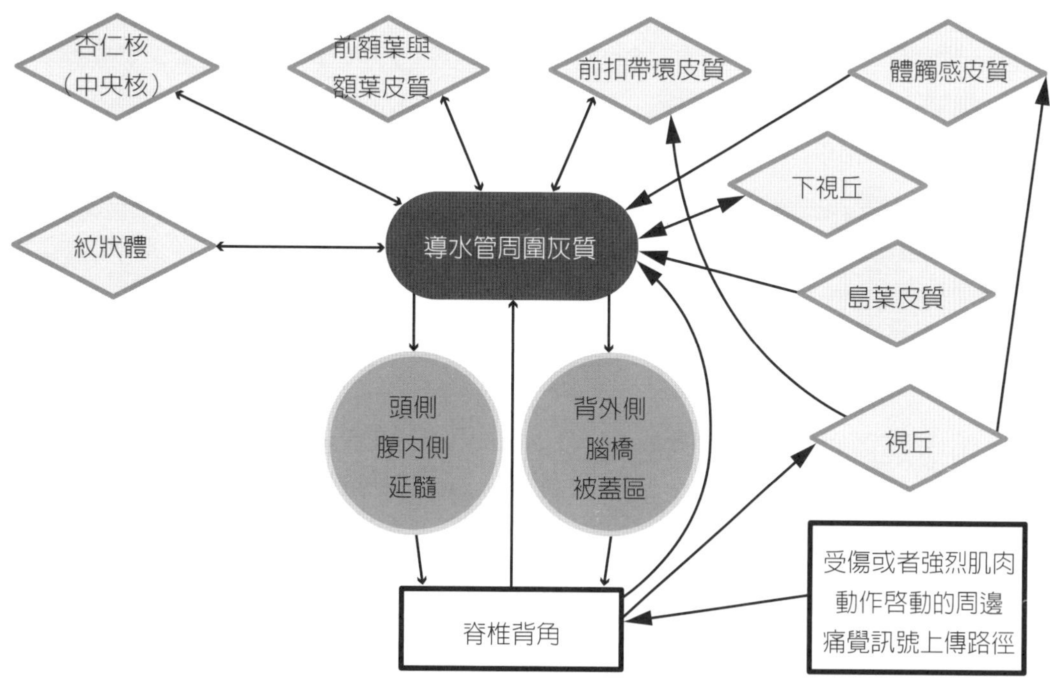

圖 11.4 控制疼痛訊號傳送的關鍵成員，以及調節疼痛感覺的鴉片類神經傳導物質路徑。受傷或者高強度運度啓動度輸入路徑，它會通知一個負責處理痛覺訊息的神經網路。此神經網路負責處理的範圍包括了疼痛的知覺與情緒效果，且可以被一個與鴉片類神經傳導物質相關的系統調節，而導水管周圍灰質（PAG）這個腦區在這個機制中扮演一個中心角色。PAG 整合從好幾個腦區傳來的神經訊號並且控制痛覺感知傳送到 RVM 和 DLPT 區域的神經投射。這些腦區是脊椎背角區域中的痛覺中介神經元投射的目標。鴉片類神經傳導物質可在這些周邊輸入路徑，以及所有的痛覺調節系統之成員上發現

收的輸入路徑不僅有往上的神經投射，也有從杏仁核、下視丘、前額葉皮質、額葉皮質、島葉皮質，和體觸感皮質來的神經訊號。PAG 活性對於往上輸入之痛覺訊號傳遞的壓抑，是透過它投射在嘴側腹內側神經髓質（RVM）和背外側腦橋被蓋區（DLPT）的神經通路來達成。在 RVM 和 DLPT 這兩個腦區的神經元本體，將它們的軸突投射到脊椎的被角區域，在那邊就可以抑制往上傳送的痛覺訊號。而此抑制作用有時是直接的，有時候則又透過一層抑制性中間神經元的媒介。

這個往下的痛覺調節系統是好幾種止痛藥背後的作用機制。許多運動員和戰場上的士兵報告，在嚴重受傷之後能夠維持好幾個小時完全感覺不到疼痛，或者只有感覺到輕微疼痛，都是因為此系統運作之功（Beecher, 1956）。單次或者長期健身運動之所以能減低急性與慢性疼痛，也可能是透過影響此系統的部分或者全部機轉來合理地解釋。然而目前還沒有直接的證據顯示此機制確實有或者沒有介入。

單次健身運動中及健身運動後的疼痛

因為體育競賽而導致受傷，然後引發疼痛是常有的事。如果沒有受傷發生，許多運動競技本身不會產生疼痛。但從事高強度運動的人，或者原本就有一些身體狀況的人，像是關節炎或心臟病患者，就常常在運動過程中感受到疼痛。這節將深入探討單次運動造成的疼痛

運動傷害

每年約有 5% 從事運動休閒的人，會在運動過程中受傷。隨著年齡增長，這個比率會逐漸降低，有可能是因為隨著年紀漸長，大家就比較少運動了。研究者根據 100 所美國代表性高中，所蒐集到的運動傷害數據進行分析，估計在 2005-2006 學年度有 144 萬件運動傷害事件發生（Rechel, Yard & Comstock, 2008）。在一個研究中學者檢視美國大學運動（NCAA）中 182000 件運動傷害和 100 萬人次風險曝露的數據，結果顯示發生運動傷害的機率在競賽中最高，而從項目來看在一些需要肢體接觸的運動中，像是美式足球和摔角，受傷的風險最高。綜合所有的運動項目而言，下半身因運動而受傷的比率最高（超過 50% 的運動傷害事件都是下半身）。而在這其中，關節扭傷最常見。過去有傷病史的人，再次運動受傷的機率特別高，而綜合所有種類的運動來說，男性出現運動傷害的比例又高於女性（Hootman, Dick & Agel, 2007）。因為運動和休閒活動而產生的傷害而導致的殘障，對人力資源運用和公共衛生來說是一大負擔（Finch & Cassell, 2006）。

健身運動中的骨骼肌疼痛

健康人在低強度健身運動中不會感受到疼痛。在許多種類的中等與高強度運動當中，包括上坡行走或跑、騎自行車、游泳、舉重、花園工作，和進行一些體能健身操像是仰臥起坐時，骨骼肌肉會產生疼痛，而且疼痛會持續到運動強度下降或者停止運動時。這類暫時性，自然發生的疼痛和運動強度與運動者本身的運動能力的相對大小有關。對騎自行車這個運動項目來說，在用了 50% 的力道之後，會開始感覺到大腿肌肉疼痛，隨著出力逐漸增加疼痛也逐步上升，直到出力最大時達到高強度疼痛。這種對運動產生局部肌肉疼痛的反應，可以用來

描述某些特定類型人士的運動激烈程度，像是職業競賽運動員和一些周邊動脈組疾病患者（O'Connor & Cook, 2001）。

肌肉疼痛指數和相對的運動強度之間的關係，看起來是由運動強度來主導。例如：當使用 70% 出力來騎飛輪時，男性報告的大腿肌肉疼痛強度要高於女性。這很可能是因為，在同樣是 70% 出力的情況下，男性使出的絕對力道大於女性，因平均來說男性的最大力道大於女性（Cook et al., 1998）。一位男性和一位女性同樣是以 70% 的出力騎飛輪，但是他們的最大力道分別是 300 瓦和 200 瓦，則他們這時騎飛輪的絕對力道分別是 210 瓦和 140 瓦，兩者其實有相當的差距。

其他影響運動時肌肉疼痛的變因還沒有完全釐清。運動維持的時間長短有關。大部分人以緩慢的速度來跑馬拉松。然而一份有 1227 個樣本的調查顯示，99% 跑馬拉松的人在跑的期間感受到肌肉疼痛（其中 28% 的人在跑到 13 哩時感覺到疼痛），而平均來說在疼痛的主要地方（大多數是腿）感受到的強度指數是「強」。而罹患有長期慢性肌肉疼痛的患者，像是美國波斯灣戰爭退役軍人，他們在運動時感受到的疼痛高於健康對照組（Cook, Stegner & Ellingson, 2010）。對耐疼自我效能感較高的女性，在運動時報告出來的疼痛感受也較低（Motl, Gliottoni & Scott, 2007）。大學年齡的非裔美國女性，如果她們的父母有高血壓，則相對於沒有高血壓家族病史的對照組來說，騎飛輪時感受到的大腿肌肉疼痛較低。目前已知罹患高血壓的人，或者家族中有高血壓病史的人，相對於對照組來說，他們對某幾類傷害性刺激的反應較不敏感（Cook et al., 2004）。

我們可以合理猜測，中等至高強度的運動時，感受到疼痛會影響人們所偏好採用的運動強度，然而幾乎沒有這方面的研究。曾有人推測高強度的局部肌肉疼痛，會抑制中樞的運動驅動力，並且降低我們全力活化肌肉的能力，繼而導致肌肉提早疲勞並且減低運動時的表現（Ciubotariu, Arendt-Nielsen & Graven-Nielsen, 2007）。因此毫不意外地，許多實驗的研究目標是如何降低運動時的肌肉疼痛。大部分的研究結果發現，我們無法降低運動過程中的肌肉疼痛，包括服用藥物可待因都（Cook, O'Connor & Ray, 2000）、阿斯匹靈（Cook et al., 1997）、乙醯胺酚（Mauger, Jones & Williams, 2010）、生薑（Black & O'Connor, 2008）和槲皮素（Ganio et al., 2010）都沒有辦法，曝露在高強度照明下來影響大腦血清素分泌也沒辦法（O'Brien & O'Connor, 2000）。然而有一個研究操弄飲食，卻發現似乎有效：服用以每公斤體重來計算 3 到 10 毫克的咖啡因，可以降低中等至高強度運動過程中的肌肉疼痛（O'Connor et al., 2004; Motl, O'Connor & Dishman, 2003）（圖 11.5）。咖啡因也可以延緩心臟病患者在運動過程中，缺氧性心肌疼痛出現的時間點（Piters et al., 1985）。

通常人們想辦法避免疼痛，因為那種感覺很不舒服。然而職業運動員有時候把疼痛視為一種正面的事情，像是俗話所說「沒有疼痛就沒有收穫（一分耕耘一分收穫）」。在沒有產生重大運動傷害的前提下，那些強調肢體接觸的運動像是美式足球，以及那些耐力競賽式運動的選手，他們必須承受運動所帶來的疼痛程度相當高，因為他們常常曝露在運動產生的肌肉疼痛中。很明顯地，疼痛不會成為我們在運動有所表現的障礙。競技選手和活躍的業餘運動員，願意經歷運動過程中產生之疼痛，他們跟那些很怕痛的人

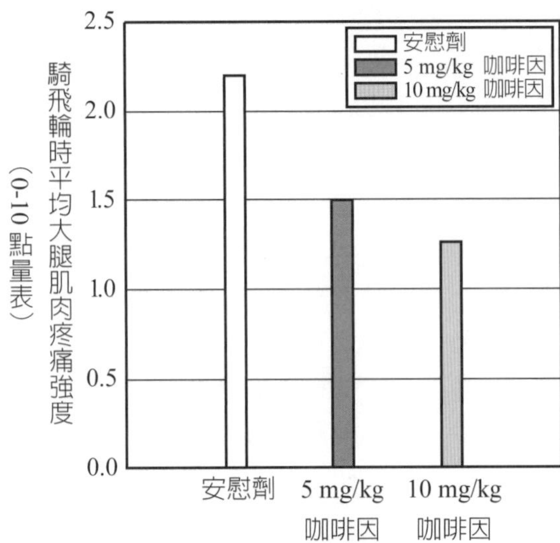

圖 11.5 維持在 60% 巔峰有氧能力下騎飛輪時感受到的大腿肌肉疼痛，相對於服用安慰劑的對照組來說，在服用以每公斤體重來計算 5 至 10 毫克的咖啡因之後下降

根據 Motl 等人，2006。

在很多方面不同。這些不同處有許多尚待更深入地研究。健身運動過程中產生之疼痛，是否真的是我們建立規律運動習慣之障礙？相關的實驗還相當稀少，需要更多以此為目標的研究。

健身運動過程中的心臟疼痛

心絞痛是最常見的冠狀動脈心臟病的症狀，它的特徵是胸骨後方的疼痛，但有時候也有胸腔、顎、背部或者手臂的疼痛。它通常是因為心臟的冠狀動脈缺氧導致，而缺氧是因為其中一條動脈痙攣或者阻塞造成的。至於誘發心絞痛出現的則是用力或者情緒壓力，而硝酸甘油這個藥物可以緩解心絞痛。當運動增加了我們心臟的負擔而導致心絞痛發生時，我們稱之為穩定心絞痛。心臟的負擔可以經由計算心跳－血壓乘積：心跳速率 × 收縮壓來測量。不穩定心絞痛是最後幾個星期產生，而且是產生在休息時，並伴隨著上升的型態（隨著發作次數累積，每次的疼痛強度、持續時間和頻率都增加）。

在英國的中年人當中，心絞痛的盛行率約 7% 左右（Shaper et al., 1984）。不同的國家，心絞痛盛行率變化相當大（例如：波蘭 9.7% 到 13%、印度和瑞士小於 4%）。全世界來說女性比男性的心絞痛風險大約高 20%，而且在美國此性別差異更大（大約高 40%）（Hemingway et al., 2008）。估計 3 位有穩定心絞痛的病人中，就有 1 位每週至少有發作一次（Beltrame et al., 2009）。

注意心絞痛症狀非常重要，因為它是預測心臟疾病最好的指標。穩定心絞痛患者的不良事件，2 年發病率超過 20%（Lloyd-Jones et al., 2009）。冠狀動脈心臟病患者若有心絞痛，他們的結果比沒有心絞痛的病人要糟糕。例如：若病人有心絞痛並且心電圖檢測有心臟疾病徵兆（S-T 段凹陷），他們冠狀動脈事件 7 年發病率（例如：死亡、心臟病發作）是只有 S-T 段凹陷者的兩倍（Detry et al., 1985）。

運動是心絞痛治療法 ABCDE 的其中一種：阿斯匹靈（Aspirin）、抗心絞痛藥物、乙型拮抗劑（Beta-blocker）降血壓藥、戒菸（Cigarette）以及降膽固醇（Cholesterol）藥物、食療（Diet）和糖尿病（Diabetes）治療、最後是教育（Education）和健身運動（Exercise）（Gibbons et al., 1999）。和沒有心臟病或心絞痛但是有其他類似醫療與人口組成狀態的對照組相比，有穩定心絞痛的病人在運動方面比較不活躍，運動表現與生活品質也較低（Gardner et al., 2011）。因此這類病人是參與健身運動治療的最佳人選。

早期研究顯示，健身運動訓練會改善症狀，是因為心跳和收縮血壓在低於最高負載的時候降低（Clausen & Trap-Jensen,

1976）。較近期的研究則指出，經由健身運動訓練產生之與血管內皮細胞有關的冠狀動脈血管舒張，也對降低心肌缺血現象以及降低心絞痛閾值有幫助（Hambrecht et al., 2004）。某些病人經過運動訓練之後，即使面臨最強的運動負荷也不會引發心絞痛（Williams et al., 2006）。雖然運動訓練有助於減少心絞痛，但是這效果來得並不是很快。

除了運動訓練之外其他的治療方法包括：冠狀動脈繞道手術、經皮冠狀動脈血管成形術搭配冠狀動脈內支架植入術，或者經皮冠狀動脈介入（PCI）。如果我們比較有穩定心絞痛的病人，接受 PCI 手術或者參加 1 年的健身運動訓練，那麼 PCI 減少心絞痛的效果來得較快，但是較保守的運動訓練治療可以達成較好的無意外存活率以及運動能力，又比較省錢，因為再入院和再度血管重建的必要性都降低了（Hambrecht et al., 2004）。

對有害刺激的敏感性降低

相對於休息的時候而言，在我們進行中等至高強度運動過程中，需要較大的痛覺刺激，才有辦法讓一個人主觀上感受到痛。在一個研究當中，實驗者以電流刺激受試者牙髓，同時讓他們騎飛輪。若受試者的出力為 200 瓦（中等）與 300 瓦（高強度），則相對於 100 瓦出力（低強度）的組別而言，需要施加比較強的電流才會讓受試者感覺到疼痛（Kemppainen et al., 1985）。降低對於有害刺激的敏感度有助於加強我們，在令人感受到疼痛的高強度運動當中，做出比較優異的表現。

眾多實驗都記錄了人們在健身運動過後，會對於有害刺激比較不敏感。曾有研究指出，這種由運動引發的痛覺感降低，最固定出現在健康男運動員，進行高強度、動態的、運用到大肌肉的項目時，例如：跑步或者騎自行車。測量疼痛強度的時間點是運動結束後立刻測（Koltyn, 2002）。此效果在好幾種不同類型的刺激之下都有效，包括傷害性壓力與高熱。此效果也曾經在短暫地（1.5-5 分鐘）低強度（<50% 最大自主收縮）等長收縮運動中被觀察到。這個效果最長可以持續到運動過後 60 分鐘，不過運動引發之痛感降低，能穩定持續多久還沒有被徹底研究清楚。健身運動引發之痛感降低其背後原因為何尚不確定，但有可能是由於高強度運動本身就會令人感覺疼痛。目前已知一種疼痛本來就可以抑制另外一種疼痛，此現象稱為制約痛覺調節。最近的研究顯示，運動可以經由制約痛覺調節這個機制來產生痛感降低的效果。

相反的效果（運動引發的痛感提升）通常發生在罹患有長期慢性肌肉骨骼疼痛的病人身上，例如：罹患有纖維肌痛的病人（Kosek, Ekholm & Hansson, 1996）。罹患有長期慢性疼痛的波斯灣戰役退伍軍人跟對照組的退伍軍人相比，在完成了 30 分鐘的次高峰運動之後感受到較強烈的疼痛，也在接受了高熱的痛覺刺激之後報告出較高的情緒分數（Cook, Stegner & Ellingson, 2010）。

延遲出現的骨骼肌肉傷害

在臨床醫學領域中，當有大量的肌肉因為運動而快速地受傷時，我們稱之為勞力性橫紋肌溶解症（Rhabdo= 有條紋的 + Myo = 肌肉 + Lysis = 分解）。造成此種肌肉和結締組織受傷狀況的主要原因，是一些生手做出他們不熟悉的高強度離心肌肉動作。離心動作是指在出力的時候肌肉被伸展。例如：

放下重量時需要前上臂肌肉（股二頭肌）伸展，然而同時這肌肉又需要出力抵抗往下拉的重力。

當造成受傷的高強度離心動作執行時，受傷的人不會感覺到甚麼疼痛，然而緊接著，受傷肌肉的出力就下降。大概 24 小時之後受傷的肌肉才會出現疼痛，而且通常這疼痛會持續好幾天。為什麼高強度離心動作造成的疼痛會延遲產生？這種現象的主要解釋是，疼痛是局部骨骼肌發炎導致（Smith, 1991）。此發炎現象綜合了幾個步驟：(1) 肌肉細胞釋放出一些分子讓微血管擴張；(2) 白血球黏著在血管內皮細胞牆上；(3) 白血球移動進入細胞內，以及 (4) 最終組織修復了。白血球的黏著和移動需要時間，因而造成了我們觀察到的延遲疼痛現象。在這整個過程中，一些已知會激發疼痛感覺的分子，像是緩激肽和前列腺素，會從血液中的肥大細胞和肌肉細胞釋放出來。這個過程也造成了肌肉細胞的水腫，而此現象可能增加了施加在痛覺受器上面的壓力。

在離心動作造成的肌肉受傷之後，我們只有在受傷的骨骼肌移動時，或者加壓在受傷肌肉上面時才會感覺到疼痛。目前似乎沒有關於此類疼痛盛行率之流行病學研究，不過非正式的報告顯示每個人一生中幾乎 100% 都會經歷過。在離心運動造成的劇烈骨骼肌受傷之後，釋出到血液裡面的肌肉蛋白，像是肌紅蛋白，有可能會導致腎臟衰竭甚至死亡（Sayers et al., 1999）。針對緩解離心運動導致的疼痛，有各式各樣的治療法曾經被測試過，也曾經觀察到一些較小、暫時性的改善。其中，有一些是自然產生的，非類固醇類抗發炎物質（NSAIDS），另外還有咖啡因（參照圖 11.6）。累進式的健身運動可以減輕此種延遲產生的肌肉受傷與疼痛，但是在現實狀況中，此種方式往往不切實際。多數情況下，延遲產生之肌肉受傷的嚴重程度只有低至中度，可以自我照護根本不需要醫療處理。

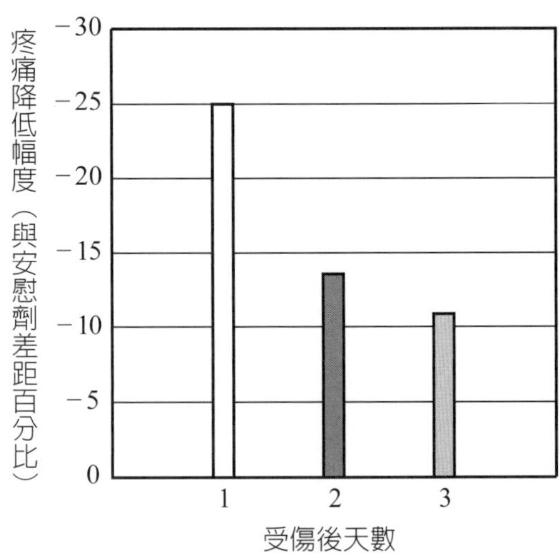

圖 11.6　跟安慰劑組相比，連續 8 天服用含有 2 克生薑萃取物之膠囊，減少了 25% 的手臂肌肉疼痛。而疼痛是透過一陣不熟悉的離心動作運動所產生

數據來源：Black 等人，2010。

健身運動訓練的效果

在青年時期和成年早期的健身運動訓練，有時可能會導致成年晚期時的慢性疼痛。流行病學調查顯示，退休的職業運動選手相較於非職業運動員的對照組，關節和脊椎的退化比較嚴重。然而此種負面效果，可能會被較強壯的肌肉力量和身體耐力抵消掉，而這些肌力和耐力又與參與運動競技有關（Kujala et al., 2003）。

這節我們要探討運動訓練對於疼痛的效果。年過中年之後就算沒有處在重大的疾病醫療狀態中，身體也常常會有一些輕微的不舒服和疼痛。健身運動可以幫助我們解除這些不快嗎？有一份持續 6 個月之久，包含了隨機抽樣和對照組的實驗設計，蒐集了430位久坐少動、嗜食且體重過重的停經婦女。研究者的發現是：相對於不運動的對照組，疼痛分數並不會因為有氧運動而有任何改善。在這個研究中，研究者有控制性別與年齡這兩個變因，他們設定的運動量有每週每公斤體重4、8或12千卡這幾個組別。這幾個運動量大約是美國的國立健康研究所推薦最大運動量的50%、100%和150%。這篇研究證實，即使人們主觀上感受到疼痛減輕，但實際上運動訓練對改善疼痛症狀幫助很少（Martin et al., 2009）。不過的確有證據顯示，運動訓練可以改善懷孕婦女和其他承受病痛之苦的患者的疼痛情況。這些都會在本節其他段落討論到。

懷孕婦女

規律的健身運動可以縮短生產過程持續時間，因而可以減輕疼痛。有一個研究觀察到，懷孕前有規律運動的婦女，平均生產時間會比沒有運動的對照組孕婦短8個小時。另外一個研究發現，孕婦在懷孕期間有運動的話，會比在懷孕前3個月就停止運動的婦女，生產過程的第一階段縮短約2個小時。第三個研究發現，在分娩前大約1個月測量到的婦女有氧能力，和生產過程的長度呈現出反相關。這個研究蒐集了40位自發性啟動生產過程的孕婦（Kardel et al., 2009）。第四個研究觀察的事懷孕前婦女參加瑜伽課的效果，發現她們在懷孕期間第38至第40週時，不適感比較少（Sun et al., 2010）。然而綜合來說研究文獻報告出來的結果並不一致，大約有相同數量的其他研究指出，健身運動和生產過程長度的關聯程度並不顯著（Penttinen & Erkkola, 1997）。

健身運動也可能直接降低分娩過程的疼痛強度。有一個研究測試了36位孕婦，實驗組在懷孕中間3個月和後期的3個月完成了一系列健身運動項目，而對照組孕婦則進行了非運動的控制活動。研究者在分娩過程中詢問了疼痛程度，並且抽血測量一些壓力指標，包括乙型內啡肽和皮質醇。結果發現在正個懷孕過程中，運動組孕婦血液內的乙型內啡肽比對照組高，這個趨勢在分娩過程中一直維持著。而且在分娩過程中，運動組報告出來的疼痛指數比較低（Varrassi, Bazzano, & Edwards, 1989）。

對大多數婦女而言，生小孩是一個令人高興的事情。然而生產過程的疼痛可能相當劇烈，甚至少數孕婦會因為生產導致長期慢性疼痛。

關節炎

關節炎是美國最常見導致殘障的原因。此疾病牽涉到關節發炎的現象，最常見的兩種類型，是骨關節炎和類風濕性關節炎。骨關節炎是一種退化性關節疾病，可以影響全身的骨關節，但是最常出現問題的部位是臀部、膝蓋和脊椎。從25歲到74歲的美國人約有12%罹患骨關節炎，並且經過臨床診斷確認。風濕性關節炎影響了大約1%的美國民眾，最常出現問題的部位是手腕和手指頭的關節。疼痛和僵硬是風濕性關節炎展現出來的症狀，有相當高比例的患者因而變得虛弱並且減少運動（Mancuso et al., 2007）。

陸上和水中的有氧運動，以及重量訓練，看起來對風濕性關節炎的患者是安全的，沒有甚麼研究結論反對風濕性關節炎患者進行手部運動，但是也沒有發現對其治療產生甚麼好處（Wessel, 2004）。有一個研究至少收集了 15 位隨機抽樣並且有對照組的樣本，觀察全身性運動對於風濕性關節炎的影響（Stenström & Minor, 2003）。這 15 位樣本中有 10 位患者出現疼痛，而經過運動治療之後只有 2 位患者的疼痛情況有改善。我們手中的證據顯示運動訓練對於風濕性關節炎的病人有幫助，力量和身體的耐力會改善，然而改善疼痛的效果並不一致（Guy, 2008; Ottawa Panel Members et al., 2004）。

據估計有 2500 萬以上超過 25 歲的美國人罹患骨關節炎，而女性患者比男性更普遍，特別是膝蓋關節炎。沒有確實的證據顯示規律運動會增加罹患骨關節炎的機率（Felson et al., 2007）。非類固醇消炎藥物布洛芬，是治療骨關節炎的主要手段，然而臀部關節或者膝蓋關節置換手術，對此種病人來說也是非常普遍。

使用非藥物性治療法來處理骨關節炎，像是健身運動，近來受到更多的關注。活動範圍訓練要是沒有使用到肌肉的話，看起來並沒有治療骨關節炎的效果。相對地，好幾篇量化的回顧性文獻，檢視了幾個有隨機分組設計的研究，發現各類健身運動訓練降低了膝蓋與臀部骨關節炎患者的疼痛（Fransen, McConnell & Bell, 2002; Van Baar et al., 1999）。這些分析指出，運動訓練具有中等程度的減輕疼痛之效果，減輕的幅度從 0.33 到 0.5 標準差左右。而不論使用水中或者陸上的健身運動，都可以觀察到疼痛情況有中等程度的改善，特別是當療程中包含了重量訓練時（Fransen et al., 2010; Hernández-Molina et al., 2008）。聯合運動與減輕體重這兩種手段，或許是一種特別有效的治療法。有一個研究綜合了運動和減重 10 磅（4.5 公斤），發現對膝蓋的骨關節炎患者，可以達到減輕疼痛並且改善身體功能的效果，然而單純靠衛生教育和飲食調整來減重，並沒有這樣的成果（Messier et al., 2004）。這些證據已經相當充分了，因而好幾個專家團體，包括美國風濕病學學院和美國政府的衛生與人力服務部，都正式建議把運動列為骨關節炎的治療方法。

下背疼痛

年齡從 20 到 45 歲的人最容易有下背疼痛的問題，它是美國排名第二最常導致殘障的原因（美國疾病管制中心（CDC），2001b）。因為下背疼痛的病人常常無法工作，據估計造成的經濟損失介於每年 1 億到 2 億美元之間。有少數急性背痛的病人會發展成長期慢性背痛，而且此比率還在增加當中。慢性背痛病人常常需要昂貴的治療方式，像是脊椎注射、手術和止痛藥等（Freburger et al., 2009）。如果能夠真的產生效果的話，運動訓練會是一個很有吸引力的另類療法。

幾個大型隨機分組的研究，與有系統地量化的回顧分析了超過三打的測試之後，得到的結論指出，運動訓練對於減輕病人長期慢性下背疼痛的效果，比通常的照護手段更好，也能改善身體功能（Hayden, van Tulder & Tomlinson, 2005; Liddle, Baxter & Gracey, 2004）。平均的疼痛下降幅度，在滿分 100 分的疼痛量尺中達到 6 到 20 分不等，是臨床上有意義的中等程度下降。這個效果在好幾種不同類型的運動中，都有被發現並且詳細研究過，包括伸展運動、瑜珈、水中運動，以及針對下背肌肉控制而設計的運動（Macedo et al., 2009; Sherman et al., 2011; Waller, Lambeck & Daly, 2009）（參閱圖 11.7）。重量訓練本身對於減輕疼痛的

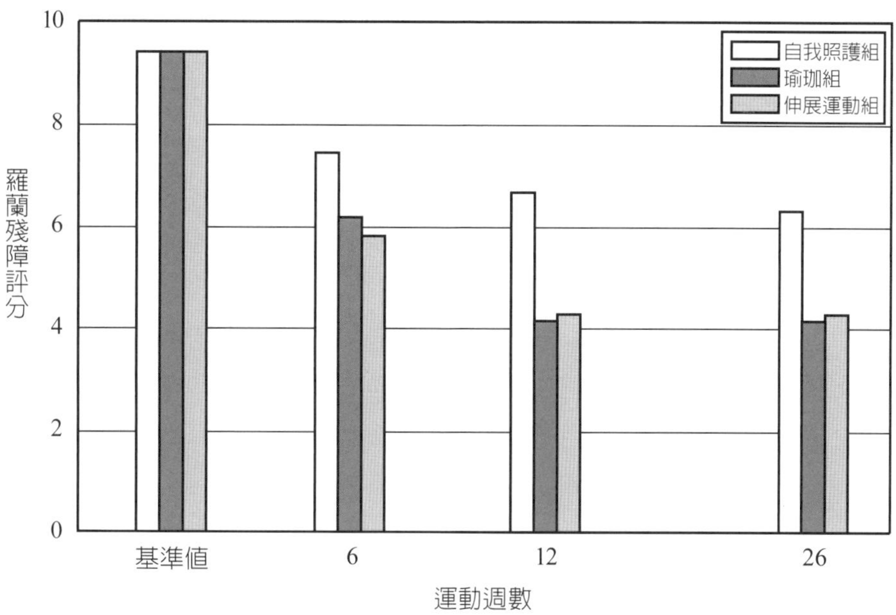

圖 11.7　隨機抽樣分組觀察到羅蘭殘障評分變化。這是一個多向度下背疼痛症狀的測量，觀察時間有治療前、治療期間、接受治療 12 週後三個點。治療手段有瑜珈（n=92 位病人）、傳統伸展（n=91）課程訓練和自我照護的對照組（閱讀一本關於背痛的書，n=45）。病人都罹患有長期慢性下背疼痛。瑜珈和伸展運動改善長期慢性下背病徵的效果比自我照護組的對照組來得好。

數據來自 Sherman 等人，2011。

效果無法確定，因為它通常沒有被拿出來單獨檢視，而是被放在一整套多向度的運動復健課程中，作為其中一個項目來執行。美國疼痛醫學學會和美國醫學會的結論是，有很充分的證據顯示，健身運動對於治療長期慢性下背疼痛，有中等程度的療效（Chou & Huffman, 2007）。

偏頭痛

運動訓練通常被推薦給偏頭痛患者，作為一種輔助治療。有一個橫斷式研究，蒐集了大約 700 位芬蘭的青少年的觀察資料，發現常健身運動的受試者比較少出現頭痛（Kujala, Taimela & Viljanen 1999）。直到最近都還很少有針對偏頭痛之運動療法的實驗。即使有一些，在研究方法上這些文獻都還有不足之處（Busch & Gaul, 2008）。隨機分組的實驗有提供較強的，支持運動訓練可以降低偏頭痛發作頻率的證據（Dittrich et al., 2008; John et al., 2007; Narin et al., 2003; Varkey et al., 2011）。其中一個研究比較了運動訓練和諸如放鬆訓練與藥物等治療方法，在預防偏頭痛上面的效果。後兩者是臨床上已經被認可的兩種偏頭痛療法（Varkey et al., 2011）。總共 91 位偏頭痛患者隨機分配去接受 3 個月的運動（每週 3 次各 40 分鐘）、放鬆練習（包括控制呼吸和壓力調節），或者藥物治療（每天最高到 200 毫克的妥泰）。實驗結果發現，健身運動的效果跟放鬆練習和藥物治療相當，都可以降低偏頭痛出現的頻率。另外一個較小的研究為期 6 週，結果發現健身運動訓練（每節 45 分鐘）搭配放鬆練習（每節 15 分鐘）可以降低偏頭痛的強度（Dittrich et al., 2008）。

周邊動脈疾病

據統計美國和歐洲，有超過 2500 萬人罹患周邊動脈疾病（PAD）（Diehm et al., 2004）。PAD 的成因為動脈粥樣硬化導致阻塞，常常出現在下肢的動脈上面。大多數罹患 PAD 的人年齡超過 55 歲，而且在美國大約有 20% 的 PAD 患者也會間歇性地跛足（McGrae McDermott, Mehta & Greenland, 1999）。跛足成因通常包含了，在行走時小腿肚出現疼痛，而休息時疼痛又好轉。

好幾種方法可以改善跛足現象，例如：戒菸、改善血液流通或者降低膽固醇的藥物及行走的運動訓練（Hankey, Norman & Eikelboom, 2006）。有一個綜合了二十二篇研究，含括了 1200 位 PAD 病人的分析顯示，經過行走訓練之後，最大的行走能力和行走距離可以改善 150% 到 200%（Watson, Ellis & Leng, 2008）。當每節運動訓練持續的時間超過 30 分鐘，而且頻率至少有每星期 3 次並且維持至少 6 個月之久，同時行走訓練的強度，接近小腿肌肉最大疼痛耐受度時，改善間歇性跛足的效果會最佳（Leng, Fowler & Ernst, 2000）。研究指出，PAD 患者的行走能力和他們在運動時感受到疼痛強度無關，而是受到一些心理因素，像是想要運動之企圖的影響（Galea & Bray, 2007）。定期接受行走的訓練，相較於改善血管流通順暢程度的藥物，更能夠促進 PAD 病人在跑步機上面行走的距離。經過運動訓練改善行走能力之後，也會促進身體的其他功能，並且改善生活品質（Milani & Lavie, 2007）。

神經性疼痛

神經性疼痛是因為神經系統受傷之後，適應不良所造成的後果（Woolf & Mannion, 1999）。罹患帶狀泡疹的病人、感染人類免疫不全病毒、多發性硬化症患者、中風病人和嚴重外傷者，他們會產生神經性疼痛並且因而嚴重影響到生活品質（Jensen, Chodroff & Dworkin, 2007）。

最常見的神經性疼痛是由糖尿病所引發。長期的高血糖會傷害神經，特別是足部神經，這就導致感覺喪失、疼痛及對傷害性刺激過度敏感（亦即痛覺過敏）。面對一般而言正常的刺激也會感覺疼痛（異常性疼痛）。在美國有超過 3 百萬人，承受著糖尿病引發的神經性疼痛（Schmader, 2002），此外 60% 切除下肢的患者，是因為糖尿病引起的併發症（Narayan et al., 2006）。像鴉片類止痛劑這樣的藥物常拿來治療神經性疼痛的病人（Dworkin et al., 2003）。

相對來說，我們還不太知道規律的運動是否能夠減輕神經性疼痛。一個有隨機分組的研究，觀察了運動訓練對於糖尿病引發的神經性疾病發展的影響（Balducci et al., 2006）。少數病人（樣本數 =31）完成了有訓練員指導的正規跑步機運動訓練。這個訓練每週進行 4 小時並且維持 4 年，他們神經性疾病的發展要和對照組的 47 位病人比較。結果發現，兩組樣本發病的比例是 17% 比 30%。此外，有運動的病人也呈現出較快的神經訊號傳導速度，顯示他們的神經功能比較健康。另外一個針對第二型糖尿病患者的研究發現，經過 12 週太極拳運動訓練之後，他們空腹時的血糖水準改善了，並且神經傳導速率也增加（Hung et al., 2009）。一些在囓齒動物上面進行的動物實驗結果，也支持這些人體研究觀察到的現象。學者使用的是患有糖尿病的大鼠，或者是神經受傷的大鼠，他們讓動物接受運動訓練，結果發現大鼠對輕微壓力和有害的熱刺激的痛覺過敏反應減低了（Kuphal, Fibuch & Taylor, 2007; Shankarappa, Piedras-Rentería & Stubbs, 2011; Stagg et al., 2011）。

至於多發性硬化症（MS），一個橫斷研究發現，常健身運動的病人比較不會感覺到疼痛（Motl, Snook & Schapiro, 2008）。其他的研究分析或者橫斷性數據指出，疼痛、疲勞和憂鬱形成一個症狀叢聚，而健身運動會中等程度地與這些症狀叢聚的出現，有顯著地負相關（Motl & McAuley, 2009）。另外一個分析則發現，健身運動可以影響一些心理變項，例如疲勞、社會支持力、自我效能感等等。這些變項的改變就能改善多發性硬化症患者的疼痛現象（Motl & McAuley, 2009）。只有少數使用了隨機分組的研究，是直接拿多發性硬化症患者來做為實驗的受試者（Motl & Gosney, 2008），而且這些研究大多數並沒有直接測量痛覺分數。在少數有直接測量痛覺分數的研究中，學者們得到的結論並不一致。有些研究發現運動組受試者的痛覺感受有較大的改善（例如：Stuifbergen et al., 2003），然而另外一些研究又顯示運動訓練並沒有明顯的益處（例如：Romberg, Virtanen & Ruutiainen, 2005）。

纖維肌痛

在美國纖維肌痛這種疾病的盛行率大約是 2%，患病的女性（3.4%）比男性多（0.5%）（Wolfe et al., 1995）。患有纖維肌痛的病人，會有大範圍的長期慢性疼痛（影響的地方在腰部上下，身體雙邊都有）。此外還有疲勞、睡眠障礙，以及在身體超過 10 到 18 處特定區域，會對於觸碰壓力過敏並且產生痛覺。除此之外，也常常有其他徵狀與纖維肌痛共病，特別是像長期慢性疲勞、憂鬱、焦慮、頭痛及類風濕關節炎等（Weir et al., 2006）。患有纖維肌痛的病人常常比較少健身運動，而且他們的身體功能也下降。超過 60% 的病人表示他們連爬樓梯、走半里路（0.8 公里），或者舉起 10 磅（4.5 公斤）重的東西都有困難，而且身體功能越低的患者承受的痛越強烈（Jones et al., 2008）。

至少有 28 個有隨機分組實驗設計的研究，在歐洲和北美洲進行過，總共蒐集了超過 1600 名以上的纖維肌痛病人（>95% 女性）。學者們觀察有氧運動對於改善病人疼痛的效果，和對照條件相比，6 至 24 週的有氧運動訓練，很一致地改善了纖維肌痛病人在壓痛點的疼痛程度（Kelley, 2011），以及改善其他方面的疼痛（Hauser 2010; Ramel et al., 2009）。根據專家的看法，平均來說改善的效果在臨床上是重要的，從統計觀點來看有達到顯著水準，大約是中等程度的改善幅度。美國疼痛學會強烈建議將有氧運動、認知行為治療、抗憂鬱藥物（阿米替林）及多元療法列為纖維肌痛的治療方法（Häuser, Thieme & Turk, 2010）。有趣的是，一個大規模的網際網路調查詢問了許多纖維肌痛病人，問他們覺得哪一種治療方法最有效。結果發現，最熱門的治療法（休息、熱療、抗憂鬱藥物以及安眠藥）往往不是最有效的（Bennett, Jones et al., 2007）。

手術疼痛

在手術之後，像是冠狀動脈繞道手術、下背椎間盤突出及臀部和膝蓋置換等手術之後，醫師常常推薦運動訓練作為復健的方法。心臟疾病的復健療程，包括許多心臟手術後病人的復健，都會牽涉到身體疼痛分數的降低，而在心理上最苦惱的病人身上，這些復健療程往往效果比較大（Artham, Lavie & Milani, 2008）。有一小部分研究針對的是手術後背部的疼痛，他們發現運動訓練對於減輕疼痛的效果並不一致。在一個包含了 8 個精密的實驗與 635 位做了背部手術之病人的分析中，並沒有得到明確的結論，能夠證實在實驗組接受運動訓練的病人，他們背部疼痛的改善程度，比沒有運動訓練的對照組病人更大（Rushton et al., 2011）。很少有研究探討將運動作為膝蓋或者臀部置換手術的術前預備或者術後復健療程之一環，對於降低疼痛會有甚麼影響。有個沒有對照組的研究發現，選擇性膝蓋外科手術之後，有運動的病人疼痛的狀況改善了。然而並不清楚改善的原因是否真的是歸功於運動（Frost, Lamb & Robertson 2002）。一個有隨機分組的研究檢視了為期 4 週的運動復建，和 2 週的手術前衛教，對於接受膝蓋手術病人的效果。學者發現即使在手術後 12 個月之後，運動組病人（n = 65）感受到的疼痛程度仍然和沒有運動的對照組（n = 66）無顯著差異（Beaupre et al., 2004）。有證據顯示，臀部手術後的病人拒絕遵照醫師指示做運動的原因，就是因為覺得疼痛。

癌症

疼痛是癌症治療和癒後過程中很常見的症狀，沒有任何研究報告裡面癌症病人的疼痛數據有小於 14%（Goudas et al., 2005）。大多數的癌症病人都願意接受運動復健規劃，然而能夠堅持下去的只有約 50%（Maddocks, Mockett & Wilcock 2009）。無對照組的縱貫研究顯示，乳癌患者確診之後若增加運動量，可以改善疼痛狀況（Kendall et al., 2005），但是一個有隨機分組和對照組的研究顯示，運動並沒有降低疼痛的效果（Segal et al., 2001）。支持運動可以改善乳癌或者其他癌症患者癒後疼痛狀況的證據並不夠（Schmitz et al., 2005）。

健身運動能改善肩膀疼痛的研究證據比較充足。肩膀疼痛是頭部和頸部癌症手術之後，很常見的一種症狀。有 52 位頭部和頸部癌症患者在治療後，隨機被分配到力量訓練組或一般照護組，並且進行了 12 週的操弄。一般照護組病人接受的是伸展、姿勢練習及使用輕量級低阻力的彈性皮帶來練習。力量訓練則包括了 5 至 8 種運動訓練，從最大負荷的 25% 開始逐漸增加到 70%。這兩組受試者能夠堅持訓練下去的比率分別是：力量組 95%，一般照護組 87%。結果學者發現，力量訓練顯著地降低了肩膀的疼痛和肢體障礙（McNeely et al., 2008）。

波斯灣戰爭症候群

從戰場上歸來的軍人，有相當高的比率會出現長期慢性疼痛。大多數的長期慢性疼痛可以用身體的重大創傷來解釋，但還是有不少病人的症狀沒有很清楚的病因。這其中最常見的問題是疲勞、憂鬱及肌肉骨骼的疼痛。

一個有隨機分組的研究（n = 1087）比較了一個為期 12 週的實驗操弄（運動訓練、認知行為治療 CBT，以及健身運動和 CBT 的混和）和對照組一般照護的差異。實驗組和對照組相比沒有太大的差異。這個研究看起來低估了健身運動訓練的潛力，因為每週只有 1 次由實驗者督導的運動訓練，而且受試者參與的堅持度相當不理想。因此儘管此研究收集了大量樣本，現在要做出運動對於改善戰場退伍軍人疼痛症狀沒有幫助的結論仍然太早（Donta et al., 2003）。

減輕疼痛的最佳健身運動刺激？

截至目前為止還很少有研究針對的題目是，健身運動計畫的各項細節（方式、每週的頻率、每節的長度和強度組合、運動在 1 天之中的時間點），如果有影響的話，對於減輕疼痛最佳、最有效率的設計為何。大約有 90% 的研究探討的是行走、慢跑和騎自行車、飛輪等運動對於疼痛的影響。雖然目前的研究還沒有找出能夠減輕疼痛最佳的運動方式，但證據顯示所有研究過的健身運動方式，包括瑜珈和重量訓練都可以有減輕疼痛的效果。一個針對風濕性疼痛（主要是關節炎和纖維性肌痛）進行的後設分析研究發現，運動減輕疼痛的效果不受運動型態的影響（Kelley, Kelley, Hootman & Jones, 2011）。這個觀察看起來並不是因為現有可供分析的運動型態研究數量不合。例如重量訓練對於減輕疼痛的效果，曾經在好幾種不同疾病的患者上面研究過，像是下背疼痛、骨關節炎及纖維肌痛分別都有至少五篇（Kankaanp et al., 1999; Mosely, 2002; O'Connor, Herring & Caravalho, 2010; Rittweger et al., 2002）、四篇（Bircan et al., 2008; Jones et al., 2002; Kingsley et al., 2005; Valkeinen et al., 2004），和八篇（O'Connor, Herring & Caravalho, 2010）研究文獻可供分析。而且這些研究都有隨機抽樣和對照組得實驗設計。至於瑜珈這項運動，十個有隨機抽樣和分組的研究中有九個發現，相對於對照組而言，瑜珈運動能夠顯著地減輕病人的疼痛（Posadzki et al., 2011）。

小結

運動和疼痛是經常一起出現的同伴。健身運動的時候常常伴隨著急性的受傷與疼痛，而在少數人身上這樣的受傷最後會導致長期慢性疼痛。此外，在中等至高強度運動中，被使用到的骨骼肌會感覺到疼痛。對某些人來說，這樣的疼痛阻礙他們施展出最佳的表現。有心臟疾病的人在運動的時候常出現胸部疼痛，這樣的徵兆有助於病人和他的醫生了解疾病的狀況。做不熟悉的離心動作往往導致暫時性，延遲出現的肌肉疼痛。這類受傷通常較溫和，但在最嚴重的狀況下也有可能致命。

健身運動也常被用來治療各類型的疼痛。證據最充分的疼痛類型是用運動來減輕下背部、骨關節、周邊動脈疾病疼痛與纖維肌痛等。其他很有希望但是研究證據還不夠充分的地方包括，健身運動可以改善孕婦生產的疼痛、偏頭痛和因為糖尿病與多發性硬化症導致的神經性疼痛。

參考網站

1. http://health.nih.gov/topic/pain
2. www.ampainsoc.org
3. www.theacpa.org

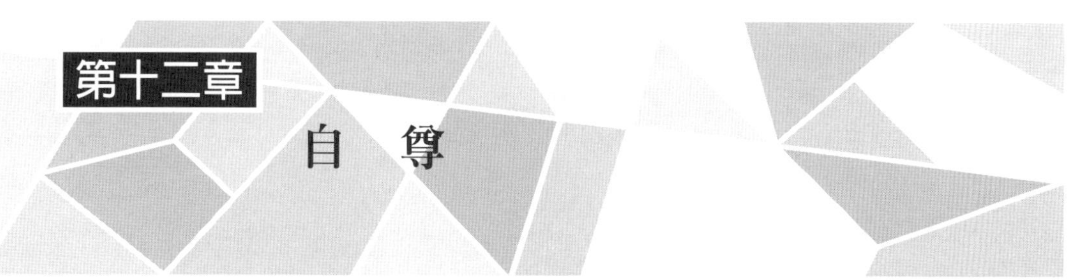

第十二章 自 尊

高三福 譯

健身運動可以從社會和心理生物學的機制來影響心理健康，但是不管改變的過程是如何，這些影響某種程度會表現在自我的態度、信念和知覺。運動具有改變自我認知的巨大潛力，許多軼事報導往往提到，人們因為運動而改善自我概念和自尊。不過，實驗證據顯示，自尊的改善能直接歸因於運動，其證據力仍十分有限。

本章描述人們對自己的看法與身體活動的關係。自我概念和自尊的理論和模型，是了解運動行為和自我知覺的關係之基礎。本章節在身體自我概念和自尊的測量有詳細的敘述，以說明自我態度和信念的概念及測量的議題，以及和運動有關的自尊之定義和測量方式。本章也回顧研究自我知覺和運動行為的文獻，並總結目前我們所了解的知識，並說明研究健身運動和自尊的核心議題。

正面的自尊是擁有良好心理健康的關鍵指標之一，並且是生活調適的重要因素。

自我系統

自我是一個複雜的構建系統，理論學家認為自我具有方向性和組織性，以及屬性和特徵，這些組合建構成自我（Harter, 1996）。自我的方向性和組織性展現在行動裡，使得自我是一個連貫的結構，社會心理學家通常將之稱為自我概念，臨床心理學家和精神科醫生則將其稱為**認定（Identity）**（Fox, 2000）。自我概念是對意識中能夠知覺的部分之自我感知，是一種概括性樣貌的知覺。它是多向度的，並且包含許多次成分或領域，例如：學術自我、社會自我、精神自我和身體自我。自我概念是心理健康的關鍵因素，一個穩定和連貫的自我架構，是理解世界所必須的要件。

自尊的正負向影響

對自己的正面評價可以增強心情並支持健康的行為，而對自己負面的評價，則可能導致心情低落和不良行為。

- 高自尊與獨立、領導能力、適應能力以及抗壓性有關（Wylie, 1989）。
- 低自尊與抑鬱、焦慮、恐慌症有關（Baumeister, 1993）。
- 青春期低自尊會增加成年期適應問題及身心健康不佳的風險（Trzesniewski et al., 2006）。
- 自尊能緩解壓力和疾病之間的關係，可能和壓力評估及評估後所產生的生理反應有關（Rector & Roger, 1997）。

過去單向度的自我概念，已擴展至多向度的自我模型（例如：Marsh, 1997; Shavelson, Hubner & Stanton, 1976）。圖 12.1 呈現了多向度階層模型的示例。想像一下自我概念系統是一個金字塔，統整的自我概念在頂點，而一般的自我概念在下一個較低的層次。當階層下降，特殊性增加，最底層是特定情況的自我知覺。高階的建構，有賴於低階構念的組成。例如：我們如何定義社會性自我，取決於自己與家人、同事和朋友的關係。特定組成部分的變化（例如：和兄弟姐妹的溝通）可能會影響到一般自我及整體自我概念。在此模型中，自尊是我們對個人所重視和認為重要的事物之構念，對此構念進行評估的結果。

自我基模（Self-Schemata）是一種認知結構，呈現人們對自身及其特徵的知識，理論學家認為這是用來引導人們如何搜尋、選擇和組織有關自身的信息。Kendzierski（1994）將自我基模的概念應用到健身運動中，提出了三種類型的人：運動基模、非運動基模和缺乏基模。運動基模者將自己形容為運動者，並認為身體的自我概念對他們的自我形象很重要。非運動基模者具有不運動的自我模式。缺乏基模者可能不規律運動，身體活動對其自我形象並不重要。運動基模者比起缺乏基模者，更可能會去運動，並克服運動的阻礙。經驗可以擴展基模，但是運動基模的擴展受到事件和活動的影響，但不只是表面上有運動經驗如此單純。

> 「增強自尊並克服自卑的方法，是發展自身的能力……。一個好的出口……對男孩和女孩來說，運動和遊戲是一個出口，他們可以學習到良好表現並享受真正的樂趣。表現完成會建立信心，這有助於克服自卑感」（Rathbone et al., 1932 年）。
>
> ── 約瑟芬·朗沃西·拉斯伯恩（Josephine Langworthy Rathbone），1932 年。1954 年美國運動醫學會共同創辦人。

自尊的常見解釋，是指人們喜歡或重視自己的程度，而且正向的自尊與良好的心理健康有關。在社會科學中，自尊是一種假設的構念，是對自我概念的評價，以及對此評價有關的感覺。它是根據一個人對個人價值系統和價值標準，以及對自我在特定領域和整體上的表現所進行的綜合判斷。自尊因此可以量化為對自我各種屬性的評價之總和。描述自尊的相關術語，如：自我價值、自我尊重、自我尊重和自我接受等（Blascovich & Tomaka, 1991）。

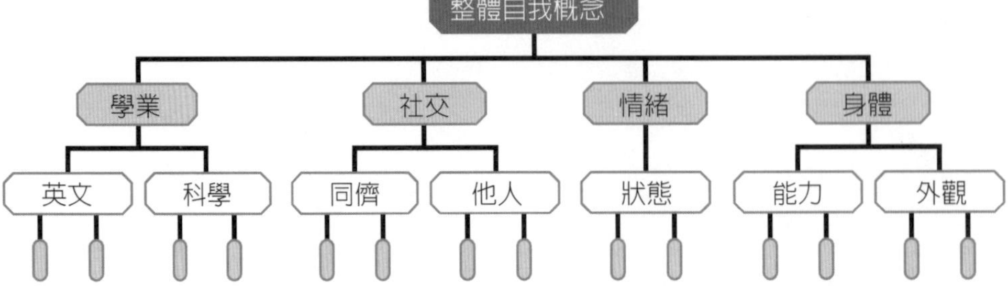

圖 12.1　自我的多向度階層模型：特殊性從頂點（整體自我概念）到底層逐漸增加

自尊最初被認為是一種整體的建構，但目前已概念化為多向度的構念。自尊的各個面向（例如：身體能力的判斷）在一定程度上會促進整體自尊，因為這些屬性對於自我的感覺很重要（見圖 12.2）。因此，要了解自尊，我們必須考慮主流文化以及個人對此文化價值和觀念的內化程度。例如：如果文化觀念是苗條的身材，假設某人的體脂肪很高，而他（她）重視身體自我概念並接受此一文化觀念，那麼他（她）可能會有低的身體自尊。如果主流文化是重視家庭和社會關係，不重視身體外表和身體自我概念，那麼身體概念將對他（她）的自尊所產生的影響會較小。

雖然一些研究者將自我概念和自尊區分開來，但另一些研究者（例如：Sonstroem, 1998）則認為自尊是由自我概念所組合。這種觀點是認為，自我的描述是基於評價與情緒反應而來。例如：在運動和自尊模式中（Sonstroem & Morgan, 1989），身體自我價值是整體自尊的一部分。身體自我價值受到身體能力和身體自我接受的影響，例如：力量和有氧耐力。身體能力是我們認為我們可以做到的，與自我概念類似。自我接受是我們對自己能做的事情的感覺，並指出我們對自己能力的滿意程度。這種滿意程度代表了一般性的自尊。

> **自我概念是對我們是誰的客觀解釋，自尊是我們對自己是誰的感覺。**

自尊與心理健康有著明顯的關係，而且指引行為。自尊的這種動機特性，是經由自我增強的方式來引導行為。自我增強的假設是基於以下的前提：即人們做自己期望的事情，會產生積極的能力和自尊（Biddle, 1997）。他們按照自己的看法行事，並從事他們認為會這樣做會成功和自我提升的行為。也因此，個人為了增加或維持對自我概念的正面評價（也就是自尊），會影響其行為的選擇。自我效能的概念在此模型中很有用，因為人們如果確信自己會成功，並因此而能夠增強自我意識，則有可能從事此一行為。該模型可用於預測未來的行為，例如：一個游泳自我效能感高，但對直排輪滑能力信心不足的人，在約會時較可能選擇去游泳池而不是溜冰場。

理論與模型

Sonstroem 和 Morgan（1989）所發展的運動和自尊模型，是結合身體自我概念和自尊，來解釋運動如何影響整體自尊，該模型並擴展為身體自我價值（Sonstroem, Harlow

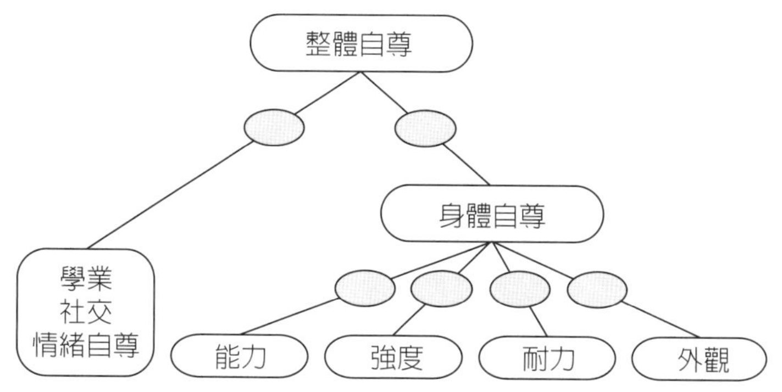

圖 12.2　不同的人在形成自尊時會強調自己的不同方面

& Josephs, 1994）。此模型是多層次和多向度的，頂端是整體自我概念和自尊，而社會心理的知覺則是從一般發展到特定。特定的身體標準（例如：跑一英里所需的時間）與特定運動的自我效能（身體能力的評估）會彼此產生作用。特定身體活動後的正向改變（例如：增加耐力，減少體內脂肪）會導致自我效能提升，自我效能的提升被認為對後續身體活動，和整體自尊有決定性的影響。一些證據顯示，自我效能對整體自尊與身體活動有影響效果，而且自我效能能透過自尊和身體自我價值來間接影響影響身體活動（McAuley et al., 2005）。身體自我概念和自我效能，會透過身體自我價值影響自尊。此模型連結了階層自我概念和實際行為之間的關係。

McAuley、Mihalko 和 Bane（1997）在一項為期 20 週的訓練研究中，以 41 位男性和 42 位女性坐式生活的中年人進行研究。他們發現整體自尊、身體自我價值和體能顯著提升。當研究控制了身體自我價值時，整體自尊沒有改變（也就是訓練的影響效果，是來自身體自我價值），這一結果支持運動與自尊的模式。Elavsky（2010）以 2 年的時間，將這一模式應用至 143 名中年婦女，發現體能和身體吸引力的改變，對身體活動和自我效能有關鍵影響，而身體質量指數（BMI）對身體價值和整體自尊改變亦有顯著影響；身體吸引力的增加，也與身體自我價值的增加及整體自尊的增加有關。阻力訓練也會提高大學生的身體自我價值和自尊（Moore et al., 2011）。

Fox 與 Corbin（1989）以身體自我知覺發展為基礎，提出身體自我知覺剖面模型（圖 12.3）。該模型包括身體自我價值、運動能力、吸引力、體能和力量。因為自我概念的知覺受到個人對特定範疇的重視程度的影響，所以 Fox 和 Corbin 強調了身體能力與特定範疇重要性之間的關係，也就是包括重要程度的衡量（知覺重要性）（Fox, 1990）。

人們認為自己是誰，會影響他們的自尊並引導其行為。人們以自我基模來處理訊息並做出決策，以使自己的行為和行為的結果與目標，能夠和自己的個人理論相一致（Fox, 1997）。因此，自我是自我概念發展

自我概念是多向度的和階層的，自我知覺可以隨階層而變化。

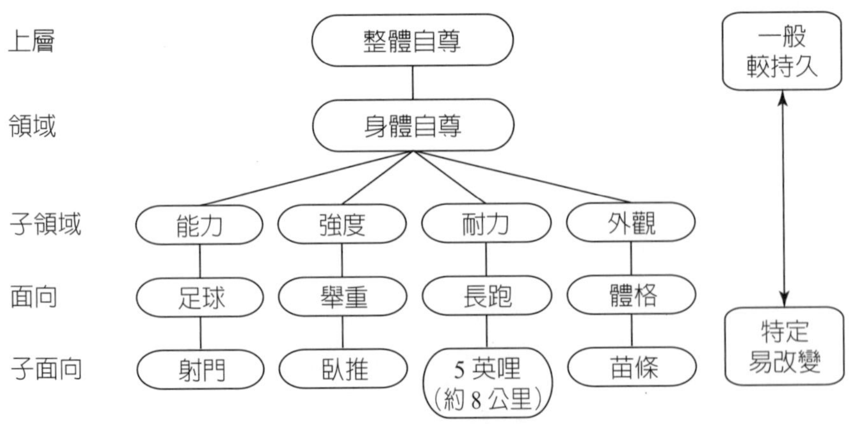

圖 12.3 身體自尊的結構

和維持的重要代理者，以自尊來反映成功的程度。除了保持一致性之外，自我指引並增強自我的行為。

> 自尊受人口統計學特徵、身體、感官、社會心理動力，以及社會和文化環境的影響。

根據自我增強假說，特定的活動能增強自我是由能力感，價值和覺得被愛而來。然後，受到啟發有動力，採取行為來與他人產生關係連結，並體驗自我決定感。Fox（1997）提出自我增強策略，見表 12.1。

影響自尊的因素

人口統計學特徵，例如：性別和年齡，會影響自我概念。許多研究發現，在許多的年齡層，男性都比女性有較高的自我概念和自尊分數。就年齡的影響而言，自我概念似乎在成年後趨於穩定。Hirsch 和 Lykken（1993）研究 678 個同卵雙生和 547 個異卵雙生的雙胞胎（27 至 86 歲）的自我概念，他們得出結論，自我概念在成年初期就開始穩定，並反映出遺傳的強大影響。一般而言，自尊依循與自我概念相似的軌跡。Orth、Trzesniewski 及 Robins（2010）在為期 16 年，對 3,617 名 25 至 104 歲的成年人進行了四次的自尊評估，發現自尊在成年初期和中期增加，在 60 歲左右達到頂峰，而在老年則下降，下降可能是由於社會經濟地位和健康狀況的改變。

身體的、心理的以及社會的變項，有助於自我概念的評估。身體結構和功能的改變

表 12.1　自我增強策略

行為策略	範例
選擇成功可能性高和正面影響的行為。	喬治和大學裡的朋友一起划船，因此他決定購買個人輕艇，並參加一些個人輕艇的課程。
以獲得社會認可和支持的方式來行動。	喬治在課堂上跟新手講解划槳技巧，這些技巧是他從朋友那裡學到的。在課堂結束時，喬治和新手會互相幫忙扛輕艇。
挫敗的經驗往往會導致失敗、不成功和負面影響。	輕艇課的同學在週日到公園自行車道舉行輪滑溜冰活動，但喬治沒有參加。在高中時，他曾學滑直排輪，但都摔倒，他不想在新朋友面前丟臉。
心理策略	**範例**
貶低行為的重要性，認為行為不會成功，也不會有正面影響。	喬治認為，對於其他周遭騎車或跑步的人來說，滑直排輪是很危險的。
重塑事件的歸因，以最好的方式呈現自我概念。	喬治相信，他在講師忙碌時幫助上課同學學生，使課堂更順利進行。他認為課堂同學從他的協助，進步得更快。
當自我概念受到威脅時，以自我肯定和自我驗證，來維繫自我的完整。	輕艇課的一些同學拒絕喬治的建議，說：「划船和輕艇不同。」於是喬治閱讀有關輕艇的書，並確定划船與輕艇的共通技巧。他把注意力轉往向他求助的同學。

會影響自我概念的知覺。青春期、懷孕、減肥和增重、受傷、更年期、疾病和衰老等，會改變身體自我並影響自我知覺。身體的變化會影響自尊，其方式是經由生理感官而對心理的自我評價產生影響。復健者在復健課程所經歷到的肌肉勞損，以及老婦人坐車時離開座位感覺到關節卡卡僵硬，都是可能導致身體自尊不佳的感覺之實例。

身體是個人、世界及自尊之間的實體平台。外貌是一種溝通渠道，是地位和性別的展現。身體自我的評斷會影響整體自尊，特別是當其他自我（自我的次成分）發展較弱或身體狀況（例如疾病或傷害）突顯時，身體自我對自尊的影響就更為明顯。對孩童而言，由於自我認知尚未發展完全，運動對自尊的影響，在兒童比對其他年齡層的人影響來得更大。對患有慢性疾病的患者（如：心血管疾病和乳癌），運動還可以經由改善身體機能，正面地影響他們的自我知覺。

在 20 世紀社會，身體在自我認同和自尊有了重要作用，並且很可能會持續產生影響。Sparks（1997）提出「社會建構的身體」的概念，以「機械的身體和美麗的身體」來建構身體的主題（p. 87）。醫療技術的進步，也使得重塑和重建身體特徵變成可能。整容手術和人體工學輔具，突破了身體外觀和表現的限制。媒體和商品促銷的推波助瀾，增強了人們對外觀和功能的控制感。身體已被重新定義為健康、成功和財富的象徵，身體自我已成為一種社會貨幣。

身體的觀點，也助長了對健康及幸福的個人責任和自我調整。然而，當採用不切實際的形貌和大小的文化想法來判斷一個人的外表時，自尊可能會產生負面影響，尤其是吸引力和身體自我價值之間的相關值約為 $r = .70$（Fox, 1997）。當能力和重要性之間存在差異，自尊會受到威脅，例如：某人高度重視身體意象，但卻無法改變自己的身體與期待意象的差距時。根據認知差異模型，採用不切實際的理想體型，會導致不良的自我概念，即使本來實際體型是很好的。Marsh（1999）進行一項研究，要求 793 名高中生在 12 個「胖－瘦」的連續剪影做選擇，來顯示他們實際的、理想的、未來的和潛在的身體形象。Marsh 的研究發現認知差異模型獲得支持，對苗條的理想人體體型有較高要求者，其自我概念顯著較的負面。由於在美國和其他已開發工業社會，對女性理想的身體形象有不切實際的看法，因此女性一生中較低的身體自尊心就不足為奇了。

> **自尊受身體特徵，以及自我知覺和流行文化之間相互作用的影響。**

心理動力也會影響自尊。例如：Ryan 和 Deci 的自我決定理論（Deci et al., 1991），從權宜的與真正的自尊和自主，對自尊的影響做出貢獻。自我決定論認為，行為的動機是在一個連續的範圍，此範圍從無動機到四個外在動機，再到內在動機。權宜的自尊是基於與外在標準而來，也就是對增強沒有個人的控制，而且行為也不是自我決定的。真正的自尊是基於滿足個人所定義的標準，並且已經將行為內化。真正的或內在的動機已經整合到自我認同裡，自尊則從精熟或自主而得到增強，這同時也加強了獨立感和自信。自我認同能夠成功發展的條件，包括：將自我從環境和他人抽離，發覺個人的想法與行為的因果關係，探索環境以及從他人的反應中了解自我（Sonstroem, 1998），以上即是將行為內化調節的自我決定模式。

自我概念的部分發展，是從建立自我的內在標準而來。內在標準是從評估個人行為（即精熟、進步程度、目標成就及客觀表現）來建立的，不過，自我概念是在社會環境中所發展，社會和文化價值的影響很大。自我認同是從自我與社會的不斷互動中發展（亦即「社會建構的身體」，Sparks, 1997 年），在不斷變化的社會角色和社會期待，可以想像要保持一貫的自我認同會是一項挑戰。

跨文化的研究顯示，我們的社會定義了什麼是可接受的。例如：身體大小和形貌的判斷是與文化所賦予理想標準有關。低社經地位體重過重的非裔美國婦女，沒有較差的身體形象，但過重的白人婦女則渴望達到纖瘦的理想狀態（Davis, 1997）。性別在理想的身體扮演重要的文化訊息角色，在全美青少年健康縱向研究（Wave II）的 13,000 名 16 歲青少年中，測量他們的自尊、BMI 和體重狀態的知覺（Perrin et al., 2010）。25% 正常體重的女孩和 8% 的正常體重的男孩認為自己超重。對超重的誤解也存在種族差異，黑人男性比例最低，亞洲女性比例最高。無論實際 BMI 是多少的白人女孩（也就是全部的白人女孩），高於 20 %BMI 百分位的黑人女孩和白人男孩，以及高於 60%BMI 百分位的亞洲女孩，這些人的低自尊與他們誤認為自己超重有密切關係。不論是那種體重類別，黑人和亞裔男孩都不會誤解他們的體重狀況。

社會和文化因素經由將外部標準影響自我，從而影響自我概念的發展和評價。外部標準包括參照評估和社會比較（Sonstroem, 1998）。參照評估是我們認為重要他人如何看待我們。從這個角度來看，自我概念是由我們認為重要他人是如何看待我們所產生的。大多數人應該聽過自證預言，自證預言已經在課堂和運動獲得證明。也就是當教師和教練對學生的期望很高，而學生最後達到了這些期望。外部標準也經由社會比較而影響自我概念的發展，例如觀察他人並將自己與他人進行比較。一位四個孩子的中年母親，帶 3 歲小孩在遊樂園一日遊，她為自己的體能感到自豪（根據客觀表現來建立自己的內在標準），但是她可能不會認為自己的身體強壯，比如和在健身房健身的朋友們相比較（基於社會比較的外部標準）。

社會比較的環境和同儕群體，可能會對自我評估產生重大影響。例如：一個休閒級舉重選手，在所居住的小鎮認為自己是最強的男人，如果在洛杉磯的健身房，可能會發現自己不是很強壯。Marsh 及其同事（1997）在 1,514 名精英高中選手和非精英選手的身體自我概念研究中，證明了這種「大魚，小池塘」的效果。正如預期的那樣，精英組的身體自我概念高於非精英組。不過，體育重點高中的非精英運動員（其比較對象是精英運動員）在幾個身體自我概念變項上的得分，低於非重點高中的普通學生（非運動員）。也就是重點高中的非精英運動員，由於比較的對象是精英運動員，他們的身體自我概念知覺，在某些向度上，會低於非重點高中的普通學生。自我知覺也是動態的，因而對成功或失敗的反應，可能會導致人們對評斷自己的標準改變。例如：在贏得第一次公路賽後，跑者可能不再將自己與休閒跑步者相比較，他可能改變他的參考群體和自我知覺。

Fox 總結了低自尊者的特徵（1997）。例如：低自尊的人對自我的定義不清，對自我的了解也較少。因此，他們很容易受到外部線索和事件的影響。他們的自我概念是較簡單和較少的組成，當他們的自我概念受到威脅時，他們有很少的機會來肯定自我。他們的知覺能力與他們對這些能力的重視程度之間也不匹配。例如：低自尊心的人可能主要是從身體吸引來定義自己，從昂貴的健身器材廣告，或膳食補充劑的促銷訊息來定義什麼是理想的。她（他）可能沒有意識到矮胖的身材是她（他）的現實限制。她（他）不斷的想改變自己的身體，但一直遭遇到失敗，這會導致自我效能低下，認為自己無法獲得苗條和強健的身體，將使得自卑感長期存在。

自尊的社會心理貢獻

- 知覺能力
- 自我肯定
- 權力的知覺
- 自我接受
- 自我價值感

來自 Fox, 1997.

測量

自尊的本質是一種假設性的構念，因為沒有客觀的標準可以作為檢視的依據，這使得自尊的測量是一個必須討論的議題。研究人員使用收斂效度（與其他測量類似構念的量表有高度關聯）和發散效度（與測量不同構念的量表有低度關聯），或評估量表的表面效度（量表的題目能夠反映出想要測量的定義）。

自尊和自我概念是多向度的構念，除非工具也是多向度的，否則很難評估自尊和自我概念。

測量自我

在第二章中對心理建構的測量進行了深入討論，第二章所提出的議題和策略也適用於自我知覺的測量工具。例如：工具需要基於某種的自我理論，並且在設計量表題項時應考慮適用的目標人群。Fox（1998）指出了自我知覺量表發展的其他問題，例如題項與格式的清晰度。

由於對身體活動和運動經驗的相關知識甚為缺乏，使得量表的向度、內容及範圍變得複雜。例如：如果人們從未拿過球拍，他們就很難對他們網球信心來評分。有些人以受試者描述的活動項目來解決這樣的問題，以便受試者根據自己的活動項目，來判斷他們在不同運動領域的能力。例如：一般技能能力相關的項目（如敏捷性），可以讓受試者提出他們自己所選擇的運動（如網球或足球）。研究人員也針對特定族群發展出特定的量表。例如：特定網球能力的的量表（如第二發球強度），就較適合來比較網球俱樂部的男性和女性之間的差異。

自我知覺工具的可靠性（信度），取決於構念的穩定性。整體自尊被許多人視為是特質，因此應表現出良好的重測信度。愈接近階層模型底部的構念（例如：力量自尊），則有更多不同型式的變化。因此，問卷施測時量表分數的差異，可能是反映實際的變化，也可能摻雜了量表本身構念不穩定的混淆。研究人員發展測量身體活動的問卷時，在確定問卷的時間穩定性，面臨了兩難選擇的課題（請參閱第十三章〈相關性〉）。

當代的自我概念和自尊模型是階層的和多向度的。因此，基於這樣的模型所發展的量表必須經過整體的和個別的組成效度檢驗。外在建構效度的驗證，涉及和已建立信效度的測量工具，具有一定程度的關聯。Marsh（1997）指出一種外部驗證方法，稱為網絡間效度（Between - Network Validity），這是指一份測量自我概念的量表，基於理論的邏輯關係與其他構念進行比較，該量表應與理論相關的某些量表有顯著相關，與理論預測的無關量表則不應該有顯著相關。Shavelson、Hubner 和 Stanton（1976）發展的多向度階層模型的自我概念測量，有不具相關的獨特與多向度成分（即學術、社會、身體、情感和精神）。每個成份具有特定的次成分（例如：身體包含行為表現和外觀），每個次成分也可以具有特定的組成（表現包括力量、耐力、協調性、柔軟度等）。驗證自我概念工具的網絡間效度的統計方法，包括因素分析和多重特質多重方法分析（Marsh, 1997），這在第二章已經有介紹過了。

自尊是一種假設的建構

自尊是一種假設的建構，可以量化測量。例如：每個人都擁有許多明顯的自我特徵，對全部的自我特徵的評估（Blascovich & Tomaka, 1991, p. 115）。

自我知覺的測量工具

前面已經提及，有效的和可靠的方法來測量自我知覺，是了解身體活動行為與自我概念和自尊之間的關係所必備的。自 1950 年代以來，已經發展出多種自我知覺的工具，適用在身體活動用，以下各節將進行介紹。身體自我概念的早期研究，主要是探討身體意象與整體自尊的關係（Marsh, 1997）。因此，基於研究的歷史背景，以及身體意像在自尊和健身運動動機的重要性，我們從測量身體象的工具開始介紹。

身體意象

身體意象有多種方法進行測量，包括訊號技術（Distortion Techniques）、輪廓和照片評分、電腦生成知覺身體形狀和大小，以及紙筆調查（見圖 12.4），等超過五十多種的測量方法（Thompson, 2004）。Secord 和 Jourard 於 1953 年發展的「身體情感量表」（Body Cathexis Scale）是最早測量人體意象的量表之一。身體情感定義為「對身體各個部位或的滿意或不滿意程度」（Secord & Jourard, 1953, p. 343）。受測者對身體的四十六個部位和功能進行 5 點分數的評估，將各部位的評分相加形成總分。身體情感量表的評量是基於情感而不是知覺，此量表的限制是其將人體意像視為是單一向度的概念（即個別的分數是從總和分數而來，個別和總和是相似的構念）。身體自尊量表（Body Esteem Scale）由 Franzoi 和 Shields 在 1984 年，根據身體情感量表所修訂。修訂後的量表有三十二個題項，區分為依性別不同的三種分量表。對於男性，分量表包括身體吸引力、上身力量和身體狀況。對於女性，分量

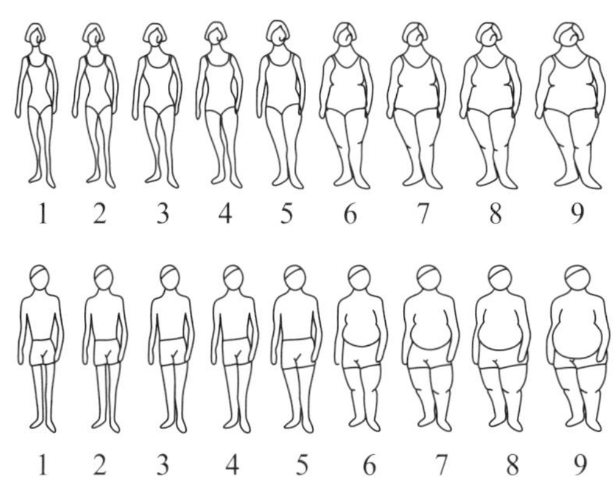

圖 12.4 知覺身體大小的測量，請受試者從圖中選出和他（她）體型最相似的人形

表則是吸引力、體重關切和身體狀況。

身體意象的測量可以是單向度或多向度，但普遍認為身體意象是多向度的心理建構。雖然身體意象的概念包括多個要素，但在文獻中一般會出現的兩種構念：對身體的評估或評價，以及對身體的滿意度（Rowe, Benson & Baumgartner, 1999）。例如：「身體部位滿意度量表」（Body Areas Satisfaction Scale, BASS）是測量身體意象的標準化量表，是「多向度身體自我關係問卷外貌量表」（Multidimensional Body – Self Relations Questionnaire Appearance Scales, MBSRQ-AS）的一部分（Cash, 2000）。MBSRQ-AS 包含三十四個題項，並且包括用於外觀評估、外觀取向、超重想法和體重自我歸類的其他子量表。身體意象已經針對特定族群發展了測量工具，例如「身體意象和人際關係量表（Body Image and Relationship Scale）」（Hormes et al., 2008），該量表用於評估有關乳癌患者癒後的外貌、健康、力量、性、人際關係和社交功能的態度改變。

自我概念

早期自我概念的研究是單一向度，與身體情感量表一樣，是將多個題目的總分，故為一個整體自我的概念，這樣的方法是假定每個自我的次向度（如：學業自我和身體自我）的權重相等。直到 1970 年代後期，1980 年代初期出現多向度模型（例如：Shavelson, Hubner & Stanton, 1976）和自我知覺模式（例如：Harter, 1982）單一向度自我概念的限制才被打破。多向度的自我概念包含階層模型和可檢驗的假設，以及在特定領域的子自我概念。

田納西州自我概念量表（Fitts, 1965; Roid & Fitts, 1994）是第一個多向度自我概念量表，自我概念由一般和特定自我所組成。特定自我包含：身體自我、道德自我、個人自我、家庭自我以及社會自我等領域。對於每個特定領域，可以計算出認定（對身體自我的敘述）、自我滿意度（對身體自我形象的滿意程度）和行為（認同身體活動的參與程度）（Blascovich & Tomaka, 1991）。儘管該量表是在衡量自我概念，但在許多研究中，是用來作為自尊的測量（Blascovich & Tomaka, 1991）。

自我描述問卷（Self-Description Questionnaire, SDQ）（Marsh, Smith & Barnes, 1983）的發展，是將 Shavelson、Hubner 和 Stanton（1976）的模型，修改適用於青春期以下的兒童。SDQ 是多向度階層的自我概念測量。它包括一般自我、特殊（或領域）的自我、以及各領域的技能與能力的測量。SDQ 的兩個領域是學術自我和非學術自我。非學術自我包括身體能力、外表、同儕關係，以及與父母關係。Marsh 還發展該量表的其他兩個版本，分別用於青少年（SDQ-II; Marsh, Parker & Barnes, 1985）和青春期晚期的青少年和成年人（SDQ-III; Marsh & O'Neill, 1984）。

身體自我概念

接下來討論的兩個多向度身體自我概念量表，是從自我概念的結構模型發展而來。這些量表採用電腦和多變項統計技術，因而研究人員能夠提高身體自我概念的測量品質。

在 1980 年代後期，Fox 和 Corbin（1989）根據 Harter（1985, 1986）與 Shavelson、Hubner 及 Stanton（1976）的模型，開發了身體自我感知剖面（PSPP）來測量身體自

我概念。PSPP 的內容效度是從先前研究的深度評論，以及訪談大學生的身體自我而來。PSPP 有五個子量表（請參閱身體自我感知剖面子量表）。每個量表的題項都反映出對結果（能力／能力），過程（獲得／維持）和知覺信心（自我陳述），此外還包括整體身體自我價值的子量表。回答項目的方式（結構化或有其他選擇）是為了減少社會期許的效應，但也可能會造成填答者的混淆。知覺重要剖面（PIP）是與 PSPP 一起開發的量表，是衡量整體自我價值的各分量表的重要性，不過 PIP 量表對身體自我概念和自尊的支持證據並不一致（Fox, 1998、Marsh, 1997）。

最近，以瑞典、土耳其和英國的大學生樣本，以驗證性因素分析的方法，建立了修訂版的 PSPP-R（Lindwall, Asci & Hagger, 2011）。PSPP-R 是一階四因素模型，四因素包括運動能力、身體條件、身體吸引及身體力量，這四個一階因素，可以統整成二階的身體自我能力。

身體自我描述問卷（PSDQ）是基於 Marsh、Shavelson 的階層自我概念模型，所發展出來的另一個身體自我概念量表（March, 1990）。PSDQ 是 6 點量表，有七十條的陳述問項，分屬在十一個分量表（請參閱「身體自我描述問卷」）。PSDQ 具有良好的建構效度：以十四個體適能指標做為關聯效度（Marsh, 1993），並與現有的測量工具檢驗收斂與區辨效度（Marsh et al., 1994），並用四個年齡組的人，在 2 年內完成 4 次 PSDQ，來檢驗恆等性（Marsh, 1998）。

應用恆等性的分析方法，比較不同族群的人（例如：種族）的身體自我概念，有很大的意義。在一項研究中，對 12 年級的美國黑人（n = 658）和白人（n = 479）青春期女孩的身體自我描述問卷（PSDQ）進行因素效度和恆等性分析。（Dishman, Hales & Almeida, et al., 2006）。並以 PSDQ 分量表和外部校標（體育活動、體適能、BMI 和運動參與）之間的相關性，檢驗建構效度。PSDQ 的 11 因子模型，在這二個樣本顯示出足夠的適配度，與外部校標的相關亦支持了收斂和區辨效度。結果顯示 PSDQ 可以對 12 年級的黑人和白人女做出有意義的比較，可以區別出不同的身體自我概念。與白人女孩相比較，雖然黑人女孩的身體活動、運動參與和體適能較低，且 BMI 較高，但黑人女孩的自尊與白人女孩相似，而且和白人女孩相比，黑人女孩有較高的身體自我概念和外表知覺。

PSDQ 的短版只有四十題，及十一個原始的因素。PSDQ-S 在 708 名澳大利亞青少年，349 名澳大利亞精英青少年運動員，

身體自我描述問卷

整體分量表

- 身體自我概念
- 整體自尊

身體自我概念分量表

- 體脂
- 力量
- 活動
- 耐力、適能
- 運動能力
- 協調
- 健康
- 外貌
- 敏捷
- 自尊

986 名西班牙青少年，395 名以色列大學生和 760 名澳大利亞老年人，顯示有跨樣本的效度（Marsh, Martin & Jackson, 2010）。

自尊

自尊一開始是被認為是一個整體的概念。Rosenberg 自尊量表（Rosenberg, 1965）是最常用來測量自尊的量表。此量表是整體的單一向度，由十個題項所組成，具有很高的內部一致性和再測信度。Coopersmith（1967）的自尊量表（SEI）是另一個常用的自尊量表，它最初是以兒童為對象所發展的，現已修訂適合成人。儘管 SEI 的修訂（SEI B; Coopersmith, 1975）被認為是單向度的正向自尊測量，但後續的研究發現它有不同的因素結構，可能是多向度的，不過至今尚未有定論（Blascovich & Tomaka, 1991）。

在 Shavelson、Hubner 和 Stanton（1976）的研究影響下，自尊的概念已擴展為多向度的概念；也就是說，自尊的各面向組合成整體的自尊。例如：您會如何評判您的跑步能力，會如何影響您在身體能力上的自尊。Janis-Field 能力不足感量表（Feelings of Inadequacy Scale, FIS; Janis & Field, 1959）後來被 Fleming 與 Watts（1980）和 Fleming 與 Courtney（1984）修訂為多向度，包含五個因素的整體自尊：社交信心、學業能力、情緒、身體外表和能力。

身體評估和吸引力量表（PEAS; Sonstroem, 1978）包括兩個整體自尊，分別為評估（對身體能力的自我知覺）和吸引（對身體活動的興趣）。PEAS 源自於運動和自尊模型（Sonstroem & Morgan, 1989），用於測量評估和吸引二者，現在 PEAS 的使用愈來愈少，不過這量表顯示早期以單向度來測量自尊的情形。

整體自尊心相當穩定，所以在運動研究中自尊的變化難以被發現，因此自尊在運動研究的價值受到限制。儘管研究人員一直使用整體自尊量表來測量，運動介入後的自尊改變，但整體自尊量表可能缺乏足夠的敏感度。針對不同屬性進行自我評估，可能是解決此問題的一種方法，也因此自尊的多向度階層模式變得可行，廣泛地受到研究者所採用。

階層模型的方法需要研究人員解決兩個問題（Marsh, 1998）。首先，題項應具有相關，也就是說，研究人員感興趣的測量，題項間的相關數值要高。例如：「我可以臥推自己兩倍體重的重量」，和 5 公里跑步的相關值，會低於「我可以長時間運動都不用休息」和 5 公里跑步的相關值。其次，題項的概念應該相同，例如：測量力量的自我概念，「我很健康」就不如「我很強壯」，能表現出力量的概念。對乳癌患者的肌力訓練計畫中，使用身體意像或關係量表，便是一個例子；研究人員可以從特定的子量表中，發現訓練介入的變化，但從整體量表分數中看不出這樣的變化。

運動和自尊

有關健身運動和自尊的研究，並不像研究健身運動與其他心理變項（例如：憂鬱和壓力反應）那麼多。整體而言，健身運動對整體自尊的影響大都是正面的，但也有一些好壞參半的結果（Fox, 2000; McAuley, 1994）。這可能反映出研究設計和測量的限制，以及自尊概念不易改變的特性。雖然許多的證據顯示參加運動計畫會使得自尊改變，但大多數研究缺乏對混淆變項的控制，例如：知覺需求，反應偏差，以及預期的心理（Sonstroem, 1998），以致參與運動是否真的能改變自尊，還無法提出具體的結論。

下一節將討論運動與自尊之間的關係。分別從統合分析和綜述的評論，相關和縱貫式研究，以及對特殊族群研究來進行討論。

統合分析和評論

與其他心理健康的運動文獻相比，有關運動和自尊或自我概念的評論論文甚少。Gruber（1986）分析兒童的身體活動與自尊發展的介入研究，他找出了八十四項介入研究，並對其中二十七項研究進行統合分析，結果支持運動對自尊有正向影響，平均效果量（ES）為 0.41。小學兒童整體自尊的發展受到參與遊戲或體育（或兩者兼有）的影響，自尊低的兒童和特殊的兒童獲得了較多的好處（見圖 12.5）。失能的兒童獲益最大，他們的 ES 為 0.57。有氧活動（ES = 0.89）帶來的收益大於參加創意活動（ES = 0.29），競技型運動（ES = 0.40）和運動技能型活動（ES = 0.32）。不過因為受限於樣本很少，這些活動的差異沒有達到統計上的意義。

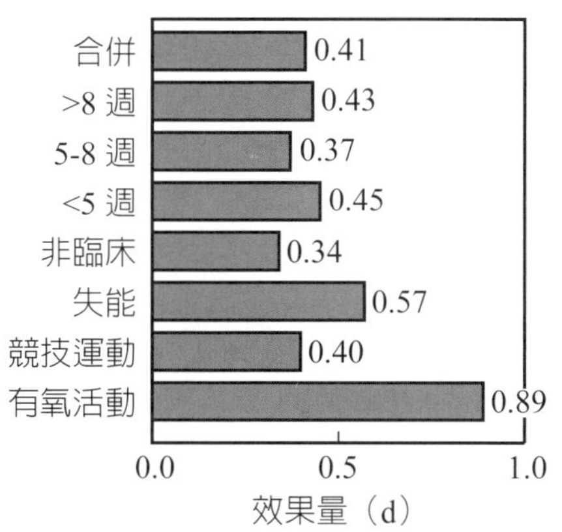

圖 12.5 **兒童二十七項縱貫研究的統合分析。訓練時間的長短沒有影響，對於失能的兒童和參與有氧運動，運動的影響最為明顯**

這項統合分析的結果，尚不足以作為運動無法提高兒童自尊的證據。Gruber 的統合分析中，幾乎所有研究都使用整體自尊的測量，這樣的測量方式可能無法顯現特定的身體自我評價。在其他人的研究（例如：Anshel, Muller & Owens, 1986）測量自尊的子向度，例如：與運動有關的自尊，研究顯示運動參與會增加自尊。後來的身體活動和心理健康研究的統合分析，總共 14823 名 3 至 18 歲的年輕人，包括了五項橫斷面研究和兩項前瞻性研究，以及僅有兩項針對 50 名青年的隨機控制實驗（Strong et al., 2005），顯示運動對自尊與自我概念的影響。

隨後的一項統合分析，針對八個隨機，但無嚴謹控制的實驗進行分析，探討有氧運動或運動訓練對兒童和青少年的影響：結果顯示，運動具有中等程度的影響（0.49 SD；95%CI = 0.16-0.81）（Ekeland et al., 2004）。不過，由於樣本較少，這個研究無法比較不同運動項目或環境的影響。

Lirgg（1991）對三十五項研究進行統合分析，探討參加各種身體活動對自信的影響。雖然只有一項運動是「男性化」（即以肌力、競爭性）或性別中立的，但男性比女性更有信心。女性只有「女性化」（例如：外表、優雅）比男性明顯更有信心，性別在運動的競爭性並無差異。

Fox（2000）對三十七項隨機和四十二項非隨機控制的運動介入研究進行定性回顧，這些研究探討健身運動對自尊和身體自我知覺的影響。研究指出對這一類的文獻進行有組織的綜合評論是困難的，主要原因是結果變項採用多種不同的測量工具，衡量不同的概念，只有少部分的研究測量有良好的理論模型，並有良好心理計量和分量表來測量多向度的身體自我概念。整體而言，儘管有研究上的缺陷和數量不多，總體結論還是正向的，幾乎有 80% 的研究顯示，運動後身體自我價值和身體自我知覺發生了顯著改變，不過，只有一半的結果顯示自尊的正向改變。研究發現，運動對男性和女性都有正面影響，特別是低自尊的人更為明顯。有氧運動和重訓均對自尊產生正面影響。有研究顯示，重訓的短期效果更大。稍後的研究顯示，從五十個小型隨機控制實驗的統合分析，成年人的自尊平均增加了 0.25 個單位（Spence, McGannon & Poon, 2005）。

健身運動與自尊之間存在正向關係，對於低自尊的人，其影響效果更大。

參加健身運動後，人們的身體自尊會比參加競技運動後有更大的提升，這是因為競技運動無法保證一定有成功和成就感（Spence, McGannon & Poon, 2005）。當成年人（Spence et al., 2005）和年輕人（Strong et al., 2005）體適能增加，自尊就會增加，類似的情形在身體活動和學習結果都聚焦在運動技能上時，自尊也會增加。不過，這些研究所使用的研究設計，並未釐清身體活動的社會背景因素，因此，尚不清楚是健身運動本身會提高自尊，還是運動環境中的某些社會因素，如對運動效益的期望（Desharnais et al., 1993）使得自尊獲得提升。對低自尊的人，以及整體自我概念中較重視身體屬性的人，他們的自尊會從運動中獲得最大的效益。

相關證據

身體自我概念會受身體活動的影響，並且在人的一生中，顯示出身體活動與整體自尊一直存在中等強度關聯（Fox, 2000），身體活動與身體自尊的關聯則更為明顯（見圖 12.6）。因此，相關證據顯示，參與身體活動和健身運動，可以從身體自我概念的影響而對身體自尊發揮作用。

	相關	
	整體自尊	身體自尊
身體自尊	0.62	
競技運動能力	0.32	0.49
健康情形	0.33	0.65
身體外觀	0.48	0.72
肌力	0.24	0.43

圖 12.6　外觀和身體功能的評價與身體自尊的相關較高，和整體自尊的相關較低（n = 1,191 名大學男女）

縱貫式研究

幾項研究顯示，參加有氧運動和肌力訓練後，自我概念和自尊產生了改變。針對身體意象的運動介入研究的統合分析也顯示，運動介入對身體意象有正面效果，而且此一正面效果與運動模式無關（Campbell & Hausenblas, 2009）。相關設計的研究（非介入性質的研究設計）顯示，參與運動的效果，在身體自我價值與自我知覺的影響，比整體自尊更為明顯（Fox, 2000; Sonstroem, 1998）。

運動對身體自我概念和自尊的影響，比對一般性自我知覺的影響來得更大。

自從 Gruber 1986 年進行統合分析，後續的研究都發現兒童參與運動，對自尊有積極正面的改變（例如：Boyd & Hrycaiko, 1997），而且在 3 歲的兒童也有正面的效果（Alpert et al., 1990）。然而，並不是所有的兒童參與運動，都顯示出自尊的效果，Faigenbaum 及其同事（1997 年）以 15 名 7 至 12 歲的兒童為對象，在實施為期 8 週的肌力訓練，雖然這些小朋友在身體力量有顯著變化，但在自我概念或自我效能並沒有改變。對 67 名 3 至 5 年級的小孩，實施 13 週的有氧訓練，也發現對自我知覺沒有影響（Walters & Martin, 2000）。這兩項研究都指出，可能由於天花板效應，使得小朋友的自我知覺無法再改變，也就是一開始自我知覺有很高的分數，使得後續在運動後幾乎沒改善的空間。對年輕人而言，自尊與 BMI 是反向的關係，因此，在過重的兒童中很容易發現健身運動的影響。例如：Goldfield 及其同事（2007 年）發現，經過 8 週的身體活動並減少久坐的介入，即使 BMI 沒有顯著改善，30 名過重和肥胖的兒童中，知覺的身體狀況、身體滿意度和整體身體自我價值，都有顯著的改善。

女性，尤其是白人女性，自尊與身體自尊關係密切（Calhoun, 1999）。女性患飲食失調的風險較高，加上扭曲的身體意象對自尊有負向的影響，使得研究人員思考運動訓練對女性的自我認知的潛在益處。有證據顯示，參加規律運動對女性的身體自尊有正向效果，Bartlewski、Van Raalte 和 Brewer（1996）研究有氧運動對女大學生身體意象的影響，從學期的開始到結束，有氧運動組的女學生的身體自尊顯著提升，身體焦慮顯著降低，而比較組的課業班的女學生，她們的身體自尊和身體焦慮則沒有任何的改變。McAuley 及其同事（1995 年）的一項研究還發現，運動對中老年婦女的身體知覺亦有正面作用。在橫斷面的研究調查顯示，中年和老年婦女普遍存在身體焦慮，但在參加為期 20 週的有氧運動後，中老年婦女的身體焦慮降低，身體組成也有很好的改變。

步行（例如：Palmer, 1995）、肌力訓練（Brown & Harrison, 1986）、肌力訓練和有氧運動（Caruso & Gill, 1992）、瑜伽（Elavsky, 2010）等各種運動都顯示女性從運動中改善自尊。肌力訓練能明顯改善大學女生的身體自我概念（Van Vorst, Buckworth & Mattern, 2002）。大學女生在肌力訓練後，與游泳的有氧運動和無運動的控制組相比，她們的身體自我概念也得到了顯著提升（Stein & Motta, 1992）。

對中老年人的研究也顯示身體活動對自我知覺的影響。例如：McAuley、Mihalko 和 Bane（1997）對坐式生活的中年男女，進行為期 20 週的步行運動後，受試者的整體自尊、身體自我價值和體能狀況顯著地提高。也有證據顯示，有氧訓練課程結束後，自我知覺的正向改變仍會持續地維持。Opdenacker、Delecluse 和 Boen（2009）以 186 位老年人為受試者，進行 11 個月的介入並在 1 年後測量受試者的整體自尊、身體自我知覺、自我效能、BMI、有氧能力和身體活動（加速規測量和自我報告）的變化。該研究把受試者隨機分派為控制組、生活型態運動組或組織型態運動組。與控制組相比，兩個運動組在自我知覺身體狀況和運動能力上，都有明顯的改善，而生活型態運動組的身體吸引力和身體自我價值則有更大的提升。在 1 年之後的追蹤調查，對於生活型態運動組而言，其身體吸引力的增加仍然很明顯，而且整體自尊的得分明顯提高。對於組織型態運動組，相較於對照組，自我知覺的身體狀況、運動能力、身體吸引力都有明顯的提升。

特殊族群

運動對自尊的最大影響，是那些最初自尊較低的人（見圖 12.7；McAuley, 1994）。因此，遭受自尊威脅的人，可以從身體自我概念的改善中受益。我們現在聚焦在特殊族群的運動和自尊研究，有懷孕期間的婦女，到發育障礙的人，癌症患者，以及其他疾病的人。

對孕婦而言，運動可以從影響身體意象，提高耐力和其他生理適應力，對孕婦在懷孕期間和生產後的自尊，產生有益的影響。研究證據顯示，運動可以幫助治療經前症候群和經痛，而且有運動的女性在整個月經週期，比坐式生活的女性有較好的心情（Mutrie, 1997）。有關更年期的研究並不多，不過一般認為更年期的運動，可以維持或增強自尊。

眾所周知，運動訓練所帶來的生理適應，可以顯著改善老年人的日常生活（美國運動醫學學院，2009 年）。愈來愈多的證據顯示，規律運動對心理有許多好處，例如：減輕憂鬱症和改善個人控制感及自我效能。例如：在老年人社區健康活動計畫（CHAMPS），參加身體活動的低收入老年人，他們的自尊得到了改善，能夠完成 6 個月介入課程，維持身體活動者，他們的憂鬱和焦慮獲得改善，整體心理健康變好（Stewart et al., 1997）。

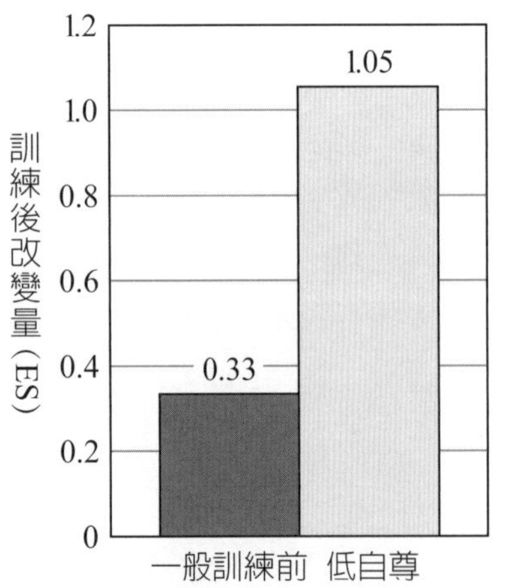

圖 12.7 對低自尊的人，運動訓練後自尊似乎增加最多。研究顯示兩個 8 周有氧運動訓練課程的自尊變化

健身運動和競技運動對失能的兒童、青少年和成年人的自尊及其他心理變項有正面影響（Bartlo & Klein, 2011）。對失能的族群而言，參加健身運動與競技運動能減少適應不良的行為、提高體適能、自尊和社交能力。與年齡和智商相似但沒有參加特殊奧運的人相比，參加特殊奧運的選手，有更高的社交能力和更正面的自我認知（Dykens & Cohen, 1996）。身體和心理失能的人，極可能會從運動獲得心理上的好處，例如：自尊。不過，還需要有良好控制的實驗式研究，才能確認針對特定失能族群來說，能達到最高運動效益的最佳方案（Rimmer et al., 2010）。Schmitz 及其同事（2010 年）回顧了有關運動訓練對癌症存活者影響的文獻，發現運動對身體機能的幸福感，以及心理功能具有一致的正面影響，這些包括改善了乳癌患者的自尊。

身體自我在整體自我的發展中，佔有重要地位，但是身體活動對自尊的影響取決於多種因素，例如：人們對身體自我概念和自我知覺的重視。檢測運動對自我知覺的影響，取決於測量工具的品質，如樣本數以及在量測運動程度和類型的敏銳程度。由於自尊和自我概念的特殊，在參與運動的研究裡，使用田納西州自我概念量表和 Rosenberg 自尊量表（測量一般的自尊而非身體有關的自尊），而無法顯示出運動對自我的影響，這也就不足為奇了。許多研究探討運動對自我概念和自尊的影響，也受限於研究工具和族群。實驗式研究設計和多向度階層自我概念的心理測量工具，這樣的研究方法，對了解運動對不同族群自尊的影響有重要的貢獻。

總體而言，族群研究未能釐清自尊和社會支持，是否和憂鬱症發生率較低有關。而且，大多數隨機控制的實驗，也都沒有探討運動訓練後憂鬱的減輕，是否是由自尊的增強所引起的（Motl et al., 2005），同時也沒有設計適當的比較組，來證明運動後憂鬱的減輕是與社會支持有關。儘管如此，自尊與憂鬱的關係還是值得進一步研究，自尊是心理健康和行為的基石，憂鬱通常與低自尊有關。因為身體意象與一般自我概念有關，所以身體意象或身體技能的改善，對於重視身體特徵的人，有助於提高他們的一般自尊（Sonstroem, 1998），並有可能降低罹患憂鬱的風險。

調查式研究的證據顯示，身體活動和運動參與可以從影響身體自我概念，降低青春期女孩的憂鬱風險，這主要是從提升女孩的體適能、BMI、運動能力、體脂和外貌的知覺而來（Dishman, Hales & Pfeiffer et al., 2006）。在 1,250 名 12 年級的女生，調查身體活動及運動參與和憂鬱症之間的關係。結果顯示，整體身體自我概念與自尊之間存在高度的正向關係，而自尊與憂鬱症狀之間，則存在中等程度的負向關係。身體活動和運動參與，均與整體身體自我概念具有間接的正向關係，而且這些關係是經由客觀的心肺功能和體脂等指標而來（見圖 12.8）。

儘管不能從橫斷面的研究中推斷出因果關係，但使用結構方程模式的方法，可以使我們估計變項之間的關係，進行中介模型的比較。這些發現顯示，身體自我概念的改變，可能會對整體身體自我概念、自尊或憂鬱產生很大的影響。身體活動的介入包括肌

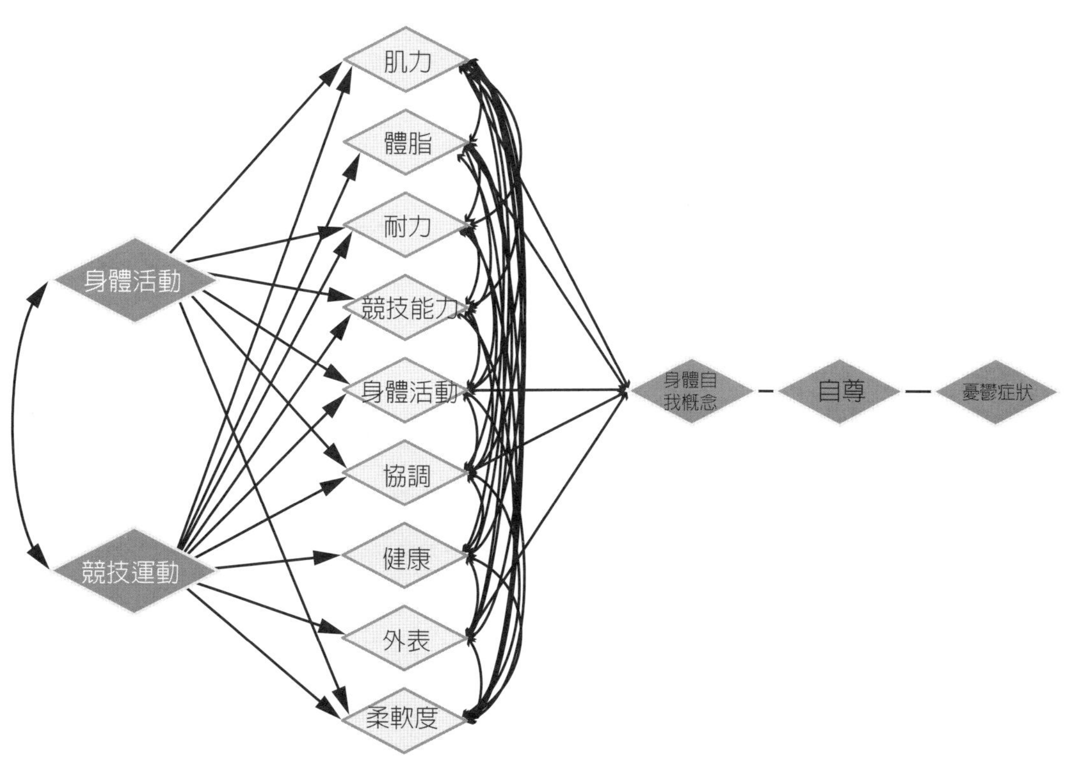

圖 12.8　身體自我概念和自尊中介青春期女生的身體活動與憂鬱症之間的關係

力、協調以及一般身體活動。同樣地，姑且不論身體活動是否真的能改善憂鬱，身體自我（即外表和體脂）似乎在青春期女生的身體自我概念和自尊的發展，有重要作用。縱貫性研究能具體描述自我概念改變（Cole et al., 2001; Marsh & Yeung, 1998），但有關改變的機轉，以及與自我概念的關係目前仍未知。了解身體活動、運動參與、身體自我概念、自尊和憂鬱之間關係的關鍵，在於釐清這些變項如何隨時間而改變，或由於介入而發生變化。

影響機制

運動訓練影響焦慮和憂鬱的機制，是許多研究探討的主題，已經有研究提供了心理生物學的支持證據。然而，運動如何改變自尊的研究證據很少。自尊的相對穩定性質，尤其是在成年人，使得自尊的影響和改變的研究更加困難，而且自尊的測量也缺乏臨床上改變項的辨識標準，這也阻礙了了解自尊實際變化的困難。雖然人們容易感覺到健身後的變化，並提供了自我評價的基礎，但事實上在有氧或力量訓練計畫之後，成年人的自我概念改變通常與體適能的變化相關不高（見圖 12.9）。因此，不容易聯想到改變自我知覺有改變生物學的轉機。

可能的影響因素也使得機轉的了解變得複雜，這些影響因素包括團體動力、情境因素、運動史、人格特徵、自我效能以及健康狀況。不過，已經有幾種的心理機制，已經被提出來。

社會影響或個人期望的相關因素，可能會影響一個人的自尊。Desharnais 及其同事（1993）從一個相當創新的角度探討影響機制的議題。他們假設，在運動計畫中有積極動機的人，是因為他們期望自己會得到心理

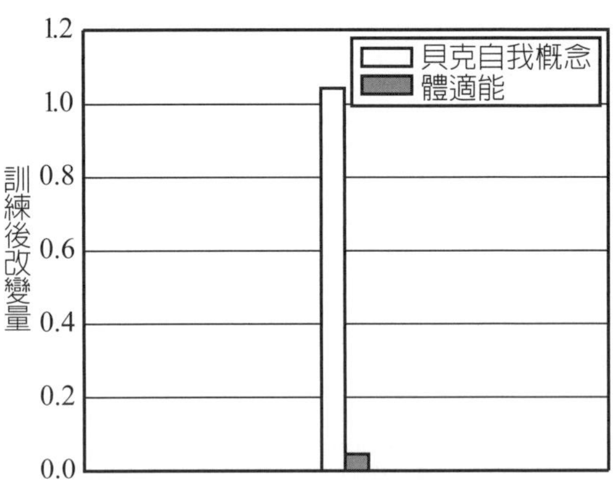

圖 12.9　自尊的改變不一定取決於體適能的改變。40 名輕度抑鬱的大學女性經過訓練後的變化（效果大小）：自尊增加 1.05 個單位，但慢跑 8 週後，體能（根據次最大運動測試估算）並沒有改變

上的好處。換句話說，這些研究人員提出了安慰劑的作用。在這項研究中，男人和女人被隨機分派為實驗組或控制組。兩組都接受了相同的訓練，兩組人都提高了體適能，但是實驗組的受試者在研究一開始時被告知，整個訓練課程的設計為了改善身體和心理健康。用 Rosenberg 自尊量表衡量受試者的自尊，實驗組的自尊顯著提高，控制組的自尊沒有顯著提高，這支持運動訓練改善自尊，是由於安慰劑的效應（見圖 12.10）。由於實驗組和控制組的整體自尊亦存在顯著差異，使得這項研究相當有趣。

> 健身運動對自尊的正面影響，極可能是來自社會心理，而非生物學上的機轉。

扭曲的身體意象和健身運動

除了研究證據顯示身體活動和健身運動，對身體自尊有正面的影響外，還有臨床研究的證據顯示，一些高度身體活動者

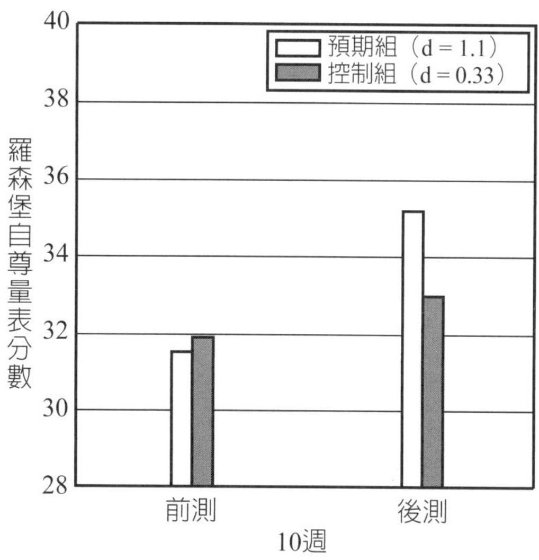

圖 12.10 告知實驗組（預期組）的參與者訓練會「改善他們的心理健康」，而控制組的參與者沒有告知他們這樣的期望。訓練 10 週後，實驗組的自尊大幅增加，說明安慰劑的作用

患有與身體意象扭曲的精神障礙（Davis, 2000）。這引起了健康專業人士的重視，他們認為運動訓練可能會帶來飲食失調、藥物濫用和社會適應等有關的精神病學風險。雖然這些疾病的盛行率的流行病學實驗，以及臨床試驗尚未進行。不過，重要的是了解健身運動可能會帶來上述風險，而且這些主題值得注意和科學研究。

運動後影響自我概念和自尊的社會心理因素

- 運動引起對能力或外表的改善知覺
- 對身體的自主性控制感得到改善
- 自我接受感得到改善
- 幸福感
- 在運動的社交接觸產生的歸屬感和意義感

什麼是安慰劑？

在研究中，安慰劑是指給予控制組無效的實驗處置，用來與其他實驗組別的效果相比較。在治療中，這項安慰劑的處置，是刻意給予沒有特別活動的情境，用來了解假定非特定的、心理的、或生理心理的效果。

飲食失調

臨床研究的結果顯示（Yates, Leehey & Shisslak, 1983），過度的運動者，特別是跑者，會表現出類似於神經性厭食症的症狀，也就是有類似的社會經濟階層和壓力、過度關注在食物和瘦身，以及抑制憤怒、禁慾、否認醫療的風險、內向和完美主義的人格特質。雖然對關切體重的女性來說，運動是節食的健康替代方法，但對於某些有人格病史的人來說，運動可能導致厭食症或暴食症的可能性。

儘管臨床上有厭食症或暴食症的強迫症運動患者，但研究（Blumenthal, Rose & Chang, 1985; Dishman, 1985）顯示，在大多數情況下，運動和神經性厭食症是兩個獨立的概念。事實，病例報告顯示將心理療法與跑步相結合，是治療厭食症的有效方法。厭食症通常會運動過度且有嚴苛的飲食限制，但與高度承諾運動的人相比，他們的健康適能（$V.O_2peak$）非常低（Einerson, Ward & Hanson, 1988），而且壓力激素特徵也有所不同。厭食症通常在心理病理學的得分高，而高承諾的跑者通常在正常範圍內，並且有心理健康狀況良好的情緒特徵（Blumenthal, Rose & Chang, 1985）。表 12.3 列出了厭食症和女性運動員的特徵。

表 12.3　厭食症者與運動女性運動員

共同特徵	
追求流行的飲食 控制卡路里的消耗 避免某些的碳水化合物 體重低 安靜時心跳慢和低血壓 增加身體活動量 無月經或經期很少 貧血（可能存在或可能不存在）	
相異特徵	
運動員	**厭食症**
有目標的訓練	無目標的運動鍛煉
增強運動耐力	運動表現差或下降
肌肉發達	肌肉發展不良
正確的身體意象	不正確的身體意象（認為自己超重）
體內脂肪在正常的範圍	體內脂肪低於正常範圍
	濫用瀉藥、利尿劑

以精英芭蕾舞者、體操運動員和角力選手的小樣本研究發現，飲食問題的發生率頗高。

然而，目前仍不清楚這些族群的飲食問題持續了多久，以及是否是運動的目標行為，還是醫學或心理病理上的問題（Dishman, 1985）。運動性厭食症被認為是神經性厭食症的臨床綜合徵狀（Sundgot-Borgen, 1994），在 500 多名挪威菁英女運動員的樣本中，有 21% 被判定有飲食失調的風險（Sundgot-Borgen & Torstveit, 2004）。但是，飲食失調的盛行率和運動之間的因果關係，尚未有嚴謹控制的流行病學研究和臨床研究，來釐清二者的關係。在大多數情況下，運動員的飲食行為似乎並不表示神經性厭食症或貪食症（O'Connor & Smith, 1999）。

肌肉畸形意象

哈佛大學附屬機構的研究人員，提出了一種身體變形失調，在 DSM-IV 中歸類為強迫症相關疾病（Phillips et al., 2010）。他們用「肌肉畸形（Muscle Dysmorphia）」描述此一情況，男人和女人都因其肌肉發達而表現出病理特徵（Phillips, O'Sullivan & Pope, 1997）。他們提出一些案例，這些案例有肌肉畸形知覺與嚴重的心理困擾，嚴重到影響個人的社會適應和工作，並有類固醇和物質濫用的問題（Gruber & Pope, 2000; Pope et al., 1997）。

他們對肌肉畸形症進行研究，研究者假設西方社會的男性希望擁有更瘦，更有肌肉的身體（Pope et al.,2000）。他們測量奧地利（n = 54）、法國（n = 65）和美國（n = 81）的大學男生的身高、體重和體脂。受試者並選擇代表他們的身體圖像 (1) 他們實際的身體圖像；(2) 他們理想中想要的身體圖像；(3) 該年齡層一般男性的身體圖像；以及 (4) 他們認為女人會喜歡的男性身體圖像。將受試者的實際脂肪和肌肉量，與所選擇的四個圖像進行比較。儘管體脂肪與所選圖像的脂肪量之間有些差異，但來自全部三個國家的男性都選擇了一個比自己肌肉多28磅的理想身體。這些男性也認為，女性喜歡比自己重30磅（13.6千克）的男性身體，雖然事實上女性說他們喜歡的是普通體型的男性。研究人員推測，男性理想的身體形象和實際肌肉之間的差異，可能有助於解釋肌肉畸形和類固醇的濫用。

另一項在波士頓地區體育館的研究，招募24名肌肉畸形知覺的男性，和30名沒有臨床障礙的舉重運動者，進行心理和行為變項的比較（Olivardia, Pope & Hudson, 2000）。肌肉畸形知覺的男性在身體不滿意度、飲食態度風險、類固醇的使用率，以及DSM-IV情緒罹病率、焦慮和飲食失調的患病率得分都較高。這些人還經常說，他們在工作中和社交場合都感到羞恥和尷尬。McFarland和Kaminski（2009）對304名大學男子進行調查，結果發現，與正常人相比，肌肉畸形異常與強迫症敵意和偏執有關，並且較常以節食，藥物和催吐作為體重管理的方法。同樣，在波士頓地區體育館招募的75名女性健美運動員，也有幾例身體變畸形的案例（Gruber & Pope, 2000）。患有身體畸形障礙的男性和女性，隨著時間增長，心理社會功能也可能持續惡化（Phillips, Quinn, & Stout, 2008）。

身體畸形障礙的診斷標準

A. 專注於想像的外觀缺陷。如果存在輕微的身體異常，個體的擔憂明顯過大。

B. 過度注意使得個人的社會、工作或其他重要生活功能受到嚴重困擾或損害。

C. 其他的精神障礙（例如：對神經性厭食症所造成的身體形狀和大小的不滿意）無法解釋上述的問題。

經美國精神病學協會許可轉載，1994年，《精神疾病診斷準則手冊》，第四版。（華盛頓特區：美國精神病學協會）468。

運動濫用

強迫運動或運動依賴，與飲食失調和肌肉畸形不同的病例。Morgan（1979b）描述了八個「跑步成癮」的案例，其定義為對跑步的強烈投入，超過了對工作、家庭、社會關係和醫療建議的承諾。類似的個案被稱為正面成癮、爆量的跑者、健身運動狂、運動神經症、強制性跑步和運動依賴（Dishman, 1985; Sacks & Sachs, 1981）。我們對運動濫用的起源，診斷或對心理健康的影響了解甚少，不過有一些研究者從藥物濫用的生理相似性，例如：心血管和皮質醇的反應，來探討了解運動濫用（Heaney, Ginty, Carroll & Phillips, 2011）。

對於大多數人來說，健身的好處遠超過濫用的風險，但是當一個人無法或不願意中斷，或無法逐漸減少健身訓練計畫，或無法用其他替代方法來選擇運動形式時，就有可能會出現情緒或社會適應問題。少數的研究報告顯示，慣性跑者的心理病理學，是過分強調運動角色或身體適應能力（這樣的情況也可能在生活的其他領域發生），這可能反映出個體既存的不平衡和不安全的自我概念（Davis, 2000; Dishman, 1985），也有證據顯示強迫運動是飲食失調的條件之一（例如：Zmijewski & Howard, 2003）。

運動依賴基於DSM-IV物質依賴診斷標準

臨床上的重大損害或困擾，由以下三個或更多的表現出來：

1. 耐受性：定義為需要增加運動量以達到所需的效果，或持續相同的運動量會減弱所需要的效果。
2. 戒斷：表現的特徵與戒斷症狀相同（如菸、酒、藥物），各體會表現出減輕或避免戒斷症狀。
3. 意圖：運動量通常非常大或持續時間長。
4. 缺乏控制：有持續運動的慾望或無法控制減少運動的傾向。
5. 時間：花費大量時間進行運動。
6. 減少其他活動：由於運動而放棄或減少了社交、工作或休閒娛樂活動。
7. 繼續：儘管知道運動所引起的身體或心理問題，但仍繼續進行運動（例如：儘管受傷，仍繼續跑步）。

小結

自尊是社會科學和日常生活中的重要概念。自尊是由個人信念和文化和某些次文化的內在價值所共同決定的，包括對自我概念的各個方面之評估。大多數人會同意，積極的自尊與良好的心理健康有關，因此，將健身運動與改善身體自我概念連結起來，從而有更好的自尊，是保持動態生活型態的一個理由。由於有運動習慣的人偏少，顯然維持這樣的關係並不是那麼簡單。

本章討論了自尊和自我概念之間的關係。本章還提出了一些模型，用來理解運動如何影響自我知覺。身體的自我，包括身體以及對身體的評價和判斷方式，是自尊的重要組成，身體自我在西方社會似乎至關重要。因此，運動導致的結構、功能和身體自我概念的改變會對自我價值產生重大影響。自尊也會影響行為選擇，也就是考量行為結果會如何影響自我知覺，這樣的考量形成期望的行為選擇。根據自我增強理論，人們會選擇成功的活動，而不是失敗的活動。有充分的證據顯示，行為會影響自尊。例如：人們在成功完成一項艱鉅的任務（例如：精熟經驗）之後，會對自己做出更正向的判斷。

通常，健身運動對自尊心最低的那些人影響力最強。身體活動或健身運動的影響是具有特定的，例如：運動會影響對身體表現能力的看法，但不會影響學業上的自尊。仔細衡量自我概念和自尊是重要的，使用多自我向度階層模型有助於我們檢測，和解釋運動對不同族群的自我影響。直覺上，身體意象會影響自尊，特別是在外表受到高度重視的社會裡，在探討運動與自尊之間關係時應特別注意到這樣的關係。

最後，要考慮到心理健康或社會適應，與極端投入到運動或過度關注體格的風險。運動性厭食症、肌肉畸形意象和運動濫用等概念，尚未被精神病學診斷認為是與扭曲的自我形象有關。不過，它們在臨床和科學文獻中的顯示，這些現象的測量、盛行率、對健康後果以及與運動的關係。

參考網站

1. www.self-esteem-nase.org
2. www.mentalhelp.net (search on the word self-esteem)

第三部分

身體活動行爲的心理學

第二部分聚焦在健身運動對心理的益處，以及增加身體活動水準。儘管社會大眾普遍都同意健身運動是有助於改善自身的情緒狀態，不過即使在已開發國家中，民眾參與休閒活動的比率仍然低到令人費解，而各國在促進長期休閒活動的介入方案，雖然取得令人振奮人心的成果，但是仍然未達到最好的結果（Conn, Hafdahl & Mehr 2011; Dishman & Buckworth, 1996b）。很顯然地，透過促進身體活動來增進身心健康，仍然存在著相當大的阻礙。就像其他當代對健身運動心理學所關注的一樣，這個問題並不是什麼新鮮事。出生於英國的羅伯特．杰弗里斯．羅勃茲（Robert Jeffries Roberts）於 19 世紀 80 年代末，在位於麻薩諸塞州斯普林菲爾德市，青年男子基督教協會擔任體育主任。他曾經說過：「當我在雜技、體操、田徑等專案上，教授緩慢、沉重、花俏和更高級的動作時，我注意到即使在年初有非常多的會員加入，但是他們很快就會中途退出」（Leonard, 1919, pp. 123-124）。

本書的這一部分探討了健身運動行為的動力學，這會與解決「不活動（Inactivity）」和「不堅持（Nonadherence）」的問題有關。接下來的三章提供了人們為何在休閒時間參與（或不參與）規律身體活動的看法。這些章節介紹健身運動堅持性和身體活動生活型態（Lifestyle Physical Activity）的可能決定因素（第十三章）、行為改變理論（第十四章）以及增加健身運動採用和堅持的介入措施（第十五章）。關於自覺強度（Perceived Exertion）的最後一章（第十六章），使我們認識到，健身運動是一種具有內在生理特徵的行為。我們從身體活動當中產生即時生理感覺的知覺，會決定我們如何看待自己與健身運動的關係，而這些知覺會影響我們日後在行為上的選擇。

描述性研究能夠確立身體活動行為和健身運動之間的相關性，對於表徵群體、追蹤變項之間關係的趨勢，以及促進深入的研究上是非常有用的。然而理論模型的應用對於解釋和預測行為，以及創立可行的假設和制定介入措施則是必不可少的。

在大多數情況下，有關增加身體活動介入措施的研究做得相當糟糕，這些研究無法證明該介入措施，是否確實改變身體活動理論的中介因子（Rhodes & Pfaeffli, 2010），但這可能是由於理論在研究中的應用不足，或是在行為結果和社會心理變項的衡量上存在問題。以下章節總結我們對於健身運動行為的了解，並針對理論的決定因素、改變身體活動與健身運動的介入措施、行為的應用，以及自覺強度的研究提出評論。

第十三章 健身運動與身體活動之關聯

姜定宇、鄧詠謙 譯

目前有大量研究確認，有哪些可能因素會增加或減少某人採用或維持積極生活型態，這些研究大多數是橫斷性的或前瞻性的，很少有研究是將那些被認為是決定因子的變數進行實驗室操弄，而且事實上，很有可能是多種因素的交互作用下，共同「導致」健身運動的採用和維持。身體活動行為的決定因子或原因，是藉由中介分析來確定的，如第二章的討論以及第十五章的內容，很少有研究進行中介機制的檢驗。儘管你可能偶爾會在文獻或本章中看到「決定因子（Determinant）」這個術語，不過本章的重點，是討論那些已建立可重製的相關，或預測關係的相關因素和變項，而不是因果關係。

了解健身運動和身體活動的相關因素，是有很多實質的效用。像是在理論指導型論文中，藉由精心設計研究中所得到的證據，可以用來支持或反駁特定理論對健身運動行為的解釋。正如你將在第十四章中看到，許多行為理論被應用到健身運動行為促進，並且它們在描述和預測身體活動行為上，是有著不同的效果。因此，確認身體活動的相關因素，是可以促進修正和改善健身運動研究，和介入措施中所使用的理論模型。例如：身體活動行為與知覺健身運動社會壓力（即主觀規範）之間沒有獲得一致的關聯性。這種貧弱的關係對於理性行為理論在身體活動中的應用提出了挑戰，因為主觀規範（即規範信念）是該理論為了理解，和預測行為而提出的關鍵變項之一。另一方面，久坐少動者、有興趣開始規律運動者、新手健身運動者和保持規律健身運動者，這些人之間的健身運動自我效能（即對自己成功從事特定行為能力的信心）存在顯著差異。健身運動自我效能、身體活動水準與健身運動動機之間的關係，能夠加強包含自我效能在內的階段（Stage）或過程（Process）模型的應用。

了解健身運動和身體活動的相關因素，也有助於確定人口中較不活動的族群，藉此引導資源的分配，以提升這些高風

研究運動相關性的好處

- 定義相關因素可以促進更好的理論模型設計和應用。
- 確定人口中較不活動的族群，並藉此適當分配，可以促進從事運動和維持運動的資源。
- 發現影響行為變化的可調整變項（Modifiable Variables），因此能對這些變項做更有效的介入。
- 確定特殊人口中從事運動和維持運動的決定因素，將有助於制定更客製化的介入措施。

險群體的健身運動採用性與堅持性。在美國，都市化的程度與人們身體活動的水準有關。在南部農村地區，身體不活動（Physical Inactivity）的情況最為普遍。由於性別（女性）和收入是身體不活動的額外決定因素，因此有必要針對居住在美國南部城市中心外的低收入婦女，提供介入計畫的資金。

確認影響行為改變中的可調整變項（Malleable Variables），可以針對這些變項發展介入措施，並提高這些介入措施的效率。與身體活動有穩定相關的可調整變項包含有：動機、社會支持、自我效能感、知覺行動障礙、知覺行動利益、活動享受、改變過程、健身運動意圖以及低強度健身運動。這些變項應該在介入研究中進行檢驗，了解這些變項的變化是否會導致行為的改變，而不是將時間和金錢，投入到與身體活動有著不穩定或是微弱相關的變項上，比如說：健身運動知識。

最後，對於影響特定人們身體活動的理解若是能加以延伸，將會有助於創造更能夠滿足目標群體需求的客製化介入措施，從而提升行為持續改變的可能性。儘管一些變項（例如：自我效能感、動機、以及知覺行動障礙）僅對某一範圍的人們有影響，但特定相關的強度可能會在不同的人口次群體（Population Subgroups）而有所不同。例如：社會支持對女性健身運動行為的影響大於男性，並且健身運動的社會支持類型（例如：來自家人或朋友）的重要性，也可能因性別而有所不同。在長期介入的方案中，確立與採用、早期堅持和維持有關特定相關因素所提供的資訊，可以協助判斷實施時間與策略的選擇。

相關因素的分類

社會認知理論（Social Cognitive Theory）提供了一個便利的框架，可以用來組織與身體活動水準一起被研究的眾多變項。社會認知理論的一個有用面向，是一種動態的互動結構，而將決定因素區分為個人、環境以及目標行為的特徵。在本章中，我們將健身運動和身體活動的相關因素，統整並描述成三大類：人的過去和現在的特徵、過去和現在的環境，以及健身運動和身體活動的各個面向。參見表 13.1，了解相關因素及其與身體活動的關係。確認存在於個人身上的相關因素是具有實務意義，因

表 13.1　成人身體活動與相關因素的關聯性

相關因素	與監控式計畫的活動之關聯性	與總體身體活動的關聯性
人口背景以及生物因素		
年齡	0 0	– –
藍領職業	– –	–
教育	+	+ +
性別（男性）		+ +
基因影響		+ +
心臟病的高風險	0	–
受傷經驗		+

相關因素	與監控式計畫的活動之關聯性	與總體身體活動的關聯性
收入／社經地位		＋＋
過重／肥胖	0	－－
種族／民族（非白人）		－－
心理因素		
態度	0	0 0
知覺健身運動的阻礙	－	－－
健身運動享受性	＋	＋＋
結果期望價值（期望利益）	＋	＋＋
健康的內外控信念	0	0
健身運動的意圖	＋	＋＋
健康與健身運動的知識	0	00
知覺缺少時間	－－	－
知覺健康或健壯		＋＋
差勁的身體意象		－
情緒障礙	－	－－
規範信念	0	0 0
自我效能	＋＋	＋＋
自我激勵	＋＋	＋＋
健身運動的自我圖式（健身運動者的自我意象）		＋＋
改變的階段	＋＋	＋＋
壓力		0
健身運動結果的價值		0
行為屬性與技能		
童年／青年的活動歷史		＋
成年的活動歷史	＋＋	＋＋
飲食習慣（品質）	0 0	＋＋
過往的健身運動計畫	＋＋	＋＋
改變的歷程		＋＋
學校競技運動	0	0
因應障礙的技能		＋
吸菸	－－	－

相關因素	與監控式計畫的活動之關聯性	與總體身體活動的關聯性
無論健身運動水準如何		+
體育媒體使用		
平衡決策表	+	+
社會與文化因素		
班級人數	–	
健身運動典範		0
團隊凝聚力	+	
過往家庭影響		0
醫師影響		++
朋友／同事的社會支持	+	++
配偶／家庭的社會支持	++	++
職員／導師的社會支持	+	
物理環境因素		
設施使用權：實際	+	+
設施使用權：知覺	+	+
氣候／季節	–	––
計畫的花費	0	0
例行公事中斷	–	
家居設備	+	+
風景享受		+
經常觀察他人運動		+
充足的照明		+
物理環境因素		
繁忙的交通		0
地區的高犯罪率		0
丘陵地帶		+
鄰里安全性		+
人行道的存在		0
設施滿意度		+
無人看管的狗		0
狗主人		++
都市位置		–

相關因素	與監控式計畫的活動之關聯性	與總體身體活動的關聯性
身體活動特徵		
強度	－－	－
知覺疲累	－－	－－

Key: ＋＋＝反覆記錄與身體活動有正向關聯性

＋＝微弱或混合證據（Mixed Evidence）顯示與身體活動有正向關聯

0 0＝反覆記錄與身體活動缺乏關聯性

0＝微弱或混合證據顯示與身體活動無關

－－＝反覆記錄與身體活動有負向關聯性

－＝微弱或混合證據顯示與身體活動有負向關聯

空白表示無可用數據

改編自 Dishman、Sallis & Orenstein 1985; Trost et al., 2002.

為這使我們能夠區分對身體活動介入有反應或是會抵抗的人。例如：吸菸和低收入，可能是增加久坐行為的潛在習慣和現況的指標。識別環境的影響，可以協助我們深入了解健身運動的採用與維持的真實情形與知覺的阻礙。在環境層級解決相關問題也代表著，有必要在個人和小群體之外實施介入措施，包括社區以及國家層級的設施和政策規劃。愈來愈多的研究人員開始評估人為環境對行為的影響。例如：有些人正在進行研究，探討鄰里道路的佈局（即社區結構），對居民步行模式的影響（見圖 13.1）。

身體活動本身的各個面向（例如：強度和方式），可能會對運動採用和維持產生重大影響。例如：相較於參加高強度有氧舞蹈班的人，久坐不動的人更有可能參加健走課程，並且相較於劇烈運動，低強度到中等強度的身體活動課程，人們會更願意堅持下去（Dishman & Buckworth, 1996b; Perri et al., 2002）。身體活動水準和健身運動行為，以及參與監督式或是無人監督的計畫，影響這些行動的決定因素也存在著差異（Dishman, Sallis & Orenstein, 1985）。

沒有任何一個單一變項，可以完整地解釋和預測身體活動與健身運動行為。特定相關因素的重要性，必須考量其他個人、環境和行為因素的情境下，從交互決定論的角度來考慮。這是社會認知論的一個成分，並且為研究的相關因素指出實用的方向。交互決定論描述兩個或多個因素之間的交互關係（見圖 13.2）。因此身體活動的相關因素並不是各個孤立的變項，它們會動態地與其他因素產生交互作用並影響行為，並且變項之間的交互作用模式，也可能會隨著時間而改變，而決定因素的類型及其影響的強度，亦會隨著行為（即採用、早期堅持、長期維持）和個人的發展階段而變化。

沒有單一的變項可以解釋、預測身體活動和健身運動。

人的特徵

影響決策和行動的重要因素，存在於或起源於個人的內在。許多變項，例如：決策能力以及知覺健身運動的益處和阻礙，都是行為改變介入的目標。與身體活動水準有關

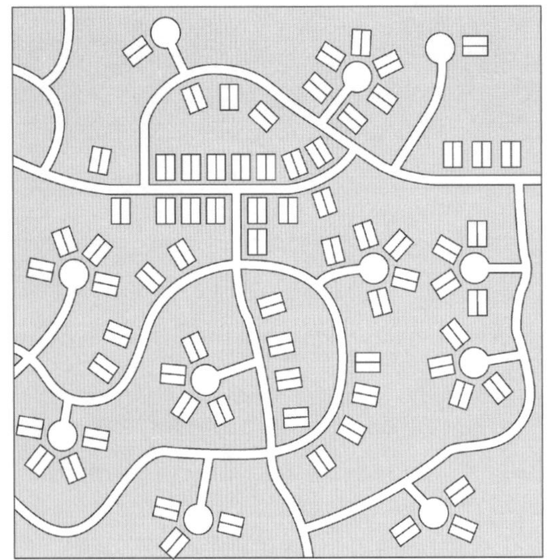

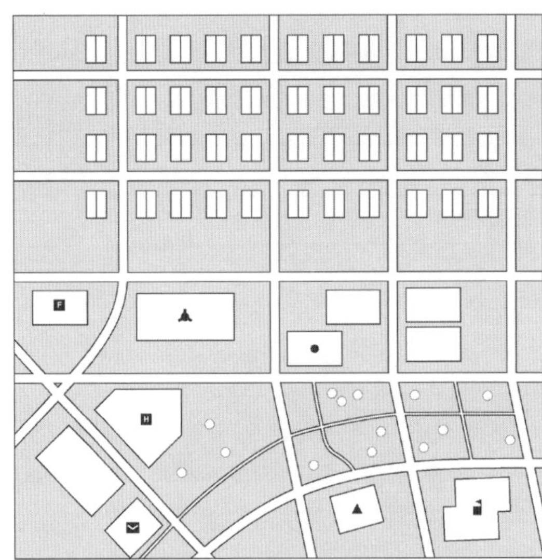

圖 13.1　研究人員正更加努力評估人為所建構的環境，會如何影響人們活動的模式

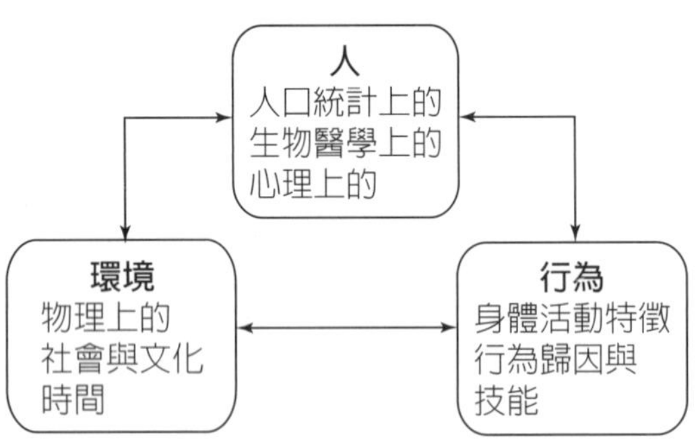

圖 13.2　健身運動行為的相關因素

健身運動歷史與環境交互作用的例子

對於一位剛開始運動的女士來說，當天氣很好的時候，不管她是否獨自一人，她都很有可能想在鄰近的地區散步；但是當天氣寒冷時，她只會在有朋友的陪伴時，才有可能外出走走。不過，當定期健身運動成為一種習慣之後，外部的支持就會變得不再那麼重要。無論天氣如何，外出散步都不再需要依賴他人的陪伴。

的個人其他特徵（例如：年齡和性別）可能不易改變，但在設計健身運動促進計畫以及介入時，則是必須加以識別和特別考量。在相關研究中曾經考慮過的個人特徵，可以歸類為人口統計學、生物學因素；心理、認知、情感因素，以及行為歸因與技能。

人口統計學與生物學因素

與身體活動相關的人口統計學變項包括有性別、年齡、種族、教育程度、收入和職業。男性可能比女性更加活躍，而不同種族和民族，在健身運動和身體活動水準上的性別差異是一致的。有著較高身體活動水準的男童，可能與運動技能的發展與身體成分的差異有關，同時競技運動和身體活動，也會與性別社會化（Gender Socialization）有關（Kohl & Hobbs, 1998）。在青少年和成人中，身體活動水準的性別差異，會因健身運動方式和身體活動的強度而異。

一項研究分析了 2003～2004 年美國國家健康訪問調查（N=6329）中，6 歲到 70 歲以上參與者的加速規數據（Accelerometer Data），用以了解特定性別，以及與年齡相關的身體活動模式變化（Troiano et al., 2008）。除了 60 到 69 歲這個年齡層，男性與女性的活動次數相似外，在其他所有年齡層，男性的活動次數均一致地高於女性。另外，活動次數會隨著年齡的增長而下降，尤其是從童年到青春期這段時期。將加速規數據分類為中等強度和劇烈運動時，年齡在 6 歲至 11 歲之間的男性，在劇烈運動中花費的時間最多（每天約 10～16 分鐘），而成年人在這種強度下，每天花費的時間少於 2 分鐘。16 歲以下的兒童每天可進行 1 個小時以上的中等強度或高強度運動，但 16 至 19 歲的男性僅有 33 分鐘，女性則更只有 20 分鐘。從這之後，活動水準保持穩定，直到 50 至 59 歲這個年齡層開始逐漸下降。根據加速規數據的活動分鐘數，年齡在 6 至 11 歲之間的男孩中有 48.9%，女孩有 34.7% 達到了公共健康建議的身體活動水準。但是對於 12 至 15 歲的青少年而言這個比例較低（男孩：11.9%，女孩：3.4%）。

對一系列活動的統計顯示，只有 3.8% 的美國男性和 3.2% 的美國女性，符合成人的建議運動量。這些估計，與健身運動和身體活動自我報告所估計的盛行率，形成對比（見圖 13.3 和 13.4）。導致這些差異的可能因素是：自我報告中對於運動強度和持續時間的高估、加速規數據測量的時間，可能無法捕捉日常活動，或是參與未被加速規捕捉的活動。有些可能會減弱後面解釋的活動項目，像是游泳，在自我報告中較少被提及。

總體而言，儘管年齡對中等強度的運動影響較小，但自我報告的身體活動參與度，卻隨著年齡的增長而降低。成年中期（30 至 64 歲）與較低水準的規律劇烈活動和增強活動有關，但活動模式在退休之前是相對穩定的，直到生命的最後一段時期才會有所改善（Caspersen, Pereira & Curran, 2000）。當然，年齡效果與其他影響身體活動水準的效果，會有交互作用。例如：對身體活動和退休的縱貫性分析指出，從久坐不

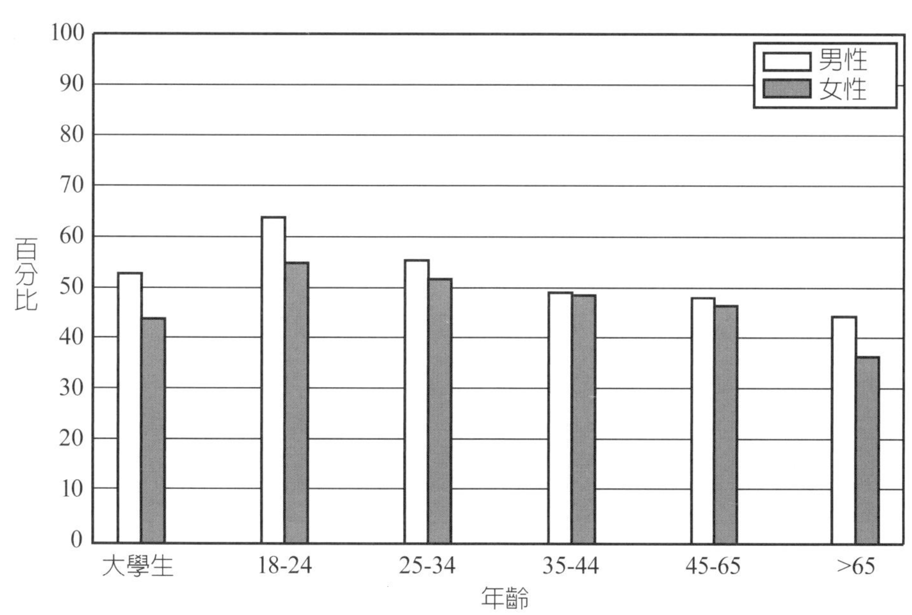

圖 13.3　按照年齡，男女性從事建議水準的身體活動

數據來自《2008 年行爲風險監測》以及《2010 年大學健康風險行爲調查》。

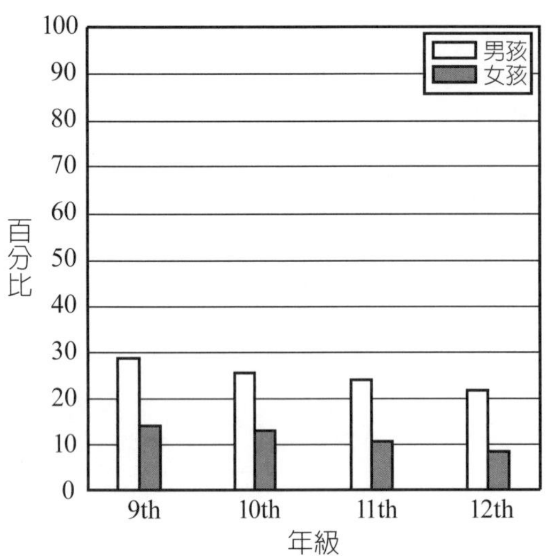

圖 13.4 男性和女性青少年自我報告從事建議的每天 60 分鐘身體活動

數據來自《2009 年青少年風險行爲監測系統》。

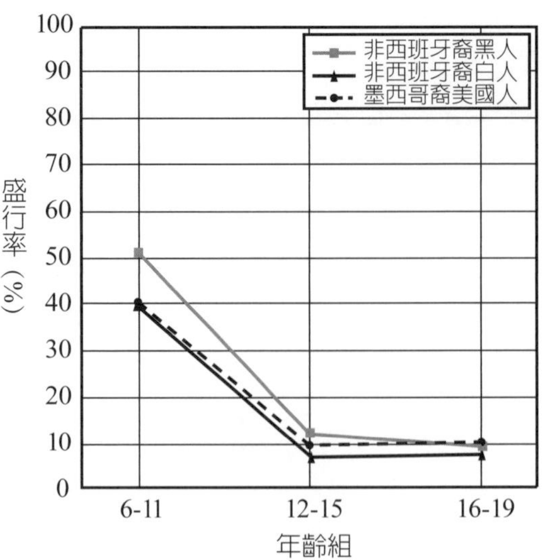

圖 13.5 根據加速規數據，達到中等強度身體活動建議的估計盛行率並沒有那麼高

數據來自 Whitt-Glover 等人，2009；NHANES 2003-2004.

動的工作退休後，活動會增加，但是若從體力要求較高的工作退休後，活動則會減少（Chung et al., 2009）。

身體活動水準隨著年齡的增長而下降，但開始下降的年齡和下降的模式，目前尚不清楚（Stone et al., 1998）。然而，2003 至 2004 年蒐集的美國國家健康和營養檢查調查（NHANES）的加速規資料指出，11 歲以後達到中等強度身體活動建議的青少年比例，無論種族為何均顯著下降（見圖 13.5）（Whitt-Glover et al., 2009）。1999 至 2007 年的青少年風險行為監測結果顯示，中等強度和劇烈身體活動、參與日常學校體育活動，以及在體育課上進行身體活動的盛行率，並未隨著時間推移發生顯著的變化（Lowry et al., 2009）。從 9 年級到 12 年級的總體活動有所下降，但是 11 年級學生的活動隨著時間推移顯著增加，儘管他們的水準仍低於 2010 年健康人群目標。

有幾項研究調查了年輕族群身體活動的決定因素。Sallis、Prochaska 及 Taylor（2000）回顧了 1970 至 1999 年間，發表的一百零八篇關於兒童（3 至 12 歲）和青少年（13 至 18 歲）身體活動決定因素的研究。發現對於兒童而言，與性別（男性）、健康飲食、身體活動偏好、活動意圖、過往的身體活動、使用課程或設施的機會以及戶外活動時間，會與身體活動呈正相關，並且與健身運動阻礙呈負相關。與青少年身體活動正相關的變項有性別（男性）、種族（歐美）、成就取向、意圖、知覺能力、社區競技運動、感官刺激尋求、手足身體活動參與、過往身體活動、父母支持、重要他人支持以及健身運動的機會。會有負相關的則是年齡、憂鬱，以及放學後和週末的久坐不動。

其他回顧研究表明，健身運動自我效能和社會支持，是影響兒童和青少年身體活動水準的重要因素（例如：Sallis & Owen, 1999; U.S. Department of Health ane Human Services（USDHHS）2010; Van Der Horst et al., 2007）。父母的活動水準與孩子的活動水準也存在著混合的關聯。對於女性而言，這種關係更為牢固，但總體而言對青少年並不那麼重要（Kohl & Hobbs, 1998）。對青少年來說，同儕壓力是身體活動水準的社會決定因素，而不是家庭支持。儘管在青年（Sallis et al., 1992）以及大學生（Wallace et al., 2000）中，家庭對健身運動的支持對女性來說更為重要，而同儕支持對男性來說則是更重要。與兒童和青少年的身體活動呈正相關的環境影響，包括：有人行道、有目的地或是步行到特定地點、大眾交通運輸的使用、交通密度低，以及使用社區、學校遊樂區或是娛樂設備（USDHHS, 2010）。

就種族的影響而言，無論年齡為何，非西班牙裔白人通常比其他種族或民族更為活躍。2007 年青少年風險行為調查結果顯示，非西班牙裔白人學生（66.3%）比西班牙裔美國人（63.2%）和非裔美國人學生（57.8%）更有可能參加劇烈的身體活動（Lowry et al., 2009）。種族對中等強度活動的影響相似，與非西班牙裔白人（27.6%）相比，參加中等強度活動的非裔美國人（23.1%）和西班牙裔（23.0%）的青年較少。

儘管健身運動與種族之間存在著一些聯繫，但沒有證據表明這種關係是獨立於社會階級之外。Crespo 與其同事（2000）以 1988 至 1994 年間完成的第三次全國健康和營養檢查調查資料，分析白人、非裔美國人以及墨西哥裔美國人的身體不活動情形，與社會階級的指標（即教育、家庭收入、職業、就業情形、貧窮和婚姻狀況）。作者發現在社會階級的每個類別中，女性和少數族裔在休閒時間的不活動率高於白人男性。在青少年中，有一些證據指出種族和民族的差異。與其他族群相比，自我報告看電視、娛樂以及父母鼓勵，與身體活動的相關性上，黑人較高。並且非西班牙裔白人，在自我效能感與身體活動的相關性上會較高（Whitt-Glover et al., 2009）。

收入是社會經濟地位（SES）的組成成分，它與男女以及每個種族和族裔的久坐不動習慣，都有很強的負向關係（USDHHS, 1996）。例如：處於貧困中的非裔美國男性久坐的可能性，是家庭收入高的非裔美國男性的三倍。社經地位也與兒童和青少年的身體活動呈正相關，對於兒童和青少年來說，較高的社經地位，意味著有更高的機會參與學校內外的運動課程。前往設施和活動場所的交通會影響可及性，這是父母和有責任的成年人，提供直接支持的一種重要形式，也會影響健身運動的參與。

縱貫人口研究（Longitudinal Population Studies）則可以評估同時進行的身體活動與決定因素的變化，在健身運動採用和堅持中，可以為特定個人變項的作用，提供更有力的證據。在前瞻性研究中，受教育程度和收入會與身體活動呈正相關，並且與活動的增加有關。例如：在高中時有氧能力接近的人，如果他們 8 年後是公務員、白領或學生，與那些從事藍領工作或失業的人相比，有氧能力會顯著提高（Anderson, 1996）。久坐不動的男性與從事劇烈身體活動的關係，可以用年齡（負向）、自我效能感，以及鄰里環境來加以預測。教育、自我效能感、朋友社會支持，以及家庭社會支持，則可以預測女性的身體活動（Sallis et al., 1992）。

其他前瞻性研究指出，成年人身體活動的下降與社會孤立、低教育程度、低收入、藍領職業、婚姻狀況（未婚）、憂鬱、低生活滿意度以及知覺不健康等因素有關（Kaplan et al., 1996；Schmitz, French & Jeffery，1997）。職業所帶來的影響則難以確定，因為大多數職業與身體活動比較的研究，都是橫斷式研究，也會受到活動的季節性差異所影響（例如：園林綠化、建築）。此外，工作需求的變化很大，特別是對於有機械化可能性的藍領工作來說。

有些因素則是與不遵守結構化的健身運動課程有關（Franklin, 1988）。個人因素包括有吸煙、藍領職業、自尊心低、低動機、超重或肥胖、憂鬱和低自我強度。與中途退出有關的課程特徵則有：費用過高、時間或地點不方便、缺乏健身運動多樣性、獨自運動、缺乏正向回饋與增強，以及差勁的領導能力。與無法持續有關的其他因素有：缺乏時間、缺乏配偶支持、惡劣天氣、農村住處、過度出差、受傷、醫療問題以及工作變動或遷移。

年齡、種族、教育程度、收入、職業與生物學，是影響健身運動行為和身體活動水準的個人特徵。

大多數關於身體活動決定因素的研究，是集中在認知、社會及環境變項上。然而，內在生理影響因子，可能會對身體活動水準有很大的影響力。Rowland（1998）提出了一項解剖生理學實體觀點，認為人體日常身體活動力的調節，就如同大腦中樞對於飢餓和體溫的調節。身體活動的生物調節，是一種能量平衡調節的交互作用機制，像是熱量的攝入和能量的消耗，以一種靜止代謝率的形式呈現。

遺傳學在身體活動行為中所扮演的角色，其證據部分是來自於研究同卵（Monozygotic, MZ）以及異卵（Dizygotic, DZ）雙生子所建立。Stubbe 與其同事（2006）回顧了參與 GenomEUtwin 計畫的 85198 名，19 至 40 歲的 MZ 和 DZ 雙生子的健身運動參與數據。儘管在該研究的七個國家中，運動遺傳率的範圍在 27% 到 70% 之間，健身運動參與的平均遺傳率為 62%。對於所有國家來說，都有其會影響健身運動的獨特環境因素，不過一般的環境因素僅對挪威男性有顯著影響。但是遺傳也可能與自發活動水準的變化有關，一些證據指出，遺傳因素對年輕人的影響更強（Lightfoot, 2001）。有關於競技運動參與、日常身體活動，以及靜止代謝率的遺傳決定因素，文獻顯示遺傳對日常身體活動個體差異的解釋力，介於小到中高程度，遺傳力的影響差異，研究者是歸因於不同的方法和設計。遺傳因素對健身運動堅持性的影響則是值得進一步研究。

健身運動訓練的生理適應性也具有遺傳成分。有證據指出存在與健身運動訓練有關的基因型，高反應者、低反應者以及無反應者。Wilmore 與其同事（1997）描述了個體對訓練的反應，包括有氧能力、血漿脂蛋

基因還是環境（或兩者）？

若是相較於僅共享一半基因的異卵雙生子（DZ），擁有相同基因同卵雙生子（MZ）的身體活動水準會更為接近，就能顯示身體活動是有遺傳成分。若是同卵和異卵雙生子在身體活動水準上的相關是接近的，那麼雙生子所共有的環境因素，似乎可以解釋身體活動的變化，而與基因無關。因為同卵雙生子擁有相同的基因和環境，所以一對同卵雙生子之間不是完美的相關（小於 1），則表示雙生子所未能共享的獨特環境，會造成身體活動的變異。

白、胰島素反應、骨骼肌酶活性以及脂肪組織代謝，範圍從訓練值（Pretraining Values）的低點 0% 到高點 50% 至 100% 不等。即便考慮了年齡、性別和過往健身運動經驗的影響，健身運動訓練對水準和變化率的反應仍然存在顯著差異。我們需要進行研究以探討反應者的基因型對心理變項的影響，這些心理變項與健身運動堅持性有關，例如：自我效能感和自我激勵。

其他也有一些生理變項可以在行為中發揮關鍵作用，並與心理建構產生顯著的交互作用。例如：身體不適與身體活動的自我報告呈負相關，並且那些認為自己健康狀況很差的人，是不太可能採用並堅持健身運動計畫。

心理、認知和情緒因素

認知，諸如態度、信仰以及價值觀是屬於個人特徵，研究者已經將其視為身體活動行為的潛在影響因素。在所有研究中，均一致顯示與身體活動相關的認知變項是**自我效能感（Self-Efficacy）**，它是一個人成功參與特定行為並獲得已知結果能力的信念。自我效能感類似於信心水準，是基於個人對能力的判斷。它是班杜拉（Badura）社會認知理論的核心，被認為是人類行為的最有力決定因素。自我效能感源自於 (1) 實際的成功；(2) 看著別人像自己一樣成功；(3) 被他人說服；(4) 情緒或知覺到因應能力的跡象（例如：在增加體能之後減少知覺的疲累感；Bandura, 1997）。

根據定義，自我效能感是任務和情境特定的概念。舉例來說，休閒游泳者會相信自己可以在 50 公尺長的室內游泳池中，輕鬆地游上 1 英哩（高自我效能感），但是卻不見得會相信自己有能力去滑雪（低自我效能）。因此，自我效能的測量越具體，就愈能夠預測行為。自我效能也有很多種類型，例如：任務（對自己是否能夠在 25 分鐘內跑完 5 公里的信心）和阻礙（能夠在期末考試前塞進 1 整個星期鍛鍊身體的信心），隨著時間的推移，它們會對健身運動有著不同程度的影響（Ashford, Edmunds & French, 2010; Blanchard et al., 2007）。當然，若是缺乏目標和動機時，自我效能就不是影響行為的主要因素，也就是說，當我們沒有理由嘗試時，是否相信自己可以完成某件事就並不重要。

針對不同人口的縱貫研究指出，當一個人從既定的久坐生活方式，轉變為長期保持規律的健身運動時，健身運動自我效能會增加，並且自我效能感的水準可以預測之後的身體活動。健身運動自我效能感是健身運動的決定因素，同時也是結果（參見圖 13.6；McAuley & Blissmer, 2000）。自我效能感會影響活動的選擇、所付出的努力以及堅持的程度。健身運動和自我效能的研究，顯示自我效能感在健身運動計畫的採用，以及早期階段會發揮更大的作用，但根據自我效能感類型（例如：克服障礙或騰出時間健身運動的自我效能感；Blanchard et al., 2007）以及身體活動類型（例如：維持劇烈健身運動；Sallis et al., 1986），運動訓練後對健身運動自我效能提升的顯著性，已經在許多族群中得到證實。例如：感染 HIV-1 的男人（第一型人類免疫缺陷病毒；Lox, McAuley & Tucker 1995）以及老年人（McAuley, Lox & Duncan, 1993）。除此之外，設計來提

> 與健身運動有最強烈一致性關聯的認知變項是自我效能感。

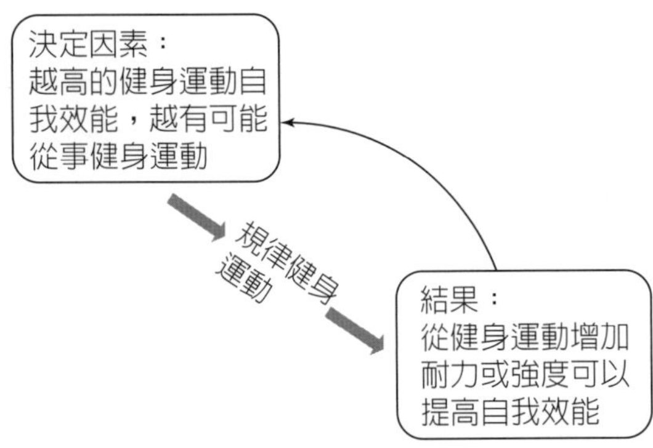

圖 13.6 健身運動自我效能同時是身體活動的決定因素和結果

高健身運動自我效能的介入措施，可以用來達成有效行為改變的一種策略（Ashford, Edmunds & French, 2010）。

基於理論，另一個與身體活動和健身運動有關的認知變項是行為意圖（Behavioral Intention），根據計畫行為理論（Theory of Planned Behavior），行為意圖是自願行為（Voluntary Behavior）的關鍵決定因素。儘管行為意圖必須維持一段時間，才能持續支撐行為並達成行為目標，行為意圖仍提供一種動機指標，像是某人願意為某個特定活動付出多少努力。大多數檢驗意圖對健身運動的效果的研究均發現，意圖與身體活動之間存在強烈的關係。Godin（1994）研究了十二項關於健身運動和意圖的研究，他報告行為意圖和健身運動之間的相關性，是介於 r = .19 至 .82 之間，平均為 r = .55。

自我激勵（Self-Motivation），是一種長期追求行為目標的傾向，與監督式的身體活動和整體身體活動都有正相關。成功的耐力運動員，在自我激勵上有一致性的高分，並且在包括成人健身計畫、心臟康復計畫、商業性水療、企業健身計畫，以及大學校園在內的多種環境中，自我激勵可以區分出堅持者和中途退出者（Daly et al., 2002; Knapp, 1988; Sonstroem, 1988）。自我激勵與青少年男孩（Biddle et al., 1996）與女孩（Motl et al., 2002）的身體活動有關，並且也與老年人（André & Dishman, 2012）的健身運動堅持性，以及 COPD 患者的初始健身運動堅持性（O'Shea, Taylor & Paratz, 2007）有關。

動機（Motivation）被定義為產生特定目標導向行為的起始、方向、強度和持久性的內在力量，是身體活動的另一種心理相關因素。關於身體活動水準的動機研究，主要針對兩種一般類型的動機。一開始的健身運動動機，比較多是與外在動機有關（關注於行為的結果，如減肥），但隨著時間，內在動機（如，對行為本身的享受、愉悅）會促進堅持（Rodgers et al., 2010）。舉例來說，在 220 名健康的大學生樣本中，處於行為改變維持期階段的學生，健身運動內在動機較高，而處於意圖期的學生，健身運動內在動機最低（Buckworth et al., 2007）。在 10 週之後，維持身體活動的學生，內在動機大於外在動機，但是持續不活動組的內在動機，會隨著時間推移而下降。

監督式身體活動與整體身體活動有正向關聯的其他認知變項，是對健身運動的享受（Motl et al., 2001）、對效益的期望（Dishman et al., 2002; Motl et al., 2000）、自我圖式（例如：視自己為健身運動者，見第十二章），以及健身運動階段的改變。舉例來說，享受運動是非裔美國男性，能夠達成適度或劇烈身體活動建議，以及非裔美國女性能夠達成肌力訓練建議的獨立預測因子（Bopp et al., 2006）。健身運動階段改變是一種分類，基於當前和過往的健身運動行為，以及成為並保持身體活躍的動機準備狀態。健身運動階段與監督式身體活動與整體身體活動呈正相關，並且在研究中經常用於預測規律健身運動的採用和維持。

知覺健身運動阻礙，與成人以及兒童監督式身體活動與整體身體活動呈負相關。相較於對參與整體身體活動的影響，知覺缺乏時間與參與結構化計畫的負向關聯更強。知覺缺乏時間也是退出監督式臨床和社區健身運動課程，以及不活動生活方式最常見的主要原因。然而，對許多人來說，報告缺乏時間可能反映出對身體活動的興趣不高或承諾不足，也就是說，自己沒有足夠時間從事健身運動，是在社會上更容易被接受的說法。因此，缺乏時間可能是一個真正的決定因素、一個知覺到的決定因素、不良行為技能（像是時間管理差）的反應，或者是缺乏活動動機的合理化說法。

在美國 2912 名中年和老年婦女的樣本中，缺乏時間和家庭照顧的職責，是最常被報告為阻礙身體活動的因素（King et al., 2000）。其他常被報告的因素是缺乏體力、太過疲累、缺乏安全的健身運動場所。當檢視資料中種族和民族的差異時，發現與久坐不動相關的運動阻礙是存在著差異。例如：對拉丁裔的女性而言，疲倦和較少身體活動有密切相關，但對於其他種族或民族的人來說則沒有顯著關聯。照顧職責僅與非裔美國人婦女的活動減少有關。這項研究的某些結果，與我們認為會支持或阻礙身體活動的因素並不完全一致，例如：美國非裔女性身體活動與無人看管狗的數量之間，是有正向關係。這一發現可能是由於在外面散步或是在院子裡工作，而有更多的機會可以觀到住家附近周遭的狗。舉例來說，這可能是更常出門的標記，而更有機會觀察到此類事件。另一個問題是在於衡量少數民族女性身體活動的有效性。無論如何，這些結果都提供了重要的訊息，並說明需要進行更多的研究，才能闡明特定人口群體中身體活動與阻礙因子之間的關聯。

有些心理變項與身體活動與健身運動的關聯性較弱，像是態度、對健身運動的控制感、心理健康以及不良的身體意象。儘管一些研究指出健身運動與性格變項為弱相關，不過研究亦有一致地發現，指出神經質是與健身運動行為有負向關聯，而外向性則是有正向關聯（例如：Courneya & Hellsten, 1998）。一些研究也報告了嚴謹性與健身運動之間的關聯性。研究顯示監督式或整體身體活動，與健康的內外控傾向、規範信念、壓力、對疾病的易感性或是疾病的嚴重性、評估健身運動結果以及對健康和健身運動的知識之間，並沒有一致性的關聯。

知識本身似乎不足以改變行為，但是有關身體活動好處與可以變得更加活躍的方式，若是能提供清楚的、相關的資訊，是可能會激勵人們考慮進行規律健身運動的一個因素。舉例來說，在對 48 個共同邊界州和哥倫比亞特區的 2,002 個美國家庭進行的隨機電話調查中，有 94% 的受訪者，知道傳統身體活動是對健康有益，但不分年齡、種族、民族或教育程度，只有 68% 至 71% 的受訪者，知道對健康有益的具體健身運動準則與身體活動生活方式（Morrow et al., 2004）。僅擁有身體活動行為的知識，並不足以帶來健康益處。

行為屬性與技能

成年時期的活動歷史和過去曾參與的健身運動計畫，會與監督式與全體身體活動呈正相關。飲食習慣（正向）、改變歷程（跨理論模型，參見第十四章）和抽菸（負向）也與參與監督式計畫有關。身體活動與決策平衡（即權衡健身運動的成本與收益）、因應阻礙因素的技能，以及 A 型行為模式之間的關係也有一些研究證據。兒童和青少年時期的身體活動歷史、飲酒、學校競技運動參與，以及體育媒體使用，則是與監督式或整體身體活動之間有混合的關聯性。愈來愈多證據顯示，年輕時的活動力會影響日後的身體活動水準。例如：一項研究有 7794 名參與者，他們分別在 14 歲以及 31 歲時完成關於身體活動的問卷調查，這些資料顯示放學後經常參加競技運動，會與日後身體活動的高水準有關（Tammelin et al., 2003）。其他縱貫研究發現，在青春期非常活躍的人，成年後不活動的風險會降低（例如：Huotari et al., 2011）。然而，在兒童和青少年時期身體活動與競技運動之間，缺乏一致性的關係，而成年人的身體活動水準則顯示，有必要研究青少年活動的特徵，這些特徵更可能會持續促進積極的生活方式。公立學校的許多體育教學模式，都是基於教學和促進競技運動或活動技能，這種模式可以延續到成年，但是學校競技運動的競爭性質，卻可能使這種理念的實施蒙上陰影，並造成長期影響。

缺乏時間是不從事健身運動和退出健身運動課程，最常報告的原因之一。

研究人員調查了身體活動與其他健康行為（如飲食習慣和吸菸）之間的關係。Pate 及其同事（1996）根據 1990 年的青年風險行為調查，對身體活動和其他健康行為之間的關係進行了研究。來自 11000 多名 12 至 18 歲的青年的資料顯示，很少或根本不參與身體活動，與吸菸、吸食大麻、不良飲食、看電視、不繫安全帶以及知覺學習成績低下有關。身體活動的水準與古柯鹼的使用、性活動、打架或是體重的自我知覺無關。Steptoe 及其同事（1997）對 21 個歐洲國家，年齡在 18 到 30 歲的 7302 名男性以及 9181 名女性，評估在過去 2 週內的身體活動和其他健康習慣。對於所有的樣本，不運動與吸菸、睡眠時間不足、無減肥意願、低社會支持，以及憂鬱情形有顯著相關。在這些人群中，知識不是身體活動的決定因素，但有證據指出，知識對於身體活動有益健康的信念，是有正向影響。此外，身體活動和飲酒之間的關係並不一致。

研究檢視不太需要能量消耗的行為（即久坐活動）與身體活動之間的關係。看電視的時間與身體活動的水準有不一致的關聯，不過看電視的時間已經被當作個人久坐不動的指標。看電視只是眾多基於螢幕為媒介的活動之一（例如：使用電腦），它只需要最小的能量消耗，並且看電視可能不是一種有用的不活動指標。例如：研究人員在英國 1484 名青少年中發現，電視時間與其他久坐活動之間存在負相關（Biddle, Gorely & Marshall, 2009），在另外一個 450 名青少年的樣本中發現，活躍和不活躍的男孩和女孩，他們 1 週看電視的時間相似，但是在工作日使用更久的電腦，卻可以預測更高的身體活動水準（Santos, Gomes & Mota, 2005）。高水準的身體活動，不見得必須會與低水準的久坐行為相關，所以我們只需要將很少能量活動的影響排除。

看電視和其他久坐不動行為，通常被視為身體活動連續帶上的不同程度，MET 值在 1 到 1.5 之間（Owen et al., 2000）。Dietz（1996）、Owen 及其同事（2000）和其他人，則是提出了久坐行為和身體活動行為之間的獨立性以及互動關係，久坐不動被認為是一類特定行為，具有其特定的決定因素與健康後果（Owen, Healy, Mat- thews & Dunstan, 2010）。坐得太久和太少健身運動是不同的，無論健身運動水準如何，都可能會對健康產生負面影響。因此，有鑒於一些研究顯示，減少參與久坐行為的介入措施，是可以有效提高身體活動水準，因此識別久坐行為的決定因素，可能具有實際意義（例如：Epstein et al., 1997）。

環境決定因素

健身運動生理學家被批評說，在處理身體問題的同時，忽視心智的影響力，而心理學家則是被批評說，處理心智問題的同時，忽視身體的影響。健身運動心理學家應該結合這兩門學科的優點，來考慮整個人的情形，但我們需要採取另一個步驟，才能研究人與環境之間的交互作用（即便是最忠實的自行車手，在騎車出門之前看到暴風雪也會停下來！）。社會認知理論的一個優點，是在行為影響模型中加入了環境因素。影響健身運動行為和身體活動的環境因素，可分為人類環境和物理環境。

人類環境

人類環境可以通過塑造規範、提供或限制機會和資源，以及呈現模範行為，來對個人行為產生重大影響。在一項對來自 6 個歐洲國家的 3342 名成年人所進行的橫斷研究中，社會環境是個人身體活動的最強獨立預測因素（Ståhl et al., 2001）。社會支持包括陪伴、鼓勵、來自朋友、家人和其他人的幫助和資訊、社區的有形援助和服務，以及來自專業人士的指點、建議和資訊。社會支持的頻率、持久性和強度也各不相同（Courneya & McAuley, 1995; McNeill, Kreuter & Subramanian, 2006）。以社會支持和激勵為形式的社會影響，通常與身體活動有很強的正相關，而社會孤立則與身體活動有著負相關。

在一項關於社會影響和健身運動的後設（統合）分析中，Carron、Hausenblas 以及 Mack（1996）分別檢驗了社會影響變項，對健身運動行為、認知以及情感（滿意度和態度）的影響。總效果量為小至中等，但家庭支持和重要他人支持對健身運動態度的效果，以及家庭支持，和任務凝聚力對健身運動行為的效果均為 0.62～0.69。在橫斷以及前瞻性研究中，來自家人和朋友的社會支持，始終會與身體活動有顯著相關，並且在健身運動課程中提高團隊凝聚力，會增加健身運動堅持性（Estabrooks, 2000）。來自配偶的支持似乎也與健身運動參與有密切相關，並且發現與配偶一起加入健身中心的人，比配偶沒有參加健身中心的已婚人士，會有更好的健身運動堅持性。

社會支持與兒童和青少年的身體活動，有著一致性的關聯性，在一項對三十項橫斷研究進行的後設分析發現，父母鼓勵（r = .21）、楷模（即父母身體活躍；r = .10），以及工具行為（例如：提供運輸或購買競技運動器材；r=.17），在兒童以及青少年身體活動水準之間的正向關聯性很小（r = ～.10 至 .20）。然而，幾乎沒有證據能夠指出有什麼有效的介入方法，能夠藉由提升家庭參與來促進孩童的身體活動（O'Connor, Jago & Baranowski, 2009）。

男性和女性在社會互動和社會影響對健身運動的影響上，似乎是不同的。例如：女性若認為她們得到了充分的指導和確認是有價值的，是可以預測對結構化健身運動計畫的堅持，但是社會供給（Social Provisions）卻沒有辦法預測男性的堅持性（Duncan, Duncan & McAuley, 1993）。在一項針對 903

名大學生的縱貫研究中發現，最初對於身體活動有著較低的社會支持水準，僅會與女性的低身體活動水準有關（Molloy et al., 2010）。一項針對大學生的研究顯示，家庭成員對健身運動的支持與女性的身體活動水準有關，但朋友的支持對男性來說更為重要（Wallace et al., 2000）。

社會支持與身體活動有關，但這種影響會因性別而改變。

在考慮、採用以及維持健身運動的過程中，對於健身運動的社會支持與性別之間的關係可能不同。一項針對健康中年人的橫斷研究結果指出，相較於不運動的男性，不運動的女性對於讓身體更活躍有較高的期待，並且有較高的動機去滿足期待（Troped & Saunders, 1998）。開始或持續健身運動的男性和女性，他們在遵循的動機上是相似的。所以，在開始從事健身運動時，對於個人健身運動的社會支持，會對女性有更重要的影響，於是在針對久坐不動的女性，制定可能的介入措施時應予以考慮。

一般而言，參加監督式健身運動計畫中，班級規模與來自教職員工或導師的社會支持之間，僅有微弱的關係。健身運動模式與過往家庭對於健身運動參與或身體活動的影響，彼此之間並沒有一致的關聯性。然而，四條腿的朋友對身體活動的支持可能很重要（Epping, 2011），研究報告了養狗和身體活動水準之間的一致關係。King 及其同事（2000）針對 2912 名中年與老年，包括各民族的婦女樣本，發現身體活動和無人看管的狗之間有正相關。作者推測造成此一結果的原因，可能是當個人在戶外花更多的時間，所以有更多機會觀察到在外遊蕩的狗。但養狗和更多的身體活動，特別是散步之間的關聯則是更為直接。在一項對澳洲昆士蘭州 1215 名居民的研究中，休閒散步與受訪者半徑 0.8 公里（0.5 英里）範圍內登記的狗的數量有關（Duncan & Mummery, 2005），並且在加州聖地牙哥的 984 名居民中，養狗的人更有可能符合身體活動指南的標準。Brown 和 Rhodes（2006）發現，在 351 名加拿大成年人的抽樣調查中，養狗的人每週散步的時間（300 分鐘）顯著多於沒有養狗的人（168 分鐘）。他們還發現，保持犬隻健康與福祉的責任感或義務感，會中介遛狗的行為。養狗對兒童的身體活動也有好處。在 2065 名 9 歲和 10 歲兒童的樣本中，相比沒有家犬的兒童，有家犬的兒童每天的加速度計測量活動次數和步數明顯更多（Owen et al., 2010）。

物理環境

氣候和季節是自然物理環境中，唯一與身體活動總體水準有強烈且一致關聯的特徵。兒童和青少年的活動水準在冬天最低、夏天最高。觀察研究指出，學齡前兒童在戶外花費的時間，是與身體活動有最佳相關的因素之一（Kohl & Hobbs, 1998; Sallis & Owen, 1999）。在較冷的月份中，戶外活動的時間與 380 名 10～12 歲兒童的客觀測量身體活動有關（Cleland et al., 2008）。在冬天，成年人在戶外進行身體活動的機會減少，這會影響身體活動的生理指標。一項比較秋季和春季健身運動課程的研究發現，在冬天（秋季班後）之後的 6 個月中，有氧運動能力的測量值顯著低於夏天（春季班後）（Buckworth, 2001）。此外，夏天之後重新做測量的人，有氧能力顯著提高。然而，在同一測量時間，參加過肌力訓練課程的學生，對肌力的測量並沒有季節性的影響，這表明天氣對參與肌力訓練的阻礙，不如參與有氧活動這麼大。

季節和氣候與身體活動水準，有強烈並且一致的關聯性

例行活動的中斷與參與監督式課程之間，存在微弱的負相關，並且課程和家庭健身運動設備的成本，與監督式或整體身體活動沒有一致的關聯性。儘管這種關係很複雜，但人們發現健身運動設施的使用權，會影響運動參與。這可以從環境（即地理）、經濟及安全性（例如：由於空氣汙染和高犯罪率，在紐約市某些社區奔跑是有風險的）的角度考慮。不過，也可以用知覺程度來考慮使用權的意涵。當透過客觀方法（例如：距離）衡量設施的使用情況時，使用權一般都會與監督式和總體身體活動的開始和維持有關，但是知覺使用權僅與監督式課程相關。

Raynor、Coleman 以及 Epstein（1998）在一項對 34 名久坐不動成年男性的研究中，考慮了可及性（Accessibility）與替代物的增強價值（Reinforcing Balue of The Alternatives）之間的交互作用。可及性被操作化為，靠近身體活動和久坐替代物的物理距離。該研究探討參與者在可能運動的 20 分鐘時間中，在四種情境下進行了比較，這四種情境隨著活動和久坐替代物的可及性而有不同（參見圖 13.7）。當活動替代物在附近（同一房間內）而久坐替代物很遠（步行五分鐘）時，會花費最多的時間（20 分鐘）進行運動。而不管活動替代物的可及性如何，如果久坐替代物很近，則平均花費不到 1 分鐘做運動。當兩者可及性都很低時，參

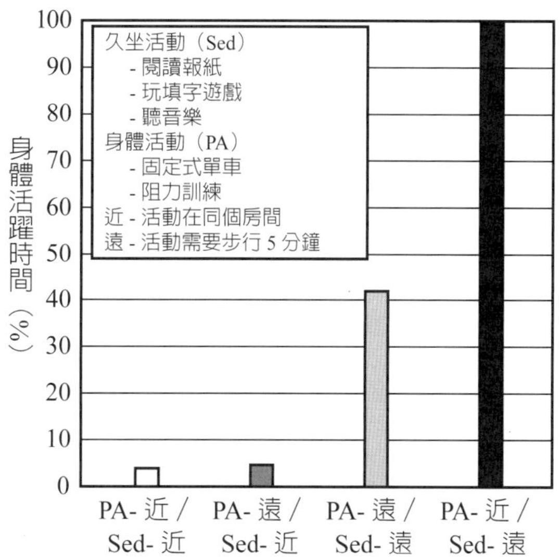

圖 13.7　參與身體活動是可及性以及行為選擇的函數

基於 Raynor & Coleman, 1998.

與者有 42% 的時間很活躍。研究人員得出的結論是，如果身體活動較方便而久坐運動不方便時，則久坐的成年男性會更加活躍。

自然和人為環境對身體活動水準的影響，可能會因年齡而異。一項系統性半定量回顧（Semi-Quantitative Review）研究，回顧了一百五十項兒童和青少年身體活動的環境相關因素研究。發現家庭和學校環境變項，與兒童身體活動之間存在顯著關聯性。影響 3～12 歲兒童身體活動水準的因素，包括有：父親身體活動程度、外出時間以及學校關於身體活動的政策。對 13 至 18 歲的青少年來說，影響最大的是來自重要他人的支持、母親的教育水準、家庭收入以及非職業學校的出席率（Ferreira et al., 2007）。低犯罪率，是與 13 至 18 歲青少年有高水準身體活動有關的社區環境特徵。然而總體來說，在四百九十七項兒童比較中，只有一百七十六項比較（35%）具有統計意義，六百二十項青少年比較中，只有

二百一十五項比較（35%）具有統計意義。這不僅僅是因為大多數研究的樣本太小，無法檢測到微小效果，除此之外，這些研究大多是採用環境特徵和身體活動的自我評量表，以及橫斷式研究設計。

一項針對四十七項關於社會和物理環境因素與成年人身體活動的回顧性研究，經由系統性回顧，該研究得出結論並認為，身體活動設備的可用性與劇烈身體活動與競技運動，兩者之間的關聯性相當可信，並且生活環境中的步道連通性與主動通勤（Active Commuting）有關（Wendel-Vos et al., 2007）。其他可能不太一致的身體活動相關因素，是休閒設施的可用性、可及性及便利性。沒有證據顯示男女之間存在差異，在對環境進行客觀測量的研究中，一百二十九項比較中只有三十三項（26%）顯示，環境特徵（通常是取得或方便身體活動的機會）與身體活動水準之間存在正相關，並且也發現了十個負相關。

在四十七篇的出版文章中，只有三篇是使用縱貫數據探索身體活動的環境決定因素，而只有一篇是使用客觀測量，並且也沒有顯示出相關性。然而，至少有一項實驗室研究指出，介入措施可以克服知覺步行環境阻礙。在一項為期 3 個月的隨機對照試驗（Randomized Controlled Trial, RCT）中，不活躍的成年人（年齡在 30-65 歲之間，85% 為女性）分別完成了三種情境中的一種：單純寄出一份自助步行計畫（n = 102）、寄出計畫並加上一台計步器（n = 105），或是對照組（n = 107）。研究對步行基準、社會支持、自我效能、改變行為意圖以及社會人口統計學特徵進行調整。在那些認為自己步行環境不舒服的人中，收到自助計畫加上一台計步器的人，比對照組更有可能增加他們的總步行時間，並進行有規律的步行（OR = 5.85, 95% CI = 2.60-12.2）（Merom et al., 2009）。

物理環境的一些特徵，與兒童、青少年和成人的身體活動有著一致的關係，但一項針對三十一項關於老年人環境和身體活動的研究，進行文獻回顧後發現過往研究不一致的關聯性（Van Cauwenberg et al., 2011）。其中只有三個前瞻性研究的因果關係推論是有些存疑。針對這些老年人研究中的其他缺點，是未能同時處理特定類型的活動和環境特徵，以及缺少對實際和知覺環境的衡量。

建築環境的特徵，主要經由三種方式進行測量：(1) 藉由電話採訪或問卷調查取得人們的知覺評量；(2) 評估者的觀察（如社區稽核）（Colabianchi et al., 2007），以及 (3) 與地理資訊系統（GIS）相連結的檔案數據集（例如：人口普查紀錄）（Brownson et al., 2009）。GIS 融合製圖科技、資料庫技術和統計分析，對地理位置的數據進行測量、管理、分析和建模。GIS 為地理編碼提供了一種客觀的方法（即利用緯度和經度來尋找地理座標）。衛星全球定位系統（GPS）測量的其他數據，可用於了解建築環境和身體活動，包括人們居住地和鄰近地區（例如：與街道區段和郵遞區號相關的人口普查街道地址）、街道連通性（例如：旅行路線選擇的數量和方向）以及到學校、身體活動設施和其他身體活動場所（如公園和小徑）的距離。建築環境的綜合測量很重要，因為有證據指出物理環境（包括人口密度、行人環境質量以及與鄰里在零售、服務和社區設施方面的組成）會影響通勤行為和附帶的身體活動（見圖 13.1）。例如：在對 449 名 60 歲及以上的澳洲成年人的一項抽樣調查中發現，與身體活動顯著相關的環境因素是：人們認為人行道能夠讓行走和進入當地設施變得安全（Booth et al., 2000）。根據步行的目的，環境影響可能有所不同。Saelens 和 Handy（2008）回顧了建築環境和交通步行與休閒步行特徵的評論和研究。到達目的地的距離是與步行有穩定關聯性的相關因素，但人口密度和土地混合使用情形，對於實用步行（Utility Walking）而言，可能比健身運動的步行更為重要。

都市化程度和地理區域，是與美國休閒身體活動總體水準相關的環境特徵（見圖 13.8）。2001 年行為危險因素監測調查（Behavioral Risk Factor Surveillance Survey）的資料表明，中部大都市地區（14.6%）和西部地區（11.2%；Reis et al., 2004），民眾缺乏身體活動的比例最低。在農村地區，特別是在美國南部（17.4%），缺乏身體活動的比例最高（24.1%）。當按年齡、性別、受教育程度和家庭收入對數據進行分層時，都市化程度和缺乏身體活動之間的負向關係相當一致。當具體研究農村居民身體活動與環境因素之間的關係時，優美的環境、小徑、遠離犯罪的安全、公園，以及可以步行就能抵達的目的地，都是正向的影響因素（Frost et al., 2010）。

身體活動特徵

健身運動的特徵（即方式、強度、持續時間和頻率），可能是身體活動的決定因素。近期一項後設分析研究，針對二十七個隨機健身運動堅持性的試驗，結果指出指定的頻率（d = 0.08）、強度（d = 0.02）、持續時間（d = 0.05）以及活動方式（d 範圍從 0.03 至 0.10），對運動堅持性的效果很小或者是微小。然而，大多數試驗僅操弄了健身運動暴露的單一特徵，並且不同研究使用非常不同的堅持性定義（例如：參加監督式集會、維持規定強度範圍內的心律、規定時間內的運動，以及根據個人日記每週運動的頻率）。只有少數試驗是根據人們是否中

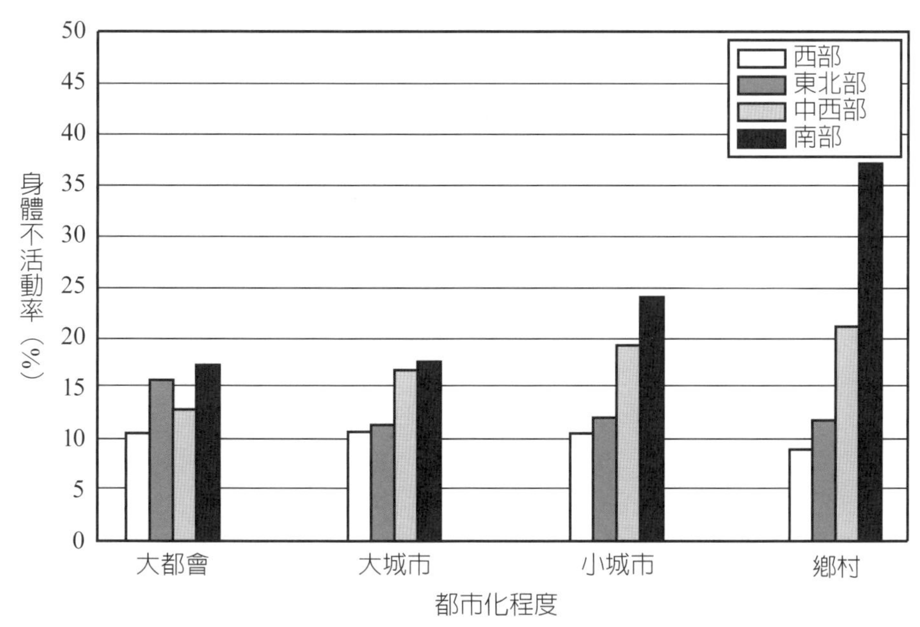

圖 13.8 美國都市化程度和地理區域的非職業休閒時間的身體不活動率（2001, BRFSS）

資料來自 Reis et al., 2004.

途退出來定義堅持性，即便這是過去 35 年來有關健身運動堅持性的標誌性定義。一項試驗報告參與者出席率為 85%，但 42% 的參與者中途退出了！事實上，僅有報告中途退出率的研究，會被排除在該項回顧研究之外。有一半的試驗持續不到 6 個月，而 6 個月是定義健身運動堅持計畫的標準時間框架。中途退出率平均為 18%（2829 名參與者中有 522 名），範圍從 0%，是個人的每日記錄，來檢視的在家運動計畫；到 30% 到 40%，一些 6 個月至 2 年的試驗。僅有 25% 的試驗，有根據退出的人數，進一步調整堅持性的測量。最後，有一些試驗主動使用行為改變方法來提高總體堅持性，不過，這也混淆身體活動特徵是否會改變堅持性，這項測試的真實性。

最近另一項研究是將短時間身體活動（即 ≤ 10 分鐘），納入組織（尤其是學校和工作場所）日常例行公事之中，這項研究所獲得的結果顯示，雖然效果僅為中等，不過卻都是好的方向，是能夠促進身體活動的可行性和持續性，並且對久坐不動的人們來說是更具吸引力（Barr-Anderson et al., 2011）。然而，在所評估的四十項研究中，只有五項在學校以及兩項在工作場所進行的研究，是有隨機對照試驗的研究，這些試驗使用了身體活動的測量作為結果。在五個以學校為基礎的試驗中，只有一個為期 3 年的試驗（其他試驗持續了 5 到 20 個月）和兩個為期 10 到 12 週的工作場所試驗，發現參與者的身體活動有顯著增加。

> 低度和中等強度的活動，通常比強度較高的活動有更好的堅持性。

健身運動模式也可能是影響堅持性的一個因素，但可能與個人的特徵（如年齡、性別、技能、活動的享受性和使用權）產生交互作用。例如：被隨機分派至 6 個月監督式游泳或步行組，以及 6 個月無監督式健身運動組的 116 名老年婦女，他們的堅持性相似（Cox et al., 2010）。並且，相較於隨機分派至傳統阻力訓練中的人，被隨機分派至 16 週循環訓練的 32 名超重和肥胖的男女性，完成了超過規定的健身運動量，而那些傳統阻力訓練組的人，均少於所設定的健身運動量。

一般而言，健身運動強度和健身運動計畫的採用與維持之間，是呈現負向關聯（Perri et al., 2002; Pollock et al., 1991; Sallis et al., 1986），但在評估這種關係時，應該需要考慮個人特徵。例如：過去曾有有高強度健身運動經驗的最初久坐成年人，相較於要從事 6 個月的中等強度運動訓練，他們對高強度健身運動的堅持性會更好（Anton et al., 2005）。儘管在一項為期 1 年的隨機健身運動試驗中，中年人不論被隨機分派到低強度或高強度健身運動組，堅持性都是相似的（King et al., 1991），但是各組在一年當中都又回到中等強度的運動。因此，基於偏好強度來制定健身運動處方，是否能藉此增加個人對健身運動計畫的堅持性，是一項值得加以檢驗的策略。

許多研究評估不同強度性健身運動的生理和心理反應，包括個人偏好和自選，不過，我們發現只有一種介入措施，進行處方運動和偏好健身運動計畫堅持性的比較。43 名有憂鬱症狀的女性被隨機分派至兩組，一組是在自己喜歡的運動水準下，進行監督式健身運動，一組是按照國家指導原則進行的，每次 30 分鐘，每週 3 次，共 4 週

（Callaghan, Khalil & Morres, 2009）。他們中途的退出率相似，但偏好組的堅持性更高（66% 對 50%）。此外，偏好組的憂鬱評分顯著下降，而處方組則沒有。雖然偏好組的結果更好，但他們每節課也接受 15～20 分鐘的激勵支持，而處方組則僅接受同等時間的生活方式教育。所以，對堅持性和心理結果的影響，可能無法僅歸因於運動強度的偏好。

身體受傷似乎對維持或放棄規律的身體活動有很大影響，並且骨骼方面的損傷與身體活動之間，是有著充分證據的劑量反應關係（Dose-Response Relationship）（Macera et al., 1989）。大量且高強度健身運動所造成受傷，可能會導致健身運動計畫的終止，不過，參與者對受傷的主觀反應，是會影響他們在受傷時，願意採用替代健身運動模式的可能性。

身體活動的特徵會影響健身運動行為，但是調節不同健身運動與強度的採用與維持的因素可能不同。然而，很少研究是針對採用和維持各種健身運動方式（例如：步行與舉重訓練）的不同決定因素進行探討。

研究中的議題

有超過四百篇已發表的研究，是針對身體活動的相關因素（例如：Sallis & Owen, 1999; Trost et al., 2002）所進行的研究，因此對於參與健身運動計畫和總體身體活動水準，有那些因素是有關的或無關的，應該是可以給出一些一般性的指示。有些變項被認為是與身體活動有穩定的關聯性（例如：年齡和收入）。然而，身體活動行為是複雜的、動態的，所以，沒有任何一個單一變項，能夠可靠地描述和預測身體活動的水準也就不足為奇了。事實上，對於不同人來說，影響因素可能是不同的。在行為的自然歷史過程中，影響程度和特定的關鍵因素，會隨著發展時期的變化而變化。例如：身體活動的一些相關因素，雖然對兒童和少年來說是相似的（例如：自我效能），但是會隨著不同人、不同的社會以及不同的環境，而有不同的影響（Sallis, Prochaska & Taylor, 2000）。

對潛在決定因素的準確測量，是研究身體活動的首要問題。一些對於人口統計變項的衡量，例如：性別和年齡，在各項研究中都是相當一致。然而是可以使用更多工具，去測量相同的心理社會建構。舉例來說，有兩項關於愉悅感對於健身運動維持的研究，卻得出相反的結論。他們使用不同工具去測量愉悅感，也用不同方法去測量環境因素（例如：實際或知覺），這些都會混淆研究結果的比較能力。

因為使用不同測量工作來測量相同心理建構，以及一些心理變項的獨特性質，會使得我們更不容易在健身運動和所認為的決定因子之間，做出結論式的關係宣稱。例如：人們普遍接受健身運動自我效能是健身運動的決定因素，但整體的健身運動自我效能測量，可能無法反映自我效能和健身運動之間的關係。根據定義，自我效能是特定於情境的，自我效能的測量應該針對研究設計和假設。特定的自我效能量表，如阻礙、因應、抵抗復發、任務和騰出時間從事健身運動，將有助於梳理自我效能感與健身運動採用、維持、復發以及恢復過程之間的關係。對於進行每日阻力訓練的人來說，抵抗復發的自我效能，不如任務自我效能來得重要。而在橫斷研究設計中，騰出時間從事健身運動的自我效能，在區分身體活動水準方面更有用。在這些條件下，自我效能的整體衡量，是不如健身運動自我效能的特定衡量那麼敏感。

由於缺乏統一的標準來定義和評估身體活動，健身運動相關因素的研究也因此受到限制。目前研究在準確測量身體活動方面存在相當大的挑戰，這些挑戰會影響我們識別健身運動相關因素的能力（見第二章）。對於不規律健身運動的人來說，身體活動的自我報告並不太準確。中等和低強度的活動很容易被遺忘，也很難測量，因此很難發現控制這些類型身體活動的採用和堅持因素。此外，很難準確估計兒童的身體活動水準，而兒童如何參與身體活動則更為複雜。兒童同1天中可能進行多次短時間（不到1分鐘）的高強度健身運動，這使得很難量化活動量和他們的能量消耗。

目前對身體活動的測量還沒有達到共識，但已經使用各種工具和方法評估健身運動的潛在心理社會和環境相關因素。

小結

健身運動和身體活動的決定因素，是與活動水準一致相關的變項。年齡、性別、教育程度、收入、動機、自我效能感、知覺阻礙、愉悅感、自我認知基模、缺乏時間、健身運動歷史、社會支持以及季節，是與身體活動與健身運動有著相關的一些變項。然而，健身運動決定因素之間，複雜的多重交互作用會隨著時間的推移而改變。理解研究中的不一致會是一項挑戰，但確定與身體活動水準以及採用和維持規律健身運動顯著相關的因素，仍是具有價值的研究，且具有實際效益。了解久坐不動的生活方式，以及低強度健身運動採用率和堅持率的個人和環境因素，可以幫助確認能夠針對哪些高風險族群進行計畫。找出那些可以改變的變項，而且是與運動採用和堅持有強烈穩定關聯性變項，可以協助我們將介入方向集中在多個層面，包括人為環境的改變。然而，關於兒童、老年人、殘障人士以及少數民族的研究仍然太少。此外，也很少研究直接比較有哪些變項會影響男性和女性的健身運動行為，同時，目前研究也僅針對某些特定健身運動。在評估和設計這項領域的研究時，必須考慮身體活動和所認為的決定因素在測量上的爭議。

參考網站

1. www.cdc.gov/nchs/nhis.htm
2. www.cdc.gov/brfss
3. www.cdc.gov/HealthyYouth/yrbs/index.htm

第十四章

行爲改變理論

陳景花 譯

幾個世紀以來，哲學家以及近年來的心理學家，一直試圖理解人們為何會有這樣的行為表現。人們已經進行了許多嘗試來組織關於人們和周圍世界的訊息，作為解釋和預測人類的行為。然而，無數的個體和情境變項以模式的交互作用影響行為，而這些模式會隨時間推移而改變。透過理論的應用，減少了複雜的訊息量，並且更易於管理。

健身運動心理學採用社會學、心理學，以及生物學文獻的一些理論，用以解釋和預測身體活動對心理健康的影響。各種理論也被用來解釋和預測，積極生活方式的應用和維持。第十五章則是關於介入措施，也是為了達成同一目標，將展現各種理論觀點是如何引發不同的處遇方法，以及對影響結果的原因有不同的解釋。本章重點介紹主導健身運動心理學研究的主要理論，我們討論基本定義和核心概念，並提供如何應用這些理論的範例。

理論是模式的一種（請參見表 14.1）。模式是概化、簡化大量訊息的表現形式。在某種特定的情況下，模式透過定義所關注的眾多變項和忽略的變項，來引導我們的思想和行動。模式幫助我們解釋和預測周圍的世界，使我們能夠以類似的方式解釋訊息。即使是新的電腦用戶都知道，電腦螢幕上的印表機小圖案可以用來控制印表機的功能。印表機的圖案是一種圖像模式。**圖像模式（Iconic Models）**是具有兩個或三個維度的模式，這些維度看起來像是它們所代表的大小，但較小或較大。**類比模式（Analogue Models）**（例如：圖形或地圖）使用一組屬性來代表實際的一組屬性的想法或是轉換規則（例如：1 英寸 = 1.5 英里（2.4 公里））。**概念模式（Conceptual Models）**是一組概念之間擬議的因果關係圖，這些概念被認為與特定的研究問題有關，或者是一項介入活動的重點。概念模式以理論和實證研究結果為基礎，在多重層面上，可包含多個理論概念化的要素，有時包含的成分不屬於既定理論的一部分（例如：人格），但是代表實證結果或專業經驗。

理論（Theories）是用於指導研究的設計、執行和解釋的符號模式。理論是對某些已觀察到的現象，進行了某種程度驗證而制定的基本原理。人類行為理論提供了有關行為的假設，並界定解釋和預測行為所需的主要變項之間的關係。理論使我們能夠預測超出經驗證據的事物，並使我們能夠超越已知的事物，例如：行為主義理論強調目標行為的前因和後果，以預測該行為的發生頻率。如果我們知道 Jeff 喜歡與 Mary 在一起，我們可以預測，如果他與規律運動的 Mary 一起跑步，他將會跑得更多。

行為改變理論是代表人類行為的模式。多年來，人們發展了一些理論，對於

表 14.1　模式的類型

模式類型	描述
圖像	看起來像其所代表的二維或三維模式，但是尺寸更大或更小，例如：照片和雕塑。
類比	以二維或三維表現的一組想法或是事件的屬性，使用可以表示變更或過程的轉換規則。範例包括地圖和圖表，例如：參加時間超過 12 週的有氧健身課程，以圖表的形式顯示，x 軸的時間以星期為單位，y 軸以每週參加的參與者的百分比為單位。
概念	以圖表和圖形的結構及其關係的方式，呈現特定的假設、情境、關係、問題或主題。範例包括理論的視覺呈現（請參見圖 14.3），以及組織和整合訊息的框架（請參見圖 2.1）。
符號	本質上無意義的符號，代表思想、事件或事物，與他們所代表的東西完全不一樣。範例包括腳本和數學模式；理論是指導研究的設計、執行和解釋的語言或數學模式。圖 12.3 中的運動和自尊模式在一些研究中獲得檢驗。
混合	組合模式代表大量複雜訊息。範例包括網站和書籍，2008 年《美國身體活動指南》可在網站上查看，www.health.gov/paguidelines。

理論是用於解釋和預測的原則和假設，行為改變理論是人類行為的模式。

可能影響人們做甚麼以及為何這麼做的所有事物進行規範。這些理論代表各種**本體論**（**Ontological**）假設（關於事物是由什麼構成的）和**宇宙學**（**Cosmological**）假設（關於事物是如何組織和如何變化的）。例如：行為主義是基於對現實本質的**唯物主義**（**Materialistic**）觀點，這種現實主義將人們的心智運作簡化成，神經系統運作與電生理歷程。行為是透過因果關係的線性連結來描述的，其中透過學習將刺激和反應連結在一起。認知心理學源於**理想主義**（**Idealism**），在理想主義中，其中現實被視為是心靈的表達或體現。我們的所作所為，我們的感覺以及事物如何影響我們，都被認為是受到思想、情感、行動和情境之間學習到的連結所影響。因此，理論影響我們接受的觀念和我們執行的行動，使我們能夠以邏輯一致的形式解釋和組織訊息，理論也促使研究支持或反駁他們的行為觀點是正確的。

行為主義

20 世紀初，約翰・沃森（John B. Watson, 1919）寫了《從行為主義者的立場看心理學》（*Psychology From the Stand-point of a Behaviorist*）一書，他在書中主張心理學應該是一門關於行為的科學，而不是關於心靈的科學。沃森之後是斯金納（B. F. Skinner），他的第一本重要著作《生物體的行為》於 1938 年出版。在接下來的 40 年中，Skinner 和他的同事進行了許多精心控制的實驗室實驗，以尋找影響學習的可觀察事實。他們發展了根據經驗得出的行為原則，其中包括環境決定因素的核心作用。行為主義又稱學習理論，它是基於這樣的假設：心理學是關於行為的，對行為的真實解釋不應該考量心理狀態，因為心理狀態是無法直接觀察的，也無法獨立測量。人格被看作是個體對外部世界的觀察反應的總和。使用行為主義作為理論基礎，需要關注**獨**(**Independent**)(原因、刺激)和**依**(**Dependent**)(效果、反應)**變項**(**Variables**)之間的定量關係。關鍵變項和預測，集中在刺激、反應和結果之間的關係，如前所述，重點是研究因果關係的線性連結，其中透過學習將刺激和反應連結在一起。實證研究假設與對象和事件相遇會產生客觀知識，為解釋和預測的方法提供了基礎，假設改變或學習對所有人都具有相同的作用。

> 行為主義中解釋和預測行為的關鍵變項，是行為的可觀察前因和後果。

古典制約(**Classical Conditioning**)和**操作制約**(**Operant Conditioning**)，提供了經由連結學習而理解和修正行為的框架。古典制約的學習將兩個刺激連結，並且是基於伊萬·帕夫洛夫(Ivan Pavlov)的學說，他的思想在行為主義的發展中發揮了重要作用。能夠引起反射性反應的**非制約**(增強)**刺激**(**Unconditioned Stimulus**)與中性刺激相配合，你可能很熟悉這樣的例子：將食物與鈴鐺的響聲搭配，引起狗的垂涎。最後，即使沒有食物存在，當鈴鐺響起時，狗也會流口水。鈴鐺已經成為一種**制約刺激**(**Conditioned Stimulus**)，除非鈴鐺再也不與食物配對，否則會繼續引起狗的垂涎(現在是一種制約反應)。在這種情況下，唾液反應會減弱並且最終消失，這個過程稱為消弱。

操作制約伴隨著增強或懲罰事件，自願做出反應、改變反應速度。在這種情況下，反應者學會將反應與其結果連結起來，為了提高反應率，當出現特定的反應時，應在另一種刺激的情況下，出現**增強**

行為主義

刺激(**Reinforcing Stimulus**)(如獎勵)。當按下桿子的自願性行為發生時，老鼠按下桿子而得到食物，也就是得到了增強物(食物)。最終，反應(操作行為)可能會在其他刺激存在的情況下出現，或者在這種情況下，老鼠碰到桿子。**區辨刺激**(**Discriminative Stimulus**)或提示，是關於行為後果性質的環境線索，披薩上的乳酪冒泡(區辨刺激)，表示吃披薩(行為)很有可能導致嘴巴被燙傷(行為後果)。很顯然地，當人們將行為主義作為理論基礎時，刺激和增強事件，是理解和預測行為的關鍵變項。確定在特定行為之前(**前因 Antecedents**、刺激、線索)和之後(**結果 Consequences**、**增強 Reinforcement**)、獎勵、懲罰)發生的事件和情況，以解釋該行為。解釋行為的結果應與該行為有直接地關聯，無論是具體地還是象徵性地。結果的變化將增加或減少行為的頻率，例如：慢跑後感到放鬆、心情好，會增加這種行為的頻率；如果慢跑(現在是制約行為)不再導致增強(例如：炎熱的天氣使慢跑產生壓

前因後果

具體的前因：狗一直叫，直到你帶牠去散步為止
具體的後果：劇烈運動後的疲勞感
象徵性前因：免費的有氧運動課程優惠券
象徵性後果：完成運動計畫的證書

表 14.2　預測影響健身運動行為的前因後果類型

類型	範例
環境的	天氣、廣告、媒體、空氣質量、使用設施、安全性、時間
社會的	模式化（媒體和面對面）、朋友、家人
認知的	思想、態度、信念、價值觀、情緒、自我效能、自我概念、動機
生理的	健康、健身、能力
個人的	運動史、健康史、教育程度、收入、性格、特質
知覺的	疲勞、疼痛、活力

力），結果繼續令人感到不愉快，則這種行為的發生頻率會降低，且最終將會消失。

行為理論有助於前因後果之類型概念化，因其可能影響運動的採用及維持（請參閱表 14.2）。潛伏期，即刺激和反應之間所經過的時間，可以用來確定前因後果為近端（接近目標行為的時間）或遠端（發生在目標行為之前或之後一段長的時間）。例如：關於一則游泳池將在 2 週後關閉的通知，而游泳池關閉就是參加有氧運動班或進行慢跑的遠端前因。當慢跑者醒來時，晴朗而涼爽的天氣可能是當天早晨跑步的近端前因。在完成兩組額外的強化練習後，上課遲到是該練習課的近端後果。減肥或保持體重是定期運動的遠端後果。早期很多關於運動依附的研究，都是基於行為主義的原理，並使用增強控制和刺激控制，來提高身體活動能力。據推測，行為模式之所以能夠持續，是因為它們被暗示和增強了。因此，運動被視為可以透過改變前因，行為本身（技能發展、塑造）以及行為後果（獎勵、增強）來進行修正（獲取和維持）的行為。例如：一些研究聲稱使用後效契約（Contingency Contracting），其中受試者在達到預先設定的運動頻率和持續時間的標準後獲得特定獎勵，但是少有或是根本沒有人會注意認知過程、情感或動機。

認知行為理論

作為心理療法「認知革命」的創始人之一，唐納德．邁琴鮑姆（Donald Meichenbaum）的早期作品為行為改變奠定了基礎，包括從認知，進而發展為認知行為主義。在一項研究中，針對有衝動行為的一年級和二年級兒童，透過訓練他們公開地自言自語，然後再私下地自言自語，以提高自我控制能力，從而改變他們的行為（Meichenbaum & Goodman, 1971）。後續在臨床樣本的研究表明，傳統的行為改變策略輔以自我指導訓練，可以獲得更好，更持久的結果（Meichenbaum & Cameron, 1994）。由此得出的結論是：人對自己說的話，而不是行為的環境後果，對改變不良適應行為具有重要意義。

認知行為主義（Cognitive Behaviorism）是一種理論觀點，與行為主義有一些共同的假設。刺激和反應是解釋行為的核心，但與行為主義的一個顯著區別是認知被定義為關鍵的中介變項。行為主義認為物質是唯一的現實，現實是透過物理科學理解的，而認知行為主義則基於互動的二元論視角，這種觀點又是基於這樣的假設：即我們是由物質現像和非物質現象組成（二元論），非物質現象包括與物質自我相互作用和影響的感覺、知覺、思想和感情。

錯誤的認知和信念會導致各種功能失調或適應不良的行為，這些錯誤的認知和信念會引起的情緒反應而對行為產生影響。學習或洞察力可以使用行為有效的信念和認知技能來重構、增強或替代錯誤的想法。簡而言之，認知會導致行為，且認知可以被改變。因此，改變行為的關鍵是改變想法。基於此模式的普遍策略是**認知重構（Cognitive Restructuring）**。認知透過引起消極的情緒反應，如徒勞感（我永遠無法堅持鍛鍊計畫），來限制積極行動的可能性。將有問題的語句重新表述，使其更加符合現實，以支持改變的可能性（我還不能保持定期鍛鍊）。認知行為主義提出了許多策略，例如：自我監控和目標設定，這些策略經常用於運動行為改變的介入措施中（請參閱第十五章）

> 認知行為主義認為，認知決定行為，並且認知是可以改變。

社會認知理論

社會認知理論（Social Cognitive Theory）是從社會學習理論演變而來的，社會學習理論認為大多數行為是透過社會互動學習的。社會認知理論在 1980 年代中期，透過阿爾伯特．班杜拉（Albert Bandura）的研究正式確立。瓦爾杜．米歇爾（Walter Mischel）與班杜拉是同一時期的人物，他在理解人類行為時強調認知和情境變項，並認為個體內部認知對行為有重要影響。班杜拉以個體內部認知的想法為基礎，擴展了自己在觀察學習和自我調節方面的研究。班杜拉的《思想與行動的社會基礎：一種社會認知理論》（1986 年）描述了該理論的概念框架。

社會認知理論在社會互動和行為的背景下，使用認知來解釋人類的行為、動機和情緒，表 14.3 描述了社會認知理論中的重要概念。社會認知理論的基本假設是：行為是建立在認知活動中，是有目的的行動，並且受個體的直接控制，即個體具有自我反思和自我調節的能力。自我反思（Self-Reflection）是指一種象徵性的能力，從而預測和計畫未來的事件。一個人預料到將來會發生的事情，會在當下成為一種心理表

表 14.3　社會認知理論的主要變項

變項	解釋
預期結果	結果是指一種行為的結果，外界和自己預期會發生的事。效益（期望的結果）和成本（不期望的結果）可能產生各種影響，這取決於它們與行為（近端或遠端）的關係，以及個體感知的脆弱性。
結果價值	結果可能具有不同程度的強化價值或激勵價值，並且可能是人們希望獲得或避免的東西。
意圖	意圖是指執行某種行為的準備強度。
自我效能期望	自我效能感是一種認知，這是一種相信自己有能力，可以成功地進行具有已知結果的特定行為的信念。

述，並能激勵當前的行為。因此，行為是在預期象徵性的未來事件時受到控制和調節。

社會認知理論中的另一個假設是：自我調節過程能中介大多數環境影響的效果。支持自我調節的認知機制（例如：人們如何改變自己的行為），包括個人目標設定、效能預期、結果期望和結果價值。象徵和概念化未來的能力有助於引導目標發展，這些目標是根據能夠成就正向自我評價的標準所制定的。設定具有價值和期望的目標，並指出**實際**行為與**目標**行為之間的差異。差異提供了負面的反饋，從而刺激了行動的方向和強度，以減少不一致的情況。例如：喬認為參加 5K 公路比賽（目標行為），將證明他是一名出色的跑步者，並且他珍視這種自我概念。但是，喬只能不停歇地跑 3K（實際行為）。他想跑多遠和他能跑多遠之間的差異，有助於導正他的訓練計畫。因此，目標提供了支持自我調節的方向和動力。

自我效能（Self-Efficacy）是指人們相信自己可以在特定情況下，成功地從事特定行為，並獲得已知結果的程度。自我效能是一種透過經驗和模仿所形成的學習信念。它包括三個領域：力量、普遍性和水準。力量是指克服行為障礙的常見能力（我可以在午餐時間抽出時間散步嗎？）；普遍性是將行為類化為其他類似行為的能力（如果我可以打網球，也可以打壁球嗎？）；水準是指一個行為可以成功進行的程度（如果我可以和朋友一起跑 3 英里，我可以參加 5K 的競賽嗎？我可以訓練並參加 10K 競賽嗎？）。班杜拉的自我效能理論進一步發展了自我效能在行為改變中的意義。

結果預期（Outcome Expectation）是指人們認為某種行為會導致某種結果的看法。結果是一個人預期發生在自己和外部環境中的行為結果。利益（預期結果）和成本（不預期結果）對行為的影響取決於多種因素，它們是行為的近端還是遠端，例如：如果 Sue 每週工作 5 天，下班後散步 1 個小時，她認為自己會減輕體重（遠端預期結果），但與家人相處的時間會更少（近端不預期結果）。

社會認知理論假設

1. 人們具有象徵性能力。
2. 行為具有目的性和目標導向性，且具有先見之明，這取決於象徵性的能力。
3. 人們具有自我反思的能力，他們可以分析和評估自己的想法和經驗。
4. 人們具有自我調節能力，他們可以改變自己的行為和環境，並為自己的行為採用個人標準，並使用這些標準來指導行為和激勵自己。
5. 環境事件、內在個人因素（認知、情感和生物事件）和行為是互相影響的（三元互惠）。

根據社會認知理論，行為是社會學習的結果：人、環境和行為本身的特徵相互作用以影響行為。

結果價值（Outcome Value）是指結果的激勵價值或增強價值。價值在一定程度上，取決於結果對人的幸福感和自尊心的影響程度。因此，結果可以是一個人想要獲得或避免的東西，而價值的強度將影響努力和堅持。例如：布拉德（Brad）於秋天進入一所新高中，班上的男生已經舉重好幾年了。布拉德（Brad）每天放學後都開始鍛鍊舉重，對布拉德來說，增加肌肉力量和體型非常重要，因為他希望能更像他的新朋友一樣，並融入其中。

社會認知理論的一個核心假設是：人們也會影響環境，並且這種影響是雙向的（例如：交互決定論）。有人提出，行為改變是透過人、環境和行為本身各方面之間相互影響的作用來進行的，這種動態交互互動的概念，稱為三元交互性（**Triadic Reciprocality**），在第十三章中，被應用於構成身體活動相關因素之間的關係。健身運動相關因素由人、環境和行為三類因素所組成，但是，檢測這些因素之間的動態相互作用的研究還很有限。

三元交互性範例

一名年輕女子參加劇烈運動的可能性，取決於她從運動中期望得到的好處及她對該結果的重視程度（人為因素）、是否有安全運動場所和同伴的影響力（環境因素），以及水準運動強度和類型（行為特徵）。在一個安全的地方打籃球可能會影響一個人的知覺效益，尤其當這個人知道自己需要運動獎學金才能上大學時，但是同儕取笑她運球的方式會影響她對效益與成本的感知，影響她練習的強度，或兩者都有影響。

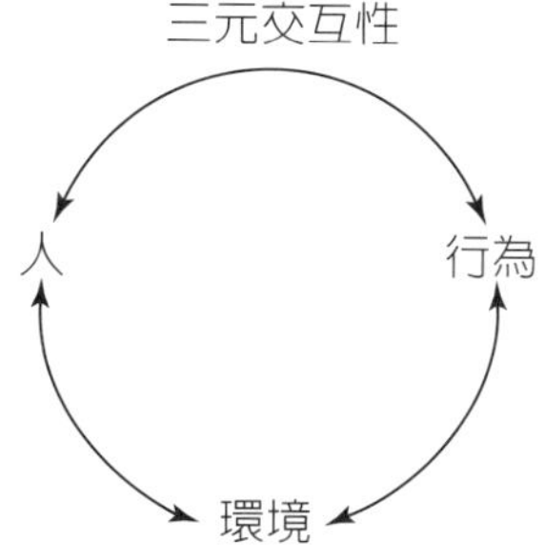

假設：環境事件、內在的個人因素（認知、情感和生物事件）和行為是相互影響的。

班杜拉的自我效能理論

班杜拉的自我效能理論是一種基於能力的理論，已廣泛應用於健康成年人（Ashford, Edmunds & French, 2010）、兒童和青少年（Lubans, Foster & Biddle, 2008）、老年人（Netz et al., 2005）和臨床人口（Artinian et al., 2010）。該理論的假設是：所有行為改變的主要中介者，稱作自我效能的認知機制，自我認知是社會認知理論和行為改變的跨理論模式中的重要變項。根據班杜拉的自我效能理論，自我效能預期、結果預期和結果價值是決定行為的三個基本認知中介過程（請參閱決定行為的認知中介過程）。行為的採用和持續性取決於對一個人在特定情況下，成功參與特定目標行為的技能和能力的期望，以及對結果的期望和對這些結果的重視。

一個人的自我效能感愈高，設定的目標就愈高，實現這些目標的毅力就愈強。那些對自己目前運動或健身水準不滿意的人，採用了具有挑戰性的目標，並且對自己可以實現自己的目標充滿信心（即具有很高的自我效能感），這大概是保持健身運動的最佳動力（Dzewaltowski, 1994）。具有高度自我效能感的人，常將失敗歸因於努力不足，並且可能會堅持下去。自我效能感低下的人，可能會將失敗歸因於能力低下，並且更有可能放棄。

自我效能期望是透過表現成就（即精熟經驗）、替代經驗（即對模仿或觀察他人）、口頭勸說（即鼓勵或正向回饋），以及對生理或心理喚醒的解釋（例如：焦慮、知覺疲勞）。表現成就對效能期望的影響最

決定行為的認知中介過程

- 預期自我效能：關於人們有能力執行必要行為，以達到結果的信念和期望。自我效能是特定於某一情境和行為的，但它可以推廣到其他類似情境和行為需求。遵循有氧運動常規的高自我效能，增加了某人參加有氧運動課的可能性，但可能不會使人們對開始進行體重訓練充滿信心。
- 預期結果：行為將產生特定結果或結果的可能性的估計。預期的結果可以是外在的（有形的）或內在的（自尊或自滿）。預期得結果與特定行為的效能有關。例如：人們可能會認為游泳是實現整體健身的最佳方式之一，但對定期游泳以增強健身的信心不足。
- 結果價值：預期結果的增強價值或激勵價值。如果高度重視提高健身水準，那麼與不重視健身水準相比，遵循健身方案的努力和堅持就會更大。

大，當一個人完成了困難的，或以前擔心的任務時，自我效能感就會增強，透過個人經驗來發展和修正技巧，並發展應對機制。替代經驗是人們透過觀察事件或人物而學習的經驗。觀察一個與自己相似的人，經由努力獲得成功及獎勵，可以提高一個人的效能，從而也表現出此種行為。在執行任務的過程中，高度的生理喚醒會影響工作表現，降低效能預期。基於自我效能理論的行為改變策略，著重於透過操弄這些效能訊息來源，以提高運動自我效能。

自我效能期望範例

在體檢時，馬特的體重比目標體重多了 10 磅（4.5 公斤）。這些資訊促使他尋求策略來達到他的目標體重。自我效能期望將決定他對目標、策略、努力和堅持的選擇，以及他對自己表現水準的情感反應。如果馬特確信自己可以將步行計畫納入自己的時間表，但一直堅持飲食不成問題，那麼他就更有可能透過運動來控制體重，而不是改變飲食習慣，除非他對飲食的期望有所改變。

計畫行為理論

計畫行為理論（Theory of planned behavior, TPB）是從理性行為理論（Theory of reasoned action, TRA）演變而來的，它是由 Fishbein 和 Ajzen 所發展，用以解釋和預測特定情況下的社會行為（Ajzen & Fishbein, 1974）。一個基本的假設是人們根據有關行為及其後果的資訊和信念、他們的期望以及他們對結果的重視程度，對自己的行為做出理性的決定。這些信念和態度受到個人和環境因素的影響，例如：個性、教育、過去的行為和文化因素。然而，行為最重要的預測因素是執行或不執行行為的意圖或準備程度（請參見圖 14.1）。

意圖（**Intention**）是一個人對他或她將表現某種特定行為的可能性的評估。它是對行為的態度、對有關行為的社會規範的態度，以及**知覺行為控制**（**Perceived Behavior Control**）的函數。對行為的態度，是對參與行為結果的信念以及對這些結果的評估（成本效益分析）的函數。人們可能對行為有多種信念，並對與每種信念相關的結

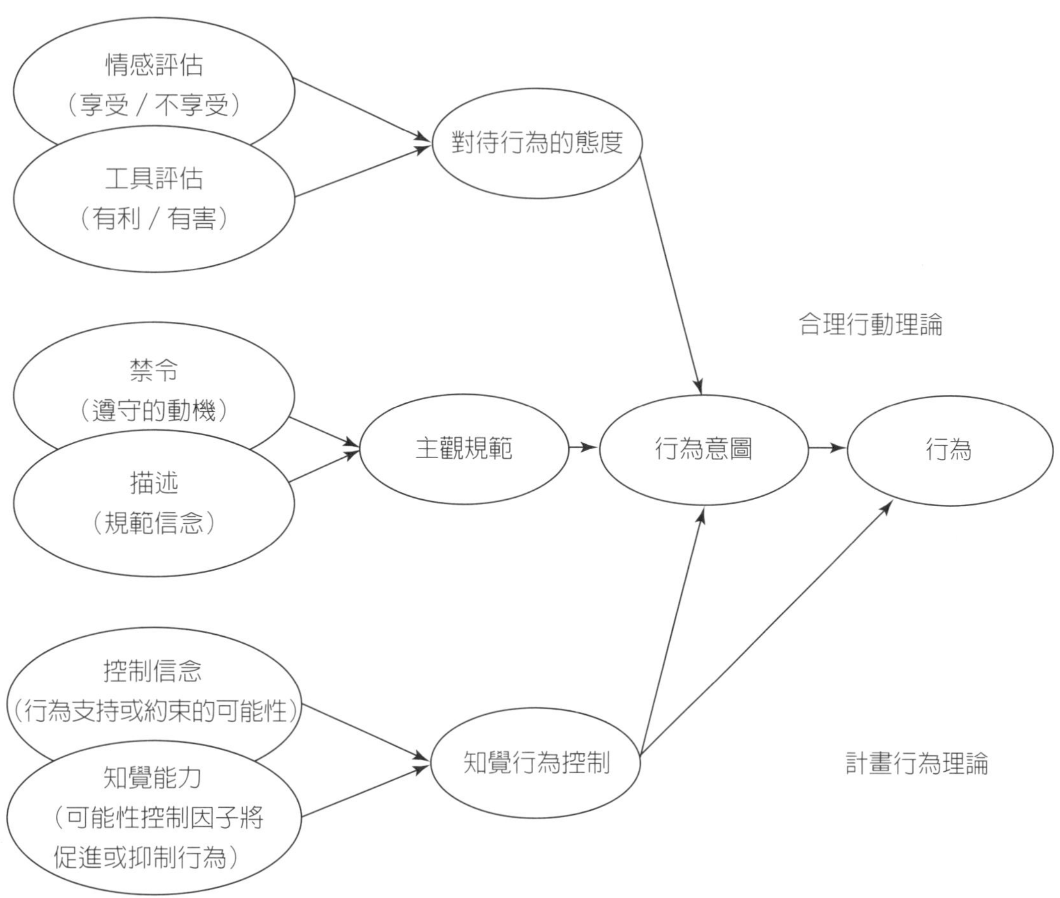

圖 14.1　合理行動理論與計畫行為理論

果進行評估，即對行為的整體評估。例如：吉姆可能認為運動可以幫助他降低血清膽固醇，但是維持定期的健身運動計畫，將會用去他撰寫論文的時間。主觀規範（即知覺到執行行為的社會壓力），包括對其他人對行為的看法（吉姆最好的朋友鮑勃喜歡參加鐵人三項比賽），以及個人遵守他人期望的動機（鮑勃希望吉姆這個週末和他一起騎自行車，吉姆想和鮑勃在一起度過）。知覺行為控制，是基於對障礙和資源的評估，對行為的容易或困難程度的知覺。知覺行為控制可以直接影響目標行為，也可以透過意圖進行調節。使用 TPB 的健身運動研究，已經發表了兩百多篇，發現意圖與身體活動水準之間、運動意向與覺知行為控制之間，以及運動意向與態度之間，存在一致的強度關聯（Rhodes & Nigg, 2011）。知覺行為控制可以直接影響行為（見圖 14.2），控制的知覺包括實際的行為影響，例如：執行行為所需的技能、機會和資源（例如：Rhodes & Courneya, 2003）。然而，主觀規範與運動意圖之間的聯繫通常較弱（Fishbein, 2008；Rhodes & Nigg, 2011）。另外，該模式給出了信念和態度的靜態概況，並沒有考慮到認知隨著時間的變化。

TPB 在健身運動行為研究中的應用通常涉及到針對相關行為、情境及目標的測量（例如：Hausenblas, Carron & Mack, 1997;

Kimiecik, 1992）。Fishbein（2008）強調在特定的環境中，在某一特定的時間點，針對某一目標的行動來定義目標行為的重要性，這在幫助某人制定清晰的運動計畫，以及測量意圖和行為時，都是很有價值的。例如：衡量運動意圖的量表，可以包括這樣的陳述：我打算在未來兩週內，每隔 1 天進行 1 次肌力訓練，以 7 分制進行評分，從 1 分（非常不同意）到 7 分（非常同意），考慮到運動行為和環境的多樣性，這種測量的特殊性是 TPB 的一個主要優勢。

自我決定理論

歷史上，研究人員從數量的角度來考察動機，但在 1980 年代，愛德華．德基（Edward Deci）和理查德．瑞安（Richard Ryan）提出動機的類型和品質對預測行為更為重要，他們發展了人類動機的自我決定理論（Self-Determination Theory, SDT）。SDT 是一個的廣泛理論，它涉及人格發展、自我調節、心理需求、生活目標和願望、精力和活力、無意識過程、文化與動機的關係，以及社會環境對動機、情感、行為和幸福感的影響（Deci & Ryan, 2008）。構成 SDT 的四個次要因素是基本需求理論、認知評價理論、有機整合理論，以及因果取向理論（請參閱 Ryan & Deci, 2002）。

自我決定理論是基於這樣的假設：人們被激勵去從事滿足人類三個基本需求的行為，並且動機在連續體上的自我調節程度是不同的。

自主、能力和關聯性是基本的心理需求，這一假設是 SDT 的關鍵要點。對於需求滿足或挫敗的程度，是個人動機差異的基礎，因此，健身運動心理學家可以分析行為策略，或環境因素對滿足這些需求的影響。例如：在自己選擇的時間獨自跑步，可以滿足自主需求，但與好朋友一起跑步的挑戰性過程，可以滿足能力和關聯性的需求。如果我們能建立一個能滿足這些基本需求的運動環境，那麼運動的動機就會更強，甚至可能堅持下去。事實上，一些基於 SDT 的身體活動介入措施已經使用了一些策略，這些策略可以培養對日常運動的控制感，提供精熟經驗，並促進社會支持（請參閱第十五章）。

根據行為的目標或原因，動機被區分為內在動機（例如：為了享受而運動）或外在動機（例如：為了獎勵或避免與行為分開的負向後果而運動）。一般來說，當健身運動的目的愈是內在的時候，它愈可能被持續下去。通常出於外在原因（例如：減肥）的運動，當外在目標達到後就會停止，因為運動只是達到目的的手段。SDT 擴展了動機的概念，並描述了基於自主程度的動機連續性，從自主（內在）動機到控制（外在）動機（Deci & Ryan, 2008；請參見圖 14.2）。

自主動機是透過不斷滿足基本需要而形成的，它涉及到對自己行為的選擇或自我認可。自主動機具有高度的的自我決定，並與內在動機相關。重視或享受活動增強內在動機的基礎，與之相反的是自我施加壓力，或與行為本身可分離的獎勵承諾（外在動機）而從事該活動。更多的外在調節方式涉及到外在和內在的行為規範，這些規範來自於外在的獎勵或懲罰，或者來自於內在的壓力（例如：馬克騎自行車去上課，相較於短距離開車，更有利於環境，即使他確實想開車）。外在激勵的規範可以隨時培養自尊、認同動機，以及避免避免罪惡感和恥辱

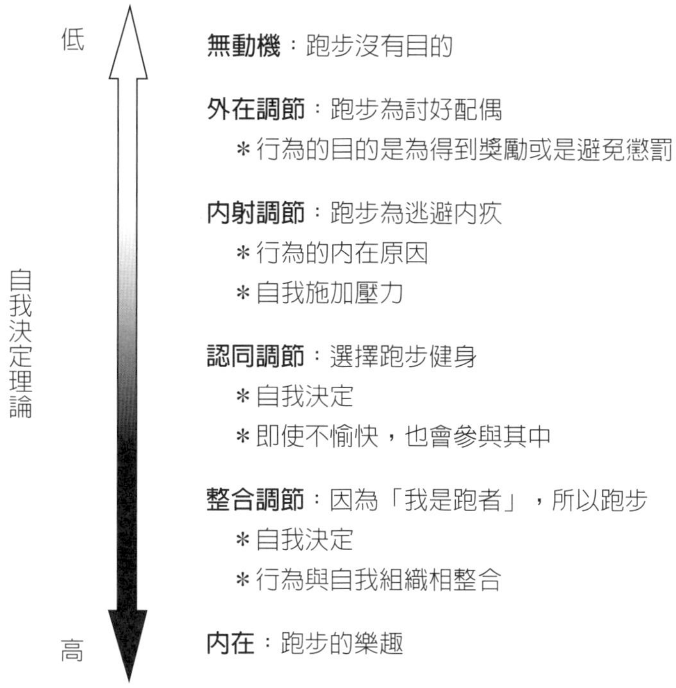

低

自我決定理論

高

無動機：跑步沒有目的

外在調節：跑步為討好配偶
*行為的目的是為得到獎勵或是避免懲罰

內射調節：跑步為逃避內疚
*行為的內在原因
*自我施加壓力

認同調節：選擇跑步健身
*自我決定
*即使不愉快，也會參與其中

整合調節：因為「我是跑者」，所以跑步
*自我決定
*行為與自我組織相整合

內在：跑步的樂趣

圖 14.2 自我決定連續體

感。例如：瑪麗運動只是因為她想減肥，當她進行每週的運動計畫時，她對自己的感覺良好。如果她錯過了一天的運動，她就會感到內疚。

一般而言，自主動機會導致更好的心理健康和動機行為的長期持久性（Dec & Ryan, 2008）。研究還表明，運動行為的內在調節與心理健康之間存在關聯。橫斷面研究發現，不同類型的動機與不同程度的運動有關。也就是說，具有更多內在運動動機的人，比具有更多外部調節動機的人有更多的運動量（例如：Edmunds, Ntoumanis & Duda, 2006）。此外，縱向研究表明運動程度和更多的內在動機有相對應的變化（Rodgers et al., 2010）。研究人員還研究了目標內容（是什麼）和動機（為什麼）的作用，發現更多的內在目標內容與更多的持續運動有關（Wilson, Mack & Grattan, 2008）。然而，重要的是要兼顧目標內容和動機，例如：有人可以為了健康而運動（內在目標），並出於內疚感而運動（內射調節），然而，其他人可以為了減肥而步行（外在目標），因為他喜歡步行（內在調節）。第十五章介紹了 SDT 在介入措施中的應用，例如：應用策略來增強自主性、能力和相關性。

一些研究人員開始研究運動動機調節的發展模式和過程，這對 SDT 的發展和應用很重要。Rodgers 及其同事（2010 年）研究了六項研究成果，這些研究測量了動機調節（外在、內射、認同和內在動機，請見圖 14.2）和運動。有兩項研究是針對規律運動的成年人，進行橫斷面評估的報告（n = 202，n = 1 054），以及四項介入性研究（n 的範圍 = 38-160），為期 10 到 24 週。儘管介入結束時，參與者在運動動機上變得更加自主，但在橫斷面的樣本中，與定期運動者相比，他們在所有類型的自我調節方面仍然較低。介入後，更多的控制調節（外部）的變化不大。然而，認同調節比內在動機變化得更快，這意味著雖然運動對許多人來說可能不是天生的享受，但它還是很有價值的。據此，研究人員推測，在運動計畫的早期階段，自我調節動機可能會發生重大變化，但即使經過 6 個月的訓練，這些運動者的水準仍不如定期運動者的水準高。Rodgers 及其同事（2010）提出，在 6 個月的規律運動後，自我決定的動機形式發展得不夠好，無法維持行為，因此，有人質疑一些研究和理論中所提出的 6 個月的標記（如後面介紹的跨理論模式）

階段理論

在行為改變理論的早期發展中，預測行為的一般典範是基於順序、穩定性和均衡性。關於因果關係理論，例如：行為主義，是從一種機械觀點發展而來的。據此，固定序列途徑將事件以因關關係模式連結起來，這種觀點認為，變化所必需的要素及其相互作用，不因其關係或歷史而改變，變化是可預測和可控制的。

在**場域理論**（**Field Theory**）的影響下，變化的概念得以擴大，包括了這樣的命題：事件是其所處所有情境的性質和組織的函數。然後，大多數理論都將行為變化概念化為一個事件，該事件受線性模式中許多變項的影響。根據人們在多個預測變量上的得分，人們被置於連續變化的概率上。在正式和非正式的形勢之下、較新的模式受到非線性熱力學和混沌理論影響，考慮到不穩定性、多樣性、多維度和多層次效應、非線性關係和時間性，在解釋變化中的作用。之後的一種概念——時間維度的概念——包含在某些更新的、更有希望的行為改變階段模式中。

> 行為的階段模式反映了行為變化的動態，非線性過程。

階段理論（Stage Theories）將每個人分派到有限數量的類別或階段之中。處於同一階段的人，在具體特徵方面彼此相似，例如：身體活動水準；而處於不同階段的人，在這些特徵方面表現出很大的差異。就身體活動等特定特徵而言，處於同一階段的人彼此相似，而處於不同階段的人則表現出這些特徵的實質性差異。階段理論可能還包括有關人們在特定階段停留多長時間，以及各個階段一般運動順序的參數。人們通常會在 A 階段花費一定的時間或完成特定的任務，然後才準備進入 B 階段。然而，健康行為改變的各個階段並不是不可避免或漸進的。對許多人來說，行為改變並不遵循一個有順序的、可預測的模式。通常，人們在試圖改變健康行為時，會被卡在一個階段、不按順序或以不同的發展速度在階段中循環。階段模式允許流程前進、後退、循環或停止，從而

階段理論：行為改變的階段和可能模式

行為改變的階段：

A：不參與目標行為

B：不參與目標行為，但有強烈意圖這樣做

C：最近採用目標行為

D：確定參與目標行為

可能的變化模式例子：

遞進順序：A → B → C → D

向　　後：A → B → C → B → A

循　　環：A → B → A → B → A

提供了描述重複和重新選擇的情況。除了不規則進展的概念外，階段理論還定義了變化的障礙，這些障礙在特定階段的人們之間是相似的，並且對於進入下一階段非常重要。因為每個階段都有不同的障礙，並且必須執行特定任務才能進入下一階段，所以階段模式意味著特定階段的介入措施。

除了不規則進展的概念外，階段理論還定義了特定階段的人之間，相似的變化障礙，這些障礙對進展到下一階段很重要。由於每個階段都有不同的障礙，而且必須完成具體的任務才能進入下一階段，因此階段模式意味著階段性的介入措施。例如：Schwarzer（1992）開發的健康行動過程方法，區分了健康行為改變的動機階段（決定階段）和自願階段（行動階段）。在動機階段，人們根據自我效能、對風險的認識和行動的利弊，發展出行動的意圖。幫助人們決定開始定期運動的策略，可能包括提高任務的自我效能，識別不運動的風險，以及指出積極生活方式的好處。在自願階段，行動規劃是促進目標行為開始的必要條件，藉由界定何時、何地，以及如何行動（例如：晚飯後去體育館並在跑道上走 30 分鐘），而因應計畫則要找出從事該行為處於危險之中的情況，並製定適當的應對措施（例如：在 PTA 晚上開會時，提早 45 分鐘起床，然後在早餐前步行）。

行為改變的跨理論模式（The Transtheoretical Model, TTM），也稱為變化階段模式，是意圖行為改變的一般模式，其中包括時間成分作為描述和預測行為的關鍵因素，它是最常用於健身運動的階段模式（請參見表 14.4）。在 1970 年代後期，Prochaska 和 DiClemente 觀察在沒有專業介入的情況下，試圖戒菸的吸菸者，發現這些自我改變者在試圖減少或消除這種與健康有關的行為時，經歷了特定的階段。Prochaska 和 DiClemente 在 1970 年代末期和 1980 年代初期，根據這項研究和對十八個主要心理治療系統的跨理論分析，發展了跨理論治療（參見 Prochaska, 1979; Prochaska & DiClemente, 1982, 1983），跨理論治療的原理和機制，隨後被用於構建行為改變的跨理論模式。

跨理論模式將健康行為的採用和維護，描述為一個過程，該過程是透過一系列行為和動機定義的階段發生的（請參見圖 14.3）。儘管該模式是為了描述成癮行為的變化而開發，但它被擴展到包括預防性健康行為的採用，和醫療服務的使用。Dishman（1982）、Sonstroem（1988），以及 Sallis 和 Hovel（1990）提出了包括階段性的運動行為動態模式概念。在 1990 年代初

表 14.4　透過行為改變的特定階段來描述採用和保持規律的健身運動的過程

階段	運動意圖	運動
預想	否	無
沉思	是（6 個月內）	無
準備	是（30 天內）	不規律 < 標準量*
行動	是	規律 ≥ 標準量 < 6 個月
維持	是	規律 ≥ 標準量 > 6 個月

*每星期 3 天或以上，每次通常 > 20 分鐘，至少中等強度。

期，Marcus 等人將跨理論模式應用於運動行為（例如：Marcus et al., 1992；Marcus & Simkin, 1993），此後，已有一百多項研究將跨理論模式應用於健身運動和身體活動。

跨理論模式包括三個層次：變化階段、影響行為變化的假設結構以及變化水準。在健身運動文獻中尚未討論變化的程度，許多應用或測試運動的跨理論模式的研究，只使用該模式的第一個層次，即變化階段。階段是變化發生的時間維度，實證分析已經確定了五個相對穩定，但是可以隨時改變的階段。通常使用 6 個月的時間來定義階段，假設 6 個月是人們可以預期未來變化的最長時間，第六個階段即終止，代表著對維持行為改變的能力有 100% 的信心，並且沒有回到上一階段的風險，儘管該最後階段在健身運動研究中並不常使用，以及可能更適合於停止一種不健康行為。

對於改變運動階段的數量和描述也各不相同，例如：一些研究人員沒有將開始運動意圖的時間框架（例如：30 天內），作為準備階段的分類標準；另一些研究人員則將準備階段分為兩個階段，其特徵是有一些運動，以採取規律運動意圖作為區分。身體活動的變化階段也被應用於研究和介入，以解決美國疾病控制與預防中心和美國運動醫學學會，對日常身體活動的建議。

跨理論模式的第二層，包括三個會影響行為改變結構的假設。它們是克服障礙的**自我效能**，來自社會認知理論（參見本章前面的討論）；**決策平衡**（**Decisional Balance**），即對目標行為利弊的評估，以及**改變過程**（**Processes of Change**），即用於改變行為的策略。一些研究對運動階段和運動自我效能進行了研究，一般來說，自我效能在早期階段（如預想）最低，在每個相鄰階段較高，在維持階段的運動自我效能最高。有一些縱向證據表明，當一個人從既定的久坐不動生活方式，轉為長期保持規律運動時，運動自我效能會增加（Dishman, Vandenberg, Motl & Nigg, 2010; Marcus et al., 1994; Plotnikoff et al., 2001）。然而，這些數據無法告訴我們，人們是否因為有更高的自我效能感而更活躍，還是因為過去運動成功而有更高的自我效能感，所以他們的經驗才是決定他們當前行為的真正因素。

決策平衡是跨理論模式的另一個結

運動階段範例

- 預想階段：人們不愛活動，無意開始運動，他們沒有認真考慮在接下來的 6 個月內，改變自己的運動水準，或者否認需要改變。
- 沉思階段：人們也不愛活動，但他們打算在未來 6 個月內開始有規律的運動。
- 準備階段：人們的活動水準低於標準水準（通常定義為每週至少 3 次，每次持續 20 分鐘或更長時間），但打算在不久的將來（在接下來的 30 天內）變得更加活躍。
- 行動階段：人們在標準水準上進行規律運動的時間少於 6 個月。在此階段，對行為改變的動機和投資是足夠的，並且知覺收益大於知覺成本。但是，這是最不穩定的階段，處於行動階段的人故態復萌的風險最大。
- 維護階段：人們定期運動超過 6 個月，與其他階段相比，運動行為更加確立，故態復萌的風險較低。

構，被認為會影響運動行為。根據 Janis 和 Mann（1977）的決策理論，認為自己和重要他人知覺成本和效益，對行為改變具有重要影響。有充分的證據表明，兩種結構（即利和弊）對於進行運動是足夠的。運動與運動階段的利弊之間的關係，通常指出隨著運動到每個後續階段，利益增加，弊端減少。大多數運動證據還表明，利弊之間的交替，發生在沉思或準備階段，這與其他幾種健康行為是一致的。

變化的過程是與各階段運動有關的策略，分為認知的、體驗的行為。認知的、體驗的過程，被定義為人們根據自己的行為或體驗收集相關訊息的一系列過程。認知過程的一個例子是自我重新評估，在這個過程中，人們重新評估自己關於不活動的價值觀。行為過程是指由環境事件和行為產生訊息的一組過程，如刺激控制和增強控制。

誘惑是 TTM 中適用於戒菸行為的一個因素。誘惑是指在具有挑戰性的情況下從事不健康行為（如吸菸）的衝動，隨著階段性的進展，誘惑應該減少（Prochaska & Velicer, 1997）。儘管不像其他 TTM 建構那樣頻繁地應用於運動，但拒絕運動的誘惑與情感成分和知覺競爭需求有關。然而，情感和競爭需求與在 2 年重複測量的身體活動水準關係不大（例如：Dishman, Vandenberg, Motl & Nigg, 2010）。

變化層面是問題行為發生的背景，這些層次包括症狀情境、適應不良的認知、當前的人際衝突、家庭系統衝突和個人內部衝突。雖然在健身運動研究中沒有典型的應用，但界定問題的層次可以用來指導介入措施。例如：對於一個想開始肌力訓練，但沒有機會去健身中心的人來說，改變的程度將是一種情況，對這個人來說，制定一個家庭運動計畫會比針對她的認知更有效果。

儘管它作為運動行為改變的模式很有吸引力，並且在一些介入研究中得到了應用，正如 Bandura 在 1997 年所主張的，跨理論模式的階段和過程是否適用於理解運動行為改變，仍存在一些不確定性。回顧行為改變理論，應該被視為是臨時的、可以改變的、改進的，並最終取代的。因此，學者們繼續測試跨理論模式在運動行為中的應用。

縱向研究支持早先的跨部門研究結果，即人們在試圖增加或維持其身體活動水準時，似乎同時使用認知的、經驗的行為過程。在一項旨在促進身體活動的隨機控制試驗中，認知和行為變化過程，都能預測 12 個月的身體活動狀況，儘管在 6 個月時評估的變化過程，並不能預測 12 個月時採用或維持的情況（Williams, Dunsiger & Ciccolo et al., 2008）。

在一個由 500 名生活在夏威夷的成年人所組成的多民族隊伍中，每隔 6 個月對他們進行 3 次或更多次的觀察，共為期 2 年，發現保持或達到《健康人 2010 年身體活動指南》的人，更有可能在 2 年的觀察期間，保持較高的自我效能，以及經驗和行為變化過程的分數（Dishman, Vandenberg, Motl & Nigg, 2010）。但是，這些階段對於預測身體活動的變化並沒有用處（Dishman, Thom & Rooks, et al., 2009），階段更有可能將人們錯誤地歸類為符合指南，而不是將他們錯誤地歸類為不符合指南。預測 6 個月過渡期的概率，每次達到準則的穩定類別約為 50%，而達到和未達到標準之間的過渡期僅為 25%，比偶發性預測更差。

TTM 假設，與個人階段相符合的介入措施，比不相符合的介入措施更有效，這一假設也在一些研究中得到了驗證，但結果參差不齊。例如：在進行了 16 週的身體活動介入後，與階段相符合的介入組，比不相符的介入組和對照組更成功，但並不比標準護理組和對照組更有效（Blissmer & McAuley, 2002）。

應用於健身運動和身體活動的其他理論

到目前為止，回顧的理論是運動行為研究中的主要模式，但是其他幾種模式也已應用於健身運動，並取得了不同程度的成功。

健康信念模式

健康信念模式（Health Belief Model）是 Rosenstock 等人在 1950 年代開發的，用於解釋較少遵守免疫接種和結核病篩查的原因。健康信念模式在個人決策層面解釋了健康行為，即採取或停止與疾病風險或控制有關的行為。

該模式的核心是了解疾病對個人的威脅，以及行為改變對減少威脅的影響。行動可能受到提示（內部或外部），以及人口和社會文化變項的影響。是否採取健康行為的程度會取決於動機，對同一行為造成的疾病威脅的評估，以及認為該行為會減少威脅的看法。改變的因素包括人口統計學，結構因素（成本、複雜性），態度、相互作用因素（患者與醫療服務提供者之間）和有利因素（社會壓力、過去的經驗）、社會支持和自我效能加入到原始模式中，這將增加其預測效用。

> 生態學一詞源於希臘語 oikos（「家庭」）和 logos（「知識」）1866 年，恩斯特．海克爾（Ernst Haekel）首次使用該詞來描述「生物與環境之間關係的綜合科學」。

> **健康信念模式**
> **健康影響運動行為**
>
> - 由於不活動，進而發展出對健康問題覺知的敏感度（例如：冠心病、肥胖）。
> - 覺知健康問題對生活質量的影響（覺知嚴重程度）。
> - 相信採取積極的生活方式將是有益的。
> - 運動的益處超出運動成本的程度（覺知成本效益比率）。

健康信念模式對於預防健康行為和遵守醫療方案似乎更為有用，而在健身運動中則沒有多大用處。從本質上講，它是一種疾病迴避模式，實際上一些研究表明，感知的敏感性與運動順從性成反比。有些人可能沒有將身體活動和運動視為健康行為。人們運動是為了社交、享受、精熟和競爭，也是為了增進健康，運動的動機可以改變。

社會生態模式

社會生態模式（Social Ecological models）是由現代社會心理學之父庫爾特．萊文（Kurt Lewin）的開創性作品演變而來的，他的場域理論（Field Theory, 1935）正式提出了行為是個人和環境作用的觀點。「場域」包含人及其動態心理環境（例如：覺知），並且認為行為取決於當前場域，而不是過去或將來的環境。後來的學者擴展了環境的性質，以及人、行為和環境之間的關係（Sallis, Owen & Fisher, 2008）。例如：1968 年，羅傑．巴克（Roger Barker）提出了「行為環境（Behavioral Setting）」的概念，由發生行為的社會和物理情境組成。在 1970 年代末期和 1980 年代初期，Rudolf Moos 和 Urie Bronfenbrenner 對環境因素和影響進行了分類，用以解釋行為，引起人們對自然和建築環境、組織環境、社會文化特徵和社會氣候的關注（例如：Moos, 1979），以及各個不同層次系統：微觀（家庭和工作群體之間的相互作用）、中間（例如：家庭、學校工作環境）和外部（經濟、文化、政治）環境（例如：Bronfenbrenner, 1979）。

社會生態模式是以 Lewin 的方程式為基礎：

B = → (P, E)

B = 行為（Behavior）

P = 人（Person）

E = 環境（Environment）

生態模式與本章討論的其他理論形成鮮明對比，後者側重於個人（例如：態度、信念、認知、行為技能和經驗），以及更多本地社會影響力，例如：家人和朋友。社會生態模式考慮了更廣泛的社區、組織、文化和政策，以及人為和自然的環境，以解釋行為並指導介入措施。一個假設是人、人的行為和環境之間的相互依賴性，多層次影響因素影響著行為的採用和維持，並具有影響行為採用和維持的多層次影響。因此，在設計行為改變介入措施時，要考慮個人內在、外在人際、社區、環境和組織資源，並應用多層次模式（請參閱第二章）來分析介入效果。

社會生態模式的另一個共同假設是，跨層次和層次之間的影響是相互作用的，在每一個分析層次上，都可以識別出特定的資源，這些資源可以作為「槓桿點」，可以對行為產生更大的影響（請見圖 14.3）。根據 Sallis、Owen 和 Fisher（2008）的觀點，生態學觀點的基本原則是：(1) 多層次的因素影響行為；(2) 影響因素在不同層次之間相互作用；(3) 多層次的介入措施應該是最有效的；(4) 當模式是具體行為時，此模式是最有效的。

Fleury 和 Lee（2006）從社會生態學角度對二十三個關於非裔美國女性身體活動相關性的研究，進行了描述性綜述，該研究說明了該模式考慮的因素範圍。結果分為個人內在、外在人際、社區和環境以及組織影響。動機低下（例如：知覺缺乏意志力、低自我效能），對於身體活動而言，是一種重要的個人內在障礙。中度的個人內在關係，包括功能能力（運動疲勞、知覺運動是一項「艱難的工作」、對健康的關注和合併症狀）、社會經濟地位和教育程度。研究發現，身體活動與就業方面的關聯性較低。人際因素對非裔美國婦女特別重要，特別是透過鼓勵，使他們有機會與家人和朋友共度時光的社會支持，以及工具性的支持，例如：幫助提供照顧，以騰出時間來活動。觀察他人的活動（反映了社會規範）和參加有組織的宗教活動，也一直與更多的身體活動有關。阻礙社區和環境的因素，包括：缺乏安全的健身運動場所、針對特定文化的身體活動、人行道和路燈。活動量的增加，與合併領導技能及資源發展的社區聯盟有關，雖然少有研究檢查組織和政策資源的作用，但 Fleury 和 Lee（2006）發現，非裔美國婦女認為強大和支持性的社區組織及夥伴關係，對於促進增加身體活動非常重要。

預防復發模式

本章中描述的大多數理論，都可以應用於行為變改變的採用和維持。預防復發模

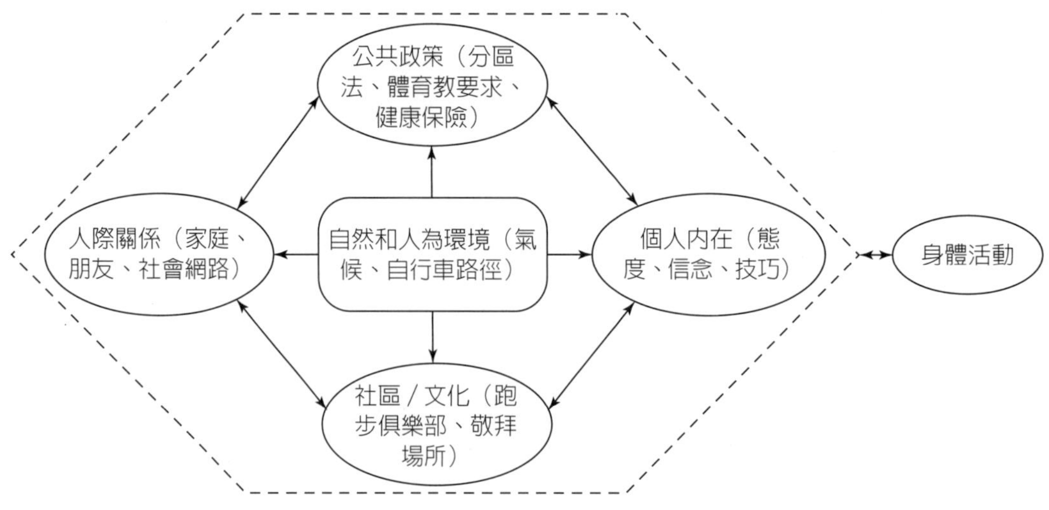

圖 14.3　社會生態要素之間的相互關係

式源於社會學習理論，著重於維持自動的自我控制努力，和長期行為改變的週期性。應用此模式的目標是幫助那些試圖改變自己行為的人，能以有效地應對可能誘使他們回到舊的、不受歡迎的行為模式的情況。Marlatt 和 Gordon（1985）最初設計這個模式的目的是為了加強對高度發生的、不受歡迎的行為——即成癮行為——保持禁戒。行為改變的維持被描述為一個人在認知和行為上應對復發的能力。

復發始於高危險情況，這種情況挑戰了人們對堅持理想的健康行為的信心。對於運動，高風險情況可能包括無聊、天氣惡劣、負向情緒、社交情況和缺乏時間。對高危險情況的適當應對措施，會導致自我效能增強和復發機率降低，而不能充分應對或無法應對，則會導致自我效能降低，如果越過所期待的健康行為，可能會對將要發生的事情抱有正向的期望（例如：「如果我今天不去健身房，我就可以去看足球比賽」）。滿足目標行為的規則越嚴格，偏差就越有可能被視為失誤。例如：如果「規則」是週六下午 1 點 15 分到健身房運動 35 分鐘，那麼改去看球賽可能是一種失誤（急性的、孤立的錯過運動時間），但即使遲到 10 分鐘開始運動，也會被認為是一種失誤。失誤的感覺可能導致違反禁戒效應（Abstinence Violation Effect, AVE），或者在運動的情況下，堅持（Adherence）違反效應，這種效應的一個特徵是經歷認知失調，即思想或感受與行為之間的不協調。例如：失誤行為（即錯過一節運動課或沒有達到特定的嚴格運動計畫）與自我概念中對運動行為的控制不一致。禁戒或堅持違反效應的另一個認知成分，是全有或全無的思維，例如：將自己定義為不是成功，就是失敗，這也是增加心理壓力的風險（請參閱第四章）。違反禁戒或堅持的情緒成分，包括：失敗感、自責、自尊心降低、內疚和失控感，這些都可能導致復發。

生活方式的不平衡，其中「應該」超過「想要」，也容易使人復發。人們花更多的時間去做應該做的事，而不去做自己想做的事，就會感到被剝奪，因此，放縱或自我滿足的慾望就會增加。例如：比爾自從上次體檢發現血壓升高後，每個週末都在運動。因為運動計畫，他錯過了幾次釣魚之旅，當朋友們談論他們玩得多麼開心時，他感到沮喪和被冷落。然而，即使不堅持改變行為而有的正向期待，也容易引起復發。如果比爾這個週末不運動，比爾就可以和朋友們一起去海邊旅行，試試他的新釣竿。

從概念上而言，復發預防模式似乎對堅持運動是有用的，因為有 50% 的人在開始定期運動計畫的前 6 個月內會退出，而大多數則是在前 3 個月內就會退出。然而，該模式是為了抑制高頻率不被期待的行為而發展的，以及在運動的情況下，其目標是維持低頻率，需要相當反覆努力的期望行為。對於戒菸，何時復發是很清楚的，然而，對於中斷定期運動，以致於復發是很難界定的。有些研究者定義 1 週不運動，即為中斷運動，但是運動者本身很難界定中斷或是即時處理中斷，以致於預防復發。

預防復發訓練的一項內容可能對運動無效，其中一項是計畫內的復發，在這種情況下，人們在受控制的條件下，在短時間內自願返回到不被期望的行為，在這種情況下為不活動狀態。計畫性復發對於一般習得行為，可能不是一個好的策略，特別是在行為改變的早期階段（Marcus & Stanton, 1993）。

預防復發的其他策略，例如：識別高風險情況，並為之製定計畫，以及設定彈性的目標（規則），已成功地應用於健身運動。在一項研究中，針對 59 名定期運動平均資歷有 5 年的成年人，在急性高危情況時，與失誤相關的預防復發模式的組成，以及 3 個月的追蹤結果進行檢驗（Stetson et al., 2005）。在評估期間，高風險情況的平均次數為 3.5 次；最常見的是天氣不好、時間不方便、獨自一人、心情不好和身體疲勞。儘管存在高危險情況，但健身運動與正向的認知應對策略有關，例如：以任務為導向的問題解決和正向再評價，儘管尚無使用社會支持作為應對策略的報告，高風險情況下，女性錯過健身運動的可能性是男性的兩倍，但這可能反映出女性更傾向於報告失誤。雖然依靠回顧性回憶有一定的局限性，但這項研究表明，高風險情況並不保證會失誤和復發，以及運動者面臨挑戰性情況時，採取堅持的方式是重要的。

> 高風險情況和嚴格的規定會增加復發的風險。

習慣理論

習慣被定義為一種目標導向的行為，這種行為已被反覆執行，並已成為自動行為。因此，它是在沒有意識思考或決定的情況下進行的，在這種情況下，至少有一種其他的行動方案被考慮。習慣是一件經常做的事情，因此，根據習慣理論，很容易做到（Ronis, Yates & Kirscht, 1989）。習慣理論認為，自動的認知過程是由情境線索設定的，所以不需要有意識的思考。情境的一致性有助於習慣的形成，因此，生動的、大量的、一致的線索支持行為改變的維持。習慣理論的另一個假設是，行為越簡單、越不連續，就越有可能成為習慣，並由情境線索引起。因此，可以對運動常規的組成部分進行檢查，並將常規的部分內容界定為潛在的習慣。例如：前一天晚上把跑步的衣服放在外面，下班後開車去健身房，中午停止工作和朋友一起散步，這些都是自動認知過程控制的行為選項。

Aarts、Paulussen 和 Schaalma（1997）建立了一個身體運動和習慣養成的模式，來描述運動習慣的形成過程。這個模式包含了剛才討論的習慣形成的幾個組成部分。身體活動習慣的發展始於最初的思考決策過程，在這個過程中，健身運動的需要是基於期望、社會壓力和行為控制的覺知而進行評估的。正向評價會導致意圖和實際的健身運動行為。如果行為的後果是愉快的，那麼健身運動的重複性，就取決於在類似情況下進行該行為的機會。隨著時間的推移，思考決策過程變得不再那麼複雜。隨著行為的重複，之前的健身運動情境特徵會自動啟動。健身運動成為一種習慣，就不再需要理性考慮。終身健身運動習慣的養成取決於克服幾個障礙，例如：缺乏正向的立即性結果，以及在類似的環境中難以重複相同的行為（例如：由於工作時間表的改變、社會義務等，而導致健身運動程序中斷），這阻礙了在習慣養成中很重要的重複行為。

習慣的強度（重複和自動的主觀體驗）已由自陳式的習慣指數（Verplanken & Orbell, 2003）進行了測量，在一些研究中，健身運動習慣的強度與運動水準有關。例如：Rhodes 和他的同事（Rhodes, de Bruijn & Matheson, 2010）針對 153 名大學生，以計畫行為理論，測試習慣在預測身體活動中的作用，發現除了意圖之外，習慣佔了額外 7% 的變異。然而，即使有強烈的健身運動習慣和運動意圖，也不能保證某人會積極運動（例如：de Bruijn, 2011）。

身體活動維持模式

Nigg、Borrelli、Maddock 及 Dish-man（2008）發展身體活動維持模式（Physical Activity Maintenance Model, PAM），其假設為採用預測因素與維持預測因素不同。這個模式藉由合併身體活動復發的觸發因素，整合個人和環境因素對維持的重要性，以及將身體活動維持概念化為活動過程，從而增加了我們對健身運動行為的理解。這個模式是多層次的，不僅考慮個人內部因素，還考慮了社會環境和社區結構，提出環境和人之間的相互關係，而社會生態模式也是如此（請參見圖 14.4）。

PAM 的中介因素，包括目標設定、自我效能和動機。目標設定透過承諾和成就來運作，並影響工作的方向、規則和堅持努力的程度。目標設定作為一種機制，透過目標的實現，建立精熟經驗，並影響自我效能。障礙自我效能和復發自我效能與此模式最為相關，在該模式中，自我效能透過動機

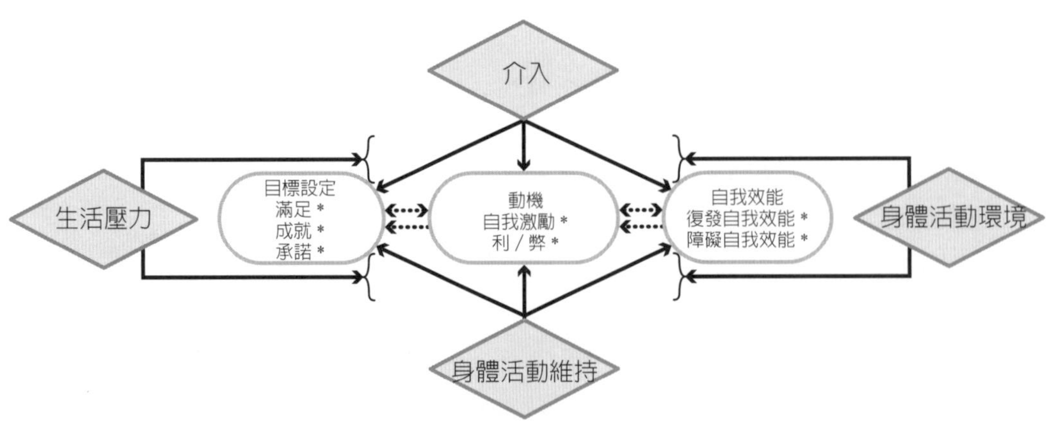

圖 14.4　身體活動維持模式

和目標設定，對行為產生直接和間接的影響。動機是從內在角度考慮的，即自我激勵，這是一種獨立於特定情境的信念，和對外在維持定期身體活動的利弊的期待而堅持的傾向。在這一模式中，目標設定、自我效能和動機是相互關聯、不可分割的，並具有相互影響的作用。例如：在漫長而炎熱的夏季保持跑步的動機，可能會導致目標改變，而實現這些新目標可以增強維持運動的自我效能。

環境和生活壓力被認為是對 PAM 中介因素的情境影響。這些情境影響可以是機會和能力，由知覺、認知和動機所篩選，並被現有條件所調節。該模式的重要貢獻，是將生活壓力作為解釋身體活動模式的重要背景因素，特別是作為復發的潛在觸發因素。生活壓力會影響行為維持，因為壓力會減少並重新分配個人資源，使其遠離身體活動、分散對設定目標的注意力、增加負向情緒、憂鬱和焦慮，因而降低身體活動的動機。此外，慢性壓力會損害免疫系統，導致疲勞和身體虛弱加劇。

運動行為理論應用的議題

正如健身運動和身體活動沒有單一的決定因素一樣，似乎沒有一個單一的理論，足以描述和預測健身運動行為。我們提出的理論都是人類行為的合理模式，並且包含了許多與健身運動行為相關的變項，這些變項都是與健身運動相關研究所表明的。健身運動心理學中最流行的三種理論，是社會認知理論或自我效能理論、計畫行為理論和跨理論模式（Biddle & Fuchs, 2009; Rhodes & Nigg, 2011）。自我決定理論和社會生態學方法愈來愈廣泛被應用，在歐洲的研究中，健康行動過程方法（Health Action Process Approach, HAPA; Schwarzer, 2008）具有重要地位。然而，這些理論中仍有許多理論尚未完全應用於健身運動，對於具體理論在健身運動行為中的應用，還需要進行更多的實證研究，並明確解決健身運動維持問題（例如：身體活動維持模式）。

在 1998 年對健身運動行為改變介入的回顧中，Baranowski、Anderson 及 Carmack 認為，介入措施是透過中介變項發揮作用的，但是目前的理論模式在選擇中介變項時，往往沒有考慮到目標結果的潛在大量變異。作者建議進行更多的基本行為和社會科學研究，以了解身體活動行為，其中包括對理論結構的檢驗。滿足這一要求將有助於釐清個人、環境和行為變項的作用，以及其在預測和解釋身體活動模式中的關係。

愈來愈多的研究人員正面臨這一挑戰，為解決關於個人理論在解釋和預測身體活動方面，準確性的文獻不足的問題。那些研究者應該考慮第二章中提到的研究問題，例如：社會心理建構的測量。身體活動行為的理論測試受到橫斷面或短期（例如：2 週）前瞻性研究的限制。時間序列對測試理論建構至關重要，需要進行實驗或自然縱向研究。為了驗證理論建構及其相互關係的數據分析，需要多變量統計技術。這些觀點可以納入 Nigg 和 Paxton（2008）提出的將理論應用於身體活動行為研究的標準（請參見表 14.5），他們還呼籲制定指導方針，例如：CONSORT 聲明（請參閱第十五章），以報告行為介入的理論基礎。

當然，健身運動行為研究的設計、實施和解釋必須以理論為基礎。除了本章介紹的理論外，還有許多其他的人類行為理論，可以用來理解和預測健身運動行為。理論的選擇應該以其應用於健身運動的獨特特

表 14.5 將理論適當應用於身體活動行為研究的標準

1. 理論鑑定。
2. 完整的理論描述。
3. 將所有理論內容轉化為介入措施。
4. 執行措施的所有內容。
5. 評估所有的理論內容。
6. 確保理論變量與結果之間的一致性。
7. 確保介入方案的真實性。
8. 適當評估結果的變化。

改編自 Nigg & Paxton, 2008。

徵的證據，以及理論建構與健身運動行為之間的關係為依據。一些研究者透過發展特定健身運動理論來解決這個問題（例如：Aarts, Paulussen & Schaalma, 1997; Nigg et al., 2008），而另一些研究者則主張整合社會、行為和生物醫學等多個領域的理論（Epstein, 1998），或在現有理論中增加特定的成分，以增加身體活動中可以解釋的差異量。

小結

行為主義認為行為改變是前因和後果，及其提示和增強強度修正的結果。認知行為主義將個體內部因素定義為行為改變的關鍵。基於社會學習理論在健身運動行為中的應用，涉及將健身運動和身體活動描述為受到有意識決策影響的自願行為，並不同程度地強調自我效能、態度、信念、動機和意圖的作用。雖然態度模式在一般情況下，占健身運動行為變異的比例不超過35%，但這些模式主要關注的是決策，而決策是實際行為改變的誘導因素、促成因素（可及性、資源的可利用性、環境因素）和增強因素（獎勵和激勵），增加了對健身運動採用和維持的解釋，並且應該在包括生物成分的綜合運動行為模式中加以考慮。

心理社會、生理和環境因素會隨著時間的推移而改變，因此它們對健身運動行為的貢獻是動態的。在健身運動行為的模式中包含一個時間維度，例如：階段和復發預防模式所描述的，擴大了我們理解人們如何改變的能力，並有助於提高介入的有效性。雖然有些人主張發展新的理論，但我們還沒有從研究中建立起足夠的文獻，使這些研究能適當地使用理論，並將理論中的中介因素映射到行為改變策略和方法。

參考網站

1. www.bfskinner.org/BFSkinner/Home.html
2. www.nacbt.org www.des.emory.edu/mfp/bandurabio.html www.uri.edu/research/cprc/TTM/detailedoverview.htm
3. www.psych.rochester.edu/SDT

第十五章
改變身體活動行爲的介入措施

陳景花 譯

任何試圖改變與健康有關行為的人都知道，簡單的事情每天做，其實不容易。例如每天多喝水很簡單，對我們也有好處，但是卻是件不容易的事。運動對我們有好處，而定期從事運動，會使我們感覺更好，但這並不是簡單的行為。開始運動計畫的人，在沒有任何介入的情況下，會有50%的人，大多會在6個月內停止運動。本章的目的是描述人們開始並堅持定期運動的模式和策略，以及在各種不同族群中所實施的介入措施。同時也希望提供一些見解，說明人們努力維持身體活動，卻未能成功的緣由。

總覽

運動行為改變的研究，主要目標是讓久坐不動或不規律運動的人，養成規律運動的習慣，或提升其生活形式的身體活動水準，並使經常運動的人保持活躍的狀態。決定改變什麼，或是採用某種策略，會是基於指導介入的程序模式。程序模式定義了應該做什麼、何時做，以及在什麼條件下做，並能產生何種特定的結果。這些源自命題模式或理論，比如在第14章討論的行為主義，若介入的理論基礎是行為主義，那麼行為如何發生改變的假設，便是基於事件的前因、後果和目標行為之間的關係。因此，行為主義衍生出的程序模式，將涉及刺激控制（修改前因）和增強控制（修改後果）等策略，其目標則將被定義為改變反應速度（即增加或維持運動頻率）。選擇以理論為基礎的變項為目標，應該基於已被證實的中介運動行為因素—此乃研究身體活動相關性的其一個原因，另一個考慮因素是目標人群，則可以決定介入設計和策略的類型和限制。

運動的目的，是提升實踐和維持身體活動之生活形式的人數。

在考慮促進實踐和維持身體活動之生活形式的各種方法時，我們需要牢記幾點。首先，改變身體活動的水準不同於改變其餘多數的健康行為。身體活動的目標是實踐和維持一種積極的健康行為，而不是放棄或停止等消極的健康行為（如吸菸）。其次，身體活動的獨特之處在於某種基於生物學的行為，在生理和社會心理的前因後果之間，具有相互作用。例如：酸痛為運動後可能造成的生理後果，它可以被解釋為能力的缺乏，且導致較低的自我效能感。疾病會導致疲勞，進而降低身體活動的動力。

第三，請記住，身體活動是一種複雜的行為。遛狗、上有氧運動課、帶家人去公園，都是由一連串的認知、行為和社會事件所組成，涉及多個決定和行動。其中某些活動，例如：帶家人去公園參加星期六的健身活動，需要有很多的聯繫。然而走樓梯不坐電梯，可能只需要注意到促進身體活動的標誌。決定和後續行動會受到個人特徵、生理反應和適應、社會因素以及環境條件的影響。

第四，運動是一種動態行為，如階段和堅持模式在運動中的應用所說明（請參閱第十四章）。各種因素影響著運動的實踐，包括早期堅持、長期維持和一段停止活動後又再恢復運動等不同階段。最後一點，涉及身體活動的目標品質和數量；運動方案的類型，應與運動方案的目標，及目標人群的資源和動機來配搭。每週游泳 5 天，每次 1 小時，將有助於減肥，若想實踐和堅持，必須要有游泳池和願意花這麼多時間去運動。

最大限度地堅持運動計畫是實現預期結果的關鍵，同時也是測試介入措施對提高身體活動水準，或是改善身體、心理健康的有效性關鍵。我們需要參與者遵循處遇（Treatment）並完成所有的評估，這樣才能確定介入對結果變項的影響，及介入措施在各方面對結果的中介作用。此外，《報導試驗的統一標準聲明》（Consolidated Standards of Reporting Trials statement, CONSORT statement）指南（請參閱第二章）指出，無論參與者遵守的情況如何，所有參與者的數據都應該包括在內，這增加了研究者強調遵守的動機，以便可以盡可能地收集更多的實際數據，並儘量減少缺失數據的歸因。

作為目標行為的運動特徵

- 目標是採用與維持正向的健康行為。
- 運動是一種基於生物的行為。
- 在運動之前，會有一連串的心理、行為和社會事件，需要多種決定和行動。
- 不同的因素組合會對運動的實踐、早期堅持、長期維持和重新恢復運動產生中介作用。
- 運動的質量和次數隨目的而變化。

介入背景

本節從人的特徵（即目標團體）、環境和介入水準等方面，介紹改變身體運動行為介入措施的背景。在選擇介入措施時，應考慮目標團體的特徵，例如年齡、生活狀況和收入。舉例來說，過重中學生提高身體活動的計畫，與增加工廠員工從事規律運動人數的計畫，兩者就會有很大不同。環境可以從高中體育課到城市娛樂設施，呈現出不同的資源和限制。介入措施可以應用於個人、團體、社區或社會層面，這也將影響策略的選擇。本章介紹應用於不同族群的幾種介入措施，及其改變身體活動行為的潛力，已有許多方法被用來影響身體活動。最後，我們討論運動行為改變介入措施的發展，和實施中所涉及的問題。

> 全面的運動介入模式需要考慮目標群體的特徵、介入環境，以及指導計畫目標和策略選擇的介入水準。

個人特徵

愈來愈明顯的是，如果不考慮人口的獨特需求而籠統地採取介入措施，其影響有限，因為並非所有的人都適用於同樣的介入措施。有關個案或目標團體的資訊，能夠讓我們選擇最佳的策略、最適合實施策略的環境，以及能產生最大影響的介入水準。運動階段、人口特徵、認知變項（例如：知識、態度和信念），以及自我調節技能（例如：目標設定、自我監控）是制定和實施運動介入時，會納入考慮的一些個人特徵。

運動階段的變化

按照行為改變的跨理論模式（Transtheoretical Model of Behavior Change, TTM，請參閱第十四章）所述，確定運動的變化階段是有用的，因為根據個人當前是否經常運動，以及個人開始或維持規律運動的意圖，有必要採用不同的目標和策略。（請參閱表 15.1）。儘管有證據表明，TTM 的當前階段是無法預測身體活動的變化（Dishman & Thom, et al., 2009），但個人當前和過去的身體活動水準和動機準備程度（行為意圖），在選擇目標和策略時仍是有用的，例如：健康行動過程方法（Health Action Process Approach, HAPA; Schwarzer et al., 2007; Schwarzer et al., 2008）區分了非意圖、有意圖和行動階段，並建議相對應的策略。激勵性介入適用於處於非意圖階段的人，而行動計畫（例如：確定執行活動的時間，地點和方式以及克服預期的行動障礙）則適用於處於意圖或行動階段的人。Lippke 及其同事（2010）在一項基於網際網路的介入措施中，測試了基於 HAPA 的階段性匹配策略，在該介入措施中，相較於控制條件下的組員，接受階段性介入的組員有更多人進入了行動階段。

傳統的策略對尚未準備好改變的人，是無法產生影響。例如：處於預想階段或非

表 15.1　運動階段、目標和行為改變策略範例

運動階段	目標	策略
預想	開始考慮改變	提供有益健康的運動訊息。 加強運動對個人在實際和感知上的益處。 減少或消除運動在實際和預期的成本及障礙。 培養個人的運動價值觀。
思考	實踐定期運動	為了開始一項運動計畫，用準確、易懂的指南來創建營銷和媒體活動。 提供提高運動自我效能的活動，例如：精熟經驗。 評估運動的利弊。
準備	在適當的目標水準上進行定期運動	建立全面的身體和社會心理評估（自我監控）。 確立現實而合理的目標。 評估環境和社會支持與障礙，並據此解決障礙。
行動	建立運動習慣	制定行為修正策略，例如：進行塑形、刺激控制、增強控制和自我監控。 制定並實施克服障礙的計畫。 規劃何時、何地，以及如何進行行為修正。 解決預防復發問題。
維持	維持終身運動	重新評估運動目標。 規劃應對風險情況和潛在失誤的方法。 將多樣性引入日常運動中。

意圖階段的人，可能會抗拒認知或修改問題。Auweele、Rzewnicki 和 Van Mele（1997）研究比利時 133 名男性和 132 名女性，久坐不動的中年人影響從事運動的因素。他們發現一個重要的群體——這些人對運動不感興趣（佔總樣本的 60%）。他們沒有將運動視為生活或自我概念的一部分，也沒有將運動視為實現預期目標的一種方式。作者提出，有些人可能根本不接受任何介入措施。

處於準備階段的人會準備開始改變自己的行為，他們試圖在短時間內開始定期運動，以及可能正從事低於標準水準的運動。根據能力、價值、資源和需求來制定目標是很重要的，完成具有挑戰性的目標會增加掌控感，亦可增強運動的自我效能感。

大多數開始運動計畫的人在前 6 個月內就放棄了。因此，當一個人實踐定期運動後的前幾個月（行動階段）是至關重要的。建立規律的運動習慣，需要投入大量的時間和精力。根據習慣理論（第十四章），從事運動所需的大多數行為，在早期實踐階段，仍需有意識的思考和積極的決策。根據 HAPA 的觀點，行動規劃是早期實踐的關鍵。其他戰略，如表 15.1 中的策略，可以支持新的行為模式，同時使運動成為一種更固定、自動的日常行為。

保持定期運動是新手和長期運動者的目標。定期運動 6 個月以上（維持階段）的人，復發的風險會降低。然而，永久的維持是不能保證的，而且由於搬遷、家庭責任、旅行、醫療事件或其他干擾，仍有可能導致運動程序的中斷。身體活動維持模式（The physical activity maintenance model, PAM，請參閱第十四章）的研究支持或阻礙長期維持個體心理和情境的變項，例如：由於 PAM 將壓力確定為復發的潛在誘因，因此，壓力管理將是促進運動維持的一種技術。

人口統計

人口統計變項，例如：年齡、性別、種族和教育，都不是改變的目標。然而，人口統計變項通常作為調節的作用。正如第二章所指出的，調節因素是指影響獨立變項和結果變項之間關係的方向或強度（或兩者都是）的變項。調節變項總是作為獨立變項而發揮作用（Baron & Kenny, 1986），可由相互作用來表示，例如：男性對於提升競爭性的運動之介入的堅持程度，比女性更高（請參見圖 15.1）。

人口特徵會影響介入措施的接受程度和運動行為本身。很顯然地，介入措施和器材的呈現方式，必須切合目標族群的教育水準和發展階段。行為改變策略和身體活動，對小學生的吸引力與大學生不同。人口特徵也能提供重要的訊息，使介入措施的結構更加吸引參與者，例如：與年輕人相比，老年人認為健康和健身的動機，比實踐和維持積極的生活形式更為重要。女性比男性更有可能透過運動來減重（McAuley et al., 1994），但非裔美國婦女的情況可能並非如此（請參見第十二章）。在運動計畫中，外表和社會互動對女性的重要性更勝於男性，因為男性

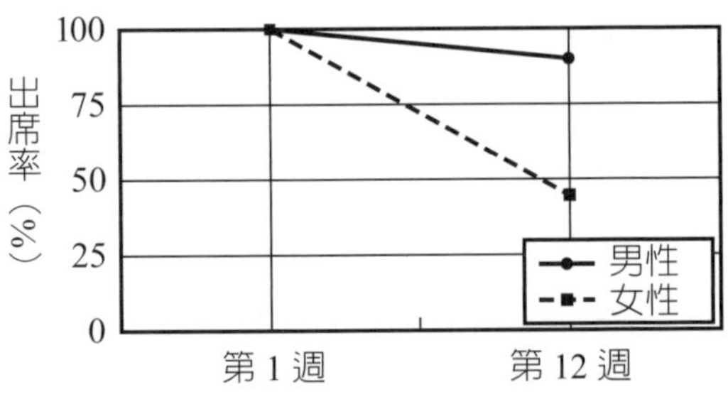

圖 15.1　性別調節介入對出席率的影響。這張圖顯示了競爭性運動介入從開始和結束時的出勤情況

可能會發現運動更大的動力是來自於競爭性（Markland & Hardy, 1993）。對於少數族群有效介入的措施，乃是針對文化信仰、價值觀、語言、文化程度和習俗，制定友善的策略（Artinian et al., 2010）。

認知特徵

識別對身體活動的態度和信念，對設計和實施行為改變策略提供了重要訊息。例如：我們不會期望一個久坐不動的中年婦女，會認為她在工作中已經足夠積極，並對工作場所的有氧運動項目報名作出回應，但相關身體活動對此類婦女的好處等讓人信服的訊息，可能使她更願意聽從媒體宣傳。由此可知，知識並不足以改變行為，但獲得與身體活動有益的相關清晰訊息，及如何變得更加積極的實用建議，仍可以影響態度、信念和期望。

根據一些理論模式，運動自我效能經常作為運動行為的相關因素來進行研究，是行為改變的關鍵中介。自我效能與運動實踐之間的關係相當一致，但自我效能在維持中的作用，取決於自我效能的類型。Oman 和 King（1998），以及 McAuley、Courneya 和同事（1994）研究了自我效能和健身運動之間的關係，發現自我效能對運動實踐的影響有很好的證據，但對維持的影響不大。然而，Garcia 和 King（1991）在一個中年社區的樣本中，研究了自我效能和維持運動之間的關係，發現自我效能和維持運動之間，在第1至6個月和第7至12個月存在正向關係。

在應用中介分析的介入研究中，發現自我效能對於運動和身體活動行為作用的更好證據。2004 年，Dishman 及其同事評估了生活形式教育活動計畫（Lifestyle Education for Activity Program, LEAP），一個基於學校的綜合介入措施，對自我效能和其他變項的影響，這些變項來自社會認知理論，是黑人和白人少女身體活動變化的中介。多元介入措施強調透過體育課和健康教育教學中的課程活動，提高自我效能，以克服身體活動的障礙和發展行為技能。潛在變項結構方程模式表明：(1) 介入對自我效能、目標設定和身體活動有直接影響；(2) 自我效能對身體活動的介入，有部分中介作用。本研究首次從隨機對照試驗中提供證據，證明自我效能的操控，會導致青春期女孩身體活動的增加。

Blanchard 及其同事（2007）也發現，障礙自我效能（Barrier Self-Efficacy）對維持運動很重要。他們分析了身體活動諮詢試驗（Physical Activity Counseling Trial）的數據，發現任務自我效能和障礙自我效能，在介入期間對身體活動的影響具有中介作用。任務自我效能在介入期間的影響更大，並在追蹤測驗時逐漸消失，而障礙自我效能在整個追蹤測驗過程中，一直保持著強大的中介作用。

來自 TTM 的認知變化過程對激勵人們改變身體活動水準很重要，但有充分的證據表明，人們在試圖增加和維持身體活動時，會同時使用認知和行為策略。

> **認知和行為策略都能有效地建立和調節新的行為。**

動機是另一種認知特徵，可以影響介入措施的效用。動機可以根據其概念化的方式，對行為產生不同的貢獻。根據成就目標理論，動機對具有自我取向和任務取向的人，其影響是不同的（Duda & Nicholls, 1992）。自我取向（Ego Orientation）是指基於獲勝或比別人更好的動機，而任務取向（Task Orientation）則是指堅持地完成任務的動機。具有任務取向的人，參照點不是別人的行為（贏家和輸家），而是過去的個人表現。儘管動機取向是動態的，但個人的目標是自我提升。例如：喬可能為了達到個人最好成績，而開始參加 5 公里的公路賽，但當他在 4 公里後意識到自己已經接近最快的選手時，他就轉變為自我取向。此時，其動機就會轉變為贏得比賽。一些研究表明，男性比女性更容易有自我取向，因此，則更容易參加與他人競爭機會的身體活動。

自我激勵是一種長期堅持追求行為目標的普遍傾向，並與自我效能和目標設定相互作用，以維持行為改變。自我激勵較低的人，可能需要更多的支持才會實踐和維持定期運動。動機也可以被概念化為從無動機到內在動機的連續體（請參見第十四章，關於自我決定理論的討論）。有充分的證據表明，運動動機在運動計畫開始時，可能更多的是外在動機，但隨著時間的推移會變為更多的內在動機。一些研究甚至發現，在一個計畫的早期，外在的獎勵或運動動機會阻礙運動內在原因的發展（例如：Frederick & Ryan, 1995）。

介入環境

可以進行介入的環境，包括：家庭、醫療機構、學校、工作場所和社區。根據不同的目標群體及不同的環境，對身體活動呈現不同的具體和知覺障礙與支持。

> 根據目標人群和目標，介入環境為身體活動提供了不同的具體支持和障礙。

基於家庭的計畫

以家庭為基礎的計畫可以為那些受家庭承諾、財務、地點、健康或交通限制的人，提供易近性和便利性。以家庭為基礎的計畫，應包括自我管理策略的初步指導和適當的運動處方（特別是對於那些剛開始運動的人），因為大部分介入是無人監督的。在家庭計畫中，可能缺乏對小組計畫的運動支持，經由定期的郵件、電話聯繫以及透過網際網路和行動科技，可以提供一些社會支持和反饋。

對家庭計畫和傳統運動設施計畫的堅持率，進行比較的研究普遍表明，家庭介入措施取得了正向的結果（Ferrier et al, 2011）。基於家庭計畫的優勢，包括隱私、參與者和提供者的成本低以及為參與者提供個性化介入的機會，如選擇運動時間和活動類型。更多的臨時隨機臨床試驗（RCTs）基於家庭的模式來促進運動，可使監督和無監督的運動結合起來（Courneya, 2010）。例如：參與者在自己運動之前，會在現場單獨或分組進行幾次運動指導和行為支持（如目標設定、障礙識別和管理）。隨著介入時間的增加，以及許多 RCTs 中包含了長期追蹤訪問的結果，採取更多的策略，如最初的監督是必要的，以支持保留和堅持。電話、郵件或網際網路的追蹤等促進活動的方式，可以促進長期的堅持（Müller-Reemenschneider et al, 2008）。

保健設施

保健機構作為促進運動的場所具有巨大的潛力，特別是對婦女而言，她們比男子更有可能去看醫生。運動倡導是在「健身運動是良藥」（Exercise is Medicine, EIM）的情況下來促進運動，其目標是使健身運動成為醫療護理的標準部分（請參見第一章）。由於時間的限制，醫學院缺乏關於健身運動行為的培訓，以及缺乏預防服務的給付，這些都限制了運動促進計畫在醫院、社區診所和私人診所的實施，儘管 EIM 專業人員的支持和材料正針對這些障礙取得進展。

PACE（Physician-Based Assessment and Counseling for Exercise）（基於醫師的健身運動評估和諮詢）是 1990 年代為醫療機構開發的一個計畫，它利用階段匹配的材料來解決身體活動介入的時間限制問題（例如：Bolognesi et al., 2006; Calfas et al., 1996）。一般的形式，包括在與醫生會面之前，先進行一份簡短的調查問卷，以確定患者的運動階段。病人會收到一份與階段相匹配的書面計畫，其中有具體的建議，然後病人和生理學家會對其進行審查。某種類型的後續行動，如由健康教育者或其他工作人員進行加強通話，用於監測進展和回答問題。不過，在這種情況下，為患者的運動階段量身定製材料，在促進運動的效果上好壞參半。Bull、Jamrozik 及 Blanksby（1998）對於久坐辦公室的患者，在初診就診後的 1、6 和 12 個月，測試了醫生的口頭建議，以及標準或階段匹配的支持性書面材料對運動的影響。與不接受任何材料或建議的對照組相比，接受介入的患者在 1 和 6 個月後開始活動，無論介入的類型如何。另一方面，Kirk 及其同事（2009）對 2 型糖尿病患者實施了階段匹配的介入措施（面對面和書面介入）。不管是親自接受，還是書面接受標準護理或初始階段匹配的身體活動諮詢，在 6 個月和 12 個月的身體活動都沒有變化。然而，對基線步數少於每天 5000 步的患者進行亞組分析，發現面對面組的身體活動顯著增加，書面組沒有變化，而標準護理組卻有所減少。這些結果提醒我們考慮其他因素，例如：身體活動的基準線，具有可以調節介入的效果。

學校

學校是發展健康行為的關鍵環境。美國超過 70% 的州要求學校遵守國家或州的體育教育標準或指南（Lee et al., 2007）。以學校為基礎的體育介入措施，有可能提高廣大年輕人的身體活動能力（Kahn et al., 2002）。

2011 年，美國疾病控制和預防中心（Centers for Disease Control and Prevention, CDC）的青少年與學校健康部門（Division of Adolescent and School Health, DASH）發布了《促進健康飲食和體育活動的學校健康指南》，共有九個準則，這些準則重點介紹和解決具有相關策略多個級別的政策和計畫。這些指導方針是及時的，針對大多數體育課沒有教授增加課外活動，或畢業後保持運動所必需的認知或行為技能。此外，一些學校的工作人員被允許將身體活動作為一種懲罰。在全國範圍內，32.2% 的學校允許使用跑圓圈、做伏地挺身等活動來懲罰體育課表現不好的學生，而只有 8.9% 的學校不鼓勵這種做法（Lee et al., 2007）。

有一些證據表明，當採用隨機設計和廣泛的介入措施時，基於學校的綜合健康促進計畫具有適度的效果，而且測量方法是有效的和可靠的（Stone et al., 1998）。兒童和青少年心血管健康試驗（The Child and Adolescent Trial for Cardiovascular Health, CATCH），這是一個多中心隨機對照社區試驗的例子，該試驗的對像是 3、4、5 年級的兒童（Luepker et al., 1996），目的是改變飲食和身體活動的行為。基於社會認知理論和組織變革的介入措施，是在課堂與家庭一起實施，並且透過政策變化，將學校隨機分為實驗組（五十六所學校）和對照組（四十所學校）。CATCH 計畫的參與者在課堂上增加中度到劇烈的身體活動，在課外也增加劇烈的活動，這些變化在介入後的 3 年內得以保持。

Kriemler 及其同事（2011）系統性地回顧最近關於基於學校介入措施的四篇綜述和 2007-2010 年發表的 11 項 RCTs 和九項對照試驗。他們發現，基於學校的介入措施對身體活動的益處有良好的支持。證據顯示，校內和校外的身體活動增加的情況一直是正向的。此外，在報告客觀測量身體活動的四項研究中，有三項研究顯示，總體身體活動量有所增加。使用多元介入策略是最一致的正向策略。

大多數在學校實施介入措施的研究，都是針對小學高年級的學生，很少在高中進行。不幸的是，全國性的趨勢是，隨著年級的增加，會減少必修的體育課。1991 年，42% 的美國高中生每天參加體育課，但 2011 年總體參與率下降到 31.5%，從 9 年級（41.3%）到 12 年級（24.2%）都有顯著下降（Centers for Disease Control and Prevention, CDC, 2012）。數據顯示，課外身體活動沒有補償性增加。此外，兒童在上體育課時，大部分時間都是久坐不動的。

由於青少年的身體活動明顯減少，應考慮增加社區的娛樂活動和運動機會。透過學校進行介入的其他方向，可以包括針對終身身體活動所必需的行為技能課程，將身體活動納入其他學術課程（如讓學生在數學課上計算目標心率區，或在英語課程中書寫關於使運動變得有趣的論文），非競爭性的包容性課後娛樂計畫，以及包括父母參與在內的計畫。成功實施了其中的一些策略計畫，包括中學身體活動和營養（Middle School Physical Activity and Nutrition, M-SPAN）介入（Sallis et al., 2003），以及針對 6 年級和 8 年級女孩的兩項計畫，即青少年女孩活動試驗（Trial of Activity in Adolescent Girls, TAAG）（Webber et al., 2008）和 LEAP 試驗（Pate et al., 2007）。

大學體育教育對於不運動而造成的相關疾病，可作為初級預防而發揮重要作用（Sparling, 2003）。根據美國大學健康協會（American College Health Association）的數據，在 2010 年，美國大學有 52.3% 的男性和 43.6% 的女性，達到了身體活動準則的要求。這些不太理想的比率與大學生的生活形式有關，其中包括長時間的久坐活動，例如：坐在教室裡、閱讀和學習，以及從事基於電腦的工作。在大學期間形成並增強的久坐活動模式，在畢業後可能會持續下去，而在大學和青年時期建立的健康行為模式，導致未來難以改變的習慣（Nelson et al., 2008）。在大學期間和畢業後，保持久坐不動的習慣會對健康產生重大影響，因為一些大學生已經存在心臟病的危險因素（Sparling, Snow & Beavers, 1999），尤其是那些缺乏運動的學生（Sacheck, Kuder & Economos, 2010），而大學生在人群中佔了很大一部分。根據美國人口普查，預計 2012 年美國將有 1970 萬學生進入大學學習（美國人口普查，U.S. Census Bureau, 2012），2010 年約有 68.1% 的高中畢業生在 2010 年進入大學學習（勞動力統計司，Division of Labor Force Statistics, 2011）。

針對美國大學校友的研究表明，以概念為基礎的體育教育計畫和更多的體育課程時數要求，培養出的校友對運動有更好的態度，他們也報告了更多的身體活動

（Brynteson & Adams 1993）。此外，根據這些研究，在大學中要求的體育課程與更好的健康知識有關、與對運動、飲食和吸菸的更積極態度有關，以及與畢業後的運動有關（Pearman et al., 1997）。2000 年，33% 的受訪美國大學要求所有本科生都要上基於概念的健身和健康課程（Hensley, 2000），而這一比例在 2009 年增加到 44%（Kulinna et al., 2009）。這一趨勢可能會隨著「運動即醫學」校園計畫的推廣而得到加強（請參見 http://exerciseismedicine. org/campus.htm）。

工作地點

工作場所是另一個每週 40 小時（加或減）的運動介入環境，其對象是受保護的受眾。計畫在可用的設施、提供的活動、目標受眾、員工成本和激勵措施方面，有很大的不同。整體來說，工作場所健身計畫的成功率是不一樣的。對於一些人來說，現場健身設施可能很方便，但對於工作時間與計畫中的項目會產生衝突的人、那些依靠他人交通工具回家的人、或者那些根本不想花更多時間在工作現場的人來說，這個計畫可能是一個障礙。工作場所計畫中的問題包括：記錄員工健身計畫的有利成本效益比，選擇目標和目標受眾，制定使健身計畫制度化的方法，以維持企業文化的變化、實施獎勵和激勵，以及招募和保留參與者。

針對 1972 年至 1997 年間發表的二十六項研究進行後設分析，發現工作場所介入措施對提高身體活動水準為低度效果量（0.25SD）（Dishman et al., 1998）。最近的一項關於工作場所計畫對身體活動影響的後設分析，也報告了類似的低度效果量（0.21 SD, 95% CI = 0.11-0.31）（Conn et al., 2009）。儘管 Taylor、Connor 和 Lawton（2011）在他們的工作場所計畫的後設分析中也發現了低度效果量（0.21 SD, 95% CI = 0.17-0.26），但更明確地使用理論的介入措施，對於增加身體活動更為有效（0.34 SD, 95% CI = 0.23-0.45）。

兩項基於工作場所的研究，說明了政策和環境方法在促進身體活動中的作用，它們是「洛杉磯起飛」（Los Angeles Lift-Off; Yancey et al., 2004）和「行動改善」（Move to Improve; Dishman et al., 2009）。「洛杉磯起飛」是一個促進身體活動的計畫，在洛杉磯縣衛生服務部工作場所的工作時間內，將一個 10 分鐘的運動休息時間，整合到定期舉行的會議和活動中。這項研究的獨特之處在於「最小」的環境變化，以及它針對的是資源不足的人群。結果表明，超過 90% 的與會者參加此練習計畫。

「行動改善」是一項多地點的團體隨機對照試驗，包括一個為期 12 週的介入措施，以增加一家大型零售公司 16 個工作地點的員工中度至劇烈身體活動。它針對工作場所環境的特徵以及員工動機，設定個人和團隊目標。在研究期間，符合 2010 年健康人（Healthy People）建議的定期參加中度或劇烈身體活動的參與者比例，在對照組保持在 25% 左右，但在介入組增加到 51%。

社區

在社區進行身體活動介入的環境是多樣的（例如：禮拜場所、私人和非營利性的健身中心、市或縣的娛樂部門），介入的類型可以從運動課程到大眾媒體運動。禮拜場所的活動可以是信仰活動（使用設施的世俗活動），也可以是基於信仰的活動（將宗教信仰與健康促進相結合的活動），但是這兩種類型都可以為人們開始運動提供動力，並為他們保持運動的活躍度，提供社會支持和鼓勵。聚會場所是許多少數群體的社區支柱，可以透過提供正向榜樣、同儕主導的運動課程，以及透過教會管道提供運動訊息來促進運動。

營利性和非營利性的健身中心，如基督教青年會和基督教女青年會、男孩和女孩俱樂部，以及體育聯盟等，一直是運動促進和健身計畫的傳統場所。完善的設施、靈活的營業時間、適合初學者的課程，以及低價或免費的托兒服務等特點，讓更多的人有機會參與。

許多縣市的娛樂部門都設有社區娛樂中心。大約 80% 的人口會使用一些市政設施，還有一小部分，但比例算是很大的人口，使用公園計畫和服務（Godbey et al., 2005）。他們的身體活動計畫有效性取決於許多因素，例如：安全性、私密性、營業時間、交通，以及現有的托兒服務。

整個社區成為數個長期多社區介入措施的場所，這些運動代表了大規模、高強度、高知名度的方案，往往利用電視、廣播、報紙和其他媒體來提高方案的宣傳、傳播有針對性的或分門別類的健康訊息，並加強行為改變。這種策略通常採用多內容、多部門、多地點的介入措施。斯坦福五城市項目（The Stanford Five-City Project; Young et al., 1996），以及 Wheeling Walks 介入措施（Reger et al., 2002）都是有效的全社區運動的例子。

社區組織之間的合作，可以提高運動促進計畫的有效性，例如：國家娛樂和公園協會與國家心肺血液研究所合作開展 Hearts N' Parks 計畫，該計畫的目標是促進公園的身體活動，以減少慢性疾病的發生。積極的社區環境（Active Community Environments, ACEs）是另一個很好的例子，它鼓勵在社區層面進行環境和政策介入，以增加身體活動和改善公共健康。ACEs 是由 CDC 贊助的社區介入措施，旨在促進步行、騎自行車和發展無障礙娛樂設施，其目標是：(1) 鼓勵發展對行人和自行車友好的環境；(2) 促進積極的交通形式，如步行和騎自行車；(3) 傳播有關該計畫的訊息。然而，對增加身體活動的多方面社區範圍介入措施的研究，發現了不一致的結果，2011 年發表的考科藍（Cochrane）文獻回顧檢驗了這些介入研究的弱點，並得出結論，這些類型的介入措施不能有效地提高人們的身體活動水準（Baker et al., 2011）。

虛擬環境

網際網路基礎設施和易接近性的進步，支持更多技術的使用。利用行動和無線技術，以及應用程序，在虛擬環境中提供部分或完全的介入。79% 的美國成年人使用網際網路，其中 83% 的人使用網際網路尋找健康或醫療訊息（Pew Internet and American Life Project, 2011b）。在全球範圍內，無線用戶超過 50 億（Barak, Klein, and Proudfoot, 2009; World Health Organization, WHO, 2011）。2009 年 8 月號出版的《行為醫學年鑑》（*Annals of Behavioral Medicine*）中，專門刊登關於網際網路介入科學的文章，強調虛擬環境中介入措施的增加。基於電腦的健康促進介入措施（即電子健康，e-health），以前僅限於桌上型電腦和筆記型電腦，隨著行動科技（即行動健康，mHealth）的進步和通訊的高普及率，也得到了發展。美國的無線用戶數量從 2005 年 12 月的 2.079 億增加到 2010 年 12 月的 3.029 億，普及率達到 96%（活躍的無線設備數量除以美國和地區總人口）（Blumberg and Luke, 2011）。

描述這些虛擬介入方法的術語，包括行動健康、電子健康、基於網際網路的介入和遠程健康。世衛組織將行動健康定義為電子健康的一個組成部分，由行動設備所支持，例如：行動電話和病人監測設備。基於網際網路的介入可以是自我指導的教育介入，也可以是人力支持的教育介入，或者是兩者的某種結合（Barak, Klein & Proudfoot, 2009）。這種媒介具有明顯的優勢，例如：及時性、可接近性和便利性，以及個別化訊息的能力。

使用行動技術的介入措施具有與人們更頻繁地、在目標行為的背景下，進行互動的優勢（Riley et al., 2011）。傳遞方式可以是語音、文字、行動設備上的應用程式或行動網路。因此，介入措施可以根據即時的心理、行為和環境條件進行個別化和時間性的量身定制。例如參與者可以在手持行動設備上記錄一項運動活動，回答有關其狀態效益的簡短問題，並透過無線連接接收即時反饋。

健康服務範例

- 健康呼叫中心
- 行動遠程醫療
- 預約提醒
- 社區動員和健康促進
- 行動患者記錄
- 患者監控
- 健康調查和數據收集
- 健康監測
- 提高健康意識
- 決策支持系統

基於世界衛生組織，2011

介入程度

在每個環境中，介入可以在不同的層次上進行。有一對一的方案（例如：PACE）和小團體的方案，例如：強度訓練班和健行俱樂部。介入措施也可在更廣泛的層面上應用——在社區層面上（例如：EIM、ACES「所有兒童同時運動」），透過立法支持增加身體活動（例如：要求修建自行車道），或透過過聯邦健康促進機構在全國範圍內進行。2006 年，致力於身體活動和公共衛生的的政府、非政府機構、私營企業和非營利組織的美國人，開始制定「國家身體活動計畫」（National Physical Activity Plan, NPAP），這是一套全面的政策、計畫和新措施，旨在增加所有美國人的身體活動。NPAP 計畫於 2010 年啟動，包括在學校、工作場所和公園，以及透過運動、交通和宣傳來促進身體活動的綜合多層次戰略。

就持續時間而言，計畫的範圍可以從一次性活動到跨越數年的廣泛介入，再到持續的計畫，例如：NPAP 和 EIM，以社區為基礎，支持當地慈善機構的趣味跑步或步行活動，可能每年只進行一次，但對於那些主要想幫助組織開始考慮運動的人來說，可以是一個很好的機會。介入措施需要多長時間才能增加堅持性尚未確立。衡量運動階段變化的研究表明，那些定期活動 6 個月以上的人，復發風險降低。然而，我們對運動介入的後設分析結果表明，效果與介入持續的周數或追蹤期的長短無關（Dishman & Buckworth, 1996b）。許多運動介入的 RCTs 持續了 1 到 2 年（Courneya, 2010），但隨著介入和追蹤時間的延長，中途暫停的機率通常會增加，身體活動水準會下降。

人們對社區或社會層面上正在進行的多個介入活動愈來愈感興趣，這些介入包括環境工程、社區行動和支持積極的生活形式的立法（例如：國家行動計畫，NPAP）。地方政府和衛生機構可以開發安全、方便的運動設施，並配有設備完善的建築物和合格的工作人員，透過改善照明、修建人行道和自行車道的行動，以確保步行、慢跑和騎自行車的安全街區。使環境更有利於身體活動是「積極社區環境倡議」（Active Community Environments Initiative）的目標，這是美國衛生與公眾服務部和疾病控制與預防中心的一個計畫，也是 NPAP 的目標領域之一。這些工作包括與國家公園管理局的河流、小徑和保護協助方案合作，以促進人口密集的公園和休閒區的發展，並與公共和私人機構合作，促進全國和國際步行上學日。

從多向度觀點去理解身體活動行為，以及指導環境層面介入措施的發展是必要的。Sallis 和 Owen（1999）提出了一個生態模式，使用「行為環境」（Behavioral Setting）來解釋和預測身體活動的影響因素。行為環境包括個人內部、社會環境和物理環境因素（請參見表 15.2）。這個框架可以用來確定人們更有可能進行身體活動的行為環境，並確定在哪些地方可以實施更有力的介入措施，例如：自行車道、市中心的人行道和有吸引力的階梯，都是應在城市環境中促進增加活動的建築環境層面。

使用生態模式擴大我們識別身體活動障礙的能力，這些障礙也被定義在不同的層面上（請參見表 15.3）。個人障礙可以是心理上的，例如：運動自我效能低或知覺缺乏時間；也可以是生理上的，例如過去的受傷或疲勞。障礙也可以是人與人之間的，例如：同伴可能會對久坐的行為提供支持和鼓勵。環境障礙有自然的（例如惡劣的天氣）和人為的（例如：缺乏通往運動設施的交通工具，不安全的社區）。崇尚瘦身並將其與健身聯繫在一起的文化，會衍生另一種運動障礙。在這個模式中引入時間維度，可以解決諸如：畢業、結婚、生育和離婚等生活轉變對既定運動規律的影響，以及伴隨身體活動機會的季節性變化。

具體策略

對幫助個體、團體和社區成為並保持定期活動的工具，已經在不同人群中進行了廣泛的研究，並且有各式各樣的策略，可以參考健康促進組織的建議，以決定最有效的方法，以及合作的對象。例如：社區預防服務工作隊是一個獨立的、非聯邦的小組，由 15 名成員組成，包括一名主席，由 CDC 主

支持身體活動的社區特徵

- 人行道
- 街頭自行車設施
- 安全便捷的人行通道
- 多用途路徑和小徑
- 公園
- 娛樂設施
- 可供娛樂服務的公共設施，例如：學校。
- 混合用途開發和相連的街道網絡（使住宅、工作場所、學校和商店緊密相連，方便行人和騎自行車的人）。

社區預防服務專責小組以選定使用的介入措施，以增加身體活動行為和改善體能提出的建議

增加身體活動的訊息方法

- 社區範圍內的運動：這些大規模的、高度可見的、多元素的運動，使用各種方法將訊息傳遞給大量受眾，包括電視、廣播、報紙、電影院、廣告牌和郵件。建議使用強有力的證據。

增加身體活動的行為和社會方法

- 個性化的健康行為改變計畫：這些計畫是根據一個人的具體興趣或改變身體活動習慣的準備程度而製定的。教導行為技能，例如：目標設定、建立社會支持、自我獎勵、解決問題和預防復發，這些計畫幫助人們學會將身體活動納入他們的日常工作中。在證據充分的情況下建議採用。
- 以學校為本體的體育（PE）：這種方法旨在修改學校的課程和政策，以增加學生在體育課上進行中度至劇烈活動的時間。學校可以透過增加體育課的時間或增加學生在體育課的活動量來實現。在證據充分的情況下建議採用。
- 社區環境中的社會支持介入措施：此方法的目標是透過創建或加強社交網絡來增加身體活動。例如：包括運動夥伴、運動競賽和步行小組。在證據充分的情況下建議採用。

增加身體活動的環境和政策方法

- 創造或改善進入身體活動場所的機會，同時開展訊息宣傳：這方面的例子包括修建步行、或騎自行車的小徑，或使人們能夠使用社區中心或工作場所的運動設施。訊息宣傳包括如提供設備培訓、研討會、諮詢、風險篩查、健康論壇和講習班之類等活動。在證據充分的情況下建議採用。
- 鼓勵使用樓梯的決定點提示：這些標誌放置在電梯和自動扶梯旁，鼓勵人們使用附近的樓梯。在證據充分的情況下建議採用。
- 社區規模的城市設計土地使用政策和做法：例如：城市規劃師、建築師、工程師、開發商和公共衛生專業人員努力改變幾平方英里或更大的城市地區的物理環境，以支持身體活動。在證據充分的情況下建議採用。
- 街道規模的城市設計和土地使用政策：例如：包括城市規劃者、建築師、工程師、開發商和公共衛生專業人員努力改變小型地理區域的物理環境，一般限於幾個街區，以作為支持身體活動的方式。在證據充分的情況下建議採用。

轉載自疾病預防控制中心（CDC），2001 年，「建議和報告，增加身體活動：關於社區預防服務工作隊的建議報告」，《發病率和死亡率週報》RR18：1-16。

表 15.2 影響身體活動的行為環境因素

因素	類別	範例
個人內在	人口統計生物學 認知和情感行為	年齡、健康狀態、自我效能、自我調節技能
社會環境	支持行為 社會氣候 文化 激勵活動和不活動的政策 管理與活動和非活動有關的資源和基礎結構的策略	朋友和家人的娛樂習慣，工作場所健身計畫，商場的健走團體
物理環境	自然 氣候 地理	相對濕度和溫度，山坡等級
	建造 城市或郊區建築 運輸 娛樂和休閒	人口密度、道路維護、社區路燈預算、環境大廳、高中體育要求

表 15.3 身體活動的障礙

因素	範例
個人內在	非運動者自我心理狀態，運動耐受力低，時間管理能力差，缺乏時間，收入低。
社會環境	久坐的同儕團體，不安全的社區，不重視身體活動的文化
物理環境 （自然和人工）	長時間高溫高濕、城市擁塞、缺乏公園

任任命。《社區預防服務指南》（*The Guide to Community Preventive Services*）（通常稱為《社區指南》（*Community Guide*））是一份定期報告，為公共衛生決策者提供有關基於人口的介入措施的建議，以促進健康和預防疾病、損傷、殘疾和過早死亡，供社區和衛生保健系統使用。工作隊審查和評估了基於社區的提升身體活動的介入措施質量和有效性的證據，提高身體活動能力（Kahn et al., 2002），並對介入措施提出了一些建議。

有效的策略亦可從量化和質性文獻回顧中得到啟示。兩篇後設分析，已確定提高運動持續性的介入措施的有效性，以及調節和中介其成功的因素，雖相隔 15 年發表，兩者均發現對行為改變策略的影響最大（Conn, Hafdahl & Mehr, 2011; Dishman & Buckworth, 1996b）。針對 1997 年 1 月至 2007 年 5 月間發表的七十四項關於飲食或身體活動介入的研究進行回顧，以提供基於證據的建議，促進身體活動和飲食變化。這些變化的目的是減少成人的心血管風險因素（Artinian et al., 2010）。目標設定、自我監控、介入結束後的追蹤、回饋和增強、自我效能提升、以及單獨或集體實施的激勵性訪談，被認為是有效的策略，並且建議教導行為技巧以支持行為改變。

回顧十八種以理論為基礎的介入措施，透過飲食和運動以促進減肥，發現自我效能感是最常見的目標變項，提供社會比較的機會是最常見的策略（Bélanger-Gravel et al., 2010），提供指導和教授自我監控也是經常使用的策略；其他常見的策略是提示練習、識別障礙和提示意圖形成；當結合使用時，這些策略對超重和肥胖者，在測試後和追蹤訪中的身體活動，產生顯著的組間效應。同樣地，促進身體活動和減肥最有效的單一策略是行為改變，但這主要是在短期內，長期效果尚無定論。

針對 1998 年至 2008 年發表的二十二項，基於理論的成人非臨床人口身體活動介入措施的回顧表明，半數介入措施未能顯示出對身體活動的影響（Rhodes & Pfaeffli, 2010）。其餘的研究指出介入措施對所提出的中介因素產生影響，但其中只有六項研究考察中介效應。研究者得出結論，自我調節結構可能對身體活動的變化影響最大，但在有限的研究中，自我效能和結果期望結構的中介作用被證明是微不足道的。

廣泛採用各種策略來促進採用和維持有規律的身體活動，相似的術語並不總是意味著相似的技術，這可能解釋了有關先前報導策略有效性的一些混合結果的原因。本節提供了一些實踐和研究中，用於提高運動採用和堅持的一些策略，並進行一般性描述。健康教育、運動處方、行為和認知行為管理以及動機訪談，已經在不同的環境中使用。技術在日常生活中的使用呈指數增長，同樣地，技術也被納入行為改變介入措施中。分階段的介入措施已經被應用於社區和醫療環境中，可以提高健身運動計畫的成功率，預防復發訓練的各個方面對培養運動持續性很重要。隨著我們認識到情境和社會因素，對行為改變和維持的影響，環境取向正在發揮更重要的作用。

健康教育

被描述為健康教育的介入措施，通常將運動視為一種疾病預防或健康促進行為，並對準認知變項的改變。使用健康教育方法的計畫對運動持續性的影響很小（Dishman & Buckworth, 1996b）。但是，此類計畫可以增加知識並影響有關健身運動的態度和信念，以幫助不經常運動的人們考慮開始運動計畫。他們還可以提供關於運動課程和計畫的具體訊息，這對運動新手而言是有用的。應用於運動健康教育的例子，包括健康檢查和健康風險評估、大眾媒體運動和運動策略。

健康檢查和健康風險評估

根據社會認知理論，當實際行為與期望行為或特徵之間，存在差異時，便會制定目標。透過記錄與健康規範相關的個人健康特徵，進行健康檢查和健康風險評估，可以製作與個人相關的訊息，並增強更積極的動機。但是，使用健康風險評估和健康測試訊息作為介入措施，其對照組的研究表明，對行為的影響很小或沒有影響。態度和意圖可能會受到影響，但不會影響行為。一般而言，增加知識的計畫可能有短期效果，但不會導致持久的改變。

大眾媒體

大眾媒體可以透過引入新的理念、強化舊的訊息以維持行為的改變、促進對現有計畫的關注，以及補充社區介入措施，來促進健康行為的改變（Flora, Maibach, & Maccoby, 1989）。媒體活動的目標，根據目標群體的行為和改變的意願，而有所不同。針對處於思考前期階段的人們，媒體活動應該可以吸引人們的注意力，促使他們的考慮變得更加積極。對於那些已經在考慮參加某項活動計畫的人來說，理想的結果是透過增加與個人有關的行為改變，和減少對運動的認知障礙來激勵他們採取行動。大眾媒體可能對促進運動的採用最為有用。對於已經在運動的人來說，媒體活動的作用就會被削弱。如果大眾媒體的介入措施應用社會行銷的概念，例如：在開發和傳播介入材料時，結合消費者行為模式和考慮目標人群的屬性（例如：媒體習慣、教育程度），就可以期待更好的效果。

大眾媒體活動與特定的社區計畫相連結，對於身體活動的影響水準將特別有效。這種方法在 VERB 運動中得到了驗證，該運動針對全美各社區的 2729 名「青少年」（9-13 歲的年輕人），透過大眾媒體的網際網路連接，以及社區活動和計畫，增加和維持身體活動（Berkowitz, Huhman & Nolin, 2008）。這種典型的準實驗介入措施的特點，是使用多媒體、分段訊息，以及與社區計畫連結（Berkowitz, Huhman & Nolin, 2008）。1 年後，接受調查的兒童中有 74% 知道了 VERB 運動，這些兒童的次團體（9 歲和 10 歲，女孩、父母受教育程度低於高中的兒童、來自人口密集的城市地區的兒童，以及基線時活動量較低的兒童），與不了解 VERB 運動的兒童相比，每週參加更多自由時間的身體活動。了解 VERB 運動的 9-10 歲兒童，平均每週從事自由時間的身體活動的次數，比不了解該運動的 9-10 歲兒童多 34%（Huhman et al., 2005）。

運動處方

運動處方已被用於提高運動的採用和堅持，但作為單一策略使用時效果不佳。運動的強度和治療方案的結構，對一些久坐不動的人來說是一個障礙，他們不願意變得更積極，可能是由於誤認為傳統的結構化處方是他們唯一的選擇（Pate & Pratt, et al., 1995）。在 1990 年代初期，對大規模的身體活動和有氧健身研究的證據進行了審查，研究的結論是，運動和健身的最小程度的增加，也可以帶來健康益處。這些發現和運動持續性的低下，引起了對傳統運動處方的重新考慮，並於 1995 年對建議進行了修改，以便在 1 週的大部分時間裡，在 8 至 10 分鐘的較短運動中積累 30 分鐘或更長時間的中等強度運動。美國運動醫學學院（ACSM）關於身體活動水準的指南已得到進一步修訂（請參閱表 15.4），保留了積累身體活動的靈活性，並提供了滿足不同強度水準的指南選項。美國心臟協會（American Heart Association, AHA）和 ACSM 的建議與美國衛生與公共服務部在 2008 年發布的指南相一致，並包括針對兒童和青少年的修改（即每天進行 ≥ 60 分鐘的身體活動）和老年人（例如：使用相對強度來確定努力水準），還提供了針對特殊族群（例如：學齡前兒童和孕婦）的建議。

生活形式的身體活動，一直是若干介入措施的目標。Jakicic 及其同事（1999）是第一批研究者，他們比較多次短程運動來累積目標持續時間，與單次運動以達到所需持續時間，對體重、持續性和適應性變化的處方效果。體重超重的婦女每週隨機分為 5 天，其中包括 (1) 連續訓練的漸進式計畫；(2)

表 15.4　美國運動醫學院對成人的運動處方建議

年代	強度	持續時間（分鐘）	頻率（天／週）	重要內容
1990	50-85	20-60	3-5	強調發展和維持健康，身體構造，推薦的肌肉強度和耐力指南。
1991	40-85	15-60	3-5	在不影響健身的前提下，增進健康的配套活動。
1995*	中度	30 次以上，每回合至少 8 次	幾乎每天	強調適度的身體活動，對健康的重要益處。
2008**	充滿活力	20	3	可以選擇同時進行中等強度和有力的有氧運動。
	或			
	中度	30	5	
	以			
	訓練強度		2	重複 8 至 12 次，每次 8 至 10 下，涵蓋所有主要肌群的練習。

* 美國疾病控制和預防中心，以及美國運動醫學學院的建議。

** 美國心臟協會和美國運動醫學學院的建議。

數據來自 Pate 等人，1995 年。

在一天中方便的時間進行多次 10 分鐘的運動，以及 (3) 利用提供給她們家的運動設備（如電動跑步機）進行多次 10 分鐘運動。在介入的 18 個月中，所有三個組的健身和休閒時間的身體活動均得到改善，與沒有設備的短時運動組相比，擁有家用設備的短時運動組的持續性下降幅度較小。

Dunn 及其同事（1997, 1999）透過基於小組的生活形式身體活動計畫（1995 CDC / ACSM 建議）與活躍計畫（Project Active）中的傳統結構運動計畫進行了比較，從而增加了對生活形式身體運動的支持。在 235 名最初久坐不動的男女中，進行兩個為期 6 個月的介入計畫，研究健身運動對改變久坐人群心血管疾病風險的影響。24 個月後，兩組的有氧運動能力均顯著高於基準水準。兩組的血壓和體脂百分比均有顯著下降，並且兩組中的大多數受試者均符合 1995 年 CDC / ACSM 標準。

這些研究和其他針對生活形式身體活動的研究，支持生活形式方法對改變身體活動和減少健康風險的有效性（請參見 Dunn，2009 年，〈關於減少心血管疾病的生活形式介入措施的綜述〉）。有效性研究表明，生活形式身體活動介入可以在醫療診所、工作場所、社區和家庭中透過各種方法，例如：面談、電話和網路等方式進行。以生活形式增加和保持身體活動水準的方法，增加了不太願意參加結構化運動計畫的久坐人群之選擇。以生活形式為基礎的身體活動方法的靈活性，可能會減少人們對參與的障礙，例如：時間和精力，使普通人在心理上更容易接受定期的身體活動。在推廣傳統處方時，久坐且超重的女性可能不會考慮定期運動，但會考慮積極的生活形式建議（特別是如果她已經在一定程度上步行）。

我們需要記住，生活形式的建議並不是所有健康問題的解決方案。例如：與攝取熱量相比，更多消耗熱量可以促使體重減輕。有證據表明，有氧運動和肌力訓練活動，都應包括在身體活動計畫中。然而，有人支持透過生活形式活動來促進減重，以較不活躍的行為代替身體活動，例如：步行代替開車，走樓梯代替乘坐電梯。這些行為可能有助於增加熱量的消耗，對於超重和肥胖的人來說，這些行為比結構化運動更容易融入他們的日常生活。

運動處方必須基於個人的能力和目標。

行爲管理

行為管理（Behavior Management）方法包括廣泛的策略，通常適用於個體和小團體。刺激控制、增強控制和後效契約是基於行為主義。這些策略植根於行為矯正和認知行為矯正的傳統，一般針對運動行為的前因（線索）和後果。前因和後果與目標行為直接相關，或具體相關（例如：被要求滑直排輪，或者在最大的跑步機測試後，肌肉痙攣很嚴重），或具有象徵意義（例如：高中保齡球獎杯或完成游泳比賽的圖片）以達到目標行為。前因和後果還應考慮到它們與目標行為的時間關聯性，即近因（時間上接近）或遠因（發生在很久之前或之後）。

行為矯正是增加運動持續性的最佳記錄之一。
關鍵是針對重要的前因和有意義的後果。

刺激控制

刺激控制（Stimulus Control）涉及操縱可能提示行為，或做出某種行為決定的先決條件或提示（例如：每週查看天氣報告是否下雨，作為決定戶外跑步的選擇）。前因可以是認知的（例如：看到附近新的健身設施傳單），生理的（例如：由於學習了一整天而感到身體僵硬）或外在的（例如：狗叼著狗鏈來接近自己）。刺激控制可以包括加強對目標行為的提示，並盡量減少對競爭行為的提示。當運動的線索與目標行為反覆連結時，它們就會得到加強，例如：每天在同一時間、同一地點運動。環境刺激如海報、電話、短信和便條紙，可以作為提示運動的線索。刺激控制經常被用作介入措施的一部分，以補充和促進其他策略的使用（例如：收到短信提醒自我監控當天的運動）。

刺激控制經常使用於個體和小團體，也可以應用於社區層面。決策點訊息提示可以在各種環境中發揮作用，鼓勵人們步行或騎自行車，而不是開車，使用樓梯而不是電梯。Brownell、Stunkard 和 Albaum（1980）進行的一項經典研究（由 Blamey、Mutrie 和 Aitchison 於 1995 年複製）成功地利用了決策點提示來增加身體活動。在公共建築的自動扶梯和樓梯附近，放置一張鼓勵人們走樓梯的海報，在這兩項研究的介入期間，使用樓梯的人數明顯多於展示海報之前或之後。

增強控制

運動的動機取決於預期的未來利益（結果預期）。然而，期望的結果與行為的距離越遠，作為動機的力量就越小，必須提供更直接的獎勵來支持該行為。增強控制（Reinforcement Control）透過在行為過程中

兩種行為管理策略

策略	定義	範例
刺激控制	改目標行為之前的條件或提示	便條紙、明顯位置的運動器材、社會支持、電話提示、海報、廣播和電視廣告。
增強控制	在目標行為期間或之後，改變所需的條件或事件，以增加獎勵所依賴的行為頻率。	口頭讚美、T 恤、證書。

或行為結束後，提供正向的東西（正增強）或消除負向的東西（負增強），來增加目標行為的頻率（請參見表 15.5）。健身運動的負增強例子，是減少心理壓力和改善康復計畫中的損傷恢復。然而，正增強在運動中使用得更多。正增強物或獎勵可以是內在的（即行為的直接結果，通常是情感的或認知的）或外在的（即對行為的有形增強物）。內在獎勵可以是一種滿足感、成就感、享受、增強自尊心或肌肉放鬆。外在獎勵的例子是證書、T 恤、優惠券和具有個人重要性的物品，如足球票。

增強可以包括在目標行為期間或之後提供獎勵，或者將低偏好的行為與高偏好的行為配對（即後效增強）。後效增強的一個例子是制定一個運動計畫，讓人在看喜歡的電視節目之前必須完成一套有氧運動。

將運動的外在獎勵和內在獎勵結合起來是很重要的，尤其是在計畫的早期。第十四章中關於自我決定理論的討論指出，比起以外在獎勵為主，幫助人們培養內在動機，更能促進人們對運動的堅持。

在運動的早期階段，增強至關重要，因為一個人不運動的時間越長，運動行為本身越久才會顯出增強的效果。對於新手來說，運動的直接反饋可能是疼痛和疲勞，這可能是一種懲罰。正向的獎勵立即可以抵消這種情況，例如：讚美和鼓勵。增強控制，也可以用來改變支持或維持久坐生活形式的突發事件或後果。鼓勵不活動而導致的運動後果是疲勞、肌肉酸痛、對時間的焦慮、感覺到來自更健康的人的負向關注，以及對自

表 15.5 增強及懲罰

類型	目的／宗旨	正向	負向
增強	增加目標行為的頻率	增加一些正向訊息：每次步行課結束後，在體育成績板上記錄步行的里程或公里數。	去除一些負向訊息：慢跑後的伸展運動，可以減少肌肉的緊繃感。
懲罰	減少（降低）目標行為的頻率	增加一些負向訊息：走久了就會肌肉抽筋。	去除一些正向訊息：在游泳班開會的晚上，錯過了與家人的晚餐。

己的身體或表現感到羞愧或尷尬。對這些後果的方法是制定適當的運動處方，以減少知覺身體壓力，並專門為初學者和體能較差的人提供運動課程。

後效契約

後效契約（Contingency Contracts）（行為契約）使用增強策略來獎勵特定行為。契約的要素：包括對成功的客觀衡量、達到或未達到雙方商定目標的具體後果、時間表，以及至少有另一個人的參與。書面契約有幾個好處：當事人參與製定行為改變計畫；預期行為的書面綱要可以作為長期的參考，契約的條款是獲得獎勵或避免懲罰的激勵措施，參與者和另一個人之間有一個正式的承諾，以做出具體的改變。圖 15.2 是一個行為契約的範例。

認知行爲改變技術

認知行為改變技術（Cognitive Behavioral Modification Techniques）是基於認知行為理論和社會認知理論。這些引發和維持行為改變的策略以個人為中心，包括決策、自我監控、目標設定、提高自我效能和預防復發訓練，也被視為自我調節策略。此技術包含了增強控制和刺激控制的許多特徵，但介入的目標被認為是行為中介的認知變項。基於認知策略的目標是：教導參與者所需的認知和行為技能，以控制提升和增強行為的條件，強調個案參與改變的過程（例如自我增強包括參與者建立自己的獎勵），以及實現獎勵所需目標行為的具體標準水準。我們接下來考慮的策略，連同自我增強和後效契約，都是認知行為方法。

認知行為改變的重點是個人。目標是傳授認知和行為技能，以便個人可以改變、促進和增強行為的條件。

決策平衡

決策或跨理論模式的決策平衡（Decisional Balance）是一種行為改變策略，參與者可以寫下行為改變所有預期的短期和長期後果。透過此過程，人們意識到新行為的好處，並在尋找避免或因應預期負面後果的方法方面獲得幫助。評估運動的成本和利益，對於考慮採用運動的人來說是一個重要的策略，因為知覺運動成本或利弊，可能超過了健身運動利益。這種策略可以用來指出人們可能沒有考慮過的運動利益。此決策可以有效地識別出行為改變的潛在障礙，然後積極主動地加以解決。例如：某人計畫在 1 週內的早上 6 點運動，但他可能沒有考慮到那麼早起床，對上晚班的配偶所產生的影響。

自我監控

自我監控（Self-Monitoring）策略用於戒菸和其他健康行為改變計畫，以確定目標健康行為的線索和後果。思想、情感以及在成功、和不成功嘗試目標的行為之前和之後等情況，都會被記錄和回顧。當參與者以更高的頻率、更多的細節和更接近被監控的行為時，自我監控對影響行為的效果就會增加。自我監控是一種收集行為模式訊息的實用方法，可以用來識別運動的線索和障礙，自我監控與成功堅持運動和保持減肥有關。抑制和促使運動的內部和外部線索可以被確定，而運動的後果可以從其強化特性方面進行研究。自我監控的訊息，可幫助確定一個人進行運動的最佳時間，以及任何必要的調整，例如：晚 1 小時吃晚飯以適應下班後的運動。自我監控可能對過去一直經常運

行為契約

目標

與男朋友參加情人節 10 公里跑步。

行為目標（我必須要做些什麼才能達到我的目標）

在不停止的情況下跑 10 公里。

時間範圍

10 月 1 日至 2 月 13 日。

為了達到我的目標，我會（達到我的目標所必需的特定行為）

1. 在接下來的 4 個星期裡，每週五天至少慢跑 20 分鐘。

2. 每個週末有一天在跑道上跑步。

如果我（插入感興趣的活動）

下個月每週至少跑 5 天。

然後（插入獎勵）

我會買一雙新鞋。

目標支持活動

1. 週末有一天和我的男朋友一起訓練。

2. 將情人節 10 公里傳單放在我的跑步鞋上。

3. 在我的日期簿上記錄我的進展。

障礙與對策

1. 跑步：我將去健身房跑步機上跑步或參加有氧運動班。

2. 期末考試：我將利用 10 至 15 分鐘的慢跑時間，在圖書館跑樓梯。

3.12 月假期在家：我將帶我父母的狗去長距離的散步或跑步，至少 2 次。

本合同將每隔（插入時間框架）進行評估

4 週

日期：＿＿＿＿＿＿＿＿

簽名：＿＿＿＿＿＿＿＿　　簽名：＿＿＿＿＿＿＿＿

圖 15.2　行為契約的範例，也被稱為後效契約

動的人特別有用，它可以作為一種策略，以識別導致其定期運動失敗的因素。電子筆記本和日曆、電腦程式、圖表和圖譜等工具，可以用來記錄每天或每週的進展。用於自我監控的電子設備（例如：行動電話）也為提示行為提供了機會。由健身專業人士對行為記錄進行定期評估，可以提供有意義的積極反饋，並幫助人們監控目標。

目標設定

許多基於認知理論的一個基本假設是，動機是由有意識的目標來調節的。目標設定（Goal Setting）是支持運動行為改變的有效策略，而且目標設定對增加身體活動普遍有效（Shilts, Horowitz, & Townsend, 2004; Shilts, Townsend, & Dish-man, 2013）。回顧一下，當實際行為和期望行為或特徵之間存在差異，並且我們承認需要改變時，我們就會設定目標。目標設定的功能是提供方向、確定要花費的努力程度，促進持久性，並支持尋找實現目標的策略。

為了使目標切實可行，必須進行全面的心理和生理評估。例如某人想要減少慢跑 3 英里（4.8 公里）所需的時間，則必須知道他當前的 3 英里慢跑時間。運動測試可以為設計安全、個性化的運動計畫，提供基礎的健康訊息，該運動計畫不太可能導致懲罰性的身體後果，例如：肌肉酸痛或受傷，更有可能成為滿足個人具體目標的定期運動。當人們將其結果與健康規範，或他們自己以前的結果進行比較時，測試結果可以成為激勵作用，重複的測試也可以為評估和修改目標提供回饋。

社會心理評估可以獲得關於態度、信念、期望和過去經歷的寶貴訊息，這些訊息可能會阻礙或支持目標的實現。回顧先前對於改變的嘗試，可以顯示哪些是有效的、哪些是無效的，從而減少重複過去錯誤的可能性。識別心理的障礙，例如：低運動自我效能感，有助於製定目標，從而滿足整個人在社會環境中的需求。

大量關於運動目標設定的研究表明，有些目標特徵可以提高運動表現（例如：Kyllo & Landers, 1995），而其中許多特徵也能提高運動行為。符合人們能力、價值觀、資源和需求的靈活、具體的目標比一般且不具體的目標更有效。短期和長期目標的結合，比僅有長期目標要好，因為自我效能感會隨著精熟經驗的增加而增加，所以最初的目標應該是具有挑戰性且符合現實的，可以培養信心。

提升自我效能

自我效能是堅持運動最一致的心理決定因素之一，也是一些理論（例如：社會認

良好目標設定的特徵

- 合理的
- 實際的
- 不依賴他人
- 具體的
- 可衡量的
- 具有挑戰性的
- 時間框架
- 靈活的
- 有意義的
- 激勵的
- 短期的和長期的
- 包括即時和具體的反饋
- 考慮到社會和物理環境
- 解決生理因素（例如：健康、健身）

運動目標行為設定範例

一般的	具體和可衡量的行為
為了更健康	在下一次分級運動測試中，將我能跑的時間增加 10%。
定期運動	本週內步行 4 或 5 天，每天 20 至 30 分鐘。
變得更強壯	在 6 月 5 日前完成臥推體重的 125%。

知理論，行為改變跨理論模式）中的關鍵變項。對自己能力的信念會影響我們的行為、情感和認知。新行為的獲得、在任務上花費的努力、克服障礙堅持不懈，個人的情緒反應和思維模式，這些都受到自我效能的影響。與自我效能有關的訊息有四個來源（即精熟經驗、他人經驗、言語說服，以及生理或情感狀態；請參見表 15.6），因此，在介入中以它們為目標是有意義的。一些研究已經實施了專門的介入措施，以提高運動的自我效能，作為促進行為改變的一種方法。

- 精熟經驗可能是提高自我效能的最有效方法，成功完成挑戰性任務的人可以獲得並完善技能，並發展因應策略，從而增強對重複任務或類似任務能力的信心（自我效能感的普遍性）：促進精熟挑戰任務的一個方法是：將任務分為可管理的部分，並按照從易到難的邏輯順序來排序。參加高級健美操班的新手可能會因為節奏快、步驟複雜而感到氣餒，而參加初學者班的人則可以一步一步地學習常規動作，增加他們對自己遵循更複雜模式能力的信心。

> 增強自我效能最有力的方法是透過精熟經驗。

- 社會模範的形式可以是精熟模範或因應模範，在這兩種情況下，如果模範與參與者相似，那麼模範就會更有效。例如：一位年長的婦女，看著她這個年齡階段的其他婦女，成功地舉起重物。精熟模範需要觀察某人在某項任務中取得成功，因應模範則表現為某人在某項任務中，遇到困難但最終獲得成功。後一種策略在說明與任務和目標團體相關的有效問題解決策略很有用。提高自我效能的運動介入措施已經使用了精熟模式（例如：讓參與者觀看具有類似特徵的人，在不同的水準上進行運動的影片）。
- 口語說服可以透過重要或有才能的人的鼓勵和支持，來提高自我效能。口語說服對運動行為進行及時和具體的回饋，可以被視為是一種正增強形式。如果回饋來自可靠的來源，並且是具體和有意義的，則回饋會更加有效。一個學生志工在病人走出診所時告訴他「你今天做得很好」，不如在當他走下跑步機時，康復主任告訴他「祝賀你，你今天又多走了半英里」。來自自我監控的訊息，可以被用來教導自我說服。圍繞運動的消極自我對話被識別出來（「我就是不能走超過兩英里」），並被重新構建，以鼓勵關於運動的正向認知模式（「6 個月前我還不能繞著街區走一圈，而我現在正

表 15.6 自我效能訊息的來源

來源	運動範例
精熟成就	第一次游泳 1/2 英里（0.8 公里）；在肌力訓練計畫中增加重量；上完高爾夫課程之後，一桿進洞；成功學會一個新的舞步。
社會模式	殘疾人參加奧運會；少女觀看美國女足比賽；退休體育老師帶著老年活動中心的一群人在公園裡散步。
言語說服	我們的慢跑夥伴告訴你，你的速度比以前快了；你的配偶告訴你，你的運動得到了回報，你看起來很苗條；你的健身協調員在臥推時，稱讚你的狀態很好。
解釋生理狀態	走上陡峭的山坡後，仍能夠保持對話；在炎熱的天氣裡，運動後大量出汗是身體降溫的方式；識別肌肉拉傷的感覺與舉起的重量和重複次數的關係。

在穩定的進步中」）。

- 對生理和情緒反應的解釋，可能會妨礙自我效能。例如：在考試前感到焦慮，並將自己的情緒反應解釋為自己沒有準備好的訊號。新手運動者往往在看待運動的正常生理反應（即呼吸和心率加快、出汗和肌肉感覺增高）時，有一些焦慮或不舒服。介入措施，透過告知參與者有關運動的正常生理反應，以及解釋這些反應的方式，從而解決了這部分對自我效能的影響。

預防復發

第十四章包括對預防復發（Relapse Prevention）作為一種行為模式的討論。預防復發是一項介入措施，最初是針對減少或消除不良的高頻行為（例如：吸菸）的人實施。健身運動行為是一種低頻率的、促進健康或增強健康水準的行為。儘管如此，將預防復發的內容應用於運動的堅持，在一定程度上被證明是成功的。一些研究對預防復發的模式進行了測試，發現當這種模式被用作更廣泛的認知行為矯正計畫的一部分時，堅持運動的人增多了。

預防復發介入措施的基本形式，包括確定高風險情況和制定有效的因應策略。高風險情況是指，挑戰一個人對維持所需行為變化的信心情況。保持規律運動的高風險情況是指，與運動不相容的事件或情況，例如：飲食、飲酒、過度勞累和吸菸。其他一些運動復發的前因是無聊、缺乏時間、懶惰、休假、惡劣的天氣、一天中不方便的時間、獨自一人、心情消極、身體疲倦和生病（Simkin and Gross 1994; Stetson et al, 2005）。

> 運動復發的高風險情況是無聊、缺乏時間、懶惰、休假和生病。

Knapp（1988）詳細描述了預防復發在運動中的應用。首先，參與者了解復發的過程。接下來，他們為自己確定高風險的情況，自我監控是獲取此訊息的有用策略。在確定高風險情況的基礎上，參與者接受技能培訓，以改善他們的因應方式。這些策略包括自信、時間管理及壓力管理訓練，尋求情感或工具性支持方面的指導，以及正向的重新評估、正向的自我對話和解決問題的訓練。期待不運動而能帶來正向結果（例如：

在跳健美操課時看喜歡的電視節目），會增加復發的風險；因此，要確定和解決不運動的正向結果期望（例如錄製電視節目，待上完健美操課程後再觀看，以作為獎勵）。參與者學會如何透過預留運動的備用時間，以及備用的方式和地點（例如：如果游泳池關閉，就在跑步機上行走）來作為計畫的更移。例如：天氣預報中的大雪，會讓晚上的步行活動處於危險之中，那麼有氧運動可以提供另一種替代的運動方式。

靈活的目標（每週步行或做有氧運動3或4次），可以防止潛在的失誤以及增加復發風險的全有或全無的想法。那些認為自己錯過了一次運動而「失敗」的人特別容易復發，以及難以實現的嚴格目標（「我將在每天12點10分跑步45分鐘」）也讓人們容易復發。另一個預防復發的策略，是糾正生活形式的不平衡，即「應該」多於「想要」。人們可以透過設置有趣的活動和對運動的獎勵，將運動重新規劃為一種令人期望的、愉悅的活動，而不是一種義務。

動機訪談

動機訪談（Motivational Interviewing, MI）是米勒和羅爾尼克（Miller and Rollnick）在1980年代開發的一種行為改變技術，作為對酒精問題進行行為治療的諮詢方法。這種技術的基礎是以人為本的同理心風格，強調喚起和加強個案自己的口語表達動機，以促進健康的改變。MI培訓包括四個方面的知識和技能：(1) 表達同理心；(2) 找出不一致，以幫助個案意識到價值觀和問題行為之間的落差；(3) 尊重個案的正常抵抗行為，以及 (4) 支持個案的自我效能（Rollnick, Miller & Butler, 2007）。

動機訪談（MI）諮詢師幫助個案識別運動的優點和缺點，解決改變的障礙和矛盾心理，並制定開始和堅持運動計畫的策略。動機訪談（MI）通常在30-60分鐘的一對一課程中實施，然後是7次簡短的電話支持，儘管它可以適應不同的環境，以及由較短的課程所組成（Rollnick, Miller & Butler, 2007）。與傳統介入措施相比，動機訪談（MI）可以用於一系列的問題，包括運動，並顯示出增強意圖和投入程度，增加改變的自我效能，並在更短的時間內促進改變的潛力（Lundahl et al., 2010）。與標準療法相比較，動機訪談（MI）對於慢性心力衰竭患者（Brodie & Inoue, 2005）、長期癌症倖存者（Bennett et al., 2007），以及超重和肥胖者（Van Dorsten, 2007）的身體活動方面，具有良好效果。

遠程醫療（Telehealth）

透過網際網路和行動科技提供的介入措施，可以提供大量有效的、互動的、量身定做的內容，並且可以輕鬆更新。這些介入措施從半自助到完全自助不等。其好處包括減少傳統現場介入措施的障礙，例如：時間安排、交通以及與其他承諾的衝突，因此可以提高持續性，並減少治療時間和費用。儘管很少有基於技術的介入措施，會專門將身體活動作為結果變量，但效果一般與傳統方法相似（Marcus, Ciccolo & Sciamanna, 2009）。另外，有充分的證據表明，主要是指使用電話的介入措施，對提高人們的身體活動水準是有效的（Eakin et al., 2007）。

行動科技有希望成為一種介入方法。Riley及其同事（2011）回顧了使用行動科技的健康行為介入，行動科技被定義為設計用於全天隨身攜帶的電腦裝置。他們發現有十二項研究報告，使用行動科技進行減肥、飲食和身體活動介入措施，其中四項透過個人數位助理（Personal Digital Assistant, PDAs）進行，其餘使用手機，主要是透過短信傳遞。有些介入措施是自動調整的，其他則是手動調整的。總體而言，他們發現透過行動介入措施的減重，與結果的關聯性不大，但卻很顯著。此外，這項技術還提供了創新的方法，例如：在手機上提供音樂，其節奏可以鼓勵適當的步行速度（Liu et al, 2008）。自動感應器，例如：居住的 GPS 和加速器，可以擴大行動裝置的測量和介入數據、進度圖的圖形顯示、動畫、影片和遊戲，可以提高用戶回饋的品質。虛擬訓練計畫也可以提供結構、支持和提示，而電子社交網路，可以將人們與其他運動者的社區聯繫起來。基於技術的介入，也及時介入地提供了獨特的機會，它可以根據介入期間收集的數據進行調整，並可以在問題首次出現時，提供量身定制的應對措施（Intille et al., 2003）。另一方面，傳統的介入措施通常在輸入和介入反應之間會有落差。

儘管技術為創造性的介入，提供了令人振奮的機會，但在評估介入的真實性方面，也會帶來獨特的挑戰。在面對面的介入中，參與度可以由主持人（質性）和出勤率（量化）來評估，而網頁瀏覽頻率可能是網頁架構的一個功能。例如參與者可能必須查看某個頁面才能進入其他頁面，從而增加了網頁介面的點擊率。此外，基於網路的介入措施可以是半自助式的，也可以是完全自助式的，這一點在評估持續性和參與度時，也應考慮在內。網際網路介入的另一個限制是高流失率，在一些研究中超過 50%（Danaher & Seeley, 2009）。而高速網際網路存取則是另一個問題，只有三分之二的美國成年人在家裡有高速寬帶連接，但城市、高收入、非少數民族群體的使用率明顯更高（Pew Internet and American Life Project, 2011a）。

基於環境和政策的介入措施

心理學和行為學理論已大規模應用於在組織（如社區娛樂中心、基於教堂的健身計畫、透過學校的傳播策略）、環境（例如：設施規劃、自行車道的建設）、社會（例如：家庭關係）和政策（例如：全州的體育教育要求）等層級，以促使行為改變。具有成本效益和實用方便的途徑，例如：郵件、電話、電子郵件和網站，已被用來接觸大量的人，而傳統基於臨床的介入措施，對他們而言，是不可及或不可接受的。

促進身體活動的例子，包括創建或加強現有的步行和自行車道或運動設施，並透過減少障礙（例如：增加安全性、提高可負擔性）來增加使用現有設施的機會。這些努力通常包括人員和參與者培訓、社會支持，以及將這些結構、設施和項目進一步融入參與者的社區。Linenger 及其同事（1991）描述了這種類型的介入措施，包括新的基礎設施（即自行車道）、設施的使用（例如：延長營業時間、照明，以及一體化的路徑），以及改善美國海軍基地的計畫（Linenger et al., 1991）。最近的研究表明，從成本的角度來看，開發這樣的基礎設施是合理的（Wang et al., 2004）。

一種新的策略是將身體活動列入社區的公共政策議程，強調推廣身體活動指南，提供組織激勵措施，解決機構和環境障礙，並有效利用媒體（Hoehner et al., 2008）。這種有前景的介入方法的例子，來自 Gomez，Mateus 和 Cabrera（2004 年）與 Muvete Bogotá 的合作，Muvete Bogotá 是哥倫比亞波哥大（Bogotá, Colombia）的一項社區身體活動計畫。

在學校環境中增加身體活動，也可以在環境層面上進行。一項研究評估了操場重新設計的介入措施，對兒童課間身體活動水準的影響，使用的是綜合身體活動量表工具（Ridgers et al., 2007）。位於英國一個大城市的經濟貧困地區的 15 所學校，各自從國家運動場計畫中獲得了 20,000 磅（2003 年約為 33,000 美元），以 11 所學校作為社會經濟的對照，使用多種顏色操場標記和物理結構，重新設計操場環境。在基線時，使用心率遙測法和加速器，對課間活動水準進行量化，並在操場重新設計，介入 6 週後和 6 個月後再次進行量化。隨著時間的推移，中度到劇烈以及劇烈的身體活動，在統計學上都有顯著的介入效果。

為什麼我們不能讓人們保持經常運動？

調節和介入效果

從基線（1997 年）到 2008 年的最終評估，美國在實現「健康人 2010」的身體活動和健身目標方面進展甚微（國家衛生統計中心，NCHS，2011）。成人定期參加中度或劇烈運動的比例保持在 32%，定期參加劇烈運動的比例從 23% 增加到 24%。在沒有閒暇時間活動（40% 到 36%）、定期肌肉強化活動（18% 到 22%）和步行交通（17% 到 21%）方面有明顯的預期變化。更多的青少年，每學年看電視的時間少於 2 小時（57% 到 67%），更多的兒童和青少年，以走路作為交通工具（31% 到 36%）。然而，要求所有學生每天接受體育教育的高中百分比（5.8% 到 2.1%），以及兒童和青少年騎自行車出行的百分比（2.4% 到 1.5%），都有顯著下降。

在過去的 35 年裡，我們實施了廣泛的介入措施，以增加對定期運動的採用和堅持，而與此同時，運動項目的退出率卻高達 50%。此外，沒有實現《2010 年健康人》的身體活動和健身目標（NCHS, 2011）。物理、社會和政治環境作為介入的目標，正受到愈來愈多的關注，並且使用技術進行的多層次介入，被證明比傳統的方法可能更為有效。

在對運動介入研究的後設分析中，我們試圖解決「在什麼條件下、對誰最有效」的問題，並發現行為改變策略的效果最強（Dishman & Buckworth, 1996b）。在對 1960 年至 2007 年間發表的成人身體活動介入研究的後設分析中，行為矯正也有最強

促進身體活動的立法範例

- 改變環境以鼓勵身體活動作為交通活動。例如：關閉城市的汽車街道；創建便捷的自行車道和人行道。
- 修改建築規範。例如：使樓梯容易找到，位置居中，美觀且安全。
- 為娛樂設施提供資金。例如：為不常運動的人，建立更多安全、便利的公園和娛樂中心，為計畫和安全提供足夠的人員。
- 建立稅收激勵機制。例如：為工作場所有健身計畫的公司提供稅收優惠。
- 修改健康保險條例。減少對健康行為的保險費，例如定期身體活動。

的效果（Conn, Hafdahl & Mehr, 2011）。在我們 1996 年的後設分析中，只有大約 20% 的研究報告介入措施的後續情況，這些研究通常顯示，在介入結束後，隨著時間的推移，與介入措施相關的身體活動，或健身的增加幅度會下降。考科藍（Cochrane）對 2005 年發表有關促進身體活動的介入措施進行評論（Hillsdon, Foster & Thorogood, 2005），同樣發現只有十九項研究，報告 6 個月或更長時間的追蹤數據，顯示對自我報告的身體活動和健身有中等程度的影響。然而，介入措施特徵的異質性和細節不足，限制了得出結論的可能性。因此，在發現人們如何採用和保持規律的身體活動方面，存在著重大問題，我們接下來將討論這些問題。

理論的應用

第十四章討論了幾種用於描述和預測身體活動水準的理論，但哪些理論將為促進行為改變和維持的介入措施提供最佳模式？為了了解我們在使人們採用和維持定期身體活動方面，取得有限成功的原因，我們需要仔細研究如何制定和實施介入措施。許多介入措施是在沒有理論模式的情況下制定的，或者是只選擇了模式的一部分。沒有理論框架，變項的選擇就沒有充分的理由，結果的解釋力也受到限制。回答哪種理論提供最佳模式的一個重要步驟，是標準化介入理論如何運作的報告，並提供有關方法和策略的細節。事實上，Masse 和其同事（2011）建議制定指南，以報導行為介入理論基礎，類似於報導試驗的統一標準聲明（Consolidated Standards Of Reporting Trials Statement, CONSORT Statement）。還需要長期的介入研究和反復的追蹤評估，以追蹤基於理論介入的持續性和復發過程。

現在，對身體活動介入的文獻回顧，正在關注理論和中介分析方面的研究品質。例如：Bélanger-Gravel 和同事（2010）回顧 1980 年至 2008 年間發表的十八項研究，調查基於理論的介入措施，對超重和肥胖者身體活動的長期影響。最常應用的理論是傳統的行為矯正、社會學習和社會認知理論，在八項介入措施中單獨使用，在六項介入措施中與其他理論一起使用。然而，只有八種基於理論的介入措施，指定了哪些理論變項為目標。在研究中使用的具體技術顯示，在測試後和追蹤訪中對身體活動有組間效應，包括提示練習、障礙識別和促使意圖形成。最有效的策略是行為矯正，但這主要是在短期內，長期效果並不確定。無論哪個組別，隨著時間的推移，人們發現身體活動持續的增加，並且很少有研究顯示介入措施在追蹤時有卓越的效果。與對照組相比，這種缺乏組別差異的情況，可能與大多數介入措施未能改變理論上的中介變項有關。只有一項研究進行了適當的中介分析，發現自我效能對身體活動的介入效果有中介作用。

行為改變策略的實施

在理想的情況下，運動介入應該改變那些依據理論而對結果造成變化的變項。對介入措施進行測試，以確保這些關鍵變項確實發生了變化（即介入措施的結構驗證），這一點愈來愈普遍。這方面的一個限制是缺乏對行為改變技術的標準化定義。自我監測、目標設定或其他策略，可能被列為運動介入的一部分，但實施方式不同。在一般情況下，由於文章的篇幅限制，對介入的內容只能簡單提及，如果沒有這些細節，就很難忠實地複製有效的介入措施。因此，辨別有助於不同介入措施有效性的具體技術也是有限的。

Abraham 和 Michie（2008），以及 Michie 和同事（2008）開發了一種與理論相關的分類法，該分類法包含二十六種普遍適用的行為改變技術，與行為改變的關鍵決定因素相對應。他們對技術的選擇，主要是基於介入措施設計的回顧，以增加身體活動和飲食健康。例如：「特定提示的目標設定」被定義為涉及「詳細計畫個人將做什麼，包括對行為的定義，指定頻率、強度或持續時間，並指定至少一種情境，即在哪裡、何時、如何或與誰合作」（Abraham & Michie, 2008, 382），時間將證明這些定義，是否被接受並應用於運動介入中。

中介分析

策略應該設計用來改變不可靠的理論中介，但下一步，通常是不進行中介分析。第二章將中介定義為，解釋自變項和結果變項之間關係的變項。例如：使用班杜拉的自我效能理論作為介入措施（自變項），以增加運動持續性（結果變項），目的是為了提高運動自我效能（中介變項）（請參見圖 15.3）。

Baron 和 Kenny（1986）發表了一篇開創性的文章，區分了行為改變和社會心理結果的調節變項和中介變項。在我們的例子中，使用他們的模式，運動自我效能必須滿足三個條件才能成為中介變項。首先，介入措施和運動自我效能之間必須存在顯著的關係；其次，運動自我效能和運動持續性之間必須有顯著關係。簡單地說，介入措施應該增加自我效能，而自我效能的增加應該與更好的運動持續性有關。最後，為了支持運動自我效能的中介作用，當我們控制了介入和自我效能之間的關係，以及自我效能和運動持續性之間的關係後，介入對運動持續性的影響應該是不顯著的。因此，有證據表明：去除自我效能會削弱或消除介入的效果，如此說明了自我效能介入和結果之間的關係。

在對用於改變運動自我效能技術的回顧和後設分析中（Ashford, Edmunds & French, 2010），最有效的介入措施是使用反饋、替代體驗和說服力，精熟等級和障礙識別在改變自我效能方面的效果較差。如前所述，為了確定自我效能是否對運動行為的改變起中介作用，介入措施必須先同時改變自我效能和目標行為，然後再進行中介測試。另一項後設分析（Williams & French, 2011），包括了 1966 年至 2009 年間發表的二十七項介入研究，以確定改變健康成年人的身體活動自我效能和身體活動的策略。成功改變身體活動和自我效能的介入措施包括行動計畫、加強努力或行為的進展，以及提供指導。有趣

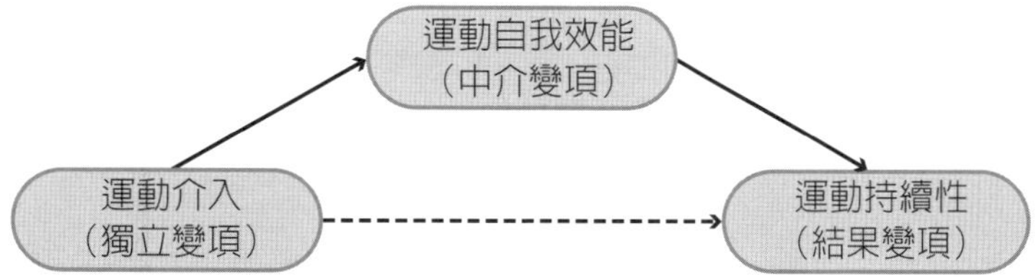

圖 15.3 當介入措施與自我效能之間，以及自我效能與運動持續性之間存在顯著關係時，自我效能對運動持續性的影響具有中介作用（實線）。此外，除去自我效能的影響，介入措施與運動持續性的關係就不顯著（虛線）

的是，包括設置分級任務和預防復發的介入措施，與較低的身體活動和自我效能有關。考慮到缺乏介入措施的細節是該文獻的一個弱點，可能是這些策略的應用在每項研究中都不一樣。此外，有些策略在不同的時間點、和不同的人群中更為有效。例如預防復發可能不適合在建立運動習慣期間進行。

要決定哪種理論和策略最有可能提高運動持續性，需要仔細分析介入措施對理論中介變項的影響，以及所謂的中介變項對行為的影響。Silva 及其同事在 2011 年發表的研究報告中，有一個例子說明了基於理論的介入措施的明確應用和測試。他們對 221 名體重超標和肥胖的婦女進行了為期 1 年的 RCT，並進行了 2 年的追蹤訪問，這些婦女被隨機分配到基於自我決定理論的介入措施或對照組。介入組參加了三十場會議，以溝通技巧、壓力管理、運動、飲食和自我保健為目標，其重點是增加運動和體重控制的自主調節方式：提供結構和選擇方案、支持自主決定、鼓勵個人治療目標、限制外部突發事件和控制，如基於結果的獎勵或讚揚，以及監控外部因素，例如：行為和體重。其目的是幫助參與者在社會框架內，發展出一種所有權和掌控權的感覺。他們發現，保持適度和劇烈運動對介入措施的減肥效果，具有重要的中介作用。介入結束時測量的自主調節也與 2 年後的追蹤調查中的運動有關，而且這一效果完全由追蹤調查中測量自主調節的中介作用，表明增加自主動機和健身運動，以及長期維持體重減輕之間，存在著理論上支持的關聯性。

小結

介入措施必須基於目標群體的特徵、環境的限制以及對參與的潛在個人和環境障礙的考慮。有充分的證據證明，基於行為改變的策略是有效的。然而，對於增加和保持身體活動的介入措施指南，目前還沒有達成共識，而且我們對長期保持定期運動的認識也存在差距。傳統的介入措施，並沒有解決運動行為的周期性或動態性問題，在過去的 35 年中，結構化運動項目的退出率一直保持在 50%。介入研究的重點是實施行為改變策略，並測量身體活動水準的後續變化。很少有研究透過確定介入措施，是否改變了選定的中介因素，以及中介因素是否改變了目標行為，來檢驗介入措施的建構效度。

未來的研究應針對檢驗運動行為理論的有效性，和檢驗介入措施的建構效度，需要對特定人群進行控制性的縱向研究，以確定哪些方法有效，對誰有效，還需要在社會和物理環境層面上實施介入措施，並探索技術創新所帶來的機會。促使人們增加活動的環境、提供方便的設施、消除實際的和知覺的障礙，以及獎勵身體活動，可能是採用和長期保持積極生活形式的先決條件。

參考網站

1. www.cdc.gov/healthyyouth/npao/strategies.htm
2. www.cdc.gov/nchs/healthy_people/hp2010/hp2010_fi- nal_review.htm
3. www.cdc.gov/physicalactivity/professionals/index. html
4. http://paceproject.org www.thecommunity-guide.org/pa/index.html

第十六章
自覺強度

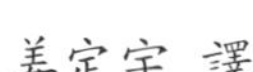

自覺強度（Perceived Exertion）有時亦稱作用力感（Effort Sense），是指個人在進行身體活動時，使用氣力的主觀評估。這項感覺有部分是來自於肌肉在產生力量時，所形成的一種整合性知覺，統整那些經由神經、生理以及化學訊號所產生的感覺（傳導進入中央神經系統（Central Nervous System, CNS））。因此，當增加強度時（例如：進行增量運動檢測時，Incremental Exercise Test），人們可以明顯感受到運動強度的增加。此外，在運動時傳達到骨骼肌肉、心臟、呼吸肌肉以及其他器官的中央動作指令（Central Motor Commands）（從中央神經系統發出的神經訊號），會與知覺強度有關。這些動作指令傳遞副本訊息到中央神經系統的感覺動作區域，藉此提供預期動作感覺的記憶。當動作感覺受損或是缺乏時，這條路徑就會成為主要的或是唯一的用力感覺。因此，即使當人們在被麻醉或受到外傷，失去某些肢體感覺的時候，要求他們試著去收縮可控肌肉（隨意肌），他們仍然能夠察覺到用力程度的增加。同時，在運動過程中所產生的邊緣訊號與感覺（Sensations），也會對比來自於中央動作指令所產生的預期動作。有可能是在不同的意識層次，人們可以藉此偵測所使用的力量是少於或多於所預期的水準。這可以讓動作系統在舉重時調整力量（例如：當遠高於預期的重量），或是在跑步、騎車時調整步調（例如：當遇到沒有預期到的坡度陡升），驅使身體配合想要達到的表現水準。

自覺強度是一種**完形（Gestalt）**——gestalt 是德文，粗略翻成英文的意思是：「一種形式、一種彼此區隔的整體，或是一種整體性」。所以，個人對出力強度的整體判斷，是超過單純地將各部分相加而已（像是，在運動時的特定感覺，請參見圖 16.1）。儘管如此，了解特定感覺對於整體知覺的影響也很重要。基於健身運動的不同類型和強度，以及個人的體態和訓練，生理緊張所引起的感覺也會有所不同。例如在做重量訓練時，包括肢體動作或是呼吸、收縮肌肉的力量感覺，以及溫度、流汗或是其他因素的感覺，都可能會以不同的程度影響能量的消耗。疼痛和不舒服的感受，儘管與自覺強度不同，但在從事高強度、持續性的

自覺強度的組成

- 動作指令：從動作系統送出的神經訊息，抵達感覺系統時所會有的必然副本，提供肌肉運動預期感覺的記憶。
- 邊緣訊號：在出力時會傳到感覺系統的神經訊號，提供肌肉運動的感覺結果。

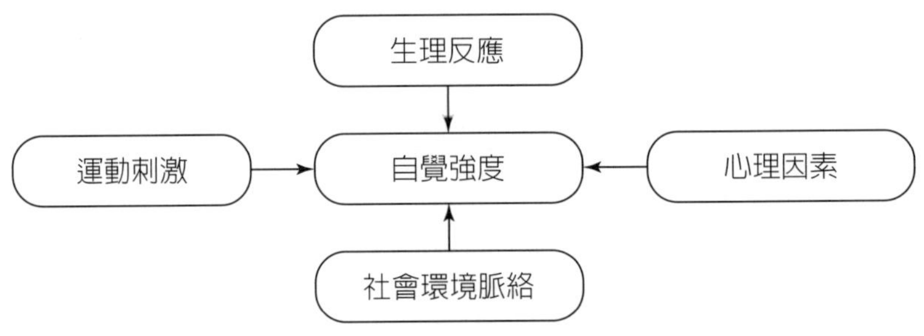

圖 16.1 自覺強度為一種完形

運動時，仍會增加個人整體自覺強度的評量。感覺和運動指令，對於自覺強度的相對重要性，是會隨著運動的類型、強度以及持續時間而異。在許多情況中，不論強度知覺的精確來源為何，自覺強度仍是一項了解個人對運動反應的有用概念，並且也是一項協助人們調整其運動行為的有用工具。

由於大腦會過濾感覺，性格或情緒也會影響自覺強度－藉由影響知覺的量或質，來產生直接影響，或是透過影響人們如何跟他人反應？自覺強度，產生間接的影響。人們如何評量自覺強度，會被運動情境中的外在線索所影響，包括分心或因為想要給他人留下好印象，而讓人們有意識或下意識地，提高或降低他們所反應的分數。

由美國運動醫學學會（American College of Sports Medicine, ACSM）所贊助的知覺強度研究，五十多年來所獲得的資料成為運動測試與運動處方中的重要內容（ACSM, 2009）。研究也認為人們在從事身體動作時，選擇是否要展現身體活動力或決定激烈程度，強度知覺是一項重要的影響因素。本章將回顧自覺強度的歷史，並且包括以下內容的基礎知識：(1) 生理心理學所採用的研究方法，是如何用來判斷健身運動期間自覺強度的增加；(2) 缺乏生理心理訓練的運動專業人員，會如何運用適合的評量量表，來測量健身運動時的自覺強度；(3) 影響自覺強度的生理、心理以及社會環境因子，以及實際做過的身體活動；(4) 在運動測試、運動處方以及運動時的強度監控等層面上，自覺強度的實務意涵為何。

簡史

在 19 世代中期到晚期的歐洲，生理學家與心理學家經常爭辯是否存在「肌肉感覺（Muscle Sense）」。蘇格蘭醫生和解剖學家查理斯．貝爾（Charles Bell）認為，個人對於隨意肌強度的判斷，乃是來自於肌肉的感覺神經，而非傳遞到肌肉的運動神經（Bell, 1826）。建基於 Bell 的想法，法國神經學家葛勞梅．杜根納（Guillaume Duchenna）是首位清楚區分，從動作而來的肌肉感覺，與來自中央神經系統隨意肌的肌肉意識，兩者有所不同（Duchenne, 1867，請參考 Clarac, 2008）。隨後，德國神經生理學家赫爾曼．馮．亥姆霍茲（Hermann von Helmholtz）在他 1886 年的〈*Optik*（視覺）〉論文中，建構出力量知覺是來自於中央動作指令之觀點的基礎論述（Southall, 1924）。Von Helmholtz 指出，當眼睛用手來移動，而不是用眼球肌肉時，人們會知覺到其視野也隨之移動。他解釋這是由於所預期的眼球位置，沒有同時接收到來自傳遞到眼球肌肉動作指令的感知副本（Reference Copy），因此沒有更新到訊息。

由於動作中的某些感覺，所傳入訊息是來自於身體結構而非肌肉，像是肌腱、關節以及皮膚，因此亨利．貝斯欽（Henry Bastian）偏好使用 kinesthesia（運動感覺）這個詞，而不是肌肉感覺一詞（Bastian, 1887-1888）。隨後查爾斯．謝靈頓（Charles Sherrington）區分出來自肌肉、肌腱以及關節運動的「本體感覺（Proprioception）」，與「內感覺（Interoception）」來自於內在器官的感覺，和「外感覺（Exteroception）」來自身體外的感覺，彼此之間的不同（Sherrington, 1906）。到 20 世紀時，則普遍接受，肌肉感覺應同時包含中央源起（如動作指令）與周邊源起（如運動感覺）。

大約 50 年後，德國動物學家艾瑞克．馮．霍爾斯特（Eric von Holst）（von Holst & Mittelstaedt, 1950）與美國神經心理學家羅傑．斯貝瑞（Roger Sperry）（Sperry, 1950），他們當時使用昆蟲、魚類以及蛙類所進行的運動協調研究，為今日運動感覺的概念提供基礎研究證據：包括從中央動作指令到感覺動作大腦中心（感知副本、或感知回饋，Corollary Discharge）的內在前饋（Feedforward），以及從周邊感官來的外部回饋，再加上比較兩者間訊號差異的比較器（Comparators）（Crapse & Sommer, 2008; Gandevia, 1996; McCloskey, 1978）。感知副本，意指遞送到肌肉的動作指令，同時會傳遞單一實際的副本到大腦感覺區域。然而，從動作系統傳遞到感覺系統的副本，可能會需要發生在神經系統的許多層次上，如此才能涵蓋從反射動作到隨意肌運動中，許多有關正確度、精細度、強度以及時間上有所不同的動作。感知回饋的想法，則是認為從動作系統發出的訊號，也可以發生在動作傳導路徑的任一層次中，同時，也可以指向感覺處理系統的任一層次（Crapse & Sommer, 2008）。本章將會更詳細討論。

在 1892 年，美國心理學家詹姆士．柯泰爾（James McKeen Cattell），馮特（Wundt）的學生，也是科學〈*Science*〉期刊的長期所有者與發行者，發表了一篇似乎是知覺強度最早的科學研究，他和同事藉由測量握力，研究人們是否可以精準地產生二倍或一半標準強度的力量（Fullerton & Cattell, 1892）。不過，一直到 1959 年，才有下一篇知覺握力強度的研究（Stevens & Mack, 1959）。直到 1960 年代，我們現在所熟知的知覺強度概念才被正式提出。瑞士心理物理學家岡納．柏格（Gunnar Borg）開始對人們身體勞動知覺產生興趣的契機，是他的醫學院同事跟他說，有些病患雖然會抱怨他們沒辦法勞動，但是這些病患在進行自行車運動時，行動表現卻相當正常。柏格認為這些病患似乎低估了他們自己的實際運動水準。隨後，柏格發展了第一個可以用來測量自覺強度的評估量表，隨後也激勵自覺強度發展成為一門科學研究領域，以及其相關應用研究（Borg, 1962）。

「站立、行走以及奔跑，讓身體產生動作的自主力量，每一次施力都是經由肌肉狀態的感覺所引導，若是缺乏這樣的感覺，我們便無法調節肌肉的動作……看起來，運動神經也不太可能是跟大腦溝通肌肉狀態的途徑。」

—查理斯．貝爾（Charles Bell），1826, pp. 167-168

瑞士心理物理學家岡納．柏格發展出第一個自覺強度測量的評分量表，並且創造出自覺強度評量（Rating of Perceived Exertion, RPE）一詞。

知覺的類型

人們對於物理刺激的知覺，可以在質與量上進行判斷。像是光的色調和波長，聲響的音高，基於早期哈佛心理物理學家史蒂文斯與葛蘭特的說法，這些性質（Quality）具備質性的（Metathetic）連續特徵。藉此，「是基於物理水準的替代機制，所形成的不同展現」。相對來說，數量（Quantity）像是光的亮度或是聲音的響度，是量性（Prothetic）的連續。藉此，「是基於物理水準激發再激發的增進機制，所產生出的表現差異」。—Stevens & Galanter, 1957, 377

自覺強度較偏向量性的知覺，而非質性的知覺。對於人們有關物理刺激量性判斷的觀察，可能會受到他們知覺的干擾，最早是在 20 世紀前半，由心理物理學家所描述，並整理出像是定律般的假設。我們現在知道人們對於物理刺激強度的判斷，並不必然會隨著刺激強度的增加而有著相對應的線性增加。在給予一般大眾運動處方，或是監控運動成效，若提升強度或增加持續時間，這時自覺強度會以何種模式增加，將會是非常重要的核心問題。健身運動專家通常會給予他們案主有關適當運動量的建議，但是大都單純考量以線性模式的增加強度下，生理反應或是運動要如何調配。如果人們自覺的運動量，是以非線性的方式改變，或自覺強度是低於或高於生理強度指標，那麼以線性思維所給出的建議，就可能會對人們的舒適感、體態，或是健康造成不良影響。

心理物理與自覺強度

心理物理學領域的研究者，是研究物理刺激的心理判斷。這些判斷是基於感覺（刺激經由感覺神經傳遞的被動歷程）與知覺（對感覺進行認知解釋的主動歷程）。心理研究是藉由標準化操弄生理刺激的方法，測量對刺激的知覺反應。就如同用來測量特定物理刺激的方法（例如：光線的亮度、聲音的響度，以及時間的速度、長度、或是流逝），這些方法也可以用來測量運動時的自覺強度。

感覺是由刺激或訊息對感覺神經的刺激。知覺是對感覺的認知解釋。自覺強度是在運動時，對此知覺的評量。

古典心理物理學

古典心理物理學家使用三種常用的研究方法，極限法（The Method of Limits）、調整法（The Method of Adjustment），以及持續刺激法（The Method of Constant Stimuli）。所謂**極限法**，是在一強度範圍中，以逐漸增強或逐漸減弱的順序呈現，判斷一連串刺激的刺激強度。這項研究方法可以讓我們找出較低和較高的知覺閾限。下閾限也稱之為刺激閾限，是指個人能夠察覺到刺激的最小強度，若是刺激強度低於刺激閾限，個人會無法知覺該刺激的存在。而上閾限也稱之為終端閾限，是指個人能夠知覺到的最高刺激強度，當刺激強度高於終端閾限時，個人也會無法知覺到該刺激。

調整法則是在兩個刺激間，進行是否相同的判斷。研究者先呈現一個標準的刺激，藉此作為客觀的強度衡量，接著讓個人調整另一個對照刺激，讓這個對照刺激的強度，被調整到和標準刺激相同的強度。**持續刺激法**也會有標準刺激和對照刺激，不過在這項作業中，個人要去判斷對照刺激與標準刺激，兩個刺激是否不同。若對照刺激會持續增強，當達到某一強度時，有 50% 的機率會被知覺為不同的刺激，則稱之為**恰辨差**（**Just Noticeable Difference, j.n.d.**）。恰辨差是指在某一強度刺激下，能夠知覺到差異所需的最小改變量。

在 1960 年代，研究者提出訊號偵測理論（Signal Detection Theory, SDT）（Green & Swets, 1974）。與古典心理物理不同之處，是在於這項理論強調個人報告訊號強度的改變，是受到二個相互影響的因子所決定：**知覺增加敏感度**（**Perceptual Sensitivity-Added, d'**），這是指稱個人區辨訊號強度改變的能力；以及**偏誤**（**bias, β**），或是反應標準，這是一套基於過往經驗、指導語、以及預期成本和獲利的決策規則。在第二次世界大戰期間，雷達工程師開發出接收者操作特徵分析（**Receiver Operating Characteristic, ROC, Analysis**）來偵測敵人，當 SDT 應用這項分析技術時，就可以提供一種得以平衡正確決定（真陽性 True Positives 與真陰性 True Negatives）與錯誤反應（Errors of Commission, 偽陽性 False Positives）的研究方法，並且能夠藉此估計知覺歷程與偏誤對於人們決策的影響。這與檢測敏感度相近，特別是在第二章所描述的預測價值。

ROC 曲線是一個圖示，呈現出敏感度或是真陽性率對比偽陽性率（意即，1- 特異度，Specificity），所產出的一項二元（是 - 否）類別系統，並且有著不同的區辨閾限（d'）（例如：低於或高於 50%）。曲線下面積（Area Under Curve, AUV），則是隨機出現陽性案例的機率（例如：運動強度的增加），會被判斷高於隨機出現負向案例的機率（例如：強度減低或是沒有改變）。對於恰辨差來說，這樣的機率應該是大於等於 50%。因為在 ROC 曲線上的每一個點，是來自於區辨閾限所得到的值，所以 ROC 曲線不僅可以量化個人對標準運動強度的判斷，也可以用來量化在特定條件下的判斷變化（像是室內或是室外，單獨或是有其他人在場，或是不同的環境溫度）。舉例來說，在接下來的章節中，我們將會看到有研究發現，如果詢問研究參與者的人與研究參與者是不同性別，人們傾向低報自覺強度。他們實際知覺的能力是沒有改變的，但是他們想要真實報告評估結果的意願，卻可能會因為社會互動而改變。

然而，各式不同動態運動的恰辨差，並沒有使用訊號偵測理論加以檢驗，不過早期針對自行車運動的研究，指出健康的人可以感覺到最少功率 150kg · m/min，或是大約 25 瓦特的隨機差異（Morgan, 1973; Skinner et al. 1973）。僅管對於持續運動的恰辨差仍然未知（例如：Dishman et al. 1994），不過可能會與運動員在訓練與競賽期間對於步調的決定有關，並且也能用來了解非運動員在每日活動與休閒運動時所偏好的強度水準。

恰辨差，是指能夠知覺到刺激強度差異所需的最小改變量。

古典心理物理學家對於量化物理刺激很感興趣，藉由平均人們的資料，可以決定物理刺激的增加，與知覺刺激強度增加之間關聯性的形態。像是對於聲音或是光線亮度的判斷，都是很好的例子。在安靜的房間裡，輕聲細語可以很容易地被聽見，但當身處於興奮的群眾中，不大聲叫喊則幾乎不可能聽得到彼此。在夜晚，後照鏡中後方車子的頭燈光線，可能會讓人睜不開眼睛，但在白天看起來卻很微弱，以致於我們經常可能會忘記要關掉頭燈。數學法則可以更精確地描述這些知覺現象，是理解自覺強度的很好起點。

第一個用來描述人們對物理刺激知覺改變的數學方程式，是由德國生理學家恩斯特．海因里希．韋伯（Ernst Heinrich Weber）所提出。在他 1834 年的書，《有關觸覺》（*De Tactu*）中，韋伯報告他的研究發現，包括感覺、終端閾限以及他最廣為人知的概念：恰辨差。基於他在重量、溫度以及壓力知覺上的理論性研究，韋伯提出一項觀點，認為恰辨差是刺激強度的比率，而不是一個固定的值。舉例來說，相較於要在 50 磅（22.7 公斤）上額外再加上重量，在 100 磅（45 公斤）上必須要再加上更多的重量，人們在舉起時才能感覺到重量改變。韋伯定律（Weber's law）指出，能夠產生恰辨差的刺激改變量，是與物理刺激強度（S）有著常數（K）的線性比例關係。舉例來說，在自行車運動中，一個 100 瓦特的運動刺激，其恰辨差為 10 瓦特，那麼 k 值就會是 0.10（亦即，100/10）。而在 200 瓦特時，恰辨差就應該會是 20 瓦特（亦即，200×0.10）以及 300 瓦特時就應該會是 30 瓦特。所以，基於韋伯定律，由於隨著運動強度的逐步增加，恰辨差的值也會隨之增

人們力量知覺的數學法則

韋伯方程式（Weber's Equation） j.n.d. = k．S

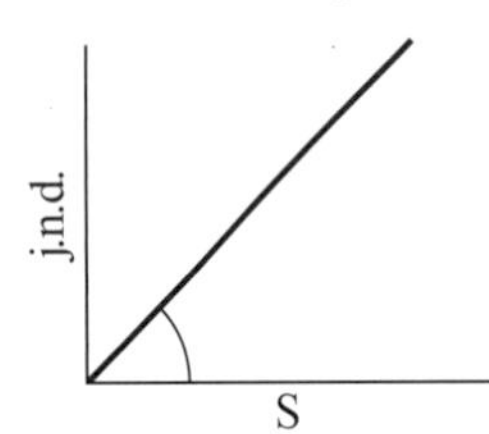

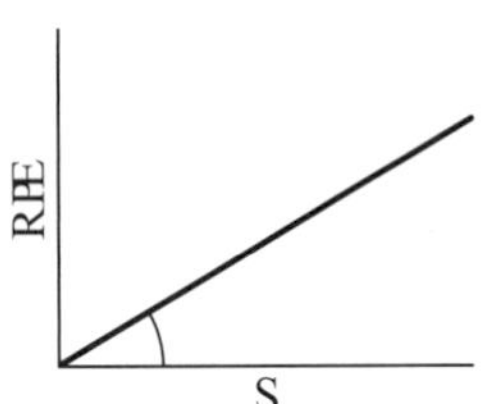

費希納-韋伯定律（Fechner-Weber Law） j.n.d. = k．log S

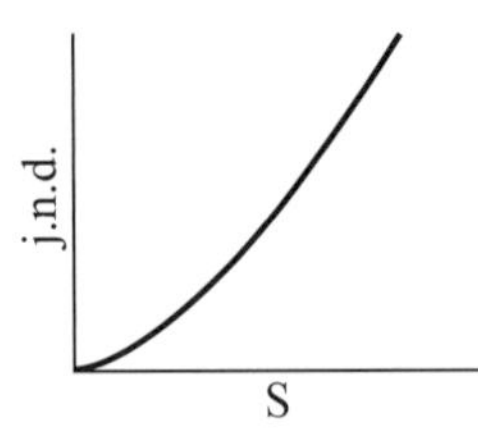

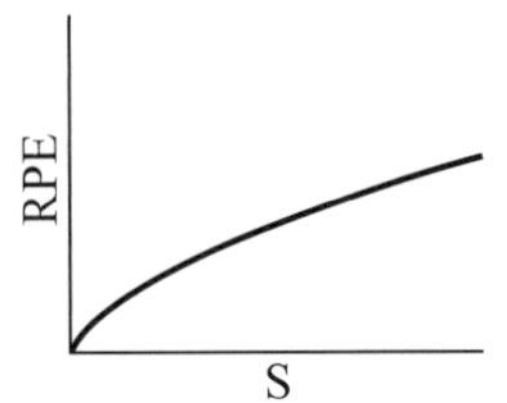

史蒂文斯定律（Stevens' Power Law） j.n.d. = log k．S, or R = k．S^n

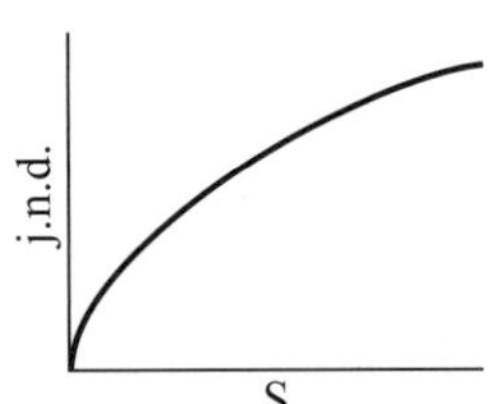

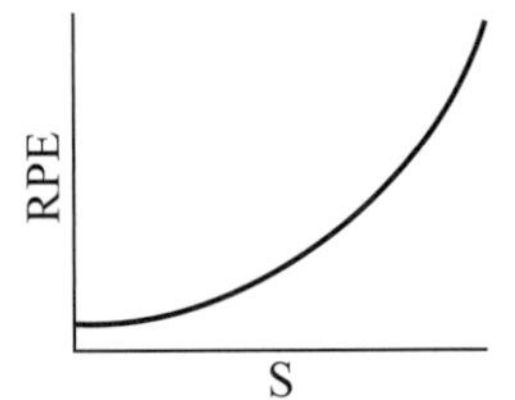

加，因此相較於前一水準的強度，人們所知覺到的強度增加應該會較少。

然而，韋伯定律與人們一般在健身運動中所經驗到的並不一致。在中等強度運動中，自覺強度仍是與運動強度的增加，呈現一定比例的關係。並且，當人們接近最高強度時，恰辨差會隨著力量的增加而減小，使得強度的差異會更容易被察覺。

第一個確認韋伯的觀點並不能解釋所有知覺和感覺的科學家，就是他的一位學生，葛斯塔夫．費希納（Gustav Fechner）。他在萊比錫大學（University of Leipzig）韋伯的門下學習解剖學。費希納的貢獻，是在於將韋伯的想法用數學方式程式呈現，將刺激與知覺之間的關係，轉化成定律形式的呈現方式。費希納接著藉由有關距離、亮度（即使是持續注視太陽會造成短暫的失明），以及舉重知覺等研究來檢測此定律。在他 1860 年出版的《心理學原理》（*Elemente der Psychophysik*）提出一項修改的定律，費希納 - 韋伯定律（Fechner-Weber Law）。

費希納 - 韋伯定律指出，恰辨差的改變是與刺激強度的增加，呈現對數關係。換句話說，費希納認為隨著強度增加恰辨差的線性增加，並非如同韋伯所說的是一個常數，而是一個常用對數（意即以 10 為底的對數，log）。基於費希納 - 韋伯定律，恰辨差會隨著運動強度的增加，而有正向加速地提升。

並且，基於費希納 - 韋伯定律，在運動時的自覺強度，可能會以負向加速的方式增加。當運動強度增加到接近最大力量時，運動的尖峰知覺可能會進入停滯。然而，當提升運動強度時，人們所知覺的強度卻是與費希納 - 韋伯定律不一致。

現代心理物理學

在 1950 年代，哈佛心理物理學家史蒂文斯（S. S. Stevens）提出一項乘冪定律（Power Law），取代費希納 - 韋伯定律（Stevens, 1957）。僅管費希納認為等量的相對刺激增加與等量的感覺增加之間，應該會是某種比例的關係，但是史蒂文斯定律認為知覺或是反應（R），是與一個常數（K）乘上刺激（S）的 n 次方，有比例關係。

在史蒂文斯定律中的次方 n，是藉由將刺激值取 Log10 為 x 軸的值，知覺值取 Log10 為 y 軸的值，將各資料點繪製成散佈圖。然後，找出經過所有 log-log 資料點的最適（best-fitting）直線。這條件的斜率即為史蒂文斯定律中的 n 值。如果 n 值為 1，那麼這項方程式即表示刺激強度與知覺之間為線性關係。如果 n 值小於 1，那麼方程式則為負加速；如果 n 值大於 1，那麼方程式則為正加速。圖 16.2 圖示這些乘冪方程式。

對數或指數關係

要了解自覺強度，其中核心的關鍵，就是要知道對數函數與指數函數是如何被運用到心理物理的關係中。人們對聲音知覺的尺度就是一個很好的例子。響度知覺的測量尺度是用分貝（Decibel, dB），每增加 10 分貝，所知覺到的聲音強度就會增加一倍。在分貝尺度中，強度低到幾乎聽不見的聲音，設定為 0 分貝。能夠忍受而不會感覺疼痛的最高聲音強度，大概是 120 分貝。分貝尺度是由貝爾實驗室在 1900 年代早期所發展出來的，在尺度中每一格的增加，都代表著比前一水準增加一倍。然而，當測試這項新的尺度時，研究者發現聲音強度知覺並不遵循韋伯方程式，響度知覺與刺激強度不是常數關係。而是較接近聲音恰辨差的對數。

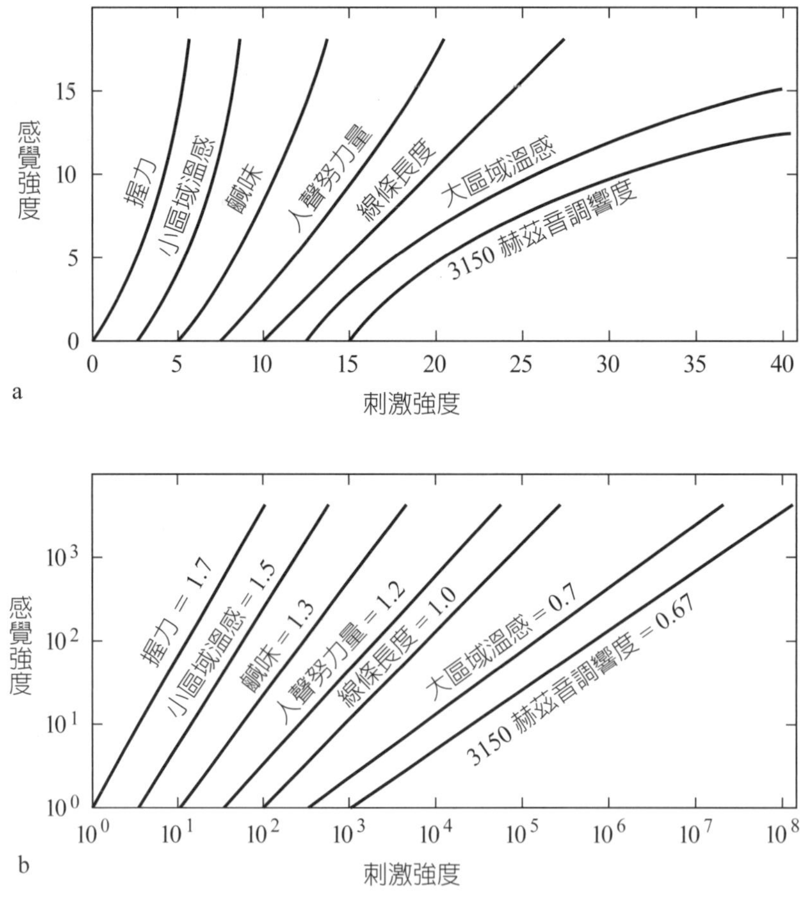

圖 16.2　史蒂文斯乘冪函數的線性 (a) 與 log-log(b) 圖

重製於 S. S. Stevens, 1957, On the psychophysical law, *The Pomological Review*, 64(3): 153-181.

隨後，史蒂文斯認為響度知覺的提升，只會顯示與恰辨差有對數關係，是因科學家使用古典心理物理研究法，像是極限、調整以及固定刺激，這僅能讓研究者間接地測量知覺聲音響度的增加。而史蒂文斯使用更為直接的度量方式，像是直接詢問人們，某一聲音強度與標準聲音強度是何種比例（如：一倍或一半）。他發現聲音響度的知覺，並不如費希納所認為的與刺激的恰辨差為對數關係，而是指數關係。這項公式指出，三千赫茲（3000 hertz）頻率的響度增加，是決定於聲音壓力增加的 0.67 次方。因此，知覺響度是以一種負加速的方式增加。

史蒂文斯定律在心理物理學上有很大的影響力，因為這項定律可以解釋許多類型的感覺與知覺之間的關係，像是亮度、響度、電擊的痛感、直線長度以及握力等，都顯示出知覺強度的增加，與刺激強度的增加，是以正向或負向的指數關係遞增。

史蒂文斯定律解釋了許多類型的感覺與知覺之間的關係，指出知覺強度的增加會與刺激強度的增加，以正向或負向的指數關係遞增。

度量知覺的方法

測量心理物理判斷時會使用量尺，這是用類別或數字，來描述或是區分知覺事件。有四種量尺類型可以用來衡量知覺：名義（Nominal）、次序（Ordinal）、等距（Interval）以及等比（Ratio）。名義量尺僅單純地命名物件或事件，所以提供最少的資料。次序量尺不只是命名物件或事件，也同時將之排序，由於沒有說明不同排序之間的差異，因此只能提供粗略的量化指標。等距量尺除了命名和排序物件或事件，也說明差距的大小。華氏溫度（Fahrenheit Thermometer）就是使用等距量尺，20°F 與 10°F 之間的差異，是與 10°F 與 0°F 之間的差異相同。但是在華氏溫度的尺度中，0°F 並非是絕對零度（意即，完全沒有溫度），所以相比 10°F、20°F 不會有兩倍的溫暖。最後，等比量尺能提供最多的訊息，這是因為在等比量尺中是有絕對零的存在，所以除了命名、排序以及等距（量）差值之外，測量還具有比例意涵。一個不錯的例子就是克氏溫度，是在 1848 年，英國物理學家威廉．湯姆森（William Thomson），蘇格蘭拉格斯的克耳文男爵（The Baron Kelvin of Largs, Scotland）所發展的。克氏溫度有絕對零度，所以，300°K 的溫度，就會是 150°K 溫度的兩倍。

在心理物理中兩個最常使用的等比量尺方法，是定量估計法（Magnitude Estimation）與強度產生法（Magnitude Production）。**定量估計法**是呈現一個標準刺激（稱之為模量，modulus），例如 10 公斤重即為定量估計，先讓個人對所知覺的重量或是力量，給予任何一個數值。接下來，不同的重量會隨機出現，讓個人參照模量，對每一個重量分別給予一個數值。這個方法也被稱作為自由定量估計，這是由於個人可以自由決定要給模量的數值。在一些例子中，模量的數值是由實驗者所提供，再由個人選擇數值來評估他們所知覺到的力量強度。

強度產生法有著相似的步驟，不過個人所被要求做的判斷，是要針對所給予的刺激強度做出一定比例的反應。舉例來說，個人可能會被要求做出刺激強度一半或一倍的力量反應，或其他比例的力量反應。

> 在心理物理中常用的度量方式，就是要求個人針對某一刺激強度，估計或產生某一比例的反應。

乘冪定律與運動

在握力與自行車運動使用比例設定法（Ratio-Setting）的研究，顯示隨著運動強

測量量尺的類型

量尺	目的	範例
名義	分類或分群	身份證字號
次序	排序	比賽成績（第一名、第二名、第三名）
等距	呈現差距	華氏溫度（10°F 與 20°F）
等比	呈現比例	克氏溫度（150°K 與 300°K）

度的提升，知覺強度的增加是與史蒂文斯定律較為一致，而非費希納—韋伯定律。在大多數的情形下，運動強度與自覺強度之間關係的指數，是介於 1.5 到 1.7 之間。這表示當運動強度增加時，自覺強度的增加是正向加速的趨勢，或是用另一種說法來說，當在低運動強度時，知覺強度會上升的比較緩慢，但是在高運動強度時，知覺強度的增加就會比較快速。

人們之間的比較

古典心理物理學的目標，是比較不同刺激的知覺，並不是要比較個人與其他人對刺激知覺的異同。事實上，人與人之間的差異，在古典心理物理中，視為是知覺系統中的誤差或是雜訊。柏格隨後修正知覺強度的史蒂文斯定律，加入了二項專有名詞，如同圖 16.3 所示：知覺雜訊（Perceptual Noise）(a) 與刺激閾值 (b)。這兩個名詞可以用來繪製知覺強度的刺激—反應圖，如同圖 16.3。知覺雜訊是指個人在休息狀態下的知覺強度，而刺激閾限是指略高於休息狀態，達到剛好可以察覺的功率（Work Rate）。加入這些名詞後，可以呈現影響個人休息時知覺強度水準的變項，並且進行調整（例如：肌肉痠痛或是心理疲憊）。

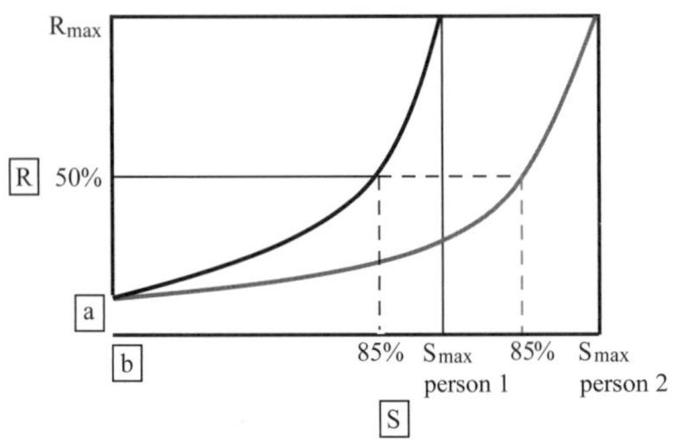

圖 16.3　此圖說明柏格的範圍原則

柏格的範圍原則（Borg's Range Principle）

等比量尺法可以提供大多數知覺真實的成長函數，然而，這項方法的限制就是沒有使用共同的標準，讓我們無法比較兩個人之間的知覺水準。等比量尺法可以判斷某一刺激強度的知覺，是否是另一刺激強度的二倍，不過這個方法無法用來判斷某一強度知覺的絕對水準。知覺的等比量尺法是讓每一個人去選擇他們後續比較起始值，也由於人們各自的起始值是基於他們自身的知覺，當然彼此是不同人時，也使得我們無法比較兩個人的知覺水準或是絕對強度。舉例來說，某個人選擇呈現他們知覺的數值（例如：從 1 到 10），可能與另外一個人選擇用來呈現他們所知覺的數值不同（像是，從 100 到 1000）。我們是無法判斷最一開始評分為 10 的知覺，是否就是另一個人一開始評分為 100 知覺的十分之一強度。

柏格發覺到等比量尺的限制，並且發展了一項類別評定量表，這個量表有點像是等距量尺，不過卻可以標準化知覺強度的比較。這是基於一項關鍵的基本假設，就是柏格的範圍原則（Borg, 1961），讓自覺強度量表（RPE Scale）可以用來比較不同人或不同團體的反應。

柏格的範圍原則假定大多數的人在身體運動上會有相似的經驗，也保留著過去身體運動水準的記憶，所以，對於「沒有出力」和「出最大力氣」的知覺，對每個人來說意義應該是相同的。基於範圍原則，兩個不同

柏格對史蒂文斯定律的修正

$$R = a + c(S - b)^n$$

的人對於最大力氣的 50% 強度判斷，應該有著相同的知覺意義，即使是每個人所呈現的絕對運動強度是不同的。在圖 16.3 的例子，同樣在知覺 50% 的 R_{max} 的運動強度（S），在第一個人與第二個人的 R 函數曲線上，大約都落在每個人 S_{max} 的 85% 位置（就如同圖中向下延伸的虛線所示）。儘管第二個人的 S_{max} 比較高，不過 R_{max} 卻是兩人皆相同。

反應強度（R），在這個例子中是指知覺肌肉力量，與刺激強度（S）（舉起的重量）之間的函數關係，並且以兩個最大強度（S_{max}）不同的人來繪製此圖。根據範圍原則，R_{max} 被假定為兩個人應該都相同。a 係數表示知覺雜訊（也就是當沒有 S 時的 R），b 係數表示刺激閾限。水平虛線表示 50% R_{max}。注意，50%R_{max} 對兩個人都是一樣的，而且發生在 85% 的 S_{max}，儘管第一個人的 S_{max} 是高於第二個人的 S_{max}（以虛線直線表示）。

量化的語意

柏格評定量尺的另一項基本假定，就是人們用來描述不同力量水準的形容詞，都帶有能夠讓一般人理解的量化意涵。這項基本假定則是被語意量化法所驗證，這類的測量使用相近的數字區段，並且使用對一般人有著相同量化意義的不同文字加以區分。所以基於柏格的研究，當自覺強度是採用等距量尺所評定時，像是「輕的」和「重的」這類形容詞的差異，就應該有著相同的強度知覺的差異，就如同用數用 11 和 15 所指稱強度差異的意涵。所以，詞語描述或是錨定詞的選用與放置，是可以協助人們了解評定量尺的知覺意涵。

柏格的範圍原則

儘管人們在生理上對於運動強度的耐受力會有很大的差異（例如：體能、力氣、或是最大有氧能力（Aerobic Capacity）的高低），由於人們有著相同的運動經驗，因此對於用力感受會有相同的知覺範圍。人們對於最大力氣的知覺則提供了共同參照點，可以在知覺範圍比例相同的強度上，進行人與人之間的比較。

基於柏格的範圍原則，在運動期間自覺強度評量的改變，應該會與氧氣消耗呈現一定的比例關係，這裡不是每分鐘的絕對吸收量，而是呈現最大氧氣吸收量的比例。檢驗柏格基本假定效度的一個方式，就是在運動中比較自覺強度評量與相對代謝壓力的測量。事實上在許多情境中，有關自覺強度的一致發現指出，自覺強度評量與代表著運動強度的最大攝氧量百分比（% $\dot{V}O_{max}$）之間為線性相關。

圖 16.4 呈現大約介於 10 到 16 的自覺強度評量，大約是在 45% 到 85% 的最大攝氧量。自覺強度評量與最大攝氧量百分比之間的線性關係，看起來似乎是與史蒂文斯定律不一致，顯示出等量的刺激比率會有等量的反應比率，而史蒂文斯定律所預測的運動強度的指數是超過 1。如果是這樣，那麼當每一個自覺強度評量都是刺激的比例，為何自覺強度評量會與最大攝氧量百分比、最大力量輸出、或是最大力氣的增加是線性關聯？其中一項可能的解釋，就是乘冪定律

在有氧運動時，知覺強度會與代表相對運動強度的最大攝氧量百分比有直接關聯。

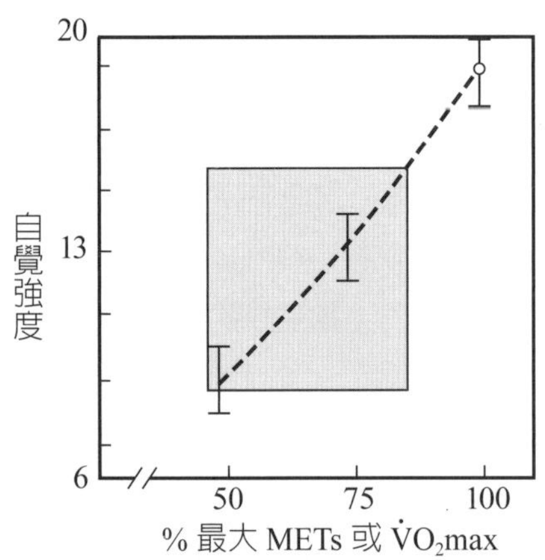

圖 16.4　健身運動時自覺強度類別評量與最大攝氧量百分比，或是最大代謝當量（METs）百分比的關聯

並無法精確地描述所有情境中強度知覺的改變。這個我們隨後會再詳細說明。由於自覺強度是綜合許多感覺的複雜組合，而非單一感覺，因此是有此可能。

另一個解釋，就是柏格的15等級，6-20的自覺強度量表，就如同其他類別量表一樣，像是匹茲堡大學的 0-10 OMNI 舉重知覺強度圖片量表（Robertson et al., 2005）以及自行車運動（Robertson et al., 2000）與孩童跑步（Robertson et al., 2006、Utter et al., 2002）的疲憊評量，即使都可以進行人與人之間強度知覺水準的比較，但是對於自覺強度的增加，也都呈現失真的樣貌。舉例來說，OMNI 量表使用感覺線性增加的形容詞來連結數字，並且使用的圖片也是呈現線性增加的力量等級（例如：愈來愈大的啞鈴，或是跑步或騎自行車爬上愈來愈陡的斜坡）。所以，孩童可以輕易地猜想隨著運動的進行，他們應該要給比較大的數字，因為這就是圖片上所呈現的樣子。

15 等級柏格自覺強度（RPE）量表是從數字 6 到 20，由於這項量表是類別量表，所以它並沒有零點。它有人為設定的最低值，並且對較低運動強度的恰辨差可能並不敏感。同樣地，它也有其限制或是天花板，20 分是 15 等級 RPE 量表中所能評定的最大分數。所以，當隨著運動強度的增加，某人的 RPE 評分也增加時（就如同在大多數漸進負荷運動測驗時常見的情形），然後就有可能在個人到達真正的最大極限前，就會到達量表的最大值。從這個觀點來說，即使運動的強度與知覺的強度，在給予 20 分之後仍然可以持續增加時，個人還是只能給出最高 20 的評分。這個在類別量尺中常出現的現象，可以稱之為天花板效應（Ceiling Effect）。

柏格使用比率設定原則與量化語意的方式，建構出另一種帶有比率性質的評分量尺，就是類別比率 10 題量表（Category-Ratio 10-item, CR-10）。由於這項量表沒有最高值的限制，因此不受天花板效應的影響。量表是從 0 到 10，以及包括一個值，相對於評分 10 之外，還能讓人們用來評分自覺強度的最大值。舉例來說，如果肌肉收縮用力，感覺比 10 分還要用力 20%，那麼個人就可以回答這個強度是 12 分；如果感覺是評分 10 的強度的 1.5 倍用力，那麼個人就可能會回答 15 分。要選擇使用 6-20 或是 CR-10 量表，是取決於研究或實務需要，測量自覺強度的目的為何。我們會在接下來的小節中說明，有關心理相關因素與運動檢測及建議。在施測量表時，適當的指導語也是非常重要，可以在別處找到相關資訊（Borg,

柏格的 CR-10 自覺強度量表具備比率性質，並且對於較低或較高的運動強度，在估計自覺強度上比之前的 6-20 類別等距量表更好。

1998, 104）。

上述兩種量表都可以進行強度知覺的評分，不論是針對全身體（有時也稱之為整體 RPE），或是針對身體某部位評分（Pandolf, 1982）。區域或是差別的 RPEs，是針對特定身體部位或區域所進行的評分，像是胸肌、腿以及手臂力氣。選用整體或區域評分，又或兩者都要，可能包括許多因素，例如：健身運動類型、個人的臨床健康情形，或某些特定的研究問題。舉例來說，在自行車運動時，蒐集腿部知覺強度的資訊，會與整體 RPE 的資訊一樣重要。在針對一名有著慢性阻塞性肺病的患者進行檢測時，就需要特別留意呼吸問題對於 RPE 的可能影響，所以會詢問胸腔區域出力的評分，或在運動時呼吸的用力情形。

自覺強度的訊號

在 1830 年，查爾斯．貝爾（Charles Bell）提出「肌肉感覺（Muscular Sense）」為視覺、嗅覺、聽覺、味覺以及觸覺之外的第六個感覺。他假設應該存在從周邊傳人中央的特殊神經，會受到姿勢改變和動作的激發。他的觀點並未受到廣泛的認可，當時廣為接受的觀點是「神經活動的感覺（Sensation of Innervation）」—包括心理學之父威廉．馮特（Wilhelm Wundt）和一群人，是指當中央傳出的神經訊號，從運動神經元傳到肌肉，就能夠代表肌肉感覺，這個過程並不需要周邊的感覺器官。這項觀點到 19 世紀末以前都是主流的想法，而且在過去幾年探討力量感覺的生理基礎時，曾經被重新拿出來討論（Amann & Dempsey, 2011; Marcora, 2009a, 2009b, 2011; Meeusen et al., 2009）。

個人的力量感受與評斷這些感受的能力，是需要傳送至大腦軀體感覺區域的中央指令，以及從身體傳來許多各種感覺訊號的知覺整合，兩者缺一不可。不像是傳統五到十種的感覺，運動感覺並沒有一種特殊的感覺器官，相對的，力量感覺所展現的，是來自不同來源許多訊號的整合，或是完形（Gestalt）。這些帶著心理意涵的所有訊號，它的起源是神經訊號，會對後突觸的電位產生促進或抑制的作用，也如同 Stevens 與 Galanter（1957）對假肢感覺的定義。儘管如此，研究者普遍將來自於中央神經系統之外的訊號，歸類為力氣的生理中介因子。而來自於中央神經系統的訊號，像是激發調節像是性格、注意力以及過往經驗（或記憶）的大腦區域，則是被稱作為自覺強度的心理中介因子。

肌肉感覺

查爾斯．史考特．謝靈頓爵士（Sir Charles Scott Sherrington），在 19 世紀創造突觸（Synapse）一詞的英國神經科學家，認為要解釋肌肉感覺是需要中央與周邊兩項觀點，也就是來自於被動與主動動作的感覺。他將「肌肉感覺」界定為「動作器官與其附帶器官產生感覺的所有反應」。

感覺神經系統

在運動時，心理反應是如何提供訊號給感覺，以及這些感覺訊號是如何被篩選與如何被整合到強度知覺，最終都還是需要考量這些反應是如何被感覺神經系統所處理。神經纖維的命名，是基於他們是有髓鞘包覆（A 類與 B 類），或是沒有髓鞘包覆（C 類）。A 類神經纖維更進一步依據傳導

速率區分為 α、β、γ 以及 δ 等四種群組，A 類神經纖維支配骨骼肌肉（梭外與梭內肌纖維）。A 類（α）感覺神經中繼觸覺、壓力、痛覺以及溫度；B 類動作神經纖維支配自律神經系統的器官，以及 C 類感覺神經纖維也中繼痛覺與溫度。感覺神經也依據他們的功能，分別命名為 Ia、Ib、II、III 以及 IV 型不同的神經纖維，是本章使用的名稱。

感覺神經攜帶著來自周邊受器的資訊，傳送到脊髓，在這裡經由突觸與感覺神經元連結，並且將訊息經由上傳神經束，上傳至大腦，最終到達軀體感覺大腦皮層第三、第一以及第二區域（布羅德曼（Broodmann）第三、第一以及第二區）（請見圖 16.5）。肌肉纖維位置與收縮速度的訊號，是經由型 I 傳入神經纖維所傳送。骨骼肌與呼吸肌，力量與伸展、肌腱張力，以及關節位置與壓力的感覺，是由型 II 傳入神經元所傳送，通過脊髓背柱中央蹄系統（Dorsal Column-Medial Lemniscal System），也可能傳送與新陳代謝有關的訊號。痛覺與溫度的感覺，則是由位於脊髓的不同傳入纖維束所攜帶，稱之為前外側系統（Anterolateral System）。有害化學物質的感覺訊號傳送，像是乳酸或氫離子（或兩者皆是），則是型 III 與型 IV 傳入神經纖維，經由前外側系統所傳送。圖 16.6 描繪脊髓內的內側蹄系與前外側神經束。

神經的類別

A(α)：最大也最快，運動與感覺
A(β)：次大，運動與感覺
A(γ)：次大，僅為運動
A(δ)：次大，僅為感覺
B：比 A 型神經纖維小，僅為運動
C：最小，運動與感覺

類別		感覺類型
A(α)	=	Ia
A(α)	=	Ib
A(γ)	=	II
A(δ)	=	III
C	=	IV

灰質

蝴蝶形狀的**灰質**由細胞體或是細胞核

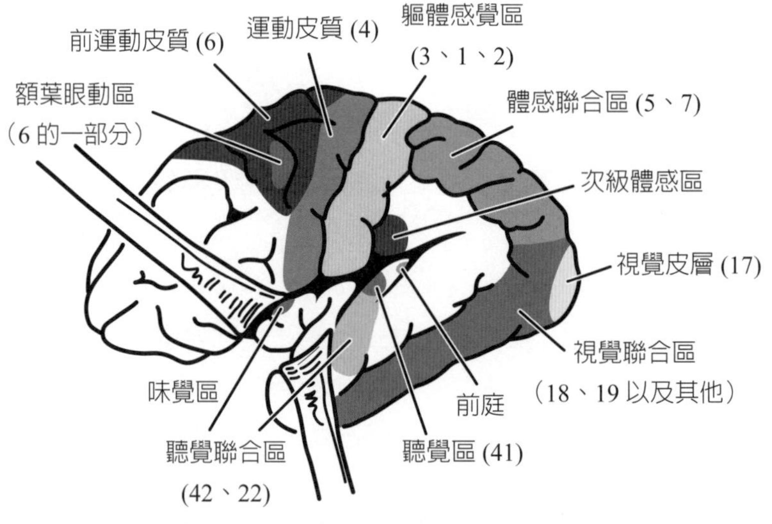

圖 16.5　人類大腦中的布羅德曼區域

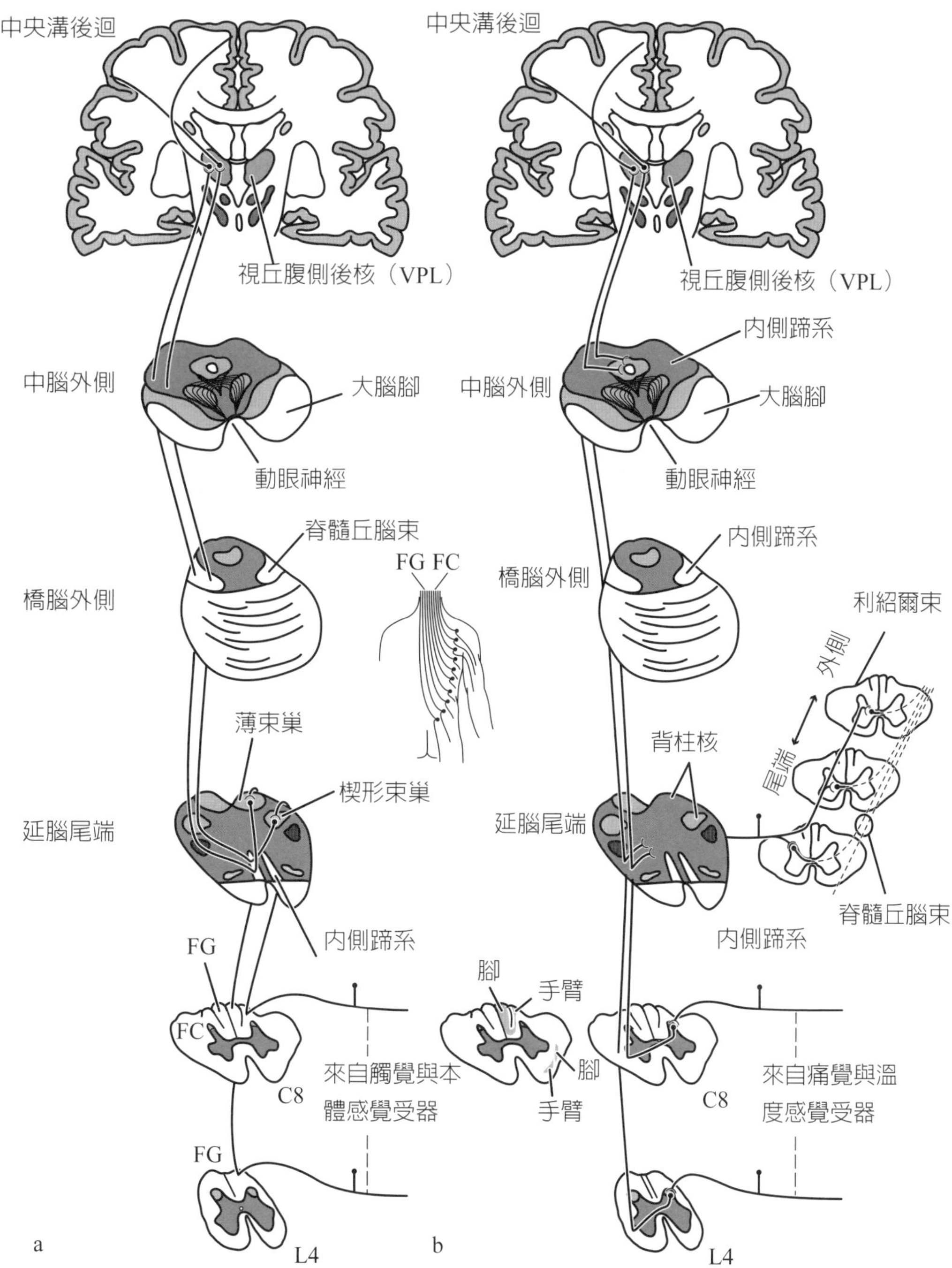

圖 16.6　**感覺神經內側蹄系徑** (a) **與前外側脊髓丘腦徑** (b)

所組成，並且圍繞著中央腦脊髓管（Central Cerebrospinal Canal, 見圖 16.7）。**背角**（Dorsal Horn，亦即脊髓後側）由感覺神經元所構成，處理從軀體感覺器官，包括骨骼肌肉，傳入的神經訊號。**外圍的白質**則包含著感覺細胞延伸的軸突，延著背角將感覺訊號傳遞至大腦。**中間柱**（Intermediate Column）與**側角**（Lateral Horn）所包含的自律神經元，是支配位於腹腔與骨盆內的器官。而**腹角**（Ventral Horn，亦即脊髓前側）則由運動神經元所構成，並支配著骨骼肌肉。

位於**脊髓的神經元**，是依照薄層（Laminae）與細胞核的組織來分群。在脊髓中灰質的薄層，或是分層，基於 1950 年代瑞士神經科學家布羅爾．瑞克斯德（Bror Rexed）的研究，是依照細胞的大小與形狀（亦即細胞結構），以及功能來界定。第 I 到第 IV 層處理內在體感覺（Exteroceptive Sensation），並且也包括背角。第 V 層與第 VI 層主要是在處理傳送到中腦和小腦的本體感覺（Proprioceptive Sensations）。第 IV 層到第 VII 層也同時會中繼疼痛、溫度、以及亮度或是輕觸覺等感覺。第 VII 層是肌梭到中腦和小腦的中繼。內臟運動神經元（Visceral Motor Neurons）是位於第 VII 層，並且支配自律神經結的神經元。在腹角的第 VIII 層與第 IX 層，則是由 α、β 以及 γ 運動神經元所組成，提供支配骨骼肌肉啟動與調節的最終通路。第 X 層是圍繞中央管並且包含神經膠質，以及從脊髓後側中線延伸到中央管的灰色神經連合神經束。在脊髓中最主要的細胞柱所形成的細胞核群體，包括有邊緣區（Marginal Zone）、背角膠狀質（Substantia Gelatinosa）、背角固有層（Nucleus Proprius）、克拉克核（Dorsal Nucleus of Clarke）、中間外側核（Intermediolateral Nucleus），以及下運動神經元（Lower Motor Neuron Nuclei）。

邊緣區核是由柱狀神經細胞組成的薄層，位於背角的頂端。它的神經軸匯入側脊髓丘腦徑，中繼疼痛與溫度訊號到大腦的間

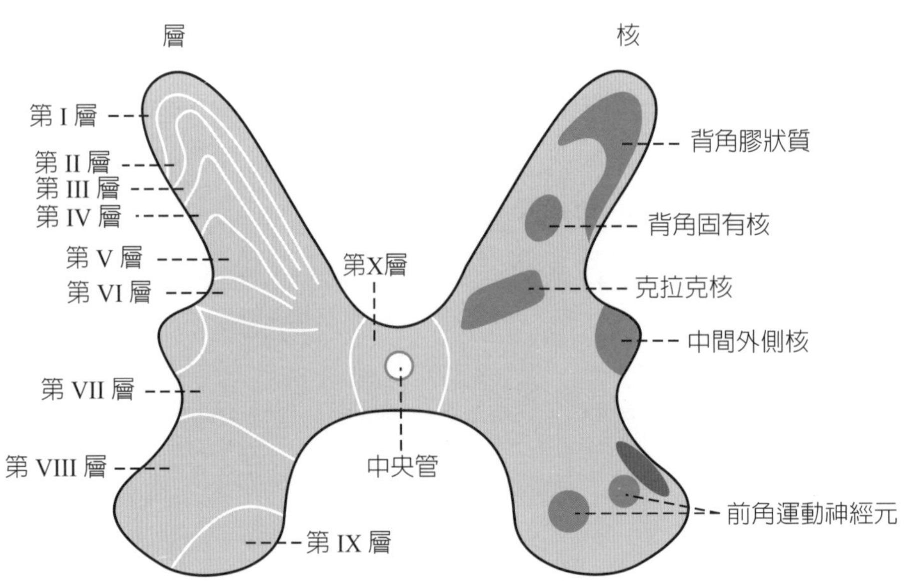

圖 16.7　脊髓核群與分層

腦區域。

可以在背角的頂端找到**背角膠狀質**，它大多是由節間柱狀神經細胞所組成，並與第 IV 層與第 VII 層突觸連結，中繼疼痛、溫度、以及輕觸等訊號，經由前端與側邊脊髓丘腦徑，傳遞到大腦。

背角固有核是背角中最主要的感覺核群，緊鄰背角膠狀質並在其之下。背角固有核與克拉克核，共同處理有關輕觸覺與本體感覺的訊號。它包括有第 III 層、第 IV 層以及第 V 層，並且從背根神經節（Dorsal Root Ganglia）接收訊號。它的神經軸傳遞輕觸、本體感覺、疼痛以及溫度等感覺，經由脊髓丘腦徑，抵達丘腦（Thalamus）與下視丘（Hypothalamus），並且本體感覺亦會經由腹側脊髓小腦徑傳遞到小腦。

克拉克核是神經細胞柱，位於背角基礎構成的中間部分，主要是在脊髓胸椎以下腰椎以上的區域。從克拉克核出來的軸突，經過但未重疊側索（Lateral Funiculus），並且形成背側（後側）脊髓小腦徑，傳遞來自於肌梭與高爾基體腱器官（Golgi Tendon Organs）的無意識本體感覺，抵達小腦。

中間外側核是位於脊髓截面中背角與腹角中間的區域，位於胸椎到腰椎中段，從內臟器官接收感覺訊號，包含節前交感神經元。中間外側核亦有神經軸延伸到腹側脊髓根部，為節前交感神經纖維。薦椎中段細胞柱則內含節前副交感神經元。

下運動神經元位於脊髓腹角，最主要包括運動神經核，由傳送訊號到肌梭外收縮骨骼肌的 α 運動神經元所組成，以及傳送到肌梭內肌梭的 β 與 γ 運動神經元。

白質

白質是圍繞著灰質，包含有髓鞘的和沒有髓鞘的神經纖維，帶著沿著脊髓向上（上升）或是向下（下降）的神經訊號（請見圖 16.8）。白質中的神經軸纖維會依其結構（索 Funiculus 和纖維束 Fasciculus）或是功能（徑 Tract 與路徑 Pathway），以四種主要的方式集結成束。**索**是在脊髓的一個區域中所發現的一大群神經纖維（例如：後索 Posterior Funiculus）。在一條索中，有著不同來源但是擁有共同特徵的較小集束所形成的纖維束（例如：固有束 Fasciculus Proprius）。**徑**是一群神經纖維，通常有著相同的來源、目的地以及行動方向，同時有著相同的功能（如皮質脊髓徑 Corticospinal Tract，源起自大腦皮質結束於脊髓、脊髓丘腦徑 Spinothalamic Tract，源起自脊髓結束於丘腦）。

路徑包含功能性神經迴路中的神經核群與徑路（例如：背根神經結 Dorsal Root Ganglia，中的神經細胞體，他們的軸突延伸到背角，在脊髓突觸連結，橫跨白質連合（White Commissure）的高階神經元，透過脊髓丘腦徑再向上傳導至丘腦）。**白質連合**是神經纖維束，橫跨脊髓前端中線到灰質連合（第 X 層）。δ 神經纖維和 C 神經纖維，在脊髓丘腦徑中攜帶痛覺訊號，構成一部分的白質連合。也包括皮質脊髓前徑（Anterior Corticospinal Tract）中，來自主要運動皮質，攜帶動作訊號的神經纖維。

來自於皮膚、關節以及骨骼肌的訊息，經由位於背根神經節的感覺神經細胞傳遞至脊髓，隨後經由位於內側蹄系背柱的楔狀束（Cuneate Fasciculus）（上半身）或是薄狀束（Gracile Fasciculus）（下半身），傳遞到大腦。這些神經纖維攜帶有關觸覺、兩點同時區辨覺、施加壓力、振動、姿勢、動作感受，以及有意識的本體感覺等訊息（見圖 16.9）。

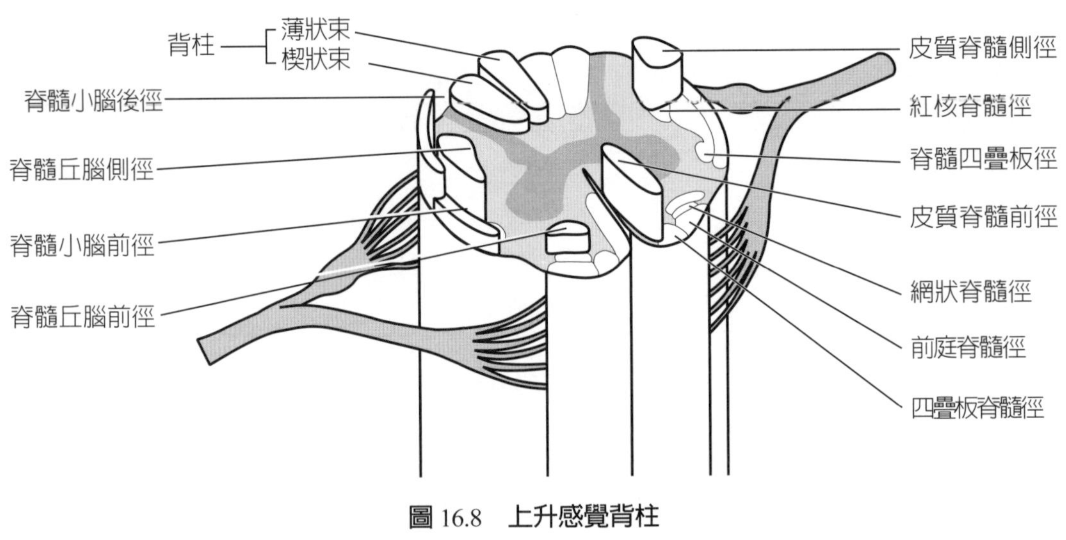

圖 16.8　上升感覺背柱

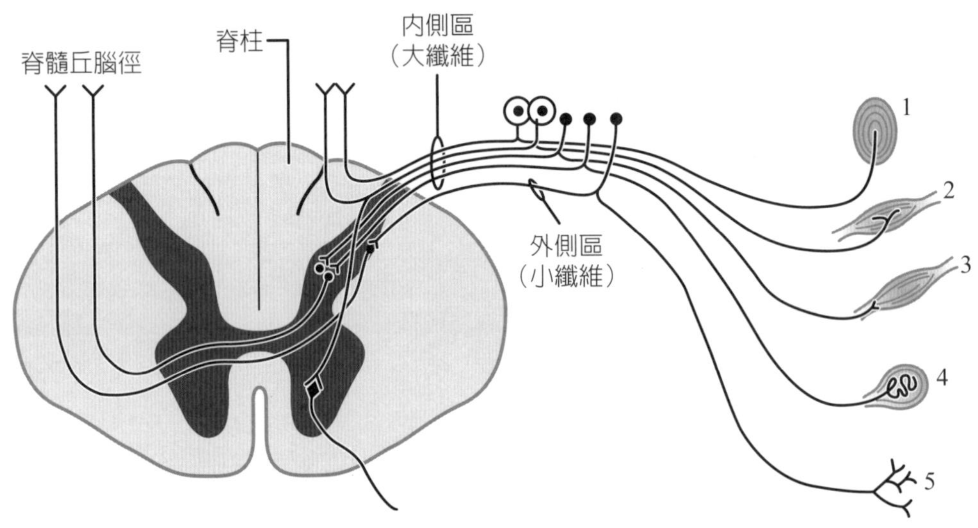

圖 16.9　來自皮膚、關節以及骨骼肌的背根神經節神經：(1) 帕氏環層小體（Pacinian Corpuscle）（皮膚壓力改變與振動的機械性刺激感受器）；(2) 肌梭（肌肉長度）；(3) 高爾肌腱感受器（Golgi Tendon Organ）/ 肌腱伸張感受器（力量）；(4) 被囊神經末梢（Encapsulated Nerve Ending）（例如：輕觸覺的邁斯納與默克爾機械性刺激感受器），以及 (5) 游離神經末梢（Free Nerve Ending）（溫度、疼痛以及觸覺）

上升的內側蹄系背柱與前外側系統（Anterolateral System），攜帶感覺神經訊號，進入位於大腦皮質下的數個大腦區域。傳入神經纖維也會上行傳送到基底核（Basal Ganglia）與小腦中，有關動作模式的啟動與結束（像是走路），以及精細動作控制等區域。同時，訊號被往上送到丘腦，並且最後抵達主要感覺皮質。表 16.11 以一個假想小人（Homunculus），描繪骨骼肌在大腦皮質上是較小的呈現，相對於頭、手以及腳則是相對較大的呈現。所有這些感覺訊號的正常整合，能夠在運動時升

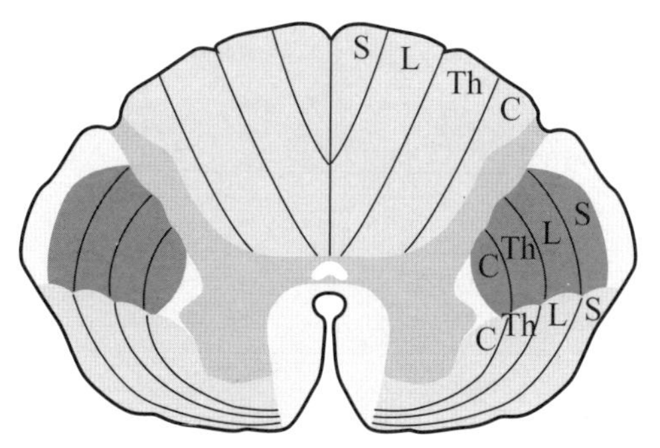

圖 16.10　位於背柱、側柱以及腹柱的感覺徑。S 是骶骨；L 是腰椎；Th 是胸椎；C 是頸椎

高的新陳代謝壓力中，調節生理系統的平衡，並且成為自覺強度與主觀疲憊的生理基礎。

由於 RPE 的提升會隨著工作量或工作率（Work Rate）的提升而增加，所以隨著作業而提升的任何生理反應，都可能會與 RPE 有關。因此區分出運動中的生理反應，是否會產生或是調節可以感受到的訊號，對於了解自覺強度就會是很重要的。運動中與自覺強度有關的生理負荷指標，可能就會影響 RPE。後者的一個例子是心率（Heart

> 心率會隨著動強度的增加而提升，但是大多數人在運動的時侯並不會特別留意，不像是深呼吸和肌肉出力的感覺。所以，雖然心率是一種生理負荷的指標，卻不是影響自覺強度的訊號或感受。

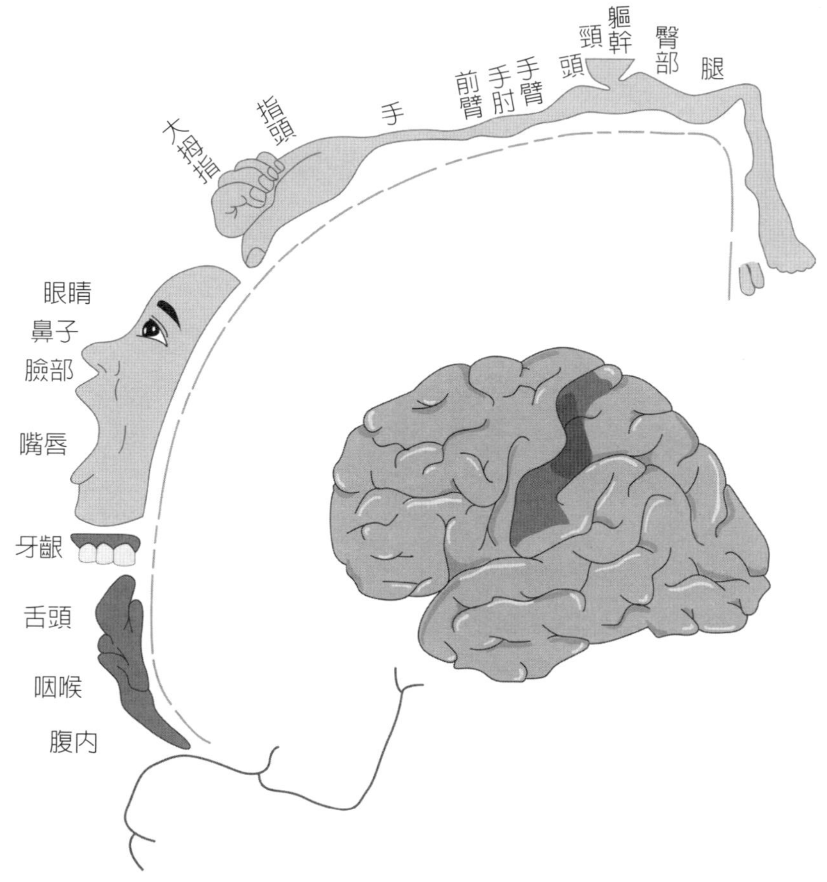

圖 16.11　感覺神經系統的假想小人。假想小人，是用來顯示可以使用電流刺激描繪出在大腦感覺皮質上的身體區域

Rate, HR），雖然心率會與工作率的增加有線性關係，卻不是大多數人在運動時會知覺到的變化。所以，心率提供一種負荷指標，卻不是自覺強度的線索或感受。接下來的問題可以協助辨識，可以調節 RPE 的生理反應。

- 這項因子是否是改變知覺力氣的生理可能成因？
- 這項因子與自覺強度之間的關係，是否在所有情形下都存在？
- 個人是否能夠直接感知到這項因子？

生理中介因子

自覺強度的生理中介因子，曾經被歸類為如果不是呼吸代謝，那就應該是外圍起源。呼吸代謝訊號，是一組在運動時會影響呼吸的頻率與深度（就是 VE 或每分鐘通氣量 Minute Ventilation），以及相對新陳代謝負荷（如尖峰耗氧量比率 Percentage of $\dot{V}O_2$peak）的生理反應。外圍訊號，在極重度運動（如超過 50% 的尖峰耗氧量）與重覆舉起重量時，包括從工作肌肉傳來的力量感覺、壓力或來自關節與肌腱的壓力感覺，以及血液中出現有害物質的感覺（像是氫離子）。

在低強度運動時，自覺強度是由局部的因子所主導，像是肌肉力量，但是當運動強度增加時，中央因子扮演更為重要的角色，包括與提升血液乳酸與過度換氣有關的感覺（見表 16.1）。在所有的運動強度下，不論是何種類型的運動模式，RPE 一般是與尖峰耗氧量比率一致。然而，在力量輸出水準或是尖端耗氧量比率不改變的情形下，實驗操弄每分鐘通氣量，是會改變尖端耗氧量比率與 RPE 之間的關係。

呼吸代謝的相關因子與自覺強度的中介因子

心率、血壓、攝氧量以及換氣，都是在面對運動強度增加時的呼吸－代謝反應，而會與自覺強度有關。不過只有換氣，能夠符合自覺強度感覺中介因子的標準。

心率與血壓

由於心率通常會隨著運動強度的增加而升高，就如同 RPE，所以在進行漸進式心肺運動時，心率會與 RPE 有關是不足為奇的。這項關聯並非是由於心率會造成 RPE 的提升，而是心率的升高會供給更多的血液，以滿足活動肌肉升高的能量需求。自覺強度跟心率的關聯性，早期就被用來說明 RPE 是一項有效強度測量的證據。柏格

表 16.1　自覺強度評量的生理相關因子

				相對貢獻	
層級	症狀	代謝強度（尖峰%VO_2）	V_E	呼吸代謝（尖峰%VO_2）	外圍
I	動作覺察	<50	有限	部分	主要
II	可忍受不適	50-70	中度	部分	主要
III	避免有害疼痛	>70	重度	部分	主要

在低度（I 級）、中度（II 級）以及高度（III 級）新陳代謝率的運動中，呼吸代謝與外圍訊號之間可能關係的模式

基於 Robertson, 1982.

使用從 6 到 20，來編碼他的 15- 等級量表，就是用來對應從休息到最大運動強度中，一般的心率變化範圍，所以若是將 RPE 乘以 10，就會得到心率的粗略估計（Borg, 1970, 1982）。不過，這個關聯性僅適用於嚴格控制環境的條件下，並且是在幾分鐘內的運動強度提升。此外，每分鐘 20 到 30 下心跳的常數項，也要加入心率的計算中，如下：

心率＝RPE × 10（＋20 到 30）

在運動時的血壓（BP）並不會與自覺強度有高度相關。僅管不是線性關係，收縮壓（SBP）是會隨著運動強度的增加而升高，而在動態運動中，舒張壓通常則會維持穩定或是輕微下降。所以，上述這些反應會讓平均動脈壓（Mean Arterial Pressure, MAP）緩和提升。由於在運動的過程中 MAP 不會明顯地改變，所以並不應該被視為是自覺強度的中介因子。不過，心率收縮壓乘積（就是 SBP × HR）卻是運動時心臟需氧量的良好估計。僅管心率收縮壓乘積與 RPE 無關，不過卻是與有心臟疾病者的心臟缺血和胸痛評量有關。

心率與血壓不太可能是自覺強度的中介因子。在特定的情況下，自覺強度會與心率脫鉤，像是熱緊迫或是服用改變心率的心臟藥物（像是心律錠 Propanolo，阻斷心臟上的 β 腎上腺素受體）。同樣地，心率也會被情緒狀態所影響，而且，不論是人類或是猴子，都可以在低強度健身運動中藉由心率的生理回饋訓練降低心率。再者，在持續運動中僅管心率和血壓基本上是不會有多大的改變，不過隨著時間持續增加，RPE 強度也會增加（Jackson et al., 1981）。而且在健身運動過程中，大多數的人不太可能可以準確地感知心率或血壓的變化。

攝氧量（$\dot{V}O_2$）

運動中氧氣消耗的升高，特別是使用相對運動強度來表示時（例如：尖峰耗氧量比率），在許多情境下都會與自覺強度有高度相關。儘管就如同心率，RPE 與尖峰耗氧量的關聯性，在運動過程中會有些變化。當保持相對運動強度一致時，操弄其他因子（像是環境溫度或是血液中乳酸水準）會改變 RPE。同樣地，在某一尖峰耗氧量比率下，經過運動訓練後的 RPE 會變得比較低，所以，其他的生理與心理因子，也必定會是影響自覺強度的重要影響因素，同時，個人也不太可能直接感知自身的耗氧量。由於 RPE 與耗氧量之間的關係，會受到某些因素的影響，也由於個人應該不太可能實際感知氧氣消耗情形，所以，尖峰耗氧量比率較有可能是自覺強度的指標，而不只是自覺強度下的感覺訊號而已。

換氣

在低運動強度時，與呼吸有關的訊號看起來不會影響自覺強度。但是當運動愈來愈費力時，人們可以感受到呼吸的頻率和深度增加，而當運動強度持續增加時，這些感覺就會成為能夠影響自覺強度的重要影響因子（Killian, 1987）。氣喘或慢性阻塞性肺病患者，喘不過氣感受的評量，是會對整體 RPE 有最為主要的影響（Yorio et al., 1992）。吸氣肌肉出力或拉緊的感受，也同樣地會影響強度感受，就如同整體的呼吸頻率。

藉由改變空氣內氧氣或二氧化碳濃度，可以操弄換氣，即使實際上的運動強度並未改變，RPE 仍會與換氣頻率的增加或減少有關。人們應該無法直接知覺有多少氧氣被消耗掉，或是有多少二氧化碳需要被排出。然而，運動中的氧氣呼吸效能（$\dot{V}OE/\dot{V}O_2$）與最大攝氧量百分比（% $\dot{V}O_2max$），卻是個人能夠經驗到的相對代謝負荷的良好指標。

換氣閾值中的自覺強度評量，在重度運動時，換氣的指數成長是最為明顯，在柏格的 6-20 類別量表中，通常會介於 12 到 14 之間，是接近**有些困難**的數值（Hill et al., 1987）。一些研究認為在重度運動時，大腦命令更多的骨骼肌纖維產生更大的力量，也會同時刺激更深的呼吸，以滿足運動增加的代謝需求。此外，在高強度運動時所累積的乳酸，也會促進換氣頻率的提升。

外圍相關因子與自覺強度的中介因子

運動強度增加時，外圍反應對自覺強度的影響，是要高於心血管－代謝反應。研究證據顯示在遞增強度運動中，RPE 增加的中介因素，包括有血液中伴隨的乳酸累積（經由影響疼痛感和換氣），肌肉參與的數量和收縮強度的增加，以及皮膚溫度的增加。儘管兒茶酚胺（Catecholamines）與壓力荷爾蒙的分泌，也會與運動強度的增加有關，不過這些物質的改變與 RPE 之間的關聯性可能並非是因果關係。圖 16.12 呈現在增加力量輸出時，自覺強度與心率及乳酸反應之間的關係。

血液乳酸

在高強度的運動中，當肌肉對氧氣的需求超過氧化酶處理供給氧氣的能力時，骨骼肌肉與血液的乳酸濃度就會升高。這種無氧代謝（Anaerobic Metabolism）的增加，所產出的主要副產品就是過量的乳酸。柏格似乎是第一個注意到在運動時，血液中的乳酸濃度也會與使用比例設定法所得到的自覺強度一樣，有著指數上升的趨勢（Borg, 1962）。隨後的研究確認在高強度增量運動中，肌肉與血液中乳酸的增加，是與使用柏格 0-10 類別－比率量尺早期版本所得到的 RPE，有著緊密的關聯性（Noble et al., 1983）。在增量運動中，柏格 6-20 類別量尺所測得的 RPE，是不會和乳酸累積有明顯的關聯，這是由於 RPE 是線性增加，而乳酸是曲線增加。

乳酸累積也會伴隨氫離子濃度的上升，降低血液中的 pH 值。儘管乳酸可能不是自覺強度的訊號，不過乳酸至少會影響兩項與感覺有關的生理改變，而會間接影響自覺強度。一個是疼痛，另一個則是換氣。

痛覺神經（攜帶疼痛訊號的神經）對於增加的氫離子濃度很敏感，所以乳酸形成後會被感覺為疼痛，並且痛感會增加強度知覺（Kostka & Cafarelli, 1982; Robertson et al.,

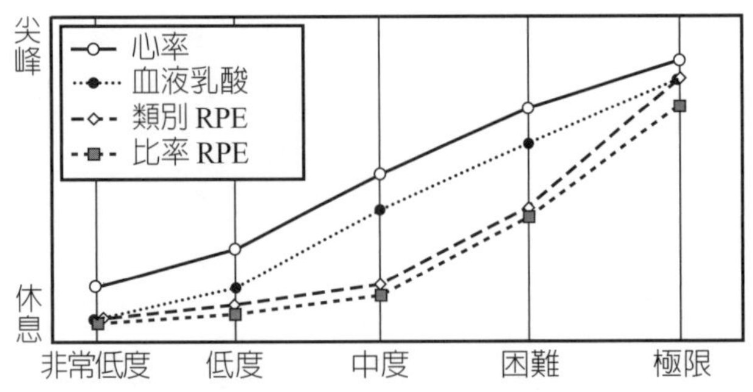

圖 16.12　增量運動中自覺強度與生理反應之間的線性與曲線關係

1986）。然而，在運動所引起的疼痛中乳酸的確切角色仍然未知，這是由於其他有毒的化學物質（像是 P 物質，或是前列腺素），也可能與疼痛知覺有關，同時，當運動強度高於 50% 的尖峰耗氧量時，血液中的止痛化學物質（如 β- 腦內啡，β-endophin）就會升高。型 III 與型 IV 感覺纖維，會被鴉片類拮抗劑吩坦尼（Fentanyl）阻斷，在高強度自行車運動中（325 瓦特），會遠高於血液乳酸閾值，而吩坦尼可以減低肢體 13% 的不適感，但是在低強度（≤ 150 瓦特）的情形下則會沒有作用（Amann et al., 2010）。在增量最大握力作業中，前臂肌肉強度的評量，並不會受到鴉片類拮抗劑納曲酮（Naltrexone）或是止痛類可待因（Codeine），一種鴉片前驅物質，的影響（Cook, O'Connor & Ray, 2000）。

輕度到中度運動強度中，乳酸所引起的酸中毒，可以被血液中的碳酸氫鹽所中和。碳酸形成後會在肺部分解成水和二氧化碳，所形成的二氧化碳隨著呼吸被排出。在非常高強度的運動中，過量二氧化碳會刺激大腦的呼吸中樞，更進一步增加換氣頻率。因為血液中乳酸開始累積的時間點，或是乳酸閾值（運動中血液乳酸累積指數增長最為顯著的點），在時間上會很接近換氣閾值，並且也會在相同的尖峰耗氧量率發生。僅管健身運動者在增速運動中乳酸閾值會較低（例如：Boutcher et al., 1989），不過，在增量運動中，乳酸閾值可以在 RPE（柏格 6-20 類別量尺）評分 12 到 14 觀察到（例如 DeMello et al., 1987）。

溫度調節

運動中的核心體溫（Tc）會隨著能量消耗的增加而升高，而與最大作業能力百分比成正比。所以就像是心率，Tc 也是相對代謝負荷的一項指標。在長時間的運動中（如 30 分鐘或以上），空氣中的高溫與高濕度，會讓從身體到空氣的輻射梯度與汗水的揮發能力下降，使得身體無法順利散熱，所以 Tc 會升得更高。在這種非常不舒適的環境中，RPE 會升高。然而在實驗室中固定運動強度，在不同的房間溫度和濕度條件下操弄 Tc，卻顯示 Tc 不是影響 RPE 的獨立訊號（參見 Robertson & Noble, 1997）。

從另一方面來說，皮膚溫度可以被視為是另一種特別的感覺（相對於 Tc），而且在非常熱和非常潮濕的環境下，可能會影響強度感受。儘管人們可以感覺皮膚溫度的變化，但是當空氣溫度恆定，運動持續進行時的汗水蒸發，可能會維持或降低皮膚溫度。這是因為皮膚表面水份的揮發會用掉熱能，以及熱能也會透過對流傳導到流動的空氣中。不過，接近皮膚表面微血管的擴張，可能會產生皮下熱度感覺，而這是與表皮溫度感覺不同。

兒茶酚胺與壓力荷爾蒙

腎上腺素與正腎上腺素（請見第三章）都是腎上腺髓質分泌的兒茶酚胺，是在交感神經系統中，對於高強度運動壓力下所產生的反應。兒茶酚胺可以用做於神經傳導物質，也可以是荷爾蒙，它會刺激心臟肌肉細胞的收縮，並且會讓供給骨骼肌的血管緊縮或放鬆。近似於乳酸會引發的反應，兒茶酚胺會隨著運動強度的提升而有指數地增加，先是腎上腺素的增加，然後在較高強度運動時，正腎上腺素與乳酸就會上升。在高強度增量運動中，也和乳酸一樣，血液中兒茶酚胺水準會與 RPE 有關（採用柏格 0-10 類別 - 比率 RPE 量尺）（Skrinar, Ingram &

Pandolf, 1983）。

許多增加的正腎上腺素也會來自於掌管心臟的神經，以及那些在運動中掌管供應骨骼肌血液血管的神經。正腎上腺素的角色，是增進循環與升高血壓，以支援升高的新陳代謝。腎上腺素的分泌是與能量代謝，以及高強度運動的情緒壓力有較為緊密的關係。兒茶酚胺在維持血液中葡萄糖水準、肌肉中肝醣的調節，以及情緒反應的控制上，所扮演的種種角色，都是兒茶酚胺會影響自覺強度的可能機制。然而，就像是血液中的乳酸，兒茶酚胺較適合被視為是一種代謝負荷的指標，而非 RPE 的訊號。

在運動中，若運動強度大約是高於 60% 尖峰耗氧量時，腦下垂體前葉就會分泌促腎上腺皮質素（Adrenocorticotropin, ACTH）與 β- 腦內啡進入血管中。分泌的量則是與相對增加的運動強度有線性相關。ACTH 的作用，就是刺激腎上腺皮質釋放皮質醇（Cortisol），協助在壓力情況下的葡萄糖代謝。β- 腦內啡的作用，主要是在協助兒茶酚胺在升高的新陳代謝下，調節循環、呼吸，以及體溫控制，以及在某些情況下協助止痛（也就是減輕疼痛感）。在自行車運動時，使用麻醉阻斷來自雙腿的型 III 與型 IV 感覺神經通路，能夠取消掉 ACTH 與 β- 腦內啡的分泌，卻不會損害產生力量的能力，也不會降低兒茶酚胺濃度或是 RPE（Kjaer et al., 1989）。所以，ACTH 與 β- 腦內啡是不太可能直接影響自覺強度。相反地，比較可能是在健身運動中，因為高自覺強度所伴隨的壓力下所產生。

肌肉徵召（Recruitment）與收縮

在運動中來自肌肉收縮的神經生理訊號，是經由前饋 - 回饋（Feedforward-Feedback）機制所處理（見圖 16.13）。前饋

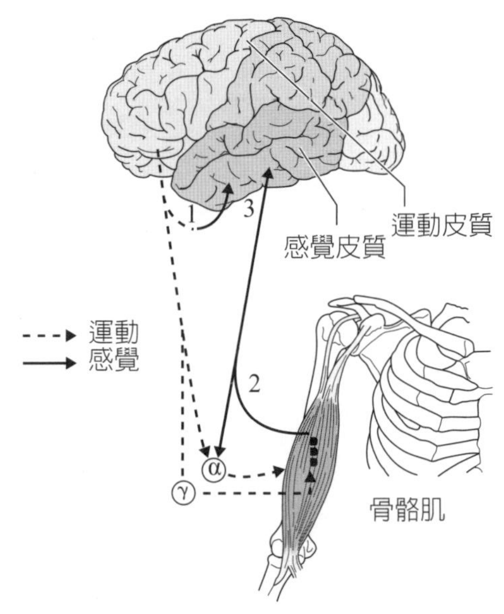

圖 16.13　前饋—回饋機制

基於 Caffarelli, 1982.

機制是當動作（傳出）指令，同時傳送到工作肌肉與大腦的感覺皮質時就會發生。回饋機制是當肌肉中外圍受器（肌梭、高爾基體腱器官、機械性受器，以及傷害感受器）有關張力、速度、位置以及疼痛的感覺（傳入）訊息，傳送到大腦的感覺皮質。這些路徑的整合，能夠進行知覺力量和強度複雜生理訊號的處理（Cafarelli & Bigland-Ritchie, 1979）。

肌肉纖維的類型也可能會中介自覺強度，目前對於慢縮與快縮肌肉纖維送出的訊號，兩者之間存在著什麼樣的差異，仍未有清楚的了解。在運動中所產生的乳酸，是與快縮肌肉纖維所佔的比例有關，這指出人們快縮纖維比慢縮纖維多的時候，將會經歷更高程度的代謝性酸中毒，而可能會作用在沒有髓鞘神經纖維上的酸敏性離子通道。同時，就如同之前所說的，一些研究證據指出，大腦傳出運動指令到呼吸中樞提升換氣頻率，同時，運動指令也送到骨骼肌提升力量。

實驗使用箭毒（一種阻斷神經肌肉突觸上乙醯膽鹼化學訊號的藥物），局部麻痺肌肉的研究結果指出，RPE 會與從大腦傳出徵召更多肌肉纖維的中央運動指令有正相關（Gandevia, 1982）。其他的研究則是使用大腿髕骨肌腱（Cafarelli & Kostka, 1981）或是手臂屈肌腱（Jones & Hunter, 1985）的機械震動，檢測肌肉回饋對於力量感知的影響。當人們試著使用被振動的手臂出力，要求所產生的力量，要能與沒有被振動的手臂使出一樣的力量，結果發現被振動的手臂所使出的力量明顯地要低很多。所以，他們經驗到被振動的肌肉會比實際上產生更多的力量。針對這些研究結果的一種解釋，就是從肌肉來的許多感覺，特別是來自肌梭（Cafarelli & Kostka, 1981）或是高爾基體腱器官（Jones & Hunter, 1985），會導致力量知覺的提升。大概是因為在振動時，並沒有來自於中央的增強指令，像是肌電圖（EMG）所會顯示的。同樣地，相較於加以振動的一側大腿，在沒有進行髕骨肌腱振動的情形下，當腿部伸展產生次極大（Submaximal）力量，所產生的自覺強度會較低（Ogoh et al., 2002）。當進行握力運動時，運動感覺皮質大腦血流量的增加，並不會受到肌腱振動或是運動手臂缺血的影響。因此，這並非是受到來自於肌梭或是對新陳代謝敏感的神經纖維傳入神經訊號的影響（Williamson et al., 1996）。不過，型 Ib 或型 III 機械性受器的可能影響，目前仍未被完全排除。

中央指令

中央指令無法完全解釋當施加無法預期的運動強度改變時，人們會如何進行判斷，而這樣的想法是自覺強度的定義性特徵（Borg, 1962; Morgan, 1981; Skinner et al., 1973）。儘管如此，在運動過程中使用麻醉藥物的實驗，顯示出人們在收縮隨意肌時，是可以察覺到使用力氣的增加，而不需要依靠肢體動作的外圍感覺。同樣地，對於動作有著不正常知覺與控制的病患，在臨床個案研究中（Frith, Blakemore & Wolpert, 2000），也支持中央運動指令有其感覺動作記憶的想法。

一項早期的研究，在持續性、恆定負載的自行車運動中，當使用藥物布匹凡卡因（Bupivacaine）阻斷沒有髓鞘包覆的型 III 與型 IV 神經纖維後，僅管換氣沒有受到影響，血液中的壓力荷爾蒙 ACTH 與 β-腦內啡也被取消，自覺強度還是會比較高（像是，會評量為**困難**而不是**有些困難**）（Kjaer et al., 1989）。在麻醉中，大腿的肌肉強度減低 20%，並且血液中乳酸水準提高二倍（4 毫莫耳對比 2 毫莫耳），所以這項結果似乎是支持自覺強度愈高，也同樣會有增加的運動指令，徵召更多的醣解肌肉纖維。然而，本體感覺是不會受到布匹凡卡因的影響，所以這些研究也無法排除肌肉力量增加的感覺對自覺強度的可能影響。

布朗式症候群（Brown-Séquard syndrome）患者，脊髓半邊受傷或是切除，會導致癱瘓以及切除側本體感覺的缺損，也同時會失去另外半邊的疼痛與溫度感覺。這種脊髓分割或是半邊切除的類型，會導致以下三種主要神經系統的損傷：(1) 腦脊髓徑的主要上運動神經路徑損傷，會導致運動功能的喪失；(2) 脊髓背柱中央蹄系（薄狀束與楔狀束）任一或兩者損傷，會導致振動和姿勢感覺，以及輕觸感覺的喪失；(3) 前外側脊髓丘腦徑損傷，會導致疼痛與溫度感覺的喪失。

由於布朗式症患者一般來說，會有半邊身體缺少疼痛和溫度的感覺，但是卻有著正常的運動功能，而另外半邊身體則是喪失運動功能（包括本體感覺），卻有正常的疼痛和溫度感覺。他們提供一項臨床模式，可以檢測自覺強度中的中央指令與外圍感覺訊號。在一項研究中，患者使用功能完好但失去感覺的腳，做 2 分鐘自主、靜態的收縮運動，在柏格 6-20 評分量尺中平均會有 15RPE 的強度評分。當他們自主產生的肌肉強度，是使用電流刺激肌肉所產生時，即使是對功能完好的腳，所產生的自覺強度評分也是很低（<10）。同時，當他們試著用受損的腳，做出 2 分鐘相同絕對力量運動時，即使所產生的平均力量低於正常的三分之一，所產生的自覺強度評分仍會較高（平均分數為 17）（Winchester, Williamson & Mitchell, 2000）。這項結果似乎支持自覺強度的來源中，中央指令所佔有的主要地位。然而，布朗式症狀的臨床呈現，是基於疼痛與溫度感覺的喪失，所以這項研究也無法排除這些參與研究的患者，使用受損的腳做運動時仍然保有一些肌肉感覺，而這會影響他們的自覺強度。

在另一些極端案例中，有些人的身體病徵是無法覺察動作，或是對於肌肉感覺有錯誤的記憶。患者會有失控的或是怪異的手勢，而他們報告無法控制手臂和手，會在他們的意識之外寫下文字或抓取物品，就像是這些肢體有著自己的意識一樣（Marchetti & Della Salla, 1998）。然而，失控的手部動作是與對稱邊大腦運動輔助皮質（Supplementary Motor Cortex）的受損有關（Goldberg et al., 1981），這跟主要運動皮質不太一樣，是在計畫要做出動作的時候被激發，而不是產生肌肉力量的時候。

曾經有過幻肢經歷的截肢者，一般會說他們仍能感受到失去的肢體，並且有些人甚至宣稱能夠「擺動」他們的幻肢。如果在截肢前是被麻醉的，患者會說幻肢仍然處於麻痺的情形，而且即使他們想要擺動，幻肢也不會移動半分（Ramachandran & Hirstein, 1998）。幻肢現象與大腦的身體感覺區域中的記憶一致，也同樣與動作指令的同時感知副本有關。失去外圍感覺的患者，仍然有著健全的動作輸出系統，可能會無法維持肌肉收縮恆定水準，也無法在沒有視覺回饋的情形下，做出自動的、反射性的動作校正（Rothwell et al., 1982）。同樣地問題也會發生在大腦身體感覺區域受到損傷時（例如：下頂葉 The Infra-Parietal Lobe），會讓患者無法感受到受損大腦對稱側肢體的感覺（Jeannerod, Michel & Prablanc, 1986）。整體來說，外圍感覺缺失的患者，肌肉用力與主動運動結果的感覺也都會受損。他們判斷舉起重量的能力受損，指出他們在肌肉收縮時不正常的力量感覺，應該至少一部分是由於大纖維感覺的欠缺有關（像是，型 I 與型 II）（Sanes & Shadmehr, 1995）。

在自覺強度上感覺與動作指令的相對重要性，可能會視身體用力的型態、強度，以及持續時間的不同而有所差異。舉例來說，產生力量需要動作單元加入，這也要依賴中央指令的記憶。然而，使出力量要維持它的強度，在缺乏實際產生力量的外在知識時，就只能依靠個人的生理負荷知覺。當個人試著維持恆定力量（像是在測握力時），又缺乏能夠知道所產生力量的外在知識（像是視覺），所產生的力量會逐漸變弱。這是由於肌腱或是肌肉逐漸疲勞所致（舉例來說，新陳代謝的化學副產品，對肌肉收縮的傷害）。然而，個人對於所產生的力量知覺仍然是一樣的。力量是由運動指令所決定，並且力量的知覺是與運動指令的感知副本符合，個人無法偵測到所期望的力量與實際力量之間的差異。相對的，若是有外在知識能夠得知所產生的力量正在減弱，需要維持恆定力量產出的動作趨力就需要增加，並且，自覺強度也會跟著增加。

許多證據顯示伴隨著中央動作指令的力量感覺，是可以獨立於傳到中央神經系統的身體感覺之外運作。在工作負荷或從肌肉感覺受器傳入回饋沒有改變的情形下，使用藥物（箭毒）進行局部麻痺，而要求個人在健身運動中愈用力時自覺強度會愈高。人們也會被催眠暗示欺騙，而認為自覺強度增加，即使實際的工作負荷並沒有改變。在正常的穩定情況下，動態運動（像是持續的自行車運動）中自覺強度會隨著時間的增加而爬升得更高，即使工作負荷並沒有改變。

很明顯地，如果人們僅能依賴感覺回饋來控制動作，每日的生活將會與我們所知道的完全不同。每踏出一步，或是每一次抓取，為了要等感覺回饋和知覺，都可能會讓人陷入猶豫和延遲，無法及時校正錯誤的動作指令。一項現實可用的運動系統，是應該能夠克服這些兩難困境，藉由將動作指令送出副本到大腦以及脊髓可能的感覺區域，會產生期望的動作後感覺結果（Christensen et al., 2007; Frith, Blakemore & Wolpert, 2000）。在過去幾年間，人類大腦圖像研究支持這項長期被接受的觀點。當健康的感覺神經，在實驗中使用缺血的方式阻斷（例如：使用量測血壓的袖帶讓感覺麻痺），而當個人想要移動腳踝時，fMRI 的影像顯示主要身體感覺皮質仍然會有活動（同樣地，前運動皮質、腦島皮質以及頂葉內側皮質）（Christensen et al., 2007）。這項研究支持動作知覺並不只依賴動作的感覺，而至少部分是依賴對於自主運動預期的感覺結果，此一感覺－動作前饋網絡。

與這項觀點不同的是，當自覺強度達到最高，使用最大肌肉力量而產生力竭時，自覺強度是僅有依靠中央命令，同時，脊髓運動神經的激發也會降低。這是由於疲勞肌肉中的肌梭、肌腱、器官，以及型 III 與型 IV 神經，將訊息傳回大腦的身體感覺區域，進而減弱中央的運動指令（Butler, Taylor & Gandevia, 2003; Gandevia, 2001）。運動中使用利多卡因（Lidocaine）麻醉脊髓的研究結果支持這項觀點，指出在高強度持續性運動中，阻斷來自肌肉的身體感覺回饋，會影響中央運動趨力的意識或下意識成分（或兩者）（Amann et al., 2008）。

運動指令或是氣力的相關機制，是存在中央神經系統中的許多層次，以維持運動、感覺、心臟血管、換氣、荷爾蒙、新陳代謝，以及體溫調節等功能。從中央神經系統輸出的神經訊號，傳導到特定運動類型有關的器官，而當肌肉骨骼系統，逐漸適應身體活動的運動量或類型的改變時，神經訊號也會隨著時間而改變（Duchateau & Enoka 2002）。所以在健身運動中，重覆性身體活動自覺強度的改變，既不是直接來自於前意識神經訊號的改變而改變，也不是間接地因為中央驅力產生生理反應感覺的改變而改變，而必須是來自於中央驅力的改變，而能執行相同的外在作業。

心理與社會文化影響因子

儘管中央指令和影響感覺的生理反應，是影響自覺強度最主要的來源，不過心理和社會文化因素仍會影響自覺強度，透過 (1) 在中央神經系統層次，篩選感覺；(2) 影響我們如何評價或解釋感覺或知覺；(3) 影響評分行為（例如：跟其他人報告自覺強度的行動）。幾乎沒有研究能夠清楚說明心理與社會因素是如何影響 RPE，儘管如此，基於我們目前對於心理學理論與知覺的理解，一些結果看起來頗為可信。

心理與社會文化因子可以改變自覺強度，藉由影響感覺是如何被神經系統處理，知覺是如何被評估，以及如何向他人報告 RPE。

增加－減少

古典心理學家對於如何計量感覺很有興趣，也就是比較不同物理刺激知覺的成長函數。他們認為不同人之間，對於相同刺激的判斷差異，是一種誤差或是「知覺噪音（Perceptual Noise）」，可能是因為這些科學家的背景，大都是數學、物理學以及生理學。相反地，心理學家則是在研究人們之間的不同（例如：性格研究），而認為人們之間在心理物理判斷上的變異，是顯現出真實的差異，並且可以用心理變項來解釋。事實上，絕大多數主要的性格理論，都會包含一項描述人們如何調整刺激強度的因素。

在 1960 年代，哈佛醫學心理學家阿塞納絲．皮特里（Asenath Petrie），讓人們用單手姆指和食指夾著一枝木質榫釘，用以判斷榫釘寬度的改變，她籍此測量她所說的運動感覺圖形後效（Kinesthetic Figural Aftereffect）。在她的研究中顯示，當要進行大小的判斷時，有些人會一致性地高估心理物理刺激，而有另一些人則是一致性地低估。她用增加者（Augmenters）和減少者（Reducers）來稱呼他們，並且她也觀察到，那些增加者對於疼痛的忍受度較低，她認為這可能是由於他們的神經系統，天生就會產生過度刺激所致。相反地，減少者則被認為天生就會產生過少刺激，所以他們可以忍受更多有關疼痛的刺激。

皮特里的研究發現，與知名的俄國心理學家帕夫洛夫（Pavlov），以及英國心理學家漢斯．艾森克（Hans Eysenck）的早期研究一致。帕夫洛夫提出一項氣質特質，稱之為興奮強度（Strength of Excitement, SE），是指個人在高強度刺激水準下仍能有效完成任務，也不會展現出受到情緒困擾的樣子。艾森克隨後發展出兩項氣質特質，認為是與神經系統有關的行為表現：外向性－內向性以及情緒穩定性－神經質。與帕夫洛夫的單一 SE 特質的作用方式一致，一個外向、穩定的人，可以預期他在刺激強度的判斷上，會低於內向、神經質的人。順著這些研究想法的合理延伸，就是那些知覺減少者或是外向且情緒穩定的人，在進行相同強度的運動時，相較於那些增加者或是內向的神經質者，可能會有較低的自覺強度。在 1970 年代，由鮑伯．羅伯森（Bob Robertson）在匹茲堡大學，針對知覺減少者所做的研究，以及由威廉．摩根（William P. Morgan）在威斯康辛大學，針對性格與情緒所做的研究（Morgan, 1973），認為這確實會發生。

性格與心情

摩根發現相對於在自評焦慮、神經質或是憂鬱（或這些綜合）量表中評分較低的人，評分較高的人在進行自覺強度評分時，會做出更多的錯誤。同樣地，相較於較低身體知覺的人，有較高身體知覺的人（例如：在充滿壓力的情境下，對身體感覺的覺察）會報告較高的 RPE。對於某一運動強度的知覺，相較於內向者，外向者會知覺較不費力，並且，有著較高外向性評分的人，在運動時也較偏好較高的工作負荷。其他也有些心理變項顯示出會影響自覺強度，像是注意力形態（Attentional Style）（在運動時，是否會關注在身體知覺或是忽視）、控制焦點（Locus of Control）（人們是否覺得他們能夠掌控他們自己與環境），以及自我效能（Self-Efficacy）（對個人身體運能力有高度信心，Morgan, 1981）。

催眠暗示

摩根和他同事的研究，也顯示出即便是真實的工作效率沒有改變的情形下，想像工作效率的改變就會影響 RPE（Morgan et al., 1973）。年輕男士踩自行車，在數分鐘的期間內穩定維持在 100 瓦特的功率輸出，若是經由催眠暗示他們接下來的運動會愈來愈困難時，他們則會報告較高的 RPE。這些人看起來並不是在謊報，這是由於他們的心率和換氣也同時都增加了。想像的強度，很明顯地會激發從大腦輸出的中央指令，並傳遞到自主神經系統，促使心跳和呼吸頻率增加，就好像是運動的新陳代謝也真實地在提升。

舒適、疲勞以及自覺強度

大多數自覺強度研究的焦點，是在範圍較廣的強度中，提升或減低運動強度，而在每一個強度水準上，維持相對較短的時間（像是 1 至 5 分鐘）。這在研究人們如何判斷強度來說是不錯的策略，但是，這並不是完全模擬任何一種運動經驗，像是人們通常會用 20 到 60 分鐘的時間在健身運動，而運動期間強度並不會有太大的變化。一般的運動經驗告訴我們，即使實際的運動強度並沒有變化，自覺強度也會隨著時間而增加。當某人被要求維持一個恆定的力量輸出，或是負荷，自覺強度是會隨時間而增加。相對的，如果當人們被要求維持一個恆定的強度，那麼個人所產生的力量或負荷就會降低，由於這項工作隨著時間增加，就會感覺愈來愈費力。耶魯大學的研究者觀察到在自行車運動中，在功率輸出介於 100 至 200 瓦特，而持續時間從 15 秒增加至 5 分鐘，當持續時間增加時，自覺強度的冪函數指數會加倍（Cafarelli, Cain, & Stevens, 1977）。疲勞感可能是影響自覺強度的其他因素。

> 自覺強度會隨著時間而增加，即使實際運動強度並未改變。所以，疲勞感可能會影響自覺強度。

在 1970 年代，密西根州立大學心理學家哈沃德．巴特力（S. Howard Bartley），他主要在研究個人知覺並且對疲勞的主觀感受很有興趣，並且做出一項很重要的區分：恆定知覺系統（Homeostatic Perceptual System）（是由內在受器所組成，負責調節生理系統的平衡或和諧，以維持細胞正常運作）以及舒適知覺系統（Comfort Perceptual System）（是由疼痛、溫度、動作與姿勢、以及觸摸感覺的覺察所組成，也包括一些恆定訊號）。基於一部分巴特力的想法，軍事心理學家（Weiser, Kinsman & Stamper, 1973）要求年輕男士騎上自行車測力計，在大約 60% 的有氧作業能力下，直到他們覺得很不舒適而無法繼續。平均時間為 36 分鐘，男士們所進行的主觀評分，描述三種主要的相關反應：(1) 一般性疲勞（像是，累死了、好累、筋疲力盡）；(2) 腿部疲勞（像是，腿沒力了、腿要抽筋了），也有心肺症狀的次成分（像是，呼吸急促、心臟狂跳）；以及(3)作業厭惡（像是，汗流夾背、很不舒適、很想退出）（請見圖 16.14）。這項研究發現是第一個認為在持續性運動中，會有舒適與恆定兩個向度影響自覺強度，同時也會影響偏好強度，這是指個人覺得想要持續下去的運動水準（Borg, 1962）。

運動過程中舒適與動機這類重要的議題，曾經被研究者所忽視，直到 40 年前，費爾．魏瑟（Phil Weiser）與他同事的早期研究。近期在測量不同運動強度主觀反應的努力（Ekkekakis et al., 2011; Marcora, 2009b），並沒有使用早期研究所建立的心理物理方法，所以在遞增性或持續性運動時，所產生的不適、愉悅以及作業嫌惡等感受的增長與決定因子，與自覺強度之間的關係仍然未知。

主觀疲勞看起來是由恆定成分，包括一般的、心肺的以及區域肌肉感覺，以及舒適成分兩者所組成。

A型行為

A 型行為模式（Type A Behavior Pattern, TABP）是在 1970 年代所提出的想法，並且這是造成心臟疾患的可能危險因子。研究證據指出，A 型人非常渴望在最少的時間達成最多的成就，所以會壓抑疼痛和疲勞的知覺。他們可能會忽略胸口疼痛，或是延遲尋求醫療治療的時機。A 型人會令人擔憂的就是可能會在運動時，過度用力並且會低估自覺強度。即使缺乏良好的證據支持，現在很多研究者仍相信這些觀點。研究顯示 TABP 與 RPE 是有關聯性，或是自評疲勞不太能夠衡量 TABP 或是運動強度。這些研究並沒有控制相對耗氧量或是訓練歷史，所以無法保證 A 型和 B 型受試者是有相同的身體水準，也沒有使用具有效度的自覺強度測

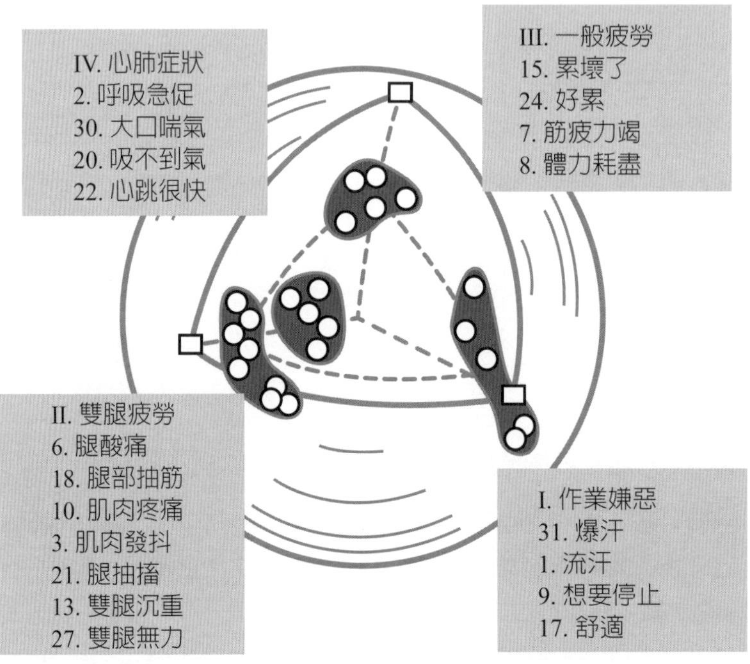

圖 16.14 騎乘結束四項群集的球形分析簡圖

量，使用自評 TABP 而不是結構性訪談也是一個問題，結構性訪談被認為是衡量 A 型行為的最好方法（Dishman et al., 1991）。較為近期的研究則是使用較好的研究方法，顯示出在標準化的運動檢測中，藉由結構訪談所區分出的 A 型與 B 型人，在 RPE 評分上沒有差異（Dishman & Graham et al., 2001）。展現出 A 型行為的人，仍然有可能會在身體活動中過度用力或是壓抑自覺強度，而能增加競爭力，但是在科學研究中並沒有呈現這樣的關聯性。

情境與自覺強度

社會、文化以及情境因素也可以影響自覺強度，但是這些影響仍然所知有限（Acevedo et al., 1999; Boutcher, Fleischer-Curtian & Gines, 1988; Hardy, Hall & Prescholdt, 1986; Rejeski, 1981）。人們對於身體活動的態度，會受到他們所身處的文化形塑，而這些態度可能會影響人們在運動時，會如何評量所使用的力量。特別是要以相對固定的強度，進行持續性運動的時候。個人若是學習到健身運動是能讓人愉快的，或是學習到認為健身運動是痛苦或無趣的人，這兩類人對於自覺強度會有著不同的知覺。運動時所處的情境，也會影響自覺強度評分。舉例來說，運動者的 RPE，可能會被量表施測者的特徵所影響，像是性別、態度或是吸引力。個人對於特定運動模式的偏好，也是另一項會影響自覺強度的可能因素。相較於其他種類相同強度的運動，當個人把某項運動視為讓人不喜歡的（作業嫌惡），可能會將這項運動評為更費力。心理因素的影響，可能會發生在意識或是下意識的層面，並且人們可能或是可能不會覺察到這些因素對 RPE 的影響。所以，很重要的是量表施測者需要留意那些會對自覺強度有影響的心理與社會文化影響因素，藉由創造中性的環境，而能夠獲得更為正確的反應。此外，也必須強調期待參與者的誠實反應，並且答案是沒有對錯之分。

雖然心理與社會文化因素很有可能會影響自覺強度與 RPE，不過這些因素並沒有經過適當地研究。早期關注性格特質和心情對 RPE 影響的研究，並沒有後續的研究驗證。同時，這些研究大都是相關研究，而非實驗室研究，研究證據是基於絕對的工作效率，也沒有控制不同水準的生理負荷，而人們也會有不同的身體或訓練水準。此外，儘管這些因素可能很重要，然而心理和社會文化影響對於自覺強度的相對影響效果仍然未知。

自覺強度：最後共同路徑

在身體活動時，中央運動指令與感覺是如何篩選和評估而會影響 RPE？認識疲勞（或是 RPE）的階層模式，如 16.15 所示，指出在自行車運動中，生理反應（生理基底，Physiological Substrata）的感覺處理有四個層級。不同症狀層次，是用來指稱來自於生理反應的特定感覺。在下層級，不同症狀會被組織到不同的群集，代表著不同運動類型（或是模式）的特定差別症狀。在中層級，這些群集會再進一步被合併為特定運動類型的主要症狀（例如：自行車運動疲勞）。作業嫌惡和動機群集也會在這個層次上合併。最後一個層級是上層級，是表示所有症狀的整合，產生廣泛疲勞的評分。

圖 16.16 呈現一個近似的模式，用以了解 RPE 在運動刺激知覺中，會被個人差異所影響。而這些個人差異會影響中央運動指令，以及個人對健身運動的生理反應。舉例

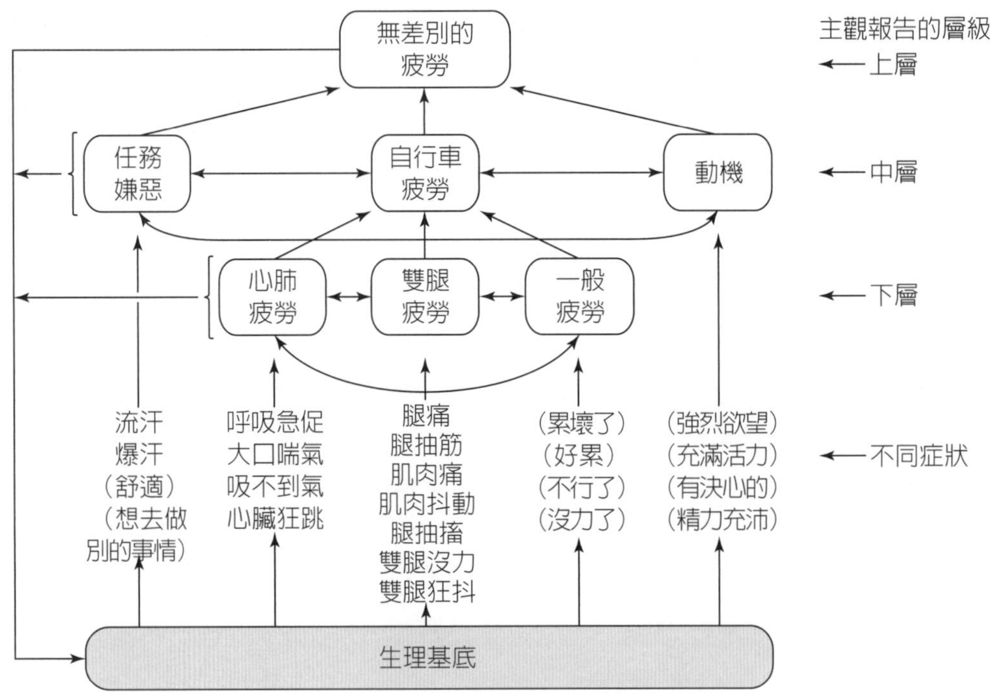

圖 16.15　運動時主觀症狀學的金字塔形基模

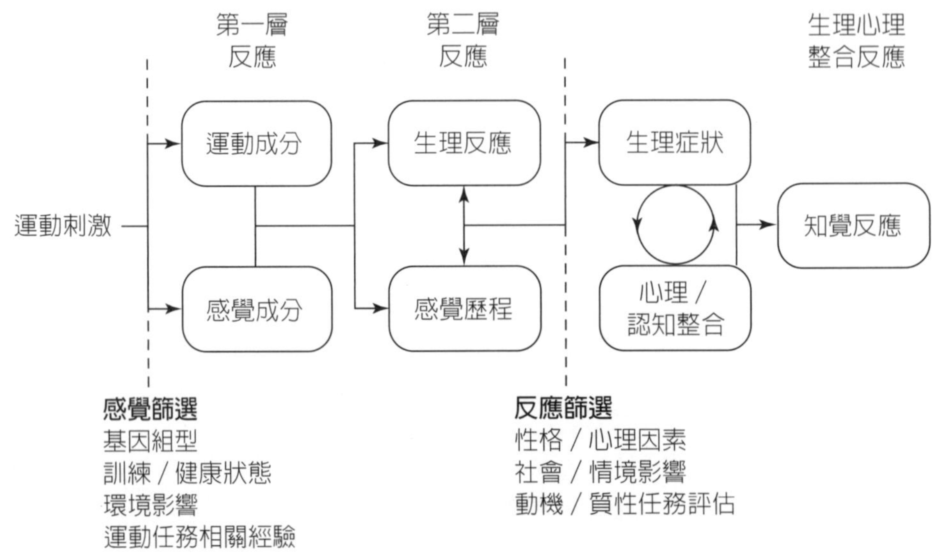

圖 16.16　自覺強度的一項整合模式

來說，相較於那些從未經過訓練和缺乏技巧的個人來說，有較高層次身體能力與運動技巧的個人，對於身體作業應該會有不同的反應。第一層反應，是指對特定運動刺激輸出（如運動）與輸入（如感覺）路徑的激發。在第二層，不同生理反應（耗氧量增加、氫離子增加）會被傳送到感覺皮質，並且會在下層級被篩選，而產生個人能夠識別的生理反應（預期的力量、呼吸的改變、流汗等等）。個人的意識會解釋所預期的力量和生理症狀，並且基於其自身獨特的生理和認知特徵，而形成一個整體的知覺反應。

自覺強度評分的實務運用

使用柏格的 RPE 量表來對自覺強度進行評分，有許多實務上的用途，像是進行運動測試、開立健身運動處方，以及監測人們在訓練中的進步情形，可以用作於預防和復健醫學，也可以用於運動競技。自覺強度的概念是很容易讓大多數 10 歲以上的人理解（BAR-Or, 2001），並且百分之九十的成年人，都能夠在大多數的運動類型中回答正確的 RPE（American College of Sports Medicine, 2000）。RPE 的衡量頗為省時、便宜，以及容易施測。不過，適當的指導語仍是很重要的。有些人可能會傾向關注在單一的生理、心理或環境線索，而不是評量他們自身整體的主觀用力感受。所以，人們必須要在評量自覺強度之前，就要先了解量表指導語，特別是量表中的開始值與結束值所代表的用力意涵。若是近期有用盡全力的經驗是最好的，不過大多數的人們是基於他們以往的經驗，可以記起或是想像用盡全力時可能會是什麼感受。

運動測試

自覺強度的評分，可以在進行阻力運動時用來估計知覺肌肉力量，不過，在臨床和研究情境中，RPE 最常使用在漸進運動負荷測驗（Graded Exercise Test, GXT）中。GXT 是用漸進增加運動強度，來判斷個人的最大運動能力（通常不是次極大耐久力），同時，通常會持續 8 至 20 分鐘。大部分的 GXT 法會需要有 12 導程心電圖、血液樣本、以及持續耗氧量採檢，並且讓個人在跑步機上行走或奔跑，逐漸增加坡度或速度，或兩者同時增加，或是踩踏自行車測功器，讓輸出的功率增加。GXT 法所得到的結果，也可以經由簡單的場域測試進行估計，像是完成走路、跑步，或是游泳標準距離所需的時間。漸增運動測試是用來估計單位時間最大耗氧量（$\dot{V}O_2$peak），而這是測量心肺適能（Cardiorespiratory Fitness）最常用的標準，或是用更一般的說法，在受不了停止之前，個人可以在 GXT 中承受的分鐘數。

在 GXT 中使用自覺強度的方式，需視測試協定、被檢測的群體，或是運動情境而定。在臨床情境中，GXT 通常是用來協助病理診斷，並且用來監控治療後的改善情形。僅管 GXT 主要是用來衡量病患的運動耐受性以及一般運作能力，病患的病情可能會限制運動能力，而 GXT 也可以用來衡量病患執行每日活動的能力，或是協助病患建立有能力安全運動的信心。而在研究情境中，GXT 最主要是用於決定最大耗氧量、評估介入效果，以及衡量運動的生理反應。GXT 在運動競技情境通常是用來篩選參與者、評估訓練成效，以及預測表現能力。

在運動測試中使用 RPE，會有幾個特別的目的。首先，它提供主觀負荷情形的指標，可以協助施測者判斷個人在 GXT 中的進展程度，並且提供訊號指出個人是否快要接近測試的尾聲。對於較年長的成年人和病患來說，會建議當個人在 6-20 量表中回報 RPE 評分 15 到 17 分時，就要開始準備結束最大 GXT 程序。對於那些在運動中會缺乏正常生理反應的人（像是，心臟或肺部疾患）來說，使用 RPE 監測就格外重要。不過對於心臟病患來說，自覺強度對心肌缺氧不敏感，所以心率和心律、血壓以及胸痛，仍然是運動負荷的重要指標。儘管病患服藥後會讓心率反應不敏感，RPE 仍會與最大心率百分比（%HRmax）儲備有緊密關係，只要病患是服用醫生開立的治療劑量，而儲備心率是用 GXT 法所取得休息心率與最大運動心率。

在運動測試中使用 RPE 的第二項用途，就是尖峰運動強度的主觀指標。RPE 值接近量表的頂端時，就是個人施加最大力量的良好指標。第三，預定的 RPE 值，可以用來監測運動訓練後力量輸出的改變量。舉例來說，可以比較訓練前後，RPE 評分 15 的尖峰耗氧量比率。經過訓練後，大多數人可以在相對更高的強度下運動，而不會有更高的強度知覺。第四，在運動測試中使用 RPE，可以協助監測有健康問題的個人，當他們的運動耐受力較低時，可能會在測試中遇到循環不良的風險。最後，RPE 可以用來偵測過度訓練所造成的停滯風險，這是由於運動員必須藉由大量訓練，才能夠在其競賽項目上有競爭力。

> 對於年長者和有心臟和肺部疾病的患者，在柏格 6-20 量表中 RPE 評分介於 15 到 17 之間，是施測者可以開始準備停止 GXT 的良好指標。由於自覺強度對心臟缺氧的情形不敏感，所以像是心率和心律、血壓、以及胸痛，仍是心臟病患者在運動時的重要負荷指標。

運動測試的執行者，應該謹記可能會影響知覺反應的幾項因素。在絕對工作量作業中，相較於使用較多肌肉量，使用較少肌肉量會有較高的 RPE。舉例來說，某一工作量或是代謝當量（MET）的 RPE，儘管在一個給定的尖峰耗氧量比率下的 RPE 應該是要相同，不過，相較於自行車運動，使用跑步機跑步的 RPE 會較低。儘管當運動強度是以最大腿部自行車運動的尖峰耗氧量比率來表示時，相較於雙腳的自行車運動，使用雙臂的手搖運動會有較高的 RPE，但是，當運動強度是以最大手臂手搖運動的尖峰耗氧量比率來表示時，強度的知覺為近似的（Ekblom & Goldbarg, 1971）。此外，不同性別、年齡族群，以及孕期和生理期不同階段之間，研究曾經指出一些微小但可能是重要的差異。惡劣的環境條件（像是極端氣溫和濕度），也會影響 RPE。

運動處方與監測

運動處方涵蓋四個面向：類型（模式）、強度、持續時間，以及頻率（每周次數）。強度與 RPE 有最為直接的關係，但是持續時間也會有影響。一項運動計畫處方的強度，會基於 GXT 的結果而定。美國運動醫學會以及美國心臟協會對於運動處方的指引，建議健康的民眾每週運動 3 天每次 20 分鐘的劇烈強度運動（60% 到 85% 尖峰耗氧量），或是每週 5 天每次 30 分鐘的中等強度運動（3 到 6 代謝當量；40% 到 59%

表 16.2 健康成人運動處方中建議使用自覺強度評分與心率的指引

運動後的運動強度測量		
心率	RPE	運動處方
＜最大心率 70%	11	可增加強度、持續時間，或兩者同時增加
最大心率 70-80%	12-14	尚可。每月增加一次強度，每 1/4 哩增加 5 秒。每星期增加 1 次持續時間，每次增加 1/4 哩。
最大心率 85-90%	15	留意。檢查心率，確認個案是按照指定的速度跑步。
＞最大心率 90%	>15	減低強度、持續時間或兩者同時減少。確認個案是依照新的（較慢）速度跑步。

RPE＝自覺強度

尖峰耗氧量）（Haskell et al., 2007，參見表 16.2 與 16.3）。由於直接測量耗氧量很耗費時間、金錢，以及很麻煩，所以運動強度一般是使用下列之一的方式衡量尖峰耗氧量並進行處方：心率、運動當量或是 RPE（請見表 16.3）。

心率

由於心率和耗氧量會有線性關係，運動強度傳統上會是用最大心率（HRmax）百分比或是心率儲備（HRreserve）百分比來表示。以此來說，一般會假定最大心率的 60%-90%，會等同於最大耗氧量或是心率儲備的 50% 到 85%。

然而，在 NASA 的德州休士頓詹森太空中心，一項針對男女性員工的大型研究中，顯示基於心率儲備所做的健身運動處方，若是訂為心率儲備 50% 到 60% 時，大約會低估尖峰耗氧量 5% 到 10% 的運動強度。然而，在心率儲備 80% 到 85% 之間，卻大約會高估尖峰耗氧量 4% 到 8% 的運動強度（Weir & Jackson, 1992）。所以對大多數的人來說，在低強度和高強度的運動中，心率儲備百分比並不是一個能夠呈現相對運動強度的精確指標。當使用休息狀態耗氧量來校正尖峰耗氧量百分比（像是尖峰耗氧量儲備，$\dot{V}O_2$peak reserve），就如同心率百分比儲備，藉由校正，而能夠讓尖峰耗氧量儲備會與尖峰心率儲備之間有線性關係。然而，在許多健身運動情境中，做這樣的調整其實不太實際，同時大多數運動處方並不會進行校正。

給予運動處方以及監測運動強度中，使用心率還有其他的問題。通常，最大心率是基於一個人的年齡來估計，而非實際測量得到。即使當影響心率的因素都含蓋進去，像是年齡、訓練狀態，以及運動類型，真實最大心率的標準差也有每分鐘 11 次（bpm）。所以當最大心率是用估計的而不是實際測量得到的，會有 30% 成年人的真實心率會有正負 11 的誤差。所以不意外地，某些人採用以年齡預測的心率，會抱怨運動強度太容

心率儲備

心率儲備可以用最大心率減去休息狀態心率計算出來，並且這個值可以使用 Karvonen 方程式，來計算特定訓練的心率範圍：

［（最大心率－休息心率）× .60］＋休息心率＝60% 的訓練心率

表 16.3 持續至少 60 分鐘身體活動的強度分類

	耐力型運動							阻力型運動
	相對強度			健康成人的絕對強度（代謝當量）（年齡）				相對強度*
強度	耗氧儲備（%） 心率儲備（%）	最大心率（%）	RPE+	年輕人 （29-39歲）	中年人 （41-64歲）	長者 （65-79歲）	高齡長者 （80歲以上）	最大肌肉力量（%）
非常輕度	<20	<35	<10	<2.4	<2.0	<1.6	≦ 1.0	<30
輕度	20-39	35-54	10-11	2.4-4.7	2.0-3.9	1.6-3.1	1.1-1.9	30-49
中度	40-59	55-69	12-13	4.8-7.1	4.0-5.9	3.2-4.7	2.0-2.9	50-69
困難	60-84	70-89	14-16	7.2-10.1	6.0-8.4	4.8-6.7	3.0-4.25	70-84
非常困難	85	90	17-19	10.2	8.5	6.8	4.25	85
最大值 *	100	100	20	12.0	10.0	8.0	5.0	100

* 基於年齡 50 歲以下 8-12 次重複；年齡 50 歲以上 10-15 次重複。

+ 柏格自覺強度 6-20 量表（Borg 1982）

* 最大值是健康成人在最大運動強度下的平均值。絕對強度（代謝當量）是男性的大約平均數。女性的平均數大約比男性低 1-2 代謝當量。

易或太困難。所以，RPE 可以用來搭配心率，提供更為合適的運動強度範圍。

代謝當量

美國運動醫學會對於運動處方的指引，是建議個人在一個星期中，藉由運動所產生的能量消耗大約至少要達到 1000 大卡，最好是要能達到每週 2000 大卡。可以使用下列方程式，計算某一活動的能量消耗：

大卡／分鐘＝代謝當量 × 3.5 × 體重（公斤）／200

能量消耗中的代謝當量，是依不同的身體活動所決定，並且大部分的運動生理學教科書中，都會有表單詳列不同身體活動類型的代謝消耗。若是運動強度的處方是基於活動的能量消耗，由於個體之間的差異也會導致誤差。個人的訓練程度以及技能水準，也會影響活動的代謝消耗。舉例來說，若是游泳的距離相同，相較於經驗豐富更懂節省力氣的泳者，技巧不好的泳者會耗費更多的能量。同樣地，活動強度也可能在某個運動期間會有變動。此外，基於能量消耗所給予運動處方時，使用 RPE 也能幫助人們維持適當的健身運動強度。

自覺強度評分的正確性

自覺強度介於 12 到 16 之間的評分，若是水平行走或是慢跑，若是搭配建議的運動強度，通常會介於最大代謝當量的 40% 到 85% 之間（靜止代謝率的倍數），或是心率儲備的 40% 到 85%。不過有三分之一的成人，在第一次進行 GXT 時，RPE 會落在上述的範圍之外（Whaley et al., 1997）。一般來說，運動強度會用 GXT 的結果來說明。在 GXT 期間，參與者會在整個測試期間估計 RPE，這些估計值則會與最高強度的百分比進行配對。如果 RPE 是用於運動情境，參與者會被要求做出相對應的評分。這樣估計產生方法的一個問題，就是在 GXT 中，RPE 通常是反映出相當短暫的穩定狀態（例如：2 分鐘）。然後，在 GXT 中的受試者會就會往下一個階段移動，而整個 GXT 也相當短暫（像是 8 至 20 分鐘）。強度大約穩定的運動，正常來說會持續更久的時間。這讓使用訓練時的運動強度，從 GXT 所獲得的運動強度，會難以配搭使用 RPE。想要的訓練範圍與實際的訓練範圍之間的誤差會擴大，所以當條件可行時，採取產生－產生的作法就會是重要的。

自覺強度的評分可以輔助心率

基於柏格的早期研究，運動生理學家認為 RPE × 10 = HR 這個模式是有用的，但是臨床觀察則指出應予以校正，對於自覺強度介於 11 到 16 之間，一般訓練範圍 130 至 160bpm，須加上 20 到 30bpm（例如：RPE × 10 + 20 到 30 bpm = HR）。

在產生－產生作法中，在 GXT 訓練參與者產生某個 RPE 下會有的運動強度（像是，代謝率）。當參與者在運動期間有進步，測試實施者監測 RPE 下的代謝率；如果代謝率並沒有落在想要的範圍之內，參與者則被要求再產生一個新的、適合的 RPE。這項程序會持續到想要的代謝率，是能良好地符合 RPE。一般來說，不同天進行三個練習測試，就足以減低使用 RPE 來產生運動強度的誤差（Dishman et al., 1987）。

我們可以預期，如果估計作業是同類型的（例如：使用相同的活動來估計和產生，像是自行車運動），而不是跨類型的（例如：估計作業與產生作業是不同的活動類型，像是自行車運動和跑步），會更能準確地產生某個運動強度。在等級遞增跑步機測試的研究顯示，RPE 估計後產生同類型的運動強度，在心率、耗氧量，以及換氣上的誤差是可接受的。自行車運動或跑步機 RPE 估計並產生的誤差，以心率來說約略是介於 10% 到 15% 之間。個人所產生的力量輸出誤差可能會高達 20%，不過若以團體平均誤差來說，大約是介於 10 到 50 瓦特之間，耗氧量則小於 5% 的差異（Dunbar et al., 1992）。等級遞增跑步機或是負荷遞增自行車，這些運動的恰辨差並沒有完整地建立，不過研究報告認為應該會是 25 瓦特。實地慢跑或跑步機跑步所產生的運動強度，與 RPE 等同的心率、乳酸以及速度，實地慢跑會比跑步機跑步低二個單位的 RPE。

訓練狀態對自覺強度評分的影響

自覺強度會受到個人身體訓練程度的影響，有一項常用的指標，是當從事與訓練前相同的運動強度運動時，個人身體能力的增進，會反映在可以用更快速的節奏運動（也就是，更高的絕對耗氧量）。換氣和乳酸閾值，是身體能力的生理指標，對於未經過訓練的人來說，會有較低的相對工作率（尖峰耗氧量的 50% 到 60%），而對於經過訓練的人來說，則會有較高的相對工作率（尖峰耗氧量的 65% 到 80%）。經由增加的訓練，RPE 在換氣和乳酸閾限上，會對應到柏格 6-20 類別量表中，主觀類別是有點因難到困難，12 到 15 分之間。由於事實上這些閾值是發生在較高的尖峰耗氧量比率上，而且是較高的工作絕對水準（Demello et al., 1987; Hill et al., 1987）。所以，RPE 會是運動訓練狀態的精確指標（Boutcher et al., 1989; Seip et al., 1991）。

乘冪定律與柏格的自覺強度量表評分

使用類別 RPE（例如：柏格的 6-20RPE 量表）來開立運動處方的可能問題，就是當自覺強度是用比率－情境法來測量時，它會以曲線的方式增加，像是定量估計法或是柏格的 CR-10 量表。特別是使用柏格 RPE 量表的理由，是因為它和增加的運動強度有線性關係。然而，美國運動醫學會所建議耗氧量 40% 到 85% 之間的訓練運動，RPE 與尖峰耗氧量比率或力量輸出之間的確實是線性關係（請見圖 16.17）。例外會發生在高強度的行走時，這時的冪指數大約是 3。所以，在大多數的例子中所採用的運動計畫只會有中等強度（例如：尖峰耗氧量的 40% 到 85%），個人應該能夠使用 6-20 類別 RPE，而能夠與增加的運動強度有線性關係。也就是說，個人可以知覺 12 到 13 的增加，應該是與知覺 15 到 16 的增加是一樣

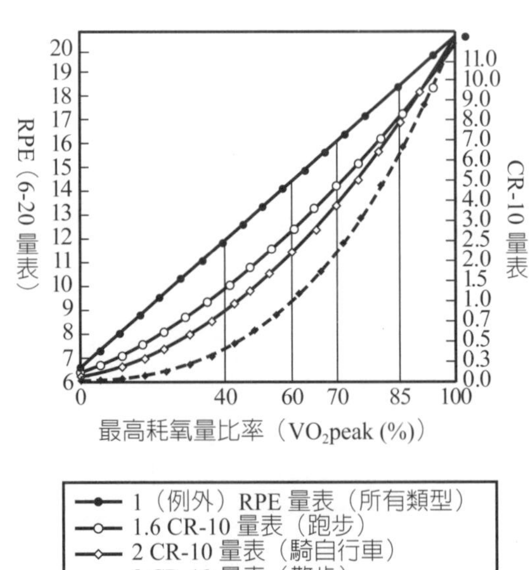

圖 16.17　不同強度與運動類型中，自覺強度的類別評分與生理反應之間的關係

的，這能夠讓產生線性增加的相對運動強度。然而，如果從行走轉變為跑步，健身運動類型的改變，則可能需要使用產生－產生法，為新的運動類型提供新的學習經驗。其他在訓練模式中的轉變（例如：從跑步到自行車運動），應該不會需要新的學習，這是由於這些動類型的冪指數是較為接近的，而仍可以使用 RPE 量表。

臨床上知覺力量的產生

身體復健治療中，要求患者用最大的力量產生身體力量，這在實務上是很常見的作法。治療與結果的臨床判斷，則是基於患者所產生的力量而定。從生理心理的研究中，指出人們應該夠正確的展現出這樣的力量。在現今有關知覺力量、強度估計，以及力量產生任務的首項研究，是用握力建立知覺力量之間的指數關係，其冪指數介於 1.7 到 2.0 之間（Stevens & Mack, 1959）。自從這項早期的研究開始，有些心理物理的研究則是針對力量產生，這些研究顯示自覺力量的增加是依照乘冪函數，而其指數則是介於 1.4 到 1.7 之間，包括姆指對掌（Thumb Opposition）、握力以及使用迴圈測力器的腿或手臂曲柄（請見 Borg, 1982）。這些研究指出，肌肉力量提升的知覺，是以指數函數增加，而與史蒂文斯乘冪定律一致。

柏格的範圍原則，指出不同人的知覺力量強度，在個人主觀的最大強度上大致上應該是相同的，這項觀點可以進一步加以延伸，並能預測當人們有著一般的阻力運動經驗時，應該能夠產生出相對應他們想像中，最大力量的某些比例的力量。研究顯示對於姆指對掌、靜態和動態膝關節伸展，以及臥推運動時肩膀水平內收，知覺力量百分比的增加，與最大力量的百分比之間是線性關係，在知覺與實際相對力量的對數－對數製圖中，指數大約為 1.0。所以，在肩膀水平內收運動中，知覺產生力量的百分比是介於 25% 到 75%，相對應的自主最大力量是介於 10% 到 90%，直接是與自主最大力量有比例關係（Jackson & Dishman, 2000; Jackson, Dishman, & Martin, 2002; Jackson et al., 2006）。儘管人們實際產生的力量與其想要產生的力量之間是有線性關係，卻有某些人會產生比較大的誤差。這代表著大部分的患者，當他們被要求產生次極大的力量時，是可以展現出合宜的水準，但是有些人是做不到的。對於那些會產生超過想要力量的人來說，可能會增加他們經歷康復挫折的風險。而對於那些產生過低力量的人來說，他們的復原率會增加，不過復原時間卻會拉長。

偏好強度

基於個人偏好的強度來開立運動處方，可能對於增加一般大眾的身體活動有著重要的意涵（Borg, 1962）。偏好強度是指個人在運動中想要的強度水準。偏好強度是指個人能夠選擇設定的運動水準。目前只有少數針對偏好強度的研究，不過在針對男性的研究中，發現他們在自行車運動時喜歡的強度，大約是尖峰耗氧量 60% 的強度，相對應於類別 RPE 評分 13 ± 2，或是有些困難。受過訓練的跑者，則會偏好更高的強度，大約是尖峰耗氧量 75% 的強度，而 RPE 則會是介於 9 到 12（請見 Dishman 1994 的回顧）。所以，看起來大部分人偏好運動的強度，大約會在即將要快速累積血液乳酸和過度換氣的閾限附近。對大多數人來說，這樣的偏好強度很適合用來提升心肺適能。

如果人們可以決定用他們所喜好的強度運動，而不是太強或太弱，那麼人們更可能會持續參與運動。此外，在運動過程中較高程度的生理負荷，可能會增加肌肉骨骼和骨頭受傷的風險，反而會導致個人不活動。如果不活動的個人，自己選擇或是被醫生開立運動處方，從事相對於他生理反應來說，感覺上會非常費力的運動強度，他們可能會非常不願意持續從事這項運動。相反地，某些人可能會偏好比建議強度更高的運動強度（King et al., 1991）。讓人們用他們自己的步調運動，可以增加他們在運動時的舒適度與愉悅感。然而，我們並不知道有多少比例的人，會偏好以遠低於個人體適能的強度運動（像是低於能力的 40%），或是有多少人願意冒著心血管疾病的風險，而偏好具危險性的高強度運動。

疲勞症狀

相較於支持 RPE 在估計和產生運動強度上具正確性的證據，我們對於其他的運動主觀反應，對於開立運動處方和監測運動強度來說是否有用，所知仍然很少（Bayles et al., 1990; Ekkekakis et al., 2011）。儘管美國運動醫學會建議除了 RPE（2009），還可以使用自評量表檢測心絞痛、行走疼痛，以及呼吸困難。這些量表常見於運動壓力測試，以及在運動中與運動後的疼痛研究與量測，是運動心理學中的新興領域（Borg, 1998; Cook & Koltyn, 2000; O'Connor & Cook, 1999）。

小結

岡納．柏格（Gunnar Borg）是第一位使用類別評分量表的人，藉此能夠有效地比較人與人之間的 RPE。這是基於柏格範圍原則的基本假定，意即所有健康的人，都有著相同的知覺範圍，因此可以判斷自覺強度。自覺強度，當使用比率量尺法來衡量時，強度增加會呈現正向加速函數。自覺強度展現出一種完形，整合感覺訊號傳送至工作肌肉的中央運動指令，與有毒的化學刺激，再加上運動時換氣與相對代謝負荷有關的換氣和代謝訊號。此外，心理因素像是記憶和專注力，與生理訊號的交互作用，再加上來自於外在環境的訊號，只有在大腦整合這些訊號之後，運動的知覺才會發生，並且才會有認知標籤指稱整體的力量感受。RPE 量表可以在運動測試中使用，在運動處方中也是可以監測運動強度的有效輔助措施。

參考網站

1. http://psychclassics.yorku.ca/Fechner
2. http://psychclassics.yorku.ca/Fechner/wozniak.htm
3. www.psych.yorku.ca/classics/Fechner
4. www.semiophysics.com/SemioPhysics_Articles_mental_10.html
5. www.sosmath.com/algebra/logs/log4/log4.html#exponential
6. www.sosmath.com/algebra/logs/log1/log1.html

詞彙表

姜定宇、鄧詠謙 譯

5-HIAA：5-氫氧靛基醋酸的簡稱，血清素（簡稱 5-HT）的主要代謝分解產物。

絕對強度（Absolute Intensity）：工作水準，是用對所有人都相同的值來表示（例如：以 6 英里／小時的速度跑步）。

加速規（Accelerometer）：一種測量運動的機械裝置，使用傳感器紀錄身體在一個或多個軸向上的加速度。

乙醯膽鹼（Acetylcholine）：位於膽鹼性突觸上的一種神經傳導物質，可引起心血管抑制、血管舒張、胃腸蠕動和其他副交感神經作用，它也在運動神經元和骨骼肌之間以促進方式作用。

腕動針（Actigraphy）：在一個平面上測量運動、加速度和減速度

主動因應（Active Coping）：對知覺到的可控壓力的反應，通過精神上或身體上的努力去影響結果。

單次／急性運動（Acute Exercise）：單次的運動，通常很短，但可以持續 4 個小時或更長的時間（例如：馬拉松）。

急性疼痛（Acute Pain）：持續不到 3 個月的疼痛。

腺苷（Adenosine）：一種嘌呤核苷，除了抑制交感神經末梢釋放去甲腎上腺素，和降低脂肪組織對去甲腎上腺素的敏感性外，在新陳代謝的反應和調節以及睡眠調節中具有重要作用。

堅持性（Adherence）：忠實地遵守作為協商同意後一部分而確立的行為標準，指一個人在運動計畫中的延續。

腎上腺皮質（Adrenal Cortex）：腎上腺的外層，位於腎臟附近；分泌糖皮質素、礦物皮質素以及性激素

腎上腺髓質（Adrenal Medulla）：腎上腺的內核，分泌腎上腺素、去甲腎上腺素和腦啡肽

腎上腺素（Adrenaline）：見腎上腺素（Epinephrine）。

腎上腺素性（Adrenergic）：與使用腎上腺素作為神經傳導物質的自主神經，或中樞神經系統的細胞或纖維有關。

促腎上腺皮質激素（Adrenocorticotropic Hormone, ACTH）：由腦下垂體前葉釋放的一種激素，控制腎上腺皮質激素的產生和釋放。

有氧健身（Aerobic Fitness）：心肺系統吸收和使用氧氣的能力，在中等強度下使用大肌肉群進行活動的能力，這允許身體利用氧氣產生能量，並且可以持續幾分鐘以上。

情感（Affect）：對於感受狀態價值的意識表達，與認知和行為不同。一般的類別可包含：感受、情緒及心情。

傳入（Afferent）：指將神經衝動從感覺器官傳送到中樞神經系統的神經軸突。

疼痛物質（Algesics）：激發傷害受器並且可能引起疼痛的內源性物質。

觸摸痛（Allodynia）：由通常不會引起疼痛的刺激引起的疼痛（例如：曬傷後沐浴時，水碰到肩膀的疼痛）。

適應恆常穩定（Allostasis）：藉由改變達成穩定的能力，也就是說，體內平衡破壞的適應。

生理恆定負荷失衡（Allostatic Load）：對壓力生理反應的長期影響，包括激活自主神經系統、下視丘-腦垂體-腎上腺系統（HPA 軸）、新陳代謝、心血管以及免疫系統。

α 波（Alpha Wave）：8 到 12 赫茲的腦波活動，

通常被描述為放鬆的覺醒。

杏仁核（Amygdala）：位於邊緣系統的細胞核群，參與控制社交場合的適當行為、情緒記憶以及憤怒和恐懼的產生。

止痛（Analgesia）：疼痛減輕到不再存在的程度（見痛覺減退）。

類比模型（Analogue Model）：藉由轉換規則，一組屬性集合，能表示想法或事件的實際屬性集合：像是使用地圖和圖形。例如：針對正常行為或心理功能的研究，可以作為異常行為或精神障礙研究的近似研究。

心絞痛（Angina）：一種病理性心臟病，涉及嚴重的胸痛。

前因（Antecedents）：發生在目標行為之前的事件，無論是內在的（例如：想法或情感）或外在的，可以在時間上接近或者在行為發生期間（近端），也可能在行為之前的很長一段時間發生（遠端）。

前扣帶皮層（Anterior Cingulate Cortex）：一種大腦結構，用於監測和檢測行為錯誤，並與衝突偵測歷程有關。

焦慮（Anxiety）：知覺威脅的一種情緒反應，包括緊繃、恐懼和緊張的感覺，或是不愉快的想法或擔憂以及生理變化。

焦慮症（Anxiety Disorder）：一種以憂慮或擔憂為特徵的精神疾病，伴有煩躁、肌肉緊張、心率加快和呼吸困難。焦慮症包含恐懼症、恐慌症、強迫症和廣泛性焦慮症。

抗焦慮劑（Anxiolytic）：具有減少焦慮的作用。

喚起（Arousal）：一個單向度的生理活躍狀態，從睡眠到極端活躍的連續向度。

態度（Attitude）：對物體、人物、事件或想法的評價和反應；包括認知、情感和行為成分。

增加者（Augmenters）：在對大小做出判斷時，始終會高估心理物理刺激的人。

自主神經系統（Autonomic Nervous System）：周邊神經系統的一部分，支配著平滑肌、心肌和腺體，由交感神經、副交感神經以及腸神經組成。

基底核（Basal Ganglia）：端腦的一部分，由紋狀體與紋狀體相關的細胞群組成，如視丘下核和黑質。

行為意圖（Behavioral Intention）：一個人想要去做什麼或是想完成什麼；意圖是以程度來表示（例如：90% 的可能性我會做某件事），而不是二分法（例如：我會或我不會做某事）。

行為管理（Behavioral Management）：一種基於行為主義和認知行為主義的干預方法，藉由刺激控制、強化控制、收縮和其他策略來改變行為。

行為神經科學與比較心理學（Behavioral Neuroscience and Comparative Psychology）：涉及知覺和學習、神經科學、認知心理學和比較心理學的心理學分支學科，神經事件在大腦和行為研究中的應用。

行為主義（Behaviorism）：心理學的一個分支學科，從學習理論發展而來，用於描述可觀察的刺激、反應和結果之間的關聯以作為理解行為的基礎。依據這個觀點，在預測和描述行為上，不需考量性格或心智狀態。

信念（Beliefs）：期望、信仰或是意見。

β- 內啡肽（β-endorphin）：一種由腦下垂體前葉與促腎上腺皮質激素分泌的內源性類鴉片肽，用以應對壓力。

偏誤（Bias）：由於設計或是調查上的技術失誤，導致結果與正確值的系統性偏離，不在研究人員預期內而會影響結果的任何因素之影響（依變項）。就知覺而言，偏誤或反應標準是一種決策規則，基於像是過去經驗、指示、以及預期成本和收益等因素。

生理心理學（Biological Psychology）：心理學的一個學科分支，其將自然科學方法，例如：生理學、內分泌學、藥理學和分子生物學中的方法，應用於大腦和行為的研究。

疾病的生理心理社會模式（Biopsychosocial Model of Disease）：George Engel 於 1977 年引入的疾病模型，提出了健康和疾病的多因性因素，強調生理、心理及社會因素的交互作用。

雙極量表（Bipolar Scale）：一種測量的工具，它在單一連續向度（另見多維量表和單極量表）上，將兩個極端對立概念化，例如：充滿能量和疲勞。

腦源性神經營養因子（Brain-Derived Neurotrophic Factor, BDNF）：一種可以支持現有神經元的存活，並促進新神經元和突觸生長和分化的神經營養因子。

大腦可塑性 / 資源（Brain Plasticity / Resources）：可互換的術語，常用於描述人們如何學會適應環境條件和挑戰。

腦幹（Brain Stem）：脊髓向上連續延伸至顱腔，由髓質、橋腦和小腦及中腦所組成。

坎農 - 巴德理論（Cannon-Bard Theory）：一種情緒理論，描述一種常見的生理反應，不論情緒類型為何，其涉及激發交感神經，讓身體為逃跑或戰鬥做好準備。當面對刺激時，大腦會決定適當的反應，相對應的情緒反應和生理激發會同時發生。

病例對照研究（Case-Control Design）：一種回溯性的研究設計，其中健康對照組與通常來自相同環境、年齡、性別和種族的病人（病例）相匹配，藉此比較兩組過往暴露於疾病的潛在風險因素。

兒茶酚胺激素（Catecholamines）：一種包含單個胺基的突觸傳導物質，包含多巴胺、正腎上腺素和腎上腺素。

小腦（Cerebellum）：大腦的一部分，在肌肉活動期間協調自主運動並調整速度、力量和其他相關因素，在運動神經訊號傳遞到肌肉前組織運動神經訊號。

慢性健身運動（Chronic Exercise）：在一段時間內定期、重複的健身運動，健身運動訓練或規律的健身運動，是由活動類型、強度、持續時間、每周頻率以及時間間隔（例如：週、月）所定義。

慢性疲勞症候群（Chronic Fatigue Syndrome）：一種原因不明，有害且複雜的醫療狀況，其特徵是極度的疲勞，臥床休息也無法改善，並且可能因體力或腦力的活動而惡化。

慢性疼痛（Chronic Pain）：疼痛持續 3 個月或更長時間。

古典制約（Classical Conditioning）：一種行為改變的形式，其中反射性反應的刺激（非制約刺激）與中性刺激重複配對，直到中性刺激（現在已轉變為制約刺激）在沒有非制約刺激的情況下仍能引發反應。

跛行（Claudication）：由拉丁文的 *Limping* 衍生出來，它是指在行走時小腿的疼痛。

認知（Cognition）：反映一個人的知識或意識的任何過程之總稱，包含知覺、記憶、決策及推理。

認知行為矯正（Cognitive Behavioral Modification）：使用學習理論的原理，來修改與要改變的行為相關的認知和活動。

認知行為主義（Cognitive Behaviorism）：基於交互二元論的人類行為理論，其認為行為是認知的結果，認知的變化是行為的決定因素。

認知重建（Cognitive Restructuring）：一種基於認知行為主義的行為改變策略，其中消極或錯誤的想法，被正向的想法或使行為改變過程得以實現或增強的想法所修正或取代。

順從（Compliance）：遵循行為的規定與標準，通常與能夠緩解症狀的即時並短期的健康建議有關。例如：服用特定藥物的治療方案，一種強制服從感。

電腦化斷層掃描（Computerized Axial Tomogram, CAT scan 或 CT Scan）：一種利用 X 光吸收來檢查人類大腦結構的方法。

制約刺激（Conditioned Stimulus）：一種之前的中性刺激與非制約刺激反覆配對出現，現在在沒有非制約刺激的情況下，仍能引發目標制約反應。

混淆因素（Confounder）：不是暴露或實驗操弄結果的外來因素。混淆因素會對結果產生影響，導致研究結果失真。混淆因素是研究結果的決定因素或相關因素，並且會不平均地分配在暴露與未暴露的個體，使得要解釋其他變項之間的關係變得困難或不可能。

後果（Consequence）：遵循目標行為的抽象或具體事件，可以在時間上接近（近端）或遠離（遠端）行為，可以增強，從而增加目標行為的頻率或懲罰，從而降低目標行為的頻率。

建構（Construct）：為描述現象之間的關係或用於其他研究目的而發展（構建）的抽象概念，理論上存在，但不能直接觀察到。

後效契約（Contingency Contract）：一種行為改變策略，其中一個人與另一個人簽訂合同，詳細說明根據目標行為的表現或不表現而定的獎勵和懲罰。

控制組（Control Group）：為了比較，在實驗研究中沒有經歷研究者感興趣操弄的組別。

收斂效度（Convergent Validity）：被假定測量相同變項的測驗或工具之間的重疊，所表明的效度；與同時效度相關，它由一個工具和另一個工具之間的相關性來表示，該測量工具被認為是有效的，且量測相同的建構。

紋狀體（Corpus Striatum）：基底核的一部分，由蒼白球和紋狀體（Striatum）組成，可進一步分為尾核和殼核。

相關（Correlates）：已建立可重製關聯或預測關係的變項。

促腎上腺皮質激素釋放激素（Corticotropin-Releasing Hormone, CRH）：由前下視丘室旁核的小顆粒細胞區釋放的一種激素，控制促腎上腺皮質激素釋放的規律。

皮質醇（Cortisol）：一種類固醇激素，是腎上腺皮質所分泌的主要糖皮質激素；在與情緒障礙相關的壓力反應，和中樞神經失調中起主要作用，還參與刺激肝醣的形成和儲存以及維持血糖。

宇宙論（Cosmology）：對物理宇宙的研究，被認為是時間和空間中的現象之總和。

腦神經（Cranial Nerves）：十二對直接連結到大腦的感覺和運動神經。

橫斷研究設計（Cross-Sectional Design）：收集單一時間點的資料，並且研究參與者不會被告知預測（獨）變項和結果（依）變項的研究計畫。

交互壓力源適應假說（Cross-Stressor Adaptation Hypothesis）：對重複性運動壓力之生理適應，將導致對心理壓力的生理反應之適應。

細胞激素（Cytokines）：調節免疫系統反應的細胞信號分子。

決策平衡（Decisional Balance）：行為改變跨理論模型（改變階段模型）的三個組成成分之一，被認為可以影響行為改變；目標行為的優點或知覺的獲益，與缺點或知覺成本之間的差異。

依變項（Dependent Variable）：研究中的變項，其值由獨立（預測變項）變項所預測，或依賴於另一個變項，也可稱為結果變項。

耗竭假說（Depletion Hypothesis）：見單胺耗竭假說（Monoamine Depletion Hypothesis）。

間腦（Diencephalon）：前腦的後部，主要結構是丘腦和下視丘。

學科（Discipline）：知識或教學的一個分支。

區辨性刺激（Discriminative Stimulus）：在操作制約期間，與增強刺激配對的刺激；提供有關反應結果的訊息。

遠端（Distal）：指時間上遠離目標行為的結果或行為。

分心假說（Distraction Hypothesis）：基於運動期間，令人擔憂的想法和日常壓力源的「暫停」，去解釋運動有益的心理影響。

晝夜（Diurnal）：指每24小時重複一次的模式。

區辨效度（Divergent Validity）：一個測量的有效性。如果它是有效的，則不應與另一個測量有所關聯，是收斂效度的鏡像。

多巴胺（Dopamine）：一種生物胺類和神經傳導物質，是正腎上腺素和腎上腺素的前身。

背外側前額葉皮質（Dorsolateral Prefrontal Cortex）：與目標選擇、計畫、排序、語言和空間工作記憶、自我監控和自我意識相關的額葉區域。

向下調節（Down-Regulation）：反覆服用具有藥理或生理活性的物質後，或對過高濃度的物質做出反應後，產生耐受性；特徵通常是最初受器對物質的親和性下降，隨後受器數量減少。

二元論（Dualism）：世界為兩個基本實體或由兩基本實體所組成的哲學觀點，如心靈和物質，也是精神和身體分開運作、沒有交流的觀點。

失調（Dysregulation）：自我調適的中斷。

輕鬱症（Dysthymia）：一種輕度、慢性的憂鬱症

生態效度（Ecological Validity）：一種外在效度，指的是實驗中進行的測量，能夠類推到非實驗室條件下的程度，或者是一組研究結果能夠類推到另一組的程度。

效果量（Effect Size）：關聯或關係強度的測量；接受研究處置的一般受試者，與未接受處置的一般受試者的結果差異；廣義上，是對關聯或關係強度的任何測量，通常被認為是具有實際

意義的指標。

有效性（Effectiveness）：介入或方法在其他環境中能夠發揮作用，或在實驗室環境之外可以實際應用的能力；生態效度水準。

傳出（Efferent）：指將神經衝動從中樞神經系統傳送到肌肉和腺體的神經軸突。

效能（Efficacy）：介入或方法達到預期目的的能力。

自我取向（Ego Orientation）：一種動機取向，成就是經由將個人的表現與其他人或外在標準比較後所決定。

腦電圖（Electroencephalography, EEG）：使用以標準化模式放置在頭皮上的大電極，紀錄大腦的總電活動。

肌電圖（Electromyography, EMG）：紀錄肌肉收縮的總電活動。

電生理學（Electrophysiology）：一種測量大腦神經活動的技術，將電極放置於大腦皮層或大腦神經元的特定區域，用於紀錄行為或壓力反應時的電位。

情緒（Emotion）：一種強烈心理狀態，主觀產生而不是經由意識活動所產生，伴隨著與自主神經激發相關的生理變化；負面或正面感受的簡短反應。

實徵研究（Empirical Research）：可以通過觀察或經驗加以驗證，基於數據資料的研究。

內源性大麻素（Endocannabinoids）：與大麻素受器結合的內源性生理配位基，可中介大麻的精神性活性作用，包括減輕焦慮和疼痛、情緒改善和短期記憶受損。

內分泌（Endocrine）：作用於身體內部，分泌激素和其他生化物質的腺體。

內生的（Endogenous）：在體內產生的。

內啡肽（Endorphin）：一種內生類鴉片肽，可作為神經傳導物質、神經調節物質和激素。

內啡肽假說（Endorphin Hypothesis）：認為與運動相關的情緒增強，是由於運動過程中內啡肽分泌的作用。

能量症狀（Energy Symptoms）：有能力完成心理或生理上活動的主觀感受。

腦啡肽（Enkephalin）：三種類鴉片類藥物中的其中一種，是一種具有與鴉片類似作用的化合物，如降低疼痛敏感性。

腸神經系統（Enteric System）：自主神經系統中調節腸道的分支。

流行病學（Epidemiology）：研究人口中與健康相關狀態和事件的分佈和決定因子，並將此研究應用於健康問題的控制。

腎上腺素（Epinephrine, Epi）：也可稱作 Adrenaline，一種作為腎上腺髓質分泌的激素和神經傳導物質的化合物；作為擬交感物質的節後腎上腺素介質，在準備應對壓力方面發揮著重要作用。

執行功能（Executive Function）：對決策、目標規劃和注意力控制至關重要的心理歷程。

健身運動（Exercise）：身體活動的一個子集合，包括有計畫的、結構化的、重複的身體活動，目的是改善或維持身體健康的一個或多個組成成分。

健身運動採用（Exercise Adoption）：開始有規律、有目的及結構化的身體活動之行為和認知成分；包括某種程度的心理承諾。

健身運動維持（Exercise Maintenance）：在一段特定時間內（通常至少 6 個月）保持規律的鍛練計畫。

運動處方（Exercise Prescription）：為了達到特定目標，針對特定鍛鍊模式、強度、持續時間及每週頻率的建議。

健身運動心理學（Exercise Psychology）：研究在健身運動和身體活動環境下發揮作用的心理生物學、行為和社會因素的跨領域學科。

實驗設計（Experimental Design）：計畫和執行實驗的技術，其中研究人員對研究發生的情境和獨變項有一定的控制。

表面效度（Face Validity）：邏輯或概念的有效性，根據專家來決定測量工具在多大程度上是符合邏輯的。

因素分析（Factor Analysis）：用來確定驗證的架構是否與欲測量建構一致的統計分析，是一種分析的設計，旨在發現幾個變項之間的變化模式，以查看是否可以將大量的變項，分組成為在概念上或統計上相關的因素。

疲倦（Fatigue）：完成心理或生理上活動時，能力下降之主觀感受。

感受（Feeling）：一種可以公開或隱蔽的主觀體驗。

感受狀態（Feeling State）：身體感覺、認知評估、實際或潛在的工具性反應，獲這些反應的一些組合。

纖維肌痛（Fibromyalgia）：一種慢性疾病，其特徵是局部區域廣泛的肌肉骨骼疼痛、疲勞和壓痛。

場域理論（Field Theory）：庫爾特．勒溫（Kurt Lewin）所發展的後佛洛伊德人格理論，認為行為由人和人的環境決定，考慮到當代的交互關係與聯繫。

額葉（Frontal Lobe）：大腦的一部分，它接收來自皮質和皮質下區域的多種輸入，並以形成統一的、目標導向行為的管道整合資訊。

功能性磁振造影（Functional MRI, fMRI）：一種用以確定大腦活動的方法，它應用核磁共振原理來找出大腦的哪些部分，是被各種類型的身體感覺或運動活動所激發。

甘丙胺素（Galanin）：一種胺基酸肽神經傳導物質，可在體外使正腎上腺素神經元超極化，並抑制藍斑核放電。

膚電反應（Galvanic Skin Response）：經由自主神經的激發，而產生的皮膚電阻或傳導性變化。其透過貼在皮膚上的兩個電極，記錄他們之間組織路徑中皮膚導電性或電阻的變化來測量。

γ- 氨基丁酸（γ-Aminobutyric Acid, GABA）：神經系統中的主要抑制性傳導物質。

神經節（Ganglion，複數 Ganglia）：位於邊緣神經系統中，神經細胞體聚集之處。

一般適應綜合症（General Adaption Syndrome, GAS）：Hans Selye 的理論認為許多疾病是「適應疾病」，是由於對環境壓力的反應不足、過度或調節不當而發展出來；同樣地，藉由增加對身心疾病或神經疾病抵抗的經驗，會助於改變 GAS。

廣泛性焦慮症（General Anxiety Disorder, GAD）：對於各種顧慮過度的或病態性的擔憂為特徵的疾病。誇張的警戒以及壓力和焦慮的身體症狀，像是肌肉緊張。

基因型（Genotype）：生物體中所有遺傳訊息的總和。

完形（Gestalt）：元素的一種結構或模式，而可以整合為一個整體，而這個整體是無法從簡單加總各部分產生；即整體大於部分之和。

糖皮質激素（Glucocorticoid）：一種影響碳水化合物代謝，並由腎上腺皮質釋放的激素（例如：對壓力的反應）。

麩胺酸（Glutamate, Glutamic Acid）：一種小分子的氨基酸、快速作用的神經傳導物質，也是中樞神經系統中主要的興奮性傳導物質。

目標設定（Goal Setting）：制定具體計畫以實現預期結果的過程。

月暈效應（Halo Effect）：當研究者根據其他已知特徵，將某些特徵歸因於參與者時發生的效應，這導致研究者產生偏見（實驗者預期效應）。

霍桑效應（Hauthorne Effect）：人們在研究中發生變化的趨勢，僅僅是因為他們正在接受研究。

健康教育（Health Education）：針對與促進健康相關的行為，基於醫療模式所進行的計畫和策略，如教育計畫與大眾媒體宣傳活動。

健康心理學（Health Psychology）：心理學的子領域，致力於理解健康和疾病之心理影響和後果，以及健康政策和健康介入措施的影響。

心律變異（Heart Rate Variability）：由心搏週期的連續 R 波之間間隔的標準差描述的變異性，它是自主神經系統調節心律的指標。

半球不對稱性（Hemispheric Asymmetry）：大腦左右半球之間神經迴路的差異。

高風險情境（High-Risk Situation）：挑戰一個人對保持正向健康行為，或避免不健康行為能力之信心的任何情況。

海馬迴（Hippocampus）：邊緣系統中被認為對學習和記憶很重要的部分。

恆定性（Homeostasis）：生物體或細胞通過調整其生理過程，來維持內部平衡的能力或趨勢，是內部環境保持不變的傾向。

症狀類比模式（Homologous Model）：符合預測有效性和同構性的標準，並且與人類疾病具有相同病因學的疾病動物模型。

痛覺遲鈍（Hypoalgesia）：疼痛減輕，但仍然存在（見痛覺缺失）。

下視丘—腦垂體—腎上腺軸（Hypothalamic-Pituitary-Adrenal Axis, HPA 軸）：下視丘、腦垂體和腎上腺皮質。

下視丘（Hypothalamus）：間腦的一部分，控制生長功能，調節激素平衡，並在情緒行為扮演重要角色。

圖像模型（Iconic Model）：一個二維或三維模型，看起來與它所表示的相似，但更大或更小。包含圖像、雕塑、全像技術及虛擬實境。

唯心主義（Idealism）：一種哲學理論，主張客觀現實在實際上是知覺，它由思想組成，關於現實的本質在於意識的爭論。

免疫細胞化學（Immunocytochemistry）：通過免疫學方法研究細胞成分，例如使用螢光抗體。

原位（In Situ）：指一種在原始自然環境中，檢查細胞或有機體內部過程的技術。

原位雜交組織化學（In Situ Hybridization Histochemistry）：一種使用標記的互補單鏈 DNA，檢測細胞中信使 RNA 穩態水準的技術，該細胞是固定在組織中的自然位置。

體外實驗（In Vitro）：發生在「玻璃中」；通常指在體外進行的生物測試，如在實驗室培養皿中。

體內實驗（In Vivo）：發生在「活體中」，通常指對完整的活體參與者進行的試驗。

發生率（Incidence）：疾病或病況的新病例數，除以特定時間內暴露的人數。

獨變項（量）/ 自變項（量）（Independent Variable）：研究者操弄的變項，其想法是它會對另一個變項（依變項 / 應變項）產生影響，是可用於解釋或預測另一個變項的變項。

吲哚胺（Indolamines）：一種生物胺，包含血清素和褪黑激素。

強度（Intensity）：健身運動期間完成的運動量，表示為絕對數量（例如：瓦特）、相對最大能力（例如：最大攝氧量的 70%），或者用於用力的知覺（在 Borg 量表上自覺強度等級為 13）。

意圖（Intention）：見行為意圖。

同構模型（Isomorphic Model）：引起與人類疾病相同特徵的疾病動物模型，在服用對人類臨床上有用的藥物後症狀會減輕；產生的特徵可能不同於人類疾病的病因或發展過程。

詹郎二氏情緒論（James-Lange Theory）：認為情緒是由對各種生理反應的評價所產生的，不同的情緒有不同的一系列反應，對這些反應的知覺會產生相應的情緒，因此，情緒期間的身體反應是情緒反應的來源。

恰辨差（Just Noticeable Difference, j.n.d.）：知覺到變化所需的刺激強度之最小變化量。

潛伏期（Latency）：刺激和反應之間的時間長度。

配位基（Ligand）：與一個通常更大的分子結合的分子（例如：與受器結合的激素或神經傳導物質）。

李克特氏量尺（Likert Scaling）：一種調查問卷格式，調查對象針對所呈現的陳述句，在有著中間值的兩個極端反應之間的數個形容詞錨定中做出選擇（例如：非常同意和非常不同意），以呈現他們對每項陳述句的評定；這是社會科學中使用最為廣泛的態度量尺。

邊緣系統（Limbic System）：位於大腦半球內壁邊緣附近的一組異質性腦核陣列，他們相互支配，包括海馬迴、杏仁核和穹窿回，其會影響內分泌系統以及情緒和學習。

藍斑核（Locus Coeruleus, LC）：位於橋腦內，是產生正腎上腺素的主要核心，在抑制從大腦投射出神經的自主放電上具有重要作用。

磁振造影（Magnetic Resonance Imaging, MRI）：一種使用無線電波和強勁磁場測量活體大腦結構細節的方法。

腦磁波（Magnetoencephalography, MEG）儀：一種非侵入性的方法，用於測量大腦中頭皮正下方，細胞內微弱電流所產生的磁場，並比對腦溝的活動；可以提供被激發的和自主的神經活動的動態，以及在大腦中來源位置的直接訊息。

強度估計（Magnitude Estimation）：向某人展示標準刺激（模量），例如：10 磅（4.5 公斤）的重量，並要求該人用任何數字標記他或她的感覺知覺（例如：沉重或力量）；然後，要求參與者根據分配給模數的評分，為以隨機順序呈現的各種刺激（例如：重量）分配一個數值。

強度產生（Magnitude Production）：向某人展示標準刺激（模量）並要求該人做出反應，或選擇與給定刺激量（例如：兩倍重）成比例的刺激。

重度憂鬱症（Major Depression）：情緒疾病的兩大類別之一（另一種是躁鬱症），其特徵是情緒低落、失去興趣或愉悅感，以及其他行為和心理症狀。

躁鬱症（Manic-Depressive Disorder）：情緒疾病的兩大類別之一（另一種是重度憂鬱），其特徵是憂鬱期與情緒高漲期以及相關行為的交替出現。

精通假說（Mastery Hypothesis）：對於提升情緒、自我效能以及自尊心的解釋，是基於成功完成一項重要任務（如鍛鍊）的正向後果。

唯物主義（Materialism）：一種哲學理論，即實物是唯一的現實，思想和感情可以通過物質和物理現象的狀態和變化來解釋。

最大攝氧量（Maximal Aerobic Capacity）：身體能吸收和使用的最大氧氣量。

麥卡德爾症候群（McArdle's Syndrome）：一種先天性疾病，讓人們在運動時無法使用肝醣，而會增加肌肉疼痛。

中介機制（Mediation）：獨變項影響結果的機制；中介的量是通過間接效果去衡量的，它等於當去除中介變項的貢獻時，獨變項對結果影響的減少部分。

中介變項（Mediator）：傳遞另一個變項（預測變項）對結果的影響之變項。

延髓（Medulla）：腦幹的一部分，位於從脊隨到腦幹的過渡部位，包括運動和感覺神經，其上半部分的背面形成第四腦室的底部。

鬱病（Melancholia）：重度憂鬱發作的嚴重形式。主要特徵是普遍喪失對愉快活動的快感或興趣、在早上會更糟的陰暗心情、過早清醒、心理動作遲鈍或躁動、體重減輕以及極端的罪惡感。

褪黑激素（Melatonin）：一種由松果體以真實晝夜節律釋放的激素，與睡眠－覺醒週期有關。

心理計時法（Mental Chronometry）：使用反應時間的測量來分離心理歷程。

訊息核糖核酸（Messenger Ribonucleic Acid, mRNA）：信使或模板 RNA，是由轉錄產生的 RNA，反應了具有遺傳活性的 DNA 確切的核苷序列，其攜帶特定蛋白質代碼，從核 DNA 到細胞質中的核醣體，而在那裡蛋白質是由 mRNA 指定的氨基酸序列所製成。

後設分析（Meta-Analysis）：一種量化的程序，總結對共同主題大量研究的整體效果。

代謝當量（Metabolic Equivalent, MET）：以千卡為單位消耗的能量；除以千卡為單位的靜止能量消耗之比率，可根據體型進行測量或估計；1MET 為 3.5 毫升／公斤／分鐘。

後設認知（Metacognition）：控制解決問題所需的高階思考歷程。

調整法（Method of Adjustment）：一種技術，其將具有標準、客觀測量強度的刺激，與經過調整的比較刺激一起呈現，直到被認為與標準刺激具有相同的強度。

定值刺激法（Method of Constant Stimuli）：呈現標準刺激和比較刺激；任務是要確定比較刺激是否被知覺或是否與標準刺激相同或不同。

極限法（Method of Limits）：通過記錄在一系列強度範圍內以升序或降序呈現的刺激量，去確定知覺上限和下限閾值的一種技術。

MHPG：3－甲氧基－4羥基苯乙二醇；從尿液中分泌的正腎上腺素之主要代謝物。

微透析（Microdialysis）：一種透過透析確定物質細胞外水平的方法，即通過使用僅可滲透某些分子的人造膜，去分離各種大小的分子。

中腦（Midbrain）：英文可另稱為 Mesencephalon，其形成腦幹頂部，包括網狀結構、黑質和紅核。

模型（Model）：生物和非生物系統某些分面的概括、簡化表示，其應被視為臨時的，並可進行更改、改進和最終的替換。

調節機制（Moderation）：當調節變項是特定值時，可削弱、增強或反轉因果效應。

調節變項（Moderator）：影響其他兩個變項之間關係的變項，其影響介入或中介變項如何影響結果。

一元論（Monism）：物質和非物質是一種潛在現象的不同表現形式的哲學觀點，即心靈只靠身體的作用而存在。

單胺基酸耗竭假說（Monoamine Depletion Hypothesis）：一種理論，認為憂鬱症是由中樞腎上腺素能受器缺乏正腎上腺素或血清素（或兩者）引起的，而躁症是因正腎上腺素過量所導致的。

單胺基酸失調假說（Monoamine Dysregulation Hypothesis）：憂鬱症是正腎上腺素能和血清素能系統的自我調節能力受到破壞，以及前額葉皮層、杏仁核、海馬迴和腦室周圍灰質等神經中樞過度刺激的結果。一個主要失調的部位是藍斑核（LC）。

心情（Mood）：一種情感狀態，伴隨著對快樂或痛苦的有意識或無意識之預期，可以持續不到一分鐘，也可以持續幾天。

動機反應失真（Motivated Response Distortion）：見社會期許反應。

多向度量表（Multidimensional Scale）：同時測量多種建構的測量工具（另見雙極和單極量表）。

肌肉上癮症（Muscle Dysmorphia）：病態地想要擁有發達的肌肉，男性和女性都會發生；其可能與身體臆形症有關。

肌肉感覺（Muscle Sense）：由於姿勢和運動的變化，使肌肉和相關結構產生的感覺。

負回饋（Negative Feedback）：其輸出會抑制初始輸入的活動。

大腦新皮質（Neocortex）：大腦皮層相對較新進化的部分，由排列成六層的神經細胞組成，以組織精細的皺褶為特徵。

神經生物學（Neurobiology）：對大腦生理歷程的研究，研究領域包括神經系統的解剖學、生理學以及病理學。

神經源性儲備假說（Neurogenic Reserve Hypothesis）：假設運動會導致大腦中一系列神經系統的變化，以及海馬迴中齒狀迴神經元數量的增加。

神經成像（Neuroimaging）：使用諸如 X 光和計算機科技（如 CAT、MRI）等技術，來測量大腦活動的方法。

神經病變（Neuropathic）：神經功能障礙或病理的變化。

神經肽 Y（Neuropeptide Y, NPY）：一種胺基酸肽，在試管實驗中可抑制藍斑核放電，為藍斑核神經元提供回饋抑制。

神經傳導物質（Neurotransmitter）：任何特定的化學物質，由突觸前細胞在興奮時釋放，並穿過突觸以刺激、抑制或調節突觸後細胞；其是神經元之間交流的基礎。

傷害感受（Nociception）：登錄有害刺激的神經歷程。

傷害受器（Nociceptor）：周邊軀體感覺神經系統的高閾值感覺受器，能夠導入和登錄有害刺激。

正腎上腺素的（Noradrenergic）：與使用正腎上腺素作為神經傳導物質的自主神經，或中樞神經系統之細胞或纖維有關的。

正腎上腺素（Norepinephrine, NE）：一種神經傳導物質，也稱為去甲腎上腺素，是節後腎上腺素的中介因子，它也產生於腎上腺髓質和藍斑核的中央；主要的作用是興奮性的。

傷害性刺激（Noxious Stimulus）：對正常組織造成損害或是有損害威脅的刺激。

核群（Nucleus，複數 Nuclei）：大腦內神經細胞體的集合。

強迫症（Obsessive-Compulsive Disorder, OCD）：反覆和持續出現不想要的想法、思想、或是執行不想要且不能抑制行為的衝動，其以減輕焦慮的重複行為或儀式為特點。

本體論（Ontology）：處理關於存在本質的哲學分支。

操作制約（Operant Conditioning）：一種行為調整的方式，將增強或懲罰事件與自主行為配對，以改變行為發生的頻率，目標是改變反應頻率。

眼窩額葉皮質（Orbitofrontal Cortex）：與抑制不當反應相關的額葉區域，其涉及判斷獎酬的可能性和評估風險。

正交（Orthogonal）：指彼此不相關的變項。

骨性關節炎（Osteoarthritis）：一種退化性關節疾病，可影響身體的任何關節，但在臀部、膝蓋以及脊椎尤為常見。

結果預期（Outcome Expectation）：一個事件或從事某一特定行為的預期結果。

結果價值（Outcome Value）：預期結果的增強或激勵價值，可能是人們想要獲得或是避免。

痛苦（Pain）：不愉快的感覺和情緒經驗，與實際或可能的組織損傷有關，或是以這樣的損傷來描述。

恐慌症（Panic Disorder）：反覆且突然發作的強烈恐懼，且沒有明顯原因。主要症狀包括心悸、呼吸困難、發麻的刺痛感以及覺得快要死掉的恐懼。

副交感神經系統（Parasympathetic Nervous System）：自主神經系統的三個部分之一，起源於腦神經和脊隨的骶骨部分；主要涉及能量保存。

知覺行為控制（Perceived Behavioral Control）：人們相信他們可以對特定結果產生影響的程度，範圍從無法控制到完全控制。

自覺強度（Perceived Exertion）：身體活動時對緊繃或用力的主觀判斷；較傾向是量性的知覺程度，而非感覺的質性差異。

知覺敏感度（Perceptual Sensitivity）：一個人區辨信號強度變化的能力。

現象學（Phenomenology）：主觀經驗表達的研究；主要關注經驗的描述。

恐懼症（Phobia）：一種對於外在環境或事物，強迫性、持續性以及不切實際的恐懼，而遠超過實際威脅或危險的程度。

身體活動（Physical Activity）：任何由骨骼肌產生，導致能量消耗的身體活動。

體適能（Physical Fitness）：能夠滿足生活中當前的和可能的生理挑戰的能力。人們擁有或達成與整體健康、執行日常任務以及身體活動能力的一組特徵，組成成分包含心肺適能、身體組成、柔韌性、敏捷性、肌力和耐力以及代謝變項，像是葡萄糖耐受性。

安慰劑（Placebo）：在實驗研究中給予對照組沒有效果的操弄，用於與正在測試的操弄或獨變項進行比較。

安慰劑效應（Placebo Effect）：不能歸因於操弄的變化；相反的，這些變化是由於參與者錯誤地認為他們接受了有效的操弄。

睡眠多項生理檢查（Polysomnography）：同時測量睡眠階段的多個生理指標，如腦電波、呼吸，以及肌肉與下巴運動，以偵測快速動眼期。

橋腦（Pons）：環繞小腦的底部，是腦幹的一部分，包含藍斑核，這是大腦中產生正腎上腺素的主要核心。

正子斷層造影（Positron Emission Tomography, PET）：使用放射性化學物質測量活體大腦動態活動的方法，藉由偵測放射性葡萄糖或其他代謝類似物所散發的正電子。

創傷後壓力症候群（Posttraumatic Stress Disorder）：暴露於極端創傷後的第一個月內，所出現的焦慮和行為障礙。

預測性設計（Predictive Design）：一項研究計畫，其目標是藉由使用一個或多個變項的數值，來解釋另一個變項（例如：疾病）的數值；無患病的參與者，根據他們暴露於疑似會影響疾病發生的變項進行分組，然後隨著時間進行評估，以確認暴露組和未暴露組的疾病發生情形。

預測性模型（Predictive Model）：包含特定體徵或行為的動物模型，並且已知某些對人類具有臨床療效的藥物，可以確實地改變這些體徵或行為。

偏好強度（Preferred Exertion）：某人有動力去忍受的用力程度。

盛行率（Prevalence）：某種疾病或病症的現有病例數，除以某一時間點的總人口數。盛行率用於衡量疾病負擔與服務部署計畫。

改變歷程（Processes of Change）：行為改變的跨理論模式中三個組成內容之一，能夠用於解釋行為改變；由十項隱蔽和公開活動所組成，用於改變思想、情感、行為或關係。

投射神經元（Projection Neurons）：脊髓中帶有細胞體的神經元將其軸突發送至大腦。

前腦啡黑細胞促素皮促素（Proopiomelanocorticotropin, POMC）：一種主要存在於腦下垂體前葉的前驅多肽；內源性類鴉片 β- 內啡肽和促腎上腺皮質激素（ACTH）是從其所衍生。

前列腺素（Prostaglandin）：一種存在於許多組織中的生理活性物質，具有血管舒張、血管收縮、刺激腸道或支氣管平滑肌、子宮刺激以及拮抗脂質代謝荷爾蒙等作用。

近端因素（Proximal）：指時間上接近目標行為的結果或事件。

心理學（Psychology）：一門科學學科，有關人類和其他動物在與環境互動時，其行為和心智歷程原則的研究和應用；研究領域包括感官知覺歷程、思考、學習、認知、情緒與動機、性格、異常行為、個體間互動以及與環境互動。

心理計量學（Psychometrics）：心理學理論與心理變項的測量，包括測量心理變項量化測驗的設計、執行及解釋。

心理物理學（Psychophysics）：使用標準化方法對物理刺激進行心理判別（感覺和知覺）的研究，操弄物理刺激並測量人們對刺激的知覺反應；衡量人們對物理環境所做出的判斷。

處罰（Punishment）：特定行為的後果，用以降低行為發生頻率。

隨機對照試驗（Randomized Controlled Trial, RCT）：對大量人群進行研究，以測試流行病學或小型實驗室實驗中發現的變項間關聯，包括有具代表性的群體，以被認為會影響結果的特徵，來配對實驗組與控制組。

縫核（Raphe Nuclei）：產生血清素的主要細胞核，位於腦幹的中央線上。

快速動眼期睡眠（Rapid Eye Movement, REM, Sleep）：睡眠週期中以作夢、快速動眼以及腦電圖呈現警覺模式為其特徵，在夜晚睡眠的最後三分之一佔有主導地位。

接受者操作特徵（Receiver Operating Characteristic, ROC）：一種用以平衡正確決策(真陽性和真陰性)與錯誤宣稱（假陽性）的方法。

受器（Receptor）：一種結構蛋白分子，通常位於細胞表面或細胞質內，會與一種特定因子（例如激素或神經傳導物質）結合；因子和受器的交互作用能導致細胞功能的改變。

相互決定論（Reciprocal Determinism）：社會認知理論中因果關係的核心概念，其描述行為決定因素的雙向互動影響，指兩個或多個變數之間相互影響的關係。

減少者（Reducers）：那些在做出判斷時，始終會低估刺激強度的人。

參考評估（Referred Appraisal）：人們用以評價自己的外在標準，是基於他們認為重要他人是如何看待他們自身。

增強（Reinforcement ）：目標行為的後果，能夠增加行為發生的頻率。

增強控制（Reinforcement Control）：一種藉由操控目標行為的後果，來增加行為頻率的行為改變策略。

增強刺激（Reinforcing Stimulus）：能夠引起反射性反應的刺激物（例如：麵包烘烤的氣味，可以是引起流唾液的強化刺激）。

再犯預防（Relapse Prevention）：一套策略，用以防止人們在行為改變成功後，再度返回從事不想要的行為。

相對強度（Relative Intensity）：工作率，是以最大強度、攝氧量或工作負荷的關聯性來表示。

相對危險性（Relative Risk）：兩組中，疾病發生率的比值。

信度（Reliability）：一項測量的特徵，包括精確度、準確度以及跨時間的穩定性，不受測量或隨機誤差影響的程度。

快速動眼睡眠（REM Sleep）：見快速動眼（REM）睡眠。

腦幹網狀系統（Reticular Formation）：從髓質延伸到丘腦的神經網絡，其參與睡眠—清醒週期和前腦覺醒。

橫紋肌溶解症（Rhabdomyolysis）：由於肌肉損傷所導致的骨骼肌快速分解。

類風濕性關節炎（Rheumatoid Arthritis）：一種導致關節疼痛的自體免疫疾病，尤其是手指和腕關節。

核糖核酸（RNA）：英文全名為 Ribonucleic Acid，與細胞化學活性的控制有關。

羅森塔爾效應（Rosenthal Effect）：也稱為自我實現預言或畢馬龍效應；參與者想要滿足研究者期望的傾向，那些研究者在互動中表達對於參與者特質或能力的期望。

量尺（Scaling）：基於某種規則給予物件數字；基於特定的規則發展工具，並指定反應量尺（數字）於所表示的物件或陳述句，將項目依照邏輯順序分組來創造量尺。

沙赫特情緒理論（Schachter's Theory of Emotion）：此一理論認為情緒是生理的激發

與對非特定喚起狀態的認知解釋，兩者間交互作用的結果；對情境與自主反應強度的認知解釋（評估），會產生特定情緒的主觀經驗。

自我概念（Self-Concept）：基於個人意識能覺察範圍內的自身特質與特性的知覺，所形成的統整結構。

自我效能（Self-Efficacy）：對於個人能夠完成特定行為結果的知覺，有關行為的啟動和堅持上，個人精熟度的預期。

自我提升假說（Self-Enhancement Hypothesis）：認為行為選擇是基於對結果預期評估的觀點，評估其是否有增強能力和自尊感的潛力。

自尊（Self-Esteem）：對自我概念的評估以及與該評估相關的感受。

自我監控（Self-Monitoring）：所採取的行動是用來評估個人努力的前因、後果以及特徵，是否能夠達成或避免某一目標行為。

自我激勵（Self-Motivation）：喚起、引導以及整合個人行為的內在因素，一種能讓人們對自己的表現進行內在評估，然後尋求達到這些標準的激勵條件；不論情境強化條件有無仍能堅持的行為傾向。

自我反思（Self-Reflection）：象徵化的能力，讓人們能夠預測和計畫未來的事件和行為。

自我調節（Self-Regulation）：人們調整自身行為的方法；基於行為是受個人直接掌控並且是由其內在標準所引導的基本假定，人們的成就將能夠引起正向的自我評價。

自我基模（Self-Schemata）：自我和個人屬性的認知結構，用於引導選擇、擷取以及存有關自我的資訊。

敏感性（Sensitivity）：某項檢測可以偵測疾病或屬性的能力；當某項檢測有高敏感度，而疾病或病徵確實存在，那麼它是不會測不出來。

血清素（Serotonin）：也可稱作 5- 羥色胺，是一種突觸傳導物質，被歸類為吲哚胺，由中縫核所產生和分泌，是神經增益的廣泛抑制物。

信號偵測理論（Signal Detection Theory, SDT）：該理論提出個人報告信號強度變化的可能性，是由知覺敏感性（即區辨信號強度變化的能力）和偏誤或反應範疇，這兩項相互影響因素所影響，並且基於像是過去的經驗、指示、以及預期成本和收益等因素的決策規則。

慢波睡眠（Slow-Wave Sleep, SWS）：睡眠階段三和四的結合，以 δ 波為特徵，是人最難覺醒的階段；發生在大約 20% 的夜間睡眠中，並在前三分之一的夜間睡眠中佔主導地位。

社會認知理論（Social Cognitive Theory）：從社會學習理論演變而來的人類行為理論，在其中，行為是社會認知的函數；核心的概念是三元交互性（Triadic Reciprocality）。

社會期許反應（Social Desirability Responding）：人們以他們自己認為符合社會期望形象的方式作出反應。

社會心理學（Social Psychology）：心理學的分支，關注各種社會環境對個體的影響；包括態度測量和改變、群體動力學、社會學習和性格、社會認知、攻擊性以及自我知覺的研究。

特異度（Specificity）：某項檢測能夠區辨的能力；如果疾病或病徵不存在，那麼具有高特異度的檢測，將不會錯誤地表明疾病或病徵的存在。

脊髓（Spinal Cord）：中樞神經系統的一部分，包含控制反射功能的神經迴路，將感覺訊號從周邊帶到大腦，並將運動訊號送到周邊。

脊髓神經（Spinal Nerves）：以規律的間隔連接脊髓的三十一對感覺和運動路徑。感覺訊息從周邊傳遞到脊髓，運動脈衝則從脊髓傳遞到肌肉。

狀態性焦慮（State Anxiety）：對於意識或無意識威脅的立即反應；身體和認知上的症狀包括有心率加快、肌肉緊張以及內臟蠕動加速，同時會有缺乏控制的短暫感受、低自信以及不確定感。

刺激控制（Stimulus Control）：透過修改行為的前因，來改變目標行為頻率的策略。

張力（Strain）：物體因壓力而變形、扭曲或緊繃。

壓力（Stress）：負荷影響生物體的方式；生理系統上的不平衡，而激發生理和行為的反應以恢復平衡，或體內平衡（Homeostasis）。

壓力源（Stressor）：作用於生物系統而會引起壓力、失衡或擾亂體內平衡的力量。

紋狀體（Striatum）：側腦室周圍的大腦區域，

包括尾狀核和殼核；紋狀體（Striatum）和蒼白球形成紋狀體（Corpus Striatum）。

上矢狀竇（Superior Sagittal Sinus）：位於硬腦膜後部的六條靜脈通道之一，其將大腦前半球的血液引流到頸內靜脈。

交感髓質系統（Sympathetic Medullary System）：由交感神經系統和腎上腺髓質組成的系統，作用與壓力反應有關。

交感神經系統（Sympathetic Nervous System）：自主神經系統的三個分支之一；起源於脊髓的胸椎和腰椎部分，主要參與需要消耗能量的活動。

任務取向（Task Orientation）：關注於達成個人精熟和自我提升的動機取向。

端腦（Telencephalon）：前腦的一部分，主要結構是新大腦皮質、基底核以及邊緣系統。

氣質（Temperament）：性格中主要穩定的核心組成部分，預先設定了人們情緒反應的變化程度和心情的改變方式。

視丘（Thalamus）：位於間腦的大腦結構；由與大腦皮層多個區域雙向連接的感覺中繼核所組成。

理論（Theory）：對於某些所觀察到的現象，其意涵的原理組成。理論可能在某個程序上被驗證過，並且是用於解釋和預測；用於引導研究設計、執行以及解釋的符號模型。

生熱假說（Thermogenic Hypothesis）：認為情緒的提升是與運動提高的身體溫度有關的觀點。

甲狀腺刺激素（Thyroid-Stimulating Hormone）：前下視丘分泌的一種激素，其導致腦下垂體前葉釋放甲狀腺刺激素，刺激甲狀腺分泌甲狀腺素。

妥品美（Topiramate）：一種抗癲癇藥物，也可用於治療偏頭痛。

特質（Trait）：對內在或外部事件，以特定的情緒狀態反應的傾向，儘管隨著時間變化特質仍會相當一致，但是仍然有可能會改變。

特質焦慮（Trait Anxiety）：長期的廣泛性焦慮，使人們傾向於將事件評估為具有威脅性的。

轉錄（Transcription）：將基因編碼訊息從一種核酸轉移到另一個核酸，是 mRNA 與 DNA 鏈互補鹼基的過程。

暫時性次額葉假說（Transient Hypofrontality Hypothesis）：一種運動過程中腦血流量，在不直接參與運動控制的大腦區域中，被往下調整。

轉譯（Translation）：由訊息 RNA（mRNA）引導的過程，其中氨基酸連接在一起形成蛋白分子，合成的特異性受mRNA的鹼基序列控制。

行為改變的跨理論模型（Transtheoretical Model of Behavior Change）：主動行為改變的動態模型，基於人們產生長期行為所經歷的階段和過程。

三元交互性（Triadic Reciprocality）：社會認知理論的關鍵假設是人、環境及行為的特徵，彼此會相互影響。

非制約刺激（Unconditioned Stimulus）：一種能夠自動引發反應的刺激，通常是反射性的。

單極量表（Unipolar Scale）：一種將心理建構概念化為單一維度的測量工具，被測量事物的範圍從非常低到非常高的程度（也可以參考雙極量表與多向度量表）。

腹外側前額葉皮質（Ventrolateral Prefrontal Cortex）：位於額葉的區域，與保持工作記憶訊息同時阻擋干擾訊息有關。

警覺性（Vigilance）：長時間保持注意力和警覺的能力，也稱為持續注意力。

工作記憶（Working Memory）：對學習、語言理解及推理等複雜的任務，所需資訊的臨時儲存和處理。

耶基斯 - 多德森定律（Yerkes-Dodson Law）：描述覺醒和表現之間倒 U 形關係的定律。

國家圖書館出版品預行編目資料

健身運動心理學／Janet Buckworth, Rod K. Dishman, Patrick J. O'Connor, Phillip D. Tomporowski著；高三福, 姜定宇, 趙俊涵, 陳景花, 高鳳霞, 陳欣進, 李季湜, 蔡宇哲, 徐晏萱, 鄧詠謙譯. -- 初版. -- 臺北市：五南圖書出版股份有限公司, 2022.06
面； 公分
譯自：Exercise psychology.
ISBN 978-626-317-617-1（平裝）

1.CST: 運動心理

528.9014 111001565

1B2G

健身運動心理學

作　　者— Janet Buckworth、Rod K. Dishman、Patrick J. O'Connor、Phillip D. Tomporowski
譯　　者— 高三福、姜定宇、趙俊涵、陳景花、高鳳霞、陳欣進、李季湜、蔡宇哲、徐晏萱、鄧詠謙
發 行 人— 楊榮川
總 經 理— 楊士清
總 編 輯— 楊秀麗
副總編輯— 王俐文
責任編輯— 金明芬
封面設計— 王麗娟
出 版 者— 五南圖書出版股份有限公司
地　　址：106台北市大安區和平東路二段339號4樓
電　　話：(02)2705-5066　　傳　　真：(02)2706-6100
網　　址：https://www.wunan.com.tw
電子郵件：wunan@wunan.com.tw
劃撥帳號：01068953
戶　　名：五南圖書出版股份有限公司

法律顧問　林勝安律師事務所　林勝安律師

出版日期　2022年6月初版一刷
定　　價　新臺幣820元

經典永恆‧名著常在

五十週年的獻禮——經典名著文庫

五南，五十年了，半個世紀，人生旅程的一大半，走過來了。
思索著，邁向百年的未來歷程，能為知識界、文化學術界作些什麼？
在速食文化的生態下，有什麼值得讓人雋永品味的？

歷代經典‧當今名著，經過時間的洗禮，千錘百鍊，流傳至今，光芒耀人；
不僅使我們能領悟前人的智慧，同時也增深加廣我們思考的深度與視野。
我們決心投入巨資，有計畫的系統梳選，成立「經典名著文庫」，
希望收入古今中外思想性的、充滿睿智與獨見的經典、名著。
這是一項理想性的、永續性的巨大出版工程。
不在意讀者的眾寡，只考慮它的學術價值，力求完整展現先哲思想的軌跡；
為知識界開啟一片智慧之窗，營造一座百花綻放的世界文明公園，
任君遨遊、取菁吸蜜、嘉惠學子！